权威·前沿·原创

皮书系列为
"十二五""十三五""十四五"时期国家重点出版物出版专项规划项目

BLUE BOOK

智库成果出版与传播平台

南宁蓝皮书
BLUE BOOK OF NANNING

南宁经济社会发展报告
（2024）

ANNUAL REPORT ON ECONOMIC AND
SOCIAL DEVELOPMENT OF NANNING (2024)

经济卷

主　编／胡建华
副主编／覃洁贞　吴金艳　梁瑜静

社会科学文献出版社
SOCIAL SCIENCES ACADEMIC PRESS (CHINA)

图书在版编目（CIP）数据

南宁经济社会发展报告 . 2024. 经济卷 / 胡建华主编 . -- 北京：社会科学文献出版社，2024. 7. --（南宁蓝皮书）. --ISBN 978-7-5228-3938-7

Ⅰ . F127. 671

中国国家版本馆 CIP 数据核字第 20240QV971 号

南宁蓝皮书

南宁经济社会发展报告（2024）
经济卷

主　　编／胡建华
副 主 编／覃洁贞　吴金艳　梁瑜静

出 版 人／冀祥德
组稿编辑／恽　薇
责任编辑／田　康
文稿编辑／王雅琪
责任印制／王京美

出　　版／社会科学文献出版社 · 经济与管理分社（010）59367226
　　　　　　地址：北京市北三环中路甲 29 号院华龙大厦　邮编：100029
　　　　　　网址：www. ssap. com. cn
发　　行／社会科学文献出版社（010）59367028
印　　装／天津千鹤文化传播有限公司

规　　格／开 本：787mm×1092mm　1/16
　　　　　　印 张：23.75　字 数：355 千字
版　　次／2024 年 7 月第 1 版　2024 年 7 月第 1 次印刷
书　　号／ISBN 978-7-5228-3938-7
定　　价／258.00 元（全两册）

读者服务电话：4008918866

主要编撰者简介

胡建华 男，汉族，籍贯河南汤阴，硕士研究生学历，南宁市社会科学院党组书记、院长，编审，《创新》主编。南宁市专业技术拔尖人才。

覃洁贞 女，瑶族，籍贯广西金秀，南宁市社会科学院副院长，研究员，主要研究方向为产业经济、民族文化发展。南宁市专业技术拔尖人才，南宁市新世纪学术和技术带头人。

吴金艳 女，汉族，籍贯湖北松滋，硕士研究生学历，南宁市社会科学院副院长，正高级经济师。南宁市优秀青年专业技术人才，南宁市新世纪学术和技术带头人。

梁瑜静 女，汉族，籍贯广西崇左，硕士研究生学历，南宁市社会科学院经济发展研究所所长，助理研究员。南宁市优秀青年专业技术人才。

摘　要

《南宁经济社会发展报告（2024）》（经济卷）由南宁市社会科学院和政府相关职能部门共同协作完成，分为总报告、产业发展篇、创新发展篇、开放发展篇、专题研究篇五部分。经济卷总结分析了2023年南宁市经济发展的总体情况、基本成效及存在的问题，并对2024年的发展态势进行预测或展望，力求全面准确客观地分析南宁市经济发展的动态趋势，提出有针对性的对策建议，为市委、市政府及相关部门提供决策参考，为社会各界提供科学准确的市情参考。

2023年，面对复杂多变的国际环境带来的诸多挑战和困难，南宁市坚持稳中求进工作总基调，紧扣高质量发展要求，实施"稳预期、扩内需、促消费"一系列政策措施，集中力量发展重点产业，全面完成工业振兴三年行动任务，加快建设面向东盟开放合作的国际化大都市，实现了全市经济稳定向好发展。2024年是奋力冲刺实现"十四五"规划目标的关键之年，随着稳经济促增长等宏观政策逐步发力，各项经济活动逐步恢复常态化运行，南宁市将积极抢抓重大战略机遇，全面落实国家赋予的新定位新使命，以建设面向东盟开放合作的国际化大都市为引领，聚焦打造国内国际双循环市场经营便利地，全力推进新一轮工业振兴，加快构建现代化产业体系，持续推动更高能级的开放发展，全面推进中国—东盟产业合作区南宁片区建设，加快服务和融入新发展格局，推动经济高质量发展迈上新台阶。

关键词： 经济发展　创新发展　开放发展　新质生产力

Abstract

Annual Report on Economic and Social Development of Nanning (2024) (Volume Economy) (hereinafter referred to as the Report) was jointly compiled by Nanning Academy of Social Sciences and relevant government departments. It consists of five parts, including general report, industrial development reports, innovative development reports, open development reports and special reports. The Report introduces and analyzes the overall economic development, achievements, and existing problems in Nanning City in 2023 and makes prospects or forecasts on its development trend in 2024. It aims to reflect the dynamic economic development of Nanning City in a comprehensive and objective manner. In addition, the Report proposes targeted countermeasures and recommendations as reference for the CPC Nanning Municipal Committee, Nanning Municipal Government as well as relevant government departments in their decision-making and provides accurate and comprehensive market information for all sectors of society.

In 2023, in the face of many challenges and difficulties brought about by the complex and volatile international environment, Nanning City adhered to the general principle of pursuing progress while ensuring stability, focused on pursuing high-quality development, and implemented a series of policies and measures to stabilize expectations, expand domestic demand and promote consumption. It also concentrated on developing key industries, completed all the tasks as set out in the three-year action plan for industrial revitalization, and accelerated to build itself into an international metropolis for opening-up and cooperation with ASEAN nations. As the result, its overall economy remained stable and showed good growth momentum. 2024 is a crucial year for striving to achieve the objectives of the 14th Five-Year Plan. With the effective implementation of macro policies to stabilize the economy and promote growth, and with its economic activities gradually returning to normal, Nanning City will actively seize major strategic opportunities and put into reality the new orientation and new missions endowed by the central government. With the aim to become an international metropolis for opening-up and cooperation with ASEAN nations, Nanning will concentrate on building itself into a business-friendly place with the dual circulation of domestic and international markets, make every effort to promote a new round of industrial revitalization, and accelerate the building of a modern industrial system. In addition, it will continue to promote higher-level opening-up and development, fully advance the development of Nanning Area of the China-ASEAN Industrial Cooperation Zone, and accelerate to serve and integrate into the new development paradigm so as to promote high-quality economic development to a new level.

Keywords: Economic Development; Innovative Development; Open Development; New Quality Productive Forces

目 录 ▷

Ⅰ 总报告

Ⅱ 产业发展篇

V 专题研究篇

皮书数据库阅读**使用指南**

CONTENTS ⟍⟍

I   General Report

Ⅱ Industrial Development Reports

Ⅲ Innovative Development Reports

总报告

B.1

2023～2024年南宁市经济发展形势
分析及展望

南宁市社会科学院与南宁市统计局联合课题组*

摘　要： 2023年，南宁市全面贯彻落实"稳预期、扩内需、促消费"一系列政策措施，集中力量发展重点产业，全面完成工业振兴三年行动任务，加快建设面向东盟开放合作的国际化大都市，实现了全市经济稳定向好发展。2024年，南宁市将全面落实国家赋予的新定位新使命，以建设面向东盟开放合作的国际化大都市为引领，聚焦打造国内国际双循环市场经营便利地，全面推进新一轮工业振兴，加快构建现代化产业体系，持续推动更高能级的开放发展，全力推进中国—东盟产业合作区南宁片区建设，加快服务和

---

　* 课题组组长：梁瑜静，南宁市社会科学院经济发展研究所所长、助理研究员。课题组成员：杜富海，南宁市社会科学院经济发展研究所副所长、助理研究员；谢强强，南宁市社会科学院科研管理所所长、助理研究员；陈琦，南宁市社会科学院经济发展研究所科研人员、助理研究员；李娜，南宁市社会科学院经济发展研究所科研人员、助理研究员；陈灿龙，南宁市社会科学院社会发展研究所科研人员、助理研究员；张珊娜，南宁市社会科学院科研管理所科研人员、研究实习员；黄瑞卉，南宁市人民政府发展研究中心产业科副科长；刘永翔，南宁市统计局综合科三级主任科员。

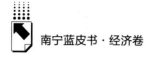

融入新发展格局，推动经济高质量发展迈上新台阶。

关键词： 经济发展形势 重点产业 高质量发展 南宁

一 2023年南宁市经济运行主要指标分析

（一）地区生产总值

2023年，南宁市地区生产总值为5469.06亿元，按不变价格计算，比上年增长4.0%，增速低于全国平均水平（5.2%）与全区平均水平（4.1%）。面对需求不足、供给冲击、预期转弱三重压力，南宁市地区生产总值增速在波动中逐渐下降。2023年，随着新冠疫情防控平稳转段，经济缓慢波动恢复，南宁市地区生产总值增速开始止跌回暖（见图1）。

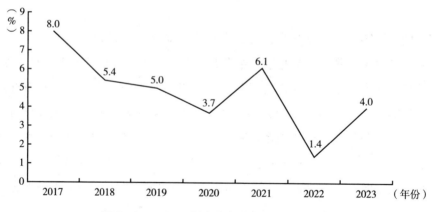

图1 2017～2023年南宁市地区生产总值增速

资料来源：南宁市统计局。

分产业看，2023年第一产业增加值为636.40亿元，同比增长4.5%（见图2），增速略高于全国平均水平（4.1%），但低于全区平均水平

（4.7%）；第二产业增加值为 1194.58 亿元，同比增长 1.1%，增速低于全国平均水平（4.7%）与全区平均水平（3.2%）；第三产业增加值为 3638.08 亿元，同比增长 4.8%，增速低于全国平均水平（5.8%），但略高于全区平均水平（4.4%）。2023 年，南宁市产业结构继续保持"三二一"的发展格局。

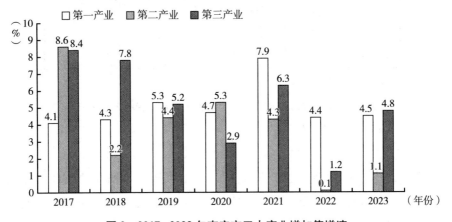

图 2　2017～2023 年南宁市三大产业增加值增速

资料来源：南宁市统计局。

（二）城乡居民收入

2023 年南宁市城镇居民人均可支配收入为 44469 元，低于全国平均水平（51821 元），高于全区平均水平（41827 元），较 2022 年增长 4.3%（见图 3）。农村居民人均可支配收入为 20369 元，低于全国平均水平（21691 元），高于全区平均水平（18656 元），较 2022 年增长 7.2%。城乡居民人均可支配收入比为 2.18，小于全国平均水平（2.39）与全区平均水平（2.21），比值较 2022 年缩小 0.06。2017 年以来，随着经济发展的内生动力不断增强，南宁市城乡居民人均可支配收入均稳步提高，与经济增长实现基本同步，消费能力得到较明显的提升。同时，城乡居民收入差距进一步缩小，统筹推进新型城镇化和乡村全面振兴取得一定成效。

图3　2017~2023年南宁市城乡居民人均可支配收入及比值

资料来源：南宁市统计局。

物价水平总体保持平稳。2023年，南宁市居民消费价格比上年下降0.3%，八大类商品价格呈"四升四降"态势。其中，衣着、其他用品和服务类价格涨幅最大，达到3.1%，食品烟酒（-0.5%）、居住（-0.7%）等商品价格则分别呈现不同程度的下降（见表1）。

表1　2023年南宁市市场物价情况

指标	2023年（上年=100）	指标	2023年（上年=100）
居民消费价格总指数	99.7	交通和通信	96.1
食品烟酒	99.5	教育文化和娱乐	102.0
衣着	103.1	医疗保健	101.0
居住	99.3	其他用品和服务	103.1
生活用品及服务	99.3		

资料来源：南宁市统计局。

（三）财政收支

2023年南宁市一般公共预算收入为400.88亿元，同比增长2.1%。

2023 年南宁市税收收入为 265.12 亿元，同比增长 18.9%，其中国内增值税收入 74.21 亿元，同比增长 74.2%；企业所得税收入 37.94 亿元，同比下降 8.9%；个人所得税收入 11.95 亿元，同比下降 1.4%。由于受到企业停产半停产或减产等因素的影响，2023 年全市企业所得税收入下降较为明显。

2023 年南宁市一般公共预算支出为 816.48 亿元，同比下降 2.7%。其中，节能环保、科学技术支出降幅最大，分别达 46.2%、15.1%。民生领域财政支出得到有力保障，财政投入民生领域的支出达到 615.66 亿元，占一般公共预算支出的比重为 75.4%。

2017 年以来，在经济增长承压、结构性减税降费等因素的影响下，南宁市一般公共预算收入仍能保持平稳增长，经济发展稳步向前。同时，虽然受到新冠疫情等因素影响，但支出结构根据当年实际情况持续优化，一般公共预算支出总体保障有力（见图 4）。

图 4　2017~2023 年南宁市财政收支情况

资料来源：南宁市统计局。

（四）固定资产投资

2023 年，南宁市固定资产投资同比下降 23.7%，依然保持两位数的下降幅度。分产业看，第一产业（-36.3%）、第二产业（-12.8%）、第三产业（-27.3%）固定资产投资均出现不同程度的下降。分领域看，工业投资（-10.1%）、项目投资（-19.4%）、房地产开发投资（-32.6%）也出现不同程度的下降。此外，受国内外经济环境影响，2023年南宁市规上工业停产半停产企业达253家，减产企业达672家，企业停产半停产或减产比重高，民间投资持续低迷，全市全年民间投资下降29.4%。2017年以来，南宁市固定资产投资增速逐渐放缓，尤其是近几年，市场需求偏弱，投资信心不足，固定资产投资出现负增长。此外，南宁市投资增长对房地产开发依赖度较高，房地产开发投资出现明显下降时，工业与项目等投资未能及时补位，导致全市固定资产投资持续承压（见图5）。

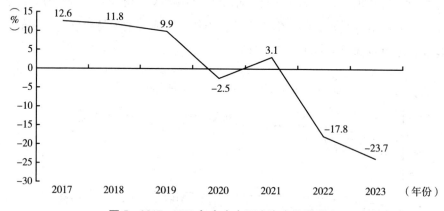

图5　2017~2023年南宁市固定资产投资增速

资料来源：南宁市统计局。

（五）外贸进出口总额

2023年，南宁市外贸进出口总额为1259.06亿元，同比下降14.7%。其中，出口总额为623.05亿元，同比下降13.9%；进口总额为636.02亿元，同比下降15.4%。2017~2022年，南宁市外贸进出口总额保持平稳增长态势，但增速波动幅度较大，到2023年，外贸进出口总额增速出现下滑（见图6、图7），主要是因为受到全球经济延续低速增长态势、外部需求萎靡不振叠加贸易保护主义等不确定因素的影响，外贸下行压力较大，在面向东盟的开放合作方面仍有待强化，"南宁渠道"作用仍有待进一步发挥。

图6 2017~2023年南宁市外贸出口与进口总额

资料来源：南宁市统计局。

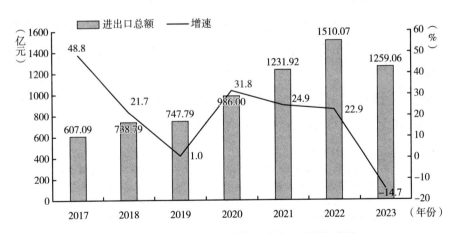

图7 2017~2023年南宁市外贸进出口总额与增速

资料来源：南宁市统计局。

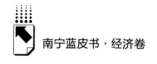
二 2023年南宁市经济运行特点分析

（一）工业生产平稳向好发展①

1. 工业投资实现量质双提升

工业投资总量连续3年排名全区第一，占全市固定资产投资的比重实现4年连续提升，2023年占比达到29.3%，较2022年高出4.2个百分点。② 部分制造业行业投资增长较快，有色金属冶炼和压延加工业投资增长109.3%，汽车制造业投资增长58.0%，酒、饮料和精制茶制造业投资增长24.0%，化学原料和化学制品制造业投资增长8.1%。③ 房地产开发投资占全市固定资产投资的比重为28.8%，较2022年下降3.7个百分点，工业投资占比首次超过房地产开发投资占比。④

2. 重点产业增长动力强劲

新能源、新能源汽车及零部件全产业链成形速度加快，比亚迪、多氟多等一批重大项目投产，龙电华鑫、宸宇富基等企业落地开工，2023年全市电动载人汽车出口规模为59.1亿元，同比劲增923.6%，新能源汽车、新能源电池出口成为外贸增长新动能。⑤ 半导体产业初步形成集成电路设计、靶材和光掩膜版基材等研发制造能力，华芯振邦半导体项目顺利投产，实现广西晶圆级先进封装测试从无到有的突破。传统产业加快转型升级，铝精深加工产业向电池铝箔、电池托盘、结构件等高附加值领域延伸，高端纸制品深

---

① 如无特殊标注，本部分数据均来源于《南宁市推进工业振兴情况新闻发布会》，南宁市人民政府网，2024年2月22日，https://www.nanning.gov.cn/jdhy/xwfbh/zflxxwfbh/2024zfyear/t5857242.html。

② 数据来源：《2024年南宁市政府工作报告》。

③ 数据来源：《2023年南宁市经济提升向好 高质量发展扎实推进》，南宁市人民政府网，2024年2月1日，https://www.nanning.gov.cn/ywzx/nnyw/2024nzwdt/t5845468.html。

④ 数据来源：南宁市统计局《2023年南宁市经济运行情况报告》。

⑤ 数据来源：《南宁市外贸进出口规模连续3年超千亿元》，南宁市人民政府网，2024年2月2日，https://www.nanning.gov.cn/ywzx/nnyw/2024nzwdt/t5846403.html。

加工产业园建设加速。

3."一体两翼"工业发展格局持续优化

五象新区与经开区重组改革取得重大突破，东部新城产业集聚发展，统筹谋划打造面向东盟的国际科技创新中心和生产性服务业高地；截至2023年底，五象新区（含经开区）拥有科技型中小企业478家，高新技术企业保有量达440家。[①] 伶俐工业园、电池新材料产业园、六景化工园落户一批链主企业，2023年东部新城规模以上工业总产值增长74.9%，东部新城成功入选首批广西向海经济示范园区名单。"两港一区"规划建设提速，临空经济示范区与国际铁路港的协调联动加强，综合保税区二期加快规划。

4.工业园区产业集聚加快发展

中国（广西）自贸试验区南宁片区聚焦高端制造产业链的核心环节和关键领域，签约落地重点产业项目15个，实现规模以上工业总产值400多亿元。[②] 南宁高新区获评国家级绿色工业园区，规模工业企业三大主导产业（新一代信息技术、装备制造、生命健康）工业总产值占全部规模工业总产值的比重为84.35%。[③] 广西—东盟经开区推进绿色食品特色产业园建设，承办2023年中国糖果论坛，全年规模以上工业总产值增长53.4%。[④] 经开区加大"两港一区"产业导入力度，成功签约半岛医疗等总投资5000万元以上项目23个，总投资额约为60.2亿元，推动华电等项目实现投产入规。[⑤]

---

① 数据来源：《五象新区加快打造面向东盟的国际科创中心 以科技创新为新质生产力赋能》，南宁新闻网，2024年3月26日，http://www.nnnews.net/yaowen/p/3199750.html。

② 数据来源：《1月17日南宁市举行2023年五象新区（自贸试验区南宁片区）高质量发展情况通报新闻发布会》，广西新闻发布网，2024年1月17日，http://gxxwfb.gxnews.com.cn/article.v2019.php? id=21413862。

③ 数据来源：《南宁高新区三大产业比重图2023年1-12月》，广西南宁高新技术产业开发区管理委员会网站，2024年1月31日，http://gxq.nanning.gov.cn/zwgk/fdzdgknr/jcxxgk/sjfb/t5876614.html。

④ 数据来源：《广西—东盟经开区1-12月经济运行主要指标》，广西—东盟经济技术开发区管理委员会网站，2024年1月2日，http://gxdmjkq.nanning.gov.cn/zwgk/sjtj/t5847938.html。

⑤ 数据来源：《南宁经济技术开发区2023年度法治政府建设工作情况报告》，广西南宁经济技术开发区管理委员会网站，2024年1月25日，http://jkq.nanning.gov.cn/ztwz/yflzgk/yfxzgz/t5839761.html。

（二）现代服务业稳步发展

1. 规模以上服务业稳中有进①

全市 2023 年规模以上服务业企业营业收入实现 2249.39 亿元，同比增长 11.7%。其中，新增其他营利性服务业企业 130 家，新增入库商贸业企业 564 家，创历史新高。② 其他营利性服务业营业收入实现 926.56 亿元，同比增长 11.5%（见表 2）。广告业，广播、电视、电影和影视录音制作业，娱乐业，体育的营业收入增速位居前四，同比分别增长 199.9%、73.9%、62.8%、43.6%。部分高权重企业高速增长，润建、中能建、分众智媒、汉骑、东呈酒店 5 家高权重服务业企业强支撑作用凸显。

表 2　2023 年南宁市部分规模以上服务业企业营业收入及增速

单位：亿元，%

行业	营业收入	增速
其他营利性服务业	926.56	11.5
软件和信息技术服务业	206.61	12.7
商务服务业	343.85	28.3
广告业	87.31	199.9
会议、展览及相关服务	1.69	39.0
研究和试验发展（R&D）	1.24	16.8
居民服务业	5.81	30.5
广播、电视、电影和影视录音制作业	11.47	73.9
体育	1.94	43.6
娱乐业	5.89	62.8

资料来源：南宁市统计局《2024 年 2 月南宁经济动态月报》。

2. 新兴服务业和生产性服务业持续快速发展

新兴服务业保持较快增长，交通运输、仓储和邮政业等接触型聚集型服

---

① 如无特殊标注，本部分数据均来源于南宁市统计局《2024 年 2 月南宁经济动态月报》。
② 数据来源：《2024 年南宁市政府工作报告》。

务业明显回升，同比增长 8.5%。① 软件和信息技术服务业、居民服务业等新兴服务业保持两位数增长。2023 年，南宁大力推动现代物流、现代金融、科技服务、软件和信息服务、人力资源等生产性服务业集聚发展，中国—东盟金融城等 3 家集聚区入选 2023 年广西生产性服务业集聚示范区，规模以上 R&D 企业营业收入同比增长 16.8%，规模以上广告业，会议、展览及相关服务同比分别增长 199.9%、39.0%。

3. 文化旅游业发展提档升级

2023 年，南宁市接待游客总人数为 15483.7 万人次，旅游收入达 1724.4 亿元，两项指标均位居全区第一，A 级旅游景区数量首次超 100 家，其中 4A 级旅游景区总量首次跃居全区第一。② 青秀区入选首批国家文化产业和旅游产业融合发展示范区建设名单，百益上河城创意文化街区入选国家级旅游休闲街区，南宁马拉松比赛暨南宁解放日长跑活动获评"2023 中国体育旅游精品赛事"，南宁大明山户外体育旅游线路入选 2023 中国体育旅游精品线路和十佳精品项目，邕宁区顶蛳山汽车营地上榜"2023 年全国汽车自驾运动营地"名单，宾阳县炮龙节入选中华体育文化优秀节庆项目。

（三）现代农业发展步伐加快

1. 主要农产品产量稳定增长③

粮食生产总体保持平稳，粮食种植面积、产量分别为 42.62 万公顷、212.65 万吨，均稳居全区第一，实现面积、产量、单产"三增长"。畜牧业增长较快，肉类总产量为 70.01 万吨，增长 5.9%，其中，禽肉产量为

---

① 数据来源：《2023 年南宁市经济提升向好　高质量发展扎实推进》，广西南宁市工业和信息化局网站，2024 年 2 月 1 日，http://gxj.nanning.gov.cn/xxgk/fdzdgknr/gysjfb/sjjd/t5853963.html。
② 数据来源：《2024 年南宁市政府工作报告》；《2023 年南宁市旅游统计调查分析报告》，南宁市文化广电和旅游局网站，2024 年 3 月 19 日，http://wgl.nanning.gov.cn/xxgk/tjxx/t5876215.html。
③ 如无特殊标注，本部分数据均来源于南宁市统计局《2023 年南宁市经济运行情况报告》。

28.27 万吨，增长 6.0%；猪肉产量为 38.79 万吨，增长 6.2%。禽蛋产量为
4.53 万吨，增长 21.0%。生猪出栏 492.47 万头，增长 6.4%。[①] 蔬菜产量保
持较快增长，优质蔬菜种植规模不断扩大，蔬菜（含食用菌）产量增长
4.4%。水果产量增势较好，水果种植总面积达 226 万亩，总产量达 545
万吨。[②]

2. 农业邕系品牌建设提质增效

农业邕系品牌建设持续升级，成效明显。截至 2023 年底，南宁市成功
入选广西农业品牌目录的品牌总数达 82 个，[③] 拥有农产品地理标志产品 6
个。[④]"武鸣沃柑""南宁火龙果""南宁香蕉"等水果品牌先后获批广西
"桂字号"区域公用品牌，"横县茉莉花""横县茉莉花茶""武鸣沃柑"3
个地理标志品牌入围 2023 年中国品牌价值区域品牌（地理标志）百强榜，
入围品牌数量位居广西第一，成功打造"甜湾湾""掌沃桔面""壹品鸣
心""起凤橘洲"等一批知名水果企业品牌。

3. 特色农业发展成效显著

建成全国最具特色的优质晚熟柑橘产区，沃柑、火龙果、茉莉花产业
规模稳居全国首位，香蕉产业规模位居全国前列，粮食、蔬菜、淡水产品
产量均位居全区第一，南宁成为广西重要的蔬菜生产基地和"南菜北运"
基地之一。"南宁火龙果"入选 2023 年全国农产品"三品一标"典型案
例，隆安县那桐镇火龙果基地获评全国种植业"三品一标"基地。开展
现代生态标准化规模养殖示范创建活动，积极推进陆基高密度设施渔业和
工厂化现代渔业示范基地建设，设施蔬菜基地、蔬菜育苗中心建设升级步

---

① 数据来源：《2023 年南宁市经济提升向好　高质量发展扎实推进》，南宁市统计局网站，
2024 年 1 月 31 日，http://tj. nanning. gov. cn/tjsj/tjxwfbg/t5856112. html。
② 数据来源：《南宁果业全链条提质升级产销旺》，南宁市人民政府网，2024 年 1 月 10 日，
https://www. nanning. gov. cn/ywzx/nnyw/2024nzwdt/t5826090. html。
③ 数据来源：《产业振兴谱新曲　美丽乡村踏歌行——全面推进乡村振兴加快农业农村现代
化》，广西新闻网，2023 年 12 月 19 日，http://news. gxnews. com. cn/staticpages/20231219/
newgx658173f5-21385048. shtml。
④ 数据来源：《南宁市品牌建设新闻发布会》，广西南宁市市场监督管理局网站，2024 年 2 月
1 日，http://scjgj. nanning. gov. cn/hdjl/rdhy/t5845794. html。

伐加快。

4. 农业产业园区建设加快

南宁市良庆区"嘹啰歌乡"自治区级田园综合体、马山县环弄拉生态市级田园综合体试点项目建设顺利推进，青秀区农村产业融合发展示范园上榜第四批国家农村产业融合发展示范园创建名单，宾阳县古辣镇、隆安县那桐镇获认定为首批国家农业产业强镇，广西·南宁顶蛳山现代农业产业园开工建设，新增西乡塘区雄桂生猪产业示范、良庆区温氏肉鸡高效养殖示范区等7个自治区级现代特色农业示范区。截至2023年底，全市获认定自治区级现代特色农业示范区累计达到85个，总数保持全区第一。[①]

5. 农业全产业链持续拓展

构建柑橘特色优势产业集群，武鸣沃柑全产业链产值超百亿元，南宁火龙果基地成功创建"国家现代农业全产业链标准化示范基地"。支持18个万头智慧猪场、良种繁育基地和标准化屠宰场建设，[②] 拓展生猪行业监管服务功能，实现国家级产能调控基地数量占全区的1/4，基础产能占全区的1/3。[③]云汇鲜智慧港暨粤桂协作预制菜产业园建成开业，横州市上榜第三批国家农产品质量安全县名单，马山县成为自治区级杂交玉米制种大县，江南区获评2023年全国"平安农机"示范县。

（四）消费市场持续回暖

1. 文旅体商融合发展激发消费活力[④]

举办"南宁月月文化旅游节"活动，开展2023年广西文化旅游消费

---

① 数据来源：《南宁市7个示范区入选2023年自治区级现代特色农业示范区认定公示名单》，南宁市农业农村局网站，2023年9月14日，http：//ny. nanning. gov. cn/xxgk/zwdt/zwxx/t5694975. html。

② 数据来源：《生猪价格持续低位运行　南宁多措推动生猪保供稳价》，中国新闻网，2023年8月7日，https：//baijiahao. baidu. com/s？id=1773535331040345986&wfr=spider&for=pc。

③ 数据来源：《南宁市农业农村局2023年工作总结及2024年工作计划》。

④ 如无特殊标注，本部分数据均来源于《2024年南宁市政府工作报告》；《南宁市文化广电和旅游局2023年工作总结及2024年工作计划》，南宁市文化广电和旅游局网站，2023年1月4日，http：//wgl. nanning. gov. cn/xxgk/ghjh/t5817149. html。

大夜市（南宁）主场活动等 300 多个文旅消费主题活动。开展文化旅游进商圈活动，打造"演艺+旅游+商业"模式，出品轻喜剧《遇见邕城》驻场系列演出项目等。成功举办第十五届南宁马拉松比赛等一系列重大赛事活动，有效促进文旅体商深度融合。高质量组织召开 2023 年广西文化旅游发展大会，加大文旅品牌推广力度，南宁旅游政务新媒体综合影响力每月位列广西文旅市级政务新媒体传播力指数 TOP10 榜单之首。统筹推进重要文旅项目，发展三街两巷、亭子码头等文旅商特色街区，打造南宁之夜、平西夜市等"网红"街区，获评 1 个自治区级夜间消费集聚区、1 条自治区级步行街。

2."流量经济"消费活力凸显

创新举办 2023 年"壮族三月三·八桂嘉年华"暨第 24 届南宁国际民歌艺术节系列活动，"壮族三月三"假期期间，全市接待国内游客 209.80 万人次，实现国内旅游收入 18.06 亿元。[①] 南宁之夜荣获"广西旅游休闲街区""2023 全国十佳诗意夜经济街区"等称号，自 2023 年 1 月 14 日开街以来累计客流量约为 890 万人次。[②] 三街两巷持续推出夜市、夜食、夜展、夜娱、夜游五大夜间品牌，2023 年中秋国庆假期期间，三街两巷的人流热度在全国 111 个国家级旅游休闲街区中位居第六，自 2018 年 12 月开街至 2023 年底，接待市民游客 4000 万人次左右。[③]

3.跨境电商加速发展

链接浙江跨境电商联盟资源，建设广西·东盟跨境电商总部基地项目。实现跨境电商货物从南宁综合保税区到南宁空港联动转关、自动解关锁模式，启动广西首个陆铁联运跨境电商商品海关监管与铁路安检平行作业试

---

① 数据来源：《"壮族三月三"假期我市接待国内游客 209.80 万人次，实现国内旅游收入 18.06 亿元》，南宁市人民政府网，2023 年 4 月 26 日，https：//www.nanning.gov.cn/ywzx/nnyw/2023nzwdt/t5560792.html。

② 数据来源：《"南宁之夜"开街一周年　累计客流量超过 890 万人次》，新华网，2024 年 1 月 11 日，http：//www.gx.xinhuanet.com/20240111/937d9f8fddb14199a0099d5e9f3fea47/c.html。

③ 数据来源：《持续点亮"夜经济"　南宁打造区域性国际消费中心城市》，人民网，2023 年 11 月 19 日，http：//finance.people.com.cn/n1/2023/1119/c1004-40121416.html。

点。2023年，"打造跨境电商特色园区 构建中国—东盟贸易新通道"入选商务部外贸新业态优秀实践案例；南宁市跨境电商进出口额为157.34亿元，增长14.1%，总额占全区的比重约为78%，全市跨境电商出口额占外贸出口额的20%、面向东盟出口额的58%；跨境电商相关企业超300家，[①] 进出口额超5亿元企业达14家（其中超10亿元企业7家），跨境电商日均通关能力达200万单。[②]

4. 品质化消费快速增长[③]

线上消费高速增长，全市限额以上单位通过公共网络实现的商品零售额达234.93亿元，同比增长41.3%，占限额以上消费品零售额的比重由上年的16.8%提高到23.8%。汽车消费热度不减，汽车类零售额增长2.6%，其中新能源汽车、二手车分别增长58.4%、163.1%。出台促消费措施38条，全年组织"乐购南宁"品牌活动100多场次，带动消费超100亿元，批发、零售、住宿、餐饮分别增长9.8%、10.7%、18.1%、13.6%，对全市地区生产总值增长的贡献率达28.2%，零售业总量、增速均位居广西第一。[④]

（五）经济发展要素持续优化

1. 创新驱动持续赋能[⑤]

新引进和建设新型产业技术研究机构5家，引进国家级人才15名，新增国家级创新创业平台2家、自治区级创新创业平台78家；推进深圳"飞地孵化器"建设，引进54家大湾区科技企业。全市高新技术企业保有量突破1700家，占全区总数的42%；科技型中小企业入库1510家，占全区总数

---

① 数据来源：《南宁上榜中国外贸百强城市榜单》，南宁市人民政府网，2023年12月6日，https：//www.nanning.gov.cn/ywzx/nnyw/2023nzwdt/t5786080.html。
② 数据来源：南宁市商务局《2023年南宁市对外贸易发展情况报告》。
③ 如无特殊标注，本部分数据均来源于南宁市统计局《2023年南宁市经济运行情况分析》。
④ 数据来源：《2024年南宁市政府工作报告》。
⑤ 如无特殊标注，本部分数据均来源于《2023年南宁市科技创新发展情况通报新闻发布会》，南宁市人民政府网，2024年3月14日，https：//www.nanning.gov.cn/jdhy/xwfbh/zflxxwfbh/2024zfyear/t587 2845.html。

的32%；广西瞪羚企业达52家，占全区总数的29%。科技成果登记突破2500项，新增3家自治区级科技成果转化中试研究基地。2023年，南宁市被中国科协评为2023~2025年创新驱动示范市，是全区唯一入选城市。

2. 金融服务持续优化①

首创"绿金平台+信易贷""绿金平台+桂信融"等模式，打造"首贷续贷中心+市县两级政金企常态化融资对接平台"，开展金融支持个体工商户发展专项行动，开发纯线上信用"老友e贷"等产品，深入实施"桂惠贷"，健全市县两级政金企常态化融资对接机制。南宁市成功入选2023年中央财政支持普惠金融发展示范区名单，全市本外币贷款余额为2.2万亿元，占全区的43.7%，成为全区人民币跨境使用结算规模最大、增长最快的设区市，全年金融业增加值较上年增长5.7%，拉动全市地区生产总值增速增长0.7个百分点，对全市地区生产总值增长的贡献率达17.3%，在全市各行业中位居前列。②

3. 数字赋能持续增效③

推动华为云资源发放，深化与二十一世纪空间技术公司的合作。推进南宁数字化转型"沃土计划"，打造南宁嵘兴中科造纸企业等能效管理数字化样板。加快建设面向东盟的数字丝绸之路，中国—东盟信息港南宁核心基地累计集聚7200余家数字经济企业。④ 2023年，南宁市成功列入全国首批中小企业数字化转型试点城市，获认定广西智能制造标杆企业2家（累计3家）、智能工厂示范企业7家（累计52家）、数字化车间16家（累计40

---

① 如无特殊标注，本部分数据均来源于《南宁市金融服务实体经济情况新闻发布会》，南宁市人民政府网，2023年11月3日，https：//www.nanning.gov.cn/jdhy/xwfbh/zflxxwfbh/2023 zfyear/t5746404.html。

② 数据来源：《2023年南宁本外币存贷款余额首次突破3.6万亿元》，广西南宁市金融工作办公室网站，2024年2月22日，http：//jrb.nanning.gov.cn/xxgk/zwdt/jryx/t5857955.html。

③ 如无特殊标注，本部分数据均来源于《南宁市大数据发展局2023年工作总结和2024年工作计划》。

④ 数据来源：《南宁用活"东盟牌"推动跨境产业合作走深走实》，中国新闻网，2024年2月27日，https：//www.chinanews.com.cn/cj/2024/02-27/10170727.shtml。

家），新增总数位居全区第一;① 全区约 48% 的数字经济企业位于南宁市。②

4.产学研用持续深化③

支持企业与清华大学、广西大学等高校联合实施技术攻关项目 32 个，支持科技经费 2000 余万元，项目数量和经费分别占科技计划项目的 62% 和 88%。引建广西首个电子信息产教融合基地——桂电南宁研究院，支持研究院与企事业单位开展科研项目 43 个、共建产学研人才培养基地 10 家，市校合作经验入选 2023 年全国人才工作创新优秀案例、国家创新型城市创新发展典型经验以及南宁市优秀改革创新案例。鼓励龙头企业与区内外高校、科研院所共建技术创新中心、工程研究中心等科技创新平台，支持龙头企业与高校、科研院所及产业链上下游企业合作组建广西创新联合体。

（六）高水平开放发展持续推进

1.国际化营商环境持续优化

在中国（广西）自贸试验区南宁片区推进"企业身份码"试点改革，成为自治区级制度创新成果并在全区复制推广；推行"免审即得"，实现"准入即准营"，入选政务服务效能提升"双十百千"工程典型经验并在全国复制推广。推动建设中国国际经济贸易仲裁委员会东盟庭审中心，成功入选全国第四批社会信用体系建设示范区名单，获批建设国家级知识产权保护中心。根

---

① 数据来源:《南宁市大力推进"智改数转"助力企业提质增效》,"南宁发布"微信公众号, 2024 年 2 月 29 日, https://mp.weixin.qq.com/s?__biz=MzA4MDIxMjcyMA==&mid=2653567851&idx=3&sn=9dad0813bc552b1a82736e26cde9c734&chksm=8557c45f1413f008f712c6551093122eca7ffad8cf07bb2f77b2178fd711f13462829549d0ae&scene=27;《2023 年广西智能制造标杆企业、智能工厂示范企业和数字化车间认定名单公布 首府 25 家企业上榜》, 南宁市人民政府网, 2023 年 12 月 25 日, https://www.nanning.gov.cn/ywzx/nnyw/2023nzwdt/t5803782.html。

② 数据来源:《数字经济百强企业过半数位于南宁市》,南宁市人民政府网, 2024 年 1 月 23 日, https://www.nanning.gov.cn/ywzx/bmdt/2024nbmdt/t5837087.html。

③ 如无特殊标注,本部分数据均来源于《2023 年南宁市科技创新发展情况通报新闻发布会》, 南宁市人民政府网, 2024 年 3 月 14 日, https://www.nanning.gov.cn/jdhy/xwfbh/zflxxwfbh/2024zfyear/t587 2845.html。

据全国工商联 2023 年万家民营企业评营商环境主要调查数据，与 2022 年相比，南宁是优化营商环境进步最明显的 5 个省会（首府）及副省级城市之一。

2. 中国—东盟产业合作区南宁片区建设初见成效

中国（广西）自贸试验区南宁片区打造了"'会展+商务'助力企业出海东盟"等最佳实践案例，建成西部地区首家"经认证的经营者"（AEO）认证实训观摩基地，获评首批广西高质量实施《区域全面经济伙伴关系协定》（RCEP）示范项目集聚区；全年新增外资企业 151 家，自 2019 年设立以来累计新增外资企业 522 家，实际利用外资预估 2.9 亿美元，外贸进出口额实现 526.3 亿元，增长 12.5%。① 南宁综合保税区产业项目支撑作用不断增强，新中新零售供应链基地项目开工建设。临空产业加快集聚，新签约哈啰共享智慧交通东盟总部项目等总投资 5000 万元以上项目 23 个，项目总投资额约为 60 亿元。②

3. 跨境物流通道建设加速推进③

加快建设南宁南过境线等一批高速公路续建项目，广西经中越双方共同确认的国际道路客货运输线路从 2011 年的 20 条增至 30 条（客运 17 条、货运 13 条），已开通南宁—河内等 17 条（客运 11 条、货运 6 条）线路；完成中越跨境公路运输出口 929 趟次，运输货物共 8825 吨。开行中越跨境快速通关班列，南宁国际铁路港全年累计开行中越班列 117 列（折算数）。全年累计完成国际（地区）货邮吞吐量 8.7 万吨，同比增长 19.5%；新开通南宁—巴基斯坦拉合尔、南宁—巴基斯坦卡拉奇、南宁—缅甸仰光、南宁—印度班加罗尔等 4 条国际全货机货运航线，累计开通国际货运航线 17 条，通达 10 个东南亚城市。

---

① 数据来源：《1 月 17 日南宁市举行 2023 年五象新区（自贸试验区南宁片区）高质量发展情况通报新闻发布会》，广西新闻发布网，2024 年 1 月 17 日，http：//gxxwfb. gxnews. com. cn/article. v2019. php？id=21413862。

② 数据来源：《加快打造跨境产业集群　畅通面向东盟物流通道——南宁临空经济示范区建设取得积极成效》，南宁市人民政府网，2023 年 12 月 14 日，https：//www. nanning. gov. cn/ywzx/nnyw/2023nzwdt/t5794226. html。

③ 如无特殊标注，本部分数据均来源于《南宁市西部陆海新通道建设情况新闻发布会》，南宁市人民政府网，2024 年 1 月 9 日，https：//www. nanning. gov. cn/jdhy/xwfbh/zflxxwfbh/2024zfyear/t5825690. html。

三 2023年南宁市经济发展存在的问题

（一）跨境产业链供应链建设亟待加速

一是跨境产业链供应链整合带动能力不足。如新能源汽车产业链中仍缺少驱动电机和电控两大核心板块，也仍未获得乘用车整车制造资质，汽车配套企业不够多，无法满足本地产业链采购需求。二是跨境产业综合服务不足。跨境产业公共平台在推进跨境产业链上下游信息交流对接上缺乏有效服务，服务跨境产业发展的现代服务业体系尚未完善。三是跨境产业链供应链建设的配套规则机制有待进一步健全。通关效率不高，如针对水果蔬菜等跨境货物的检验检疫时间较长，生鲜货物变质腐烂的情况时有发生。

（二）农业全产业链建设亟待推进

一是农业经济高质量发展压力较大。2023年，南宁市第一产业增加值为636.40亿元，同比增长4.5%，增速低于全区0.2个百分点,[①] 高质量建设农业全产业链面临挑战。二是现代农业发展面临用地受限的问题。南宁市的耕地保护工作在一定程度上与发展设施农业、休闲农业、观光农业等现代农业存在结构性矛盾。三是优质农产品供给能力不强。南宁市各县区农业资源类似，在特色农业产业链打造、农产品定位、农业品牌塑造等方面存在同质化现象；本地产出的农产品以中低端初级产品为主，精深加工产品不多。

（三）服务业回升发展压力依然较大

一是高权重行业互联网和相关服务的营业收入持续负增长，全年规模以

---

① 数据来源：南宁市农业农村局。

上互联网和相关服务营业收入为29.30亿元，同比下降41.5%，拉低全市规模以上其他营利性服务业增速。[①] 二是部分重点企业负增长明显，部分规模以上服务业企业营业收入下降明显，对全市服务业稳定发展形成一定压力。三是服务业企业经营规模普遍偏小，规模效应尚不明显，缺少知名品牌和行业龙头，重点企业的产业带动能力不足。

（四）民间投资活力亟待激发

2023年，南宁市固定资产投资增速为-23.7%，其中民间投资增速为-29.4%，投资活力亟待激发。[②] 一方面，南宁市总体经济运行处于恢复阶段，市场整体需求不足，市场发展预期不确定性增强，部分民间投资主体处于观望状态，整体投资节奏明显放缓。另一方面，南宁市产业链建设发展的配套要素不完善，对民营企业吸引力不足，如南宁市用电、用水等成本高于周边省会城市，投资成本相对较高，产业链建设发展的配套要素与东部沿海发达地区的城市相比仍有较大差距。

（五）新质生产力总体水平有待提升

一是R&D经费投入不足。广西统计局2023年底公开统计数据显示，南宁市2022年R&D经费投入总量为65.1亿元，与贵阳（102.79亿元）、合肥（469.5亿元）等省会城市相比较少，与杭州（723.03亿元）、成都（733.26亿元）等较发达城市相比差距更大。[③] 二是产业技术基础不够扎实。在产业基础更新和储备方面仍存在短板，如新能源电池重大产业项目的核心技术仍然依赖项目企业外地研发总部的支持。三是促进科技成果转化应用的制度体系仍有待完善。在促进科技成果应用上创新不足，促进企业应用科技成果的力度不足。

---

① 数据来源：南宁市统计局。
② 数据来源：南宁市农业农村局。
③ 数据来源：广西统计局网站和各地市统计公报。

（六）制度型开放水平有待提高

一是制度创新能力不强。如在积极对接实施 RCEP 方面，制定出台的一系列办法措施在一定程度上存在表层化问题，个性化措施较少，且对于实施的长期性、稳定性考虑不够。二是深度参与对外开放的制度供给能力不足。南宁市在参与制定面向东盟的对外开放制度方面不够深入，主要侧重于完善本市的相关配套政策，制度设计主导作用不明显。三是制度型开放的法治保障能力不足。涉外公共法律服务水平不高，尚未建立东盟法律服务集聚区和直接服务重大战略实施的法律服务平台。

四　2023年南宁市城市首位度及主要经济指标评价

（一）2023年南宁市城市首位度评价

1. 经济首位度

通过省会/首府城市地区生产总值在该省（自治区）所占比重来分析该城市在对应省（自治区）的经济影响力。2023 年南宁市经济首位度为 20.1%，较 2022 年上升了 0.3 个百分点，南宁市经济朝着稳中向好的态势发展，经济首位度有所提升。从西部地区来看，10 个省会/首府城市经济首位度排序近几年基本保持一致，除兰州、乌鲁木齐外，其他 8 个城市的经济首位度较 2022 年均有提升，南宁市排在 10 个西部省会/首府城市的第 9 位（见图 8），说明南宁市在区内外的经济实力与虹吸效应仍有待提高。

2. 人口首位度

从全区看，2022 年末，南宁市常住人口为 889.17 万人，比 2021 年末增加 5.89 万人，人口增长率为 0.67%，人口总量仍然保持全区第一，占全区人口的比重为 17.62%，较上年提高 0.08 个百分点，城镇化率达到 70.36%，高于全区平均水平（55.65%）14.71 个百分点，展现出首府较强

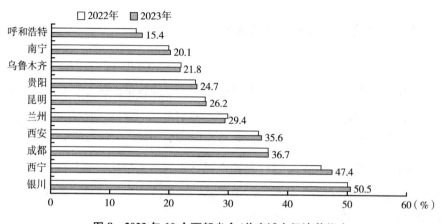

图8　2023年10个西部省会/首府城市经济首位度

资料来源：课题组整理。

的人口虹吸能力。从西部地区看，2022年南宁市常住人口排在10个西部省会/首府城市的第3位（见图9），人口增量排在第6位，除了成都、西安保持稳定增长外，昆明、贵阳、兰州等城市常住人口净增量持续攀升，人口回流、增长较快。同时，中部地区省会城市常住人口增速较快，如合肥2023年人口净增加21.9万人，增长率达到2.3%，城市的人才吸引力持续增强。

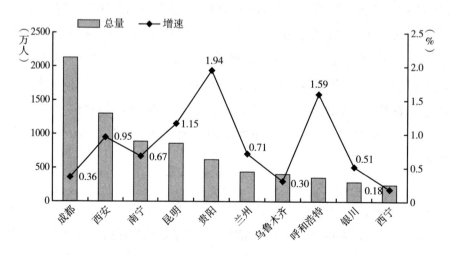

图9　2022年10个西部省会/首府城市常住人口总量及增速

资料来源：课题组整理。

综上，南宁市在区内仍然保持较高的人口首位度，但由于中西部其他城市的经济发展、人才政策红利等竞争因素，南宁市人口虹吸能力仍有较大的提升空间。

（二）2023年南宁市主要经济指标评价

1. 地区生产总值

在地区生产总值方面，2023年南宁市地区生产总值为5469.06亿元，位居10个西部省会/首府城市第四，处于西部地区的第二梯队。在经济增速方面，2023年南宁市地区生产总值增速为4.0%，较2022年提高了2.6个百分点，低于全区平均水平（4.1%）和全国平均水平（5.2%），排在10个西部省会/首府城市的第9位，排名较2022年下降3位（见图10）。新冠疫情防控平稳转段后，各地政策红利持续释放，经济运行持续恢复，10个西部省会/首府城市中有7个城市的地区生产总值增速超过或持平全国平均水平，其中呼和浩特的地区生产总值实现了两位数增长。而南宁市2021~2023年的地区生产总值增速均在全区及全国平均水平之下，经济增速较为缓慢，在释放经济动能、稳增长方面的压力仍较大。

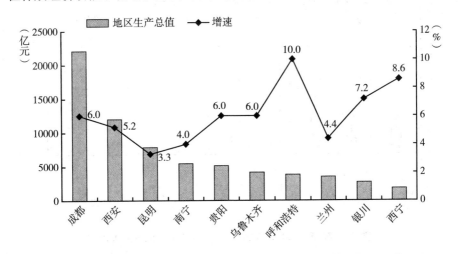

图10 2023年10个西部省会/首府城市地区生产总值及增速

资料来源：课题组整理。

2.产业结构

产业是发展新质生产力的重要载体，第二产业是战略性新兴产业的主阵地。2023年南宁市第二产业增加值为1194.58亿元，同比增长1.1%，受建筑业下行影响，第二产业增速低于第一、第三产业增速。从产业结构来看，2023年南宁市第二产业增加值占全市地区生产总值的比重为21.8%，较2022年下降了0.9个百分点，低于全区、西部地区及全国平均水平，排在10个西部省会/首府城市的末位（见图11）。从细分产业来看，南宁市规模以上工业增加值同比增长8.3%，较2022年提高了6.4个百分点，是近6年来的最高增速，高于全区、西部地区、全国平均水平，增速排名前进4位，在10个西部省会/首府城市中排名第五。重点战略性新兴产业中的电池制造业增加值同比增长21.8倍，拉动全市规模以上工业增加值增速增长10.0个百分点，显示出较为强劲的发展势头；商务服务业、软件和信息技术服务业等生产性服务业保持两位数增长。综上，南宁市产业结构持续优化升级，战略性新兴产业动能不断显现，但传统工业下滑对经济影响仍然较大，新兴产业对经济的贡献与拉动作用有待提升。

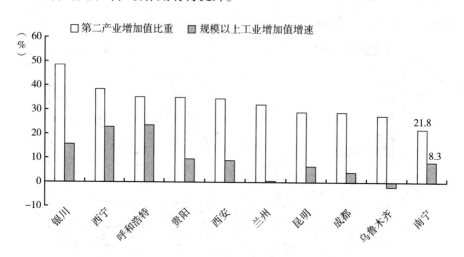

图11　2023年10个西部省会/首府城市产业发展情况

资料来源：课题组整理。

3. 内需活力

投资和消费是拉动内需的两驾"马车",是促进经济稳定增长的重要引擎。在消费需求方面,2023年南宁市社会消费品零售总额为2424.8亿元,同比增长2.8%,消费需求持续扩容。西部地区方面,10个西部省会/首府城市的社会消费品零售总额均较2022年正向增长,其中有半数城市实现两位数增长,对比之下南宁市的消费需求增速仍然较慢,消费需求活力有待进一步激发。在投资需求方面,2023年南宁市固定资产投资同比下降23.7%,其中主要项目投资、工业投资、民间投资等投资需求重点领域均呈现下滑态势。横向对比西部地区,10个省会/首府城市中,2023年固定资产投资同比增长的城市仅有5个(见图12)。在投资需求增长的城市中,项目投资、工业投资增长成为重要引擎,如银川市2023年项目投资同比增长13.7%、工业投资同比增长21.1%,拉动该市全年固定资产投资同比增长8.5%;呼和浩特市2023年工业投资同比增长84.1%,带动全年固定资产投资增速达到25.5%。相比之下,南宁市的投资需求稳定性、持续性有待增强,抓项目、促投资仍然是"十四五"后半期的重点攻坚任务。

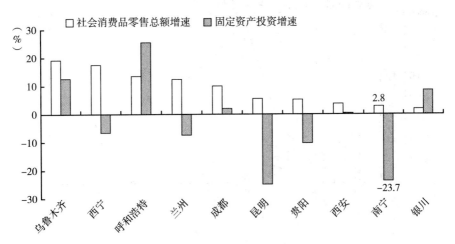

图12 2023年10个西部省会/首府城市投资与消费情况

资料来源:课题组整理。

4. 贸易竞争力

进出口贸易是反映城市贸易竞争力及对外开放水平的重要指标。2023年南宁市外贸进出口总额为1259.06亿元，排名全区第二，近年来崇左、钦州、防城港等临港口岸建设加快对南宁的进出口贸易造成了一定的冲击。从西部地区来看，2023年南宁市外贸进出口总额排10个西部省会/首府城市的第4位；增速方面，受国际经济大环境影响，各国进出口贸易需求有所减弱，10个西部省会/首府城市中有5个城市的进出口总额呈现负增长（见图13）。从外贸结构来看，2023年南宁市新能源汽车出口额为59.1亿元，同比增长923.6%，占广西新能源汽车出口额（61.8亿元）的95.6%；高新技术产品出口额为893.4亿元，同比下降3.6%。综上，南宁市外贸结构优化升级，不断释放外贸增长新动能，以"新三样"为代表的南宁制造产品出口涨势良好，但外贸竞争韧性及出口竞争优势在区内外城市快速发展的压力下仍面临较大挑战。

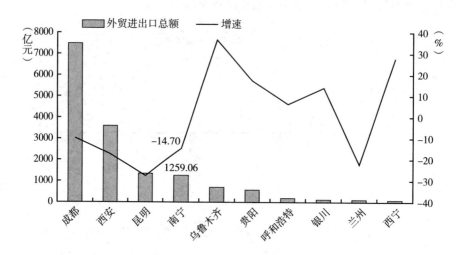

图13 2023年10个西部省会/首府城市进出口贸易情况

资料来源：课题组整理。

5. 创新活力

创新是新质生产力的核心特征。创新投入方面，2022年南宁市 R&D 经费投入总量首次突破 60 亿元，达到 65.1 亿元，R&D 经费投入强度为 1.25%，较上年增长了 0.13 个百分点，R&D 经费投入总量和增速连续两年位居全区第一，在区内保持较好的创新发展势头，但与全国 R&D 经费投入强度平均水平（2.54%）仍有较大的差距。同时，在西部地区，南宁市的 R&D 经费投入总量及强度均处于 8 个西部省会/首府城市的中等偏下水平，西安、成都、贵阳、呼和浩特的 R&D 经费投入总量增速达到了两位数（见图14）。创新环境方面，产业创新集群是激发企业、科研机构等主体内生创新动力的重要载体。而目前南宁市高水平的产业创新集群仍然较少，国家级先进制造业集群名单中南宁市没有产业创新集群上榜，而西部地区的成都、西安、呼和浩特均有与当地主导产业相对应的产业创新集群上榜。相比之下，南宁市在科技载体建设、科技体制机制创新改革等创新环境营造上需要下更大的功夫。

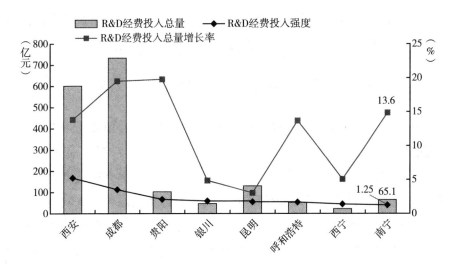

图14 2022年8个西部省会/首府城市 R&D 经费投入情况

资料来源：课题组整理。

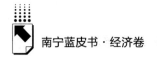

五 2024年南宁市经济发展形势研判与展望

（一）世界经济增长动力不足，复苏缓慢

2024年，外部环境的复杂性、严峻性、不确定性依旧，中东局势不稳定有可能导致石油和天然气价格继续上涨，进而降低全球净增长。2024年初，联合国经济和社会事务部发布联合国《2024年世界经济形势与展望》，预测全球经济增速将从2023年的2.7%进一步降低至2.4%。受全球高通胀、发达国家需求疲软、西方"脱钩断链"、大宗商品价格波动等因素影响，2024年南宁市外贸稳增长压力较大。随着国内跨境电商综合试验区获批数量达到165个，自贸试验区在第7次扩容后已达22个，南宁市的对外政策优势进一步减弱，面临的对外开放竞争更加激烈。2024年是RCEP实施的第3年，更多省市将开放合作瞄准东盟及RCEP区域，南宁市面向东盟的开放合作会进一步受到"挤压"，如何在面向东盟的贸易中脱颖而出，成为南宁市必须面对的突出问题。

（二）国内经济运行总体稳定，逐步向好

2023年，我国经济总体处于复苏阶段，国内生产总值在四个季度同比分别增长4.5%、6.3%、4.9%、5.2%，呈现"前低、中高、后稳"态势。2024年，财政政策将"适度加力，提质增效"，赤字率有望适度上调。对南宁市"三大工程"项目建设的专项资金支持将推动政策托底效应进一步释放。新质生产力加快形成，将推动新旧动能加快转换，释放新的增长动能。国内国际双循环进一步畅通，区域贸易壁垒将进一步消除，市场资源配置将进一步优化，对经济的支撑将进一步增强，这些因素都将推动南宁市经济回升向好。

（三）南宁市经济发展形势分析

1. 中国—东盟关系从"黄金十年"到"钻石十年"为跨境融合和"向海图强"双向发力带来持续动能

中国已连续 14 年保持东盟最大贸易伙伴地位，中国与东盟连续 3 年互为最大贸易伙伴，2024 年是中国—东盟人文交流年，中国和新加坡、泰国已签署互免签证协定，中国与东盟的服务贸易将迎来更多的发展机遇。南宁市作为面向东盟的前沿和窗口城市，担负着国家赋予的建设面向东盟开放合作的国际化大都市的重大使命，2024 年在继续深入推进与东盟的商品贸易往来的基础上，应利用地缘优势，通过政策扶持，在金融合作、科技交流、数据贸易等领域推动面向东盟的生产性服务业实现质的飞跃。

2. 国家和自治区利好政策将为南宁市经济高质量发展提供有力支撑

"合理扩大地方政府专项债券用作资本金范围"等财政政策对省会/首府城市来说是重大利好。除此之外，国家在 2024 年初出台支持广西建设国内国际双循环市场经营便利地的若干措施，给予许多指向东盟的突破性政策支持，"首创性"制度创新、跨域实体产业链式合作、配套服务的便利集成以及政策效应和重点项目建设、投资带来的实物经济量将为南宁市 2024 年经济高质量发展提供有力支撑。同时，南宁市应该找准定位、突出重点，高水平规划建设南宁（深圳）东盟产业合作区，将合作区打造成粤桂两省区共同深化与东盟国家产业合作、构建跨境产业链供应链的先行示范区，以试点突破将政策福利吃深吃透。

3. "三大工程"将成为促进经济增长的重要引擎

南宁市"三大工程"建设项目已列入 2024 年国家年度项目计划，国家在城中村改造方面允许南宁市参照首批 21 个城市先行试点。2024 年，南宁市申报并获得国家级立项的城中村改造项目共有 8 个，改造项目土地面积达 18791.09 亩，项目总投资达 738.56 亿元，截至 2024 年 3 月，8 个项目已申请到国家专项借款授信总额度 590.67 亿元；第一批次已获备案的"平急两用"公共基础设施建设项目共 38 个,[①] 专项债投入拉动以及政策性信贷投放支持,将大大弥补因化债政策无法实施的项目投资缺口,形成新的投资增长点。

4. 以发展新质生产力为突破口的工业增长稳中提质

当前,新一轮科技革命和产业变革方兴未艾,通用人工智能、生命科学、新能源等新质生产力引领产业发展的新方向、开辟产业发展的新赛道。南宁市通过引进比亚迪等链主企业,持续壮大战略性新兴产业,为发展新质生产力奠定了坚实基础。2024 年是新一轮工业振兴三年行动的起步之年,发展新质生产力既是形势使然,也是发展所需。南宁市将积极引导传统产业转型升级,提高生产效率,帮助现有的高新技术企业提高本地化水平,以产业集聚提升整体效能,延长本地产业链,形成高新科技的产业集聚态势。

5. 糖料蔗产业发展将为农业稳增长带来新的增长点

2023 年,南宁市糖料蔗种植面积已扭转了 2018 年以来连续负增长的不利局面。2024 年,随着"桉退蔗进"的深入推进以及新恢复耕地部分用于种蔗,甘蔗种植面积和产量将实现新的较大增长,对农业稳增长形成有力支撑。长远来看,南宁市可以此为契机,支持现有制糖企业实施新一轮技改,同时推动甘蔗种植全程机械化,降低甘蔗种植亩均成本,提升原糖的市场竞争力。同时,支持泛糖科技做大做强,继续提升糖产业链附加值,带动糖业全产业链发展,进一步提升南宁市糖料蔗产业的影响力。

6. 消费回归常态,但服务贸易有可能为三产增长带来新亮点

社会经济持续回升向好、促消费政策红利持续释放推动消费市场快速复苏。服务贸易增长亮眼,2024 年 1~2 月全国服务进出口总额为 11910.7 亿元,同比增长 22.8%,排名第一的是旅游服务。南宁市可紧抓新加坡、泰国免签形成的旅游热点,依托面向东盟、语言类人才较多的优势,设计吸引东盟国家游客的旅游线路,将本市打造为国内面向东盟的旅游集散中心,形成全链条双向畅通的旅游服务贸易产业。

---

① 数据来源:南宁市"三大工程"建设指挥部办公室。

（四）2024年南宁市主要经济指标展望

1.地区生产总值增速

国务院《政府工作报告》明确 2024 年国内生产总值主要预期目标为增长 5%左右，广西《政府工作报告》明确 2024 年全区地区生产总值增长5%。2024 年第一季度以来，全国、全区稳投资、扩内需、促消费的政策支撑和积极要素正在加速集聚。2024 年，南宁市将聚焦加快融入和服务以国内大循环为主体、国内国际双循环相互促进的新发展格局，加快构建现代化产业体系。在 2023 年实现地区生产总值增速 4.0%的基础上，综合考虑国家、自治区各类宏观经济调控因素和面向东盟开放发展的战略布局等重大利好因素，预计 2024 年南宁市能够实现与国家、广西预期目标基本持平的地区生产总值增速目标。

2.三次产业增加值

（1）第一产业。2023 年南宁市第一产业增加值增长 4.5%，农业生产实力持续增强，现代农业发展持续向好，邕系农业品牌影响力不断扩大。2024年，南宁市持续推进现代农业特色化、品牌化发展，特色农产品消费持续火热，第一产业发展态势将持续稳定向好，第一产业增加值增速将在 2023 年的基础上稳定提升。

（2）第二产业。2023 年南宁市第二产业增加值增长 1.1%，规模以上工业增加值增长 8.3%。2023 年南宁市进一步推动制造业项目投资，新能源电池制造业发展已初步成势，拉动工业增长作用明显。2024 年南宁市将全力推进新一轮工业振兴行动，持续引进新能源汽车产业项目，依托"千企技改"工程进一步升级传统产业，抢占新质生产力新赛道新领域，可以预见 2024 年南宁市第二产业发展将持续稳中有进，规模以上工业增加值增速仍呈持续提升态势。

（3）第三产业。2023 年南宁市第三产业增加值增长 4.8%，2024 年南宁市将深入实施扩大内需战略，全面推进现代服务业高质量发展，进一步挖掘和释放消费潜能，可以预见 2024 年南宁市第三产业正向发展态势稳定，将为实体经济发展提供更为有力的支撑。

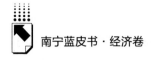

3. 固定资产投资

2023 年南宁市固定资产投资增速为 -23.7%，低于广西和全国平均水平，2024 年国家将积极推进城市"三大工程"建设，构建房地产发展新模式。同时，将依托积极稳健的各类宏观调控政策和制度性改革，持续提振市场信心。基于此，2024 年更多满足刚性需求及高质量发展要求的基础设施建设投资将持续加大力度，南宁市也将加大力度推进重点产业领域项目投资，可以预见，2024 年南宁市固定资产投资增速有望跳出负向增长低谷，并逐步回升至正向增长态势。

4. 一般公共预算收入

2023 年南宁市一般公共预算收入增长 2.1%，2024 年南宁市将深入推进新型工业化，持续推进服务业升级发展，进一步释放消费潜能，提升要素保障和服务实体经济水平，激发市场主体活力，赋能高质量发展。基于此，2024 年南宁市一般公共预算收入将呈现正向增长的有利态势，在 2023 年的增长基础上获得进步。

5. 社会消费品零售总额

2023 年南宁市社会消费品零售总额增长 2.8%。2024 年，国家在稳定和扩大传统消费的同时，积极培育壮大新型消费，培育新的消费增长点。南宁市也将持续深入实施扩大内需战略，发挥文旅资源优势，发展更多消费新业态，出台更为有力的消费支持政策，促进居民消费实现较快恢复。同时，随着居民消费需求逐步回暖，可以预见 2024 年南宁市社会消费品零售总额将呈现正向稳定增长态势。

六 加快推进南宁市经济高质量发展的对策建议

（一）加快建设以实体经济为支撑的现代化产业体系

1. 加快建设工业重点产业链供应链

一是加快主导产业转型提质和战略性新兴产业培育壮大。培育壮大新能源、新能源汽车及零部件、化工新材料、电子信息（半导体）、高端装备制造等新兴产业，加快建设面向东盟和共建"一带一路"国家的新能源汽车产业集聚区。改造提升糖、林产品、食品等优势传统产业，加快打造南宁老友粉区域性知名食品品牌。前瞻布局人工智能、低空经济等未来产业，打造一批具有首府特色和优势的支柱产业。狠抓重大项目建设，大力推动"双百双新"和"千企技改"项目实施，推动工业投资总量提升、结构优化。二是加快构建跨境产业链供应链。推动与东盟国家园区、企业的跨境产业链供应链合作，加速"两港一区"建设，深化深邕合作，深度融入长江经济带、粤港澳大湾区等重点区域产业分工体系，补齐电子信息、新能源汽车及零部件、石化化工、装备制造、金属新材料等产业链。

2. 大力发展生产性服务业

一是持续加大布局力度，发展专业化、高端化的生产性服务业。围绕全市制造业产业链布局和发展重点，聚焦跨境产业链关键环节要素需求，抓好生产性服务业配套，促进生产性服务业与先进制造业融合互动发展，推动商贸物流、现代金融、科技服务、软件和信息服务等生产性服务业加快发展，培育一批生产性服务业经营主体。二是加速现代金融服务发展。充分利用金融创新政策，重点发展货币金融服务、生产性保险服务等业态，深化常态化精准化政金企对接，紧密围绕支柱型产业，加大对生产性服务业企业的融资支持力度。三是强化生产性服务业创新支撑。着力培育生产性服务业新供给，围绕园区主导产业和特色产业补齐园区生产性服务业板块，集中创新要素资源助力企业做大做强，创建和升级一批特色化生产性服务业集聚（示范）区。

3. 加强现代农业特色化、品牌化建设

一是科学调整优化农业产业布局。挖掘培育一批影响力大、竞争力强、带动作用明显的农业"南宁品牌"，因地制宜打造"一县一业""一村一品"特色产业，大力打造南宁市自治区级现代特色农业示范区。持续提升横州茉莉花（茶）、武鸣沃柑、隆安火龙果、隆安香蕉等"邕字号"品牌的知名度和影响力，加快发展"邕味"预制菜，提升"邕字号"农产品在粤港澳大湾区的市场占有率。二是推动现代农业特色产业提档升级。积极推进农业科技创新，推广无人机、水肥一体化自动滴灌系统、全景VR远程视频监控系统等一系列现代农业装备和技术，提升农产品作业效率。三是完善产业链配套服务。推动农村电商加快发展，完善仓储物流配送体系，升级现有农产品生产加工和仓储物流基础设施。联合规模大、销售稳的龙头企业、合作社、家庭农场等主体，集中打造一批仓储物流基地，完善产业链条，提升发展效益。

4. 促进农村一二三产业融合发展

一是做好用地项目入库，保障用地需求。继续增强农村一二三产业融合发展用地可及性，做好农村三产融合发展用地项目入库申请，每年度安排相应指标用于保障乡村振兴计划指标的新增建设用地。二是大力发展乡村新业态。推动发展设施农业、观光农业、休闲农业，打造连接新城和主城的现代农业示范带。依托南宁山水、民俗等特色，推动"旅游+康养""旅游+体育""旅游+文化"等农村新业态发展。

（二）加快发展新质生产力，激发高质量发展新动能

1. 构建全过程创新生态链

一是强化科技创新平台建设。持续推进南宁市新型产业技术研究机构建设，加快南宁清大协同创新中心、广西桂电技术服务中心等创新平台建设运营。大力支持和引导企业、高校、科研院所等申报各类创新平台。二是强化创新创业主体培育。大力开展广西"瞪羚"企业培育入库、认定申报和南宁市"瞪羚"企业入库遴选。三是强化关键核心技术攻关。组织实施"揭榜挂帅"、科技重大专项和重点研发项目，推进新能源汽车、先进装备制造、生物医药、新材料等领域关键核心技术与共性技术攻关，加快科技成果落地转化。

2. 推进创新链、产业链、资金链和人才链深度融合

一是建设融合发展平台。加快建设和完善集公共技术服务、投融资服务、信息交流服务、政务服务于一体的综合服务平台，建立健全创新生态链

全链条服务体系。二是完善金融支撑体系。充分发挥政府风险补偿机制作用，鼓励"人才贷"和"人才投"，创新"人才保"。强化政府融资担保，积极引导各类金融机构和产业资金以股权投资、并购重组、融资租赁等方式参与创新创业。三是完善制度保障。系统梳理各链条、各环节的堵点、卡点、断点，加快推进体制机制改革和制度创新，促进各链条、各环节要素自由流动、合理配置，强化创新资源保障和配套支撑。

3. 加快培育智能网联新能源汽车、新材料等优势产业

一是加快推进智能网联新能源汽车产业发展。支持引进国内外智能网联汽车检验检测及认证机构，推动建设国内一流制造基地，大力推进汽车后市场产业高质量发展。二是做大做强电子信息产业。承接东部、衔接东盟，优化重点服务，加快打造东盟—南宁—粤港澳大湾区供应链，打造电子信息产业核心部件研发、制造和供应基地，建设中越跨境产业链关键环节南宁生产总部基地。三是建设全国高端铝产业基地。持续延伸高端铝加工产业，大力推进从新材料到新应用的高端铝合金全产业链打造，发展高端铝材下游应用。通过发展铝精深加工产业，进一步推动产业链向高纯铝材料、3D打印铝合金新材料等基础材料领域拓展。四是提升新材料产业竞争力。加快培育和引进新材料技术企业，加快新能源电池材料、新型防水材料、生物可降解材料等新材料重点领域的制备技术研发和产业化发展。

4. 加快谋划布局低空经济

一是加快政策研究应用和顶层设计。结合南宁市实际，强化低空经济发展法律保障和政策支持，着重规划制定公共服务、行业应用、应急救援和文化旅游等领域的发展目标和战略方向。二是加快低空经济产业集聚。打造一批特色鲜明的产业集聚区，推动"无人机+"产业集聚，不断发掘"低空经济+"应用场景。三是加大低空经济发展基础保障力度。从财政、金融、税收、人才等方面支持低空经济产业集聚区打造和行业龙头及示范企业培育。密切与东盟国家的经验交流，发起或参与东盟国家低空经济产业标准制定，吸引国际投资和技术合作，为低空经济发展提供资金和技术支持。

（三）加快区域性枢纽中心建设，推动高水平开放发展

1.加快区域性枢纽中心建设

一是水路方面，加快实施南宁（牛湾）至贵港3000吨级航道工程，有序推进平塘江口作业区及碍航桥梁改造等项目的前期工作。开展"运河+"大水运建设，全力推动南宁港总体规划修编、内河航道能级提升、港口基础设施完善、东部新城与主城区交通联通。二是公路方面，加快实施南宁南过境线、隆安至硕龙、横州至钦州港等项目，不断完善服务高效、衔接顺畅、安全可靠、绿色智能的一体化公路网络体系。三是铁路方面，加快实施南玉城际铁路、南玉高铁横县站综合交通枢纽工程等项目，有序开展五象火车站、南宁站和南宁南站改扩建及大塘至吴圩机场联络线等项目的前期工作。完善区域铁路网络，优化区域综合交通结构，构建现代综合交通运输体系。四是航空方面，聚焦货运航线拓展和口岸服务，实施南宁吴圩机场改扩建工程、T3航站区及配套设施工程，提升航空货运能力以及南宁区域性国际航空枢纽通关便利化水平。

2.打造更高效率大通道、更高能级大平台

一是建设更高效率大通道。一方面加强"硬联通"建设，重点做好南防铁路南宁至钦州段增建二线的前期工作，推动友谊关口岸至越南段高速公路段项目、湘桂铁路南宁至凭祥段扩能改造项目的前期工作，培育南宁至东盟主要国家的国际货运航线；另一方面强化"软联通"建设，优化大宗商品监管模式，加快跨境物流信息平台建设，建立通关便利化合作机制，提升通关便利化水平。二是建设更高能级大平台。推动东博会和峰会①高质量发展，加快建设中国（广西）自贸试验区南宁片区协同发展区，打造中国—东盟大宗商品交易市场和区域性大市场，打造中国（广西）自贸试验区新增长极。

3.加快推进中国—东盟产业合作区南宁片区建设

一是提升"一体"能级。依托中国—东盟信息港南宁核心基地、中国—东盟人才城、中国—东盟金融城等重要平台载体建设，培育中国—东盟

---

① "东博会"即中国—东盟博览会，"峰会"即中国—东盟商务与投资峰会，下同。

大数据交易市场，引进金融机构区域性总部、功能性总部、金融中后台服务机构等，打造面向东盟的数字经济产业集聚区。二是提质"东翼"发展。坚持"港产城海"融合发展，加大电池新材料产业园、中国·南宁新材料产业园建设力度。推动临港产业加速集聚，加大对化工新材料、高端纸制品深加工等项目的引进力度，进一步完善新能源汽车等产业链。三是提速"西翼"建设。提升空港片区、铁路港片区、综合保税区高质量发展水平，构建空港国际跨境电商中心等贸易平台，推进中国—东盟跨境产业融合发展合作区重要承载地建设。构建南宁（深圳）东盟产业合作区，推进深邕产业合作重要承载地和跨境产业链供应链先行示范区建设。

4. 完善区域开放发展合作机制

一是围绕建设面向东盟开放合作的国际化大都市。加强与越南以及重点东盟国家高层的对接和经贸等领域的合作，持续扩大面向东盟的开放合作。畅通跨境快速物流通道，推动新能源汽车、电子信息等跨境产业融合发展，在加快建设中国—东盟产业合作区和南宁—越南河内经济走廊等方面加强交流与合作。聚焦南宁市重点产业发展方向，开展新友城开拓工作，用好东博会、峰会平台，拓展对外合作渠道。二是拓展人文交流渠道。创新人文经贸品牌项目，融入更多东盟国家元素，打造外事品牌项目。依托南宁市 RCEP 商协会联络机制，不断深化与海外商协会的交流与合作。三是加强区域开放发展互联互通基础设施建设。大力发展跨境物流运输，打造跨境物流快速通道，建设物流基础设施，完善物流运输网络。加强与友好城市的交往，构建常态化会商机制，促进人员互访、信息互通、文化互鉴。

（四）加快发展新业态，持续挖掘消费潜能

1. 谋划发展商文旅融合的"流量经济"

一是打造特色消费新街区。结合汽车、露营、演艺、直播、棋牌、美食等热点，重点打造国家级示范步行街区、夜间经济集聚区、"一刻钟"便民生活圈、"网红打卡地"等多元消费场景，培育商文旅融合新型时尚消费业态。二是打造热点消费新节庆。加大"造节引流"力度，聚焦各行业各重

点领域促消费，形成"季季有节庆、月月有活动、周周有促销"的浓郁消费氛围，打造南宁消费节庆品牌和城市消费名片。三是增加优质数字文旅产品供给。加大精品线路打造力度，运用数字和网络技术丰富文旅产品内容，将文旅资源进行数字化展示，提升游客视觉、听觉体验，延长产业链、提升价值链；推动智慧文旅建设，提供信息、导航、交通和购票等一体化服务。

2. 着力打造地方特色"网红经济"

一是依托本土资源打造特色消费IP。借助南宁特色水果、美食资源，依托中山路夜市、平西夜市、埌西夜市等较为成熟的夜市街区，打造南宁文旅新IP。二是多举措助力"网红经济"发展。建立"网红"孵化基地，培育本土"网络达人"，组建"网红经济"人才队伍，提供短视频录制、直播技能培训以及技术、政策支持，通过"网红经济"吸引外地游客，助力提升文旅产业品牌影响力。

3. 加快扩大品质化消费服务供给

一是打造优质消费新品牌。立足国际化大都市建设，支持山姆、宜家、奥莱等已落地零售品牌提升影响力，推进比亚迪直营旗舰店、京东超级体验店等项目尽快落地。扶持本土老字号品牌做大做强，打造线上"网红"名品，提升城市消费品位。二是打造文旅消费新供给。激发首府文化创新创造活力，推出一批思想精深、艺术精湛的文化艺术作品，持续提升"南宁民歌湖大舞台周周演""绿城歌台"等群众文化品牌活动质量，扩大南宁国际民歌艺术节、中国—东盟（南宁）戏剧周等精品文化活动的影响力。三是补齐乡镇消费供给短板。立足本土特色资源，完善乡镇公共服务设施，着力培育和壮大特色支柱产业，筑牢县域消费升级的根基。

4. 完善消费促进配套政策

一是完善顶层设计。出台《南宁市2024年促消费若干措施》等政策，聚焦汽车、成品油、智能家电、百货、餐饮等重点消费领域释放政策红利。二是优化消费环境。针对维护消费者权益、创新数字化技术、丰富新业态等方面，细化出台优化消费环境政策，引导商业综合体丰富发展业态。三是释放乡村消费潜力。统筹规划县域商业建设、商业用地调整等，健全以县城为中心、以乡镇为重点、以村为基础的县域商业网络。落实消费品"以旧换新"政策，制定汽车、家电、家居换新支持政策和清单，促进家电、汽车、家居下乡。

（五）强化市场主体引育，持续优化投资环境

1. 创新招商引资模式引育优质企业

一是优化产业招商方式。精心绘制招商图谱，积极开展产业链招商、大数据招商、资本招商，引进一批优质项目，积极参加深圳、北京、杭州等城市的特色产业投资推介活动，面对面精准对接工业企业客商，大力提升招商引资质量。优化项目服务机制，对重点产业链新签项目实施清单式管理，推动各级领导联系服务重大招商项目，协调项目加快落地。二是创新招商模式。学习借鉴合肥"以投带引"的招商模式，通过政府投资成为股东，引育优质企业，享受分配红利，提高资金周转能力，借助南宁·中关村创新示范基地等平台，打造高新技术产业集群，形成资金与企业发展的良性循环。三是推行"赛马榜"机制。定期通报新签项目、资金到位、强优企业等任务进度，对各县（市、区）、开发区、重点产业链专班进行排名，对招商引资先进个人和集体给予嘉奖。

2. 全方位支持本地企业转型升级

一是营造良好转型升级氛围。立足产业基础和资源优势，通过示范带动、平台搭建、政策保障，大力推进南宁本地企业"智改数转"。二是加强政产学研用深度融合。集聚金融、高校、科研院所等服务资源，促进资源整合和配置优化，激发本地企业科技创新活力。三是提升企业竞争力。鼓励本地企业积极争创品牌，设立专项资金，在品牌打造、市场推广等方面对本地企业给予支持，加快推动本土企业"走出去"。四是完善服务企业专员制度。完善服务专员选、育、管、用体系，打造一批政策清、业务精、能力强的高素质服务队伍，为本地企业转型升级保驾护航。

3. 加快建设全国统一大市场

一是加快完善市场准入制度。全面梳理市场准入负面清单，以"非禁

即入、非禁即准"为落脚点，确保民营企业在投融资、招投标等方面与国有及国有控股企业享受同等待遇，放宽电力、交通、市政公用设施等领域市场准入。二是持续优化营商环境。对标对表国内先进地区先进做法，形成具有广西特色的企业开办工作机制；抓好优化营商环境第三方评估整改，抢抓时间补齐短板，推动成立优化营商环境专家咨询委员会，为南宁市优化营商环境提供智库支持。三是深化区域开放合作。加强与深圳市的对接，加快推动南宁（深圳）东盟产业合作区"123"体系规划落地，加快中国—东盟产业合作区南宁片区建设，合力打造"政策洼地""投资高地"。

4. 提升服务实体经济工作水平

一是推动政策落地。加大对服务业龙头企业、现代服务业、规模以上其他营利性服务业的政策奖励力度。二是提升金融服务实体经济实效。持续深化政金合作，推动驻邕金融机构引进存款、多增贷款，扩大保费规模，提升南宁市绿色金融信易贷综合服务平台效能。开展金融产业链招商，吸引更多金融机构区域性总部、功能性总部、金融中后台服务机构入驻中国—东盟金融城。三是完善中小企业数字化转型服务体系。重点梳理中小企业数字化转型需求、问题和场景清单及供需适配库，完善配套扶持政策，加快试点企业数字化改造。

（六）加快重点领域改革创新，持续优化资源要素配置

1. 创新引育人才有效支撑重点产业发展

一是持续落实各项人才政策。强化人才政策落实，统筹调配优质岗位，进一步丰富"就业指导进校园"等措施，做好高校毕业生引留服务。全力培育、集聚高层次人才队伍，落实高层次人才认定政策及相关奖补政策。二是依托"人才飞地"招引人才。支持鼓励企业在区外城市建设"人才飞地"，利用人才创新创业大赛等招引海内外人才，加快推进人才项目对接服务，推动海内外人才落地南宁。三是强化企业用工保障。持续开展"访百企知百情解百难，服务首府高质量发展"常态化联系服务企业工作，建立服务专员一对一服务机制，创新小程序反馈问题方式，满足重点企业用工需求。四是强化人才服务保障。推进"八桂"系列劳务品牌建设,优化南宁市现有人才政策和人才服务平台,发挥公共人才培养基地作用。

2.创新金融服务有效支持实体经济发展

一是持续强化金融服务。用好中央财政支持普惠金融发展示范区建设等政策红利,抢抓自治区"桂惠贷"拼经济稳增长系列产品机遇,提升南宁市绿色金融综合服务平台效能,精准助力工业、消费、农业等多领域提质增效。二是激活资本市场。抓好企业上市培育,推动自治区在南宁市设立北部湾资本市场服务基地。加快南宁市产业高质量发展基金运作,提升债券融资总量。三是深化金融改革。深化跨境金融创新,做好中国(广西)自贸试验区南宁片区先进经验推广工作。深化绿色金融改革创新,持续优化绿色金融创新和服务体系,抓好碳金融和转型金融服务。推动数字人民币试点工作提质升级。深化农村金融改革,持续开展"四级联创",推动金融更好服务乡村振兴。四是做好风险防控。建立重大金融风险问责机制,完善地方金融监管体制,分类施策以防范化解农村金融、房地产金融等重点领域风险。

3.提高土地要素配置精准性和利用效率

一是强化项目用地保障。坚持"项目为王",以服务重大项目为重点,以保障土地要素为抓手,严格落实"新增建设用地计划指标跟着项目走"的要求。关注重点项目进展,做好用地报批服务。推出更多符合市场需求的土地,对出让总量、结构、布局、时序和方式做出合理安排,促进房地产市场平稳健康发展和产业振兴。二是坚守耕地红线。加强耕地恢复工作督导,确保完成耕地保护和粮食安全责任制考核。积极拓展补充耕地途径,充实新增耕地指标储备库。推进生态修复,开展历史遗留废弃矿山修复工作,加强全域土地综合整治管理,做好项目督导。三是提高开发利用效率,强化土地利用信息化管理,加大存量土地盘活力度,分类精准施策。加强建设用地供后监管,及时更新监管系统的项目开竣工、延期和闲置查处数据,加快落实消化处置任务。

4.营造市场化法治化国际化一流营商环境

一是深层次推动创新改革。开展贸易便利、投资便利、资金流动便利等

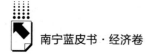

南宁蓝皮书·经济卷

领域的改革创新试点，强化政企互动。探索实施市场准入承诺即入制，推进中国—东盟商事仲裁协作中心建设，加快融入全国统一大市场。二是高水平推动数字赋能。持续深化"一网通办"改革，强化网上办事入口统筹管理和一体化服务，优化"流程再造+智慧化"政务服务，迭代升级"邕易办"智能审批系统，加大电子证照应用协同力度。三是高质量优化政务体系。持续提升市、县、乡三级政务协同服务能力，推动帮办代办流程标准化、服务专业化；发挥基层服务中心、银行、邮政、楼宇等网点优势，扩大自助终端服务内容供给。依托广西数字政务一体化平台，推动更多跨部门、跨层级事项实现"一件事一次办"，扩大"跨省通办""区域通办"范围。健全企业"办不成事"诉求直达快办机制，梳理政商交往负面清单，构建亲清统一的新型政商关系。

产业发展篇 ▶

B.2

2023~2024年南宁市工业发展情况分析及展望

吴保民　农浯　黄帆*

摘　要： 2023年，南宁市深入实施工业强市战略，立足资源禀赋和产业基础，聚焦新能源、新能源汽车及零部件、半导体等着力打造支柱产业，推动产业结构不断优化、新动能加速释放、"一体两翼"落地落实，工业对全市经济增长的支撑作用明显增强，"鲤鱼跳工门"步伐加快。但是，南宁市工业发展仍面临工业经济持续恢复基础尚不牢固、行业投资意愿不强等困难和问题。2024年，南宁市将深入贯彻落实习近平总书记关于广西工作论述的重要要求，深入推进新型工业化，大力实施新一轮工业振兴三年行动，加快培育和形成新质生产力，构建以先进制造业为骨干的现代化产业体系，奋力挺起工业振兴"新脊梁"。

---

* 吴保民，南宁市工业和信息化局副局长、党组成员；农浯，南宁市工业和信息化局综合科科长；黄帆，南宁市工业和信息化局综合科一级科员。

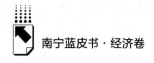
关键词： 工业强市　新质生产力　南宁

一　2023年南宁市工业发展情况

2023年，南宁市坚持以习近平新时代中国特色社会主义思想为指导，全面学习贯彻党的二十大精神，深入贯彻落实习近平总书记关于广西工作论述的重要要求，坚持"解放思想、创新求变，向海图强、开放发展"，大力实施工业强市战略，着力优布局、调结构、促转型。面对市场需求低迷、房地产不景气等严峻形势，南宁市工业经济实现逆势上扬，呈现结构优化、增速加快、质量提升的良好态势，工业振兴蓄能成势、势头强劲。

（一）工业支撑作用加强

工业增长加快，南宁市规模以上工业增加值同比增长8.3%（见图1），比上年提高6.4个百分点，比全国高3.7个百分点，比全区高1.7个百分点，比西部地区高2.2个百分点，增速全区排位由上年的第11位提高到第6位，是近6年来的最高增速。工业贡献力度加大，全年规模以上工业增加值增速高于GDP增速4.3个百分点，工业占GDP的比重同比提高0.5个百分点，工业对GDP增长的贡献率达23.0%，创近6年来新高。先行指标支撑有力，规模以上工业企业营业利润同比增长43.6%，工业税收同比增长18.0%，工业用电量同比增长9.5%。①

（二）工业增长结构优化

南宁市规模以上高技术制造业增加值同比增长34.9%，比上年提高28.0个百分点，占全市规模以上工业增加值的比重为19.2%，同比提升3.5个百分点。其中，电池制造业取代食品加工、电子信息等产业成为全市工业

---

① 数据来源：文中数据除特殊说明外，均由南宁市工业和信息化局提供。

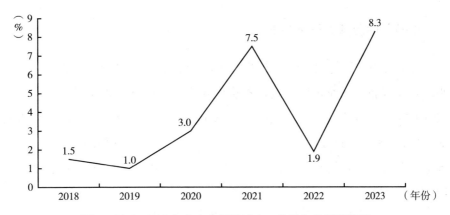

图1 2018~2023年南宁市规模以上工业增加值增速情况

资料来源：南宁市工业和信息化局。

增长的最大拉动力，全年拉动全市规模以上工业增加值增速增长10.0个百分点，对全市规模以上工业增加值增长的贡献率达120.6%。

（三）产业集聚效应增强

一是新兴产业加速集聚。新能源产业发展势头强劲，比亚迪、多氟多等一批重大项目投产，龙电华鑫、宸宇富基等项目落地开工。2023年，南宁市电池制造业总产值超200亿元，同比增长2078%，已落地新能源电池总产能超100吉瓦时，南宁市成为全国新能源产业重要的集聚区。新能源汽车及零部件产业已形成规模，成功举办首届中国（南宁）—东盟汽车产业合作发展论坛，助推与东盟国家新能源汽车产业的合作，2023年新能源汽车出口增长超9倍。半导体产业形成集成电路设计、封装测试、模组制造、靶材和光掩膜版基材等研发制造能力，华芯振邦半导体项目投产，实现广西晶圆级先进封装测试"零的突破"。轨道交通产业"以市场换产业"，引进12个装备制造项目和15家智慧交通软件企业，产业生态圈加快构建。二是传统产业加快改造升级。铝精深加工产业在新能源产业的助推下向电池铝箔、电池托盘、结构件等高附加值领域延伸。造纸产业加速向高端化、智能化、绿色化转型，太阳纸业一期技改项目竣工，带动一批深加工企业集聚，高端纸制品深加工产业园项目顺利推进。

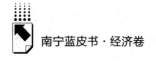
（四）项目建设质效提升

投资结构持续优化，南宁市工业投资总量2021～2023年排名全区第一，2023年工业投资占全市固定资产投资的比重为29.3%，占比连续4年提升（见图2）。"双百"在库项目数量位居全区第一。全年新增自治区"双百双新"项目13个，累计在库项目达70个，其中"双百"项目19个，居全区首位；列入"千企技改"工程计划项目240个，其中重大技改项目123个，均位居全区第一。

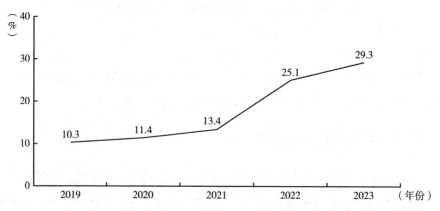

图2　2019～2023年南宁市工业投资占全市固定资产投资的比重

资料来源：南宁市工业和信息化局。

（五）企业培育成效显著

南宁市2023年新入规工业企业173家，较上年增加15家，其中新建入规企业71家，新入规和新建入规企业数量均居全区首位。新增广西工业龙头企业4家、广西工业企业质量管理标杆13家，均居全区首位。新增国家级专精特新"小巨人"企业3家、自治区级专精特新中小企业47家，均居全区首位。新增广西制造业单项冠军示范企业6家，居全区前列。8个平台获得2023年度自治区中小企业公共服务示范平台认定，7个基地获得自治区小型微型企业创业创新示范基地认定，均居全区首位。

（六）产业布局实现优化

"一体两翼"加速成形，"一体"向新向实，五象新区生产性服务业和先进制造业融合发展。"东翼"破题破局，2023年东部新城规模以上工业总产值同比增长74.9%，伶俐工业园、电池新材料产业园、六景化工园落户一批链主企业，已布局形成新能源全产业链。"西翼"开局良好，临空片区开工建设，综保区二期加快规划。深邕合作取得实质性进展，与深圳正式签订共建南宁（深圳）东盟产业合作区战略框架协议，建立"123"规划体系和常态化工作推进机制，积极开展合作区推介活动，构建"深圳研发+南宁制造+东盟市场"合作模式。"十有"园区数量位居全区第一，4个园区列入2023年自治区"十有"园区，居全区首位。

（七）创新水平持续提升

一是"产学研用"合作深入推进。推进桂电"113工程"建设，引进自治区级以上人才26人，累计进驻研究生近2000名，与企事业单位共建产学研人才培养基地14个。企业技术中心和"瞪羚"企业数量位居全区第一。2024年以来，新增国家和自治区级企业技术中心14家、广西"瞪羚"企业20家，均居全区首位；分别新增国家和自治区级技术创新示范企业1家和4家，广西高端稀土功能新材料创新中心入选2023年广西制造业创新中心试点培育名单。二是绿色发展加速推进。规模以上万元工业增加值能耗同比下降4.3%，新增6家国家级、4家自治区级绿色工厂及35种自治区级绿色设计产品，国家级绿色工厂及自治区级绿色设计产品入榜数量均居全区首位，高新区成为国家级绿色园区。

（八）"智改数转"步伐加快

数字化转型迈入新阶段，全年获认定智能制造标杆企业2家、数字化车间16个、智能工厂示范企业7家，新增总数居全区首位。成功列入全国首批中小企业数字化转型试点城市，获中央财政支持中小企业数转专项资金

1.5亿元，持续激活中小企业数字化改造动力。软件业发展取得新成果，2023年1~11月（错月指标），软件和信息技术服务业营业收入同比增长12.6%。润建股份有限公司连续2年入选中国软件百强企业，广西梯度科技股份有限公司、南宁市迈越软件有限责任公司挂牌上市。

二 2023年南宁市工业发展主要措施

（一）强化精准监测调度，保障工业经济平稳运行

一是加强运行监测调度。落实"15+3"张表经济运行监测体系制度，发挥规模以上工业监测表作用，加强工业指标监测预警，紧盯比亚迪等重点企业，深挖潜力、扩大增量，稳定工业经济向好势头。二是加大政策扶持力度。落实自治区工业经济提速增效等扶持政策，根据企业发展的需求按季度出台支持工业经济稳增长的措施，修订工业振兴若干政策，从支持企业复工复产、鼓励企业增产增效、支持企业技术改造、帮助企业开拓市场等方面加大扶持力度，全力稳定工业发展。三是完善工业振兴考核机制。修订《南宁市推进工业振兴工作成效考评办法》，围绕制约和影响南宁市工业发展的主要因素，从5个方面15项指标加大对各县（市、区）、开发区工业发展的考核力度，形成"比学赶超"的良好氛围。

（二）狠抓重大项目建设，全力以赴扩大有效投资

一是完善项目推进机制。建立重大工业项目建设推进工作机制，统筹推进比亚迪、太阳纸业等重大项目，制定流程图指引项目建设全周期服务，形成项目从前期策划、招商引资到落地建设、投产入规的完整工作闭环，实现项目实施各环节有效衔接、有序推进。二是加快百亿元工业项目建设。深入实施百亿元工业项目服务专员驻点服务制度，先后协调解决太阳纸业项目环评、供电、配套取水口上移、道路建设等一系列问题，比亚迪碳酸锂项目环评、配套水电气建设问题，以及宸宇项目场地平整、环评等问题，为重大项

目的加快建设提供了坚实保障。三是大力推进"双百双新"和"千企技改"。充分用好自治区重大项目推进机制，积极开展项目策划包装和组织申报工作，将更多项目纳入"双百双新""千企技改"支持范围，为南宁市重大项目建设提供更有力的保障。

（三）创新招商工作机制，提高产业精准招商成效

一是建立重点产业链推进工作机制。强化南宁市各县（市、区）、开发区主体责任，落实市直各部门职责，发挥链主企业、国资平台作用，借助科研院所、产业联盟资源，形成市县两级全产业链招商体系。二是制定《2023年南宁市重点产业链推进工作分工表》。围绕全市12条重点产业链和52个重点方向，明确重点补链环节、现有链主企业、目标招商企业，引导县（市、区）、开发区精准招商。三是制定《南宁市制造业重大招商引资项目评估方案》。从产业定位、区域布局、投入产出等方面着手设置招商引资重大项目的边界条件，严把项目准入关。四是绘制产业链全景图。梳理千亿元重点产业及新兴数字产业等重点产业链条，绘制南宁市工业树产业林布局全景图，衔接自治区产业链全景图系统搭建南宁市产业链全景图信息系统，实现全市产业链统一管理和招商资源共享。五是创新工业招商模式。实行"产业基金+资本招商"、"以市场换产业"、供应链产业链融合等招商新模式，引进安达、全鑫、贝特瑞等一批百亿元项目，全年新签约投资5000万元以上工业项目221个，总投资额达1079.27亿元，产业加快集聚发展。

（四）完善产业发展政策，推动产业加快发展壮大

一是研究出台产业政策。制定《关于促进南宁市轨道交通产业发展的若干意见》《推进南宁市林产业发展行动方案（2023—2025年）》，以补助设备投资、奖励技术创新、强化要素保障、提升服务效能为重要抓手，推动产业加快发展。二是筹备建立产业发展基金。制定铝产业高质量发展工作方案和基金方案，实施铝精深加工"一三五"工程，与自治区筹备设立总规模为100亿元的广西铝产业高质量发展专项基金母基金，不断提升南宁市铝

产业技术创新水平和高端铝合金生产装备技术水平，做长做深铝精深加工产业链。

（五）主动作为靠前服务，推动企业做大做强做优

一是开展实体经济调研服务。落实实体经济调研服务要求，完善市领导、正副秘书长联系服务重大项目重点企业机制，聚焦"三升两去三消减"目标，按照"市级抓重点、县级全覆盖"的原则，开展九大调研服务，有效解决了一批企业发展、项目建设问题。在自治区服务壮大实体经济推动高质量发展调研服务总结大会的现场测评中，南宁市的企业满意度居 14 个设区市首位，并获批先进集体。二是帮助企业开拓市场。出台《南宁市 2023 年"服务保障企业稳增长拓市场"活动工作方案》，建立"服务保障企业稳增长拓市场"活动工作机制，积极开展"南宁制造·邕有佳品"等系列展销推广活动，助力企业抢订单、拓市场。"'南宁制造·邕有佳品'益企强品牌、益企拓市场"项目荣获"全国优秀中小企业创新服务项目"称号。三是全力推进融资服务。充分发挥"两台一会"中小企业投融资服务平台作用，解决企业流动资金贷款难题。截至 2023 年底，"两台一会"中小企业投融资服务平台累计帮助全市 1052 家中小企业解决流动资金贷款 371.67 亿元。

（六）推动园区提质升级，强化产业发展基础支撑

一是引导工业园区产业布局。制定《南宁市实施工业园区产业引导办法》，明确全市 15 个工业园区和综保区引导产业目录和限制产业目录，鼓励园区做强主导产业、特色产业并延伸产业链。二是推进园区体制改革。出台国家级开发区体制机制改革方案，推行"小管委+大平台"管理运行模式，按照"一区一策"要求逐步剥离园区社会事务管理职能和开发运营职能，推动园区把主要精力集中到产业发展上。三是实施产业园区基础设施"大会战"。围绕东部新城、"两港一区"等重点园区建设需求，加大政府专项债券支持园区基础设施建设的力度，推进标厂等基础设施建设，进一步完善园区功能。2023 年，全市 20 个工业园区项目获得自治区专项债额度 45.78 亿元，项目完成投资 62.19 亿元。

（七）坚持科技创新引领，增强工业发展内生动力

一是深入推进产学研合作。推进桂电"113工程"建设，服务桂电南宁研究院与企业开展科研项目合作，助推产业优化升级。与中南大学共建新能源电池研究院产业化项目，加快发挥对产业发展的带动作用。二是强化企业创新主体地位。以企业技术中心、技术创新示范企业、检测认证实验室等技术创新平台建设为着力点，通过资金扶持、政产学研用一体化建设等方式，引导企业加大研发投入力度，着力提升企业技术创新能力。三是实施产业关键技术攻关。支持企业联合国内、区内多主体优质资源，围绕南宁市制造业重点产业链实施关键技术攻关，共同突破技术瓶颈。2023年共有14个项目列入自治区产业关键技术攻关项目清单，其中广西先进铝加工创新中心实施的高端金属材料成型及加工装备产业化项目进一步填补了国内铝合金加工关键热处理设备的空白。

（八）扎实开展节能降耗，促进工业绿色低碳发展

加强重点行业、重点企业节能监督管理，严格执行高耗能产品的国家限额标准，开展工业行业重大节能专项监察。严格执行固定资产投资项目节能审查制度，大力协调指导宸宇、龙电华鑫等一批万元工业增加值能耗低于控制目标的新建重点产业项目以及金鲤水泥等一批传统优势产业改造升级项目开展固定资产投资项目节能审查，提高新上项目能源利用效率。分行业推进工业节能技改，持续推进建材、制糖、造纸等传统高耗能行业工业节能降耗，6家企业的项目列入了2023年自治区工业绿色发展示范节能降碳技术改造项目，预计节能2.95万吨标准煤。

三　2023年南宁市工业发展存在的主要困难和问题

（一）工业经济持续恢复基础尚不牢固

一是部分企业生产经营活动放缓。受市场需求不足、订单减少等因素影

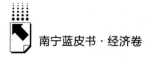

响，南南铝加工、漓源粮油、纵览线缆等一批重点企业大幅减产，提振工业经济仍须持续加力。二是部分重点行业持续下行。受中美贸易摩擦、房地产市场低迷等因素影响，电子信息、建材、木材加工等行业持续下行。

（二）行业投资意愿不强

一是部分行业投资低迷。建材、木材加工等相关行业受房地产市场持续低迷影响投资下行。二是部分重大项目投资意愿不高。比亚迪、安达等部分重大项目受市场因素影响，暂缓扩能或投资计划。三是部分重大项目推进未达预期。德源冶金搬迁、太阳纸业二期等重大项目受多重因素制约，未能及时开工。

四　2024年南宁市工业形势研判和重点工作

2024年是新中国成立75周年，也是实现"十四五"规划目标任务的关键一年，还是全面落实全国新型工业化推进大会部署的重要一年。南宁市将坚持以习近平新时代中国特色社会主义思想为指导，全面学习贯彻党的二十大精神，深入贯彻落实习近平总书记关于广西工作论述的重要要求，坚持"解放思想、创新求变，向海图强、开放发展"，紧紧围绕服务打造国内国际双循环市场经营便利地，深入推进新型工业化，大力实施新一轮工业振兴三年行动，扛牢工业强市战略不动摇，加快培育和形成新质生产力，构建以先进制造业为骨干的现代化产业体系，奋力挺起工业振兴"新脊梁"。

（一）形势研判

2024年，随着国家重大政策部署持续深入推进，比亚迪、龙电华鑫等一批优质重大项目相继投产、达产形成支撑，新动能持续释放，增长结构调整的效应进一步显现，预计全市工业发展将持续提速，但仍面临国内国际多重不确定因素影响。

1.有利因素

习近平总书记莅临广西视察指导，提出"推动广西高质量发展，必须做好强产业的文章,加快构建现代化产业体系""解放思想、创新求变,向海图强、开放发展"的重要指示,指明了工作方向;[①] 国家重大政策部署、平陆运河建设、跨境产业链构建等带来重大利好,工业发展迎来新机遇;国家、自治区和南宁市将出台一批稳预期、稳增长、稳就业的政策,市场需求将进一步回暖;比亚迪、太阳纸业等重大项目陆续达产满产,安达、贝特瑞等百亿元项目落地开工,将为全年提供较大增量支撑。

2. 不利因素

有效需求不足、社会预期偏弱,影响企业生产积极性;中美贸易摩擦、全球电子消费需求下降,影响加工贸易、电子信息等行业增长;房地产行业低迷,影响建材、木材等行业恢复;受电池级碳酸锂等原材料价格持续下跌影响,电池生产企业在原料采购、接收订单和生产排产上更加谨慎,同时储能市场需求不及预期,储能电芯价格持续下跌,电芯厂商生产节奏放缓。

(二)重点工作

1. 加快打造支柱产业

一是培育壮大新兴产业。新能源产业重点推动比亚迪电池项目尽快达产达效,加快补全隔膜、电解液、胶黏剂、电池回收等配套环节。新能源汽车及零部件产业积极对接引进汽车电子、驱动电机及控制器以及其他配套零部件项目,加快形成关键配套产业链条。电子信息产业重点围绕半导体、光电产业持续补链强链,推动电子信息产业与国内东部地区和东盟国家融合发展。高端装备制造产业规划建设广西轨道交通智能制造产业园、跨境物料处理装备产业园,加快构建轨道交通全产业链及针对东盟和西南地貌的特色农机装备产业集群。化工新材料产业围绕六景化工园建设,大力引进新能源电池材料、精细化工、医药大健康、生物化工等产业龙头企业。二是改造升级传统优势产业。铝精深加工产业实施铝精深加工"一三五"工程,搭建与

---

① 《奋力谱写中国式现代化广西篇章——习近平总书记广西考察重要讲话鼓舞人心、催人奋进》,人民网,2023 年 12 月 17 日,http://he.people.com.cn/n2/2023/1217/c192235-40681135.html。

后端铝加工制造能力相适应的上游材料本地供应保障体系。食品加工产业推进一批果汁、新式茶饮（奶茶）项目落地，延伸制糖产业链、提高附加值，打造南宁老友粉等区域性知名食品品牌。林产品加工产业积极引进包装、印刷、纸浆模塑等配套产业，发展高端纸制品精深加工，加快建成南方最大的生活用纸加工基地，培育壮大高端绿色家居产业。

2. 推动企业扩产增效

一是加大企业服务力度。加大实体经济调研服务力度，深入开展市领导联系服务重大项目重点企业工作，落实实体经济服务员制度，着力解决好企业急难愁盼问题，持续提升企业的获得感和满意度。二是帮助企业纾困解难。优化政策供给，继续出台工业稳增长等政策，落实好工业振兴、"桂惠贷"等政策措施，全力帮助企业降本增效。提升"服务保障企业稳增长拓市场"等助企活动成效，提高"两台一会"中小企业投融资服务平台服务水平，全力帮助企业解决融资、市场、招工等难题，提振企业发展信心。三是强化企业培育扶持。梯度培育链主企业、专精特新企业、中小微企业"三类主体"，力争全年新增上规入统工业企业150家以上、创新型中小企业50家以上。

3. 狠抓重点项目建设

一是加快组建产业发展基金。积极与自治区合作设立新能源汽车、半导体、铝产业高质量发展基金，引导更多国企参与重大项目建设，发挥产业政策引导和区市两级财政资金的带动作用，推动产业加快发展。二是推动重点项目加快建设。持续实施百亿元工业项目服务专员驻点服务制度，推动比亚迪东盟电池等项目达产达效、龙电华鑫等项目投产，加快多氟多锂电池二期、比亚迪汽车综合测试场、宸宇富基等项目建设，开工太阳纸业二期、盛鑫等项目。三是深入实施"双百双新"和"千企技改"。深入实施一批自治区重大标志性工程，加快建设一批"双百双新"和"千企技改"项目，力争全年实施技术改造项目300个以上。

4. 提升产业招商质效

一是大力推广"以市场换产业"。坚持"以资源换产业、以场景换产业、以市场换产业"，发挥国有企业平台优势，将轨道交通产业招商"以市场换产业"经验推广到市政环卫、污水处理、固废处理及循环利用等领域，带动全市新能源、专用车、工程装备等相关产业发展。二是强化产业链精准招商。落实"市抓百亿、县抓十亿"招商工作机制，深入开展专业招商、资本招商、基金招商、以商招商，持续深化"产业基金+项目"、股权招商等招商新模式，重点围绕新能源、新能源汽车及零部件、电子信息、化工新材料等产业引进一批优质项目，力争全年引进投资 5000 万元以上工业项目 160 个。三是积极承接产业转移。主动服务重大国家战略，积极对接沿海发达地区产业新布局，充分利用建设南宁（深圳）东盟产业合作区、中国—东盟产业合作区南宁片区等机遇，做实做精对接合作，有序承接粤港澳大湾区等地区的产业转移。

5. 提升园区发展能级

一是持续优化"一体两翼"产业发展格局。加速东部新城建设，重点发展新能源、新材料、新能源汽车及零部件、精细化工、林产品加工等临港产业，促进"港产城海"融合发展，加快打造向海经济先行先试区。推进"两港一区"建设，有序承接粤港澳大湾区、长江经济带等区域转移的新一代电子信息、生物医药与大健康、高端装备制造等跨境产业集群，加快构建跨境产业链供应链。二是加强深邕务实合作。加快编制南宁（深圳）东盟产业合作区产业规划，抓紧推动合作区"123"规划体系成果应用，深化产业、科技等领域合作，引导一批企业、项目落地，形成深圳—南宁—越南"两国三地"跨境产业链供应链示范区。三是深化产业园区改革发展行动。抓紧推进五象新区与经开区整合后续改革，实现体制机制、政策体系、主导产业、开放平台等领域的全面深度融合。抓紧推进高新区牵头负责东部新城建设涉及的体制改革，形成运转高效、协同发力的园区管理新机制。抓紧推进东盟经开区体制机制改革，推动与武鸣区及教育园区协同发展。

6. 推进企业"智改数转"

一是推进试点企业数字化改造。加快建设国家中小企业数字化转型试点城市，培育一批数字化转型"小灯塔"企业、"黑灯工厂"，力争使 100 家工业企业数字化水平达到二级以上。二是搭建中小企业数字化转型公共服务平台。提升中小企业服务中心服务企业的能力，集中优质资源、优势力量建

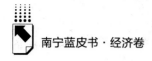

设面向中小企业数字化转型的公共服务平台，提供数字化评估、供需对接、数字化改造、应用推广等服务，打造南宁市中小企业公共服务全生态体系3.0版本。

7.促进科技创新发展

一是加快创新平台建设。继续在新能源、新材料等领域引进建设一批新型产业技术研究机构，培育壮大电池研究院等创新平台，力争全年新增10家以上市级企业技术中心。二是加强产业关键技术攻关。聚焦新能源汽车、新材料、新一代信息技术等重点领域，实施不同梯次工业技术创新和工业关键核心项目技术攻关，支持比亚迪、瑞声科技等企业推进以突破关键核心技术为支撑的项目产业化。三是促进绿色低碳转型。加快建材、造纸、化工、农副食品加工等重点行业绿色化改造升级，有效遏制"两高"项目盲目发展，持续推进清洁生产、工业节水和污染物深度治理等行动，继续打造一批绿色工厂、绿色设计产品，构建绿色供应链，争取创建2家以上绿色工厂。

B.3

2023～2024年南宁市农业发展情况
分析及展望

林良文*

摘　要：　2023 年，南宁市农业农村系统深入贯彻落实习近平总书记关于"三农"工作的重要论述和关于广西工作论述的重要要求，坚持农业农村优先发展总方针，以实施乡村振兴战略为总抓手，扎实推动"三农"各项工作任务落实落细和稳步提质。但是，南宁市农业发展依然面临农业经济稳增长压力较大、现代农业发展受耕地制约日趋严重、优质农产品供给不足、农业质量效益有待提高等问题和困难。2024 年，南宁市将坚持底线思维，聚焦稳产保供、提质增效、产业兴旺，切实守住粮食安全底线，统筹抓好重要农产品生产，大力发展现代设施农业，持续做优现代特色农业，为首府高质量发展稳住"三农"基本盘。

关键词：　农业发展　农业经济　农业产业　南宁

一　2023年南宁市农业发展情况

（一）农业经济实力持续提升

2023 年，南宁市农林牧渔业总产值同比增长 4.7%，与全区持平；第一产业增加值居全国 27 个省会（首府）城市第 3 位，稳居 12 个西部省会（首府）城市之首，增速高于全国 0.4 个百分点。①

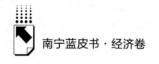

（二）牢牢守住粮食安全底线

2023年，南宁市全面完成新建11.7万亩、提升改造6.8万亩的高标准农田年度建设任务，全年粮食生产继续实现面积、产量、单产"三增长"，面积、产量均位居全区第一。

（三）产业振兴基础不断夯实

2023年，南宁市促进乡村产业振兴、改善农村人居环境等乡村振兴重点工作获国务院督查激励，南宁市是全国唯一获激励的省会（首府）城市、广西唯一获激励的地区，并获督查激励资金1亿元。甘蔗生产扭负为正，新增20个国家级生猪产能调控基地，总数达113个，占全区的1/4。5家企业的生产基地获认定为广西供应深圳农产品示范基地。

（四）现代农业发展成效显著

南宁市古辣镇、那桐镇获认定为首批国家农业产业强镇；马山县获认定为自治区级杂交玉米制种大县；上林县获认定为2023年广西休闲农业重点县。新增自治区级农业产业化龙头企业10家、市级农业产业化龙头企业17家，新获批创建自治区级现代农业产业园2个，新获认定自治区级现代特色农业示范区7个，总数均位居全区第一。

（五）农业绿色发展水平不断提升

南宁横州市被命名为第三批国家农产品质量安全县，那桐镇火龙果基地获评全国种植业"三品一标"基地，农用地安全利用工作连续3年获得农业农村部生态保护总站通报表扬。

（六）农业科技支撑能力不断增强

2023年，南宁市有134个主要农作物品种通过自治区审定，占全区的58.5%，"更香优糖丝"等3个自主选育籼稻品种获第四届（2023年）全国优质稻品种食味品质鉴评籼稻组金奖，获奖数占全国的1/5，位居全区第一。截至2023年底，全市主要农作物耕种收综合机械化率达73.20%，高于全区平均水平（69.72%）3.48个百分点。

（七）邕系农业品牌影响力持续提升

南宁火龙果成功申报全国名特优新品牌目录，3个地理标志品牌入围2023年中国品牌价值区域品牌（地理标志）百强榜且排名均较上年有所提升。

二 2023年南宁市农业发展主要工作措施及成效

（一）压紧压实工作责任，稳住农业经济大盘

南宁市按季度制定印发稳粮食兴乡村工作方案，及时分解下达主要农产品生产任务，压紧县区生产责任，按月对农业经济运行情况进行分析，强化农业经济运行的监测调度，2023年全市农业经济运行平稳，农林牧渔业总产值达到987.79亿元，同比增长4.7%，与全区持平；第一产业增加值达636.4亿元，同比增长4.5%，完成《南宁市2023年国民经济和社会发展计划》确定的目标，增速连续3年高于全市GDP和第二产业增加值增速。

（二）夯实粮食安全根基，扛稳粮食安全责任

一是加快高标准农田建设。2023年，南宁市64个高标准农田建设项目实现当年开工、当年完工。认真组织开展粮食生产功能区划定"回头看"工作，积极推进撂荒地治理，2023年全市新治理撂荒地7.2万亩。二是狠抓粮食生产。突出抓好早稻、晚稻和玉米大豆带状复合种植，2023年分别深入实施水稻、玉米高产攻关示范片15.22万亩、9.23万亩，全市早稻种植面积、产量分别达到192.16万亩、75.99万吨，稳居全区第一；全年完成玉米大豆带状复合种植3.52万亩，全年粮食播种面积达639.32万亩，同

比增长 0.01%，粮食产量达 212.65 万吨，同比增长 0.05%，种植面积、产量均稳居全区第一，获得自治区通报表扬。全市 12 个县（市、区）中有 10 个实现粮食面积、产量、单产"三增长"。

（三）全力抓好稳产保供，特色农业产业蓬勃发展

南宁市树立大农业观、大食物观，统筹抓好果、蔬、畜、糖等重要农产品生产，"菜篮子""果盘子""肉案子""糖罐子"供给保障稳定。2023 年，南宁市沃柑、茉莉花、火龙果产业规模稳居全国之首，水果产量保持平稳增长。全市蔬菜播种面积超过 440 万亩，蔬菜（含食用菌）产量达到 757.29 万吨，同比增长 4.4%。全市新增 1 家国家级畜禽养殖标准化示范场和 18 家自治区级畜禽现代生态养殖标准化示范场，国家生猪产能调控基地达 113 个（基础产能占全区的 1/3），畜禽养殖规模化率达 73.1%（高于全区平均水平 10.6 个百分点），猪牛羊禽肉产量达 68.9 万吨，同比增长 5.98%，禽蛋产量达 4.53 万吨，同比增长 20.99%。甘蔗生产扭转了自 2019 年以来连续负增长的不利局面。3 家渔业养殖基地被推荐为自治区级健康养殖骨干示范基地，水产品产量达到 24.98 万吨，同比增长 3.4%。

（四）聚焦延链补链提质，打牢乡村产业振兴基础

一是加快打造乡村振兴"6+6"全产业链和农业示范园区。南宁宾阳县、横州市 2 个国家农业现代化示范区建设有序推进，青秀区农村产业融合发展示范园成功入选第四批国家农村产业融合发展示范园创建名单。连续 4 年成功申报自治区现代农业产业园，马山县现代农业产业园获批创建自治区级现代农业产业园，全市累计获批创建自治区级（含）以上现代农业产业园 9 个，累计认定自治区级现代特色农业示范区 85 个，总数均位居全区第一。二是持续培育和发展壮大新型农业经营主体。南宁市全市规模以上农产品加工企业达到 585 家，市级及以上农业产业化龙头企业达到 254 家（其中国家级 15 家、自治区级 85 家），数量位居全区第一。三是大力推进农旅融合发展。南宁马山县古零镇羊山村成功入选 2023 年中国美丽休闲

乡村名单，广西·武鸣"乐享乡村逸趣"之旅入选全国乡村旅游精品线路，上林县振林（粤桂）生态产业园获评 2023 年广西休闲农业与乡村旅游示范点称号，隆安县那桐镇定江村、南宁市武鸣区双桥镇伊岭村成功创建广西乡村旅游重点村，上林县东春生态旅游示范区成功创建广西生态旅游示范区。

（五）始终坚持"项目为王"，加快推进重大项目建设

自治区农业增产增收攻坚行动专项资金支持的 71 个项目全部完工并完成验收。总投资 50 亿元的新希望生猪养殖全产业链生态循环农业投资项目完成 2023 年度投资计划的 161.65%，6 个子项目已竣工投产。宾阳益海晨科 180 万羽蛋鸡、江南华禽 110 万羽蛋鸡等畜牧业重点项目已投产，东盟双汇 30 万头生猪项目即将投产，宾阳青青草肉羊项目已开工。

（六）深入推进绿色生产，质量兴农持续快速向好

一是深入实施农业生产"三品一标"提升行动和农产品"三品一标"四项行动。2023 年全市新增绿色食品 31 个，总数达到 125 个，南宁市"发挥'三品一标'示范带动作用全链条推动火龙果产业高质量发展"案例入选农业农村部发布的 2023 年全国农产品"三品一标"典型案例（全国仅 10 个典型案例），广西金穗集团有限公司基地被农业农村部评为第一批"国家现代农业全产业链标准化示范基地"。二是推进农业废弃物资源化利用和农用地安全利用工作。南宁武鸣、宾阳畜禽粪污资源化利用整县推进项目完成自治区级验收，截至 2023 年底，全市畜禽规模养殖场粪污处理设施装备配套率达 98.15%，粪污综合利用率达 91.53%，粪肥还田计划制定率达 99%，粪污台账建立率达 99%，秸秆综合利用率达 88%；农用地安全利用工作推进完成率达 100%，全市农用地安全利用率达 92.64%。三是持续强化农产品质量安全能力建设和监管。南宁横州市、上林县农产品质量检测站获得农产品质量安全检测机构考核（CATL）和检验检测机构资质认定（CMA），南宁市实现县级检测机构"双认证"建设"零的突破"。2023 年农产品质

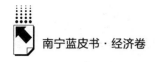

量抽检合格率较前两年有所提升，国家到南宁市开展种植、畜禽、水产品例行抽检，合格率为98.19%，高于全国、全区平均水平。

（七）强化农业科技支撑，提高农业生产效率

一是加快推动种业创新。2023年马山县玉米制种基地面积达到1.79万亩，南宁市自主选育的10个水稻品种包揽广西好稻米优质品种金奖。二是加快推进农业机械化和农机装备产业转型升级。南宁市农机装备总量持续增长，进入以机械化为主导的新阶段，2023年全市水稻耕种收综合机械化率达89.73%，高于全区平均水平（85.06%）4.67个百分点，甘蔗耕种收综合机械化率达72.08%，高于全区平均水平（70.88%）1.20个百分点。三是大力发展数字农业和设施农业。2023年全市有5家企业获评自治区级农业农村信息化示范基地，截至2023年底，青秀区晟发现代设施蔬菜基地项目实现部分投产，全市累计建成投产的设施渔业养殖路基圆池超过1500个。

（八）培育壮大农业品牌，提升邕系品牌影响力

南宁市深入实施农业品牌提升行动，持续培育壮大农业品牌。2023年全市新增入选中国农业品牌目录品牌1个，总数达到4个；新增入选广西农业品牌目录品牌6个，总数达到82个；新增通过"圳品"认证品牌4个。武鸣沃柑、上林大米、南宁火龙果等南宁特色农产品通过央视、官方公众号及网站等平台得到广泛宣传。在2023年中国品牌价值区域品牌（地理标志）百强榜中，南宁市"横县茉莉花茶""武鸣沃柑""横县茉莉花"3个地理标志品牌入围，入围品牌数量位居广西第一。其中，南宁市"横县茉莉花茶"的排名较上年上升2位，以品牌价值163.07亿元排第17位，创历史新高，是广西地理标志品牌冠军；"武鸣沃柑"以品牌价值84.45亿元排第39位，"横县茉莉花"以品牌价值59.08亿元排第57位，两个地理标志品牌排名均较上年有所提升。

三 南宁市农业发展存在的主要问题和困难

2023 年，南宁市通过一系列重要举措，扎实推动"三农"各项工作任务落实落细和稳步提质，但仍存在一些问题和困难，主要表现在以下几个方面。

一是农业经济稳增长压力较大。南宁市农业经济基数大，2023 年第一产业增加值增速虽然高于全国 0.4 个百分点，但低于全区 0.2 个百分点，2024 年农业经济增长压力较大，需要做出艰苦卓绝的努力。二是现代农业受耕地制约日趋严重。当前，南宁市还存在一定程度的耕地"非粮化""非农化"问题，现代农业发展用地难问题比较突出，现代农业发展受耕地制约越来越严重。三是优质农产品供给不足。南宁市部分县（市、区）农业生产外部环境和内在条件具有一定相似性，在发展定位、产业布局等方面存在一定的趋同性，农产品生产同质化、产能结构性过剩问题还比较普遍，农产品供给仍以中低端产品为主，农产品投向市场时容易受到同类产品和服务的挤压。四是农业质量效益有待提高。南宁市农业大而不强、大而不优、效益不高，对全区的辐射带动能力不够，一二三产业融合程度还不够深，农产品加工短板还比较突出，农业产业链短、产品附加值低、冷链物流程度不高等问题还没有得到根本解决，农业产业化、规模化、集约化水平有待提高。

四 2024年南宁市农业发展思路和重点任务

（一）2024年南宁市农业发展总体工作思路

2024 年是实现"十四五"规划目标任务的关键一年。农业是国民经济的基础，做好 2024 年农业经济工作，全面推进乡村产业振兴，加快推动南宁市由农业大市向现代特色农业强市迈进，具有特别重要的意义。南宁市将深入贯彻落实习近平总书记关于广西工作论述的重要要求，按照中央、全区、全市经济工作会议和农村工作会议的部署要求，统筹抓好粮食和重要农产品生产，大力发展优势特色农业，持续推动农业经济实现质的有效提升和量的合理增长，为首府高质量发展稳住"三农"基本盘，助力南宁加快建设面向东盟开放合作的国际化大都市。

（二）2024年南宁市农业经济发展形势研判及目标

初步研判，2024年南宁市农业经济发展面临的有利因素和不利因素并存，但有利因素仍占主导地位。

1. 有利因素

一是习近平总书记在视察广西期间，对乡村振兴、粮食安全、现代特色农业发展等方面做出了明确指示，中央农村工作会议也对2024年的"三农"工作做出系统部署，从中央到地方都高度重视"三农"工作，持续释放重农强农明确信号。二是2023年第四季度以来，自治区安排6亿元农业增产增收攻坚行动专项资金，南宁市获支持的71个项目已全部完工，对2024年农业经济发展做出贡献。三是主要农产品总体上继续保持稳产增产态势，预计2024年粮食产量同比略增0.07%，蔬菜（含食用菌）产量同比增长5%左右，甘蔗产量同比增长7%左右，水果产量同比增长5%左右，猪牛羊禽肉产量同比增长3%左右，水产品产量同比增长3.6%左右；2024年耕地恢复任务和2023年一样，非林采伐量大抵与2023年相当，为农业经济发展提供支撑。

2. 不利因素

一是当前县（市、区）财政资金普遍紧张，涉农项目资金拨付存在困难，导致部分项目业主放缓农业项目建设，或减少在农业领域的投资，加上项目用地特别是设施农业项目用地难，农业（水产畜牧业）投资比较低迷，2023年农业、水产畜牧业固定资产投资和建安投资均负增长50%左右，不利于支撑农业经济增长。二是由于耕地恢复需要，2024年仍要清退一些果园，加上柑橘黄龙病、香蕉枯萎病的影响，不利于水果增产。三是南宁市国家级产能调控基地数量占全区的1/4（基础产能占全区的1/3），受生猪产能调控政策影响较大。四是林业属房地产相关行业,受房地产行业不景气的影响不容低估,加上受限额约束,可能会对采伐量造成影响。综合有利因素和不利因素,2024年南宁市第一产业增加值的增长目标为5%。

(三)重点任务

1.坚持底线思维,切实守住粮食安全底线

一是紧紧抓住耕地和种子两个要害。开展耕地用途监测,加强粮食功能区监管,规范土地流转,严格管控耕地"非粮化",坚决完成自治区下达的撂荒地治理任务,100%落实严格管控类耕地风险管控。有序推进高标准农田建设,2024年新建高标准农田13.45万亩。深入实施种业振兴行动,力争2024年新通过自治区审定的水稻、玉米、大豆等主要农作物新品种达到100个以上。二是健全种粮农民收益保障机制。及时发放种粮补贴,落实国家新一轮千亿斤粮食产能提升行动,突出抓好早稻、晚稻、玉米大豆带状复合种植,引导恢复双季稻,在12个县(市、区)实施水稻高产攻关示范片15万亩、玉米高产攻关示范片9万亩,在稳面积和提单产上双线发力,确保粮食种植面积达到639万亩、粮食产量达到212.8万吨,产量只增不减。

2.聚焦稳产保供,统筹抓好重要农产品生产

一是统筹抓好重要农产品生产。扩大秋冬菜种植规模,加强近郊常年蔬菜基地以及"西菜东运"、"南菜北运"、供粤港澳大湾区等"菜篮子"基地建设,力争2024年蔬菜(含食用菌)产量达到795万吨。二是实施水果产业高质量发展行动。强化沃柑、火龙果、香蕉等大宗水果产销,力争2024年水果产量达到567万吨。全面完成4.72万亩"桉退蔗进"任务和63.77万亩新植蔗任务,确保2024年新增糖料蔗种植面积5万亩,力争新增糖料蔗种植面积8万亩,加强糖料蔗脱毒、健康种苗推广,加快29个甘蔗良繁基地项目建设,力争2024年甘蔗种植面积达到175万亩,产量达到1050万吨。聚焦突破良种和机收两个环节,持续提升糖业发展综合竞争力。三是落实生猪产能调控政策和牛羊产业发展政策。着力稳猪禽、增牛羊、兴

蛋奶，狠抓重大项目落地开工、建设投产，鼓励和引导畜禽主产区及重点生产企业充分利用消费旺季加大出栏力度，力争2024年猪牛羊禽肉产量达到72万吨，禽蛋、牛奶产量保持中高速增长。四是深入实施渔业设施化工程。加快打造"江南空港现代渔业示范带""西乡塘金陵—坛洛现代渔业示范带"，规范发展稻渔产业，积极推动大水面生态增殖渔业试点，力争2024年水产品产量达到25.88万吨。五是强化农产品产销对接。重点抓好沃柑分级分类销售管理工作，确保农产品价格稳定、供给充足，在保障人民群众"菜篮子""果盘子""肉案子""糖罐子"方面体现首府担当、展现更大作为。

3. 聚焦提质增效，大力发展现代设施农业

一是大力发展以设施蔬菜为重点的设施农业，积极推广应用数字化高效智能集成箱栽培食用菌技术，力争2024年每个县（市、区）新建面积不小于1000亩的设施蔬菜大棚，每个县（市、区）建设1~2个合计面积不小于500亩的设施蔬菜示范基地，重点打造青秀区长景大道、良庆区中农格瑞等现代设施农业示范区项目。二是大力推进水肥一体化灌溉、架式栽培、避寒避雨避晒（"三避"技术）和防病虫害网式栽培、补光催花设施建设，加快打造一批标准化智慧果园。三是大力推广生猪、肉鸡、蛋鸡等智慧养殖场建设，广泛应用智能环控、自动投喂、自动刮粪、智能巡检等自动化智能化设备，不断提升畜牧业规模化、设施化、智能化、信息化水平。四是大力发展陆基循环水、工厂化集约养殖等模式，努力推广智慧水产养殖和管理系统，鼓励养殖场配套循环水和尾水处理设施设备，力争2024年新增设施渔业养殖水体约8万立方米。

4. 聚焦产业兴旺，持续做优现代特色农业

一是强化现代农业产业招商，加快打造乡村振兴"6+6"全产业链。加快农业高质量发展平台建设，力争2024年新获批创建1个自治区级现代农业产业园、新获认定6个以上自治区级现代特色农业示范区。大力培育发展壮大农业龙头企业，力争2024年新增市级以上农业产业化重点龙头企业10家。大力发展数字农业，用数字化赋能现代农业发展，通过抓好沃柑分级分

类销售、不断提升产品质量和品牌形象、拓展销售渠道和销售市场等，逐步提高沃柑、茉莉花、火龙果等优势农产品定价话语权。二是推动农村一二三产业融合发展，大力发展农产品加工、农村电商和休闲农业，加快仓储保鲜冷链物流体系建设，持续加大邕系农业品牌培育力度，深入实施农业生产"三品一标"提升行动，推进绿色、有机农产品认证，加大地理标志品牌宣传推介力度，让更多邕系农业品牌叫响大江南北。

B.4
2023~2024年南宁市商贸流通业发展情况分析及展望

黄锡健 周旻*

摘 要: 2023年,南宁市商贸流通业对经济增长的支撑作用明显提升,消费供给持续优化,电商集聚跨越发展,物流网络保障有力,商贸项目有序推进,会展溢出效应增强。展望2024年,要推动社会消费扩容升级,着力实施市场活力提升、重点企业服务、龙头项目引进、商贸主体壮大、平台经济发展、消费品牌培育六大行动,促进商贸物流强基提效,激发会展经济新动能,确保南宁市商贸流通业保持稳定发展。

关键词: 商贸流通业 电子商务 会展 南宁

2023年,南宁市以习近平新时代中国特色社会主义思想为指导,全面贯彻落实党的二十大精神,深入贯彻落实习近平总书记关于广西工作论述的重要要求,坚持"解放思想、创新求变,向海图强、开放发展",坚决落实中央、自治区决策部署,把发展经济着力点放在实体经济上,推动商贸流通业平稳健康发展,为全市经济稳增长做出了贡献。

一 2023年南宁市商贸流通业发展情况

2023年,商贸流通业对南宁市经济增长的支撑作用明显提升。2023年,

---

* 黄锡健,南宁市商务局综合业务科(政策法规科)科长;周旻,南宁市商务局综合业务科(政策法规科)副科长。

南宁市社会消费品零售总额为 2424.8 亿元，同比增长 2.8%，位居全区第二。全市批发和零售业增加值同比增长 9.9%，高于全国（6.2%）3.7 个百分点，高于全区（6.7%）3.2 个百分点；住宿和餐饮业增加值同比增长 11.3%；批发和零售业、住宿和餐饮业增加值增速较上年分别大幅提升 10.6 个、11.9 个百分点。批发业、零售业、住宿业、餐饮业对全市 GDP 增长的贡献率合计达 28.2%，较上年提升 33.6 个百分点，拉动 GDP 增速增长 1.1 个百分点；对服务业增长的贡献率合计达 35.3%，较上年提升 44.5 个百分点，拉动服务业增加值增速增长 1.7 个百分点。商贸企业上限入统 564 家。2023 年南宁市限额以上批发业、零售业、住宿业、餐饮业前 10 名企业见表 1 至表 4。

表 1　2023 年南宁市限额以上批发业前 10 名企业

排序	地区	企业名称
1	高新区	广西海亿贸易有限公司
2	良庆区	广西北港资源发展有限公司
3	高新区	广西交投商贸有限公司
4	青秀区	广西柳钢国际贸易有限公司
5	良庆区	广西铝业集团有限公司
6	良庆区	广西泛糖科技有限公司
7	邕宁区	广西供应链服务集团有限公司
8	良庆区	广西物产城矿发展有限公司
9	高新区	广西亿立达供应链管理有限公司
10	青秀区	广西糖业集团开泰供应链管理有限公司

资料来源：南宁市统计局。

表 2　2023 年南宁市限额以上零售业前 10 名企业

排序	地区	企业名称
1	良庆区	精灵汽车销售（南宁）有限公司
2	西乡塘区	广西中石化南宁石油有限公司
3	兴宁区	南宁京东达资贸易有限公司
4	青秀区	广西辉煌交通石化有限公司
5	兴宁区	广西苏宁易购销售有限公司
6	青秀区	特斯拉汽车销售服务（南宁）有限公司

续表

排序	地区	企业名称
7	西乡塘区	南宁远勋汽车销售有限公司
8	良庆区	南宁威耀集采集配供应链管理有限公司
9	青秀区	沃尔玛(广西)商业零售有限公司
10	西乡塘区	南宁市粤宝汽车销售服务有限公司

资料来源:南宁市统计局。

表3　2023年南宁市限额以上住宿业前10名企业

排序	地区	企业名称
1	青秀区	南宁市永恒都市酒店管理有限公司
2	兴宁区	广西南宁饭店有限公司
3	青秀区	广西荔园饭店投资有限公司
4	青秀区	广西龙光那莲酒店管理有限公司
5	青秀区	广西沃顿国际大酒店有限公司
6	兴宁区	广西南宁凤凰宾馆有限公司
7	青秀区	南宁会展豪生大酒店有限公司
8	兴宁区	南宁明园饭店有限责任公司
9	青秀区	广西荔园山庄有限责任公司
10	青秀区	南宁万达文华酒店管理有限公司

资料来源:南宁市统计局。

表4　2023年南宁市限额以上餐饮业前10名企业

排序	地区	企业名称
1	青秀区	南宁肯德基有限公司
2	兴宁区	广西禾唛餐饮有限公司
3	兴宁区	广西泰林餐饮管理有限公司
4	青秀区	瑞幸咖啡(南宁)有限公司
5	西乡塘区	广西西大朴诚后勤产业服务有限公司
6	青秀区	南宁市好友缘国宴饭店有限公司
7	兴宁区	广西创美生活供应链管理有限公司
8	青秀区	南宁港昌房地产有限公司
9	青秀区	南宁市鲜而美餐饮管理有限公司
10	青秀区	广西湘范儿餐饮管理有限公司

资料来源:南宁市统计局。

（一）消费供给持续优化

2023 年，南宁市推动消费供给持续优化。截至 2023 年，南宁市共有"中华老字号"3 家、"广西老字号"15 家、"南宁餐饮老字号"33 家，会展航洋城、江南盛天地步行街分别获评自治区级夜间经济集聚区、步行街。支持万象城、航洋城、百盛、梦之岛等引进名品、首店。"城市一刻钟"便民生活圈首批 20 个试点覆盖人口 50 万人，升级商业设施近 5000 处。上线南宁消费地图和促消费日历，打响"乐购南宁"促消费品牌，2023 年共整合区资金约 2 亿元举办促消费活动超 100 场次，带动消费超 100 亿元。加快构建"布局合理、配送顺畅、运转高效"的流通保供体系，建成生活必需品保供项目 9 个。肉菜流通追溯体系追溯节点扩充至 318 个，实现县（市、区）机械化屠宰企业和大型连锁超市门店全覆盖。

（二）电商集聚跨越发展

加快建设跨境电商综试区。建成 3 个跨境电商监管中心和 4 个跨境电商集聚区，跨境电商规模持续增长；部分报送案例入选商务部外贸新业态优秀实践案例，在全国跨境电商综试区现场会上做典型发言。广西泛糖科技、广西轩妈食品入选国家电子商务示范企业。与京东、阿里巴巴、苏宁等电商头部企业开展战略合作，京东南宁电子商务产业园及运营结算中心投入运营。2023 年南宁市限额以上企业通过公共网络实现的商品销售额达 234.93 亿元，同比增长 41.3%。大力发展直播电商、即时零售等新兴业态，持续打造线上促消费活动品牌。直播商品实现网络零售额 16.38 亿元，占全区网络零售额的 26.3%。据不完全统计，全市 6800 多家电子商务零售企业中，年零售额超 500 万元的有 118 家，南宁市已形成一批有影响力的特色网销产品。

（三）物流网络保障有力

着力发展现代物流产业，加快建设国家物流枢纽城市。完善物流基础设施，南宁市"物流网"建设项目累计完成投资约 300 亿元。提升口岸通关时效，南宁机场口岸建成南宁智慧航空物流服务平台二期，开辟进境生鲜农食产品"绿色通道"，实现进出口货物 100%"提前申报"。培优育强龙头企业，截至 2023 年底，全市 3A 级以上物流企业达 72 家，其中 5A 级企业 8 家，约占全区的 3/4；4A 级企业 30 家，约占全区的 1/2。

（四）商贸项目有序推进

积极赴上海、杭州、义乌等地开展消费新业态新模式项目招商。字节跳动火山引擎东盟直播跨境电商产业园等增量项目落户，深圳精品展销中心（南宁）投入运营。京东南宁电子商务产业园及运营结算中心项目（二期）、百胜南宁智慧供应链运营中心、万纬物流园（三期）龙光东盟生鲜食品智慧港项目建成并投入运营。广西万硕（电商）仓储物流园、唯品会东盟电商现代物流中心项目（一期）、丰树南宁西乡塘智慧物流、南宁临空冷链医药物流保障基地等项目主体建成。中新南宁国际物流园、南宁国际铁路港、零公里空港产业园、融链物流园、南宁维宁供应链、南宁青秀区伶俐物流园（四期）等项目建设有序推进。中国—东盟（南宁）水果交易中心与香港宏安集团签约，共同打造水果全产业链。

（五）会展溢出效应增强

积极招展引会，推动会展跨界融合，有效释放各领域消费潜力。2023年南宁国际会展中心共举办展览 85 场（其中规模超 1 万平方米展会 34 场）、会议 1180 场，展会规模近 1000 万平方米，观展参会约 200 万人次，会展业直接收入达 24.5 亿元，对社会综合效益的贡献超过 220 亿元，有效拉动住宿业和餐饮业回暖。引进山东福瑞德国际会展集团全屋定制博览会及智奥会展（哈尔滨）有限公司种业博览会，累计举办北部湾（南宁）汽车展 26届、中国—东盟（南宁）国际汽车展 16 届、家博会 9 届、婚博会 6 届。南宁市连续 3 年获评中国最具竞争力会展城市，会展业竞争力指数在全国省会（首府）城市中位居第七。

二 2024年南宁市商贸流通业发展形势

2023 年，全国经济总体上延续了回升向好态势，生产需求主要指标回升向好，经济运行态势总体稳定，高质量发展继续取得新进展。得益于国家宏观经济明显的回升向好态势，南宁市商贸流通业延续稳定向好态势，落实保民生、促消费、稳经济等各项政策，增强消费需求对经济发展的基础性作用。同时也要看到，消费品市场存在消费习惯改变、线下客流减少、居民消费偏谨慎、实体店消费和餐饮消费恢复情况滞后于预期等问题。进入 2024 年，要全面贯彻落实中央及自治区的决策部署，在居民收入稳定增长、营商环境持续改善、住房需求有效满足、新型消费快速壮大、消费价格稳定可控等有利条件的作用下，着力挖掘新需求、增加新供给，优化消费环境，激发消费潜能，推动消费从恢复转向持续扩大。

（一）消费市场平稳发展

消费品市场上的不确定性因素依然存在，但推动市场高质量发展的有利因素不断积累。基本生活类商品销售情况良好，升级类商品消费需求持续释放，日用品类、饮料类、烟酒类等刚需商品零售额增势良好。大宗商品消费不断扩容，汽车消费将从以首购为主的阶段加速转向以增换购为主的阶段，新能源汽车市场认可度不断提高。家电消费将进入以更新消费为主、购置需求为辅的阶段，全屋智能家电将成为需求新方向。后续随着各级部门发放消费券、开展促消费活动，加之特色商业街区、品牌体验店等新消费场景竞相涌现，线下客流快速回升，消费集聚态势明显，全市消费品市场将延续稳定向好态势。

（二）电商赋能商业转型

预计居民在线消费习惯将成为网络零售市场发展的驱动力，农产品电商成为网络零售市场的重要发展方向。目前，南宁市农产品网络零售额位居全

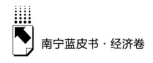

区第一，未来要持续发挥南宁市农产品资源优势，提升农产品电商化水平。直播电商新业态蓬勃发展，南宁市"带货"主播数、直播场次、产品上架次数均位居全区第一，形成拉动消费的新力量。随着市场环境的不断优化和平台生态的持续完善，网络零售企业的品质、品牌影响力将逐步提升，以网络零售为驱动的电商经济将进一步释放南宁市城乡居民消费潜力。

（三）会展经济引擎再启

南宁市是中国—东盟博览会（以下简称"东博会"）、中国—东盟商务与投资峰会（以下简称"峰会"）永久举办地，南宁国际会展中心是全国十大、全区最大的会展场馆，会展业是南宁市特色产业且具有相当大的发展潜力。2024年，南宁市将进一步发挥会展作为交流合作催化剂的作用，将"国际友城进东博"打造成广西、南宁与友城开展经贸洽谈、文化交流并共享中国—东盟合作商机的重要平台。在一系列本土自办品牌展会和大型外来流动品牌展会的带动下，南宁市会展经济发展规模、质量将不断跃升，对国内国际优质发展要素资源的吸引力、集聚力将显著增强，国内国际影响力、竞争力将显著提高。

三 2024年南宁市商贸流通业发展对策建议

坚持以习近平新时代中国特色社会主义思想为指导，全面贯彻落实党的二十大、二十届二中全会和中央经济工作会议精神以及全区商务工作会议精神，深入贯彻落实习近平总书记关于广西工作论述的重要要求，完整、准确、全面贯彻新发展理念，认真贯彻市委十三届七次全会和全市经济工作会议精神，以"消费促进年"为主线，稳住传统和大宗消费，大力发展新型消费，完善现代流通体系，强化商贸主体服务，助力构建以国内大循环为主体、国内国际双循环相互促进的新发展格局，推动社会消费扩容升级。

（一）推动社会消费扩容升级

聚焦首府服务业高质量发展，以"消费促进年"为主线，围绕"商务经济指标提质、商贸企业贡献增强、群众消费获得感提升"三大目标，强化"政策、资金、部门联动"三方面保障，在"造节、造品、造势"上下功夫，完善促消费工作机制，实施市场活力提升、重点企业服务、龙头项目引进、商贸主体壮大、平台经济发展、消费品牌培育六大行动。

1. 实施市场活力提升行动

一是稳住大宗消费。充分利用南宁市大宗消费总部企业集聚优势，开展汽车、家电"以旧换新"活动，促进汽车梯次消费、更新消费，促进家电绿色消费、升级消费。二是创新餐饮消费。用好自治区恢复和扩大餐饮消费12条政策措施，支持餐饮企业产品创新、服务创新、业态创新，向连锁化规模化发展。鼓励餐饮企业运用互联网、大数据等技术提高管理水平，以数字化促进餐饮企业转型。鼓励品牌餐饮进入社区，发展便民早餐、中式快餐和风味小吃。三是融合文旅消费。坚持"旅游搭台、文创牵线、商贸参与"，通过特色消费品牌进景区进赛事、联动景区及大型文体活动举办方派发消费券、邀请名人探店"打卡"等形式将游客"流量"转变为消费"留量"。依托东博会品牌效应吸引各类大型会展活动在南宁市举办，提升"旅游+会展+住宿"商圈活力。四是强化金融赋能。联动金融监管部门、金融机构加大对商贸企业的信贷支持力度。抢抓数字人民币试点城市机遇，通过发放数字人民币消费券等形式，引导金融机构促销资金更多导向限上企业。争取金融机构和企业支持，依托主流支付平台实行消费折扣。五是打造消费新场景。通过品牌文化升级、名人引流等方式，推广"中国不夜城 浪漫夜南宁"话题，突出东盟元素，打造夜间消费新场景。支持三街两巷、会展航洋城、江南盛天地等夜间经济集聚区改造升级，培育相思湖小镇、水漾集市等步行街区。支持大型商业综合体创建美食街、酒吧街等特色夜间经济街区。

2. 实施重点企业服务行动

聚焦重点企业最急迫需求，实行小分队一对一精准服务，从项目落地、品牌培育、业务扩张、业态创新、降本增效、金融赋能等方面给予支持。积极回应企业核心诉求，针对问题制定相应政策，联动发改、重点城区等相关单位进一步完善商贸流通业政策体系，从多方面支持企业发展。

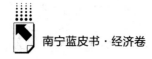

3.实施龙头项目引进行动

一是绘制消费产业链招商全景图，对接消费领域头部企业、链主企业、首店及知名品牌等，推动它们在邕投资建设消费新场景、平台集群、总部经济等项目。二是建立与新消费领域基金管理人和头部咨询机构的常态化沟通联系机制，及时发现引进优质项目，对重大项目积极给予"一事一议"支持。三是依托南宁市产业高质量发展基金设立新消费引导子基金，引导本土消费品制造企业引入外部贸易业务，带动社会资本加大消费产业投入力度。四是推动中国—东盟（南宁）水果交易中心、字节跳动火山引擎东盟直播跨境电商产业园等平台落地运营。

4.实施商贸主体壮大行动

力争完成全年上限入统500家商贸企业的目标。加强统计法规和财税政策宣传，推动市场主体建立规范财务制度。指导大型商品交易市场、各类专业市场中满足条件的销售大户上限入统。积极帮助工农业生产单位拓展市场，推动有条件的企业贸易业务主辅分离。推动符合条件的加油站和二手车企业上限入库。支持大型批发市场优化升级、做大做强，培育一批特色商品市场，加快形成更加高效的现代流通体系。壮大优质供应链配送企业集群，帮助餐饮、食材配送等企业扩大写字楼、工厂等团采单位业务量。

5.实施平台经济发展行动

举办"三月三"电商节、南宁狂欢618购物节、2024年丝路电商年度盛典等活动，活跃线上线下消费市场。打造南宁电商品牌，开设京东南宁特产馆，推广南宁伴手礼线上购和南宁消费地图，打造一批有影响力的南宁"网红"产品。建设南宁电商产业带，鼓励全鑫科技等供应链企业汇聚流量，打造生活用纸、中草药、东盟水果等南宁电商产业带。鼓励数字平台建设，加快海丝工业品跨境供应链生态平台等重点平台建设，支持本土数字平台做大做强。拓宽中国—东盟跨境电商双向通道，提升跨境电商通关效率，发展跨境直播新业态。

6.实施消费品牌培育行动

聚焦打响"首店、名品、老字号"，不断优化消费供给。一是联动万象城、会展航洋城、百盛、梦之岛等商场，通过开展各类主题购物节对接引进国内外知名消费品牌首店、旗舰店。二是开展"名厨、名店、名菜"评选活动，大力打造老友粉等地标美食。联动农业、工信部门开展水果节、水牛乳文化节、"邕有佳品"等活动，打造"南宁必购"品牌。三是推进老字号向新消费发展。举办"老字号嘉年华"活动，打造"南宁之光"消费IP。

（二）促进商贸物流强基提效

贯彻落实国家、自治区关于畅通国民经济循环和建设现代流通体系的决策部署，积极培育商贸物流骨干企业，加强行业发展趋势分析，推动商贸物流提质降本增效，服务构建新发展格局，培育引进龙头物流企业，建设物流园区，畅通跨境物流通道，推动物流降本增效，实现物流业高质量发展。

1.实施物流主体提质工程

推进智慧物流建设，支持引导物流企业增投资、扩规模、提效益，广泛应用新技术、新装备，扶持物流企业做大做强，不断提升物流业现代化、信息化水平，大力培育物流龙头企业。鼓励企业参与国家A级物流企业评估、开展升级评定，壮大龙头物流企业队伍，提升国家A级物流企业整体实力。

2.实施跨境物流畅通工程

加快成立中国南宁—越南河内快速通道建设工作专班，建立自治区与南宁市厅市联动协调机制。公路方面，配合交通部门推动恢复中越跨境公路直通车，加快开行南宁—爱店—越南跨境公路运输班线，实现12小时"厂对厂"通达。铁路方面，推动南宁国际铁路港常态化开行中越跨境快速通关班列，压缩班列运行时间，实现中国南宁—越南北宁、北江铁路运输30小时"厂对厂"通达。

3.创新城市配送业务模式

鼓励枢纽内企业积极发展共同配送、统一配送和集中配送等模式，降低城市配送成本。鼓励在南宁国际铁路港和其他有铁路专用线的物流枢纽片区探索开展"外集内配、绿色联运"的配送新模式，大力开展清洁能源车城

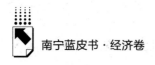

市配送试点，推动城市配送绿色转型。率先引导枢纽内快递企业统一规范末端配送车辆的配置标准及通行标准，提高城市配送效率。

（三）激发会展经济新动能

紧紧抓住东博会"升级版"契机，实施"会展+"战略，立足自身区位、物流、产业优势，主动融入国家开放大局，"跳出广西看南宁"，把南宁打造成面向东盟和《区域全面经济伙伴关系协定》（RCEP）的区域性国际会展中心城市、东盟和 RCEP 重要会议目的地。坚持政府引导、市场为主的原则，发挥会展经济对地方经济的带动效应，使会展业成为服务"南宁渠道"和现代服务业的主力军，进一步推动东博会"升级版"从服务"10+1"向服务 RCEP 拓展升级。

1. 谋划品牌产业展会

服务东博会和峰会，推动中国—东盟经贸合作向宽领域、深层次、高水平、全方位升级发展，争取 RCEP 高峰论坛等落户南宁，进一步挖掘东博会和峰会孵化、培育展会的功能，强化"以会带展、以展促会"，拓展东博会和峰会展览功能，谋划新能源产业论坛、向海经济发展论坛、RCEP 跨境电商论坛，同步培育与论坛相匹配的专业品牌展会，打造更多具有国际影响力的论坛展览，增加年度办展场次，扩大展会规模，加快提升会展场馆利用率。

2. 打造会展全产业链

全面提升会展商圈周边交通、餐饮、住宿、旅游、娱乐、购物等服务配套能力，布局会展新区周边，借助会展融合产业服务功能和城市服务功能，打造以智慧会展、数字服务、新媒体、电商直播为新增长点，以策划、广告、印刷、设计、安装、租赁、现场服务为配套的会展产业园区。结合南宁市重点打造和发展的铝精深加工、新能源汽车及零配件、电子信息、新材料、林产品生产加工、食品生产加工等六大千亿元产业以及新能源、电子信息、先进装备制造和生物医药等主导产业集群，围绕产业新城（南部科创新城和东部新城）的结构特点，孵化专业性产业会展，构建会展经济全产业链生态圈。

3. 实施"会展+"战略

紧抓会展经济的溢出效应，以"展"促"产"，探索"会展+产业+招商"和"会展+跨电+保税"等创新措施，发挥会展促进城市对外交往、深化国际经贸合作、服务创新成果展示、拓展产业发展空间的功能，推动会展业跨界融合和协同发展。重点打造展会产业集群，依托东博会品牌效应，以"展"引"聚"，将会展业打造成推动产业转型升级和提升城市综合实力的重要引流平台，加强会展与农业农村、工业信息、商贸物流、文化旅游、体育赛事等相关产业的联动发展，组团带领企业参加国内外知名展会，推动会展经济与本土优势产业深度融合发展。

B.5
2023~2024年南宁市文化旅游业
发展情况分析及展望[*]

赵　颖　李舜婕**

摘　要：　2023年，南宁市大力实施文化旅游提升年活动，以承办2023年广西文化旅游发展大会为契机，推动全市旅游业高质量发展，文旅市场强劲复苏。其中，过夜游客占比提升，区外游客吸引力逐渐增强，休闲观光自驾游依旧是游客旅游度假的首选，新兴旅游形态"特种兵式旅游"流行。2024年，南宁市将以建设国际旅游消费中心城市和区域性国际旅游中心城市为总目标，坚持"文旅+"融合，积极创建国家文化和旅游消费示范城市；持续推动项目建设，为文旅加速发展提供动力；激发首府文化创新创造活力，不断增强文化影响力；等等。

关键词：　文化旅游　文旅消费　南宁

一　2023年南宁市文化旅游经济运行情况分析

　　2023年，南宁市旅游总人数和总收入均在广西排名第一，分别占全区的18.24%和18.70%。2023年，南宁市接待游客总人数为15483.73万人次，按可比口径同比增长68.4%；实现旅游总收入1724.43亿元，按可比口

---

　　* 本报告中数据均由南宁市文化广电和旅游局提供。

　　** 赵颖，南宁市文化广电和旅游局产业发展科科长；李舜婕，南宁市文化广电和旅游局产业发展科工作人员。

径同比增长 66.0%。其中，接待国内游客 15476.05 万人次，按可比口径同比增长 68.3%；实现国内旅游收入 1721.90 亿元，按可比口径同比增长 65.8%；接待入境过夜游客 7.68 万人次，同比增长 4916.8%；实现国际旅游收入 3525.17 万美元，同比增长 6410.0%。

服务业持续恢复，消费者对文化娱乐活动的需求回暖。南宁市 43 家规模以上广播、电视、电影和录音制作业（不含电影放映），文化艺术业，娱乐业服务业企业营业收入合计为 16.2 亿元，同比增长 54.6%；29 家规模以上旅行社及相关服务业企业营业收入合计为 8.96 亿元，同比增长 409.6%。新增入统 14 家文化旅游服务业企业。指导青秀区入围自治区上报国家文化产业和旅游产业融合发展示范区推荐名单；指导推荐广西榜样传媒集团有限公司、广西华蓝设计（集团）有限公司、广西新影响文化投资集团有限公司和南宁峰值文化传播有限公司申报新一批国家文化示范基地及复核基地。

2023 年，南宁市新增国家 4A 级旅游景区 6 家，4A 级旅游景区总数跃居广西第一，全市 A 级旅游景区达 102 家；新增 5 个广西五星级乡村旅游区、1 家四星级农家乐、2 个三星级乡村旅游区、2 个广西旅游休闲街区、1 个广西休闲农业与乡村旅游示范点、2 个广西乡村旅游重点村、3 家自治区文化"双创"示范企业和 1 个三星级汽车旅游营地；三塘镇获广西特色旅游名镇称号，上林县获广西休闲农业重点县称号；南宁国际旅游中心成功创建一级城市旅游集散中心，是广西首个一站式城市型综合旅游集散中心。截至 2024 年 3 月，全市共有文化类产业示范基地（园区）140 个、广西全域旅游示范区（特色旅游名县）11 个、广西乡村旅游重点村 10 个、星级乡村旅游区 72 个、星级农家乐 90 个、星级旅游酒店 24 家、旅行社 251 家。

（一）国内旅游市场情况

1.过夜游客占比提升

2023 年南宁市接待国内过夜游游客 3963.71 万人次，占全市接待国内游客总人数的 25.61%，相比 2022 年提升 6.02 个百分点。其中，住宿设施过夜游客人数占全市接待国内游客总人数的 16.00%，住亲友家、自有休闲度假居所游客人数占全市接待国内游客总人数的 6.37%，住自驾房车、露营地游客人数占全市接待国内游客总人数的 3.24%。接待国内一日游游客（不过夜）11512.34 万人次，占全市接待国内游客人数的 74.39%。其中，外地一日游游客人数占全市接待国内游客总人数的 14.51%，本地一日游游客人数占全市接待国内游客总人数的 59.88%（见图 1）。

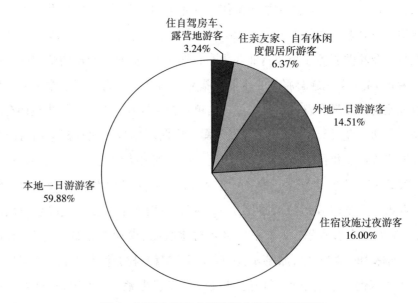

图1 2023 年南宁市接待国内游客分布情况

2023 年，南宁市实现国内旅游收入 1721.90 亿元，按可比口径同比增长 65.8%。其中，过夜游游客收入 752.06 亿元，按可比口径同比增长 111.74%；一日游游客（不过夜）收入 969.84 亿元，按可比口径同比增长 41.91%。游客人均花费 1112.62 元，按可比口径同比增长 1.18%。

2023 年全市接待游客总人数前 5 位分别为青秀区（4463.38 万人次）、兴宁区（2124.66 万人次）、西乡塘区（1724.31 万人次）、良庆区（1560.05 万人次）、江南区（1406.94 万人次）（见图 2）。全市旅游总收入前 5 位分别为青秀（517.02 亿元）、兴宁区（251.26 亿元）、西乡塘区（210.44 亿元）、良庆区（182.19 亿元）、江南区（164.44 亿元）（见图 3）。

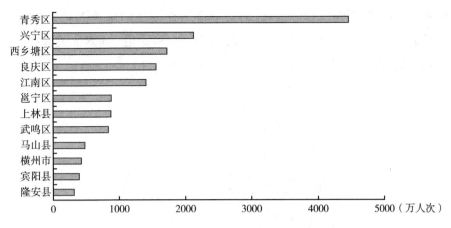

图2　2023年南宁市各县（市、区）接待游客情况

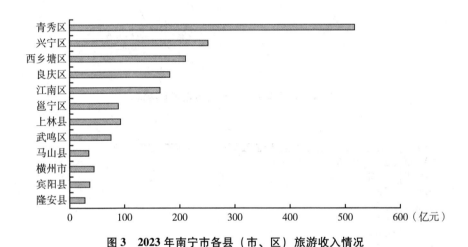

图3　2023年南宁市各县（市、区）旅游收入情况

2.区外游客吸引力逐渐增强

根据南宁市旅游市场客源结构分析（见图4），近郊游、本地游持续活跃，区内游客占69.82%，以"本地人游本地"为主；区外游客占30.18%，较上年提升1.29个百分点，入邕游潜力大。周边城市、省份仍是南宁市最大的国内客源市场。

根据南宁市区内游客客源地结构分析（见图5），本市、崇左市、百色市是南宁市最主要的区内客源地，游客人数分别占全市接待区内游客总人数

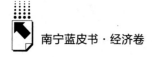

的 49.28%、8.05%、5.63%。根据南宁市区外游客前十客源地结构分析（见图 6），广东省、湖南省、贵州省为区外主要客源地，游客人数分别占全市接待区外游客总人数的 25.42%、10.46%、7.83%。

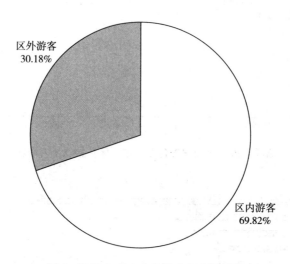

图 4　2023 年南宁市旅游市场客源结构

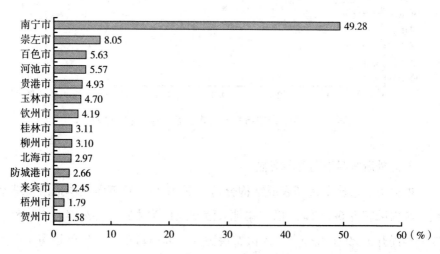

图 5　2023 年南宁市区内游客客源地结构

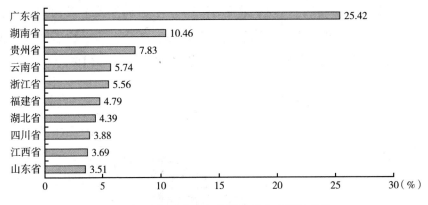

图6 2023年南宁市区外游客前十客源地结构

3. 休闲观光自驾游依旧是游客旅游度假的首选

根据南宁市国内游客旅游目的分析（见图7），全市接待的国内游客的旅游目的以观光/休闲为主，占81.32%；其次是探亲访友，占14.12%；少部分游客出游以购物为目的，占4.56%。

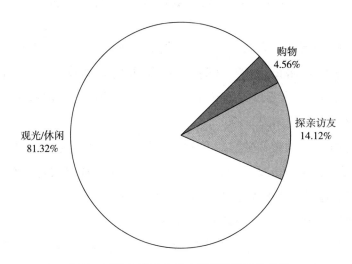

图7 2023年南宁市国内游客旅游目的分布

根据南宁市国内游客游览旅游吸引物类型分析（见图8），游客对A级旅游景区最感兴趣，占70.24%；其次为文化场馆（博物馆、图书馆、美术馆、影院剧院等），占18.67%；音乐节、演唱会、展览及节庆活动等相关区域，商场、步行街、集市等购物消费类区域，城市公园、游乐园（主题公园）、绿道等休闲娱乐类区域分别占5.51%、2.97%、2.61%。

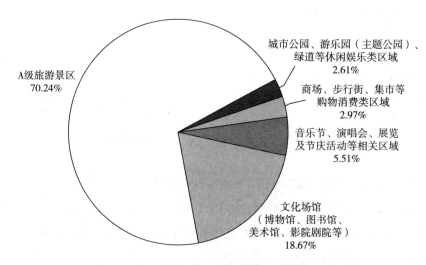

图8　2023年南宁市国内游客游览旅游吸引物类型分布

根据南宁市国内游客旅游交通出行情况分析（见图9），选择自驾车出行的游客最多，比重达60.68%；其次是乘坐公共交通工具出行，占31.48%；选择租车自驾出行和骑行、徒步等其他出行方式的游客占比相对较低，分别为5.49%和2.35%。

根据南宁市国内游客游览方式分析（见图10），游客主要通过个人、家庭或亲朋结伴自由行方式出行，占81.41%；其次为通过旅行社组团出行，占10.91%；通过单位组织方式出行的游客占7.68%。

4. 新兴旅游形态"特种兵式旅游"流行

"特种兵式旅游"成为新兴旅游形态，受年轻人追捧，时间短、景点多、节奏快是其主要特点。2023年，全市接待的过夜旅游者平均停留天数为1.45天，同比下降2.03%。在抽样调查的国内过夜游游客中，停留1天的游客占比为63.26%，较上年提升0.9个百分点；停留2天的游客占比为30.48%；停留3天的游客占比为4.29%；停留4天的游客占比为1.70%；

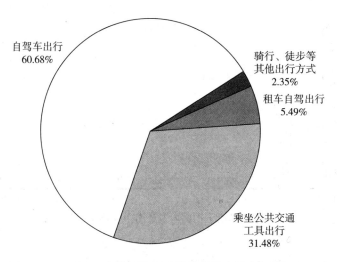

图9 2023年南宁市国内游客旅游交通出行情况

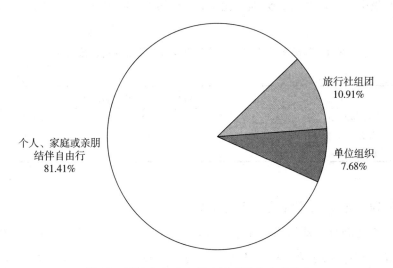

图10 2023年南宁市国内游客游览方式分布

停留5天的游客占比为0.22%；停留6天的游客占比为0.05%；停留7天的游客占比为0.02%（见图11）。全市接待的国内游客以短期旅游为主，九成以上的过夜游游客停留天数为1~2天。

根据南宁市国内游客平均游览旅游吸引物数情况分析（见表1），住亲

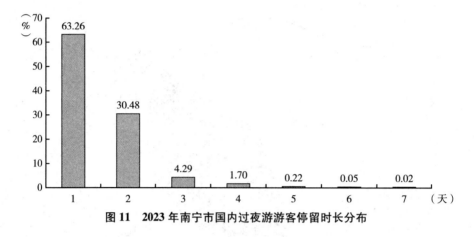

图 11 2023 年南宁市国内过夜游游客停留时长分布

友家、自有休闲度假居所游客，外地一日游游客，本地一日游游客的平均游览旅游吸引物数均增长，分别同比增长 35.20%、4.10%、0.76%。

表 1 2023 年南宁市国内游客平均游览旅游吸引物数情况

单位：个，%

游客类型	平均游览旅游吸引物数	同比
住亲友家、自有休闲度假居所游客	1.69	35.20
外地一日游游客	1.27	4.10
本地一日游游客	1.33	0.76

5. 为一场演出、活动来一座城旅游

据统计测算，2023 年广西文化旅游发展大会举办期间（11 月 18~20日），南宁市接待游客 207 万人次，实现旅游收入 11.39 亿元。第一届全国学生（青年）运动会举办期间（10 月 20 日至 11 月 15 日），南宁市共接待游客 831 万人次，带动收入 91.41 亿元。在地标建筑、A 级旅游景区共举办薛之谦天外来物巡回演唱会、张韶涵寓言世界巡回演唱会、蔡依林 Ugly Beauty 世界巡回演唱会、林俊杰 JJ20 世界巡回演唱会等大型演唱会及音乐节，快速集聚人流，显著带动周边交通、住宿、餐饮等消费，带动收入超13 亿元、消费人群 70 万人次。

（二）节假日旅游市场情况

2023 年假日期间，全市共接待国内游客 2343.86 万人次，实现国内旅游收入 190.53 亿元（见表 2）。各大假日期间，南宁市开展了一系列丰富多彩的假日文化旅游活动，文旅市场呈现复苏态势。其中，元旦期间，旅游市场复苏态势强劲，文旅活动丰富多彩，夜间活动成为重要看点，全市共接待国内游客 134.19 万人次，实现旅游收入 13.12 亿元；春节期间，各类体验式年俗活动让出游有特色、有人气、有文化，深受游客喜爱，夜间文旅新业态引领文旅市场强劲复苏，为全市社会面消费注入活力，全市共接待国内游客 539.94 万人次，同比增长 101.67%，实现旅游收入 27.65 亿元，同比增长 103.57%；清明节期间，文旅市场持续回暖，返乡客流成为假日出游主力，"赏花经济"增强消费活力，全市共接待国内游客 42.32 万人次，实现旅游收入 3.80 亿元；"壮族三月三"期间，高等级文旅消费活动在邕举办，丰富多彩的文旅活动引燃消费热情，全市共接待国内游客 209.80 万人次，同比增长 95.88%，实现旅游收入 18.06 亿元，同比增长 92.50%；五一劳动节期间，文旅深度融合带动"为一场演出来一座城旅游"，沉浸式、体验式出游成为吸引年轻群体消费的新动力，全市共接待国内游客 480.53 万人次，同比增长 124.59%，实现旅游收入 39.12 亿元，同比增长 101.75%；端午节期间，毕业游、亲子游热度持续上升，暑期学生出游市场形成热点，全市共接待国内游客 189.90 万人次，实现旅游收入 15.92 亿元；中秋节、国庆节期间，特色消费新场景激发文旅"夜经济"活力，传统民俗文化、国风国潮主题活动精彩纷呈，全市共接待国内游客 747.18 万人次，实现旅游收入 72.86 亿元。

表 2 2023 年南宁市假日旅游接待游客情况

单位：万人次，亿元

假日类型	接待国内游客人数	旅游收入
元旦	134.19	13.12
春节	539.94	27.65
清明节	42.32	3.80

假日类型	接待国内游客人数	旅游收入
壮族三月三	209.80	18.06
五一劳动节	480.53	39.12
端午节	189.90	15.92
中秋节、国庆节	747.18	72.86
总计	2343.86	190.53

（三）入境旅游市场情况

2023 年南宁市接待入境过夜游客 7.68 万人次，同比增长 4916.8%，实现国际旅游收入 3525.17 万美元，同比增长 6410.0%。

2023 年南宁市接待的入境过夜游客中，外国人比重最高，占全市接待入境过夜游客总人数的 72.18%，其次是香港同胞，占比为 15.81%，台湾同胞占比为 8.46%，澳门同胞占比为 3.55%（见图 12）。接待东盟国家游客 4.30 万人次，占全市接待入境过夜游客总人数的 55.96%。

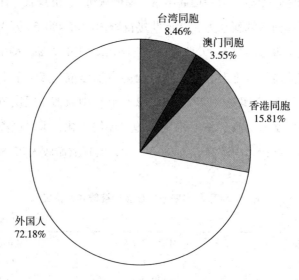

图 12　2023 年南宁市接待入境过夜游客分布

从国际旅游收入结构看，长途交通、其他、购物、住宿、餐饮、景区游览、娱乐、市内交通、邮电通信9项消费指标占比分别为27.1%、24.0%、17.7%、8.4%、6.9%、5.4%、5.1%、3.3%、2.1%（见图13）。

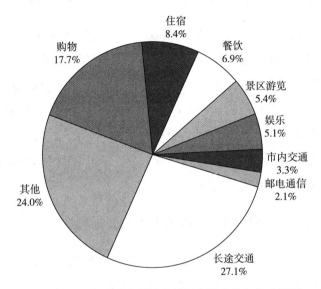

图13　2023年南宁市接待入境过夜游客收入构成情况

二　2023年南宁市推进文化旅游业发展的主要举措

（一）精心谋划部署，成功承办2023年广西文化旅游发展大会

认真贯彻落实自治区、南宁市有关部署要求，积极争取自治区旅游发展专项资金1亿元，落实市级旅游发展专项资金9500万元。认真谋划并成功承办2023年广西文化旅游发展大会，深化面向东盟的文旅合作，创新"1+6+N"办会形式，实现了"3个首创"，突出了"4个元素"，打造了"3个看点"，受到自治区党委、政府高度评价，真正办出了新意、办出了亮点、办出了实效。加快推动文旅大会重点项目建设及业态打造提升工作，重点推

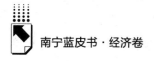
进 63 个大会项目，累计完成投资 214.07 亿元。大会期间接待游客 207 万人次，实现旅游收入 11.39 亿元。

（二）强化规划设计，扎实开展"十四五"中期评估工作

打造"两圈一轴"文旅发展新格局。完成南宁市文化旅游资源普查、产业招商策划等工作，完善具有南宁特色的规划体系。强化平陆运河沿线文旅产业开发研究与规划，编制《南宁市平陆运河沿线文化旅游资源开发研究》，印发《广西平陆运河经济带文化和旅游发展规划》。开展南宁市文化广电和旅游业发展"十四五"规划中期评估，同时配合自治区文旅厅开展广西文化和旅游业"十四五"规划中期评估，以中期评估为标准查找工作弱项，推进文旅产业高质量发展。

（三）坚持"项目为王"，狠抓招商引资

成立项目办专职负责项目管理工作，推动文旅项目建设。2023 年，统筹推进各类文旅项目 128 个，总投资 2274.92 亿元。其中，区市统筹重大文旅项目 36 个，2023 年计划投资 14.71 亿元，1~12 月完成投资 16.6 亿元，投资完成率为 112.84%。为文旅产业提质升级蓄势赋能，2023 年进入旅游领域存量项目库的项目有 8 个，总投资 61.06 亿元。着力招商引资，举办 2023 年大健康和文旅体育产业投资推介会，与北京、上海、广西等区内外客商就休闲度假、文化创意、实景演出、康养旅游、生态旅游等项目进行交流洽谈。2023 年新签约项目 108 个，总投资 533.62 亿元。

（四）推动文旅体商融合发展，激发消费新活力

多措并举，扎实开展 2023 南宁文化旅游提升年建设工作，举办一系列文旅体商活动，推动文旅市场强劲复苏。一是加大政策支持力度。实施《南宁市全域旅游促进条例》，全面落实自治区《关于支持南宁市加快创新开放多元融合建设区域性国际旅游中心城市的意见》，制定落实《南宁市贯彻落实自治区加快文化旅游业全面恢复振兴的若干政策措施实施方案》。二

是大力开展文化旅游促消费活动。深入实施南宁月月文化旅游节活动，举办2023南宁文化旅游提升年开年仪式、2023年广西文化旅游消费大夜市（南宁）主场活动等300多个文旅消费主题活动。承办全国文化和旅游消费促进活动、"青春飞扬激情活力"文体旅商促消费活动，连续5次在全国文体旅融合促消费交流活动上进行经验发言。发放1500万元文旅消费券，核销金额约为1254万元，直接带动交易额约3410万元。三是开展文化旅游进商圈活动。打造"演艺+旅游+商业"模式，持续打造南宁·三街两巷历史文化街区人民剧院轻喜剧《遇见邕城》驻场系列演出项目，开展文化旅游进商圈活动376场，促进商圈文旅消费。四是加大文旅品牌推广力度。开展全媒体推广宣传，通过南宁广播电视台、《南宁日报》等多渠道推广"中国绿城""老友南宁"文旅品牌。持续开拓旅游客源市场，组织文旅企业赴重要旅游客源地参加文化旅游宣传推介活动，积极引客入邕。组织开展各类乡村文化旅游宣传推介活动，不断提升乡村旅游知名度，拉动乡村文旅消费。

（五）品牌创建工作取得良好成效，助力文旅行业高质量发展

成功创建国家级品牌，青秀区入选首批国家文化产业和旅游产业融合发展示范区建设单位。创建国家4A级旅游景区6家。成功创建自治区级品牌，新增5个广西五星级乡村旅游区、1家四星级农家乐、2个三星级乡村旅游区。广旅·南宁之夜街区、相思小镇民族文化旅游休闲街区成功创建广西旅游休闲街区，三塘镇成功创建广西特色旅游名镇，上林县成功创建广西休闲农业重点县，隆安县那桐镇定江村、南宁市武鸣区双桥镇伊岭村成功创建广西乡村旅游重点村。

（六）深入实施首府文化品质提升工程，提升首府文化软实力

一是高标准高质量完成第一届全国学生（青年）运动会开闭幕式的组织实施工作，展现新时代壮美广西新风采新形象。二是创新举办2023年"壮族三月三·八桂嘉年华"暨第24届南宁国际民歌艺术节，圆满完成开闭幕式、绿城音乐节等13场重点活动及25场文化旅游品牌活动。三是做好

为民办实事项目，全市 14 家图书馆、13 家文化馆、23 家博物馆和 102 个乡镇文化站全部免费开放；扶持乡村社区业余文艺队 213 支，完成演出 5749 场，惠及 223 万人；持续开展"送戏下基层进校园"项目，完成演出 550 场，惠及 20 万人。四是打响城市文化活动品牌，组织开展"我们的中国梦——文化进万家"春节文艺系列惠民演出、民歌湖周周演、"绿城歌台"等群众文化活动，加大全民艺术普及力度。五是精心组织开展文艺创作，创作完成邕剧《梁小霞》并开展首演。舞剧《山水之约》（暂定名）、歌舞剧《甜蜜的事业》入选文旅部精品创作重点选题；邕剧《骄傲的画眉鸟》入选第九届全国优秀儿童戏剧展演；舞剧《山水之约》（暂定名）、邕剧《天香》等精品剧目入选"广西有戏"三年行动扶持计划重点选题；舞蹈《炮龙小子》《今天是你的生日》、声乐《民族团结花盛开》等节目获广西音乐舞蹈比赛表演及创作奖。六是加强对外文化交流合作，成功举办首届中国—东盟（南宁）文化月及第十届中国—东盟（南宁）戏剧周，全面展示 10 年来中国与东盟以戏剧为纽带，相互尊重、合作共赢取得的丰硕成果。

（七）赓续历史文脉，推进文化自信自强

加强文化遗产保护利用，推动中华优秀传统文化创造性转化和创新性发展。一是推进文物保护利用各项工作。组织开展周家坡古建筑群保护规划及三街两巷二期特色博物馆、南宁骑楼文化陈列馆、老南宁记忆陈列馆建设等工作；组织推动南宁历史文化丛书的编纂出版工作；积极抓好望火楼、皇姑坟等不可移动文物的抢救性维修和养护工作。二是加强红色资源保护和利用工作。积极推进毛主席接见广西各族人民纪念馆展陈提升工作；开发"激荡风雷　脱颖而出——五四时期的邓颖超"等红色主题课堂；设计"追寻红色足迹，相约茉莉之乡"等多条红色旅游精品线路。三是保护传承非物质文化遗产。成功举办中国—东盟（南宁）非遗周等宣传展示活动；积极申报各级非遗代表性项目，新认定 28 项市级非遗代表性项目、32 名市级非遗代表性传承人，25 项非遗代表性项目入选第九批自治区级非遗代表性项目，入选数量、项目总数均位居全区第一；推进南宁

市非物质文化遗产馆、壮族歌圩文化（南宁）生态保护区等平台建设；举办"南宁礼物"征集大赛、南宁市非遗产品包装设计大赛；成功申请第二批广西非遗形象体验店 12 个、广西非遗美食体验店 10 个。

（八）深化广电行业治理，促进广电视听产业健康发展

筑牢安全播出防线，圆满完成节假日、全国两会、第 20 届中国—东盟博览会等重要保障期广播电视的安全播出工作。成功取缔"黑广播"发射频率 98.6MHz。2023 年全市创建了 12 个"三无小区"①。丰富广播电视和网络视听精品创作，组织参加"2023 年广播电视创新创优节目评选扶持"等 10 多项作品推优，其中《少年黄大年》《圈粉时刻》入选国家广播电视总局创新创优节目，广播剧《春来江水绿如蓝》、纪录片《朱槿花开二十年》入选全区 2023 年广播电视重点选题。扎实推进青秀区南阳镇施厚村"壮美广西·智慧广电"乡村工程试点村创建工作，项目年度工作被评定为"好"等次。实施新型主流媒体建设工程，推动南宁广播电视台都市生活频道调整为文旅生活频道。

（九）贴心服务市场主体，持续优化文旅营商环境

组成工作专班，建立常态化走访服务企业工作机制，多形式解决问题。积极推进助企纾困金融政策落地实施，2023 年组织 19 家文旅企业申请"文旅贷""重大产业项目贷"，项目总投资额为 6.66 亿元，涉及融资金额约 4 亿元。2023 年，全市 43 家规模以上广播、电视、电影和录音制作业（不含电影放映），文化艺术业及娱乐业服务业企业营业收入合计为 16.2 亿元，增速为 54.6%；29 家规模以上旅行社及相关服务业企业营业收入合计为 8.96 亿元，增速为 409.6%。

（十）坚持安全发展理念，保障全市文化广电旅游领域安全有序

全力加强广播电视安全播出和网络安全重要保障工作，组织开展广播电

---

① "三无小区"指无销售、无安装、无非法使用卫星地面接收设施的小区。

视行业安全播出大检查，圆满完成重要保障期广播电视的安全播出、网络安全和设施保护工作。组织召开假日旅游联席会议，研究部署全市假日文化旅游行业安全及市场工作。深入开展旅游市场秩序综合整治工作，重点打击"不合理低价游""黑旅行社""黑导游"，以及娱乐场所、网吧接纳未成年人等违法违规行为。2023年以来，全市各级文化市场综合行政执法机构共出动检查人员181291人次，检查各类经营单位71773家次，立案调查71件，警告35家，取缔3家，罚款59家，罚款金额为399400元。2023年，南宁市文广旅行业无重特大安全责任事故发生。

三 2023年南宁市文化旅游业发展存在的主要困难和问题

一是游客出游方式出现了转变，更倾向于自驾游、个性游、自助游，旅行社传统组团业务需求相对减少。二是文化企业贷款融资难、融资成本高、抗风险能力较弱，企业投资欲望和信心尚未完全恢复，文旅产业招商存在一定难度。

四 2024年南宁市文化旅游业发展对策

2024年，南宁市深入学习贯彻习近平文化思想和习近平总书记关于广西工作论述的重要要求，以建设国际旅游消费中心城市和区域性国际旅游中心城市为总目标，扎实推进文化旅游业高质量发展，积极助力建设面向东盟开放合作的国际化大都市。

（一）坚持"文旅+"融合，积极创建国家文化和旅游消费示范城市

推动文旅产业与大健康、体育、商业等产业融合发展。不断优化一站式购物、休闲、演艺、餐饮、娱乐服务，丰富文旅消费产品，大力发展夜间经济，点亮"中国不夜城 浪漫夜南宁"。全年组织举办20个以上文化旅游

节庆活动，推出 200 个以上主题活动，实施惠游促销措施，让文旅活动不断"出圈"、出彩。

（二）持续推动项目建设，为文旅加速发展提供动力

坚持"项目为王"的理念，做好项目跟进服务工作。动态调整各类在库项目。充分利用市领导、正副秘书长联系服务重大项目重点企业和区市统筹推进项目等机制，多渠道为项目争取支持。推进南宁之夜（二期）、牛湾文化旅游岛等重点项目建设。抓好项目策划储备工作，全面挖掘、整合县区招商资源，策划包装一批优质招商项目。

（三）激发首府文化创新创造活力，不断增强文化影响力

做好舞剧《山水之约》、邕剧《天香》等大型剧目的排演工作。组织举办南宁国际民歌艺术节、中国—东盟（南宁）戏剧周等精品文化活动，承办纪念西南剧展 80 周年暨第八届全国话剧优秀剧目展演。持续开展"送戏下基层进校园"、扶持乡村社区业余文艺队活动，提升"南宁民歌湖大舞台周周演""绿城歌台"等群众文化品牌活动质量，推动公共文化基础设施场所免费开放。加强文物和文化遗产保护利用，做好申报国家历史文化名城工作，加快推进毛主席接见广西各族人民纪念馆展陈提升工作。提升基层公共文化服务设施建设、运营和服务效能，不断完善"城市 15 分钟生活圈"建设。推动智慧文旅建设，开发"公共数字文化服务"和"智慧旅游"平台。

（四）推动旅游业提质增效，为高质量发展提供新引擎

继续加大品牌创建工作力度，积极创建全域旅游示范区、旅游休闲街区、广西特色旅游名镇，做好南宁市创建国家文化和旅游消费示范城市的申报材料准备工作。加大旅游质量等级提升力度，积极创建 A 级旅游景区、生态旅游示范区、旅游度假区和星级乡村旅游区（农家乐），积极培育全国、广西乡村旅游重点村（镇）。完善硬件设施，推动各县（市、区）、景区建设完善一批游客中心、停车场、游步道等旅游公共服务设施，不断深入

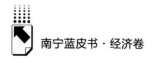
开展"厕所革命"。持续加大精品线路打造力度,分季节、分热点、分主题推出红色旅游、研学旅游、乡村旅游、康养旅游等主题精品线路。

(五)强化宣传推介,拓展对外交流渠道

持续开拓旅游客源市场,组织文旅企业赴国内重要旅游客源地参加文化旅游宣传推广活动,积极引客入邕。全面加大文旅品牌推广力度,以主流媒体新闻宣传与新媒体推广相结合的方式,打造全方位、多渠道、多层次的宣传矩阵,全面展现"中国绿城 老友南宁"品牌形象。积极开拓国际市场,推进与东盟国家及 RCEP 其他成员国的文旅交流,将南宁打造成"国内游客游东盟、东盟游客游中国"的必选之地。

(六)加强文化广电和旅游市场培育监管,守牢安全生产底线

优化文旅市场和广电监管保障体系,强化文化和旅游市场监管及广电网络视听设施机构管理。持续深化"放管服"改革,优化营商环境,积极为文化旅游企业纾困解难。强化旅游市场秩序综合整治,严厉打击各类违法违规市场行为。严格落实安全生产责任制,开展常态化安全生产督导检查,坚决防范化解重大安全风险、杜绝重特大安全事故,全力保障文化旅游领域安全稳定。

B.6

2023~2024年南宁市金融业发展情况分析及展望

<small/>

中共南宁市委员会金融委员会办公室调研组*

摘　要：　2023 年，南宁市在推动全区金融业高质量发展中充分体现了首府担当，在增强金融实力、服务实体经济以及深化金融开放等方面均取得了亮眼成绩。2024 年是实现"十四五"规划目标任务的关键之年，南宁市应牢牢抓住重大机遇，紧紧围绕服务打造国内国际双循环市场经营便利地、建设面向东盟开放合作的国际化大都市和中国—东盟跨境产业融合发展合作区，着重在做好金融稳增长工作、增强金融支持强产业效能、做强多层次资本市场、做实高水平对外开放、防范和化解金融风险等方面下功夫，全力推动南宁市金融业高质量发展。

关键词：　金融业　实体经济　金融开放　南宁

2023 年，在自治区党委、政府的坚强领导下，南宁市坚持以习近平新时代中国特色社会主义思想为指导，全面贯彻落实党的二十大、二十届二中全会精神，深入贯彻落实习近平总书记关于广西工作论述的重要要求，以"舍我其谁强担当、行必首善创一流"的气魄，切实发挥金融支撑服务保障作用，全力推进金融业高质量发展各项工作，努力实现在全国西部省会

---

　*　调研组成员：曾肄业，中共南宁市委员会金融委员会办公室副主任（正处长级）、一级调研员，中共南宁市委员会金融工作委员会副书记，中共南宁市委员会财经委员会办公室副主任，南宁市地方金融管理局局长；吕端周，中共南宁市委员会金融委员会办公室改革合作科副科长（主持工作）、三级主任科员；曾鑫，中共南宁市委员会金融工作委员会组织指导科副科长（主持工作）；张秋婷，中共南宁市委员会金融委员会办公室改革合作科一级科员；莫小琳，中共南宁市委员会金融委员会办公室财经科一级科员。

（首府）城市中争先进位，在推动全区金融业高质量发展中体现首府担当、展现首府作为。2018年以来，南宁市在"中国金融中心指数"排名最高上升了7位，[①] 获评为中央财政支持普惠金融发展示范区。

一 2023年南宁市金融业发展基本情况

（一）在拼经济搞建设中展现"金融担当"，金融综合实力量质齐升

金融对经济增长的贡献度提升。2023年全市金融业增加值同比增长5.7%，拉动GDP增速增长0.7个百分点，对GDP增长的贡献率达17.3%，在全市各行业中位居前列。

金融业实现平稳发展。截至2023年末，本外币存贷款余额首次突破3.6万亿元，达3.61万亿元，在全区占38.6%，同比增长9.4%，余额和增量继续位居全区之首；2023年保费收入首次突破300亿元，达到314.18亿元，同比增长5.1%，占全区的比重达37.2%，保费收入总量、增速在全区排名第一。

（二）在稳增长惠实体中贡献"金融力量"，金融服务实体质效双升

加大对重大项目的筹融资服务力度。加强从项目策划到融资落实的全链条管理，同步建好"项目池"和"资金池"，实施工业和基础设施重大项目"清单化"服务，协调建立银团机制、争取总行政策，推动14家金融机构推出20个"前期贷"产品。抢抓政策机遇，提前开展"三大工程"前导项目融资策划，研究设立"三大工程"资金池。全年开展政金企对接活动256场，服务企业2533家次，累计向金融机构推送重大项目1648个，促成融资对接5488亿元，累计参与一对一指导包装融资项目近270个，协调轨道交通6号线一期、机场线一期及5号线等一批重大项目融资。截至2023年末，

---

① 《晒五年"成绩单"！南宁市在"中国金融中心指数"排名最高上升了7位！》，中国（广西）自贸试验区南宁片区网站，2024年1月22日，http://nnwxxq.gxzf.gov.cn/xxfb/mtjj/t17891039.shtml。

全市基础设施贷款、工业贷款分别同比增长 14.5%、12.6%，分别高于各项贷款增速 5.1 个、3.2 个百分点。

聚焦普惠领域扩大金融覆盖面。扩大"桂惠贷"支持范围，抢抓时间窗口，支持 645 家企业获自治区"桂惠贷"拼经济稳增长系列产品支持。全年新增投放"桂惠贷"500.3 亿元，降低企业融资成本 9.53 亿元。增强政府性融资担保的融资增信功能，2023 年南宁市辖内政府性融资担保机构在全市的融资担保发生额达 87.33 亿元，服务市场主体 6426 户，为南宁市中小企业、"三农"主体节约融资担保成本约 2.18 亿元。深化数字金融普惠服务，首创"绿金平台+信易贷""绿金平台+桂信融"等模式，破除"机构—政府—企业"数据壁垒，打通"数据流—信用流—资金流"连接渠道，上线 139 款融资产品，授信 801.76 亿元，服务企业 9186 户。其中，纯线上信用"老友 e 贷"等产品可实现秒批秒贷，上线 5 个月授信 6.31 亿元、服务主体 7592 户。截至 2023 年末，小微企业贷款、涉农贷款分别同比增长 25.2%、11.7%，分别高于各项贷款增速 15.8 个、2.3 个百分点，普惠型小微企业贷款利率低于全区平均水平 18 个基点。

推动金融资源流向重点领域。强化房地产金融支持，引导金融机构加大对房地产的支持力度，个人按揭贷款利率已降至政策底线。加大对乡村振兴的支持力度，按照"政府推送名单、机构对接服务、多方协调联动"方式，积极开展金融服务新型农业经营主体提升行动，构建"政府+银行+保险+担保+上市+投资"的"六位一体"新型农业经营主体服务体系。截至 2023 年末，全市创建信用户 78.5 万户、信用村 830 个、信用乡（镇）67 个，创建面分别达到 63.4%、63.9%、65.6%；全市涉农贷款余额为 3542 亿元，同比增速高达 11.7%。

资本市场取得新突破。用好沪深京三大证券交易所广西服务基地，组建专家服务团开展"诊断式服务"，"一企一案"确定上市培育对象，实行"一份协调函办到底"，出具合规经营证明 50 余件，打造"邕城创客行""邕城创投会""金融面对面"等活动品牌。2023 年新增迈越科技、新讯达 2 家上市公司，新增梯度科技、科砼建材 2 家新三板挂牌企业。上市公司、新三板挂牌企业存量和增量均居全区首位。全年新增资本市场直接融资1146.92亿元，在全区占68.36%，其中新增信用债券融资1023.8亿元。产业高质量发展基金全面落地，共设立21只子基金，子基金认缴规模为132.06亿元，实缴规模为39.87亿元，累计投资项目47个，通过资本招商推动龙电华鑫、宸宇富基、华芯振邦、巨石新能源等一批重点项目落地，南宁市产业高质量发展基金入选"2023年中国地市级政府引导基金30强"。

（三）在强开放促融合中深化"金融开放"，金融开放创新亮点纷呈

着力推进金融资源集聚。以"走出去+请进来"拓宽招商渠道，持续扩大金融对外"朋友圈"。举办"领投基金南宁行"、中国（广西）—泰国金洽会等招商活动35场次，对接超百家企业。2023年，中国—东盟金融城累计入驻金融机构（企业）512家，是2018年末的24.4倍，年内新增101家。中国—东盟金融城获评"2023年广西生产性服务业集聚示范区"，成为中国面向东盟金融开放合作的主平台。

金融中后台高地逐步形成。中国—东盟金融城聚集了34家金融中后台中心及金融科技企业，中银香港东南亚业务营运中心范围拓展至7个东盟国家，运作效率提升20%，业务成本下降75%，获批组建深圳、广州分公司，进一步向区域化、集中化发展。太平东盟保险服务中心已为海外44个重大项目提供风险保障超500亿元。稳妥有序开展数字人民币试点。在国家层面争取数字人民币试点落地，交易数量超300万笔，金额超19亿元，试点规模占全区的90%以上；落地全国、全区场景16个，为国家推进数字人民币试点应用提供了一批样本案例。

积极开展跨境金融创新试点。出台全国领先的合格境外有限合伙人（QFLP）管理办法。推动QFLP基金发展，累计注册9只QFLP基金，规模超11亿美元，引入境外资金支持地方建设；跨境人民币同业融资等5项试点政策融资金额累计突破155亿元，本外币合一银行账户体系试点顺利开展，支持企业更好利用"两种资源、两个市场"降低融资成本，2023年南宁市跨境人民币结算量同比增长154%，占全区结算量的80%，南宁市是全

区人民币跨境使用结算规模最大、增长最快的地市。17项金融创新事项获评中国（广西）自由贸易试验区复制推广制度创新案例，南宁片区金融创新指数在同批19个自贸试验片区中排名第四。

深入推进示范区建设。印发《南宁市绿色项目认定方案》《南宁市绿色企业认定方案》等，完成第三批45个绿色项目（总投资174.5亿元）和17家绿色企业认证工作，数量和类型在全区排名前列，初步构建了具有南宁特色的绿色金融标准体系。组建绿色金融服务中心、面向东盟的绿色认证中心，累计推动组建绿色金融专营机构97个，覆盖银行、保险、证券及多种类型的新兴金融业态和地方金融组织，类型和数量均居全区首位。支持绿城水务、桂冠电力、丰林木业等绿色产业上市企业和捷佳润、辽大农业等绿色产业新三板挂牌企业发展，鼓励发行绿色债券。截至2023年底，全市绿色贷款余额为2783.8亿元，同比增长18.3%，占全区的43%。南宁市打造以五象新区为核心，各县（市、区）、开发区特色化差异化发展的"一核多点"保险创新格局，形成"政府引导+机构主导+市场运作"三方驱动的项目管理机制，推动设立跨境保险创新联合实验室、城市风险管理研究院、食品安全责任保险推广运营中心等一批保险创新孵化平台，推出了惠邕保、"保险+服务+物联网"创新型电梯综合保险等一批社会反响较好的保险产品服务。加强保险对外开放合作，推动太平东盟保险服务中心、人保财险分别组建中国太平—东盟保险共同体、中国人保—东盟跨境再保险共同体，每年举办中国—东盟保险合作与发展论坛、中国太平国际（东盟）保险合作与发展论坛等。

供应链金融创新取得新突破。成功组建全区第一家供应链金融协会，围绕南宁市新兴及优势产业链，建立供应链企业"白名单"制度，率先在全区建立市本级214家核心企业和217家上下游供应链企业"白名单"，加快打造"一链一策"特色供应链融资模式，构建"核心企业+协同企业+链网式金融"综合金融服务体系。

（四）在防风险守底线中维护"金融安全"，金融风险隐患有效化解

全面加强地方金融监管。加强地方金融组织现场检查，持续加大非现场

检查力度，地方金融组织稳健合规发展，获评为 A 级以上的小额贷款公司占全区的 38.64%；获评为 A 级以上的典当行占全区的 71.11%。

完善防范化解金融风险机制。建立健全市级防范化解金融风险工作机制，印发金融风险防控责任清单，压紧压实各方责任。地方金融风险监测预警平台纳入监测企业超 16.4 万家，发布风险提示预警信息超 0.64 万条，提升风险早发现、早预警、早处置能力。

有力防范处置重点领域风险。扎实开展农村中小金融机构、资本市场、网络借贷、非法集资、交易场所、房地产等领域的风险防范化解工作，取得明显成效，辖内地方金融组织总体运行平稳，全市金融风险总体可控。

二 2024年南宁市金融业发展面临的机遇和挑战

2024 年是实现"十四五"规划目标任务的关键之年，也是南宁市加快建设面向东盟开放合作的国际化大都市、中国—东盟跨境产业融合发展合作区的重要一年，南宁市金融业面临重大机遇与挑战。一是国家赋予南宁市新定位新使命，这是南宁市发挥比较优势、实现跨越式发展前所未有的重大政策红利，也是南宁市金融业实现快速发展面临的前所未有的机遇与挑战。二是聚焦国家赋予的新定位新使命，南宁市将奋力打造"一体两翼"新格局。提升"一体"能级，把五象新区打造成面向东盟的国际科技创新中心和生产性服务业高地；提质"东翼"发展，坚持"港产城海"融合发展；提速"西翼"建设，持续打造空港国际跨境电商中心等贸易平台，将南宁（深圳）东盟产业合作区打造成深邕产业合作重要承载地和跨境产业链供应链先行示范区。这些都将为南宁市金融业高质量发展提供广阔空间。三是中央支持广西加快打造国内国际双循环市场经营便利地，从构建新发展格局的高度赋予广西重大使命任务，南宁市将抢抓重大政策机遇，狠抓工作落地落实，推动首府对内对外开放水平再上新台阶，在打造国内国际双循环市场经营便利地中走在前列、做出表率。南宁市拥有中国—东盟博览会、中国—东盟商务与投资峰会、中国—东盟信息港、面向东盟的金融开放门户等重大开放平台核心区优势，这给南宁市探索形成重大区域战略共融平台、做优做强金融创新、高水平对内对外开放发展金融业提供了强大支撑。

同时，必须客观认识到，南宁市金融业对标全国先进地区和高质量发展要求仍有较大提升空间。一是有影响力的金融机构区域性总部、功能性总部、金融中后台服务机构较少；二是金融服务实体经济的质效还有待进一步提升；三是缺乏综合型、复合型高端金融人才。

三 2024年南宁市金融业高质量发展思路

2024年，南宁市坚持以习近平新时代中国特色社会主义思想为指导，全面贯彻落实党的二十大、二十届二中全会精神，认真贯彻落实中央经济工作会议精神和中央金融工作会议精神，深入贯彻落实习近平总书记关于广西工作论述的重要要求，坚持稳中求进、以进促稳、先立后破，完整、准确、全面贯彻新发展理念，全面加强党对金融工作的领导，紧紧围绕服务打造国内国际双循环市场经营便利地、建设面向东盟开放合作的国际化大都市和中国—东盟跨境产业融合发展合作区，全面加强金融监管，完善金融体制，优化金融服务，防范化解风险，全力推动首府金融业高质量发展，为奋力谱写中国式现代化南宁篇章贡献更多金融力量。

（一）全力做好金融稳增长工作，为全市经济发展多做贡献

全力以赴"引金入邕""引资入邕"。用好金融业发展联席会议制度，主动服务好全市银行机构、保险机构。深入推进"资本+产业"招商、金融机构"以商招商"，发挥全国性金融机构集团优势和全国网络优势，加大以商招商力度。

（二）全力做优高质量金融服务，增强金融支持强产业效能

靠前服务保障重大项目投融资。发挥项目融资策划专家团作用，紧扣"三大工程"、基础设施建设、产业园区、资产盘活等项目进行融资策划，

加大对"三大工程"的融资支持力度。建立推动金融机构常态化向上争取政策机制，协调驻邕金融机构向上争取和落实"三大工程"再贷款、抵押补充贷款（PSL）、专项借款等政策，靠前对接好项目策划、申报、融资方案，争取低成本中长期资金支持，提高中长期贷款占比。

加大金融对科技的支持力度。开展科创企业首贷培植工程，建立科创企业融资顾问制度，推广知识产权质押融资、科创供应链金融服务、创业担保贷款、"科创保"等科创金融产品，提升科创企业融资可获得性。开展支持"专精特新"企业改制上市、挂牌融资专项行动，拓宽科创企业融资渠道。

强化普惠领域融资。落实落细"桂惠贷"、政府性融资担保、应急转贷资金等政策，争取将"平急两用"企业纳入"桂惠贷"。加快建立数字化转型金融服务体系，实施"互联网+"普惠金融行动计划，夯实数字金融基础设施，引导金融机构加大民营、小微企业信贷投放力度，力争普惠型小微企业贷款增速高于各项贷款增速。通过"首贷续贷中心+市县两级政金企"对接机制，持续开展政金企活动，用好"金融面对面"智库平台，全年开展政金企对接活动不少于100场次。

服务农村金融领域融资。运用好农村金融改革成果，持续开展农村信用"四级联创"工作，扩大农业农村抵质押范围，鼓励开发专属产品以支持农村新业态和乡村建设领域。推进"保险+银行+担保""保险+银行+政府"创新合作模式，继续开展"保险+"等模式，提高保险服务能力和水平。

（三）全力做强多层次资本市场，进一步优化企业融资结构

多措并举加大上市（挂牌）企业培育力度。优化市级资本市场工作领导小组统筹机制，制定促进企业上市专项行动方案、上市后备企业库管理办法，扩充上市后备企业资源，将上市公司的平台资源稳定在本地。加快推动设立广西资本市场服务基地，整合全区资源加快推进多层次资本市场攻坚突破。优化专家团服务，对上市后备企业进行精准培育，抢抓北交所高质量扩容机遇，及时调整促进企业上市策略。

积极拓宽投融资渠道。持续完善债券发行项目储备库，分批分类进行精

准指导，推进威宁集团、产投集团、乡村振兴集团提升主体信用评级，扩大债券融资规模。推动各国有企业主动筛选、拆分、孵化一批科技创新实力强、市场前景好的优质资源对接资本市场。

做大做强做优产业高质量发展基金。完善基金制度体系，争取国家级、自治区级基金及社会资本参与基金出资，拓宽南宁市基金来源渠道，加快基金投资运作。邀请头部基金负责人来邕考察，找准双方招商合作的切入点。

（四）全力做实高水平对外开放，打造金融开放发展新高地

推动中国—东盟金融城提质升级。升级金融开放门户核心区激励政策和服务保障，大力引进金融中后台基地、科技金融中心、结算中心、中介配套服务机构等业态。支持中银香港东南亚业务营运中心、太平东盟保险服务中心提升管理层级。

大力发展跨境金融结算。加快推动跨境电商"将结算留在南宁"取得突破，支持本地第三方支付机构做大做强，发展跨境支付业务。

深化金融改革创新。发挥金融联合创新实验室等五大平台作用，推进QFLP、本外币合一银行账户体系、数字人民币等试点，优化跨境贸易投资便利化政策。推动城市风险管理研究院提升职能定位并实体化运作，推动"保险+服务+物联网"创新型综合保险等一批保险创新项目提质扩面。丰富绿色金融产品并完善服务体系，引导银行加大绿色贷款投放力度。发挥好供应链金融协会作用，支持供应链企业数字化转型，大力发展供应链融资。

加强面向东盟的金融交流合作，争取央行与更多东盟国家的货币磋商机制落地南宁。

（五）全力防范和化解金融风险，维护国家安全和社会稳定

全面加强对地方金融组织的监管，加大对地方金融组织的现场检查和非现场监管力度，发挥南宁市地方金融风险监测预警平台作用，提升穿透式监管能力。

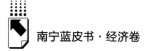
　　大力推进重点领域风险防范化解。分类施策，防范化解农村中小金融机构、资本市场、网络借贷、非法集资、交易场所、房地产金融等领域的风险。

　　严厉打击非法金融活动，加快推进存量非法集资案件风险处置，加强对新型金融业态风险的关注和防范，强化风险源头化解，牢牢守住不发生系统性金融风险底线。

B.7

2023~2024年南宁市对外贸易发展情况分析及展望

刘 莹 王聪仁 张哲宁*

摘 要: 2023年,在国际局势复杂多变、国际贸易摩擦持续的大背景下,南宁市着力优化外贸结构,促进不同类型外贸企业主体均衡发展,努力实现贸易伙伴多元共进,壮大外贸市场主体,积极推动贸易品类迭代升级,实现外贸新业态持续创新发展,并在通关便利化、外贸营商环境优化、跨境物流快速通道建设方面取得了成效。然而,南宁市整体外贸形势仍较为严峻,加工贸易处于转型阵痛期、外向型产业招商竞争加剧、物流通道不够顺畅等问题亟待解决。2024年,南宁市将进一步优化外贸结构,聚焦加工贸易转型升级,推动跨境电商创新发展,推进重点对外贸易平台建设,加快外贸主体培育,强化本地园区建设,着力高质量实施RCEP,以实现外贸高质量发展。

关键词: 对外贸易 转型升级 南宁

2023年是全面贯彻党的二十大精神的开局之年,是南宁市落实国家重大决策部署的关键之年。2023年以来,在市委、市政府的正确领导下,南宁市坚持以习近平新时代中国特色社会主义思想为指导,全面贯彻落实党的二十大、二十届二中全会精神和中央经济工作会议精神,深入贯彻落实习近平总书记关于广西工作论述的重要要求,坚持"解放思想、创新求变,

---

* 刘莹,南宁市商务局外贸科科长;王聪仁,南宁市商务局外贸科副科长;张哲宁,南宁市商务局外贸科四级主任科员。

向海图强、开放发展"，按照中央、自治区决策部署，采取各项措施推动全市外贸进出口提质增效。

一 2023年南宁市外贸主要指标情况

据海关统计①，2023年南宁市外贸进出口总值为1259.1亿元，同比下降14.7%，排名全区第二，占全区的比重达18.2%。全市外贸进出口总值连续3年突破1200亿元大关。受国际环境和全市外贸结构调整影响，外贸进出口总值增速出现回落，低于全国（0.2%）14.9个百分点，低于全区（7.3%）22.0个百分点。出口总值为623.0亿元，同比下降13.9%；进口总值为636.0亿元，同比下降15.4%。加工贸易进出口总值为436.8亿元；一般贸易进出口（含跨境电商）总值为801.8亿元；跨境电商产业迅速发展，全年跨境电商进出口交易额达157.3亿元，同比增长14.1%。2023年全国、广西、南宁市外贸进出口情况见表1。

表1　2023年全国、广西、南宁市外贸进出口情况

单位：亿元，%

地区	进出口		出口		进口	
	总值	同比增长	总值	同比增长	总值	同比增长
全国	417568.3	0.2	237725.9	0.6	179842.4	-0.3
广西	6936.5	7.3	3639.5	1.5	3297.0	14.6
南宁	1259.1	-14.7	623.0	-13.9	636.0	-15.4

资料来源：南宁海关、海关总署网站。

横向对比来看，2023年南宁市外贸进出口总值仅次于崇左（2393.7亿元），排名广西第二。外贸进出口总值在西部地区主要省会（首府）城市中排名第四，位于成都（7475.5亿元）、西安（3597.6亿元）、昆明（1346.2亿元）之后，高于海口（790.0亿元）、乌鲁木齐（700.1亿元）、贵阳（471.7亿元）等城市。

---

① 根据《中华人民共和国海关统计条例》《海关统计数据使用管理办法》等有关规定，各单位在制定政策、研究问题、指导工作时，涉及南宁市进出口数据的，请联系海关统计部门查询，以海关提供的统计数据为准。

二 2023年南宁市外贸发展主要特点

（一）外贸结构得到进一步优化

2020～2022年南宁市外贸进出口总值年均增长22.3%，从2020年的986.5亿元增长至2022年的1475.6亿元。2023年以来，国际形势日趋复杂多变，受中美贸易摩擦和地方保护主义抬头等因素影响，富桂精密等南宁市传统外贸龙头企业的海外订单不断转移，电子信息加工贸易企业持续减产。南宁市外贸结构面临产业转型的重大调整，加工贸易占全市外贸的比重已由2022年的近70%下降至2023年的34.7%，加工贸易企业数量、产值和进出口值均大幅减少；一般贸易迅猛发展，已经成为南宁市外贸发展的主要动力；跨境电商等新业态为外贸发展注入新活力，贸易方式占比更加均衡。南宁市外贸结构得到进一步优化。

（二）各类型外贸企业主体分布愈加均衡

2023年，全市国有企业进出口实现高速增长，成为全市外贸稳增长的主要力量，全年进出口302.4亿元，同比增长59.3%，较上年净增112.5亿元，占全市的比重由2022年的12.6%提升至24.0%；民营企业全年进出口595.7亿元，同比下降13.1%；受国际环境影响，外商投资企业进出口下降明显，全年进出口360.7亿元，同比下降39.8%；其他类型企业全年进出口0.3亿元，同比下降10.0%。国有企业、民营企业、外商投资企业三大类外贸企业主体的进出口占比分别为24.0%、47.3%、28.6%，分布愈加均衡。2023年南宁市不同类型外贸企业主体进出口情况如图1所示。

（三）贸易伙伴多元共进、遍布全球

2023年，南宁市与179个国家（地区）开展进出口贸易，多元化经贸

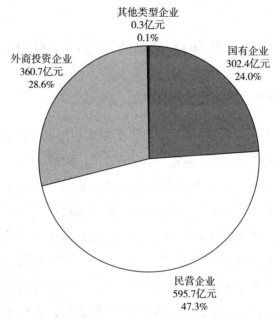

图1　2023年南宁市不同类型外贸企业主体进出口情况

资料来源：南宁海关网站。

合作日益密切。2023年南宁市前五大贸易伙伴分别为中国香港（189.4亿元）、越南（107.2亿元）、澳大利亚（103.5亿元）、中国台湾（101.9亿元）、泰国（80.1亿元）（如图2所示）。2023年，南宁市对东盟进出口

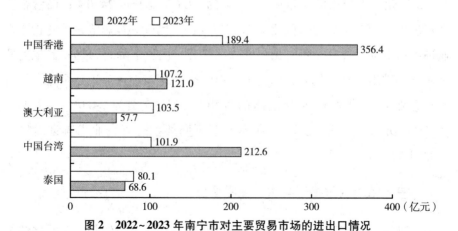

图2　2022~2023年南宁市对主要贸易市场的进出口情况

资料来源：南宁海关网站。

334.4 亿元，占全市的比重为 26.6%。东盟国家中，越南跃居南宁市第二大贸易伙伴，全年实现进出口 107.2 亿元，占全市外贸进出口的 8.5%，占全市与东盟国家进出口的 32.1%，南宁市与越南有贸易往来的企业多达 200 余家。2023 年，南宁市进一步加快建设高质量实施《区域全面经济伙伴关系协定》（RCEP）示范区，优化贸易环境，扩大贸易规模，促进双向投资合作。全年对 RCEP 其他成员国进出口 538.6 亿元，占全市的 42.8%。

（四）外贸市场主体进一步壮大

2023 年，南宁市积极培育外贸市场主体，组织企业参加外贸大讲堂、自贸试验区 RCEP 政策培训、海关出口水果专题培训等活动，提升企业外贸业务能力。对新能源、新材料、机械装备、家居日用品等细分行业中有出口优势的企业给予重点联系帮扶，助力企业开拓国际市场。2023 年，全市外贸企业队伍不断壮大，全市外贸进出口实绩企业达 1287 家，比上年增加超百家；进出口超亿元以上的企业达 101 家，累计进出口占全市的九成以上，市场主体活力进一步提升。南宁市以"拓市场抢订单"为主线，以境内外国际性知名展会为载体，全力组织企业参加国际知名行业龙头展会，抓住 2023 年线下展会和国际经贸活动"重启"机遇，组织超过 200 家次企业参加中国进出口商品交易会，赴境外参加第七届中国—俄罗斯博览会，赴东盟、中东开展经贸对接活动，全方位多渠道开拓国际市场。全年实现一般贸易出口值 381.2 亿元，同比增长 23.3%，为推动全市外贸发展和吸引外商投资提供了强有力的支撑。

（五）贸易品类持续迭代升级

2023 年，南宁市进出口商品结构进一步优化。出口方面，2023 年南宁市出口商品以高新技术产品和机电产品为主，包括自动数据处理设备及其零部件、电动汽车、电子元件、锂离子蓄电池等。其中，新能源汽车和锂电池"新两样"产品出口大幅增长。在精灵汽车、宁达汽车、弗迪电池等企业的带动下，全市新能源汽车、新能源电池出口成效显著，成为外贸增长、新旧动能转换的关键动力。2023年南宁市新能源汽车出口59.1亿元，同比增长923.6%，占广西新能源汽车出口（61.8亿元）的95.6%。锂离子蓄电池出口34.3亿元，同比增长7209.6%。进口方面，2023年南宁市主要进口商品包括电子元件、铁矿砂及其精矿、铜矿砂及其精矿、未锻轧的铜及铜材、煤及褐煤、干鲜瓜果及坚果等，大宗商品进口规模不断扩大。南宁市聚焦有色金属、钢铁、能源等大宗商品领域，推动自治区级大宗商品进口供应链平台建设，与自治区商务厅共同培育壮大广西供应链服务集团、北港资源等专业化大宗商品进口供应链平台，支持企业扩大进口规模。2023年南宁市大宗商品进口大幅增长，其中金属矿及矿砂进口208.4亿元，同比增长56.7%；煤及褐煤进口84.0亿元，同比增长15.6%。此外，农产品进口42.3亿元，同比增长14.5%。

（六）外贸新业态持续创新发展

2023年，中国（南宁）跨境电商综合试验区建设不断加快，跨境电商监管效能和通关时效持续提升，跨境电商集散分拨配套进一步完善，中国邮政东盟跨境电商监管中心、广西绿港跨境电商监管中心、南宁空港国际跨境电商中心高标准运营、联动发展。南宁市在全国2021~2022年度跨境电子商务综合试验区考核中均获评"成效较好"，并在2023年5月全国跨境电子商务综合试验区现场会上做典型经验交流发言。"打造跨境电商特色园区，构建中国—东盟贸易新通道"入选商务部外贸新业态优秀实践案例。2023年，全市跨境电商进出口值超5亿元企业达14家，其中超10亿元企业7家，跨境电商日均通关能力达200万单。发展"跨境电商+产业带"，大力扶持一批成长性强、带动性强、市场潜力大的跨境电商主体，促进贸易和产业融合发展。如广西怡凯家居通过亚马逊平台拓展广西木衣架及收纳用品出口渠道；广西农垦、轩妈食品等本土品牌陆续登陆Lazada跨境电商平台，引进东盟"网红"直播推广南宁沃柑等特色产品，并利用海外仓优势推动南宁沃柑抢占泰国柑橘消费市场。推动联通跨境电商直播基地建设，推动多所驻邕高校与联通广西公司共建实训基地，基地将面向越南、泰国等6

个东盟国家全面开启"直播带货"。广西·东盟跨境电商总部基地建设进一步加快,项目已链接浙江跨境电商资源,打造东盟跨境电商选品中心、直播中心和一站式综合服务平台。按全口径统计,2023年南宁市实现跨境电商进出口157.34亿元,同比增长14.1%,占全区的比重达78%;南宁市跨境电商出口值占全市外贸出口总值的20%,占面向东盟出口总值的58%。

(七)通关便利化、外贸营商环境持续优化

一是加强与东盟国家的"经认证的经营者"(AEO)互认合作。驻邕海关积极扩大AEO互认范围,推动AEO企业在境内外享受通关便利。2023年,广西北港物流有限公司获南宁海关首张物流型AEO高级认证证书,大锰投资有限公司成为南宁市首家通过AEO高级认证的纯贸易型企业。截至2023年底,南宁市共有AEO高级认证企业10家,数量排广西第1位。中国(广西)自贸试验区南宁片区建设了AEO互认观摩实训基地,即将交付使用。二是通关监管模式持续创新。驻邕海关启动广西首个陆铁联运跨境电商商品安检平行作业试点,实现海关监管、铁路安检"同场平行、结果协同",节约50%的开箱、装载、查验时间,为企业节省二次仓储、换柜和吊柜等费用以及境内流程处理的时间。南宁综合保税区、吴圩机场"区港联动"实现"无感式通关",跨境电商出口转关车辆从南宁综合保税区运抵机场卡口后自动解锁、自动核销,有效提升实体通关效能。南宁国际铁路港海关监管作业场所顺利开展公路跨境运输海关监管业务,实现"公铁双模"跨境运输,强化与边境口岸的物流衔接,为企业开展中越跨境贸易提供了新选择。三是支持企业利用RCEP、原产地政策红利。完善南宁市RCEP政务服务中心功能,为企业提供政务、关务、法务以及经贸合作、项目引进等服务,2023年累计服务企业约150家。截至2023年12月,邕州海关累计签发RCEP原产地证书1370份,金额约6.3亿元,两项指标均位居广西前列。南宁市国际贸易促进会为企业提供便利、高效的一站式出证认证商事服务,2023年累计办理各类证书2623份,其中一般原产地证书2130份、优惠原

产地证书 47 份、商事证明书 330 份、代办领事认证 109 份、海牙认证 7 份。发布国际经贸摩擦预警信息 164 期 657 条，服务全市企业享受 RCEP 及其他自贸协定的政策红利。

（八）中越跨境物流快速通道进一步升级

中国南宁—越南河内跨境物流快速通道建设工作专班印发《南宁国际铁路港常态化开行中越跨境快速通关班列实施方案》《南宁国际铁路港建设运营支持政策》等文件。中越跨境公路 12 小时"厂到厂"运输班线稳定运行。稳定和加密中越跨境物流线路。公路方面，南宁市至友谊关、东兴、爱店、水口、龙邦等 5 个区内公路口岸已基本实现高速公路通达。推动运输企业稳定运行中越跨境公路 12 小时"厂到厂"运输班线，已开通广西经中越双方共同确认的国际道路货运线路 6 条，2023 年全市累计完成中越跨境公路出口运输 929 趟次，累计运输货物 8825 吨。铁路方面，自 2023 年 6 月底起开行中越跨境快速通关班列，每周固定开行 3 列，班列"站到站"运行时间约为 20 小时，实现"当天发车、当天到达"，南宁国际铁路港在 2023 年下半年累计开行中越跨境班列（出境）65 列，吞吐量达 1570 标准箱（TEU），是上半年的 4 倍。

三 2023 年南宁市外贸发展存在的问题

（一）整体外贸形势较为严峻

目前，海外需求处于收缩区间，欧美发达经济体零售商商品库存高，全球经贸形势偏弱。中美摩擦持续，国际环境复杂多变。美国制造业回流趋势正在加速，并联合盟友对我国实施贸易、科技"去风险化"行动。部分境外客户正在推进产业链供应链多样化布局以减少对我国供应商的依赖，订单不断向境外转移；出口产品成本不断上涨、竞争力减弱，传统一般贸易企业出口订单逐步减少。南宁市外贸稳增长面临较大压力。

（二）加工贸易处于转型阵痛期

2023年下半年以来，南宁市外贸结构面临重大调整，加工贸易占全市外贸的比重已由2022年的近70%下降至2023年的34.7%，加工贸易处于转型阵痛期，企业数量、产值和进出口值均大幅降低。长期以来，南宁市外贸结构以加工贸易为主，受制于加工贸易产业特点，自主创新能力、品牌效应尚未形成，南宁市部分加工贸易企业产品增值率偏低、出口商品质量不稳定，受到海关部门重点关注，加之各地加工贸易产业招商竞争压力加大，加工贸易新项目储备不足，引进进度也不及预期。此外，南宁市加工贸易龙头企业富桂精密被美国商务部列入出口管制"未经验证清单"，预计项目订单还将继续向境外转移，预计2024年进出口值仅为70亿元，比2020年顶峰时期的371.9亿元减少300亿元以上。另外，部分加工贸易企业因生产经营不规范已停产整改。截至2023年，南宁市正常经营的加工贸易企业仅有21家，比2022年减少50%。

（三）外向型产业招商竞争加剧

受全球贸易形势影响，国内长三角、珠三角等地持续加大外向型产业政策支持力度。以跨境电商产业为例，南宁市制造业基础相对薄弱，而适合跨境电商出口的货物多数原产于长三角、珠三角地区，导致原先在南宁市集货的部分跨境电商业务回流至广东、福建等地。此外，南宁市引进外向型产业新项目情况不乐观，难以吸引新的大型进出口企业和项目落地，导致外贸发展后劲不足。

（四）物流通道不够顺畅

南宁市物流通道建设仍存在短板，运输枢纽尚不完善，缺乏高效的综合运输体系，集疏运方式单一，多式联运缺乏统筹协同；对外货运通道不完善，中越陆路通道容易拥堵，运输成本大幅上升。目前，南宁市跨境电商业务总体出口通关时长压缩至 1 小时以内，但离邕到达广西边境口岸城市后仍然需要花费较多时间在货场排队等候离境，而注册在区内边境口岸城市的同类企业基本无须排队即可优先离境，受排队时效影响，部分业务已分流至区内边境口岸城市。

四　2024年南宁市外贸发展方向及思路

（一）着力推动外贸稳规模优结构，稳定和扩大重点产品进出口

发挥供应链平台的支撑作用，服务大宗商品进口，推动广西供应链集团、北港资源等供应链企业拓展进口渠道。组织企业赴越南、印度尼西亚等国家开展大宗商品货源对接活动，扩大进口货源渠道。深入推进药食同源商品通关便利化改革，扩大药食同源商品进口规模。持续挖掘外贸发展新动能，聚焦区域贸易总部建设和市场渠道拓展，提升出口新增量。加强对合众汽车、比亚迪、精灵汽车等新能源汽车项目的跟踪服务。2024 年将推动相关企业持续发力，促使宁福新能源等企业实现出口，打造"南宁制造走出去"的新引擎。

（二）聚焦加工贸易梯度转移重点承接地建设，促进加工贸易扩大增量

持续推动加工贸易转型升级，继续优化外贸产业结构，持续推动存量企业提高工业增加值，加速加工贸易转型升级。发挥南宁市国家加工贸易产业园龙头引领和稳定器作用，支持加工贸易龙头企业延长生产链，引导各工业园区引进国内料件采购比例较高的加工贸易新项目，促进加工贸易与国内产业良性互动。加快建设加工贸易梯度转移重点承接地，承接粤港澳大湾区转移的以电子信息为主的高附加值加工贸易产业。共建深圳—南宁东西部结对协作产业园，以中国（广西）自贸试验区南宁片区、临空经济示范区、国

家级经济开发区为载体，积极开展加工贸易新项目"百场招商"行动和"快进优选"计划。

（三）加快推动跨境电商创新发展，助力特色农产品出海

推动南宁跨境电商综合试验区建设提档升级，加快配套支撑体系建设，支持专业化主体布局建设海外仓，优化海外仓网络布局，积极推进海外仓、边境仓、物流中心仓建设。发展"跨境电商+产业带"，大力扶持一批成长性强、带动性强、市场潜力大的跨境电商主体，推动贸易和产业融合发展。积极利用跨境电商产业助力沃柑、茉莉花茶等南宁特色农产品出口海外。依托跨境电商平台拓宽销售渠道、开拓线上市场，加快推动特色农产品营销电商化。加大品牌营销力度，鼓励支持企业在海外布局、设立商务机构和营销网点，对接一批特色农产品进出口贸易资源。引导推动特色农产品出口企业在境外重点市场建设公共海外仓、产品分拨中心，扩大南宁特色农产品在海外国家的辐射带动范围。

（四）积极推进重点对外贸易平台建设

一是加快广西进出口中药材贸易中心建设。统筹推进中药材贸易中心项目实施，全力打造广西进出口中药材贸易的集散中心、加工中心、交易中心、价格中心。积极利用自贸试验区、综合保税区等平台优势，加快推进中药材快检室、贸易中心信息平台等载体建设并加快出台专项支持政策。二是全力推进中国—东盟（南宁）水果交易中心建设。根据项目建设方案，有序推动中国—东盟（南宁）水果交易中心各项建设工作开展，预计2024年完成投资1亿元，打造面向中国和东盟市场的水果分拨、交易、加工中心。三是持续推进南宁综合保税区建设。南宁综合保税区二期计划迁建至南宁国际铁路港，进一步加快物流仓储中心、流通加工中心、物流清关中心、园区配套道路、海关监管设施及园区附属配套工程建设。南宁综合保税区二期建成并封关运营后，将促进更多开放型经济和具有保税需求的企业来邕投资兴业，助力全市外贸发展壮大。

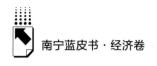

（五）加快外贸主体培育，多元化开拓国际市场

实施 RCEP 出海计划，持续推进"千企开拓"外贸强基础工程，配合自治区商务厅在 RCEP 其他成员国举办"中国广西商品博览会"，组织企业参加中国进出口商品交易会和中国国际进口博览会，帮助企业拓市场、抢订单。实施"百企培育"计划，强化商务和工信双向联动，力争全年全市有进出口实绩企业的新增数量进一步提升。配合自治区实施"百企服务"计划，确定南宁市外贸重点企业，在市场拓展、通关便利、政策需求等方面提供精准服务。

（六）高标准建设中国（广西）自贸试验区南宁片区

积极配合自治区实施自贸试验区提升战略，全面深化各项改革试点任务，推进实施跨境贸易扩量提质、跨境金融高效流通等十大重点工程，积极打造服务国内国际双循环市场经营便利地核心区。对标 RCEP、CPTPP（《全面与进步跨太平洋伙伴关系协定》）等国际先进经贸规则，开展系统集成创新，打造形成制度型开放试验区。加快设立协同发展区，加快建设东部产业新城、临空经济示范区，带动邻近产业园区发展。对标广东、上海等先进自贸试验区，把发展外向型经济放到更加重要的位置。加快推进中国—东盟经贸中心、中国—东盟特色商品汇聚中心等标志性项目建设。

（七）着力高质量实施 RCEP，加强与东盟的贸易交流

全面落实 RCEP，建设高质量实施 RCEP 示范项目集聚区。发挥与东盟合作的"南宁渠道"作用，继续用好中国—东盟博览会、中国—东盟商务与投资峰会平台，组织开展一系列面向 RCEP 的经贸活动，高质量筹备举办第三届 RCEP 经贸合作工商高峰论坛，推动中国—东盟博览会从服务"10+1"向服务 RCEP 和"一带一路"拓展。积极参与中国—东盟自贸试验区3.0版建设，深化拓展与东盟的合作，服务建设更为紧密的中国—东盟命运

共同体。落实中越两国联合声明，积极融入桂越《加强经贸领域合作备忘录三年行动计划（2021—2023）》，提升对越经贸合作水平。积极落实国际陆海贸易新通道广西实施方案，加快建设中新南宁国际物流园，大力推动南宁国际铁路港建设，加快推进西部陆海新通道凭祥跨境公铁联运物流园国际港项目建设，与越南合作开行中越集装箱国际铁路联运班列，推进中越班列开行便利化。

创新发展篇

B.8
南宁市创新发展地铁经济的对策

南宁市社会科学院课题组*

摘　要： 发展地铁经济对于完善城市功能、优化城市空间布局、提升城市综合承载水平、促进经济快速发展、提高城市竞争力具有重大意义。当前南宁市的地铁经济向好发展，但仍存在地下商业资源面临经营困境、地铁周边土地资源开发模式较为单一、地铁内部经济即票价效益不明显、地铁其他资源收益呈现不稳定性等问题。对此建议：创新地铁经营理念，推动地铁经济可持续发展；以分类施策为导向，创新地铁商业资源开发模式；积极推动TOD综合开发，拓展地铁商圈和经营赛道；营造特色地铁文化，打造城市

* 课题组组长：龚维玲，南宁市社会科学院城市发展研究所原所长、正高级经济师。课题组成员：吴寿平，南宁市社会科学院城市发展研究所副所长、副研究员；庞嘉宜，南宁市社会科学院城市发展研究所科研人员、助理研究员；丁浩芮，南宁市社会科学院社会发展研究所副所长、助理研究员；王一平，南宁市社会科学院社会发展研究所科研人员、研究实习员；冯勤哲，南宁市社会科学院东盟研究所科研人员、研究实习员；周博，南宁市社会科学院东盟研究所所长、副研究员，高级人力资源管理师；蒋秋谨，南宁市社会科学院城市发展研究所所长、副研究员；谢振华，南宁市社会科学院农村发展研究所副所长、助理研究员；周娟，南宁市社会科学院农村发展研究所科研人员、助理研究员；王许兵，南宁市社会科学院东盟研究所副所长、助理研究员；陈代弟，南宁市社会科学院办公室工作人员、助理研究员。

文化空间载体；依托地铁出行，打造城市多功能服务平台。

关键词： 地铁经济 地铁客流 商业开发模式 南宁

作为南宁市城建历史上最大的基础设施建设项目，南宁地铁对于完善城市功能、优化城市空间布局、提升城市综合承载水平、促进经济快速发展、提高城市竞争力有着重大意义。2016年6月28日，南宁市地铁1号线开始试运营，截至2023年10月，南宁市已建成运营的地铁线路有5条，地铁"五线运营"的发展，持续带动了沿线经济的发展，对城市的交通、房地产、教育、文化、营商等都有着积极拉动作用，一种新的经济形态——"地铁经济"应运而生。

一 南宁市地铁经济发展现状

（一）地铁建设运营情况

1.地铁建设情况

自2010年南宁市城市轨道交通建设项目正式获得国家立项、进入实质性建设阶段以来，南宁市一直致力于打造现代化、高效率、可持续发展、与城市功能高度适应的轨道交通系统。截至2023年10月，南宁市已经开通5条地铁线路，共124.95公里、104个站点，覆盖南宁市主要区域和重要交通枢纽，另外还有轨道交通4号线东段在建，约3.25公里、4个站点（见表1）。截至2022年底，南宁市轨道交通已建和在建线路总长度在全国开通城市轨道交通的55个城市中排第22位。[①] 此外，轨道交通6号线、机场线以及现有各线路的延长线已在筹建中，总计70.3公里。[②]

---

① 数据来源：中国城市轨道交通协会《城市轨道交通2022年度统计和分析报告》。
② 数据来源：南宁轨道交通集团有限责任公司。

表 1　南宁市已建和在建的地铁线路情况

单位：个，公里

线路		站点	里程
轨道交通 1 号线	石埠站—火车东站	25	31.42
轨道交通 2 号线	西津站—坛泽站	23	26.78
轨道交通 3 号线	科园大道—平良立交站	23	27.23
轨道交通 4 号线	洪运路站—楞塘村站	16	20.01
轨道交通 5 号线	国凯大道站—金桥客运站	17	19.51
轨道交通 4 号线东段(在建)	楞塘村站—龙岗站	4	3.25

资料来源：南宁轨道交通集团有限责任公司。

2. 地铁运营情况

近年来，随着南宁市城市轨道交通运营路线的延长，越来越多的市民选择地铁出行。2020～2022 年，南宁市城市轨道交通客运量占公共交通客运总量的比重分别为 45.26%、49.96%、54.35%，城市轨道交通分担公共交通客流比例逐年提高，地铁成为城市公共交通越来越重要的组成部分（见图 1）。

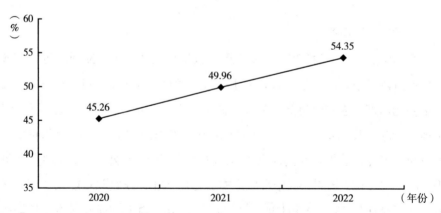

图 1　2020～2022 年南宁市城市轨道交通客运量占公共交通客运量的比重

资料来源：中国城市轨道交通协会《城市轨道交通 2020 年度统计和分析报告》《城市轨道交通 2021 年度统计和分析报告》《城市轨道交通 2022 年度统计和分析报告》。

2022年，南宁市城市轨道交通完成客运量2.73亿人次，同比减少0.16亿人次，下降5.53%，年完成客运量排全国第17位，处于全国中上游水平，日均客运量为74.89万人次（见图2）。虽受新冠疫情的影响，年完成客运量有所下降，但与前两年相比仍保持在一个相对稳定的水平。

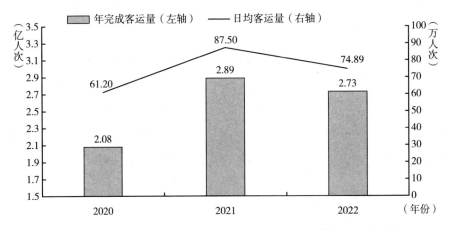

图2　2020～2022年南宁市城市轨道交通年完成客运量和日均客运量

资料来源：中国城市轨道交通协会《城市轨道交通2020年度统计和分析报告》《城市轨道交通2021年度统计和分析报告》《城市轨道交通2022年度统计和分析报告》。

（二）地铁内部经济发展情况

1.地铁票务收入

南宁市的地铁线网票价采用按里程分段计价的方式，根据乘车距离等因素进行调整。乘客可以通过南宁市市民卡、各种优惠活动以及敬老优待卡、学生优待卡等特殊优待卡享受乘车优惠。在运营收入方面，根据中国城市轨道交通协会不完全统计，2021～2022年，南宁市在运营收入方面表现较好，每车公里运营收入和每人次公里运营收入均超过全国平均水平，其中，商业租赁、广告收入等资源经营收入占比较高。①

---

① 数据来源：中国城市轨道交通协会《城市轨道交通2020年度统计和分析报告》《城市轨道交通2021年度统计和分析报告》《城市轨道交通2022年度统计和分析报告》。

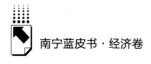

2. 地铁广告收入

在地铁车厢等大量人群流动的场所展示广告具有较好的宣传效果。南宁市地铁广告有车厢内部海报广告、车站墙面广告、电子屏广告等多种广告形式，覆盖不同站点、线路，并通过整体出租和自主销售两种形式，成功实现了一定的商业化运营，使广告收入成为地铁内部经济的重要组成部分。

3. 通信资源收入

地铁内的通信资源主要包括基站和信号设备等。通过利用这些资源，地铁能够提供更加稳定和高效的通信服务，满足乘客的通信需求；对于通信运营商来说，能够扩大其网络覆盖范围，为用户提供稳定和高质量的通信服务。南宁轨道交通集团有限责任公司通过与移动、联通、电信、铁塔4家通信运营商合作开发通信资源，为地铁内部经济创造可观收益。

（三）地铁外部经济发展情况

1. 地铁站商铺

南宁市地铁站商铺通常采取站内开发模式，即在地铁站设计、规划和建设过程中，南宁轨道交通集团有限责任公司考虑到商业开发的潜力，在进出口、换乘通道、站厅等合适位置预留一定的空间用于建设零星店铺，不需要进行额外的挖掘和施工工作，充分利用地铁站内部的闲置空间，并通过后期的公开招标或租赁方式吸引商家入驻。截至2023年10月，南宁市地铁站商铺有126间，面积共计2912.04平方米，其中74间共计1802.02平方米已出租，出租率约为61.9%。已出租的店铺多开设便利店、便民充值店等。①

2. 地铁商业街

地铁商业街是指位于地铁站地下通道内部的商业街，这类商业街与地铁站出入口、站厅紧密衔接，其设计和布局充分考虑了乘客流动路径和乘客流量，以引导乘客进入商家店铺并提供便捷的购物体验。截至2023年10月，南宁市已有万象城站地铁商业街、朝阳广场站地铁商业街、广西大学站地铁

---

① 数据来源：南宁轨道交通集团有限责任公司。

商业街等9条地铁商业街，其中绝大部分位于1号线、2号线和换乘点上。万象城站地铁商业街、朝阳广场站地铁商业街和广西大学站地铁商业街是南宁市较为成熟的地铁商业街，以巨大的客流量为商家提供了理想的商业环境，也集中了各类时尚品牌、餐饮场所和娱乐设施，为消费者提供了丰富的购物和娱乐选择，增强了南宁市的商业活力。

专栏1 南宁市部分地铁商业街情况

万象城站地铁商业街

万象城站地铁商业街（项目名称为"bilibili地铁商业街"）位于南宁最热门的CBD东盟商务区中，周边环绕着高楼大厦，与万象城、会展航洋城、东盟盛天地等大型综合商业体相邻，地理位置优越。商业街的总面积为3937.5平方米，日均客流量约为1.8万人，具有相当强的人气和活力。商业街的亮点之一是星光音乐长廊。长廊内的灯光设计独特，仿佛海浪一样起伏变化，营造出迷人的星空氛围。商业街共分为两层。一层是综合商城，入驻了各类业态的商家，包括快餐店、奶茶店、小吃店等餐饮业态，为乘客提供了方便的就餐选择。此外，还有一些手机配件、手工艺品、服装服饰等店铺，满足乘客对各类商品的需求。二层是美食广场，主打各地特色美食。乘客可以品尝到来自不同地方的美食，包括本地特色小吃、国内外知名连锁餐饮品牌等。

朝阳广场站地铁商业街

朝阳广场站地铁商业街（项目名称为"柠檬町地铁商业街"）位于朝阳商圈核心地带，且是1号线和2号线的换乘站，8个出入口可直接通往地面的西南商都、悦荟广场、步行街、钻石广场、印象城、百佳汇流行前线等，与整个朝阳商圈主要的商业体、商业场所衔接，客流量较大，日均客流量约为4.5万人，商业街面积为3084平方米。消费群体以年轻人、学生为主，店铺以休闲餐饮和精品特色零售为主。

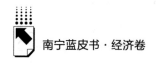

广西大学站地铁商业街

广西大学站地铁商业街（项目名称为"MORE FUN126 地铁商业街"）背靠百年学府广西大学，周边还有广西大学附属中学、南宁市第三十六中学、广西财经学院、广西工业职业技术学院等学校，是1号线和5号线的换乘站，出口多达14个，出口范围覆盖火炬路、大学东路、明秀路3条城市道路，同时衔接时代天骄、南宁百货大楼奥特莱斯广场等商业体，有利于集聚各方向的客流。日均客流量约为2万人，商业街面积为3469平方米。广西大学站地铁商业街也是南宁首个具有集装箱风格的地下商业创意空间，主题特色鲜明，在设计上融入了更多音乐、生活、艺术展览等文化元素，加上前卫的街景招牌、亮眼的视觉设计，贴合当下年轻人的个性文化审美。业态上，集合了餐饮、服装、日用品零售、美甲美妆等各类零售店铺。

（四）地铁沿线资源利用与开发情况

1. 轨道交通重塑城市空间布局

城市轨道交通的建设促进了经济空间的重新组合，并对城市发展和空间结构的合理布局形成方向性引导，城市空间布局也从"摊大饼"式发展逐渐走向以轨道交通线为轴的纵深发展，对人口和经济的发展起到明显的导向作用。就南宁市而言，5条地铁线路所到之处均成为人流、物流、商流和信息流的集聚之地，不仅提升了土地价值，也推动了城市发展和人口集聚。例如，华润·万象城、五象绿地中心、祖龙 AC Mall 等都是在地铁的集聚效应下形成的商业圈、经济圈和文化圈。与此同时，进入"地铁+商业"时代，南宁市的商圈正在重塑，单一集中的商业格局加速裂变，向周边多点分散，区域多元化商业格局加速呈现。

2. 轨道交通促进沿线土地的开发利用

自5条地铁线路开通以来，"井"字形地铁交通串联而成的南宁蜕变为"轨道"上的城市，城市间不同区域的联系变得更加紧密，市民的生活半径也得到了扩大。以南宁市五象新区为例，地铁线路的延伸将五象新区和其他区域连接起来，使得市民能够快速、便捷地到达五象新区，为五象新区带来了更多的商业和经济活动，吸引了更多的投资和发展机会。同时，地铁沿线住宅、综合商业体、写字楼等房地产项目的价值也随着地铁发展而有所提升。如南宁市轨道交通集团有限责任公司子公司轨道地产集团成立至今，通过充分利用轨道交通沿线的各种优势资源，先后开发建设了轨道御玺君临湾、轨道御珑壹号城、轨道御澜上城、轨道御水元筑、轨道御水悦居、轨道御水雅居等约 30 个住宅小区，在 2022 广西房地产行业盛典暨市场数据发布会上，该集团获得 2022 年南宁市房企权益销售金额、面积第 10 名的成绩。

二 南宁市地铁经济发展存在的问题

（一）地下商业资源面临经营困境

一是地下商业资源使用率不高，部分地铁商业街的商铺面临经营困境。目前规划的地铁商业街有 11 条，已经开业运营的有 9 条，但较为成熟的、人气较高的仅有 3 条，仅占总体的 27.3%。地下商业资源使用率不高的主要原因有两个方面。一方面，部分地铁商业街途经路线为城乡接合部或五象新区等人流比较少的区域，作为出行交通工具的地铁虽然有众多乘客，但未能把人流成功转换成客流，导致部分地铁商业街人气不高、客流量较少；另一方面，地铁商业街商铺前期投入较大，对于一些商家而言吸引力不强，因此较难开展招商。此外，线下实体经济整体受到线上电商发展的影响，多重因素叠加导致地铁商业街发展形势不容乐观。

二是地下商业资源经营模式的创新性还有待增强，"流量变现"仍是当前较为迫切的议题。与先进城市相比，南宁市在创新拓展思路、深入推动商业资源有效开发使用方面仍有较大提升空间。近年来，深圳、南京、成都等城市为了推动多元化经营、增加地铁运营公司的收入来源、提升城市品牌形象，采取了一系列有益的探索和实践。以深圳市著名的地铁商业街——深圳地铁·连城新天地为例，深圳地铁·连城新天地是我国迄今唯一在运营的

"贯穿多站厅、链接多枢纽"的地铁商业街，也是我国第一个拥有自主知识产权吉祥物的地铁商业街，日均客流量超过 10 万人次，琳琅满目的店铺为市民群众提供了休闲娱乐空间，该商业街获得中国首条"城轨交通商业示范街"荣誉。深圳地铁·连城新天地不仅是重要的"都市便捷生活中心"，还通过举办丰富多元的文化演出、开设多样化的主题展览等形式，成为深圳中心区域的"都市文化传播中心"。相较而言，南宁市在地下商业资源开发方面的创新性略显不足。

（二）地铁周边土地资源开发模式较为单一

一是土地资源开发反哺地铁建设的预期目标未能顺利实现。南宁市根据《国务院关于城市优先发展公共交通的指导意见》，陆续制定出台了《南宁市城市轨道交通管理条例》《南宁市城市轨道交通综合开发建设用地使用权作价出资管理暂行办法》等政策文件，建立了南宁市轨道交通及其配套设施沿线土地综合开发运行机制，并规定在项目立项、开工建设、供地等环节予以政策支持，以充分发挥地铁周边土地资源综合开发作为轨道交通建设运营投融资重要渠道的作用。但是一方面，在落地执行中，由于南宁市中心城区优质地块资源非常稀缺，轨道交通集团获得的土地位置较为偏远，商业价值并不大，难以通过土地资源开发实现较理想的"变现"；另一方面，城区政府与轨道交通集团对地价的评估存在差异，理论上而言，地铁沿线未开发土地由经营企业按照城市轨道交通未开通预期下的地价获得开发权，其增值部分用于补偿城市轨道交通建设或运营亏损，但实际操作中，城区政府对于土地价值的估算要远高于轨道交通集团的地价评估，开发价值与预期价值不对等，导致土地资源优势和价值得不到凸显。

二是地铁 TOD 模式①尚处在探索阶段。在城市轨道交通投资正外部效应中，沿线房地产增值和商业繁荣较为显著。经调研了解，目前南宁市的地铁

---

① TOD 模式即以公共交通为导向的开发模式，该模式注重打造集商业、商务、居住、生态、公共服务等功能于一体的城市综合体。

TOD 模式尚处于摸索阶段。当前，国内较多城市已在地铁 TOD 模式开发上进行了有益探索，除了最常见于各大城市的商业功能主导型开发模式，还有北京平西府车辆段、广州萝岗车辆段、深圳龙华车辆段、杭州七堡车辆段等采用的居住功能主导型开发模式，以及上海金桥车辆段、广州白云湖车辆段、深圳塘朗车辆段等采用的复合功能型开发模式，上述先进城市的探索经验值得关注和深入研究。

（三）地铁内部经济即票价效益不明显

一是部分地铁线路客流量远未达到预期，部分线路票价效益并不明显。提高客流量仍然是南宁市当前提高地铁运营收入的主要手段。但是，在调研中了解到，南宁市地铁 3 号、4 号、5 号线的客流量相对较低，日均客流量只到了规划预期的 30%。虽然这些线路采取了"工作日一元乘车"等一系列优惠措施努力提升整体客流量，但收效甚微。与其他城市相比，南宁市的地铁日均客流量、客运强度等仍有较大的提升空间（见表 2）。此外，与其他先进城市工作日的地铁通勤客流量高于节假日休闲客流量的情况相反，南宁市地铁的日均客流量高峰期往往出现在节假日，但节假日休闲出行客流以中学生、老年人群体居多，消费带动力较为有限，如何把"线下人流"转变为"线上人流"、把地铁客流量转变为消费动力源仍需要深入探索。

表 2　2022 年部分城市轨道交通客运情况

单位：万人次，万人次每公里日

城市	客运量	日均客运量	客运强度	线路最高日均客运量
广州	236137.15	647.74	1.04	223.67
深圳	174959.54	518.74	0.95	122.52
上海	228791.77	736.35	0.85	135.86
西安	76881.18	210.63	0.83	92.01
长沙	57782.54	172.83	0.82	77.71
北京	226298.22	620.08	0.80	158.47

续表

城市	客运量	日均客运量	客运强度	线路最高日均客运量
成都	157175.68	430.62	0.66	95.27
重庆	91083.46	250.28	0.60	91.07
南宁	27335.25	74.89	0.60	58.14
杭州	96364.89	272.99	0.55	90.08
厦门	19721.14	54.03	0.55	32.34
武汉	89401.37	244.94	0.52	93.49
南昌	23908.94	65.50	0.51	57.92
南京	76680.85	212.20	0.48	92.86
合肥	26557.53	72.76	0.47	36.88
沈阳	29345.21	86.25	0.43	44.45
宁波	25656.28	70.29	0.39	33.85
苏州	33852.00	92.75	0.36	49.71
郑州	29770.46	82.93	0.36	45.46
贵阳	9303.40	25.49	0.34	21.06
昆明	18571.19	53.55	0.32	40.86
福州	12101.44	35.91	0.32	29.93
天津	31936.73	88.67	0.30	35.24

注：表格中的城市排序以客运强度为基准。

资料来源：中国城市轨道交通协会《城市轨道交通2022年度统计和分析报告》。

二是部分路段地上地下交通接驳便利度还有待提高。建立一体化的交通接驳换乘体系，不仅可以提高市民出行的便利性，还有利于充分发挥轨道交通、常规公交、共享交通工具的优势，提高城市交通系统运营效率。但是，当前南宁市部分路段地铁站点、地下空间与周边地区公共交通设施之间的匹配度较低，市民群众无法直接感受到换乘交通的便利，在一定程度上影响市民群众对地铁等公共交通的认可。

（四）地铁其他资源收益呈现不稳定性

一是地铁广告投放收益有所减少。目前，南宁市的地铁广告主要有整体出租和自主销售两种经营方式，地铁广告投放对房地产市场的依赖度较高，但近年来受整体经济下行及房地产行业"遇冷"影响，地铁广告投入需求大幅减弱，地铁广告收益呈现波动下滑态势。地铁广告资源带来的收益具有不稳定性，较难成为地铁经济发展的稳定收入来源。

二是通信资源可持续开发利用仍是关键问题。通信技术是决定地铁建设水平的关键技术，构建高效的地铁通信体系、提高地铁通信服务质量是满足地铁经济可持续发展的必然要求。当前，南宁市的轨道交通与移动、联通、电信、铁塔4家通信运营商合作开发地铁内的通信资源，但开发收益呈现下降趋势。通信资源是地铁资源的重要组成部分，立足城市发展的具体情况以及现阶段地铁运行系统对通信资源的需求，有针对性地进行通信资源开发和持续性利用，是南宁市发展地铁经济面临的关键问题。

三 南宁市创新发展地铁经济的对策建议

（一）创新地铁经营理念，推动地铁经济可持续发展

1. 坚持量力而行、有序发展的理念，推动地铁经济科学合理发展

加强南宁市地铁经济科学统筹工作，强化要素保障，推动地铁线网与城市规划深度融合。一方面，加强轨道交通规划与建设的统筹衔接，科学编制规划，有序完善轨道交通网络。同时，加强轨道交通与城市发展规划、经济发展规律、新商业发展趋势等的融合，做到量力而行、有序发展，确保轨道交通建设质量与城市经济发展水平相适应。另一方面，建议国土、住建、轨道交通、发改、商务、市场监管等相关部门联合进行城市交通商业规划，围绕地铁站开发地下资源。充分论证每条轨道沿线开发地下商业街等项目的可行性，进一步推进商业布局和城市交通网络的紧密结合。

2. 坚持地铁是城市"经济线"的理念，积极探索地铁经营思路

坚持地铁是城市"经济线"的理念，按照"建设地铁就是建设城市，经营地铁经济就是发展城市经济"的方针，借鉴港铁"轨道+物业"模式，

依托"投资换经营权",积极探索地铁经营思路。借鉴地铁融资的"长沙模式",依托企业债券、境外融资、PPP（政府和社会资本合作）等筹融资形式,拓宽地铁运营资金来源渠道。同时,当好城市形象"推荐官",充分结合南宁市建设面向东盟开放合作的国际化大都市和"一带一路"有机衔接的重要门户等重要定位以及历史文化资源,打造一批主题车站,讲好新时代南宁故事。持续优化站点周边基础设施配套,让"地铁生活圈"串联美好生活,以地铁线路带动沿线区域经济发展,持续激发城市发展潜力。

3. 坚持以"副业"养主业、以主业育产业的理念,构筑地铁经济新模式

鼓励地铁企业形成以"地上养地下,以副业养主业"的运营模式,形成自我开发、自我投资、自我建设、自我发展的良好局面。一是深耕地铁经济,以实现轨道交通投资—建设—运营的良性循环、助推城市经济快速发展为目标,盘活存量资产,推动地铁经济"破圈",加快创新地铁经济商业模式。大力推行"轨道+物业""轨道+商业"等新型发展模式,丰富自我造血功能。二是积极开发轨道交通延伸资源,创新"投资换经营权""分层设权"① 等经营理念,升级导入"地铁TOD+物业"全新模式,以收益反哺后续地铁建设。

（二）以分类施策为导向,创新地铁商业资源开发模式

1. 加快构建地铁商业创新平台,推动经营体系产业化

一是构建地铁商业投资平台,重点聚焦互联网、消费与零售、商业服务、广告文化传媒等产业,采取股权投资、资产收并购、基金投资等方式,加大南宁市地铁商业开发与产业布局力度。二是构建地铁商业管理平台,重点集聚地铁商业资源,着重打造具有民族特色、首府特点的地铁商业品牌。一方面,加快自营品牌的创新研发,优化地铁商业布局。另一方面,加强与综合商超、新零售、广告科技、体育文化等产业的合作,不仅可以降低地铁

---

① 分层设权是指针对土地开发全过程（一级开发指拆迁、土地收储、设备配套等一系列土地整理工作；二级开发指房地产开发；三级开发指产业运营和商业运营等）,逐层设立不同的开发权限,最大限度地提升地铁经济的营运能力。

建设的成本，而且能形成一个完整的产业体系，实现经营体系的产业化；加强与大中型经营公司、大型连锁企业的合作，共建地铁经济经营平台，共同开发地铁商业资源，充分利用大中型经营公司和大型连锁企业的平台资源，吸引更多优质投资者入驻地铁商业圈，提高地铁经济的经营质量。三是构建地铁广告经营与文化传媒平台，聚焦地铁广告媒体资源拓展与专业化经营，与国内优质传媒公司合资成立南宁市地铁传媒公司，打造行业领先的地铁融媒体和广告咨询平台，切实提高地铁广告收入。四是加强与移动、联通、电信和铁塔等通信运营商的合作，建立高效的综合传输系统，持续开发地铁通信资源。一方面，持续改进地铁传输网络方式，加快探索轨道交通车地通信Wi-Fi 信号技术，配合通信运营商加快通信技术的升级；另一方面，加快构建地铁通信设施共建共享模式，与通信运营商共同建设和维护地铁内公用通信网络。

2. 以地铁功能需求为导向，创新地铁商业资源开发模式

一是根据客流特征和站城特点，实施差异化、多元化、特色化的经营模式。根据地铁线路和乘坐人群，开发不同的地铁商业模式，开设不同的店铺。进行深入的市场调研，分析客流的收入结构、职业结构、年龄结构和消费偏向。突出站城特点，推出特色经营模块。为不同地铁线路、地铁站点设计不同的色彩主题、不同的装修风格，让每个地铁站都有自己的特色。探索将地铁与休闲体验深度融合，创新地铁休闲体验经济模式。借鉴深圳地铁·连城新天地的开发模式，充分利用会展中心地铁站及其周边的空间，借助会展航洋城、万象城等商业综合体带来的人气与流量，打造黄金商业通道，开发时尚、餐饮、购物项目，利用地铁的网络性实现功能创新，以功能为导向，加大地铁商业资源开发力度，创新开发模式。

二是分层分类制定方案，创新部分核心站点的商业街开发模式。依托已建成地铁站的特色和周边商业资源优势，将万象城站、东盟商务区站、会展中心站、广西大学站、朝阳广场站、火车站、火车东站、福建园站和南宁剧场站等站点列为核心创新发展地铁站，动物园站、江南公园站、新秀公园站、狮山公园站、体育中心西站、体育中心东站、市博物馆站、青秀山站等站点列为重点创新发展地铁站，其他站点列为普通创新发展地铁站。在核心创新发展地铁站中，万象城站、东盟商务区站和会展中心站可以开发高端商业，开设零食店、报刊店、面包店和有机食品店等；广西大学站可以针对大学生重点发展特色餐饮、书吧、潮玩、小型电影院等项目；火车站、火车东站则重点发展便利店、特色小吃、特产店、网络休闲室、电影院、游戏厅、书吧等项目；福建园站与南宁剧场站重点开发饮食与娱乐模块，将特色小吃与夜经济、民俗和现代潮流结合。在重点创新发展地铁站中，动物园站、市博物馆站重点开发文化创意项目；江南公园站、新秀公园站、狮山公园站、青秀山站重点开发生态、健康、文旅等项目；体育中心西站、体育中心东站重点开发"体育+"项目。普通创新发展地铁站需要充分结合地铁站周边楼盘和商业的具体情况，打造多功能商业空间。

（三）积极推动 TOD 综合开发，拓展地铁商圈和经营赛道

1. 积极推动 TOD 综合开发，高标准构建地铁商圈

以 TOD 综合开发为抓手，集约高效利用土地，打造有影响力的站城一体化和产城融合城市新地标，推动大数据、大商贸、大文旅、大健康等产业要素向地铁站点集聚，激活和释放消费潜力，提升资源开发综合效益。同时，轨道地产要加强与区内外房地产企业的合作，打造 TOD 多元化产品，切实推动"地铁+"资源项目做大做强。重点打造一批具有民族特色、首府特点的样本项目，加快推进凤岭北东站双铁 TOD 综合体、火车站及周边区域 TOD 综合体、江南五一中路 TOD 站城一体化产业新城、五象玉洞片区新村停车场 TOD 城市综合体等项目建设，加速绘制"南宁版 TOD 地图"。

2. 打造有特色的交通综合体，实现各种业态融合发展

一是加快打造 Mini TOD 项目。以 Mini TOD 为代表的"小体量"商业项目具有开发成本低、受经济环境冲击小、抗风险能力强的特点，建议加快规划和建设 Mini TOD 项目，建立独具首府地铁商业品牌特色、成体系可复制的地铁商业形态。重点突出地铁商圈的商业特点和文化内涵，让游客和消费

者不出地铁站就能直接进入商圈，享受特色购物体验。二是依托不同城区的不同特点构建轨道定制城区。针对各城区人群特征，将片区特色与TOD综合开发融合，通过定制化打造，串联一系列各有特色的城区，实现对不同偏好人群的吸引与集聚，实现轨道交通可持续发展与城市高质量发展的同频共振。如通过实施TOD综合开发打造艺术化城市生活空间，将艺术、景观和生活融合，吸引大批年轻人集聚。三是加快打造文旅TOD综合体，采用文旅融合的理念，将地方文化、城市景观、旅游景点与地铁站点、TOD项目进行融合，通过新旧结合改善城市展示面，打造历史文化街区新地标。

（四）营造特色地铁文化，打造城市文化空间载体

1. 重视地铁文化的建设与传播

一方面，重视地铁文化在城市文化宣传中的重要性，加快对南宁市地铁文化建设的整体规划，明确地铁站公共文化空间的规划设计、运营方式。另一方面，地铁文化建设需要多方力量的参与。政府宣传部门的参与程度与城市地铁文化的传播热度和美誉度有正相关关系。对此，宣传部门要主动参与地铁文化建设工作，制定出台南宁地铁线网公共文化规划等相关文件，同时鼓励设计单位、运营单位、社会资本参与地铁文化建设，推动地铁文化建设多样化发展。

2. 加强地铁空间多层次文化开发

一是提升地铁空间的商业广告美感。鼓励地铁广告商开展多元化的商业广告开发，通过在地铁隧道设置隧道视觉系统等吸引力足、科技感强的数字广告系统，优先投放具有文化艺术品位和创意的商业广告，提升乘客对地铁商业广告的认可程度，加深乘客对广告的印象。加快推出商业广告定制车厢项目，在提升乘客乘坐体验的同时提升商业品牌的知名度。二是突出人文关怀氛围。注重车站内部光线使用，光线可以影响情绪，当前南宁地铁照明以冷白光为主，尚未设置专业氛围灯，在视觉感受上缺乏温度，可探索设置专业氛围灯和灯光控制系统，根据每日天气，运用光影技术，在天花板上映射不同色彩，营造放松的候车氛围。加强地铁站内的自然景观设置，将具有广

西本地特色且具有观赏性的植物布置在车站内,提升车站内的绿色文化品位,同时运用植物富有生命力的意象,缓解地下环境给人带来的压力。

3. 构建地铁文化空间

一是打造城市地铁艺术车站。将城市文化与地铁文化融合,对地铁沿线建筑景观、历史文化、城市精神内涵进行深度挖掘,将地区历史名人、历史故事、特色景观采用壁画、浮雕、雕塑等艺术形式装饰在车站厅层或通道墙壁上。打造"一站一故事"文化主题车站,可参考学习广州地铁广州塔站"岭南非遗文化"主题站厅,以车站作为设计整体,将站台地面、柱面、扶梯等细微处纳入车站文化设计范围,设计出具有壮族、瑶族等少数民族特色的主题站厅。二是打造地铁站城市博物展厅。与广西博物馆、南宁博物馆等单位合作,运用展品和文物图片,在地铁站厅打造城市地铁文化艺术长廊。在节假日等特殊时段布置主题丰富的地铁文化展览。如可在中国—东盟博览会开展期间,与东盟国家领事馆、在邕艺术高校合作,在东盟商务区站、会展中心站等地铁站开设东盟文化展览。三是打造文化类型丰富的主题列车。车厢是乘客在地铁上主要停留的空间,除了作为商业文化宣传载体,也可成为城市宣传名片。因此可打造不同主题车厢,如可打造"新时代"主题车厢,宣传南宁现代化建设成果;打造红色主题车厢,弘扬主旋律,将车厢作为城市着力培育和践行社会主义核心价值观的"流动阵地"。

(五)依托地铁出行,打造城市多功能服务平台

1. 多方联动,探索构建出行链服务

一是进一步加强"地铁快巴"在居民区的推广应用。适当增加"地铁快巴"线路数量,满足市民前往不同地铁站台、不同目的地的需求,根据早晚高峰时段设置限时通勤专线。合理设置微型公交站台,调整站点服务范围,减少居民步行至站台的时间。借助微型公交车,扩大地铁出行辐射范围。二是提供个性化的出行服务。利用"爱南宁"App等线上服务平台,整合车厢拥挤度、地铁站周边路况、相关站点网约车和出租车数量、公交车到站时间等出行信息,打造个性化出行服务平台,提升乘客出行便利程度。

可与青桔、美团、人民出行等共享电单车公司合作，设置优惠线路，对特定泊车点和地铁站之间的往返费用进行减免，或出台优惠政策，为乘坐地铁达到一定数量的乘客提供共享电单车骑行优惠。

2. 完善便民服务，构建线上线下便民平台

一方面，进一步设置和完善地铁站台母婴室，增加 AED 除颤仪在站台和车厢的设置数量并设置醒目标识，提高应急服务和公益服务质量。适当在地铁站厅设置公共卫生间，允许不需要乘车的人群使用。另一方面，创新便民服务，利用部分站内空间或闲置商铺搭建"爱心自习室"，为学生提供临时自习空间。借鉴重庆地铁经验，在地铁车站设立夏季行人纳凉区。根据不同线路车辆特点，对车厢空调系统进行改造升级，推广强冷、弱冷车厢。安装车站内智能服务设备，方便不擅长操作智能手机的人群及时获取服务。利用"爱南宁"App 等线上服务平台，开通"一对一无障碍预约"和"失物招领"等服务。

参考文献

《南宁地铁总里程达 128.2 公里　市民出行更快速便捷舒适》，广西新闻网，2022 年 8 月 30 日，http：//news.gxnews.com.cn/staticpages/20220830/newgx630dd645-20875261.shtml。

张丹：《地铁经济对福州城市发展的影响》，《合作经济与科技》2020 年第 6 期。

陈思洁：《城市轨道交通建设对城市发展的作用机制研究》，《城市轨道交通研究》2023 年第 8 期。

常佳慧：《轨道交通对产业结构优化影响研究》，硕士学位论文，大连交通大学，2023。

常征：《轨道交通发展对经济增长的影响研究——以关中城市群为例》，硕士学位论文，河南财经政法大学，2023。

魏铌邦：《开启"加速度"！青岛地铁加快拓展轨道商圈和经营赛道》，《青岛早报》2022 年 6 月 7 日。

闫智：《关于全国二三线城市地铁经济建设的商业空间开发模式探讨——以合肥市为例》，《商场现代化》2017 年第 11 期。

闫业凡等：《城市轨道交通乘客智慧出行信息服务平台构建研究》，《铁道运输与经

济》2023 年第 1 期。

许玲：《宁波轨道交通探索地铁新经济》，《宁波通讯》2020 年第 19 期。

雷东升、童振龙、罗芳：《地铁建设对国家中心城市发展的影响研究——以郑州地铁为例》，黄河水利出版社，2019。

王先进、贾文峥主编《中国城市轨道交通运营发展报告（2021—2022）》，社会科学文献出版社，2022。

邵伟中：《筑梦高质量 通向新生活——上海地铁运营安全》，中国铁道出版社有限公司，2022。

孙伟增、郑思齐：《轨道交通的经济学：土地利用、城市活力与环境质量》，清华大学出版社，2022。

B.9
加强南宁市老字号与历史文化资源联动
促进品牌消费的建议

南宁市社会科学院课题组*

摘　要： 加强老字号与历史文化资源联动促进品牌消费对于弘扬中华优秀传统文化、促进消费持续恢复具有积极作用。本报告通过调研梳理南宁市老字号与历史文化资源联动发展的基本现状，深入剖析发展过程中面临的主要问题，如发展支持政策不充分、消费模式创新不足等，提出从加大政策支持力度、促进南宁市老字号品牌集聚发展、强化南宁市老字号的品牌建设、加强特色南宁市老字号品牌营销、深挖南宁市老字号的价值潜力、创新产品与服务、激发消费潜力等方面着手，全面推动老字号与历史文化资源联动，以促进品牌消费、推动经济发展。

关键词： 老字号　历史文化资源　品牌消费　南宁

2022年12月，商务部、文化和旅游部、文物局联合印发《关于加强老字号与历史文化资源联动促进品牌消费的通知》，为加强老字号与非遗、文物等历史文化资源联动、融合并以此促进品牌消费指明方向。为更好打造老

---

* 课题组组长：蒋秋谨，南宁市社会科学院城市发展研究所所长、副研究员。课题组成员：谢振华，南宁市社会科学院农村发展研究所副所长、助理研究员；周娟，南宁市社会科学院农村发展研究所科研人员、助理研究员；许颖，南宁市社会科学院办公室工作人员、助理研究员；苏静，广西民族大学教师、副研究员；邓学龙，南宁师范大学教师、副研究员；周博，南宁市社会科学院东盟研究所所长、副研究员，高级人力资源管理师；龚维玲，南宁市社会科学院城市发展研究所原所长、正高级经济师；吴寿平，南宁市社会科学院城市发展研究所副所长、副研究员。

字号品牌，弘扬老字号优秀文化，2023年4月，广西壮族自治区商务厅印发《关于做好老字号认定工作的通知》。2023年5月，南宁市积极响应、迅速行动，印发《南宁市商务局关于开展中华老字号、广西老字号申报工作的通知》。当前，南宁市经济进入重大战略机遇期和转型升级窗口期，加强老字号与历史文化资源联动促进品牌消费对促进南宁市品牌建设、推动技术创新、实现全市工业纵深发展具有重大意义。

一 南宁市推进老字号与历史文化资源联动促进品牌消费的现状

（一）加强对老字号联动促消费的政策扶持

近年来，广西加大对中华老字号、广西老字号企业项目建设的资金扶持力度，根据相关规定对获中华老字号、广西老字号的广西品牌企业在广西境内发展连锁经营，老字号进驻步行街、商业综合体和旅游景区，以及引进先进技术进行改造提升传统工艺所发生的直接费用给予支持。南宁市拥有许多既有深厚历史底蕴又有文化内涵的老字号老品牌老企业，多年来南宁市积极开展老字号企业挖掘工作，帮助指导企业申报老字号，将其主要产品打造成南宁市的特色名片。《南宁市2023年促消费若干措施》更加具体提出"要打造特色消费集聚区，鼓励在主要旅游景区、星级饭店、特色商业街、交通枢纽等设立老字号集聚区""鼓励老字号企业开发网络适销产品和旅游纪念品、伴手礼等文创产品，支持老字号企业'走出去'开拓市场""推进老字号企业利用'网红直播+品牌促销'的营销模式拓展销售渠道，推动老字号品牌'进高铁''进客运站点''进服务区''进社区''进展会'等，支持老字号企业做精做强，提升老字号品牌影响力"等多项措施，为老字号企业实现创新发展、与历史文化资源联动促进品牌消费提供了政策保障。

（二）加强历史文化街区与老字号餐饮联动——三街两巷

南宁市高度重视在城乡建设中加强历史文化保护传承工作，不断加强历史文化街区保护修缮，注重历史文化物质载体活化利用，并取得了一定成效。南宁市历史文化街区与老字号餐饮联动的代表性项目"三街两巷"历史文化街区修缮一期项目已于 2019 年正式开街运营，二期项目部分区域已于 2022 年开街，目前正在加快剩余区域的保护修缮工作。"三街两巷"积极融入新时代特色和现代经营理念，蕴含着民俗活动、民间工艺、风味饮食等非物质文化遗产。一是老字号品牌集聚。引进具有老南宁特色的本地知名餐饮品牌、中华老字号、广西老字号、民间老字号落户；引进糖画、纸扇绘画、手编工艺品等多种民间传统手工艺、非遗文化产品。二是构建文旅新场景。实施骑楼景观亮化提升项目等重点片区和街区夜间景观，组织策划民族歌舞等具有壮乡特色的文化表演活动，举办七夕壮族民俗婚典等大型活动。三是融入体验式文创。鼓励支持文创主体设计开发原生 IP，设置官方旅游特产店，开发了文化特色旅游衫、金狮银狮纸模型、利是封等一批具有强烈区域辨识度和文化认同感的文创产品，在壮族三月三、七夕、中秋、国庆等传统特色节假日开展大型主题活动。

（三）历史文化资源与老字号文创联动——产品开发

南宁市持续推进老字号保护传承工作，引导老字号企业开展商标注册、专利申请、非物质文化遗产保护项目申报等工作，提高企业保护自主知识产权的自觉性和主动性，为今后认定工作奠定基础。当前，南宁市已有南宁万国食品有限公司旗下荔园饼家、广西农垦茶业集团有限公司、广西金花茶业有限公司、南宁市贺欧食品有限责任公司等一批具有深厚历史积淀，主要产品可作为伴手礼、旅游纪念品的特产品牌企业。与此同时，南宁市还通过举办"南宁礼物"征集大赛、精彩广西·民族服饰创意大赛等各类活动，征集富有本土民族特色的工艺品、文化家居用品、特色加工食品等，收集、整理本市传统产品和技艺，挖掘兼具民族性、艺术性、开发性和市场价值的文创产品，推动南宁市老字号企业充分利用当地历史文化资源开发网络适销产品，实施"走出去"的企业发展战略。

（四）讲好老字号故事与品牌建设联动——铁鸟酱料

近年来，南宁市加强部门联动，加强与老字号企业的沟通，做好政策指导和服务工作，帮助企业加强自身产品的更新换代，创新产品和品牌，不断扩大目标市场。对已被认定为南宁老字号的南宁米粉制作技艺、柠檬鸭制作技艺、横州茉莉花茶制作技艺等，申报成为自治区级、市级非物质文化遗产代表性项目，通过建立传承基地、认定代表性传承人、鼓励传承人带徒授艺等，开展保护和传承工作。例如，中华老字号南宁铁鸟酱料制作技艺于2010年被认定为市级非物质文化遗产代表性项目，2012年申报成为自治区级非物质文化遗产代表性项目；2015年认定杜瑜玲为南宁铁鸟酱料制作技艺市级代表性传承人，南宁市每年拨付传习经费，鼓励支持其开展保护传承工作。2018年南宁市文广旅局组织兴宁区有关部门对铁鸟酱料品牌企业南宁市酱料厂进行了多次调研，并建议企业深入挖掘老字号文化资源，以"元素性、故事性、传承性"作为产品的要素，打造有内涵的老字号产品，力图通过宣扬产品或品牌背后的文化内涵，让简单的消费行为具有文化意义，同时加深顾客对品牌的留恋和回忆。

（五）加大对老字号品牌文化的宣传力度

一方面，南宁市利用传统媒体和新媒体平台，依托各种节庆活动，对南宁餐饮老字号进行品牌宣传推广。南宁市每年组织南宁米粉制作技艺、柠檬鸭制作技艺、横州茉莉花茶制作技艺等南宁老字号项目参加"壮族三月三·八桂嘉年华"、文化和自然遗产日、广西非遗美食大赛等活动，帮助企业树立良好品牌形象，不断激发品牌消费潜力。另一方面，南宁市注重发挥媒体力量，加大对餐饮老字号品牌文化的宣传力度。如南宁电视台在世锦赛期间选择多家具有代表性的老字号餐饮企业进行介绍，南宁电台制作专题节目《优质服务暖邕城，南宁市商贸系统多看点》报道宣传南宁老字号评选活动，《南宁日报》选取有特色的餐饮企业，从增强服务意识、提高服务水平、创新服务方式等方面重点报道南宁市餐饮企业的创新服务成果。媒体行业对老字号品牌文化的宣传丰富了老字号品牌内涵，提升了消费者对老字号品牌的认知度和好感度。

二 南宁市推进老字号与历史文化资源联动促进品牌消费中存在的主要问题

（一）老字号发展支持政策不充分

虽然国家出台了《关于加强老字号与历史文化资源联动促进品牌消费的通知》，但是除了继续推进广西老字号和南宁餐饮老字号认定之外，广西和南宁市目前并没有出台相应的具有可操作性的实施方案，现有相关政策尚不能为老字号与历史文化资源联动促进品牌消费提供清晰的发展方向与指引。具体表现为以下四点。第一，现有政策对老字号旧址的调查梳理内容还没有明确规定，老字号文化文物资源保护还存在不足。第二，老字号企业需要大量的资金进行原址保护、文化挖掘、品牌推广、产品创新、渠道建设等，但是目前南宁市为促进老字号企业发展提供的专项资金支持、金融支持力度不强，难以满足老字号企业发展需求。第三，在税收政策方面，目前南宁市尚未出台对老字号企业的税收优惠政策。第四，全方位支持老字号企业开展市场推广、提升品牌知名度进而提升产品销量方面的政策举措还不够丰富和多样化。

（二）老字号消费模式创新不足

南宁市广西老字号企业除了一家医药制造企业，其余基本为食品加工、批发零售或餐饮住宿企业，市级老字号则为一家餐饮企业，即"南宁餐饮老字号"。从消费场景看，南宁市广西老字号酒店均为传统住宿业，以提升消费者体验为导向的服务新业态如智慧化入住服务、场景新零售业务等均未布局。南宁市广西老字号食品加工企业中，除两家茶叶加工企业采取"文旅体验+购物"的消费模式外，其余企业的消费模式仍主要为纯购物消费体验，消费场景较为单一，无法满足新生代消费者更深层次的需求。从消费业态看，除两家茶叶加工企业为"旅游+工业"多元业态外，南宁市广西老字号酒店仍以传统住宿业为主，"酒店+"现代新兴住宿业态发展缓慢。此外，南宁市广西老字号食品加工企业和南宁餐饮老字号企业与文旅、休闲娱乐、健康养老、运动体育等行业的融合发展也不够深入。

（三）老字号品牌经营意识薄弱

南宁市广西老字号企业对老字号的品牌认知和利用情况存在很大差异，有的企业对老字号品牌的相关资质、荣誉有清楚的认识，比较重视品牌效应，通过公司网站、网络媒体和电商平台等多种途径进行品牌宣传。但仍有一些企业对老字号的品牌价值认知较低，对借助老字号荣誉提升企业和产品市场地位的重视程度较低，部分老字号企业仍没有搭建企业网站宣传推广自家产品。品牌宣传意识不强，导致一些老字号企业品牌老化，仅在老年消费群体中具备一定影响力，在中青年消费群体中则缺乏知名度。此外，南宁老字号企业还存在营销策略不足的问题，如子品牌的运营与发展不足，缺乏在运营主品牌的基础上根据市场需求的变化以及消费升级的趋势开展品牌创新，探索建立子品牌，推动主品牌、子品牌协同发展的品牌经营实践。薄弱的品牌经营意识导致老字号企业缺乏创新的营销策略，限制了老字号品牌的市场表现。

（四）老字号品牌文化内涵挖掘不深

首先，老字号品牌历史悠久，相关的历史资料和文献可能已经丢失或者流传不广，老字号品牌文化的挖掘和整理比较困难，导致当前南宁市广西老字号企业对品牌文化内涵的挖掘普遍不够深入。其次，老字号企业讲好品牌故事的能力不足，品牌价值表达仅停留在"始创于XX年"的简单介绍上，不能有效体现老字号品牌的文化底蕴与精神价值，无法引发消费者的共鸣。如某历史悠久的老字号企业仅在企业简介中提及品牌的创建时间较早，并未对品牌的历史变迁做出说明，也未对企业文化进行深入挖掘；某品牌创立较早的老字号企业虽在网站专门设计了"品牌故事"板块，但仅对品牌历史做了简单介绍，没有提炼出品牌背后所蕴含的历史文化价值。老字号品牌通常与特定地区的传统手工艺、传统庆典等历史文化元素紧密相连，如果未能结合地域文化充实品牌内涵、完善品牌叙事，老字号企业可能出现品牌定位不清晰问题。另外，如果不能为消费者提供充实的文化体验，消费者可能因文化体验不足而减少品牌消费需求。

（五）老字号企业专业人才匮乏

根据2022年《中国人口和就业统计年鉴》，从全国平均水平看，2021年南宁市老字号集中分布的制造业、批发零售业、住宿和餐饮业中，具有本科学历的从业人员占比分别为6.10%、6.71%和2.76%，分别位于全部行业的倒数第四、倒数第六和倒数第二，远低于全部行业10.26%的平均水平（见表1）。尤其是住宿和餐饮业，具有本科学历的就业人员比重仅高于农业。较低的行业平均受教育程度意味着老字号人力资源尤其是高级经营管理人才、专业技术人才和复合型文化经营创意人才普遍短缺，远远不能满足老字号创新发展对专业人才的需求。

表1 2021年全国部分行业就业人员受教育程度

单位：%

受教育程度	全部行业	制造业	批发零售业	住宿和餐饮业
未上过学	2.34	1.01	0.69	0.99
小学	15.85	11.33	7.92	11.46
初中	40.97	49.17	42.40	53.10
高中	17.81	21.22	27.56	23.70
大学专科	11.51	10.47	14.35	7.91
大学本科	10.26	6.10	6.71	2.76
研究生	1.27	0.69	0.36	0.08
合计	100.00	100.00	100.00	100.00

资料来源：课题组根据公开数据整理。

（六）老字号企业遗存缺乏保护

当前，南宁市广西老字号（见表2）中，除南宁明园饭店内历史遗存保护较好（南宁会议旧址被列为自治区级文物保护单位），其余11处老字号所依托的载体或是几经搬迁，原址荡然无存；或者经过多次现代化改造，不复当年风貌，历史文化价值已遭到破坏。老字号企业遗存缺乏保护，品牌失去其独特载体，吸引力和认可度很可能出现下降，将使品牌消费规模难以扩大，更谈不上实现品牌"溢价"。同时，老字号企业遗存缺乏保护会使游客因缺乏文化体验而兴趣减弱，降低了老字号与历史文化资源联动促进品牌消费的潜力。

表2　南宁市广西老字号

序号	认定时间	企业名称	所属县区	行业
1	2013 年	南宁童乐乳业有限责任公司	西乡塘区	食品加工
2	2013 年、2017 年、2021 年	南宁万国食品有限公司	兴宁区	食品加工
3	2013 年	南宁市贺欧食品有限责任公司	西乡塘区	食品加工
4	2013 年	南宁明园饭店	兴宁区	餐饮住宿
5	2013 年	广西铁鸟调味品有限公司	江南区	食品加工
6	2017 年	广西农垦茶叶集团大明山制茶有限公司	上林县	食品加工
7	2019 年	广西南宁饭店	兴宁区	餐饮住宿
8	2013 年、2019 年	南宁百货有限责任公司	兴宁区	批发零售
9	2021 年	广西金花茶业有限公司	横州市	食品加工
10	2021 年	南宁西园饭店(荔园山庄)	青秀区	餐饮住宿
11	2023 年	广西白云山盈康药业有限公司	兴宁区	医药制造
12	2023 年	广西南宁邕州饭店有限公司	兴宁区	餐饮住宿

资料来源：课题组调研。

三 加强南宁市老字号与历史文化资源联动 促进品牌消费的建议

（一）提升老字号品牌发展政策支持水平

第一，设立南宁市老字号品牌发展专项资金，主要用于南宁市各类老字号品牌历史文化资源的挖掘、保护和传承，老字号品牌工艺、技术、产品和服务的开发、创新，扩大老字号品牌的经营规模，加强数字化技术的改造、各类线上线下营销渠道的打造、老字号品牌文化的宣传和推广，管理人员、技术人员、营销人员、服务人员等的培育、培训，老字号品牌商标和知识产权的保护等。整合南宁市老字号财政支持资金和资源，加强对南宁市老字号品牌的认定、扶持和监管。积极探索成立南宁市老字号品牌运营管理公司，积极统筹南宁市各类资源平台，集聚各类南宁市老字号品牌，支持南宁市老字号企业利用技术、品牌、资产、资金等进行战略入股，对南宁市各类老字号品牌进行规范化运营、管理。

第二，加大财政扶持力度，建立可持续发展的投入机制，联合财政金融、信贷保险和社会资本等，建立多元化投入机制，吸纳更多的社会资金投入南宁市老字号品牌发展工作。加大对参与建设南宁市老字号产业集群、园区、商圈、商业街区等发展南宁市老字号品牌的经营主体的政策支持力度，动员社会各界力量积极参与南宁市老字号品牌发展工作，投资南宁市老字号品牌项目建设。

（二）加强老字号品牌集聚发展

借鉴长沙坡子街老字号品牌集聚发展的做法，整合资源、科学规划、合理布局，鼓励集中连片开发，结合本地特色，打造别具一格的南宁市老字号品牌集聚区，引导规模化发展，建设南宁市老字号品牌生产、营销基地，形成产业集群，推进南宁市老字号产业融合发展。如因地制宜规划南宁市老字

号品牌商圈、商业街区，通过商业街区整合本地老字号品牌，打造具有本地特色、体现本地风情的老字号品牌集聚区，让外地游客和本地游客都能在这里感受到南宁老字号品牌的魅力和特色；以"三街两巷""南宁之夜"等商业街区为载体，鼓励支持南宁市的中华老字号、广西老字号、民间老字号、餐饮老字号进驻，形成集聚发展格局，吸引消费者前来旅游休闲，推动消费增长。同时，深入挖掘南宁市老字号品牌的历史文化内涵，与时俱进，积极研发适销对路的新品类，推行"品牌+集聚区"的发展模式，促进南宁市老字号品牌生产、经营、管理等的标准化。

（三）强化老字号品牌建设

第一，加强监管，着力打造南宁市老字号品牌特色产品。切实加强南宁市老字号品牌特色产品标准化宣传和认证工作，引导各经营主体大力开发南宁市老字号品牌特色产品。加强质量标准体系建设，加快健全基层检测机构，完善对南宁市老字号品牌特色产品的生产资料和成品质量的检测检验机制；不断提高市场监督和管理能力，全面落实南宁市老字号企业等经营主体的自检自查制度，进一步提高南宁市老字号品牌特色产品的市场竞争力。

第二，加强对南宁市老字号品牌发展的科技创新支撑。强化现代科技支撑，不断夯实南宁市老字号品牌产业发展根基。充分调动各级科技创新资源，积极对接区内外科研院所，加快完善技术协调与配合、科技平台建设、人才引育、科技推广和应用等工作推进机制，加强科技创新指导和服务，激发南宁市老字号品牌创新发展的内生动力。

（四）加强老字号文化资源挖掘和传承

第一，对老字号进行价值评估。对历史价值进行评估，依托南宁市各类史志、方志资料等，正确评估老字号在南宁城市发展中的具体贡献。对文化价值进行评估，从传承民间文化和促进文化交流两个方面进行评估，包括独特的风俗习惯、手艺技术和传统制作工艺，以及通过产品、服务和文化活动促进文化交流与融合的情况。对品牌价值进行评估，可以从品牌历史和品牌忠诚度（在当地的顾客基础）入手。对经济价值进行评估，通过对南宁市老字号品牌的经济价值进行综合评估，更全面地认识老字号的价值和潜力。

第二，开展主题化场景设计。推动具备条件的老字号企业在现有门店的基础上，通过产品引导、艺术介入、空间改造等手段，在门店内部进行主题化场景设计，打造独特的购物氛围。例如，根据品牌历史故事设计展览区、文化艺术墙，使顾客在购物的同时沉浸于品牌的文化氛围。开发互动体验活动。举办手工艺制作、传统技艺体验等丰富多彩的互动体验活动，使消费者可以亲身参与，感受传统工艺的魅力，增强品牌与消费者的互动性。提供数字化体验。利用虚拟现实（VR）或增强现实（AR）等技术手段，为老字号打造数字化体验场景，展示品牌历史、产品制作过程等，使消费者在虚拟环境中感受传统与现代的交融。推进线上线下融合。线上平台提供虚拟店铺、网上订购服务，而线下店铺则提供实体体验、产品展示等，将线上和线下消费场景融合，提升全渠道购物体验。

（五）创新产品与服务激发老字号品牌消费潜力

第一，促进文化元素融入产品设计。在深入研究和理解老字号的文化特点和内涵的基础上，将老字号文化元素巧妙融入产品设计，以"元素性、故事性、传承性"作为产品的要素，打造有内涵的老字号产品，通过宣扬产品或品牌背后的文化内涵，让简单的消费行为具有文化意义，加深顾客对品牌的留恋和回忆。推进老字号文化创意产品开发。鼓励老字号企业开发与历史文化资源相关的文化创意产品，如工艺品、纪念品、文创衍生品等，以此保留传统特色、迎合现代市场需求。推动产品功能升级。引入新工艺、新材料，使老字号产品更符合当代审美和功能需求。促进老字号与文化旅游深度融合。鼓励老字号企业在其所在地举办与其文化特色相关的主题节庆，吸引游客参与；支持老字号与旅游景区开展旅游商品合作，将老字号的特色产品纳入景区销售，提升产品曝光度，吸引游客购买；鼓励老字号企业建立研学旅行基地，设计研学课程，安排学生参与老字号传统手工艺品制作等体验活动，通过亲身实践，使学生能够更深刻地感受传统技艺的独特之处。

第二，激发老字号品牌消费动力。做好品牌故事讲述。通过生动有趣的品牌故事，向消费者传递品牌背后的价值观和情感连接，引发消费者共鸣，让消费者更好地理解和认同品牌，提升消费者对品牌的忠诚度和购买欲望。关注消费者反馈。定期收集消费者的意见和建议，掌握市场变化和竞争动态，通过积极回应消费者反馈，不断改进产品质量和服务体验，增强品牌在市场中的竞争力。提供个性化的定制服务。满足消费者个性化需求，通过定制产品、个性化包装等方式，让消费者感受到独特、专属的购物体验，增强品牌吸引力。发挥重要平台作用。积极利用博览会、展销会等各种重要平台，展示老字号产品、技术和品牌形象，吸引更多的消费者和潜在合作伙伴，建立与其他企业、经销商、代理商等的合作关系，拓展销售渠道和市场份额。举办消费促进活动。充分利用"老字号嘉年华""非遗购物节"等形式多样的消费促进活动以及"全国网上年货节""双品网购节"等网络促销活动，带动老字号品牌消费；积极开展常态化消费促进工作，形成促进品牌消费、弘扬民族优秀传统文化的长效机制。

（六）强化老字号品牌发展人才队伍建设

第一，结合南宁市老字号企业发展特点和实际需要，多层次、多渠道、多模式培育和引进一批从事科学研究、技术应用、生产管理、推广营销的专业人才。积极引进各类专业人才。引进国内外具有丰富经验的品牌策划、营销、管理方面的人才，为老字号品牌的发展提供新的思路和方法；引进传统工艺技能人才、创意设计人才、文化研究人才、培训与教育人才等，让南宁市老字号品牌在打造独特的形象和产品、传播品牌文化等方面提质升级，取得新的突破。强化高校人才培养。鼓励高校加强相关学科专业建设，提升人才培养能力，尤其是在传统优势领域加强高质量专业技术人才培养，推进老字号企业与高校的交流合作；加强老字号品牌企业与高校、研究机构的合作，共同培养品牌管理、市场推广、渠道拓展等方面的人才；引导促进高校毕业生入职老字号企业进行产品研发、生产和经营工作，或者在相关产业领域创业。

第二，加强从业人员的文化教育与培训。重视传统文化教育。重视传统手工艺技能培训，政府可以通过与专业机构合作，设立传统手工艺技能培训班，为从业人员提供系统培训。加强数字化营销培训。支持老字号从业人员参加数字化营销培训，学习利用互联网和社交媒体推广老字号品牌。建立行业协会和交流平台。加快建设南宁市老字号行业协会，支持同行业的老字号企业加强联系，定期举办行业交流会议、培训研讨会和展览活动，促进经验分享和技术交流。

参考文献

门海艳：《消费需求视域下的老字号企业创新发展研究——互联网经济中"老字号"企业的转型之路》，《造纸装备及材料》2021 年第 2 期。

陈晓环、单皎洁：《新时代背景下中华老字号发展现状研究》，《国际公关》2023 年第 6 期。

李婷婷：《老字号品牌跨界创新对消费者购买意愿的影响研究》，博士学位论文，山东大学，2023。

丛珩：《文化记忆视阈下老字号品牌故事幻想主题分析——以北京地区中华老字号为例》，《当代传播》2023 年第 2 期。

许艳：《基于 SWOT-PEST 分析的常州老字号餐饮提振研究》，《常州工学院学报》2022 年第 3 期。

姜敏桢：《上海老字号重振的政策扶持研究——基于政策供需匹配视角》，硕士学位论文，华东政法大学，2022。

高鹏伟：《Z 餐饮公司本土老字号竞争战略研究》，硕士学位论文，河北地质大学，2022。

李晓梧：《怀旧情感体验下的老字号食品品牌设计研究》，硕士学位论文，江南大学，2022。

王庭如：《民国商标元素在老字号品牌设计中的应用研究——以无锡老字号品牌"王兴记"为例》，硕士学位论文，常州大学，2023。

李晓红：《融合创新 激发老字号品牌消费潜力》，《中国经济时报》2023 年 1 月 7 日。

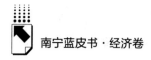

崔伦强：《哈尔滨老字号创新发展之路径探析》，《学理论》2022 年第 5 期。

白志如、王喜艳：《老字号与城市文化旅游品牌建设的融合路径》，《长江师范学院学报》2019 年第 5 期。

邹子威等：《新媒体视域下佛山餐饮老字号营销路径探析——以"民信老铺"和"得心斋"为例》，《新媒体研究》2023 年第 2 期。

张智光、曹凡、魏尉：《社交媒体时代餐饮老字号的消费行为影响机制——基于"怀旧—创新"双驱动模型》，《美食研究》2022 年第 3 期。

B.10
南宁市户外运动产业创新发展的对策

南宁市社会科学院课题组*

摘　要： 发展户外运动产业是提高人民健康水平的重要途径，也是满足人民群众对美好生活向往、促进人的全面发展的重要手段，同时具有拉动内需、促进就业、扩大消费的积极作用。本报告通过全面梳理南宁市户外运动市场主体、产品、营地场地、赛事品牌、政策配套等的发展现状，分析南宁市发展户外运动产业存在的短板和问题，如产业规模整体偏小、产业融合程度不高、户外场地设施不足等，并进一步提出延长产业链条、开发户外资源、优化产业结构、加强场地建设、丰富赛事供给、强化服务支持等推动南宁市户外运动产业创新发展的对策。

关键词： 户外运动产业　创新发展　南宁

随着人们生活水平的提高和亲近自然、追求健康的需求增长，户外运动迅速成为人民群众喜闻乐见的休闲方式，户外运动产业愈加多元化和专业化，逐渐成为一个充满活力和创新的领域。习近平总书记深刻指出："现代

---

* 课题组组长：吴金艳，南宁市社会科学院副院长、正高级经济师。课题组成员：梁瑜静，南宁市社会科学院经济发展研究所所长、助理研究员；王瑶，南宁市社会科学院社会发展研究所所长、助理研究员；杜富海，南宁市社会科学院经济发展研究所副所长、助理研究员；庞嘉宜，南宁市社会科学院城市发展研究所科研人员、助理研究员；谢强强，南宁市社会科学院科研管理所副所长、助理研究员；陈琦，南宁市社会科学院经济发展研究所科研人员、助理研究员；李娜，南宁市社会科学院经济发展研究所科研人员、助理研究员；陈灿龙，南宁市社会科学院社会发展研究所科研人员、助理研究员；申鹏辉，南宁市社会科学院办公室工作人员、工程师；仝丹丹，中共南宁市委党校图书馆副馆长、讲师；陈钦利，广西经济学会秘书长、助理研究员；云倩，广西社会科学院科研人员、高级经济师。

化最重要的指标还是人民健康，这是人民幸福生活的基础。"① 党的二十大报告也明确提出加快建设体育强国、健康中国。2022 年 10 月，国家体育总局、国家发展改革委等八部委联合发布《户外运动产业发展规划（2022—2025 年）》。2023 年 10 月，国家发展改革委等五部委联合印发《促进户外运动设施建设与服务提升行动方案（2023—2025 年）》。在这样的时代背景下，户外运动产业在我国将迎来不可多得的政策机遇和现实发展机遇。南宁市有丰富的户外运动资源，有良好的体育运动环境，有浓厚的体育赛事氛围，抓住大众需求和政策机遇大力发展户外运动产业，不断满足人民群众对户外运动提质增效的新期待，促进户外运动产业与文化旅游、乡村振兴等深度融合，激发产业活力和市场活力，把户外运动打造成鼓励全民健身的优势产业，力争实现经济效益与社会效益双提升，具有重要的现实意义。

一 南宁市户外运动产业发展现状

（一）户外运动产业初步发展

一是户外运动用品制造业逐步转型升级。围绕构建体育装备智能制造产业集群的目标，实施李宁集团—广西供应基地（具备年产 500 万双运动鞋能力）建设计划，成功打造了东盟李宁中心、广西体育产业城、三塘智力运动综合体、广西电子竞技产业园等一批体育产业园区。截至 2023 年底，培育了乐球、安奥等一批具有本土优势和较强竞争力的体育用品、户外运动用品制造企业。二是户外管理和服务水平逐渐提升。通过实施"一赛事一方案"、完善赛事活动熔断机制、强化重大赛事专家团队安全检查等举措，不断健全南宁马拉松、环广西公路自行车世界巡回赛（南宁站）等赛事活动安全工作机制。三是"户外运动+"动能初显。在"体育+"融合发展趋

---

① 《"现代化最重要的指标还是人民健康"——写在第 15 个全民健身日之际》，中共中央党校网，2023 年 8 月 8 日，https://www.ccps.gov.cn/xtt/202308/t20230808_158877.shtml。

势下，户外运动与旅游、教育、乡村振兴、康养、文化、家居、时尚、汽车等领域不断融合。2022 年，南宁秀美邕江·邕州古韵旅游景区获评中国体育旅游精品景区，马山攀岩小镇获评中国体育旅游精品目的地，顶蛳山田园风光区获评广西山地户外运动营地；10 月，马山县、青秀区获评广西首批自治区级全民运动健身模范县（区）；12 月，青秀区获评首批国家级全民运动健身模范县（区），是广西唯一入选县（区）。截至 2022 年底，全市共有全国青少年校园篮球特色学校 37 所、排球特色学校 5 所、足球特色学校和足球特色幼儿园 148 所。[①] 南宁顶蛳山汽车营地新晋为"网红打卡点"，时尚"跑酷"运动逐渐走俏，面向户外运动群体主推的创新时尚服装越来越多，不断赋能户外运动产业发展。

（二）产品供给日益丰富

线下运动项目方面，南宁拥有天然地理优势，独特的喀斯特地貌为攀岩运动提供了良好场所，成功开发德福岩场、红岩岩场等众多自然岩壁场地，其中马山县羊山村三甲屯因"中国首个特色攀岩体育小镇"享誉区内外。此外，南宁还开辟了众多徒步和垂钓路线，传统户外运动逐步摆脱"退休运动""小众爱好"的刻板印象。新兴项目方面，南宁依托邕江、清水潭、灵婉湖等自然风景打造了尾波冲浪、摩托艇、香蕉船、桨板、滑水等项目，陆冲、飞盘、腰旗橄榄球、漂流等小众运动逐渐兴起，成为拉动户外体育消费的新引擎。截至 2022 年 8 月，南宁已成立"好嘢飞盘"等 30 多个飞盘俱乐部或社团，爱好者超过 3 万人。[②] 腰旗橄榄球参与者已从最开始的几个人

---

① 数据来源：《南宁市体育强市工作推进情况新闻发布会》，南宁市人民政府网，2023 年 1 月 5 日，https://www.nanning.gov.cn/jdhy/xwfbh/zflxxwfbh/2023zfyear/t5448318.html。

② 数据来源：《运动"新宠"！这个夏天最火的飞盘你"飞"了吗？》，"广西大健康和文旅产业工程"微信公众号，2022 年 8 月 17 日，https://mp.weixin.qq.com/s? src = 11&times tamp = 1699769059&ver = 4891&signature = V8UIlikjODmATjcSBTXyYQdgKhJUYWtvTEJxGXOt2 JLhQLD2DaJ4hECmDSFZAbHYEn91IN1DABPYjwnsn5M2jO7uU ∗ fh3fPnaT12p8cnXaTlKvliXK4f wep4IMz5JbPo&new = 1。

发展到 2000 人左右。① 线上运动项目方面，已经开展的项目涵盖智力运动类、骑行跑走类、操舞展演类、科学健身类等。成功举办 2021 年"爱南宁·爱跑步"线上健康跑、2023 南宁站线上马拉松、"壮族三月三"线上综合运动会等精品赛事，推动全民健身热情不断高涨。

（三）户外运动场地设施逐渐完善

持续推动"秀美邕江"两岸、青秀三岸、五象新区、相思湖等板块的城市公园建设，并加大公园内户外运动基础设施布局力度。截至 2022 年底，全市有体育场地 36528 个，体育场地总面积为 2167.17 万平方米，人均体育场地面积达 2.44 平方米（相较于"十三五"末增加 0.42 平方米）；② 户外运动场地 107 个，其中攀岩场 62 个、营地 12 个、水上运动场 10 个、攀岩馆 9 个、卡丁车运动场 7 个、航空运动机场 3 个、摩托车运动场 3 个、汽车赛车场 1 个。

（四）市场主体及相关组织呈快速发展态势

一是户外运动产业企业发展迅速。近年来，南宁户外运动用品销售企业逐渐增多，企业服务领域不断扩大。2022 年，广西五环星光体育文化发展有限公司获评广西体育产业示范单位。截至 2023 年 8 月，收录在 2022 年南宁市体育产业名录库中的户外运动产业相关经营主体共有 110 家（包括法人单位及个体经营户），以户外拓展活动策划、户外拓展训练、户外用品销售等经营活动为主。③ 二是各类户外运动协会与俱乐部发展壮大。截至 2023 年 8 月，在南宁市体育局登记注册的户外运动协会有 11 家，户外俱乐部有 28 家，服务内容涵盖钓鱼、冬泳、龙舟、自行车等多个户外运动项目，助力更加细分的户外运动种类规范化发展。④

---

① 数据来源：《腰旗橄榄球渐入大众视野》，光明网，2022 年 8 月 10 日，https://sports.gmw.cn/2022-08/10/content_35944473.htm。
② 数据来源：《南宁市全力办好环广西等各大体育赛事为城市发展注入新活力》，南宁市体育局网，2023 年 10 月 17 日，http://ty.nanning.gov.cn/zwdt/t5723692.html。
③ 数据来源：南宁市体育局。
④ 数据来源：南宁市体育局。

（五）户外运动赛事日益丰富

一是办好南宁精品户外运动赛事。成功举办中国—东盟（南宁）国际龙舟邀请赛、2022 南宁马拉松、2023 年中国—东盟国际皮划艇公开赛等赛事活动，户外运动赛事影响力不断提升。二是面向大众打造"人人可参与"的户外赛事。开展邕江野钓比赛、"酷动先锋"城市运动系列挑战赛、极限飞盘交流赛等户外运动全民健身赛事，进一步掀起户外运动全民参与热潮。三是重视民族传统户外体育赛事。借助传统节假日，支持各县（市、区）根据本土传统节庆活动和特色自然人文资源举办形式种类各异的户外体育赛事。2022年，南宁举办各类赛事活动 500 次以上，① 实现"月月有比赛、周周有活动、人人能参与、全年龄段覆盖"，有效激发了群众的户外运动热情。

（六）支持政策不断释放利好

一是强化政策资金引领。通过发布《南宁市全民健身实施计划（2021—2025 年）》等政策文件，为户外运动项目建设提供政策指引。同时，持续以消费券发放撬动体育消费大市场，2022 年底至 2023 年 2 月累计发放 300万元体育消费券，助力户外体育消费能力提升。二是提升服务管理水平。相继成立全民健身体育设施建设工作专班、南宁市体育局服务企业工作专班，建立服务业重点企业联络库，夯实户外运动服务管理机制基础。

二 南宁市户外运动产业创新发展存在的问题

（一）产业规模整体偏小，产品有待丰富

一是产业发展规模较小。"十三五"期末，全市体育产业总规模仅为

---

① 数据来源：《南宁市体育强市工作推进情况新闻发布会》，南宁市人民政府网，2023 年 1 月5 日，https：//www.nanning.gov.cn/jdhy/xwfbh/zflxxwfbh/2023zfyear/t5448318.html。

133.48亿元，其中，户外运动产业占比较低，并未纳入规上统计范畴。在其他体育产业较为发达的城市中，成都市"十三五"期末的体育产业总规模为805.02亿元，年均增长率达到15.47%，产业规模是南宁市的6倍，户外运动制造业发展势头强劲。相比之下，南宁市体育产业规模及户外运动产业发展水平仍有较大提升空间。二是产品有待丰富。截至2023年8月，南宁市登记注册的户外运动俱乐部仅有28家，由于户外运动经营主体普遍在经营规模、资金、人力等方面存在不足，较难开发出具有特色、更为丰富的综合型户外运动项目、产品和服务，难以满足大众日趋多元化的户外运动需求。

（二）产业融合程度不高，市场潜力有待挖掘

一是产业融合程度有待提高。当前南宁市户外运动产业与其他产业的融合发展主要集中在"户外运动+文旅""户外运动+教育"方面，其他产业融合品牌并不突出，知名度和竞争力不高，产品内容大多是初级的观光赏景、休闲放松，户外运动元素未能很好地融入旅游产业发展。二是市场需求有待挖掘。南宁市户外运动参与人数相对较少，尚未普及推广，如桨板、皮划艇等部分户外运动项目未得到大面积的推广，群众对户外运动蕴含的文化内涵及技术方面的基础知识了解不足，群众参与程度相对偏低，需要更为有效的引导和推广。

（三）户外场地设施不足，供需存在一定矛盾

一是户外场地设施不足。截至2022年底，南宁市户外运动场地仅有107个，场地数量及面积仅分别占全市场地的0.29%、4.72%。[①] 在户外场地类型方面，以攀岩场（占57.94%）及营地（占11.21%）为主，航空运动机场、摩托车运动场、汽车赛车场数量较少，不能满足民众日益多元的户外运动消费需求。二是自然资源有待开发。从目前的开发现状来看，相较昆

---

① 参见《多彩活动燃动绿城　全民健身蔚然成风——南宁市构建更高水平全民健身公共服务体系破解群众"健身去哪儿"难题》，《南宁日报》2023年8月20日。

明市依托高原地势特点开发涵盖网球、马拉松、马术等多个高原体育运动项目的小镇，南宁市仍有较多优质的户外运动资源待开发利用。在露营方面，南宁市仅设立公园绿地帐篷试点区域 10 处，供给与需求不匹配现象突出，周末及节假日期间更是"篷"满为患。优质的户外运动资源有待进一步深入挖掘和整合，资源发展潜力有待激发。

（四）赛事活动相对较少，大众参与度不高

一是品牌赛事活动少。大型赛事引进及承办方面，目前南宁市虽然成功承办了环广西公路自行车世界巡回赛、中国攀岩自然岩壁系列赛（广西马山站）等国际国内重要赛事，但相较于广州、杭州、成都等城市，南宁市承办的高水平户外运动赛事较少，吸引力不足。二是户外运动赛事整体参与度有待提高。当前，马拉松是大众参与度最高的户外运动赛事之一，许多城市和地区的马拉松比赛机制已非常成熟。相比之下，南宁市在赛事组织、运营上仍有提升空间。在全民精品赛事打造上，成都市依托环城生态公园、龙泉山城市森林公园等载体，仅 2022 年就开展了绿道骑行、登山、球类等种类丰富、特色鲜明的全民健身赛事 4069 场次，将户外运动向更多市民群众推广普及。[1] 其他城市的成功经验都是南宁市在推广户外运动时值得借鉴的。

（五）专业人才供给不足，风险防范意识有待增强

一是专业人才供给不足。由于户外运动产业发展空间和平台不足，拥有户外运动指导员资质证书的人才不多，户外运动指导员、领队等受过专业训练的人才数量较少。高校户外运动专业建设还较为薄弱，复合型高素质人才及专职从业人员缺口过大将成为户外运动产业进一步发展的阻碍。二是参与群体的安全能力和风险防范意识均有待提升。部分户外运动项目环境复杂，具有一定的风险，但部分参与人员只热衷于参与运动，却对过程中的风险缺乏足够的警惕心。自发团体的组织管理通常较为松散，安全

---

[1] 数据来源：成都市体育局。

保障也十分有限，常常自行开发"野生线路"，对参与者的安全保障十分有限。

（六）政策体系有待完善，服务支持有待加强

一是政策体系有待完善。南宁市尚未编制出台户外运动产业发展专项规划与配套支持政策、统计制度与标准，导致产业整体发展布局空白，与乡村旅游、教育等融合发展的相关配套政策体系完善程度不高，部分户外营地、户外研学基地、露营基地等采取的都是先开发后规划或者边开发边规划的盲目发展模式，不利于项目的可持续发展。二是户外运动安全救援能力有待提升。部分户外运动基地、户外运动线路的设施标识系统有待完善，应急通信及智能化管理水平有待提升。同时，南宁市的户外运动应急救援体系仍以政府消防部门为主导，社会团体参与应急救援的能力还有待增强。

三　南宁市户外运动产业创新发展的对策

（一）延长户外运动产业链条，推动"户外运动+"创新发展

一是加强户外运动与教育的融合发展。结合不同年龄阶段受教育群体的运动教育需求，分类指导、有序发展户外运动教育与培训市场，鼓励各类学校适度开设攀爬、定向越野、飞盘等户外活动培训课程，将课外研学与登山、徒步、露营等户外运动项目结合，以沉浸式的课外体验课程提升青少年群体的体能素养和精神素质。二是推动户外运动与文化旅游深度融合。分类支持各县（市、区）依托特色山水资源，差异化、多元化打造户外运动特色旅游产品。支持户外运动企业采取合作经营模式，开发户外运动室内培训和体验产品。统筹景区、度假区、"网红打卡地"等文旅资源，开发与景区旅游资源相匹配的户外运动项目。三是积极发展户外运动康养产业。针对运动损伤、慢性物理损伤、运动功能退化、运动疼痛、青少年生长畸形等需求，开发群体普遍适用的运动康复服务，丰富户外运动康养

产品供给。四是支持户外运动与乡村振兴深度融合。根据生态优先原则，充分挖掘、适度开发乡村生态资源和少数民族传统体育文化资源，将乡村徒步、爬山、攀岩、漂流等户外运动资源与当地乡村生态旅游、民宿等场景有效串联，支持少数民族体育协会等组织机构与户外运动俱乐部、协会合作开发少数民族传统体育运动项目。强化科普教育基地和户外运动实践体验基地等更具体验性、参与性、交互性的"农业生态研学＋户外实践"新兴业态载体建设。

（二）积极梳理开发户外资源，创新布局产业发展空间

一是推动自然资源向户外运动有序开放。立足南宁市的自然资源优势，对全市户外运动自然资源进行综合调查与分类，梳理陆地资源和水域资源等可开发的户外运动自然资源，推动户外运动开发合理、有序、规范。二是打造百里秀美邕江户外运动产业带。持续扩容建设邕江沿岸的亲水步道、骑行绿道、露营设施、休闲垂钓中心等，加大各类球场、开放式青少年拓展运动设施及路标标识、应急救援等配套设施建设力度，打造覆盖沿江两岸的户外运动休闲设施体系。三是建设推广"一县一品牌"特色户外运动产业。开发各县（市、区）山地、岩洞、自然保护区、森林公园、湿地公园等地理资源，重点发展以自然体验、生态观光、地质探险为主的休闲类户外运动，加快打造县域特色户外运动品牌，推动"一县一品牌"特色户外运动产业快速发展。

（三）优化户外运动产业结构，创新满足多元消费需求

一是推动户外运动服务业提质增效。结合城市发展规划和功能分区建设目标，增加各区域的户外运动基础性、公益性服务供给，开发覆盖各个城市板块、全生命周期的生活性户外运动服务。重点引进运动品牌营销头部企业，推进配套的户外创意营销、户外会展、户外用品研发设计等生产性服务业发展，不断完善专业化服务。二是加快推动户外运动用品制造业转型升级。结合露营、登山、溯溪等热门户外运动的装备需求，支持引进国内外体

育制造业先进企业到南宁投资建厂，鼓励制造企业延长产业链条，加强户外运动用品制造业的材料和技术研发应用，加强家庭化、智能化运动装备器材的研发与制造，丰富各类户外运动用品体验，以企业品牌冠名承办竞赛表演，完善运动康养等产品及服务。三是培育多元化户外运动市场主体。引进一批国际知名的体育用品头部企业，培育一批本土成长的具有自主品牌的户外运动用品龙头企业，做强做优一批中小微户外运动用品制造企业，分级培育一批户外运动用品制造单项冠军企业，鼓励龙头企业在研发设计、生产"智造"等领域强强联合，延伸产业链条，带动上下游企业集聚发展。同时，进一步完善南宁市户外运动组织标准规范，建立各类协会组织、俱乐部的联系协作机制，支持引导各级协会组织、俱乐部在户外运动消费的氛围营造、组织实施等方面发挥主体作用。四是积极推进户外运动业态创新。支持户外运动装备企业和实体门店开发科技赋能户外运动场景，加强 AR/VR 等智能技术应用，打造智能骑行、智能划船、模拟飞行等沉浸式户外运动体验空间，营造更多户外运动线上线下协同发展的消费新场景。

（四）加强户外场地设施建设，打造一站式服务平台

一是因地制宜建设户外运动设施。在邕江、南湖、绿水江等现有成熟涉水休闲场景积极开发户外水上运动休闲体验区、教学区、专业运动区等空间区域，完善船艇码头、桨板驿站等配套设施建设。抢抓平陆运河建设开通对文体旅发展的利好机遇，提前谋划水上运动营地空间。充分利用大明山、高峰森林公园、龙虎山等山地资源，加快徒步、滑翔伞、登山、露营等山地户外业态的营地、步道、基地等载体建设，复制推广马山攀岩小镇发展经验，挖掘更多拥有喀斯特地貌的攀岩资源，进一步形成涵盖竞技型、探险型、休闲型等类型的山地运动空间。鼓励南湖公园、江南公园等休闲健身场所设立户外运动功能区，拓展李宁体育园、青秀山等现有青少年营地的自然教育、国防教育等功能。完善休闲步道空间布局，打造以青秀山、大明山为核心的山林徒步空间，完善涵盖无障碍步道、运动健身步道的城市休闲步道，强化三街两巷、百益上河城等文化街区的步道建设。二是鼓励将户外运动项目融

入景区。实施自然资源向户外运动开放试点计划。鼓励青秀山、大明山、美丽南方等景区、景点开展户外运动项目，鼓励试点景区通过前期的资金补贴、租金减免等方式提升专业公司参与合作的积极性。三是加强户外运动服务平台建设。引导南宁市较为成熟的户外俱乐部通过微信公众号资质认证、社群发起者及管理者实名认证、费用公开等方式规范社群平台的运营、管理。加强微信公众号等社群咨询服务平台在活动发布、安全培训、经验分享、互动交流等方面的功能拓展。

（五）丰富户外赛事活动供给，创新打造特色精品品牌

一是打造多元赛事品牌。结合春节、端午节、国庆节等法定节假日，"壮族三月三"等本地节庆日及其对应的节庆文化，有针对性地打造如春节迎春跑、端午节龙舟竞赛等户外赛事。以中国—东盟系列户外运动赛事为抓手，依托毗邻东盟的区位优势条件，扩大广西滑翔伞俱乐部联赛等现有成熟户外运动赛事的办赛规模与影响力，加强与东盟国家户外运动行业协会、俱乐部等的合作，积极争取更多面向东盟的高水平户外运动系列赛事落户南宁，进一步将南宁打造为我国的区域性户外运动赛事办赛中心。依托各区县户外运动资源及民族文化，积极打造马山攀岩赛事型小镇、武鸣抛绣球民族体育休闲区等"一县（区）一品"的民族户外运动赛事发展格局，进一步提升民族体育品牌的影响力。二是开发优质户外运动线路。重点聚焦山地运动类、户外休闲类、野营活动类、低空运动类、水上运动类的线路设计，着重打造五大主题线路："亲近自然"青秀山、大圣山等登山徒步、骑行线路；"踏山涉水"大庙江溯溪漂流—邕江划艇桨板等水上运动线路；"飞檐走壁"古零攀岩线路；"洞穴探险"南宁弄响八仙洞—伊岭岩洞穴探险研学游线路；"邕抱绿城"南宁城市绿道周末骑行线路。同时，强化户外运动项目与景区内及景区间的文旅景点的串联设计，形成"飞盘+露营""徒步+民宿"等多条"户外运动+"精品线路。三是延伸户外运动赛事经济链条。围绕分站赛、系列赛，强化竞赛场馆、训练场馆等配套载体设施的建设升级，推动高级别赛事定期来桂来邕举办或永久落户。加快制定球类赛事民间联赛

的竞赛规则和实施办法，构建高水平业余赛事举办体系，提升民间赛事影响力。同时，积极引入专业的赛事运作团队，强化赛事的策划、赞助、冠名，加强赛事特许商品和纪念品的设计与生产，在赛事举办期间通过邀请代表队、冠军队游当地美景、品当地美食等方式，推动各类户外运动赛事价值的全面提升。

（六）强化户外运动服务支持，优化产业创新发展环境

一是完善户外运动产业政策体系。加快出台南宁市推动户外运动产业高质量发展的规划，配套出台支持场地建设、俱乐部发展、赛事举办等方面的税收、金融、土地相关优惠奖补和支持政策。探索推进户外运动产业统计工作，完善户外运动产业的评价统计体系，逐步形成准确、及时、客观的户外运动产业统计和发布机制。二是加大户外运动人才培育力度。围绕户外领队、户外运动教员、营地指导员等重点紧缺人才，大力支持广西大学、南宁学院设立户外运动产业相关的课程，推动户外运动俱乐部、企业与本地高校及北京体育学院等区外体育院校建立"订单式"人才培育机制和继续教育培训机制，以进一步推动人才快速适应和匹配产业发展需求。完善"人才飞地"机制，实现户外运动产业紧缺人才的区域流动。三是强化户外运动普及推广。借助赛事举办，通过设置户外赛事体验区等方式，在提升民众参与度的同时加大户外运动的宣传力度，积极组织户外运动节、比赛、展览等活动，利用电视媒体、社交媒体等渠道，积极宣传户外运动的好处和乐趣，强化户外运动风险防范与安全知识科普，营造有利于户外运动发展的浓厚氛围。四是规范户外运动市场秩序。出台成立俱乐部、经营户外运动细分行业相关条例，明确各俱乐部的经营范围、员工资质、日常管理、活动组织流程。定期开展巡查监督专项行动，重点对户外运动场所安全性、装备质量、人员资质、经营范围、定价等开展监督，营造良好发展环境。五是健全户外运动安全救援体系。由体育、消防、宣传等部门牵头，联合制定涵盖紧急事件反应、处理、报告等流程的户外运动紧急救援机制，完善相关的紧急救援指南和流程，强化专业救援人员和设备的配置，为户外运动者提供及时有效

的救援服务。完善民间救援网络，鼓励和引导组建由专业教练员、营地指导员、户外运动达人、当地居民组成的民间救援组织，支持和引导蓝天救援队等现有成熟的民间救援志愿队发展壮大，并通过定期培训、信息交流等方式，提高民间救援组织的整体能力和水平，提供更加全面和高效的救援服务。

参考文献

中国旅游研究院昆明分院暨云南省旅游规划研究院等：《云南户外运动旅游发展规划研究》，中国旅游出版社，2018。

袁志：《岳阳市户外运动产业发展策略研究》，硕士学位论文，湖南科技大学，2020。

陈脉：《西安市户外运动产业发展现状及对策研究》，硕士学位论文，陕西师范大学，2020。

蒋全虎等：《新时代我国户外运动产业高质量发展思考》，《体育文化导刊》2023年第9期。

邹本旭、黄玉阳：《数字经济背景下我国户外运动产业转型升级研究》，《沈阳体育学院学报》2023年第3期。

王建达、马腾：《基于产业生命周期理论对我国户外运动产业发展路径优化研究》，《山东体育科技》2021年第3期。

尹少丰、卓建南、叶佳春：《乡村振兴战略下休闲农业与户外运动产业的融合发展研究——以梅州市大埔县为例》，《广东农工商职业技术学院学报》2021年第2期。

张立强：《贵州省发展山地户外运动产业的SWOT分析与对策研究》，《内江科技》2020年第8期。

唐小燕、朱亚成：《我国户外运动产业发展现状与对策建议》，《鄂州大学学报》2022年第4期。

B.11
南宁市数字经济产业链发展的对策

南宁市数据局

与南宁项目策划咨询集团有限责任公司联合课题组*

摘　要： 近年来，南宁市推进数字经济发展取得了明显成效，产业规模持续增长，项目招引落地见效，产业布局特色鲜明，发展环境持续优化。南宁市数据资源存储丰富，信息化消费需求急剧增长，数字经济保持良好发展态势，但也存在数字经济产业整体规模偏小、产业数字化融合深度不足、数字经济产业短板明显等问题。根据南宁市数字经济产业发展趋势，本报告绘制了大数据、数字贸易、先进通信、人工智能、信息技术应用创新五大重点产业链全景图，分析这五大重点产业链在南宁市的布局，并以推动产业链优化升级为出发点，提出有针对性的优化路径。在对五大重点产业链进行具体分析的基础上，本报告提出推进南宁市数字经济产业链进一步发展的对策，如完善数字经济基础设施、提升科技创新能力和促进传统产业数字化转型等。

关键词： 数字经济　产业链　应用创新　南宁

---

* 课题组组长：孙椿睿，南宁市数据局党组书记、局长。课题组成员：张春，南宁市数据局副局长；张鲁，南宁市数据局数字产业发展科科长；蔡金凌，南宁市数据局数字产业发展科四级主任科员；莫云云，南宁市数据局数字产业发展科工作人员；张小玲，南宁项目策划咨询集团有限责任公司董事、副总经理、高级工程师；刘柏秀，南宁项目策划咨询集团有限责任公司副总经理、高级工程师；彭舒芯，南宁项目策划咨询集团有限责任公司政策和发展研究中心研究人员。

一 南宁市数字经济总体发展现状

2022 年，南宁市数字经济占全区总规模的 23.7%，其中核心产业增加值占全区 38.8%。[①] 2020 年，南宁市数字经济增速达 9.36%，高于同期GDP 名义增速 5.66 个百分点，数字经济成为南宁市经济增长的关键核心力量。截至 2022 年底，南宁市数字经济企业超过 7290 家，占全区总量的48.3%，位列全区第一。南宁市中国—东盟数字经济产业园已成功吸引华为、麒麟、东软、金山等行业龙头企业入驻，预计至 2025 年，入驻企业将超过 150 家，带动投资超过 70 亿元，直接营收贡献超过 300 亿元。此外，南宁市围绕数字经济重点领域六大产业发展实际，规划形成"一核一带四区多点"的发展空间布局。形成以南宁数字产业核心区为引领，以邕江数字经济发展带为辐射，以西部高端制造数字升级示范板块、南部空港电商物流板块、北部广西—东盟经济技术开发区及武鸣片区板块、东部数字农业板块为主体，多点支撑的特色产业布局。近年来，南宁市支持数字经济发展的政策体系不断健全，已出台《南宁市数字经济发展三年行动计划（2018—2020 年）》《南宁市推进数字政府建设三年行动计划》《中国—东盟信息港南宁核心基地建设方案（2019—2021 年）》等文件，持续推进数字南宁建设。

二 南宁市数字经济发展态势分析及五大重点产业链全景图

（一）南宁市数字经济发展态势分析

数据资源存储丰富、信息化消费需求急剧增长成为南宁市数字经济

---

① 如无特别说明，本报告数据均由笔者整理。

发展的关键动力。近年来,南宁市政府大力推动互联网普及率提升,不断催生信息化、数字化的新型信息消费需求,电子商务、网络约车、在线直播、知识付费等信息消费市场快速增长,带动全市数字经济快速发展。

中国与东盟合作成为南宁市数字经济发展的重大机遇。南宁市加快推进中国—东盟信息港南宁核心基地建设,支持打造面向东盟的智慧城市样板,推动行业数字化转型升级。中国—东盟(南宁)跨境电子商务产业园与跨境电商综合试验区自2018年成立以来,已逐步形成面向东盟的跨境电商产业集聚区。此外,南宁市与东盟国家共建数字经济领域国际科技合作基地超10个。

数字经济整体规模偏小、产业数字化融合深度不足、数字经济产业短板明显成为南宁市数字经济发展的突出问题。2022年,南宁市数字经济产业规模约为1500亿元,相较于北京、上海、广州超10000亿元的产业规模和杭州、武汉、成都5000亿~6000亿元的产业规模显著偏小。从产业结构看,尽管数字化产业占全市数字经济的比重已超80%,但融合深度亟待提升。

（二）南宁市数字经济五大重点产业链全景图

近年来,南宁市在新能源汽车产业方面已有一定基础,围绕数字贸易、新能源汽车两大产业发展特色优势,结合本市数字经济产业发展基础,以培育壮大数字产业和推动实现核心技术自主可控为目标,发挥数字技术赋能传统产业数字化转型优势,顺应产业发展趋势,重点发展大数据、数字贸易、先进通信、人工智能、信息技术应用创新五大重点产业链,详见图1至图5。

三 南宁市数字经济五大重点产业链发展现状、
面临的问题及优化路径

（一）大数据产业链

大数据产业链布局如图6所示。

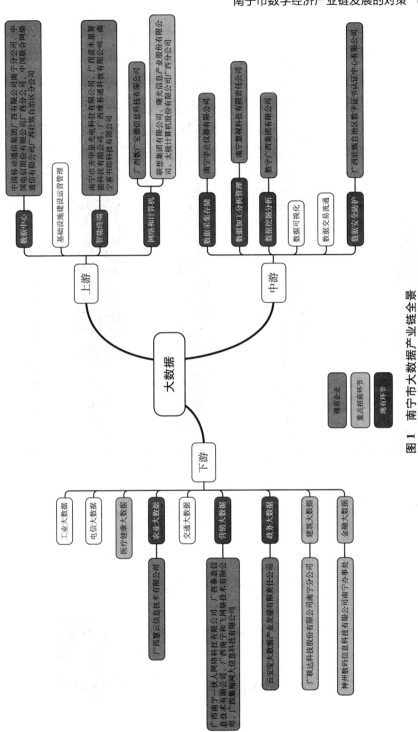

图 1　南宁市大数据产业链全景

171

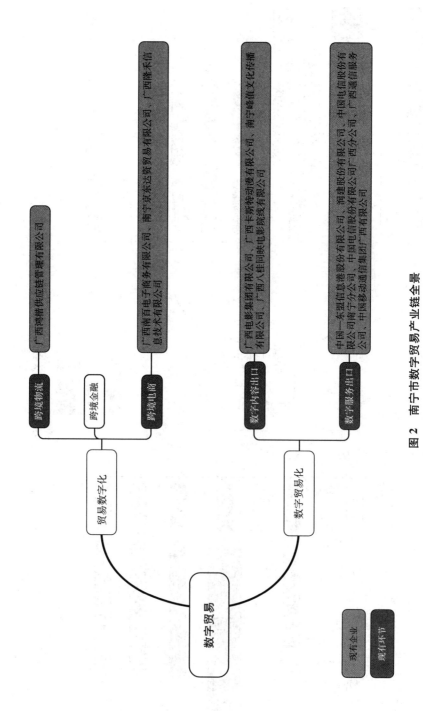

图 2 南宁市数字贸易产业链全景

广西鸿捷供应链管理有限公司

广西南百电子商务有限公司、南宁京东达资贸易有限公司、广西隆禾信息技术有限公司

广西电影集团有限公司、广西卡斯特动漫有限公司、南宁峰唒文化传播有限公司、广西八桂同映电影院线有限公司

中国—东盟信息港股份有限公司、润建股份有限公司、中国电信股份有限公司南宁分公司、中国电信股份有限公司广西分公司、广西通信服务公司、中国移动通信集团广西有限公司

跨境物流
跨境金融
跨境电商
数字内容出口
数字服务出口

贸易数字化
数字贸易化

数字贸易

现有企业
现有环节

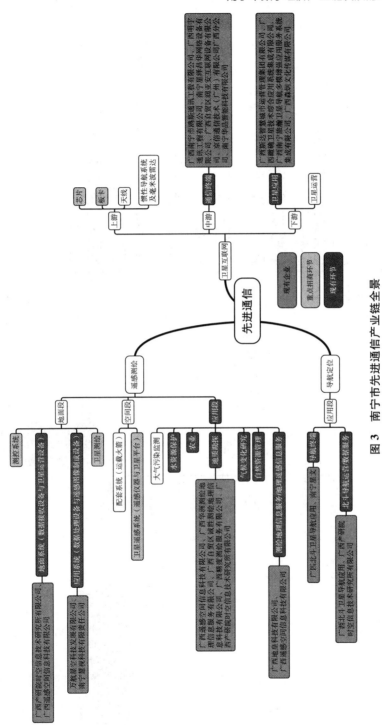

图 3　南宁市先进通信产业链全景

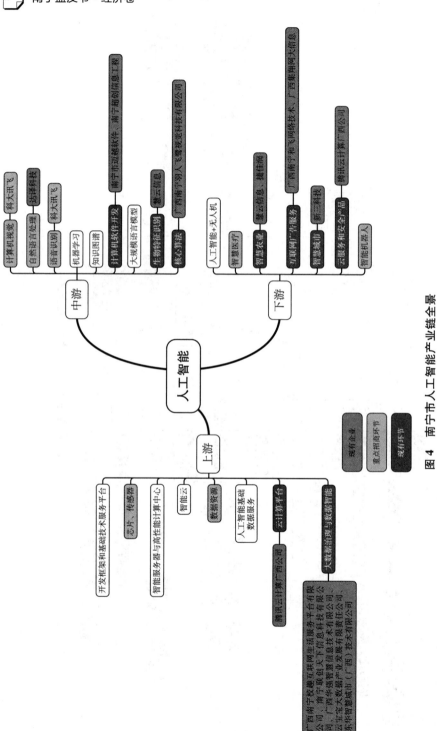

图4 南宁市人工智能产业链全景

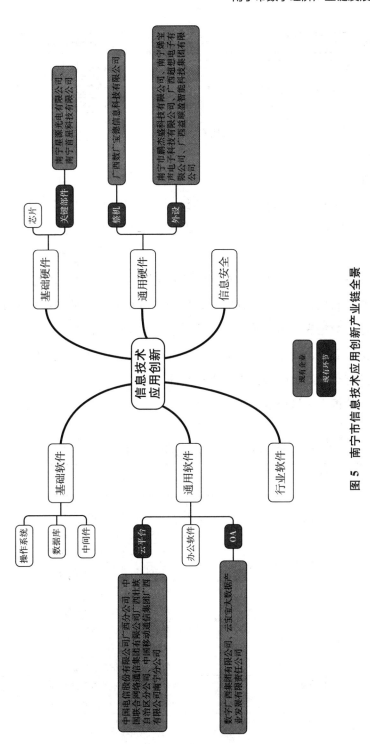

芯片

关键部件 —— 南宁晶源光电有限公司、南宁首星科技有限公司

基础硬件

整机 —— 广西数广宝德信息科技有限公司

外设 —— 南宁市鹏杰盛科技有限公司、南宁烯至南电子科技有限公司、广西超想电子有限公司、广西益翰盈智能科技集团有限公司

通用硬件

信息安全

信息技术应用创新

基础软件

操作系统

数据库

中间件

通用软件

云平台 —— 中国电信股份有限公司广西分公司、中国联合网络通信集团有限公司广西壮族自治区分公司、中国移动通信集团广西有限公司南宁分公司

办公软件

OA —— 数字广西集团有限公司、云宝大数据产业发展有限责任公司

行业软件

现有企业

现有环节

图 5　南宁市信息技术应用创新产业链全景

图6 大数据产业链布局

1. 已有布局

从产业链上游看，南宁市已布局智能终端、网络和计算机等产业环节，数据中心产业基础较为坚实，但大数据产业链上游企业规模不大，产业发展基础还较为薄弱。

从产业链中游看，南宁市大数据产业发展主要的支持力量是国有控股大数据企业，业务布局在数据采集存储、数据加工分析管理、数据挖掘分析、数据交易流通、数据安全防护等产业环节，企业发展较为稳定。

从产业链下游看，南宁市的大数据应用以政务、农业等领域为主，云宝宝、慧云信息等企业实力强劲，在垂直行业处于领先地位。

南宁市大数据产业链企业分布情况见表1。

表1 南宁市大数据产业链企业分布情况

产业链	细分方向	企业
上游	数据中心	中国移动通信集团广西有限公司南宁分公司
		中国电信股份有限公司南宁分公司
		中国联合网络通信有限公司南宁市分公司
		广西阳晨伟业科技有限公司
	智能终端	南宁市齐华星光电科技有限公司
		广西蓝水星智能科技有限公司
		广西维易通科技有限公司
	网络和计算机	广西数广宝德信息科技有限公司
		广西中科阿尔法科技有限公司
中游	数据采集存储	广西东信易联科技有限公司
		广西东信数建信息科技有限公司
		南宁市风畅大数据中心（普通合伙）

产业链	细分方向	企业
中游	数据加工分析管理	南宁慧视科技有限责任公司
		广西东信互联科技有限公司
		广西大数据产业发展有限公司
	数据挖掘分析	数字广西集团有限公司
	数据交易流通	广西北部湾大数据交易中心有限公司
	数据安全防护	广西英拓网络股份有限公司
		广西九城网络安全技术有限责任公司
下游	政务大数据	云宝宝大数据产业发展有限责任公司
		广西云二中科技有限公司
	农业大数据	广西慧云信息技术有限公司
		广西天海信息科技有限公司

注：由于篇幅限制，仅列举部分注册地位于南宁市的产业链上主要企业，下同。

2. 面临的问题

一是数据中心运营成本高。中国移动（广西）数据中心提供的资料显示，互联网数据中心（IDC）机柜电费成本始终居高不下。二是数字创新资源不足。南宁市面临数字产业用地不足、数字基础设施建设不足、数字领域人才严重不足等突出问题。三是与东盟在数据领域的合作机制尚未建立。南宁市未能充分利用面向东盟开放合作的前沿窗口的资源优势和《区域全面经济伙伴关系协定》（RCEP）带来的市场开放机遇进行招商，面向东盟开放发展的局面未能真正打开。

3. 优化路径

在产业链上游，提升算力服务能力，引入大数据硬件制造行业企业。一是依托中国移动、中国电信、中国联通三大通信运营商，面向东盟以及共建"一带一路"国家和地区打造算力服务高地，构筑辐射西部、服务全国、国际一流的中国—东盟国际新基建算力基地。二是积极引入联想集团、曙光信息、太极计算机等一批实力强劲的信息技术企业及配套设备厂家落户南宁，

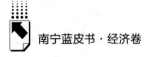

积极培育本地硬件制造企业。

在产业链中游,加大技术研发力度,通过合作和引进发展相关业务。一是加大数据采集设备关键软硬件技术研发力度,依托互联网、移动互联网以及物联网形成数据汇聚平台,加快构建大数据资源中心。二是加强与拓尔思、启明星辰等企业的交流合作,构建形成多层次、多类型的数字安全解决方案。三是引进海天瑞声、昆仑智汇等企业,加快延伸数据资源共享、人工智能算法模型研发等数据标注服务链条。

在产业链下游,推进大数据的政务治理和民生应用,创新发展特色重点领域的大数据应用。一是加快推进政务数据治理,构建以大数据为支撑的"政府大脑"。二是开展医疗健康、食品安全、社会保障、教育文化等领域的大数据应用工程,发展民生领域大数据增值服务。三是聚焦物流、金融、商贸、旅游、海洋等本地发展特色和重点领域,打造大数据融合创新应用,形成特色、领先发展优势。

(二)数字贸易产业链

数字贸易产业链布局如图7所示。

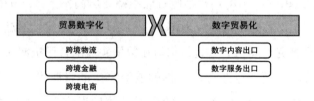

图7　数字贸易产业链布局

1.已有布局

从贸易数字化方面看,南宁市跨境电商产业保持良好的发展态势。产业链上跨境电商代表企业有广西南百电子商务有限公司、南宁京东达资贸易有限公司、广西隆禾信息技术有限公司等。这些企业发展以跨境电商为主的对外贸易新业态,通过组织越南语、泰语、马来语等小语种主播定期在跨境平台及海外社交媒体平台进行直播"带货",开展跨境电商 B2B 出口业务。

从数字贸易化方面看,数字内容出口和数字服务出口产业均具备一定发展优势,目前已集聚广西电影集团有限公司、广西卡斯特动漫有限公司、中国—东盟信息港股份有限公司、润建股份有限公司等众多行业领先企业(见表2)。

表2　南宁市数字贸易产业链企业分布情况

产业链	细分方向	企业
贸易数字化	跨境电商	广西南百电子商务有限公司
		南宁京东达资贸易有限公司
		广西隆禾信息技术有限公司
	跨境物流	广西鸿楷供应链管理有限公司
		广西跨境购电子商务有限公司
数字贸易化	数字内容出口	广西电影集团有限公司
		广西卡斯特动漫有限公司
		南宁峰值文化传播有限公司
	数字服务出口	中国—东盟信息港股份有限公司
		润建股份有限公司
		中国电信股份有限公司南宁分公司

2. 面临的问题

一是数字贸易存在支付风险,受限于国际网站安全系数较低,跨境支付模式下的网络交易结算含有潜在风险。二是跨境物流需要进一步发展,跨境贸易各参与国在货物通关、运输成本、关税征收等方面暂未达成共识,直接面向终端消费者的退换货体系在通关、结算、运输等环节仍存在堵点。三是南宁市本地数字贸易企业小、散、弱问题突出,未能在国际市场打响品牌。

3. 优化路径

一是与东盟国家共同构建跨境数字产业链,率先与越南、马来西亚、印度尼西亚在电子信息、智能汽车等产业的核心零部件研发、生产和组装环节开展投资合作。二是加快形成以南宁市为跨境产业链枢纽节点的跨境电子信息产业链，强化枢纽功能，加强与粤港澳大湾区、长江中下游经济群、成渝地区双城经济圈、东盟国家的有效连接，加快构建"粤港澳大湾区、长江中下游经济群、成渝地区双城经济圈—广西（南宁）—东盟"跨境产业链。三是围绕南宁市重点产业领域，着力打造智能汽车跨境产业链，服务带动南宁市新能源汽车产业基地加快发展。

（三）先进通信产业链

南宁市先进通信产业链分为三个板块：卫星互联网产业链、导航定位产业链和遥感测绘产业链。

1.卫星互联网产业链

如图8所示，从产业链上游看，南宁市卫星互联网产业基础较为薄弱，在芯片、板卡、天线、惯性导航系统及毫米波雷达等核心方面追赶的难度比较大。

图8　卫星互联网产业链布局

从产业链中游看，卫星整体研发制造主要由国家级科研机构承担，南宁市在通信终端领域的发展水平较为落后。而在卫星研制、地面设备制造等方面，南宁市的基础也相对薄弱。

从产业链下游看，南宁市有广西斯达智慧城市运营管理集团有限公司、广西瞰确卫星技术综合应用系统集成有限公司等提供卫星应用服务的企业（见表3），主要业务包括卫星技术综合应用系统集成、卫星电视等。

表3　南宁市卫星互联网产业链企业分布情况

产业链	细分方向	企业
上游	天线	中国卫星通信集团公司南宁分公司
中游	通信终端	广西南宁市鸥斯通讯工程有限公司
		广西明宇通讯工程有限公司
下游	卫星应用	广西斯达智慧城市运营管理集团有限公司
		广西瞰确卫星技术综合应用系统集成有限公司

　　南宁市的卫星互联网产业链发展仍不成熟，目前面临以下问题。一是产业链上游缺少成熟企业，供需配套基础不足。产业链上游现有卫星互联网企业较少，严重制约南宁市卫星互联网产业链的发展。二是卫星研发和制造的技术壁垒较高，较难实现技术突破，目前我国研发主力是国家级研发机构，如中国航天科技集团、中国航天科工集团、中国东方红卫星股份有限公司等。三是卫星制造与发射成本较高，且航天卫星在通信领域占比低，较难实现商业化。

　　针对南宁市卫星互联网产业链发展提出以下优化路径。在产业链上游，一是依托中国卫星通信集团公司南宁分公司，大力发展天线等硬件设施。重点攻关电子元器件设计等技术，在芯片、板卡等器件研发应用上取得突破。二是加大对微型宇航级芯片、高转换效率电池、大视场星敏感器等高性能元器件的研发力度。三是积极引培北斗星通、华为海思、华力创通等一批重点电子元器件企业，探索开展"补链"，建设多层次的卫星互联网关键零部件产业体系。

　　在产业链中游，聚焦通信终端等关键领域，重点发展卫星电视天线、物联网移动终端等通信终端，组织实施一批攻关工程，推动通信网络、高精度时空基准服务等共性交叉技术方案落地。

　　在产业链下游，一是发展"5G+卫星互联网"产业，构建卫星网络运营平台，重点拓展"卫星+智慧城市"等应用服务，挖掘一批卫星网络重大应用场景。二是发展卫星通信应用终端技术，推进产业协同作业，实现卫星互

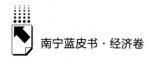

联网与地面互联网的融合。

2. 导航定位产业链

如图9所示，南宁市导航定位产业链拥有良好基础，中国—东盟空间信息技术创新示范基地与中国—东盟地理信息与卫星应用产业园形成"双核驱动"的空间信息产业新布局；中国—东盟北斗/GNSS（南宁）中心已建设完成，不断发挥北斗时空信息技术在面向东盟的时空信息技术应用中的引航作用。南宁市导航定位产业链企业分布情况见表4。

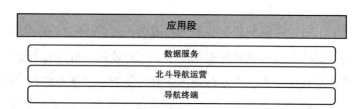

图9　导航定位产业链布局

表4　南宁市导航定位产业链企业分布情况

产业链环节	细分方向	企业
应用段	导航终端	广西北斗卫星导航应用集团有限公司
		广西南宁星文信息技术有限公司
	北斗导航运营/数据服务	广西北斗卫星导航应用集团有限公司
		广西产研院时空信息技术研究所有限公司

南宁市导航定位产业链存在以下问题。一方面，产业链基础较为薄弱，头部企业较少，带动能力有限，供需配套基础不足；另一方面，技术融合壁垒较高，现有产业交叉融合较少，亟须将北斗、遥感、卫星互联网等领域关键技术融合并加以应用。

针对南宁市导航定位产业链发展提出以下优化路径。一是建设中国—东盟卫星数据服务中心，面向南宁市空间信息产业相关企业提供空间大数据服务。二是建设北斗应用服务基础设施，丰富智能终端北斗位置服务。推动北斗网络辅助公共服务平台、北斗高精度定位服务平台、北斗车联网应用服务平台的建设和创新，开展智能手机高精度定位试点示范，探索北斗高精度、短报文等功能的应用场景。

3. 遥感测绘产业链

如图 10 所示，从空间段来说，配套系统、卫星遥感系统的产业基础较为薄弱，火箭的运载能力与成本控制是产业链发展亟须面对的一个重要命题，未来有待推进配套系统和卫星遥感系统的发展。

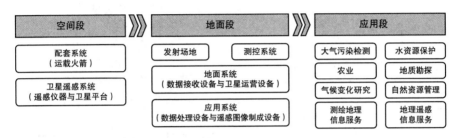

图 10　遥感测绘产业链布局

从地面段来说，依托中国—东盟地理信息与卫星应用产业园，"南宁一号"卫星数据接收暨西南卫星地面接收站正式投入使用。南宁市与二十一世纪空间技术应用股份有限公司（以下简称"世纪空间"）合作开发的遥感卫星项目——北京三号 B"南宁一号"卫星在太原卫星发射中心成功发射。

从应用段看，目前南宁市主要布局地理信息数据采集、处理、应用和服务等领域，服务的主要内容包括提取地理信息、揭示某现象或事物的空间分布规律等。南宁市遥感测绘产业链企业分布情况见表 5。

表 5　南宁市遥感测绘产业链企业分布情况

产业链	细分方向	企业
空间段	卫星遥感系统 （遥感仪器与卫星平台）	广西天希信息科技有限公司
		广西精度测绘科技有限公司
		广西自贸区诚胜测绘地理信息科技有限公司

产业链	细分方向	企业
地面段	地面系统 （数据接收设备与卫星运营设备）	广西产研院时空信息技术研究所有限公司
		广西遥感空间信息科技有限公司
	应用系统 （数据处理设备 与遥感图像制成设备）	万航星空科技集团有限公司
		南宁慧视科技有限责任公司
		广西产研院时空信息技术研究所有限公司
应用段	测绘地理信息服务	广西华翔测绘有限公司
		广西刚毅工程勘察设计有限公司
		广西天图数字测绘有限公司
	自然资源管理	广西地皇科技有限公司
		广西遥感空间信息科技有限公司
	地质勘探	广西遥感空间信息科技有限公司
		广西华洲测绘地理信息服务有限公司
		广西自贸区诚胜测绘地理信息科技有限公司

南宁市遥感测绘产业链存在以下问题。一是产业链从空间段到地面段再到应用段的衔接不畅，数据采集、数据处理、信息生产、应用集成等环节未能实现协同发展，企业难以专注于特定技术和服务。二是产业发展总体水平不高，产值较低，企业规模普遍偏小。

针对南宁市遥感测绘产业链发展提出以下优化路径。在空间段，一是加快推进卫星遥感系统建设，加快商业化卫星遥感技术攻关，开展新型遥感仪器研发应用。二是加大卫星运载研发领域新基建政策扶持力度。结合自身特色优势出台相关政策文件，构建面向运载研发的新型基础设施体系。三是加强卫星遥感专业人才队伍建设，重点是建立卫星遥感科技创新人才培养体系。

在地面段，一是依托中国—东盟地理信息与卫星应用产业园的平台资源和世纪空间的技术优势，构建长时间序列的时空海量数据库。二是推动传统遥感测绘企业转型，引导互联网巨头介入，鼓励组建新型创业机构，促进遥感产业与其他产业的融合应用。

在应用段，一是建立综合性时空数据平台，整合地面观测、卫星遥感和地理信息系统等多源数据，为城市规划、环境监测、农业发展等提供数据支持。二是鼓励本地科研机构和企业加大研发投入力度，开发适应本地需求的遥感技术与应用。

（四）人工智能产业链

人工智能产业链布局如图 11 所示。

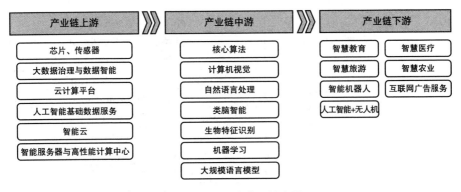

图 11 人工智能产业链布局

1. 已有布局

在产业链上游，南宁市的芯片、传感器，大数据治理与数据智能及云计算平台等产业有一定基础，与华为合作的中国—东盟人工智能计算中心已落户南宁，中国—东盟（华为）人工智能创新中心南宁分中心组织南宁市企业成功申报项目 25 个。

在产业链中游，核心算法、计算机视觉、生物特征识别等产业有所布局，产业链上有达译科技等行业领先企业。

在产业链下游，南宁市与华为、科大讯飞、美团等头部企业在智慧教育、智慧医疗、智慧旅游等方面积极开展合作。同时，南宁市平方软件新技术有限责任公司自主研发的"东南亚本地语大数据服务平台建设及推广"项目已获得广西工业和信息化发展专项补助。南宁市人工智能产业链企业分布情况见表 6。

2. 面临的问题

一是技术、设施、关键设备短板明显，在核心算法、重大产品与系统、高

185

端芯片、元器件、接口等方面不具备优势。二是行业领军企业较少，专业人才不足，尚未形成具有区域影响力的创新生态圈和产业链。三是应用场景落地较少，尚未形成规模，适应人工智能发展的基础设施、配套政策、标准措施亟待完善。

表6　南宁市人工智能产业链企业分布情况

产业链	细分方向	企业
上游	芯片、传感器	广西南宁华慧通讯工程有限公司
		广西卡格诺智能科技有限公司
		广西楚博智能科技有限公司
	大数据治理与数据智能	广西南宁校趣互联网生活服务平台有限公司
		广西及刻科技有限公司
		南宁市平方软件新技术有限责任公司
	云计算平台	腾讯云计算（广西）有限责任公司
		南宁市忠义珍计算机技术有限公司
		广西数广全网融合科技有限公司
	人工智能基础数据服务	广西易易信息科技有限公司
		广西东信易联科技有限公司
		广西自贸试验区华鸿数字传媒科技有限公司
中游	核心算法	广西南宁羽人飞鹭视觉科技有限公司
	计算机视觉	南宁慧视科技有限责任公司
	自然语言处理	广西达译科技有限公司
	类脑智能	广西数字大脑智能科技有限公司
	生物特征识别	南宁先创科技有限责任公司
	机器学习	广西知感科技有限公司
	大规模语言处理	南宁数智动力人工智能应用软件有限公司
下游	智慧教育	广西南宁智慧鱼教育科技有限公司
		南宁启达教育科技有限责任公司
	智慧医疗	广西携手智慧健康科技有限公司
	智慧旅游	广西智慧旅游产业有限公司
	智慧农业	广西慧云信息技术有限公司
		捷佳润科技集团股份有限公司
		广西数字云科技有限公司
	智能机器人	广西澳斯奇机器人有限公司
	互联网广告服务	广西南宁和飞网络技术有限公司
		广西集翔网大信息科技有限公司
	人工智能+无人机	广西优可福航空科技有限公司

3.优化路径

在产业链上游，加强技术研发和创新，完善科技支撑服务。一是加强工业软件产品的研发，攻克人工智能高端芯片、传感器等"卡脖子"核心技术。二是瞄准人工智能算法等基础领域和情绪感知等前沿领域，绘制技术创新路线图。三是加快构建研发设计、知识产权、科技成果检验、中介咨询等科技服务支撑体系。

在产业链中游，一是加快推进人工智能算法设计中的因果推断研究，加强算法研发者、数据科学家、人文社科工作者以及相关领域专业技术人员之间的合作。二是统筹布局算力基础设施，推进大数据中心一体化建设。三是构建人工智能公共服务平台，建立辅助研发和产品评价的测评、训练平台。

在产业链下游，加快传统特色产业智能化升级，以慧云信息、捷佳润等企业为重点扶持对象，发展特色高效智慧农业；以富桂精密、南南铝业等企业为重点扶持对象，着力构建智能制造产业生态；与美团等头部企业开展本地化合作，加快发展智慧旅游产业；以中新国际物流园等园区为试点，大力发展智慧物流服务。

（五）信息技术应用创新产业链

信息技术应用创新产业链布局如图 12 所示。

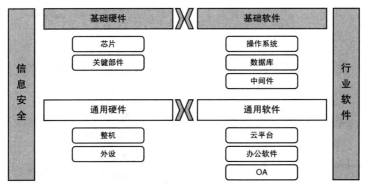

图 12　信息技术应用创新产业链布局

1. 已有布局

从基础硬件和基础软件方面来说，产业链上布局了若干涉及关键部件的基础硬件产品，但芯片相关的基础硬件与包括操作系统、数据库、中间件等产品在内的基础软件发展基础薄弱，暂未形成完整产业链条。

从通用硬件方面来说，南宁市通用硬件产业链集聚了富士康、瑞声科技、桂芯半导体、蓝水星、世纪创新等一批龙头企业，已初步形成以网络通信设备、电子元器件、电子视听设备等产品为主的产业集群。从通用软件方面来说，产业链上主要布局云平台与OA产品，已集聚数字广西、云宝宝等行业知名企业（见表7）。

表7 南宁市信息技术应用创新产业链企业分布情况

产业链	细分方向	企业
基础硬件	关键部件	南宁首星科技有限公司
		南宁泰克半导体有限公司
		南宁凯德电子有限公司
		广西桂芯半导体科技有限公司
基础软件	数据库	南宁极光圣达科贸有限公司
		广西世纪创新显示电子有限公司
通用硬件	整机	瑞声科技控股有限公司
		广西数广宝德信息科技有限公司
		浪潮(南宁)计算机科技有限公司
		广西蓝水星智能科技有限公司
	外设	南宁星源光电有限公司
		南宁市鹏杰盛科技有限公司
通用软件	云平台	中国电信股份有限公司广西分公司
		中国移动通信集团广西有限公司南宁分公司
		广西中科曙光云计算有限公司
	OA	数字广西集团有限公司
		云宝宝大数据产业发展有限责任公司
信息安全		富士康科技集团
		广西智错信息安全技术有限公司
		南宁市卓奥网络信息安全硬件有限公司
		广西鑫瀚科技有限公司

2. 面临的问题

一是产业核心技术依赖企业招引，未能培育规模较大的本土企业。二是缺乏针对信息技术应用创新领域细分赛道的专项政策支持，现有普惠性政策对龙头企业入驻的吸引力不强。三是信息技术应用创新产业链结构不均衡，硬件制造偏强、软件开发稍弱。四是本地高校培养体系不够完善，信息技术应用创新产业链的人才支撑能力较弱，高校相关专业的人才供给不足。

3. 优化路径

在通用硬件方面，延伸打造整机产业链，持续推动数广宝德生产研发基地、浪潮南宁生产基地产能扩增，打造面向我国西南市场的整机生产核心基地。积极招引行业专用的计算机外设、配套设备、终端设备制造企业。聚焦手机及可穿戴设备，重点发展手机、平板、真无线立体声蓝牙耳机、可穿戴设备、智能音箱、虚拟现实/增强现实设备等主流智能终端设备。

在通用软件方面，梳理编写南宁市级信息技术应用创新产品目录，利用市场开放、优先采购、政策倾斜等方式引导鼓励企业加入目录。依托权威咨询机构总结国内的信息技术应用创新试点项目经验，编制信息技术应用、创新产品应用用户指南，指导各类用户在推进信息化、数字化的同时推进信息技术应用创新化发展。

在信息安全方面，加大对硬件防火墙/虚拟专用网络、安全内容管理、入侵检测、入侵防御、统一威胁管理等安全应用硬件设备的支持力度。加大招商引资力度，积极引进奇虎科技、华软金盾、派拉软件等国内信息安全软件龙头企业。积极推动以信息安全整体解决方案为核心的信息安全服务业务发展。

四　推进南宁市数字经济产业链进一步发展的对策

（一）完善数字经济基础设施

完善通信网络基础设施，加快宽带接入网络部署，逐步实现光纤到楼、光纤到户。积极发展5G、物联网、IPv6等新一代网络基础设施和基于云计

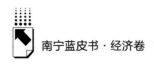
算的数据中心。加强物联网智能感知监测设施规划布局，建立完善覆盖公用设施、重点建筑、生态环境等各类城市要素的物联网智能感知监测体系。

（二）提升科技创新能力

围绕云计算、大数据、人工智能等科技创新前沿领域，适度超前规划建设科技基础设施及其共享服务平台，为推进优势核心技术突破和共性关键技术研发提供支撑。加快重大科技创新平台建设，支持在智能硬件、高端软件等领域创建产学研相结合的实验室和技术研究中心，激发创新主体原始创新活力。

（三）促进传统产业数字化转型

加快推进制造业数字化、网络化、智能化转型，通过互联网、大数据、人工智能等新一代信息技术与传统制造业的深度融合，实现生产服务质量的全面提升。推动智能制造基地建设，加快工业互联网创新应用，鼓励制造业龙头企业率先开展工厂设备智能化改造和数字化升级。

（四）构建高效的公共服务体系

面向市民和企业的全生命周期服务需求，加强资源共享和业务协同，大力推进互联网、大数据、人工智能、智能移动设备等数字技术与医疗、教育、社保等公共服务领域的深度融合，提升公共服务数字化、智能化水平，推进基本公共服务优质和均等化，构建便捷高效的智慧民生服务新体系。

（五）深化国内外合作与交流

全面对接粤港澳大湾区，推进更紧密更务实的区域合作，着力构筑互利共赢、安全高效的开放发展新格局。加快建设海外新兴产业孵化器和基地，设立国际化创业投资基金，引导和促进国际高端人才、先进技术和研发资源等创新要素集聚。主动融入共建"一带一路"大格局，加强与共建"一带一路"国家和地区在互联网、大数据、人工智能等领域的产能合作，推动建设境外合作园区。

开放发展篇 ▷

B.12

借鉴海南自贸港建设经验
助力提升南宁对外开放水平的对策

中共南宁市委政策研究室（改革办）
与南宁市人民政府发展研究中心联合调研组*

摘　要： 高水平对外开放是推动高质量发展、加快构建新发展格局的必经
之路。近年来，海口、三亚加快建设海南自贸港，在投资贸易、税收政策、
人才支撑、立法保障、服务优化等方面加快创新开放步伐，打造高水平对外
开放平台，取得了较好的成效。在自贸港建设背景下，海口、三亚具有高度
自由便利的投资贸易环境、较具国际竞争力的税收政策、强大的人才吸引力、

---

* 调研组成员：梁智忠，中共南宁市委政策研究室（改革办）主任、市委副秘书长（兼）；韦
忠，中共南宁市委政策研究室副主任；梁毓，南宁市人民政府发展研究中心党组成员、副主
任；李影，中国（广西）自由贸易试验区南宁片区协调指导局副局长；李雅欣，中共南宁市
委政策研究室（改革办）经济科科长；郭敏，中共南宁市委政策研究室（改革办）社会科副
科长；李艳迎，南宁市人民政府办公室行政科二级主任科员；阴乐乐，中共南宁市委政策研
究室（改革办）社会科四级主任科员；黄韬，中共南宁市委政策研究室（改革办）协调科四
级主任科员；寇德华，中共南宁市委政策研究室（改革办）经济科四级主任科员；王东玉，
中共南宁市委政策研究室（改革办）经济科一级科员；晏少峰，广西运多多供应链管理有限
责任公司战略官。

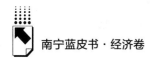

高质量的立法保障、以企业需求为导向的服务环境等发展优势。考察发现，国家政策支持是海口、三亚实现快速发展的最大"法宝"。海南省的发展定位与南宁存在竞争，海口、三亚重点培育的产业与南宁有同质化问题，三者共同争夺粤港澳大湾区的优质资源。虽然工业基础薄弱、基础设施不够完善等条件制约了发展，但海口、三亚狠抓政策落实、积极服务企业等经验做法值得学习借鉴。因此，为了提升对外开放水平以推动经济加快发展，南宁市应当在争取更多政策支持、狠抓制度创新、狠抓产业培育等方面下更大功夫。

关键词： 海南自贸港 对外开放 南宁

自《海南自由贸易港建设总体方案》发布以来，一项项自贸港政策陆续落地，吸引了一批世界 500 强企业、细分领域国内外头部企业、行业龙头企业，如中国电信、中国东方航空、法国电力集团、吉祥航空、携程、修正药业、华西生物、美团等。企业纷纷抢抓政策红利，竞相在海南注册公司、投资项目，为海南经济发展注入了新动力。南宁市也有一些企业落户海南自贸港，甚至将国际贸易、金融等业务从南宁转移到海南自贸港。深入了解海南自贸港的建设经验以及企业争先布局海南自贸港的原因，将为南宁市提升对外开放水平提供有益的参考借鉴。

一 自贸港获批后海口、三亚经济提速发展

海口、三亚等海南各市抢抓自贸港建设重要机遇，开拓创新、顺势而为、乘势而上，推动经济社会发展取得良好成效。

（一）海口市①

自自贸港建设以来，海口市经济高质量发展实现新突破，2018～2022 年

---

① 此部分数据来源于海口市人民政府网站。

GDP 平均增速为 5.36%，其中 2021 年 GDP 首次突破 2000 亿元，占全省的 31.8%，经济首位度进一步提升。2022 年，海口市 GDP 达 2134.8 亿元，同比增长 1.3%，累计签约 110 个项目实质合同，签约金额达 657.3 亿元；全市新增市场主体超 78 万户，同比增长 169.7%，占全省的 81%。开放型经济新格局加快构建，2018~2022 年实际利用外资累计达 72.4 亿美元，年均增速为 115.4%。2022 年全市经济外向度提升 5 个百分点，新设立外资企业 814 家，海口综合保税区实现全年营业收入 1235.94 亿元，同比增长 2.68%。

（二）三亚市①

2018~2022 年，三亚市 GDP 平均增速为 4.75%，实际利用外资累计达 18.35 亿美元，进出口平均增速为 33.89%。2022 年，三亚市 GDP 达 847.11 亿元，同比增长 1.3%；实际利用外资 7.13 亿美元，同比增长 58%，是 2018 年（1.04 亿美元）的近 7 倍；招商引入并完成注册企业 2800 多家，同比增长 43%，其中新增世界 500 强企业 32 家；市场主体同比增长 15%。离岛免税消费成为"金字招牌"，2023 年春节假期期间，三亚市 4 家离岛免税店人气爆棚，旅客消费热情高涨，离岛免税购物金额达 10.5 亿元，占全省的比重为 67%。② 其中，中免集团（cdf）三亚国际免税城项目商品综合免税率为 15%~20%，顾客入店购买率为 50%~60%，平时日均营业额超 1 亿元，春节假期期间日均营业额达 2 亿元，是三亚免税消费的明星项目。据了解，该项目运营后，周边酒店平均入住率由 30% 上升到 70%，有效带动了地方经济发展。科技创新步伐加快，截至 2022 年底，全市高新技术企业超过 200 家，约占全省的 1/7，是 2018 年（19 家）的 10 倍多；研发投入强度提升至 2.3%；崖州湾科技城建设成效显著，自 2019 年启动建设以来，累计注册企业 7043 家，上海交通大学等 11 所国内顶尖高校以及中国农业科学院

---

① 此部分数据无特殊标注，均来源于三亚市人民政府网站。
② 《三亚春节旅游消费观察：离岛免税购物 7 天"掘金"10.5 亿元》，人民网，2024 年 1 月 28 日，http://hi.people.com.cn/n2/2023/0128/c338424-40280150.html。

等 17 家知名科研院所的相关研究院落户园区。

综上所述，海南自贸港的落地对海口市、三亚市的发展起到了非常重要的作用。与两市相比，南宁市虽然在经济总量、进出口总额等指标上处于领先地位，但增长速度没有明显优势，如在实际利用外资方面，南宁市与海口市的差距越来越大，2018 年南宁市仅比海口市少 0.50 亿美元，2022 年这一差距扩大到 12.83 亿美元（见图 1）。

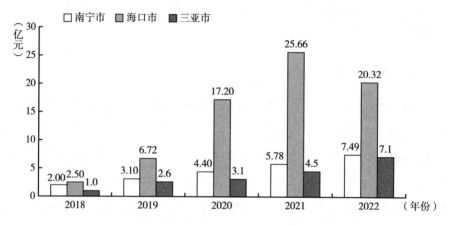

图 1　2018~2022 年南宁市、海口市、三亚市实际利用外资对比

资料来源：各地统计局网站。

二　海口、三亚在自贸港建设背景下的发展优势

《海南自由贸易港建设总体方案》明确提出"将海南自由贸易港打造成为引领我国新时代对外开放的鲜明旗帜和重要开放门户"，从国家层面为海南自由贸易港建设提供法律保障。在国家一揽子政策制度支持下，海南提出要"当好我们党把握未来发展主动权的一着先手棋，当好全国改革开放的'试验田'，当好新时代我国改革开放的新标杆，当好向海内外中华儿女展示中国特色社会主义说服力的镜子，当好向国际社会展示中国风范的靓丽名片""把海南自由贸易港打造成实现第二个百年奋斗目标、展示中国式现代

化成就的标志性成果"。① 独特的政策优势、得天独厚的先天资源，加上持续发力，海口、三亚在泛南海经济圈乃至整个亚太区域中扮演着越来越重要的角色，发展优势十分明显。

（一）拥有高度自由便利的投资贸易环境

投资方面，实行"非禁即入"制度，对外商投资实行的准入前待遇及自贸港专用的负面清单管理制度大幅放宽了自由贸易市场准入。同时，扩大跨境便利化融资，支持在自贸港内注册的境内企业通过境外发行股票的方式进行融资，并对旅游业、现代服务业、高新技术产业等重点领域的企业在境外直接投资的收益免征企业所得税。贸易方面，制定海南自贸港禁止、限制进出口货物和物品清单，允许清单以外的货物和物品自由进出自贸港，实现"既准入又准营"。

（二）拥有较具国际竞争力的税收政策

当前，海口、三亚的税收优惠政策可以归纳为四个方面。一是"两个15%"。对注册在海南自贸港并实质运营的鼓励类产业企业，减按 15% 征收企业所得税；对于在海南岛内累计居住满 183 天的高端和紧缺人才，其个人所得税实际税负超过 15% 的部分将予以免征。某碳纤维企业前 5 年在企业所得税上可节省 1.49 亿元，这对企业生产经营有着极大的利好（见表 1）。

表 1　某碳纤维企业前 5 年缴纳生产所得税对比

单位：亿元

指标	第 1 年	第 2 年	第 3 年	第 4 年	第 5 年	累计缴纳
营业收入	8.00	10.40	9.00	11.70	10.00	—
营业成本	5.57	7.24	6.26	8.14	6.96	—
内陆设厂企业所得税（税率 25%）	0.61	0.79	0.68	0.89	0.76	3.73
海南设厂企业所得税（税率 15%）	0.36	0.47	0.41	0.53	0.46	2.24

资料来源："海南自由贸易港"微信公众号。

---

① 《这"五个一"，就是海南自贸港建设的初心使命》，"海南自由贸易港"百家号，2023 年 3 月 7 日，https：//baijiahao. baidu. com/s？id = 1759664161631591445&wfr = spider&for = pc。

二是"零关税"。制定征税商品目录,在商品目录之外的生产资料、原辅料、交通工具、岛内居民的消费品等4类物品可以通过清单管理免关税。以天然橡胶和碳纤维复合材料为例,企业在购置设备和材料时,分别可以减少18.49万、34.39万元成本(见表2、表3)。又如,据调研了解,某生物制药研发公司在其他地方购买研发设备需要3亿元,在海南只需要2亿元,这能有效减少企业建设研发中心的成本,花同样多的钱能买更多的设备、雇更多优质的人才,促进企业发展。

表2 购置主要天然橡胶初加工设备优惠金额情况

单位:万元,%

加工环节	设备种类	进口价格	进口关税税率	进口增值税税率	海南可优惠金额
塑炼	开炼机	5~10	8	13	2.20
混炼	混炼机	10~15	7	13	3.14
压延	压延机	10~15	8	13	3.31
压出	挤出机	15~30	5	13	5.60
成型	成型机	8~15	8	13	3.31
硫化	硫化罐	3~5	5	13	0.93
合计					18.49

资料来源:"海南自由贸易港"微信公众号。

表3 购置碳纤维复合材料生产主要原辅料及设备优惠金额情况

单位:万元,%

环节	材料及设备种类	进口价格	进口关税税率	进口增值税税率	海南可优惠金额
喷丝	喷丝板	3~5	6	13	0.99
氧化	氧化炉	20~30	10	13	7.29
碳化	低温碳化处理设备	20~30	8	13	6.61
	高温碳化处理设备	10~30	8	13	6.61
表面处理	表面处理设备	20~40	8	13	8.82
干燥	热辊干燥设备	5~10	8	13	2.20
定型	定型设备	5~10	5	13	1.87
合计					34.39

资料来源:"海南自由贸易港"微信公众号。

三是原产地规则。洋浦保税港区率先实行原产地规则，即进口原材料在海南加工增值超过 30%，销售至内地免关税。例如，整头牛普通进口关税为 70%，最惠国的进口关税为 25%，如果企业先将整头牛进口到洋浦保税港区，再通过分割成大腿肉、牛筋等方式进行初加工，较容易实现增值 30%，如果增值 30%，再转到内地市场就能为企业省去 70% 或 25% 的关税，大大提高了企业利润。封关后，海南全岛都将享受这项政策优惠。

四是离岛免税。2023 年春节假期期间，海南 12 家离岛免税店总销售额达 25.72 亿元，日均销售额超 3.5 亿元，至东南亚、欧美等地区的国际航运网络逐步建立，离岛免税事业蓬勃发展。在税收政策红利不断释放的背景下，海口、三亚等市对企业的吸引力不断增强，以海南为支点的"出海"投资已成为不少企业的共同选择。

（三）拥有强大的人才吸引力

围绕破解"人才为什么来海南、人才来海南能干什么、人才留在海南能得到什么"等问题，海南出台了一系列政策。在人才落户上，博士等高层次人才及其配偶、未成年子女、父母随迁到海南可申请每月 3000 元的住房租赁补贴或购房补贴。在优化服务上，发放"天涯英才卡"，为高层次人才提供落户、医疗、子女入学等包含 11 个大类 32 个具体事项的便捷服务。在职称改革上，大胆创新人才认定制度，如博士后出站考核合格，留在海南工作且符合条件的可直接认定为高级职称。2022 年，在先行区率先实行境外人才"量身定制"卫生系列高级职称等职称评审制度，优化境外人才发展环境。为了支持海南自贸港建设，国家每年安排 100～200 名来自中央单位及全国各地的干部到海南挂职 2～3 年。良好的生态环境叠加当地政府一系列招才引智政策，使海南形成对人才的较强吸引力。目前来看，这几年海南招聘的人才稳定性较强，说明海南能把人才"留得住"，人才政策红利已逐步转变为人才优势。

（四）拥有高质量的立法保障

自贸港要实现高质量发展，离不开强有力的法治支撑。2021 年 6 月 10

日,《中华人民共和国海南自由贸易港法》正式实施,这是全国人大首次为我国内地某一经济区域单独立法(在海南之前,全国人大仅对香港和澳门两个特别行政区实行了单独立法)。《中华人民共和国海南自由贸易港法》明确规定中央关于自贸港建设的政策和制度体系,并对海南自贸港长远建设中涉及的重大关系做出相关法律规定,协调了中央、地方关系,为海南高水平开放和自贸港建设提供了原则性、基础性法治保障,是一部"最高水平开放法",也是海南自贸港建设的最大优势。海南以《中华人民共和国海南自由贸易港法》为指引,配套出台了60多项法律法规。例如,为支持主导产业和重点产业园区加快改革发展,审议通过产业发展和重点园区建设法规23件,包括国际船舶条例、游艇产业促进条例、科技开放创新若干规定等。又如,围绕建设国家生态文明试验区目标,制定修改生态领域法规14件、打包修改8件、批准30件,在全国率先出台国家公园特许经营地方性法规。这些高质量的法律法规形成了海南高水平开放的法治保障。

(五)拥有以企业需求为导向的服务环境

一流的营商环境是最好的"梧桐树"、最大的"吸铁石",海口、三亚两市都十分重视制度集成创新,按照《海南自由贸易港营商环境重要量化指标赶超国内一流实施方案(1.0版)》要求,不断打造法治化、国际化、便利化的营商环境,为企业发展做好全方位服务保障。海口市坚持系统思维,把制度集成创新摆在突出位置,聚焦行政审批、商事制度、政策兑现、产业服务等重点领域,切实破解制约营商环境优化的痛点堵点,推动营商环境领域制度集成创新。通过深化"多税合一"申报改革,推行增值税留抵退税"报退合一",实行商品房交房即交证、"土地超市"、稳岗返还"免申即享"、补贴"应返尽返"、"全程通办"等改革措施,持续降低制度性交易成本,持续推行"一枚印章管审批"、"证照分离"、工程建设项目审批等改革。三亚市在海南率先设立营商环境服务局,出台《三亚市优化营商环境若干规定》,创建营商环境指标长和观察员制度。打造"城小二""商鹿通""五替两减三提速"等服务模式,大力推行"拿地即开工",设立520企业服务中心、惠企政策综合服务平台，实现营商环境共建共治共享，破除阻碍市场主体活力激发的显性制度和隐性壁垒，推动旅游领域制度创新，不断优化旅游消费环境、激发市场活力。

三 对海南自贸港建设的考察体会

（一）国家政策支持是实现快速发展的最大"法宝"

自 2018 年以来，党中央、国务院不断出台各项政策，支持和推动海南自贸港建设。2018 年《中国（海南）自由贸易试验区总体方案》、2020 年《海南自由贸易港建设总体方案》加强自贸港建设的顶层设计，海关总署、国家发展改革委、商务部等部委陆续发布外商准入特别管理措施（负面清单）、放宽市场准入若干特别措施、跨境服务贸易特别管理措施（负面清单）等配套政策，从产业、金融等方面对海南给予精准指导，推动海南全省实现跨越式发展。2018~2022 年，海南市场主体增量超过去 30 年的总和，实际利用外资接近之前 30 年的总和。作为海南省的重要城市，海口、三亚在过去几年也充分享受政策红利，GDP 等主要经济指标均有较大提升，其中的关键就在于国家在政策上倾力支持。

（二）海南省"两个总部基地"定位或将与南宁形成竞争态势

2022 年底召开的海南省委经济工作会议明确提出，要利用海南自贸港区位优势、政策优势，打造中国企业进入东盟的总部基地和东盟企业进入中国市场的总部基地，这是"两个总部基地"首次被纳入省委决策部署。2023 年海南省政府工作报告明确要求，中国企业进入东南亚的总部基地和东南亚企业进入中国市场的总部基地建设取得明显进展，进一步明确了"两个总部基地"的发展目标。与南宁市相比，海南与东盟国家同样地缘相近、人文相亲，还具有地处《区域全面经济伙伴关系协定》（RCEP）中心以及全国最高水平开放政策制度等优势。提出"两个总部基地"定位，是海南顺应时代发展趋势、结合自身实际的做法,这与南宁建设面向东盟开放合作的国际化大都市定位重合,将在未来产生难以避免的竞争。目前,海口、三亚正在紧盯东盟市场,全力以赴发展总部经济,在招商引资时通过土地倾斜、资金支持等方式,鼓励企业设立跨国公司地区总部、综合型(区域型)总部、高成长型总部和国际组织(机构)地区总部4类总部,2022年海口市总部经济区招引总部企业6家,共有总部企业48家,三亚市引入总部企业10家,一些有意向开拓东盟市场的制造业、旅游业、农业、数字经济企业如京东、阿里巴巴、中免集团、大唐集团等,已经陆续在海口、三亚设立总部,中国旅游集团更是将总部从北京迁入海南,这已与南宁形成明显竞争态势。

(三)海口、三亚重点培育的产业与南宁有同质化问题

海南省重点打造的部分产业与南宁市产业发展方向有同质化问题。如海口、三亚积极发展会展经济,海口依托中国国际消费品博览会带动消费品相关会展发展,三亚围绕自身重点产业举办了中国种子大会暨南繁硅谷论坛、深海能源大会、中国(海南)国际海洋产业博览会等相关产业领域会展,这不仅带动了贸易经济发展,还促进了城市功能化提升。对于南宁来说,随着海口、三亚这些产业的发展壮大,相关产业市场逐渐饱和,可能在未来形成产业"内卷"局面,引发企业恶性竞争,最终造成企业流失或破产。

(四)海口、三亚将与南宁共同争夺粤港澳大湾区的优质资源

粤港澳大湾区经济实力强大、产业基础雄厚、科技实力强劲、对外开放领先,与南宁和海口、三亚的经济互补性强。南宁和海口、三亚区位均靠近粤港澳大湾区,在对接方向和产业重点上高度重合,都把粤港澳大湾区产业融合发展作为区域战略重点,创造条件吸引粤港澳大湾区企业投资设厂,积极承接粤港澳大湾区电子信息、智能制造、新材料、生物医药等战略性新兴产业以及汽车零部件、整车装配等装备制造产业转移,提升本地创新能力和高端制造水平,形成承接产业转移的直接竞争局面。

（五）海口、三亚工业基础薄弱、基础设施不够完善等条件制约发展

据了解，一直以来海口、三亚工业基础薄弱，优势产业中资源型、高耗能、低附加值行业占比偏高，产业链缺乏配套，传统产业竞争力不强，临港产业同质化现象突出，战略性新兴产业优势不明显。同时，海口、三亚与内陆交通运输不便利，由于地处海岛，与内陆的互联互通空间很难拓展，主要依靠琼州海峡两岸交通一体化，物流成本高的问题一直比较突出，2021年海南省每百元社会物流总额花费的社会物流总费用是全国平均水平的2.1倍。一旦海南与内陆的低成本便捷通道打通，叠加自贸港政策优势，粤港澳大湾区、长江经济带等先进地区高附加值制造业、生产性服务业等必然优先向海口、三亚转移，助力两市补齐工业和交通短板，发展势头将更不可阻挡。

（六）海口、三亚狠抓政策落实、积极服务企业等经验做法值得学习借鉴

政策出台后能否吃到吃足红利，关键在于能否推动政策落实，帮助企业用足用活政策措施，实现更好更快发展。海口、三亚突出抓好国家和海南省支持自贸港建设相关政策落实，开展企业大走访活动，从服务、政策、资源等方面综合施策，疏"堵点"、化"痛点"、解"难点"，通过干部实实在在"下沉"推动政策实实在在"落地"，切实把政策红利转化为发展动力。例如，海口聚力强服务、优环境，深入开展"查堵点、破难题、促发展"等活动，建成惠企政策兑现和服务平台，招募营商环境体验员，开设"办不成事"反映窗口，获得企业群众广泛好评。同时，为更好吸引港资，依托优质会展保障设施资源，加快打造香港专业机构服务中心，为香港专业机构"拎包开业""快速展业"提供便利。又如，三亚强化营商服务，启动"千名干部进千企"行动，从全市党政机关统筹选派1122名干部与企业项目"结对子"，深入1271家企业的生产经营和项目一线送政策、送服务，架起相关部门与企业沟通的桥梁，帮助各行各业解决生产经营中的实际困难。

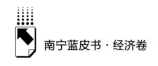

四 关于提升南宁对外开放水平的对策

通过实地调研发现，海口、三亚抓住了自贸港建设的重大机遇，展现出诸多发展优势，不少经验做法值得南宁市学习。同时，海口、三亚在城市定位、产业发展等方面与南宁有竞争发展的趋势，值得多加关注。在认真研究分析的基础上，提出以下对策。

一是在争取更多政策支持上下更大功夫。加快健全"智库+地方+上级部门+产业界"的"四位一体"共同发力机制，认真梳理工作诉求，主动对接国家有关部委，建立常态化的定期汇报对接机制，推动政策、改革任务、重大项目等方面的具体诉求纳入上级"盘子"，上升为国家战略。

二是在狠抓政策落实上下更大功夫。对照国家和自治区的政策，推动政策落实落细，加速把政策取向转化为发展实效。加强已有政策的兑现，加强政府的公开承诺及政策承诺兑现标准化、全流程管理及政策落实质量考核与社会监督等制度建设，形成政府政策落实的硬约束。

三是在狠抓制度创新上下更大功夫。中国（广西）自由贸易试验区南宁片区要主动对标《全面与进步跨太平洋伙伴关系协定》（CPTPP）、《数字经济伙伴关系协定》（DEPA）等国际高水平经贸规则，推动内外规则、规制、管理、标准的衔接，全面实施促进贸易投资自由化、便利化的政策举措，进一步研究放宽市场准入和外商投资准入，逐步建立市场准入承诺制，加快形成改革开放的新高地。

四是在狠抓产业培育上下更大功夫。扎实做好产业项目引进、培育和发展工作，壮大产业发展集群，持续推进经济循环从"房地产—基建—金融"向"产业—科技创新—金融"转变。深入实施工业强市战略，加快构建中国—东盟跨境产业融合发展合作区，提升对产业链关键环节的承接能力，推动构建以南宁为中心的跨境产业集聚新高地和产业梯度转移重点承接地。同时，做大跨境服务贸易，加快发展面向东盟的金融、保险、物流、大数据等跨境服务业，不断打造开放型经济新增长点。

五是在狠抓对外开放上下更大功夫。抢抓国家深化与东盟开放合作、平陆运河开工建设等重大机遇，大力发展外向型经济，进一步拓宽"南宁渠道"。用好用足 RCEP 经贸新规则，持续服务好中国—东盟博览会、中国—东盟商务与投资峰会，做深做实自贸试验区、临空经济示范区等开放平台，加快打造中越跨境物流通道，持续提升通关便利化水平，助力南宁在更高层次上用好两个市场、两种资源，不断提升开放水平。

六是在狠抓企业服务上下更大功夫。大力开展联系服务企业各项活动，推动各级党员干部定期深入一线倾听企业诉求、关注企业需求，让企业在南宁安心大胆发展。针对企业对于政策"找不到、看不懂、难操作"的突出问题，建立与政策清单配套的政策服务数据库，并利用人工智能、大数据分析等技术，加强企业与政策信息的对比、挖掘、分析，实现一对一精准推送。针对投资公司、高新技术企业等助力产业转型升级的重点企业，通过聘请专业团队、开通审批"绿色通道"等方式，在牌照申请、知识产权保护等方面给予精准服务，帮助其在南宁落户发展。

七是在狠抓区域合作上下更大功夫。加强与海南的合作，在合作中扬长避短、取长补短，实现发展共赢。聚焦战略性新兴产业，加强与海口、三亚的合作，将医疗、种业、新材料等产业的研发环节布局在海南，将制造环节留在南宁，助力企业开拓东盟市场，形成"海南研发+南宁制造"合作模式。针对"进口原材料在海南加工增值超过 30% 销售至内地免关税"这一原产地规则，可加强与海南在粮食、肉类方面的合作，将在海南的初加工产品通过北部湾港运输到南宁后进行深加工，并转运到全国保税物流区。

B.13
学习借鉴昆明经验加快提升南宁城市
国际化水平的对策

中共南宁市委政策研究室（改革办）调研组*

摘　要： 近年来，昆明市加快建设国际化城市成效显著，闯出了一条具有昆明特色的跨越发展之路，积攒出锚定城市定位、汇聚力量大抓产业、勇于深化园区改革集成等有价值的经验。南宁与昆明在发展定位、享受国家政策、产业选择、跨境物流走向等方面相似，在区域经济发展竞争格局中，昆邕竞争日趋激烈，但同时存在广阔的合作前景。本报告建议南宁从强化昆邕协同联动、建立推动城市国际化长效机制、用活"四位一体"机制、推进开放功能区和产业园区整合联动、加快出区出边通道建设等方面着手，与昆明在竞争中找差距、合作中找优势、学习上追赶超越。

关键词： 城市国际化　昆明经验　开放发展　南宁

2022 年 10 月，国家出台支持新时代壮美广西建设重要文件，赋予南宁建设面向东盟开放合作的国际化大都市、建设中国—东盟跨境产业融合发展合作区等新定位新使命，南宁在服务重大国家战略、服务构建新发展格局中的地位愈加重要。南宁是面向东盟的前沿和窗口城市，加快提升南宁城市国

* 调研组成员：梁智忠，中共南宁市委政策研究室（改革办）主任，市委副秘书长（兼）；蔡慧，中共南宁市委政策研究室（改革办）专职副主任；梁圆圆，南宁市政府发展研究中心副主任；刘述桂，南宁市政府发展研究中心二级调研员；罗必敬，中共南宁市委政策研究室（改革办）督察科科长；肖侃，南宁市交通局综合交通科副科长；梁洁，南宁市商务局综合业务科副科长；李晓兵，南宁交投物流投资有限公司副总经理；黄韬，中共南宁市委政策研究室（改革办）协调科四级主任科员；王彤，宾阳县委组织部一级科员。

际化水平，不仅是建设面向东盟开放合作的国际化大都市的内在要求，也是实现首府高质量发展的迫切需要，更是打造国内国际双循环重要节点枢纽的战略选择。云南省昆明市与南宁市地理位置相近、发展定位相似、发展阶段相同，近年来加速向区域性国际中心城市迈进，闯出了一条具有昆明特色的跨越发展之路。深入研究昆明加快国际化进程相关做法，分析昆邕竞争合作态势，对加快提升南宁城市国际化水平具有一定的指导意义。

一　昆明市加快建设国际化城市成效显著

2016 年以来，昆明市有序推进立足西南、面向全国、辐射南亚东南亚的区域性国际中心城市建设，对外开放向更宽领域更高层次迈进，城市综合实力、辐射力、国际影响力显著增强。2023 年昆明市实现地区生产总值 7864.76 亿元，同比增长 3.3%。①

（一）中老铁路开通溢出效应明显

2021 年 12 月 3 日，中老铁路全线通车，作为泛亚铁路的中线标志性工程，其与西部陆海新通道、中欧班列等实现对接，带动中缅经济走廊、中老经济走廊沿线城市发展，国际"黄金大通道"作用日益凸显。客运快速增长，2023 年 4 月 13 日中老铁路开行国际旅客列车，昆明至万象实现乘火车当日通达，带动全线客流增长和跨境旅游升温，昆明至老挝成为国内游客出游热门线路。截至 2024 年 3 月 12 日，中老铁路累计发送旅客 3020 万人次，中国段单日旅客发送量最高达 10.3 万人次，老挝段单日旅客发送量最高超过 1.2 万人次。② 货运稳步增长，辐射国内主要城市和老挝、泰国等 12 个

---

① 《2024 年昆明市人民政府政府工作报告》，昆明市人民政府网，2024 年 2 月 5 日，https：//www.km.gov.cn/c/2024-02-05/4828195.shtml。

② 《中老铁路累计发送旅客突破 3000 万人次》，人民网，2024 年 3 月 15 日，http：//world.people.com.cn/n1/2024/0315/c1002-40195987.html。

共建"一带一路"国家,国际货运品类已扩展至2900多种,① 定点、定时、定线、定车次的"澜湄快线"品牌班列实现昆明至万象最快26小时直达,首创"中老铁路+中欧班列""跨境电商+铁路运输"等双向快速通关模式,加速货物疏散集结,万象至昆明的物流成本较中老铁路开通前下降40%~50%,老挝、泰国等国家至欧洲铁路的直达运输时间缩短至15天,② 货运能力和效益优势对国际运输市场偏好产生了积极影响,形成了稳定高效的国内国际双循环运输通道。2023年昆明海关累计监管验放中老铁路进出口货运量达421.77万吨,同比增长94.91%。③ 与此同时,中老铁路、磨憨口岸成为昆明招商引资"金名片",吸引了更多外向型企业赴昆投资兴业,"中老铁路+跨境电商/市场采购贸易"等新兴贸易业态推动保税物流、跨境农业、跨境金融等产业快速发展。

(二)中越联合声明有利于提升昆明运输辐射能力

2022年11月,《关于进一步加强和深化中越全面战略合作伙伴关系的联合声明》明确,加快推动商签两国政府间推进共建"一带一路"倡议和"两廊一圈"框架对接合作规划;尽快完成老街—河内—海防标准轨铁路规划评审,推进跨境基础设施建设,重点推动就老街(越南)—河口(中国)铁路对接方案商谈一致。2023年12月,《中华人民共和国和越南社会主义共和国关于进一步深化和提升全面战略合作伙伴关系、构建具有战略意义的中越命运共同体的联合声明》进一步明确,推动中越跨境标准轨铁路联通,研究推进越南老街—河内—海防标准轨铁路建设,适时开展同登—河内、芒街—下龙—海防标准轨铁路研究;鼓励两国企业在公路、桥梁、铁路、绿色电力、通信、物流枢纽等基础设施领域开展合作,继续密切配合推动陆路、

① 《中老铁路累计发送旅客突破3000万人次》,人民网,2024年3月15日,http://world.people.com.cn/n1/2024/0315/c1002-40195987.html。
② 《中老铁路客货两旺》,"经济日报"百家号,2024年3月18日,https://baijiahao.baidu.com/s?id=1793813659409957966&wfr=spider&for=pc。
③ 《2023年中老铁路进出口货运量超400万吨》,人民网,2024年1月4日,http://paper.people.com.cn/rmrb/html/2024-01/04/nw.D110000renmrb_20240104_7-11.htm。

航空和铁路运输合作并为此提供便利条件，加强物流合作。老街—河内—海防路线位于连接中国昆明市与越南海防市的东西经济走廊，中越铁路"车同轨"正式提上日程，泛亚铁路东线建设迈出实质性步伐，这将大大提高中越两国进出口货物流通速度，降低铁路运费，提高铁路货运市场占有率，对中越物流产业发展格局产生深远影响。

（三）跨境物流体系框架基本成形

昆明市拥有通达国内主要经济区的高速公路和铁路复合通道，建成联通越南、老挝、缅甸、泰国、印度等国家的"五出境"铁路网，昆明长水国际机场逐步成为我国面向南亚东南亚、连接亚欧的国家门户枢纽机场。国家综合立体交通网中的成渝昆、沪昆、广昆 3 条走廊在昆明交会后由河口、磨憨、瑞丽口岸出境南亚东南亚，面向南亚东南亚的交通辐射能力不断增强。昆明布局建设了 3 类 6 个国家物流枢纽、5 个物流集聚区和 20 个市级重点物流中心，持续畅通 5 条国内物流通道，加快建设衔接 6 条国际物流通道，"枢纽+集聚区+中心+通道"的现代物流空间布局逐渐形成。加快以"公转铁"运输为重点的运输结构调整，组建国资背景物流产业链联盟和多式联运运营平台公司，鼓励物流供应链创新与应用，激励市场主体发展多式联运，联动发展物流业与制造业、现代农业、商贸业等，物流枢纽经济规模效应逐步显现。统计数据显示，2023 年昆明现代物流业总收入预计实现 3349.79 亿元，同比增长 6.1%，占全省的比重约为 39.4%。物流市场主体预计达到 2.25 万家左右，同比增长 24.6%，物流市场主体占全省的比重预计为 22.4%。①

（四）东西部协作有实体化承载

云南省、昆明市在服务重大国家战略中，积极谋求与东部沿海发达地区的联动发展，充分发挥自身优势，与上海、深圳等长三角、粤港澳大湾区的

---

① 《昆明不断扩容升级现代服务业》，昆明市人民政府网，2024 年 1 月 31 日，https：//www.km.gov.cn/zzms/c/2024-01-31/4826179.shtml。

城市加强战略协同，加大承接产业转移力度，着力在更大范围畅通经济循环。例如，上海市、云南省以"1+16+N"①产业园区合作体系推进两地产业园合作，综合上海资金、管理、人才、项目优势与云南区位、劳动力、空间和口岸优势，形成了"上海企业+云南资源""上海研发+云南制造""上海市场+云南产品""上海总部+云南基地"等成功案例。比如，为落实沪滇合作框架，昆明经开区投资开发集团与上海临港集团合作建设沪滇临港昆明科技城，这是集生产、研发、办公、园区配套等功能于一体的综合型高科技园区，将成为云南、昆明承接上海优质产业转移、与上海形成产业互补的重要载体。再如，昆明利用"上海研发+云南制造"模式，引入上海闻泰科技这一全球领先的基础半导体、光学、产品集成企业，促使昆明闻泰智能制造产业园落地，由此建成了中国西部迄今为止最大、全球重要的5G终端智能制造高地和自动化程度最高的智能工厂，项目一期从开工到投产仅用了一年时间，实现当年建设、当年投产，首台"云南造"5G手机成功下线，2021年项目一期实现工业总产值154亿元。②

（五）开放平台功能及跨境应用场景十分丰富

昆明市围绕跨境产能合作、跨境园区建设、跨境贸易、跨境物流、跨境电商、跨境旅游、跨境金融、跨境人力资源合作等，搭建了多层次对外合作与交流平台，宽领域多层次全方位地扩大国际化城市辐射效应。比如，在国际经济贸易方面，除了自贸试验区、国家级经济技术开发区外，还有边（跨）境经济合作区、跨境电子商务综合试验区、国家文化出口基地、国家外贸转型升级基地、国家服务外包示范城市、市场采购贸易试点以及花卉、咖啡、药材、食糖、橡胶等一批特色交易平台和价格指数中心等应用场景；在国际科技创新方面，依托国家创新型城市、国家知识产权示范城市、国

---

① "1"是沪滇临港昆明科技城，"16"是上海16个区与结对州市建设的骨干产业园区，"N"是上海市民营企业在云南落地的产业园区。

② 《千亿级"智造园区"落户昆明的背后》，人民网，2022年4月25日，http：//yn.people.com.cn/n2/2022/0425/c378439-35239644.html。

家知识产权运营服务体系重点建设城市等试点，建设了金砖国家技术转移中心、南亚东南亚科技服务业合作中心、面向南亚东南亚的知识产权服务中心等平台，国家级、省级国际科技合作基地总量达 80 家；在国际金融服务方面，拥有农业银行泛亚业务中心、建设银行泛亚跨境金融中心、浦发银行离岸业务创新中心以及昆明国际金融小镇等，在昆外资金融机构达 12 家，富滇银行成为全国首家"走出去"的城市商业银行；在国际人文交流方面，实现南亚东南亚国家重要城市国际友城全覆盖，领事馆数量位居全国第六，对 53 个国家实行 144 小时过境签，创设商事仲裁调解"国际法律服务综合体"，中国·上合组织青年交流中心等平台落户昆明，以中国—南亚博览会、中国昆明进出口商品交易会等为代表的国际性展会规模持续扩大。

二 昆明建设国际化城市的主要经验

昆明市在建设区域性国际中心城市的进程中，始终保持战略定力，坚持系统思维，善于转化发展资源，砥砺创新、积极作为，其经验做法值得学习借鉴。

（一）锚定城市定位，久久为功推动国际化

昆明市把建设区域性国际中心城市作为一项长期、系统而艰巨的任务推进，保持了工作的连续性。一方面，坚持"一张蓝图绘到底"，自 2016 年确立了"加快建设立足西南、面向全国、辐射南亚东南亚的区域性国际中心城市"的目标后，昆明久久为功，锚定目标、立柱架梁，提出明确的战略路径、指标体系、重大举措，甚至以立法形式强化执行、筑牢保障，并先后出台近 20 个实施意见、工作方案、专项规划，形成了推进区域性国际中心城市建设的"四梁八柱"。另一方面，坚持高位统筹、强力推进，成立了四家班子领导参与的领导小组以及若干专项小组、工作专班，建立任务分解、会商研办、实时调度、监测评估等工作机制，健全政策配套、项目支

撑、要素保障等制度，每年滚动开展一系列前瞻性课题研究，推进完成一批重大工作任务，引进培育一批关系全局和长远发展的重大项目。昆明接续奋进、夯基垒台、蓄势赋能，徐徐绘就了迈向辐射南亚东南亚的区域性国际中心城市的蓬勃发展新图景。

专栏一　昆明市绘制发展蓝图大事记

2016 年，昆明市第十一次党代会确立了"加快建设立足西南、面向全国、辐射南亚东南亚的区域性国际中心城市"的奋斗目标，提出着力打造"一个枢纽"、全力当好"两个龙头"、积极搭建"三个平台"、加快建设"四个中心"、全面提升"五个品牌"的总体思路。

2017 年，制定《昆明市建设区域性国际中心城市实施纲要（2017—2030）》。

2018 年，制定《中共昆明市委关于深入贯彻落实党的十九大精神奋力推动区域性国际中心城市跨越发展的决定》《昆明市建设区域性国际中心城市促进条例》。

2021 年，落实省委、省政府昆明现场办公会精神，昆明市委修订完善《昆明市建设区域性国际中心城市实施纲要（2017—2030）》。

2022 年 12 月，制定《中共昆明市委关于深入学习贯彻党的二十大精神　全面推进昆明社会主义现代化建设的决定》《昆明市当好排头兵三年行动方案（2023—2025 年）》，提出了"六个春城"的发展思路和发展路径。

（二）汇聚力量大抓产业，实现各方共赢发展

昆明市始终把自身发展置于国家发展战略和全省发展大局来谋划。一方面，发挥优势、争取支持，充分利用省会城市优势积极主动做好服务，将自身的发展诉求融入国家和省级发展规划，推动省级部门与昆明市同题共答、同向发力，实现上级政策支持与本级政策配套联动，促使省内资源配置优

化，逐步形成以昆明为核心和关键节点的发展格局。同时，通过强有力的组织推进体系和丰富的实践成果，争取国家在昆明布局一批战略性、全局性、牵引性重大项目，把城市国际化诉求上升为国家外交战略中的重大合作项目。另一方面，强化省内外统筹联动，发挥辐射带动力和区位优势，在省级统筹指导下，依托中老铁路，与沿线州市开展现代物流、加工制造等产业链的协同合作，在整合省内资源的同时，实现了与周边城市的联动发展；依托东西部协作机制，与上海、深圳等地区的产业园深入合作，通过深化区域协同创新，加强各类枢纽、平台、通道的衔接，为企业到南亚东南亚发展提供便利和服务支持，从而吸引了上海杉杉锂电、淼汇能源科技、闻泰科技等一大批致力于发展南亚东南亚市场的企业到昆明投资产业项目。昆明积极造势、蓄势、乘势，汇聚各类资源，拓展发展空间，注入先进发展理念、研发力量，导入先进产业资源，逐步形成差别竞争的比较优势，为实现"换道超车"提供了较大可能。

专栏二 沪滇临港昆明科技城开发运营模式

中国（云南）自贸试验区昆明片区（昆明经开区）与上海临港集团按照"统一规划、分步实施、政府推动、引入资本、市场运作、滚动开发"原则强化合作。沪滇临港昆明科技城不仅植入上海临港集团在开发建设、服务运营方面的先进理念，还获得丰富的园区企业资源，加快昆明承接上海优质产业转移、与上海形成产业互补的进程。

投资建设方面，整个科技城的规划设计、经营管理、产城融合、人才交流以及品牌推广等均由上海临港集团牵头推进，楼宇等基础设施"重资产"建设由昆明市负责，开发运营由上海临港控股股份有限公司和昆明经开区投资开发集团各自的下属企业合资成立的"轻资产"运营公司负责。

基础设施配置方面，打破整层、整栋销售租赁惯例，根据企业办公用地实际需求拆分楼宇空间、定制销售租赁方案，提供会议室、实验设备等公共资源，降低企业运营成本。

招商引资方面，搭建"昆明运营公司团队+上海临港集团数据分析平台+昆明经开区招商队伍"多方协作的招商矩阵，实现资源有效对接。

惠企政策方面，昆明市按一定比例将科技城企业税收交由科技城运营公司分配，由运营公司负责兑现科技城企业奖补政策。

（三）勇于深化园区改革集成，塑造开放发展新优势

昆明市始终把园区作为产业发展的主力军、主战场，在积极探索"管委会+公司"扁平化管理、园区"亩均论英雄"评价、借助昆明"产业大脑"进行招商等改革的同时，系统集成开放元素，叠加改革政策红利，走好工业强区、产业兴区步伐，塑造开放发展新优势。例如，2019年，昆明将中国（云南）自贸试验区昆明片区（昆明经开区）管委会挂牌在昆明经开区，为自贸试验区改革提供了一个"大胆闯、大胆改、容许试错"的实体化综合试验场景。为有效解决"有产业但缺陆路口岸"的问题，昆明积极开展"口岸+城市"经济综合体前瞻性研究，对托管磨憨口岸的成本效益进行测算，中国（云南）自贸试验区昆明片区（昆明经开区）在磨憨进行自贸政策压力测试，政策时机成熟后积极推动昆明托管磨憨口岸（含跨境经济合作区）成为现实。至此"四区"联动叠加，系统集成了经开区的产业基础、自贸试验区先行先试的政策效应、综保区的通关便利、跨境经济合作区的口岸优势，加速货物、产业、贸易流量集聚，2022年中国（云南）自贸试验区昆明片区（昆明经开区）在国家级经济技术开发区综合发展水平考核评价中的排名进入西部地区前十，[①] 2023年完成营业收入3612亿元，[②] 成为昆明市乃至云南省重要的工业集聚区和经济增长极。昆明推动系

---

① 《畅想昆明国际陆港：成于中老铁路，兴于开放自贸》，"云南商务"百家号，2023年12月5日，https://baijiahao.baidu.com/s? id=1784408457700871154&wfr=spider&for=pc。

② 《奋力打造创新开放和产业发展新高地》，云南日报网，2024年3月25日，https://yndaily.yunnan.cn/pad/content/202403/25/content_194905.html。

统集成改革，实现要素保障、政策支撑和制度创新效益最大化，有效促进了园区产业集聚、技术革新、生态构建、开放创新，13 个工业园区以 3.4% 的国土空间承载了全市 80% 以上的工业产值和工业增加值，[①] 产业园区成为推动全市经济发展的中流砥柱。

专栏三　昆明市托管磨憨镇有关情况

西双版纳州磨憨镇地处中老铁路、昆曼公路及老挝南北公路关键节点，是我国面向中南半岛开放的重要前沿阵地和陆路大通道。2015 年，中老双方签署《中国老挝磨憨—磨丁经济合作区建设共同总体方案》。

2016 年，国务院批复同意设立中国老挝磨憨—磨丁经济合作区，这是我国第 2 个国家级跨境经济合作区；中老双方签订了《中国老挝磨憨—磨丁经济合作区共同发展总体规划（纲要）》。

2022 年 8 月底，昆明市托管西双版纳州磨憨镇移交工作全部完成，昆明市成为全国唯一拥有边境口岸的省会城市。省级层面成立组织实施昆明市托管西双版纳州磨憨镇工作领导小组，统筹推动昆明市托管西双版纳州磨憨镇共同建设国际口岸城市各项工作。昆明市成立推动磨憨国际口岸城市建设发展工作领导小组，加快推动磨憨国际口岸城市建设发展。建立省市联动工作机制，云南省和昆明市每年按比例投入财政资金支持磨憨镇国际口岸城市建设。昆明市组建中国老挝磨憨—磨丁经济合作区管委会，专门设立开放发展政策研究院，同时设立磨憨公检法机构、市场监管分局等。制定干部职工激励措施，在昆明市择优选配干部到合作区一线工作。

（四）提振干部精气神，锻造干事创业"铁军"

蓝图确定后，干部队伍是关键。昆明市着力在提振干部干事创业精气

---

① 《昆明市整合资源创新机制提升效能　当好园区经济排头兵》，昆明市人民政府网，2023 年 5 月 29 日，https://www.km.gov.cn/zzms/c/2023-05-29/4735643.shtml。

神上下功夫，特别是 2022 年以来，深入开展"当好排头兵"大讨论大竞赛活动，在"比武"竞赛中激发干劲、奋发攻坚、争创一流。一方面，精准破题，激发干劲。通过开展"差距怎么看、发展怎么办、工作怎么干"的大讨论，引导干部以"表率"和"标兵"来定位角色、要求工作，解决"不想干"的问题；开展针对干部的知识空白、经验盲区、能力弱项的精准化培训，提升能力本领，解决"不会干"的问题；树牢"谁干事就支持谁、谁干成事就重用谁"的干事导向，解决"不愿干"的问题；建立容错纠错防错体系，打消拼闯顾虑，解决"不敢干"的问题。另一方面，比学赶超，奖优罚劣。设置产业发展、招商引资、营商环境建设、创新发展和改革开放、城市建设管理、增进民生福祉 6 条"赛道"，坚持任务项目化、项目清单化、清单具体化，把大讨论大竞赛年度考核结果纳入年度综合目标管理考核体系，并于每季度公布参赛部门和单位竞赛成绩与排名，在"找"差距、"晒"成绩、"比"作为中，让全体领导干部警醒起来、振作起来、行动起来，变压力为动力。同时，将成绩纳入领导班子和领导干部政绩考核，作为干部奖惩评价、职级晋升、提拔重用的重要依据，并运用拉大奖励等次差距等方式兑现奖惩，让干事创业者在物质上受奖励、经济上得实惠、政治上有地位。在大讨论大竞赛这样"有为有位"、比学赶超、创先争优的干事创业浓厚氛围下，干部思想统一了、精气神上来了，工作推进有了起色，发展成效明显提升，凝聚起推进建设区域性国际中心城市的强大动力。

三 昆邕竞合之势分析

南宁和昆明均位于祖国西南边陲，区位条件、经济体量、人口规模、城市定位相近，在区域经济发展竞争格局中，昆明与南宁两个城市间的竞争日趋激烈，两市都是继成都、西安、重庆之后的西部"第四城"的有力竞争者。但同时要看到，南宁和昆明在服务国家周边外交战略等方面承担着相同的历史使命，存在广阔的合作前景。

（一）昆邕发展定位相似，外向辐射力有待叠加

云南与老挝、缅甸、越南接壤，昆明南下直达越南、老挝、泰国、柬埔寨，西向联通缅甸、印度、巴基斯坦，所毗邻的国家大多社会稳定，且都希望搭乘中国经济高速发展"快车"，未来沿边开放及延伸空间、可利用的开放面更大。广西与越南接壤，南宁通江达海，有到达东盟国家最近的陆上通道和可依托的深水良港，毗邻的越南是南宁面向东盟开放的重要通道。毫无疑问，南宁和昆明同是我国与东南亚交往的前沿阵地，两市都把自身发展目标定位为区域性国际中心城市，把深化东盟合作作为对外开放的重头戏，以统筹用好国内国际两个市场、两种资源，加快自身发展。

依据昆明市区域性国际中心城市建设指标体系，选取国际综合枢纽、国际经济贸易、国际金融服务、国际人文交往等部分具有代表性的指标，选用2022年相关数据，对南宁、昆明国际化城市建设情况进行简要对比分析，发现除国际（地区）航线、外贸依存度、跨境人民币结算额外，其他指标南宁均相对落后（见表1至表4）。这在一定程度上反映出昆明的国际化水平、国际化特征相对明显，南宁在各方面仍需奋起直追，增强对东盟市场的辐射力和吸引力。

值得一提的是，当前东盟是我国最大的贸易伙伴，我国以云南为门户对接老挝、印度、缅甸、泰国、柬埔寨，以广西为门户对接越南，两市在服务国家发展大局中各有优势和侧重点，辐射作用相互补充、相互叠加，能够不断巩固与发展我国同东盟国家的经贸关系，维护国际产业链供应链稳定畅通。

表1　2022年南宁、昆明国际综合枢纽指标对比

指标	南宁	昆明
航空港年旅客吞吐量（万人次）	666.00	2123.75
国际(地区)航线（条）	19.00	17.00
第五航权（条）	0.00	7.00

续表

指标	南宁	昆明
国际(地区)航空货邮吞吐量(万吨)	15.20	31.01
公路、铁路货运总量(万吨)	37008.70	52439.50
公路、铁路客运总量(万人次)	3716.50	6029.98

注：第五航权指当航空公司 X 提供从其注册国 A 国起飞或到达 A 国的航班服务时，具有从协议伙伴 B 国的一家机场载运商业客货到第三国 C 国的权力，反之亦然。

资料来源：南宁、昆明交通部门。

表 2 2022 年南宁、昆明国际经济贸易指标对比

指标	南宁	昆明
进出口贸易总额(亿元)	1510.10	1997.40
外贸依存度(%)	28.94	26.49
世界 500 强跨国公司总部及分支机构进驻数(个)	—	109.00

资料来源：南宁、昆明商务部门。

表 3 2022 年南宁、昆明国际金融服务指标对比

单位：家，亿元

指标	南宁	昆明
外国金融机构数量	6.00	12.00
跨境人民币结算额	1534.33	366.20
上市(挂牌)公司数量	17.00	35.00

资料来源：南宁、昆明金融部门。

表 4 2022 年南宁、昆明国际人文交流指标对比

单位：家

指标	南宁	昆明
外国领事机构数量	6	7
缔结国际友好城市数量	25	26
外国设立签证中心数	0	27

资料来源：南宁、昆明外事部门。

（二）昆邕享受国家政策相似，城市能级有望共同提升

南宁和昆明享受国家政策相似度高，据不完全统计，南宁、昆明两市享受的国家开放开发政策、承接的国家试点有一半以上基本相同，甚至自贸试验区、数字人民币试点等政策同时获批。在创造性贯彻落实国家政策时，两市需要互学互鉴、共同提升；在深化中国与东盟开放合作、西部大开发等方面，两市具有向上争取发展政策、资源支持的合作空间。南宁、昆明重点开放开发平台（政策）对比见表5。

表5　南宁、昆明重点开放开发平台（政策）对比

特征	南宁	昆明
同类	西部大开发、东西部协作、中国—东盟博览会、中国（广西）自贸试验区南宁片区、国家级经济技术开发区、综合保税区、国家物流港、沿边金融综合改革试验区、数字人民币试点、知识产权强市示范城市试点、国家加工贸易产业园、跨境电子商务综合试验区	西部大开发、东西部协作、中国—南亚博览会、中国（云南）自贸试验区昆明片区、国家级经济技术开发区、综合保税区、国家物流港、沿边金融综合改革试验区、数字人民币试点、知识产权强市示范城市试点、国家级出口加工区、跨境电子商务综合试验区
不同类	中国—金融开放门户南宁核心区、中国—东盟信息港南宁核心基地	中国老挝磨憨—磨丁经济合作区、国家进口贸易促进创新示范区、国家文化出口基地、市场采购贸易试点、国家知识产权运营服务体系重点建设城市

资料来源：课题组根据公开信息整理。

通过对比 GDP、人口集聚度等指标发现，昆明在发展速度、首位度以及省内引领力方面优于南宁，对各类资源的吸附力相对更强。南宁需要用好用足国家政策，找准路径快速提升城市能级，在同质化竞争中增强资源吸附能力。

统计数据显示，2011 年以前，南宁、昆明的经济体量相差 300 亿~500 亿元；"十二五"和"十三五"期间，昆明 GDP 基本上每两年迈上一个台阶，南宁则需要 4 年左右的时间，两市 GDP 差距不断拉大，到 2022 年昆明 GDP 高出南宁 2000 亿元以上（见图1）。除昆明传统工业具备优势外，昆明得到国家重大项目投资和承接东部地区产业转移较多也是其 GDP 增长较快的主要原因。

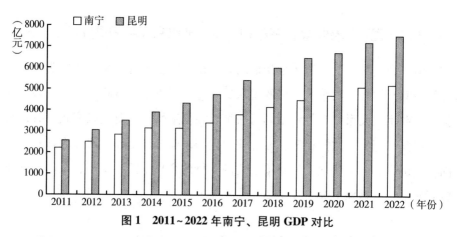

图1 2011~2022年南宁、昆明GDP对比

资料来源：南宁、昆明统计部门。

根据"六普""七普"数据（见表6），南宁、昆明在2010~2020年均增加了200多万人，2020年人口总量均突破800万人大关，两市人口相差不到30万人，人口增幅几乎一致。但与昆明相比，南宁人口集聚度有较大差距，常住人口城镇化率较低（见表7）。2010~2020年，广西人口增量为410.0万人，南宁人口增量为208.0万人，占全区总人口增量的一半左右，而昆明的人口增量几乎是云南省人口增量的2/3。

表6 2010~2020年昆明、南宁人口变迁

单位：万人，%

城市	2010年人口	2020年人口	增量	增幅
南宁	666.1	874.1	208.0	31.2
昆明	643.2	846.0	202.8	31.5

资料来源：南宁、昆明"六普""七普"数据。

表7 2022年昆明、南宁常住人口城镇化率

单位：万人，%

城市	常住人口	城镇常住人口	常住人口城镇化率
南宁	889.17	625.62	70.36
昆明	860.00	697.50	81.10

资料来源：南宁、昆明有关部门。

（三）昆邕产业选择相似，产业链可实现互补衔接

南宁、昆明始终坚持"大抓产业、主抓工业"的理念，致力于补齐工业短板。2015 年以来，昆明烟草、冶金、非烟轻工、化学原料及化学制品制造业四大传统优势产业稳步发展，占全部工业产值的比重超过 60%。基于传统产业优势，昆明提出"十四五"时期重点构建"8+N"产业体系，其中冶金、化工等传统产业对昆明发展电子信息、金属及化工新材料等新兴产业具有较大促进作用，更有利于推进新旧动能转换。昆明工业发展方向与南宁"积极抢占新领域新赛道、大力发展六大千亿元产业"的选择相似，在承接产业转移、服务国内国际市场的需求上，虽然存在一定程度的同质化竞争，但在细分领域仍具有一定的互补性，能够形成产业链相互衔接配套。例如，在电子信息、新材料等方面，南宁、昆明可以携手承接东部产业转移。南宁、昆明重点产业链对比见表8。

表8　南宁、昆明重点产业链对比

南宁(6个)	昆明(8个)
新能源汽车及零配件产业、电子信息产业、金属及化工新材料产业、铝精深加工产业、林产品加工产业、食品加工产业	绿色食品、生物医药、花卉产业、高端装备及汽车制造、电子信息制造与数字经济、绿色能源、新材料、现代物流

资料来源：南宁、昆明有关部门。

（四）昆邕跨境物流走向相似，交通设施有待强化衔接

昆明通向南亚的通道取得重要突破，中老铁路开通后，采用时速 120 公里的专用铁路货车编组，从中铁联集昆明中心站至万象南站全程用时仅约 26 个小时，较传统公路运输缩短约 2 天，受到客户青睐，货运量不断攀升，中老铁路六成以上的货运由昆明局发运、九成以上的货物运抵昆明，运输货物也从开通初期的橡胶、化肥、百货等品类扩展到电子、光伏、通信、鲜花等高附加值产品。随着泛亚铁路规划建设稳步推进，作为中老、中越国际铁

路通道起点的昆明，将凭借铁路互联互通日益巩固其泛亚铁路枢纽地位，显著提升面向南亚东南亚辐射中心城市地位。

南宁与邻国的陆路距离比昆明近，南宁到越南首都河内的直线距离仅300多公里，到老挝首都万象的直线距离为700多公里，到泰国首都曼谷的直线距离为1200多公里，南友高速终点友谊关与越南贯穿南北的1号公路相接，是中国通往中南半岛最便捷的陆路通道。南宁有直达河内的中越快速通关班列，平陆运河建成后，5000吨货轮直达六景港区，可以从北部湾通过海路到达越南、菲律宾等国家，将进一步强化南宁枢纽优势。

目前，南宁、昆明的货物运输以公路运输为主导、铁路运输为基础、航空和水运为辅，公路运输仍占绝对优势。公路运输具有应对市场供需变化和市场差异化的灵活定价机制，是短途货物运输的首选方式。但从中欧班列、中亚班列等跨境货物运输模式来看，铁路运输具有价格较低、物流时效稳定、运输量大、可携带的货物范围广等特点，是国际跨境大宗物资运输的普遍选择。铁路仍是未来面向东盟货运模式的重要选择。南宁、昆明跨境运输成本对比见表9。

表 9　南宁、昆明跨境运输成本对比

城市	中越(老)公路	中越(老)铁路
南宁	332 元/吨	每 40 英尺集装箱 9242 元
昆明	660 元/吨	每 40 英尺集装箱 11710 元

资料来源：云南省国际班列服务贸易有限公司网站、云南日报报业集团大型综合理论月刊《社会主义论坛》2022 年第 7 期。

在铁路运输方面，南宁和昆明分别是泛亚铁路东线的两个起点，目前以昆明为起点的中老铁路已经开通运营，经昆明至河内的铁路改造有望加速推进，而湘桂铁路南友段运力较低，凭祥至河内标准轨铁路建设尚未提上议程，越方铁路基础设施等级低的现状短期内预计难以改善，在面向南亚东南亚的铁路建设上昆明进展较快。在公路运输方面，越南是东南亚最活跃的市场，广西区内中越跨境公路运输可以实现12小时"厂对厂"直达，在国内较具竞争优势。在水路运输方面，南宁可以经平陆运河从北部湾港出海，在大宗货物大进大出方面具有优势，但必须以完善的公铁海多式联运体系作为保障。

从通向东南亚经济腹地来看，除集散本省区货物外，南宁、昆明是川渝黔等中国西南区域货物进入东盟市场、东盟货物进入中国市场的重要通道，南宁与昆明在未来物流枢纽经济发展上存在一定的竞争关系。但也要看到，桂滇交通网络互联互通具有良好的基础，也有广阔的发展空间。目前，两省区之间互联互通的交通大动脉共有 5 条，铁路分别是南昆铁路和云桂铁路（单向线），高速公路分别是广昆高速、汕昆高速、合那高速。北部湾港是滇货出海的重要通道，2014 年开通了昆明—北部湾港"快速直达货运班列"，云南地区每年有上千万吨货物通过北部湾港口群吞吐。两省区需要融入西部陆海新通道建设，强化交通基础设施互联互通，促进运输方式和结构调整优化，形成新的出边出海运输通道。

综合来看，如果以昆明为出发点的泛亚铁路中线、西线和未来东线全线开通，会在一定程度上影响南宁面向东盟的物流枢纽辐射力。在南宁与昆明物流通道的竞合关系中，南宁公路、铁路运输成本相对占优，未来要抢占物流通道优势，关键是强化货物集散能力、完善物流组织、培养物流习惯，充分发挥"南宁渠道"沿边通江达海优势，形成更多更具竞争优势的面向东盟的大宗货物多式联运组合。

四 南宁学习、联动、追赶昆明的对策

在党的二十大召开期间，习近平总书记在参加广西代表团讨论时发表重要讲话，对广西工作提出了"五个更大"重要要求。① 2023 年 12 月 14～15 日，习近平总书记在广西考察时强调，要解放思想、创新求变，向海图强、

---

① 《奋力开创新时代壮美广西建设新局面》，广西壮族自治区人民政府网，2022 年 12 月 3 日，http://www.gxzf.gov.cn/zt/jd/dd20d/jjgx1015/t14106792.shtml。

开放发展，奋力谱写中国式现代化广西篇章。① 南宁要深入学习贯彻习近平
总书记关于广西工作论述的重要要求，提高政治站位狠抓落实，与昆明在竞
争中找差距、合作中找优势、学习上追赶超越，努力在履行国家重大使命中
迈出更大步子、做出更大成效、展现更大作为。

（一）强化昆邕协同联动，共同维护产业链供应链安全

贯彻落实重大国家政策，南宁和昆明作为省会城市责无旁贷，理应走在
前做表率，强化协同联动，切实维护产业链供应链安全。一要强化承接产业
转移协同。围绕建设重点产业链，聚焦承接珠三角、长三角等地区产业转移，
加强细分产业分工研究，共同承接产业转移或推动产业链就近配套，构建
"珠三角/长三角+南宁/昆明+东盟国家"产业分工体系。二要强化政策运用协
同。昆明和南宁的开放开发政策相似，要在挖掘好运用好政策上相互学习借鉴，
对共同存在的难点和需求，可以共同向上级提出诉求并争取支持。三要强化交
通基础设施互联互通。推动两省区加强公路、铁路等大型骨干网络建设，同时
充分发挥各自交通优势，在交通运输方式组合上进行联动，探索更多互惠互利
的多式联运组合，推动中国西南地区到东盟国家的跨境运输更加快捷便利。

（二）坚定不移推动开放发展，建立推动城市国际化长效机制

建设面向东盟开放合作的国际化大都市，是目前国家赋予南宁最高的城
市发展定位，也是南宁未来较长时期的战略目标。一要尽快制定中长期战略
规划。围绕"建设面向东盟开放合作的国际化大都市"深入研究，制定加
快城市国际化中长期总体规划和相关专项规划，进一步明确战略定位、战略
目标、指标体系和发展路径，特别是谋划、推进重大项目布局。根据战略定
位，分领域制定各类专项规划、实施意见、中长期行动方案，构建建设国际
化大都市的"四梁八柱"。探索以立法保障推进面向东盟开放合作的国际化

---

① 《习近平在广西考察时强调：解放思想创新求变向海图强开放发展　奋力谱写中国式现代
化广西篇章》，中国政府网，2023 年 12 月 15 日，https：//www.gov.cn/yaowen/liebiao/
202312/content_6920518.htm。

大都市建设,坚持"一张蓝图绘到底"。二要分阶段持之以恒推进实施。根据中长期规划,制定好分步实施计划和工作方案,分阶段分领域制定年度任务清单,滚动推进一批前瞻性重大课题研究、一批牵引性任务举措、一批具有战略性全局性影响的重大关键项目、一批标志性重大产业项目,坚持不懈、久久为功,不动摇、不折腾。把建设面向东盟开放合作的国际化大都市目标任务列入年度考核内容,层层分解到全市各级各部门,紧盯不放抓落实。三要抓好实施效果评估和措施修正。建立对中长期规划实施情况的评估机制,定期对各领域各目标任务完成情况及质量进行检查督促,形成"研究—实施—评估"的工作推进闭环。

(三)用活"四位一体"机制,多方集聚开放发展资源

一要提高争取支持质效。深化"四位一体"工作推进机制,推动各领域各行业用好用足智库资源,认真挖掘政策潜力,针对工作堵点难点,形成南宁发展诉求清单和工作谋划。有条件的,可先行先试探索,并适时推动政策升级;暂时没有条件的,可深入研究、有的放矢地向上争取支持,通过积极沟通对接、优质服务上级各类调研和督查创造条件,待时机成熟即可实施。二要提升东西部协作质效。借鉴沪滇合作经验,创新机制和工作模式,深化与长三角、珠三角等发达地区以及海南等政策完善地区的合作,在产业园共建、产业链分工等方面开辟新的合作空间,导入先进生产力和重大产业项目。三要提升与边境地区合作质效。借鉴昆明托管磨憨口岸的经验,深化南宁与崇左、钦州、防城港等城市的合作,逐步丰富合作内涵,拓展产业链合作领域,推动建设加工贸易等合作产业园。四要提升央地合作质效。依托央企、大型国企探索承接区域性国资国企综合改革试点,依托央企资源,积极向上争取更多政策红利,在基础设施建设、产业园区开发运营、招商引资等方面深化合作。

(四)推进开放功能区和产业园区整合联动,在中国—东盟产业分工重塑中抢占发展先机

一要加快中国—东盟跨境产业融合发展合作区建设。坚持高标准谋划、

高标准建设、高质量运营，突出产业导向、跨境主题、工业方向，促进产业政策完善、开放平台系统集成，把合作区建设成产业主要承载区。学习借鉴昆明"四区合一"理念，依托合作区建设，深度整合各类开发区功能，让自贸政策、保税政策覆盖更多产业园区，为自贸试验区大胆闯、大胆试提供更多的应用场景，让企业享受更多的政策红利，真正实现政策叠加赋能产业发展。二要加快把五象新区打造成生产性服务业集聚区。聚焦跨境产业发展需求，推动生产性服务业升级，积极引入跨境金融、审计、会计、咨询、研发设计、智能算力等高端专业服务业，为发展跨境产业提供配套服务。探索建设中央法务区，以推进国际仲裁交流为切入口，充分发挥南宁国际仲裁院作用，探索发展涉东盟仲裁业务，并逐步向其他法律业务拓展，为经贸往来和投资合作提供优质的涉外法律服务保障。积极发展国际货代产业，建设一批较大规模、有较强辐射力的数字化专业市场，打造面向东盟的区域性工业产品、大宗消费品集散地和交易中心。依托中国—东盟信息港，积极争取算力网络国家枢纽节点的布局，建立服务全国、辐射东盟的算力中心，争取进入国家对未来生产力的布局体系。三要聚焦产业链关键环节精准招商。围绕全市产业发展需求，瞄准头部企业开展全产业链招商，着力引进一批跨国企业、行业龙头企业，形成"承接产业项目—延伸产业链—形成产业集群"招商模式。探索建立南宁"产业大脑"，立体掌握产业经济全景，精准研判产业发展机会和方向，有效增加优质招商线索数量，有效提升招商线索精准性、招商项目分析效率和对接效果、招商团队专业能力。

（五）加快出区出边通道建设，为西部陆海新通道开放赋能

一要打通中越跨境快速物流通道。积极向上争取，将打通中越快速物流通道上升为中越深化合作的重要工作，推动中方和越方同步建设智慧口岸，加快相关基础设施和口岸的提级改造，提高中越跨境物流通道效率。此外，积极推动打通泛亚铁路中东线。二要完善南宁出区出边交通体系。围绕产业发展需求，把各类枢纽节点布局好、建设好。尤其是依托平陆运河开工建设，适度超前谋划与北部湾港口的联动，提升南宁港通航和货运能力。三要

创新和改进集货方式。借鉴云南在省级层面成立云南省国际班列服务贸易有限公司，开展大规模、大范围集结进出口货物的经验，推动自治区层面加强货物组织，与西南地区加强谈判，加大力度集结货源，形成以南宁为节点出区出海出边的物流习惯。四要建立物流信息共享机制。加快推进物流信息智能化数字化，推动海关、铁路、港口、民航、货代等实现信息系统对接和数据共享，提高货物种类、数量、流向等基础数据掌握程度，使政府决策有依据、企业决策有信心。

B.14
南宁市承接国内重点产业转移的对策

南宁市社会科学院课题组*

摘　要：　承接产业转移已成为各地提升区域发展能级与核心竞争力的重要载体和抓手，如何立足自身区域优势，以有序承接产业转移积极融入新发展格局是摆在南宁市面前的重大课题，亟待进一步研究解决。本报告在全面分析南宁市开展承接国内重点产业转移工作现状的基础上，深刻剖析其中存在的问题，如产业结构相对不优、产业承接基础较弱；承接产业转移的模式比较单一；科技创新能力支撑、要素保障能力和区域联动作用发挥不足；城市营商环境有待优化。从完善配套政策体系、优化产业承接布局、打造优质承接平台、优化产业转移环境、完善产业创新生态、创新招商承接方式、强化产业要素保障、完善区域合作机制等方面提出有针对性的对策，为促进南宁市有序承接国内重点产业转移提供决策参考。

关键词：　国内重点产业　产业转移　南宁

产业转移是经济发展的必然趋势和客观规律，是优化生产力空间布局、形成合理产业分工体系的必然要求，也是推进产业结构调整、加强区域经济

---

* 课题组组长：梁瑜静，南宁市社会科学院经济发展研究所所长、助理研究员。课题组成员：杜富海，南宁市社会科学院经济发展研究所副所长、助理研究员；谢强强，南宁市社会科学院科研管理所副所长、助理研究员；王许兵，南宁市社会科学院东盟研究所所长、助理研究员；陈琦，南宁市社会科学院经济发展研究所科研人员、助理研究员；李娜，南宁市社会科学院经济发展研究所科研人员、助理研究员；陈灿龙，南宁市社会科学院社会发展研究所科研人员、助理研究员；张珊娜，南宁市社会科学院科研管理所科研人员、研究实习员；龙敏，南宁市社会科学院科研管理所所长、副教授；方尚声，南宁市人民政府发展研究中心区域科科长；黄瑞卉，南宁市人民政府发展研究中心产业科副科长。

合作的重要纽带，还是解决地区发展不平衡问题、促进区域协调发展的重要途径。当前，国内国际产业分工深刻调整，我国东部沿海地区产业向中西部地区转移的步伐加快，中西部地区城市积极抢先布局新一代电子信息、新能源、高端装备制造等战略性新兴产业，以优化产业创新生态、发挥比较要素优势吸引头部企业进驻，从而带动产业链上下游企业的延伸转移，承接产业转移已成为各地提升区域发展能级与核心竞争力的重要载体和抓手。本报告分析南宁市开展承接国内重点产业转移工作的现状，深刻剖析其中存在的问题，并借鉴先进城市经验，提出加强南宁市承接国内重点产业转移的工作思路和具有针对性、可操作性的对策，为有效提升南宁市承接产业转移综合能力、促进南宁市有序承接国内重点产业转移、激发南宁市经济社会发展内生动力提供决策参考。

一 南宁市开展承接国内重点产业转移工作的现状

（一）承接产业转移的政策机制持续完善

一是承接产业转移的配套政策逐步完善，制定《南宁市人民政府关于培育瞪羚企业的实施意见》《南宁市人民政府关于加强工业用地管理提高综合效益的若干意见》等政策支持重点产业发展；出台《南宁市激励企业加大研发经费投入财政奖补实施办法》《南宁市中小企业服务提升工程行动方案（2019—2021 年）》等政策加强企业培育；发布《南宁市贯彻落实进一步减轻企业税费负担若干措施实施方案》《南宁市兑现落实利用外资有关政策措施实施细则》《南宁市深入开展"桂惠贷"实施细则》《关于支持青年人才留邕创业就业的若干措施》等政策，在税费减免、外资引进、金融服务、人才保障等方面给予政策扶持。二是围绕新能源、新能源汽车及零部件、电子信息等 16 条重点产业链持续加大专题招商力度，建立重大招商引资项目评估机制。

（二）承接的转移产业规模逐步扩大、结构逐步优化

一是承接的转移产业投资趋势企稳向好。2019~2022 年，南宁市承接的

转移产业总投资额整体增长（见图1）。二是东部沿海地区成为转移产业的主要来源地。2011年至2023年6月，南宁市新签约项目6496个，总投资额为18825.24亿元，项目到位资金为9766.39亿元。在项目到位资金的来源中，大部分区外资金来源于东部沿海发达地区，资金数额排前5位的省份分别是广东省、福建省、北京市、上海市、浙江省。三是战略性新兴产业成为承接转移重点产业。引进申龙、合众整车生产企业和锂电动力电池及其核心配套项目，以及电芯、集流体等配套企业，形成较为完备的新能源汽车及零部件产业链；落地瑞声科技（南宁）有限公司、南宁泰克半导体有限公司等重点企业，形成集上游、中游与下游于一体的电子信息全产业链；围绕铝精深加工和高端装备制造产业链核心关键节点，先后引进广西平铝集团、潮力精密技术有限公司等。四是转型升级的传统优势产业成为承接产业转移的重要方向。引进百威啤酒有限公司、中粮集团等世界500强食品加工企业，初步形成食品加工企业集聚地；建设广西南宁（武鸣）林产品产业示范园、横州市现代林业产业园等重点产业园区，打造现代林产品加工园区；引进太阳纸业、庞度、永发等纸塑、纸代塑龙头企业，形成从制浆、助剂、造纸到纸制品制造的造纸产业集群。

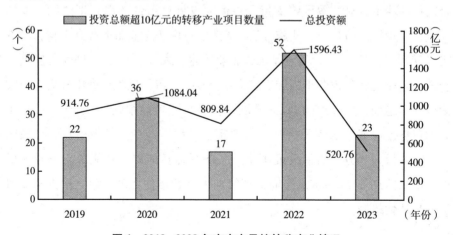

图1 2019~2023年南宁市承接转移产业情况

说明：2023年数据为1~7月。

资料来源：南宁市投资促进局。

（三）相关配套基础设施建设更加完善

一是立体交通网络不断完善。国际空港枢纽初步形成，成为广西首个集民航、城际铁路、公路、城市轨道交通于一体的综合交通枢纽；"米"字形干线铁路网基本成形，实现高铁"1234"出行时圈[①]；建成"一环六射三横一纵"的高速公路网络格局，实现高速公路"12410"出行时圈[②]；南向东融航道加速形成，西部陆海新通道（平陆）运河全面开工，完成南宁至贵港Ⅱ级航道建设，实现 2000 吨级船舶从南宁经贵港直通粤港澳大湾区。[③] 二是物流能力持续提升。完成南宁铁路港、中新南宁国际物流园等重大物流节点项目，加快推进南宁临空经济示范区临空物流园、牛湾物流园等基于航空、港口交通枢纽的关键物流节点项目建设，形成从中国内陆城市和北部湾港口到越南的铁路运输网络，以及全面覆盖东盟十国的空中航线，提升南宁港作为中国西南地区货物出海"黄金水道"重要港口的物流能力，南宁陆港型国家物流枢纽入选全国 23 个国家物流枢纽建设名单。三是数字基础设施发展迅速。中国移动（广西南宁）数据中心、中国电信东盟国际信息园、五象云谷云计算中心相继建成投入运营，中国—东盟信息港南宁核心基地建设稳步推进。

（四）承接产业转移载体建设加速推进

一是产业园区建设布局不断完善。按照"一体两翼"空间布局，以五象新区为主体，加快打造生产性服务高地和面向东盟的科技创新中心。以东部新城为"东翼"、"两港一区"为西翼，在东部新城加快建设面向东盟和共建"一带一路"国家的新能源产业集聚区，将铁路港、空港和综合保税

---

① "1234"出行时圈即 1 小时通达北钦防地区、2 小时通达广西主要城市、3 小时通达粤港澳大湾区核心城市、4 小时通达周边省会城市。数据来源：《南宁市综合交通运输发展"十四五"规划》。

② "12410"出行时圈即 1 小时通达市域各县、2 小时通达北部湾经济区其他城市、4 小时通达全广西 14 个地级市、10 小时通达邻省省会城市。

③ 数据来源：课题组整理自南宁市交通运输局网站。

区打造成跨境产业融合发展重要承载地。现阶段，南宁市共建成 1 个新区、15 个开发区和工业园区，其中国家级开发区 3 个、自治区级 A 类园区 8 个、自治区级 B 类园区 1 个、县（区）工业园区 3 个。二是重点园区产业转移承接能力持续提升。大力推进新区和重点产业园区建设发展，已形成以南宁五象新区、南宁东部新城、南宁临空经济示范区、南宁高新技术产业开发区、南宁经济技术开发区、广西—东盟经济技术开发区为重点的承接产业转移的平台载体。

（五）承接产业转移的综合服务水平逐步提升

一是"放管服"改革持续深化。全面推动"一网通办"，全市政务服务事项网上可办率达 100%，"最多跑一次"比例达 100%；推行电子印章在水电气业务办理领域的应用试点，提升水电气业务便利度；加强商会人民调解委员会组织建设，形成"商人纠纷商人解决"的工作机制；全面实施市场准入负面清单制度，严格执行"全国一张清单"管理模式，放宽市场准入。二是加快推动"数字政府"建设。推动政务数据"聚通用"，构建"一云承载、一网通达、一池共享、一事通办、一体安全"的"五个一"政务数据治理新模式。三是产业发展要素持续强化。推动产业园区项目争取自治区产业园区基础设施专项债券，成立南宁市产业高质量发展母基金；积极盘活低效闲置用地，加大工业收储力度，有序推进用地储备工作，保障重大项目落实；围绕产业技术工人和高层次人才培养，开展在岗职工技能培训、公益讲堂、"送培创工程"等工作。

二 南宁市承接国内重点产业转移存在的问题

（一）产业结构相对不优，产业承接基础较弱

一是产业结构相对不优。从近年来产业结构变化情况来看，南宁市第三产业比重一直处于高位，与此同时，第二产业比重整体呈下降趋势，对比几

个同经济量级城市（见表1），南宁市产业结构不优不强特征愈加突出。产业结构合理化和高级化水平较低，导致产业配套协作能力差，投资乘数效应难以完全发挥，产业基础能力提升困难，降低了对于产业转出地的有效吸引力。二是工业基础相对薄弱。工业增长乏力，2016~2022年，南宁市规上工业增加值增速基本呈下降态势；工业企业发展能力较弱，现有工业企业规模普遍较小，体现先进技术发展方向的引领性、支撑性项目偏少，现有和新引进的龙头型、领军型产业项目以及"四类500强"、"专精特新"、瞪羚等优质企业项目数量不多。推进工业强基是实现产业基础高级化的重要一环，南宁市工业基础偏弱，大大影响产业转移承接。三是产业基础配套功能不完善。重点产业存在产业链薄弱、产业链过短或配套产业链缺失的情况，部分支柱产业、龙头企业本地配套率低。产业配套能力不足，推高了国内重点产业转移入驻的生产成本和交易成本，降低了城市的产业承载力和地方吸引力。

表1　2022年南宁市与同经济量级城市基本情况

城市	GDP（亿元）	一产增加值（亿元）	二产增加值（亿元）	三产增加值（亿元）	三次产业结构
贵阳	4921.2	203.6	1739.6	2978.0	4.1 : 35.3 : 60.5
南宁	5218.3	601.5	1182.8	3434.0	11.5 : 22.7 : 65.8
济宁	5316.9	610.9	2068.1	2637.8	11.5 : 38.9 : 49.6
惠州	5401.2	277.5	3019.9	2103.9	5.1 : 55.9 : 39.0
太原	5571.0	48.1	2466.1	3057.0	0.9 : 44.2 : 54.9
洛阳	5675.2	257.9	2473.9	2943.4	4.5 : 43.6 : 51.9

资料来源：各个城市2022年的国民经济和社会发展统计公报。

（二）承接产业转移的模式比较单一，正向溢出效应不足

一是以项目制推进产业转移承接难以统筹促进产业链建设。南宁市以资金为导向、以政府为主导开展招商引资，政府是产业承接的组织者和管理者，通过吸引外部企业直接投资来提高承接产业转移的静态绩效。但由

于所承接产业与本地产业关联度不强，后期产业链整合工作难以为继，易跌入"只见企业、不见产业"的"承接企业转移陷阱"。二是以低水平、低附加值为主的产业转移承接难以促进本地产业的转型升级。相对于资本、科技、人才等方面处于优势的转出地，南宁市的优势更多体现在自然资源、劳动力等方面，承接的主要是低附加值、低端化的劳动密集型产业。在此模式下，双方的产业联动以产业内垂直分工为基础，技术密集工序与劳动密集工序在空间地域上相对分离，双方在技术、信息、市场等水平层面上的合作交流相对较少，不利于先进技术溢出、新管理理念引入等正向外部效应释放。

（三）承接产业转移的科技创新能力支撑不足

一是社会和财政科研投入偏低。2022年，南宁市全社会研发投入强度（研究与试验发展经费与全市地区生产总值之比）为1.25%[1]，与全国（2.54%）[2]相比存在较大差距；南宁市财政科学技术支出为18.55亿元，占全年一般公共预算支出的2.21%[3]，与同期贵阳（20.73亿元，2.85%）[4]和衢州（20.27亿元，3.57%）[5]相比，投入力度有较大差距。科技创新投入支持力度不足，不利于助推承接的产业快速实现新旧动能转换，大大影响高新技术产业转移。二是科技创新主体培育发展不足。2022年，南宁高新技术企业

---

[1] 数据来源：《2022年广西研发经费投入首次突破200亿元》，广西壮族自治区统计局网，2023年9月26日，http：//tjj.gxzf.gov.cn/zxfb/t17201953.shtml。

[2] 数据来源：《2022年我国研发经费投入突破3万亿元》，中国政府网，2023年9月18日，https：//www.gov.cn/lianbo/bumen/202309/content_6904781.htm。

[3] 数据来源：《2022年南宁市国民经济和社会发展统计公报》，南宁市统计局网，2023年5月11日，https：//www.nanning.gov.cn/sjfw/tjgb/t5575864.html。

[4] 数据来源：《贵阳市2022年全市一般公共预算支出完成情况表》，贵阳市财政局网，2023年2月，http：//czj.guiyang.gov.cn/new_site/zwgk_5908373/zfxxgk/fdzdgknr_5908377/yjsgkzl/sbjczyjsjsgjf_5908390/sbjys/202302/P020230301462433743223.pdf。

[5] 数据来源：《2022年衢州市国民经济和社会发展统计公报》，衢州市统计局网，2023年3月17日，http：//tjj.qz.gov.cn/art/2023/3/17/art_1512010_58919784.html？eqid=b4f98ff000014fb100000004642a83eb。

保有量为 1581 家①，与昆明（1786 家）② 和常州（3680 家）③ 相比有一定差距。高新技术企业占比不高，大大影响承接产业转移的规模和速度，在一定程度上抬高了承接的成本，使企业不能深度参与所承接产业的高端环节。2022 年，南宁全年新增技能人才近 4 万人④，与无锡（8.89 万人）⑤ 和洛阳（26.72 万人）⑥ 相比差距较大，加之本土人才不断外流至广州、深圳等周边省份的发达城市，承接产业转移进程中的人才供需矛盾日益突出。三是科技创新平台建设滞后。现有科技创新平台规模相对偏小，部分孵化器孵化功能不完善，支撑科技产业融合发展的平台资源整合度不高。各类科创平台建设数量不多，截至 2022 年底，南宁共有国家级创新平台 40 个⑦，与洛阳市（103 个）⑧、成都市（139 个）⑨

---

① 数据来源：《广西发布"高企百强"榜单 南宁市 27 家企业上榜 数量居全区之首》，"南宁晚报"微信公众号，2023 年 1 月 31 日，https：//mp. weixin. qq. com/s？__biz = MzA4O DgwOTcyOA = = &mid = 2459947374&idx = 1&sn = 3697f26ce65982075a27f3565902ba47&chksm = 874ff901b0387017709068aefbb73e58e6d2052b1302e7580d61ca4c5758d34405e1d55f4ff d&scene = 27。

② 数据来源：《2022 年昆明市国民经济和社会发展统计公报》，昆明市人民政府网，2023 年 7 月 5 日，https：//www. km. gov. cn/c/2023-07-05/4751588. shtml。

③ 数据来源：《2022 年常州市国民经济和社会发展统计公报》，常州市统计局网，2023 年 3 月 3 日，https：//tjj. changzhou. gov. cn/html/tjj/2023/OEJQMFCO_0303/27475. html。

④ 《南宁市深入推进产业工人队伍建设改革 新增技能人才近 4 万人 认定高层次人才 1459 名》，南宁党建网，2023 年 3 月 10 日，https：//www. nndj. gov. cn/jeecmsv9/gzdtsj/2032492. jhtml。

⑤ 数据来源：《江苏技工｜服务产业 培育"工匠"——2022 年无锡市技能人才工作亮点回顾》，"江苏人社"微信公众号，2023 年 1 月 30 日，https：//mp. weixin. qq. com/s？__biz = MzIwOTE2ODg4MQ = = &mid = 2651579012&idx = 5&sn = 6623e3fa076cfe64285852d47f7f3ff0&chksm = 8c88b21abbff3b0c007e192203b523553c550e6ca3ec03fa8457f8775f925dfb0606a2d4383c&scene = 27。

⑥ 数据来源：《2022 年，我市以"人人持证、技能洛阳"建设提升就业质量——完成职业技能培训 36.6 万人次》，洛阳市人民政府网，2023 年 2 月 1 日，https：//www. ly. gov. cn/html/1/2/10/77/10973329. html。

⑦ 数据来源：《关于 2022 年工作总结和 2023 年工作计划的报告》，南宁市科学技术局网，2022 年 11 月 23 日，http：//kjj. nanning. gov. cn/zwgk/kjghjh/t5417160. html。

⑧ 数据来源：《市科技局召开市级创新平台培训会暨省级平台创建工作座谈会》，"洛阳市科学技术局"微信公众号，2023 年 4 月 27 日，https：//mp. weixin. qq. com/s？src = 11&times tamp = 1699325946&ver = 4881&signature = 0RdX1PSKfMyc2B9f0jCeyivbP7Rq5 - Dl1ByxFKi6tAX wQZhYiwcu2eKUogWZj1lQB7fS5Jv9i4AszSWIerHxym - Ol5 ＊ H - pXDnO1XPmnu9V0H ＊ qeRSPLjaXXU ＊mWaBz9x&new = 1。

⑨ 数据来源：《成都已建设国家级创新平台 139 个鼓励开放共享》，人民网，2023 年 2 月 28 日，http：//sc. people. com. cn/n2/2023/0228/c345509-40318764. html。

相比差距较大。平台建设滞后，对高端人才、科技创新企业、投融资机构等的集聚效应有限，与转出地之间存在转出接入不顺畅的问题。

（四）承接产业转移的要素保障能力不足

一是部分园区基础设施配套滞后。特别是东部新城及部分县（市、区）工业园区路网未健全，存在"路绕、路远、路小、路断"的现象，电网、燃气管道、通信管网、污水处理厂、天然气站等设施有待完善，影响入园企业建设进度和产业链招商。部分园区由于远离城市中心区，住宿餐饮、文化娱乐、教育医疗等服务配套较少，缺少大型商超、文体中心，对企业职工日常生活造成不便，难以满足园区企业职工的生活需求。二是产业项目用地供给紧张。南宁市土地资源盘活力度不足，闲置土地的使用效率有待提升，同时土地的区域调剂受"两规"的限制，使得重点发展园区工业用地不足等现象较为突出，对招商引资及承接相关大型重点产业项目形成掣肘。三是重点产业人才供给不足。重点发展的新能源、新能源汽车及零部件、电子信息、先进装备制造以及生物医药等产业的人才缺口较大，特别是研发人才、高端管理人才等高层次人才比较短缺。由于本地缺乏理论与实践相结合的重点产业工科类人才培养高校、产学研一体化培养平台等，产业高端技术人才和技能人才培育不足，直接阻碍了南宁市相关重点产业的高质量发展。

（五）承接产业转移的城市营商环境有待优化

根据《中国城市营商环境评估报告（2023）》①，南宁市尽管跻身全国前50强，但与北京、上海、深圳、杭州、广州、苏州等排名靠前的东部城市相比差距仍然明显，而且仍落后于长沙、昆明、贵阳等部分中西部城市，城市营商环境建设仍有提升空间。一是部分招商引资政策兑现困

---

① 数据来源：《中国城市营商环境评估报告（2023）》，北京大学开放研究数据平台网，2023年 8 月 8 日，https：//opendata. pku. edu. cn/dataset. xhtml？persistentId＝doi：10.18170/DVN/9NJDWE。

难。近两年，相关招商引资优惠政策的落地存在一定困难。二是制度型开放环境建设相对滞后。在打造开放型、国际化的制度环境方面还存在差距，特别是制造业领域实际利用外资占比较低，在相关开放型规则、规制、管理、标准等的对接和制定方面相对滞后，话语权偏小，在促进跨境贸易便利化、确保公平竞争以及保护知识产权方面还有较大提升空间。

（六）承接产业转移的区域联动作用发挥不足

一是产业布局有待进一步统筹。产业空间布局协同不足，产业园区项目建设存在同质化情况；产业分布较为分散，还未形成超大规模或者高度集聚的产业集群，未能形成整链发展的产业统筹模式，承接产业转移的链条碎片化，导致南宁市缺链少链现象比较明显。二是园区之间的产业粘连度不足。园区之间要素粘连度不足，未形成园区之间上下游企业的有效协作体系；产业园区梯次发展、互补式发展特征不够明显，国家级产业园区与省级、市级产业园区之间得益于产业发展政策和要素供给的集中保障，产业发展效益显著，而受财力因素制约，县级产业园区的配套建设能力无法支撑重点项目发展。三是承接产业转移的协调联动机制尚未健全。与广西其他城市联动不足，由于尚未建立起跨市域的产业协同发展机制，南宁市在承接产业转移方面未能形成区域经济竞争合力。

三 提升南宁市承接国内重点产业转移能力的对策

（一）围绕产业转移需求，完善配套政策体系

一是强化产业转移的统筹规划。形成承接产业转移清单，细化中长期承接国内重点产业转移的方案措施。强化承接产业转移配套市场准入、国

土空间规划、节能环保等方面的政策衔接，促进关键要素跨区域流动。构建与深圳、上海等城市产业转移的部门间、行业协会间的对接协作机制，建立市发展改革委、工信局、商务局等部门联动机制。二是营造开放政策环境。构建与《区域全面经济伙伴关系协定》（RCEP）相衔接的制度体系和监管模式，不断推动规则、规制、管理、标准等的开放。完善"指挥部+合资公司""管委会+合资公司""政府+平台公司"的产业开放运作管理模式，在承接项目开发、资金运作、企业招引上发挥政府引导与公司专业化运营的作用。以新能源汽车、高端装备制造等重点转移需求产业为切入点，探索项目建设事前审批豁免或事项承诺机制，赋予承接至南宁市的优质产业项目和企业更大的自主权。三是完善产业转移政策落实保障机制。建立与转移地有关部门、园区管委会的常态化招商服务对接机制，细化涵盖定期互访、联席会议、驻点招商在内的工作制度，完善与深圳、广州等产业转移重点地区的服务专员机制，建立针对已落地企业、项目在投产运营过程中面临的困难、需求的定期汇报制度。对产业转移项目及企业税收等收益，制定一定时期的存量不变、增量梯度分成的利益分配动态调整措施，以灵活弹性的分配机制增强对国内优质产业项目、企业的吸引力。

（二）突出产业承接重点，优化产业承接布局

一是加快战略性新兴产业梯度承接。引培新能源汽车整车及零部件、电子元器件产业链关键环节的优质企业，持续向广西、国家争取整车生产资质，加快建设面向东盟的新能源乘用车生产基地和出口基地。推动电子信息产业高端链条承接，打造一批承接东部地区产业转移的电子信息产业先进制造和高端研发核心基地。积极对接先进装备制造转移需求，加快工程机械、轨道交通装备等南宁市重点打造的先进装备制造产业细分行业的集群化建设和供需对接。吸引国内医药企业在邕设立研发与生产中心，联合东盟国家共建生物医药科技创新合作基地，形成集研发、制造、贸易于一体的生物医药承接高地。二是鼓励承接特色优势产业转移。提升预制菜等食品加工重点产

业链的规模化、集约化、专业化水平，打造对接粤港澳、辐射全国的预制菜生产加工基地。支持本土农副食品加工企业开展"圳品"等城市品牌标准认证，为本地产品、品牌拓展外地消费市场打下基础。依托绿色家居业、纺织服装业等传统消费品工业发展基础，主动对接浙江、广东等东部轻工产业外溢地区。三是构建现代服务业有序承接格局。在承接产业项目的同时，要注重对配套的软件开发、信息服务、工业设计、运维管理等优质企业和项目的协同引进。积极对接上海、广州、北京等大型会展资源集中的城市，打造辐射全国、面向东盟的会展业承接高地。完善绿色金融准入体系，丰富绿色金融产品供给，引导金融机构入驻南宁市绿色金融综合服务平台，引导金融赋能产业转移项目。

（三）打造优质承接平台，做大做强载体建设

一是构建产业差序发展的空间格局。按照"一体两翼"产业发展空间布局，对全市工业园区进行科学合理规划，减少同质化竞争，促使全市范围内各区块、各工业园区多产业、多元素联动发展，促进优势互补，形成良性竞争。二是优化园区运营管理机制。科学定位园区职能。厘清园区管委会和属地政府、平台公司的权责关系，合理划分园区管委会、属地政府、平台公司职权；探索园区管委会与平台公司"政资分开、政企分开"的分离模式，改组专业平台公司。推动园区行政审批改革。进一步向重点园区、开发区下放经济发展方面的审批和管理权限，力争做到"园区的事情园区办"；积极向上争取，在条件允许的园区探索更为灵活开放的保税业务模式。探索园区市场化开发运营。鼓励平台公司利用自身载体资源打造高水平特色企业孵化器，促进国资平台市场化转型；引进产业链上游环节的研发设计型企业和特色产业孵化园区运营主体，打造特色产业"园中园"。三是加强产城融合提升园区承载力。优化升级产业发展的生产配套，打通园区连通主干道、主干线的货运物流通道，鼓励建设共享服务设施和标准厂房，加快建设公共服务平台。健全企业员工的生活配套，持续完善园区周边的员工公寓、学校、医院、商场及农贸市场等生活服务设施，鼓励有条件的园区建设智慧园区。建

设促进园区发展的生态配套，推动生产要素集聚，实现产业、城市和人口等多要素的相互促进、协调发展。

（四）优化产业转移环境，提升互联互通水平

一是完善产业基础设施。完善交通物流基础设施，加快六景物流园、临空物流园区等国家物流枢纽项目建设，完善乡镇电商物流中心、田间地头冷库等运输基础设施的布局，为承接产业转移提供联通内外的快速物流通道。加强能源基础设施建设，推进风电、光伏基地及配套设备的建设布局，构建涵盖油、电、气等主要能源在内的供、储、销综合信息平台，为转移的项目、企业提供良好的用能环境。完善新型信息化基础设施布局，加大光纤、5G 网络、工业互联网在各承接产业园区的布局力度，为承接转移产业提供智能化、信息化的发展平台。二是优化产业转移软环境。持续优化产业转移营商环境，扩大产业转移相关事项的"一网通办"范围，强化知识产权保护、"一企一策"等配套政策服务的更新与精准落实，加强信息化服务平台建设，提供政策咨询、商业接洽等上门服务。强化生产性服务业对承接产业转移的支撑，加速打造以五象新区为核心的生产性服务业集聚区，完善新能源汽车、食品加工等重点承接产业链的生产性公共服务平台建设，鼓励数字信息头部企业在南宁拓展业务。三是加速融入全国统一大市场建设。着力破除区域流通的制度障碍，推动与产业转出地市场基础制度规则的统一，破除要素流通的制度障碍。强化流通市场建设，加快产权交易中心、公共资源交易中心等要素交易、流通载体的建设与完善，推进南宁（中国—东盟）商品交易所、南宁农产品交易中心等商品交易平台功能与服务的提质升级。

（五）完善产业创新生态，提升产业创新能力

一是强化企业的创新主体地位。支持企业加大研发经费投入力度，健全国有企业研发投入效益加回机制，引导与鼓励承接重点产业的企业加大对基础研究经费的投入力度。完善产业创新配套政策机制，鼓励科研院所高水平创新人才前往企业等创新需求一线开展技术联合攻关，支持金融机

构创新金融产品。构建企业间协同创新生态，建立与产业转出地的跨区域"政产学研"机制，围绕产业链关键技术环节开展协同攻关。二是强化创新平台建设。加强共性创新平台建设，开展科技成果转移转化示范基地和示范企业创建工作，探索与深圳、合肥、上海等城市针对转移产业共建科技创新园区，争取更多优质科技创新成果在南宁孵化、转化。加快工业互联网平台建设，加快新能源汽车、电子信息、食品加工等重点承接产业的工业互联网平台建设，构建供需高效精准对接、安全可靠的产业创新服务平台。三是加强产业基础研究和核心技术攻关。完善技术攻关的制度机制保障，完善重点产业技术攻关的"揭榜挂帅"方式，引导企业、科研机构等市场主体加大原始创新投入力度、激发基础研究创新活力，以攻关"卡脖子"技术为目标，形成"政产学研用"技术攻关生态系统。强化联合攻关的组织保障，促成学术机构和企业之间的对接合作，建立一批包括企业、科研院所、政府部门在内的跨部门、多专业的基础研究与技术攻关团队，共同解决技术难题。

（六）创新招商承接方式，促进优质项目落地

一是创新产业招商方式。利用大数据，在产业链分析的基础上，绘制重点产业的产业链招商地图，明确招商重点和方向，实现招商工作有的放矢。组建专业招商工作队，常驻或在条件成熟时前往深圳、上海等东部城市开展一对一招商撮合。发挥基金在招商引资中的引导和撬动作用，构建"特色基金+特色孵化+特色园区"招商引资创新合作模式。二是创新产业转移承接合作机制。深化产业链供应链上下游对接合作模式，利用本地的资源优势积极引导企业整体迁入南宁市或在南宁市布局产业链相关环节。探索与产业转出地建立产值、税收等指标分享机制，完善科技成果梯度转移利益分享机制，建立有利于南宁市与产业转移地长期持续健康合作的利益共享机制。探索完善生态环境损害赔偿和生态保护补偿制度，细化梳理需要向上争取的能耗指标随产业共同转移、碳排放指标或配额等差异化支持政策清单，为后续生态合作奠定基础。三是建立重点产业项目落地保障机制。针对大企业、大

项目，开展企业（项目）全生命周期承接服务，为企业提供从承接、整合到孵化的闭环产业承接服务，尤其是对成长性强的项目要一事一议、特事特办。围绕大企业、大项目的产业链，有针对性地开展产业链专题招商活动，形成"承接项目—延伸产业链—产业集群"的招商模式。鼓励企业自主延链，孵化与产业链相匹配的生产性服务业链条，形成产业与配套的生产性服务业相互促进的招商闭环。

（七）强化产业要素保障，提升承接竞争能力

一是用好用足优势要素。持续深挖南宁的区位、生态、政策优势，挖掘更多与粤港澳大湾区、长三角经济带等重点区域产业转移的契合点。利用好面向东盟的金融开放门户机遇，推动金融机构结合企业需求开发跨境金融产品，创新融资担保模式，帮助企业"借道"南宁走向东盟。利用南宁信用体系建设领先全国的优势，扶持东信集团建立的中国—东盟跨境征信服务平台做大做强，建立面向东盟的企业征信平台，为企业拓展东盟市场提供金融服务。二是调整改进劣势要素。针对营商环境落后指标，开展专项补短板攻坚行动。针对电、水、天然气等能源相比云南、贵州不占优势的问题，持续向广西、国家相关部门争取更多用电成本福利和更大定价自主权，加强对能耗和产能指标的宏观统筹，优化产业发展支持政策，通过奖补的方式降低企业生产成本。强化全市层面的规划引领，突出解决部分园区用地紧张问题，支持有条件的园区连片规划改造相邻低效工业用地，提升土地要素支撑作用。三是优化人才等企业发展所需要素。探索人才、智力、项目相结合的人才引进机制，完善"人才飞地"等人才创新引育机制，推动高级人才柔性流动。支持建设国家级重点实验室、研发中心，支持转移企业在南宁（深圳）东盟产业合作区等合作园区实行"同地同权、同优同遇"，将南宁打造成粤港澳大湾区科技成果转化的重要基地。深化产教融合，鼓励企业与职业院校合作建立产业技术人才培养机制。加快面向东盟的科创中心建设，加大创新创业集聚区、众创空间、孵化基地等专业培育载体建设力度。

（八）完善区域合作机制，提升协同发展水平

一是深化与东部地区的产业合作共建。探索建立东西部地区产业转移信息收集共享机制，推动合作园区形成跨境产业集聚态势。建立健全与深圳等地的地方商会、行业协会、专业社团等机构的常态化沟通机制，掌握企业发展动态。引导粤港澳大湾区、长三角等东部地区计划外迁的企业向合作园区集聚，有效承接东部地区科技成果转化、产业链关键环节转移。以共同打造面向东盟的跨境产业链价值链为突破口，深化与东部地区企业面向东盟的贸易、金融等领域合作。二是加强与广西沿边临港地区其他城市的产业合作。大力推动南宁都市圈建设，加强与钦州、北海、崇左、防城港等沿边沿海城市的协同发展，与钦州、北海、防城港、崇左等市协商建立城市间定期会商工作机制，强化对沿边临港产业园区的科技支撑和配套服务支撑，形成"南宁研发和核心零部件制造+沿边临港产业园组装加工或配套生产发展"模式，为承接产业转移提供更为安全、稳定的链条保障。三是积极争取推进区域一体化共建机制。按照"交通一体化""市场一体化""公共服务一体化""行政审批一体化"等思路，推动北部湾城市群之间建立更为紧密的协同合作发展机制。探索中国（广西）自贸试验区南宁片区与海南等其他省份城市建设协同发展区，推动进口货物自由流动，形成双方的有序分工。进一步拓展"制度创新共享、空间布局合理、业务链条清晰、人才生产生活便利"的协同发展格局，扩大政策溢出效应，推动跨区域政策红利共享。

参考文献

寇雨欣：《我国产业转移政策的现状及其特点研究》，《轻工科技》2020 年第 4 期。

胡高阳：《广西承接粤港澳大湾区制造业转移研究——以三大产业承接带为例》，硕士学位论文，南宁师范大学，2020。

杨豫萍、张卫华：《粤港澳大湾区建设背景下粤桂产业动态集聚与转移》，《学术论

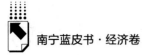

坛》2019 年第 3 期。

欧阳华：《粤桂产业转移梯度陷阱问题研究》，《河北科技大学学报》（社会科学版）2017 年第 2 期。

农毅：《来宾市建设广西内陆承接东部产业转移新高地研究》，《桂海论丛》2022 年第 5 期。

钟素云：《承接产业转移示范区竞争力评价及影响因素研究》，硕士学位论文，长江大学，2022。

B.15
南宁市推动面向东盟的入境旅游产业发展对策

南宁市社会科学院课题组 *

摘　要： 当前，南宁市正在积极打造面向东盟的集旅游枢纽、旅游消费、旅游示范于一体的区域性国际旅游消费中心城市，做大做强入境旅游产业意义重大。总体来看，南宁市在发展面向东盟的入境旅游产业方面存在旅游资源趋同、签证便利度不足、旅游产品不够多元化、旅游宣传创新性不足以及国际性旅游人才匮乏等问题。因此，本报告重点从完善相关政策供给体系、满足差异化多样化旅游需求、做大做强特色旅游品牌、推动旅游资源要素整合以及培养面向东盟的国际化旅游人才等方面提出了有针对性的对策。

关键词： 入境旅游产业　东盟　南宁

旅游业是加强对外交流合作和提升国家文化软实力的重要渠道，将成为拉动内需、繁荣市场、扩大就业、畅通国内大循环的重要内容和促进国内国际双循环的重要桥梁和纽带。随着《区域全面经济伙伴关系协定》（RCEP）

---

* 课题组组长：周博，南宁市社会科学院东盟研究所所长、副研究员，高级人力资源管理师。课题组成员：王许兵，南宁市社会科学院东盟研究所副所长、助理研究员；谢强强，南宁市社会科学院科研管理所副所长、助理研究员；冯勤哲，南宁市社会科学院东盟研究所科研人员、研究实习员；郝晓雨，南宁市社会科学院编辑部科研人员；覃杨，南宁学院高级工程师、副教授；谷益安，自治区文化和旅游厅对外交流合作处一级主任科员、工程师；陈代弟，南宁市社会科学院办公室工作人员、助理研究员；黄旭文，广西社会科学院越南研究所副所长、副研究员；蒋秋谨，南宁市社会科学院城市发展研究所所长、副研究员；龚维玲，南宁市社会科学院城市发展研究所原所长、正高级经济师；吴寿平，南宁市社会科学院城市发展研究所副所长、副研究员。

的正式生效和西部陆海新通道骨干工程平陆运河开工建设，南宁市按照国务院印发的《"十四五"旅游业发展规划》提出的"建设一批旅游枢纽城市"和文旅部印发的《"十四五"文化和旅游发展规划》提出的"振兴入境旅游"部署，逐步完善综合交通服务功能，进一步完善对外开放政策，提升对东盟国家的旅游辐射带动作用，打造具有更强辐射能力的国际旅游集散枢纽城市。《广西"十四五"文化和旅游发展规划》明确指出，南宁市要围绕"三地两带一中心"的发展布局，提升国际化旅游服务水平，着力打造区域性国际旅游中心城市。总体而言，南宁市要打造成面向东盟的集旅游枢纽、旅游消费、旅游示范于一体的区域性国际旅游消费中心城市。在此背景下，研究南宁市面向东盟的入境旅游产业发展情况意义重大。

一 南宁市入境旅游产业发展现状

（一）南宁市入境旅游情况

1. 入境旅游规模

南宁市入境旅游产业在2019年之前已具备了一定的规模，并处于稳定增长的态势。在总体规模上，入境游客总数长期处于增长态势。2019年，南宁市入境游客总数达68.99万人次，入境游客消费总额已增长到3.8亿美元，为南宁市入境旅游产业历史最高水平。自2015年起，来邕外国游客总数长期处于40万人次左右，占入境游客总数的60%以上，人均停留天数保持在2天左右。在入境游客客源国方面，来邕东盟国家游客在外国游客中的占比常年处于高位，占全市入境游客（包括港澳台游客）的比重在40%左右，其中泰国、新加坡、马来西亚、越南4个东盟国家的游客数量常年处于2万~5万人次，2019年越南来邕游客达到9.55万人次，为单国别来邕游客数量的历史峰值（见表1）。自2020年开始，受到新冠疫情的影响，来邕外国游客数量急剧下降。2020年来邕外国游客仅有2.8万人次，其中东盟国家游客总数下降至1.75万人次，但占外国游客总数的比例依旧保持在60%

左右。从周期上看，夏秋两季国际游客来邕人次较多，进入 11 月后南宁市入境游市场开始转为淡季，次年 3 月开始回温。①

表 1   2015~2020 年来邕东盟国家游客数量概况

单位：万人次，%

国家	2015 年	2016 年	2017 年	2018 年	2019 年	2020 年
泰国	4.74	4.07	3.46	3.50	3.42	0.22
新加坡	4.27	3.93	3.41	3.17	3.04	0.22
马来西亚	2.74	3.03	3.39	3.44	3.37	0.22
越南	2.40	2.54	3.26	5.85	9.55	0.49
印度尼西亚	2.67	2.78	3.07	3.06	2.99	0.20
缅甸	0.74	0.98	1.03	0.88	0.97	0.04
文莱	0.38	0.56	0.63	0.56	0.59	0.05
柬埔寨	0.30	0.37	0.47	0.66	0.70	0.04
老挝	0.31	0.39	0.46	0.59	0.62	0.05
东盟国家游客总数	21.01	21.28	22.20	24.65	28.09	1.75
占外国游客总数比例	53.02	50.35	54.45	60.61	66.33	62.02

资料来源：南宁市文化广电和旅游局。

2. 入境旅游趋势分析

2020~2022 年，受新冠疫情影响，南宁市入境旅游业处于低位运行状态（见图 1）。2023 年 3 月，随着国家放开入境游限制，南宁市入境旅游产业呈现缓慢恢复状态，2023 年第一季度南宁市接待入境过夜游客 4864 人次，仅恢复至 2019 年同期的 4.5%，其中外国入境过夜游客占 51.5%，东盟国家游客占外国入境过夜游客总数的 60%，约为 1500 人次。由于签证办理便利度、来邕航班运力尚未完全恢复等因素，入境游整体恢复存在一些阻碍。②

---

① 数据来源：南宁市文化广电和旅游局，2021 年、2022 年数据尚未公开。

② 数据来源：南宁市文化广电和旅游局。

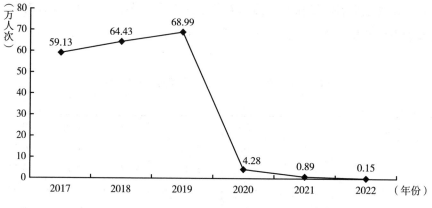

图1　2017~2022年南宁市入境旅游人数

资料来源：南宁市文化广电和旅游局。

（二）南宁市发展入境旅游的基础条件

1. 政策条件

定位清晰。一是多层级强化城市旅游定位、拓展旅游产业发展路径。广西和南宁市分别出台相关政策，明确南宁市的国际旅游功能，并提出了相关落实路径。广西"十四五"规划提出加快建设南宁区域性国际旅游中心城市，提升面向东盟的国际旅游集散中心城市功能。《广西"十四五"文化和旅游发展规划》进一步提出巩固南宁国际会展旅游品牌，打造国际旅游消费中心，推动中国—东盟国际购物中心建设。在南宁市层面，《南宁市文化广电和旅游业发展"十四五"规划》提出丰富国际旅游产品供给，提升国际旅游集散枢纽城市辐射力，做好国际康养度假、国际研学等国际旅游主题产品，进而形成全季全时全域旅游发展态势。与周边地区加强合作，构建泛东亚陆路文化旅游合作廊道。二是多层级规划建设区域性国际综合交通枢纽。强化城市综合交通能力，真正实现国际交通集散，提升城市旅游服务质量。《广西综合交通运输发展"十四五"规划》提出做强面向东盟的南宁门户枢纽机场，通过实施南宁吴圩机场的改扩建工程，实现年旅客吞吐量达到2500万人次，同时加快城际高铁和铁路建设，打造南宁轨道都市圈。《南宁市综合交通运输发展"十四五"规划》提出通过提升枢纽开放能力、打造都市区通勤圈等方式，推动"通道+网络+枢纽"交通体系建设。

政策逐步优化。2023年1月20日，文旅部办公厅发布《关于试点恢复旅行社经营中国公民赴有关国家出境团队旅游业务的通知》（第一批）。自2023年2月6日起，对20个国家进行试点恢复全国旅行社及在线旅游企业经营中国公民赴有关国家出境团队旅游和"机票+酒店"业务。2023年3月10日，发布40个第二批恢复出境团队游国家名单。截至2023年3月，恢复出境团队游国家名单已涵盖东盟十国。2023年3月31日，文旅部发布通知，即日起恢复全国旅行社及在线旅游企业经营外国人入境团队旅游和"机票+酒店"业务。要求按照属地管理原则，稳妥有序推进旅行社恢复经营外国人入境团队旅游业务工作。指导本地旅行社同境外旅行社做好线路设计和产品对接，落实好各项防疫要求。要求旅行社严格落实团队旅游管理各项制度和规范，提升入境旅游服务质量，切实维护旅游市场秩序，展示中国旅游的良好形象。

2. 旅游与公共服务基础条件①

南宁市旅游与公共服务基础条件较好，在文旅消费业态上，南宁市拥有国际性文化旅游节庆5个、全国性文化旅游节庆10余个。拥有国家3A级及以上旅游景区82个、广西星级乡村旅游区65个。餐饮方面拥有餐饮老字号13个、东盟特色国际餐饮品牌5个、美食街区20余条。夜间文旅业态初具规模，开设了15条夜间旅游精品线路。

在购物方面，一方面，南宁城市购物体验正在不断提升，南宁市拥有7条购物街区，包括三街两巷、邕江南岸片区、东盟文化和旅游片区3个国家级夜间文化和旅游消费集聚区，大型购物商圈10余处，大型购物商场100余座，国际免税店1家，实施"离境退税"政策，涉及服装、鞋帽等21个

---

① 本部分数据来源：《聚焦2023年广西文化旅游发展大会》，《南宁日报》2023年3月17日，第6版。

大类的商品。另一方面，"南宁礼物"旅游商品体系基本成形，涵盖青秀山、三街两巷等各景区特色商品。"老友南宁"城市旅游文化品牌正在努力构建。

在旅游住宿方面，南宁市拥有 42 家星级旅游饭店（其中五星级酒店 3 家），上林、马山等城市周边特色民宿产业正在不断完善。在旅居生活服务方面，南宁市主城区实现 5G 信号连续覆盖，酒店与各大高校等公共场所设置超过 500 个 Wi-Fi 覆盖点。

在金融服务方面，城市支付兑换环境不断优化，南宁市区农村信用合作联社、中国银行、工商银行以及南宁吴圩国际机场均提供货币兑换服务。

在公共交通设施方面，南宁至崇左城际铁路正式开通运营，以南宁为中心的"五向辐射"① 高铁网已经形成，游客可在南宁乘坐动车直达 12 个自治区内设区市。截至 2023 年 3 月，南宁吴圩国际机场开设连通国内外的航线 195 条，已覆盖国内省会城市和东盟国家主要城市。南宁市共有 57 条公交线路直达青秀山风景区、南宁方特东盟神画主题乐园、南宁园博园等 16 个中心城区主要旅游景点。在水上旅游服务方面，南宁市已建成亭子、民生、孔庙 3 个旅游码头，开通定点往返旅游航线 3 条。南宁市旅游客运专线正在不断增加，已开通大明山旅游专线、昆仑山旅游专线等多条公路专线。此外，南宁市拥有 23 家具有包车客运资质的运输企业，可满足城市旅游包车运力需求。

（三）南宁市与东盟文旅交流的亮点②

近年来，南宁市采用线上线下相结合的方式优化对外文旅推广的内容和形式。

一是借助中国—东盟博览会（以下简称"东博会"），与潜在的东盟国家客源市场保持联系，激发东盟游客来邕旅游兴趣。连续 4 年举办"南

---

① "五向辐射"是指可通达全国 18 个省会城市、直辖市及 12 个区内地级市。
② 本部分数据来源：南宁市委宣传部。

宁国际友城进东博"活动，邀请柬埔寨金边市、老挝万象市等 12 个国际友城进驻东博会，吸引超过 5 万人次观展。多层次提升交流频次，在第 19 届东博会期间举办特别节目，与越南、马来西亚、韩国、老挝等相关东盟国家和 RCEP 其他成员国的国际友城官员开展线上对话，并推出"嘿！东博会上新了——外国人眼中的东博会"系列短视频，邀请印度尼西亚、越南、泰国、缅甸的网络主播在海外网络平台推介。拉长中国—东盟文化活动在邕活跃周期，不断举办"中国—东盟电影展映""中国—东盟国际城市雕塑与公共艺术活动周""中国—东盟（南宁）孔子文化周"等跨国文化交流活动。

二是利用文化节事打造城市旅游名片。截至 2023 年 3 月，南宁市与东盟国家媒体机构联合举办了 15 届《春天的旋律》跨国春节晚会，13 个国家和地区的 29 家媒体机构合作演绎晚会，并在东盟十国和澳大利亚等国家播出，海外播放量超 500 万次。2023 年，与 15 个国家和地区的 40 家媒体机构制作播出《春天的旋律·2023》跨国春节特别节目，覆盖国家和地区超 150 个，国内外新媒体浏览量超 1.5 亿次。

三是利用线上平台讲好南宁故事。南宁市正在搭建"云上丝路"外宣平台，利用 Tiktok、Instagram、X、YouTube 等海外主流社交网络和短视频平台，运营"云上丝路、魅力南宁"系列海外账号，吸引东盟及欧美等 20 多个国家和地区的海外网友关注，全平台粉丝量超 10 万人，进入国内城市外宣账号粉丝量前十，网友互动量达 600 万次。

二 南宁市发展面向东盟的入境旅游产业
存在的问题

（一）地方特色旅游资源与东盟国家存在趋同性

南宁市与东盟大多数国家同属经济欠发达、旅游产业化水平不高和旅游新业态开发水平不高的发展阶段。经济发展水平在很大程度上直接影响旅游产业投资能力、开发规模和开发方向，导致旅游产品重合度较高，存在趋同性。经济发展水平低，导致旅游资源开发水平相近，甚至存在一定的竞争性，不利于双方旅游经济的发展。近年来隆重推出的南宁方特东盟神画主题乐园以展示东盟十国自然历史文化为主题，虽然是一座特色鲜明、充满东南亚异域风情的文化博览园，但是相比上海迪士尼乐园、广州长隆欢乐世界等国内知名主题乐园，对东盟国家游客吸引力不足。此外，南宁市没有世界文化遗产等旅游资源，景区景点的文化内涵没有得到充分挖掘，因此没有突出的资源优势和鲜明的个性特色，无法做到"人无我有、人有我优、人优我特、人特我精"。

（二）旅游签证政策的便利度相对不足

南宁在入境旅游签证政策方面存在较大差距。从 2019 年 12 月 1 日起，北京、天津、石家庄、秦皇岛、上海、杭州、南京、沈阳、大连、青岛、成都、厦门、昆明、武汉、广州、深圳、揭阳、重庆、西安、宁波 20 个城市的 27 个口岸都落实了外国人过境 144 个小时免签政策，并在京津冀、长三角等地区实现区域、口岸联动。长沙、桂林、哈尔滨 3 个城市的 3 个口岸实施外国人过境 72 小时免签政策。此外，桂林还实施东盟十国旅游团 144 小时入境免签政策。2023 年 3 月，广西出入境边防检查总站实施畅通关促开放发展 14 项措施，提出恢复执行南宁机场 24 小时、桂林机场 72 小时过境免签政策。南宁机场与桂林机场相比在执行入境免签政策方面依然存在明显短板。旅游签证便利化水平不高，一定程度上影响了东盟国家游客来邕的积极性和入境游客规模的扩大。

（三）尚未满足东盟国家游客的多样化需求

南宁市虽然拥有一定数量的 5A 级旅游景区、全域旅游县（区）、乡村旅游区，但是高品质的旅游项目不多，特别是在国际知名的旅游景区景点、休闲街区、高端酒店、购物品牌、餐饮品牌等方面与桂林、昆明相比数量较少，旅游消费场景不够丰富，导致游客停留时间短、消费空间小等问题。例如，国家 5A 级旅游景区桂林有 3 个，昆明有 2 个，南宁仅有 1 个。此外，南宁市独特人文气质挖掘有待加强，度假型、养生型、文化体验型等新产品、新业态开发不足，融入现代科技、创意、消费、文化等元素十分有限，新的旅游消费热点发掘不足，对东盟国家游客消费的吸引力不强。南宁市缺少丰富和高品质的旅游消费载体，不能满足东盟国家游客的多样化需求，难以承接和释放东盟国家游客的消费力，国际知名品牌渗透率、首店品牌吸引力较低，因此东盟国家游客的消费支出和消费意愿不高。2019年，南宁市国际旅游消费为37955.76万美元，在旅游总消费中的占比不足1.5%，入境过夜游客人均消费仅550美元，低于周边云南、贵州和海南等省份2018年的水平（600~810美元），也低于北京、上海、广州等城市2019年的水平（700~1200美元）。[①]

（四）东盟与南宁直飞航线相对较少

入境交通不便成为南宁入境旅游发展的瓶颈。南宁吴圩国际机场等级为4E级，尚未达到国际机场等级最高级的4F级，而北京、上海、广州、重庆、昆明等城市的国际机场都为最高的4F级，选择航空进出南宁的游客仅占10.34%，比例低于昆明（25.73%）等城市。[②] 南宁与东盟国家通航城市和国际航线少，辐射范围相对较小，且易受外部环境等各种因素影响。已开通运营的南宁往返泰国（曼谷）、新加坡、马来西亚（吉隆坡）航线尚在逐步恢复，客流不稳定，开行效果不够理想。2023年5月2日广西旅游发展集团与柬埔寨澜湄航空合作复航的南宁往返柬埔寨（金边）航线仍处于市场培育阶段，加之航线补贴尚未到位，运营压力较大。昆明市、广州市等周边省会城市与东盟国家的直达航线较多，放大了南宁直达航线少的劣势，海外游客入境南宁旅游，旅途用时更长、交通费用更高，与周边省会城市相比不具有便利性、经济性，进一步分流了南宁的入境旅游客源。

---

① 数据来源：2018~2019年各城市旅游业统计报告。
② 数据来源：《南宁旅游大数据分析报告》。

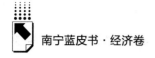
（五）面向东盟的旅游宣传有待创新

自东博会永久落户南宁市以来，南宁在东盟国家的知名度和影响力有一定提升，但是在移动互联网快速发展的背景下，南宁的旅游宣传推介力度不足，并且旅游目的地的整体形象设计转为"老友南宁"后，南宁在打造海外旅游品牌方面还存在较大的提升空间。南宁海外旅游品牌的宣传推广渠道还有待拓展，利用 Meta、X、YouTube、Instagram、TikTok、Google News 等海外平台的宣传推广不足，并且内容制作和发布形式不够灵活，利用新媒体营销的互动性、体验性不够强，在宣传内容、宣传形式上需要不断推陈出新，各种高科技、全媒体的应用还需进一步深化。北京师范大学、中国日报网、光明网等单位联合发布的《城市海外网络传播力建设报告》显示，2021 年，南宁市城市海外网络传播力仅排名广西区内第二；2022 年，南宁市被柳州市超越，排名下滑至广西区内第三。南宁市 2022 年的城市海外网络传播力指数为 0.75（第 46 位），与广州市（14.81，第 5 位）、贵阳市（2.29，第 21 位）、昆明市（1.51、第 26 位）、长沙市（1.35、第 29 位）、海口市（1.29、第 31 位）等周边省会城市相比差距较大，处于明显劣势。①

（六）入境旅游产业人才匮乏

2022 年 12 月，广西教育厅发布的《广西 2022 届普通高校毕业生就业质量年度报告》显示，2022 届广西高校毕业生中，留在广西的毕业生占比为 62.84%，比 2021 年下降 6.34 个百分点；去往珠三角就业的高校毕业生占比为 21.36%，比 2021 年上升 5.24 个百分点。可见，对于应届毕业生来说，经济发达地区的就业吸引力更强。南宁市虽然在广西区内有一定优势，但是和周边省会城市以及经济强市相比仍然处于劣势。2022 年中国内地GDP 百强城市榜单上，南宁以 5218 亿元成为广西唯一上榜的城市，排第 56位，比 2019 年的第 50 位下滑 6 位，与经济发达、发展较快的城市相比，南

---

① 数据来源：北京师范大学、中国日报网、光明网等单位，《城市海外网络传播力建设报告》。

宁对人才的吸引力不足，旅游产业人才也不例外。南宁市旅游市场主体实力不强，存在"小、散、弱"的问题，龙头企业、跨国企业、上市企业、世界/中国 500 强企业数量较少，高端旅游人才在南宁的就业机会较少，很难在南宁获得足够的发展空间。旅游产业人才不足直接导致旅游服务国际化水平不高，与北京、上海、广州等城市相比，南宁主要商圈、旅游景点、交通枢纽等重点区域的国际化标识体系、涉外旅游咨询服务、多语种导游服务、外文资讯服务、国际教育服务、国际医疗服务等还不够完善，缺乏国际旅游专线、涉外公众号、涉外手机 App、涉外网站、涉外广播等信息服务平台。

三　推动南宁市面向东盟的入境旅游产业发展的对策

（一）强化顶层设计，完善入境旅游产业政策供给体系

一是加大与国家相关部委的工作对接力度，重点围绕争取入境免签政策和推动全域旅游发展寻求相关部委的政策倾斜和资金支持。重点争取入境签证差别化政策，特别是围绕支持南宁市建设面向东盟开放合作的国际化大都市，优先争取较具吸引力的签证政策，如推进实施 72 小时过境免签和东盟国家居民过境 144 个小时免签政策，或者采取前期试点，优先推出越南、印度尼西亚、马来西亚、泰国 4 个国家居民入境南宁的免签政策，后期再全面铺开至整个东盟。

二是建议自治区依托已下发的《关于加快文化旅游业全面恢复振兴的若干政策措施》，加快出台专门推动入境旅游恢复的支持性政策，重点围绕打造入境旅游品牌、支持引领性文旅企业出海东盟、组织东盟方面"请进来"活动、做大做强跨境旅游合作区以及建设中越边关国家旅游风景道等方面提出支持措施。

三是南宁市应依托《南宁市全域旅游促进条例》和《南宁市全域旅游总体规划（2017 年—2025 年）》等文件，紧扣建设面向东盟的国际化大都

市这一重要战略定位，加大对面向东盟入境旅游发展的支持力度，尽快出台相关行动计划和实施方案，在财政、税费、市场准入和要素保障方面出台激励性政策举措，并积极组织开展创建国家全域旅游示范区工作。在入境便利化方面，应结合口岸具体实际，研究细化工作措施，对快捷通道软硬件设施设备进行全面细致排查和运行测试，常态化组织开展快捷通道查验业务培训，在原有基础上探索开设更多入境快捷通道。

（二）丰富产品供给，满足差异化多样化旅游需求

一是充分挖掘南宁市县域旅游资源丰富和多元化的优势，全面整合县域旅游资源，加快打造在全国具有影响力、在东南亚具有知名度的县域旅游精品线路。以上林县、马山县、青秀区、兴宁区、邕宁区、江南区、武鸣区、西乡塘区、良庆区、宾阳县等10县（区）相继获得"广西特色旅游名县""广西全域旅游示范区"荣誉称号为契机，深度挖掘县域壮乡旅游资源与优秀民族文化元素，开发文化旅游项目，设计特色旅游商品，支持各县域打造一到两个标志性旅游产品，以系统思维和产业链思维从全市层面进行统筹，将各县域标志性旅游产品串联成线、组合包装，形成产品矩阵，一体化推向市场，并依托东博会加大向东盟国家的宣介力度。

二是大力发展面向东盟的会展商务旅游。依托东博会永久举办地优势，鼓励和支持举办国际博览会、交易会、文化艺术交流会、学术研讨会等，吸引更多东盟国家商务人士来邕洽谈业务、寻求商机并进行休闲旅游消费，促进会展商务旅游国际化。

三是充分利用我国新一代信息技术比东盟国家更为发达和普及的特点，加快推动南宁市数字化旅游和智慧化旅游建设，更大力度满足东盟国家居民对于智能化旅游产品的需求。应当鼓励和支持数字化旅游体验产品开发、数字技术展示和运用，提升旅游数字化水平，支持利用科技工程、科普场馆、科研设施等发展科技旅游。例如，利用广西科技馆、广西民族博物馆、广西博物馆、南宁科技馆、南宁博物馆等场馆设施进行现代化新型技术手段演示，形成"广西科普文博展馆"精品旅游线路。

（三）做大做强特色旅游品牌，提升旅游服务品质

一是充分发掘首府独特山水资源、文化资源、少数民族资源、现代资源优势，发展壮大壮乡文化、本土文化、时尚文化、红色文化、岭南文化等。将地铁、CBD 等现代元素融入南宁市旅游热点，全力打造首府特色文旅品牌。同时，凸显"绿城"底色，塑造风光秀美、宜游宜居、美食众多的绿色生态旅游品牌。

二是加大入境旅游品牌营销宣介力度。依据南宁市实际情况，加强外宣品牌建设，打造更多专业性的国际旅游营销机构，负责面向东盟的国际旅游市场定位和营销战略。以全域旅游发展为突破口，制定实施南宁市全域旅游品牌营销行动计划，实施南宁市全域旅游品牌建设工程，组织开展南宁市全域旅游品牌"东盟行"系列活动。

三是持续完善文旅配套设施，优化入境旅游服务，不断提升国内外游客的体验感和满意度，扎实推动面向东盟的首府入境旅游产业高质量发展。同时，加大基础设施和公共服务设施、旅游指示标识、旅游交通设施、停车设施建设力度，优化旅游集散服务、自驾服务，强化应急救援保障以及人才保障，完善入境旅游服务保障体系，提升入境旅游公共服务功能，全面优化入境旅游发展环境。

（四）成立南宁市文旅投资集团，整合各类资源要素投入文旅产业

一是成立南宁市文旅投资集团，以现有企业和品牌为依托，盘活存量资源，整合文旅资源。以"大地飞歌"品牌为依托，以南宁大地飞歌集团为主体，统筹南宁市域多类型、多业态文旅项目发展，实现南宁"四县一区"① 景区联动，构建"大地飞歌"系列休闲度假旅游联盟，打造南宁市"一圈四县一区"② 旅游线路，推动南宁全域文旅产业集群化发展，提升南

---

① 指宾阳县、马山县、上林县、隆安县和武鸣区。
② 其中，"一圈"指环大明山绿色自然生态、民族风情和历史文化大旅游圈。

宁市作为入境旅游目的地的吸引力。

二是结合南宁市资源条件和地方特色，整合地方环境治理改善与全域文旅发展，打通南宁市生态产业化和产业生态化融合发展的实施路径，依托"大地飞歌"品牌突出南宁旅游特色，整合南宁文旅资源，打造"一江一园两湖一城"（邕江沿岸、园博园、民歌湖、五象湖、民族影城）特色旅游项目，形成文旅农商媒全产业链运行的文旅产业新思路、新品牌。

（五）加大国际航线开辟力度，构建区域旅游交通网络

一是进一步促进南宁市与其他国家和地区的航空公司建立合作关系，吸引更多国际航线进驻南宁。通过洽谈空中运输协议、提供优惠政策和市场准入条件等方式吸引航空公司开发国际旅游航线、直飞航线等，增加国际航班班次，扩大机场航线网络覆盖面。针对入境旅游的东盟国家游客，南宁市与周边城市要做到差异化发展，联合航空公司定期推出东盟国家至南宁市的精品旅游路线特惠航班等。实施境外旅游包机奖励政策，鼓励旅行社加强与航空公司的合作，开辟更多南宁始发的国际定期航线和旅游包机航线，开展面向东盟国家游客的入境旅游包机业务。

二是推动南宁吴圩国际机场打造面向东盟的门户枢纽。积极推动南宁吴圩国际机场成为境外游客免签中转机场，打造东盟国家游客入境旅游重要口岸。加大对旅游交通基础设施建设的投入力度，包括机场扩建、航站楼改造、航空货运中心建设等，为航空公司提供更好的运营环境。完善旅游集散中心、游客咨询中心、交通引导标识等，以提供更好的旅客体验和安全保障。

三是构建区域旅游网络和交通网络，加强区域联动合作，提升南宁作为面向东盟的国际旅游集散中心作用。首先，加强南宁与周边旅游城市（地区）的跨城市、跨区域旅游合作，推出南宁及周边城市多日旅游精品线路和套票，提升整体吸引力。例如，推出南宁—桂林"现代化城市+山水田园"二日游、南宁—广州"岭南历史文化追寻"三日游、南宁—贵阳"绿绿的南宁+爽爽的贵阳"五日游、胡志明—崇左—南宁"探访胡志明同志的足迹"七日游等。其次，加强南宁与周边城市的陆上交通合作，推动跨境

公路和铁路交通的发展，针对距离南宁比较近的东盟国家如越南推出跨境旅游口岸高铁、大巴专线等，串联南宁及周边城市景点，打通南宁与周边地区的旅游交通网络。

（六）依托语言和民族优势，培养面向东盟的旅游产业专业人才

一是探索面向东盟的旅游专业人才培养模式，通过职业教育、高校产教融合等方式，打造面向东南亚的旅游职业教育品牌。一方面，通过在南宁市设立专门的旅游职业学校或院系，重点培养面向东盟国家的旅游产业人才。重点开设系统全面的旅游管理、旅游规划、旅游营销、东南亚小语种等相关专业课程，培养旅游专业复合型人才。另一方面，加强高校与入境旅游业务业绩优良的旅行社的互动，进一步深化产教融合、校企合作。依托广西大学、广西民族大学等南宁本地高校，打造"中国—东盟旅游人才培养基地"，探索企业和高校联合培养机制，开设面向东盟旅游的校企合作专业，通过"小语种+旅游"的模式，加强东盟旅游学科体系建设。

二是加强国际交流与合作，与东盟国家的高等教育机构建立合作关系，定期开展师生交流项目。通过学生交换、师资互派等形式，促进旅游专业人才的跨境交流和学习。积极推动南宁本土高校与东盟国家的高校开展旅游专业合作办学项目，通过"2+2""3+1"等学习方式，培养掌握旅游知识与东南亚小语种的专业人才。推动职业院校、高校与东盟国家的旅游企业、旅游协会等行业机构开展合作，提供实习和就业机会。

参考文献

闫珅：《西安加快入境旅游恢复发展》，《西安日报》2023 年 7 月 11 日。

韩志祥、李艳花：《近十年旅游与经济增长研究回顾》，《合作经济与科技》2023 年第 16 期。

罗艳、黄鸿钰、陆仙梅：《贵州深化与澳门旅游合作的路径研究》，《四川旅游学院学报》2023 年第 4 期。

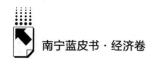

易肖肖、何少芬：《广西入境旅游流时空演变影响因素分析》，《合作经济与科技》2023年第15期。

陈小平、陈德广、杨东伟：《基于DSSM的儋州住宿业内地客源市场研究》，《海南热带海洋学院学报》2023年第3期。

李弘：《德国活动市场逐步恢复：数量的增长和质量的进一步发展带来机遇〈2022/23年德国会议与活动晴雨表〉》，《中国会展》2023年第11期。

王宏宇、孙根年：《2000—2019年中日国际旅游的反向性、市场翻转及成因》，《资源开发与市场》2023年第6期。

周仲鸿等：《国家级夜间文旅消费集聚区与旅游收入空间错位分析》，《河南科学》2023年第6期。

刘妍：《旅游翻译服务专业化能力提升研究——以黑龙江省冰雪旅游为例》，《商业观察》2023年第17期。

柳建坤：《中国省域国际知名度对入境旅游业的影响——基于文化大数据的分析》，《海南大学学报》（人文社会科学版）2023年6月13日。

张应武、郑雪梅：《离境退税政策的入境旅游效应及其内在机制》，《地域研究与开发》2023年第3期。

朱劲霏：《经济新发展格局下旅游消费路径探析》，《商展经济》2023年第10期。

查瑞波、许进镕、王善杰：《碳排放视角下入境旅游对共同富裕的影响》，《自然资源学报》2023年第5期。

王新越、郭利贞：《中国省域入境旅游经济韧性时空特征与组态机制》，《经济地理》2023年第5期。

左冰、伍姣：《人民币国际化与国际旅游发展：货币循环视角》，《旅游论坛》2023年第3期。

何敬儒：《会展活动对举办地入境旅游业的影响研究——以中阿博览会为例》，硕士学位论文，北京第二外国语学院，2023。

雷振仙、王坤、赵松欣：《"一带一路"沿线国家交通基础设施对入境旅游的空间效应研究——基于多重距离权重的考察》，《干旱区地理》2023年第11期。

康艳丽：《"讲好中国故事"在陕西入境旅游市场中的实践路径探析》，《旅游纵览》2023年第10期。

周人果、孙洁：《抓入境游万亿增长空间 助力中国打造国际旅游热门目的地》，《南方日报》2023年5月19日。

张蓉、张佳：《湖北省农业与旅游业融合发展研究》，《安徽农业科学》2023年第10期。

中国旅游研究院：《中国入境旅游发展年度报告2022》，旅游教育出版社，2022。

程成等：《中国—东盟旅游与贸易互动关系研究》，中国社会科学出版社，2021。

专题研究篇

B.16

南宁市加快推动预制菜产业
高质量发展的对策

南宁市社会科学院课题组 *

摘　要： 发展预制菜产业是南宁市推动乡村产业振兴的重要举措。当前，南宁市大力推动预制菜产业发展，已建立预制菜产业发展推进工作机制，产业各环节持续优化，市场主体加快培育，品牌培育初见成效，产业扶持政策和措施逐渐完善。但是，南宁市在推动预制菜产业发展过程中仍面临产业规模偏小、种养殖基地和产业园区有待提质增速、标准化规范化发展程度不高、渠道触达能力和品牌竞争力较弱等问题，需要在加强整体统筹规划、强

---

* 课题组组长：覃洁贞，南宁市社会科学院副院长、研究员。课题组成员：王瑶，南宁市社会科学院社会发展研究所所长、助理研究员；杜富海，南宁市社会科学院经济发展研究所副所长、助理研究员；庞嘉宜，南宁市社会科学院城市发展研究所科研人员、助理研究员；陈琦，南宁市社会科学院经济发展研究所科研人员、助理研究员；李娜，南宁市社会科学院经济发展研究所科研人员、助理研究员；王一平，南宁市社会科学院社会发展研究所科研人员、研究实习员；王政壹，南宁市预制菜高质量发展工作领导小组办公室副主任；李海兰，南宁市预制菜高质量发展工作领导小组办公室工作人员；艾明，南宁市预制菜高质量发展工作领导小组办公室工作人员。

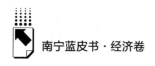

化全产业链体系、切实提升产业标准化水平、培育打造特色品牌和健全高质量发展保障要素等方面采取措施，加快推动预制菜产业高质量发展。

关键词： 预制菜 高质量发展 乡村振兴 南宁

2023 年中央一号文件指出"要提升净菜、中央厨房等产业标准化和规范化水平，培育发展预制菜产业"，预制菜产业首次写入中央一号文件。近年来，预制菜产业市场规模持续快速增长，在满足消费者对美食多元需求的同时，推动了农村一二三产业的融合发展，成为农业转型升级、农民增收致富的新动能，对助力乡村产业振兴、实现共同富裕具有积极意义。南宁市农业和农产品资源丰富，食品工业基础好，大力发展预制菜产业有利于推动食品工业转型升级和培育新赛道，也有利于促进消费升级和乡村产业振兴。

一 南宁市预制菜产业发展现状

（一）建立预制菜产业发展推进工作机制

1. 成立预制菜产业高质量发展领导小组

2022 年 5 月，南宁市成立由市分管领导和有关主管部门负责人组成的预制菜产业高质量发展领导小组，负责统筹协调和推进南宁市预制菜产业高质量发展工作，主要工作任务和职责包括协调统筹南宁市预制菜产业高质量发展各事项的具体落实。具体成员单位包括市发展改革委、市农业农村局、市商务局、市乡村振兴局、市工信局、南宁乡村振兴集团、南宁金融集团等。

2. 建立预制菜招商引资项目落地服务工作机制

围绕切实解决招商引资项目审批周期长、落地难等突出问题，南宁市出台了《南宁市预制菜招商引资项目落地服务工作机制（试行）》，在服务范围、工作流程、责任落实等方面做出了明确规定，以联席会议制度和挂牌服务制度协调项目落地的要素保障、手续办理等各项具体工作，及时收集项目推进信息，在技术改进、科技创新、融资等方面给予政策支持。

（二）产业链各环节持续优化

1. 高质量打造预制菜原材料基地

南宁市以统筹做好"菜篮子"工作为基础，围绕打造乡村振兴"6+6"全产业链，大力发展规模畜禽养殖业和设施渔业，有效保障了全市"菜篮子"生产供应，为南宁市预制菜产业高质量发展提供良好基础。2023 年前三季度，南宁市主要农产品生产继续保持良好增长态势，园林水果产量为309.02 万吨，同比增长 10.2%；蔬菜（含食用菌）产量为549.96 万吨，同比增长 4.5%；肉产量为56.03 万吨，同比增长 5.4%；水产品产量为16.9万吨，同比增长 4.5%。[①]

2. 加快打造预制菜产业基地

南宁市积极推动预制菜产业基地和园区发展，现已有良庆龙光生鲜汇、青秀区农产品交易中心、江南区南宁肉禽集散中心、兴宁区联华产业园、五象新区威链云预制菜产业园等 12 个园区，并吸引预制菜企业入驻开展预制菜生产、配送，总体建设规模约为 40 万平方米，主要由中央厨房、生鲜配送中心、预制菜生产车间等项目组成，集中式入驻企业约有 60 家，预制菜产业集群初步形成。[②]

3. 注重挖掘品类多样的预制菜

近年来，南宁市注重挖掘传统菜肴并包装推出预制菜，打造邕味特色食品，初步形成了肉禽、水产、果蔬、米面、特色食品等系列预制菜产品，推出扣肉、腊肉、鸡汤煲、鱼头啫啫煲、五色糯米饭、油茶、柠檬鸭、药膳食品等产品，有效推动农副产品向精深加工下游产业链延伸，预制菜品类日渐丰富。

---

① 数据来源：南宁市农业农村局。
② 数据来源：南宁市预制菜产业高质量发展领导小组办公室。

4. 预制菜市场营销渠道初步搭建

南宁市依托粤桂深化协作，通过开展主题推介宣传活动，以"互联网+""电商+"模式打造预制菜销售推广平台，积极打通预制菜向粤港澳大湾区消费市场销售的渠道。同时，积极推进南宁市农业大数据服务平台建设，将各部门、企业现有平台板块进行有效整合，逐步搭建起具有大数据分析能力和可视化分析水平的平台系统，推动线下连锁生鲜、大型商超和饭堂预制菜销售渠道发展。

5. 预制菜冷链物流建设不断完善

南宁市依托农产品交易中心二期一区冻类、肉类市场项目建设，对预制菜产业进行布局，加快建设发展南宁（东站）国际冷链物流港，设置冷链物流中心、预制菜加工区、冷鲜白条肉交易区、冻品展示交易区四大功能区，配套13万吨大型低温冷库、约7.3万平方米的冻品肉类交易区、冷链仓储配套服务区等基础设施。① 截至2022年底，南宁市规模以上农产品加工企业有536家，建成冷库总容量约为240万立方米，拥有各类冷链运输车9500辆，冷链物流体系初步形成。

（三）加快培育预制菜产业市场主体

1. 培育预制菜企业

南宁市积极引进、储备预制菜精深加工头部重点企业，促进预制菜精深加工产业高质量发展，增强预制菜市场竞争力。目前，南宁市正积极推动广西阿秀食品有限责任公司年产2.5万吨卤制品、肉制品及副产品加工项目，推动完善龙光—东盟生鲜食品智慧港项目和龙光南宁·云汇鲜智慧港暨粤桂协作预制菜产业园招商引资工作，引进永恒集团、鲜比立食品、中舟食品、农果源科技等企业入驻。同时，加快推进广西·南宁顶蛳山现代农业示范区预制菜企业入驻招商工作。

---

① 数据来源：《南宁（东站）国际冷链物流港冷库预计年底投入运营！这场交易会透露这些信息》，南宁网，2023年7月7日，http://www.nanning.china.com.cn/2023-07/07/content_42437019.htm。

2.成立预制菜产业协会

2023 年，南宁市预制菜产业协会成立，积极组织南宁市预制菜产业企业参加广西预制菜产业上下游供应链主题活动、中国（东莞）第一届预制菜展览会、广西猪产业暨预制菜产业大会等行业活动，有效推动了南宁市预制菜产业规范化、科学化发展，共计带动一二三产产值 1.7 亿元。[①]

（四）"邕味"品牌培育初显成效

1.组织开展预制菜技术研发

南宁市联合广西标准技术研究院、国际标准化人才培训基地（南宁）、南宁市预制菜产业高质量发展领导小组办公室举办预制菜（食品加工）国际标准化能力提升培训班，积极建设校办工厂，采用"学校+企业"模式开展预制菜产品生产和技术研发，打造预制菜产品技术研发高地。同时，充分利用自治区科研技术资源，整合广西农业科学院农产品加工研究所、广西水产科学研究院等在南宁市的食品加工类科研单位资源，参与预制菜技术研发工作。

2.加强"邕味"预制菜宣传推广

南宁市围绕提升预制菜品牌市场影响力和传播力，大力加强"邕味"预制菜宣传推广，以组织评选活动、利用网络平台、参与大型展销会等方式宣传"邕味"预制菜，提升知名度，通过举办"追踪预制菜名品"、探寻"邕友味道"、"邕揽东盟·食通天下——中华（南宁）美食地标产品发展大会暨预制菜产业发展交流会"等主题活动，加强对南宁本土预制菜的宣传推广。目前，柠檬鸭、五色糯米饭、木瓜酱菜、万国脆皮扣肉、秘制老友酱、莫氏山羊扣肉、香酥芋头夹、盐焗鸡爪、盐焗鸡翅等预制菜具有一定的知名度，市场人气较高。

3.制定出台预制菜地方标准

南宁市市场监督管理局牵头组织预制菜产业有关行业部门、科研院所、

---

① 数据来源：南宁市预制菜产业协会。

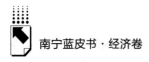

社会团体、龙头企业召开研讨会，初步构建形成了南宁市预制菜标准体系框架，发布了《预制菜术语》《预制菜分类》《预制菜冷链配送操作规范》3项地方标准，跨出了南宁市预制菜产业标准体系建设的重要一步。

（五）产业扶持政策和措施逐渐完善

1. 落实和出台预制菜产业发展政策

自治区层面和南宁市层面相继出台《广西桂味预制菜产业高质量发展三年行动方案（2023—2025）》《南宁市预制菜产业高质量发展三年行动方案（2022—2024年）》等政策措施，为推动南宁市预制菜产业发展提出了有针对性的具体行动方向和政策保障。

2. 加大力度培育预制菜产业人才

南宁市人力资源和社会保障局指导有资质的培训机构和职业学校（技工学校）围绕中式烹饪、电商直播、物流配送和市场营销等内容开展相关专业技能培训，积极引导职业技术学校设置中餐烹饪、西餐烹饪、中西面点等与预制菜产业相关的专业，进一步壮大预制菜产业高素质技能人才队伍。截至2023年底，南宁市各职业技术学校有烹饪类专业全日制在校生4460人，为预制菜产业发展和高校预制菜专业培训筑牢了基础。①

二　南宁市预制菜产业发展存在的主要问题

（一）产业规模小，企业实力偏弱

1. 产业规模小

由于预制菜产业硬件设施、产品研发等投入较大，作为一个新兴行业，发展前景尚不明朗，投资回报周期不确定，投资风险偏高，产业规模整体不

---

① 数据来源：南宁市教育局。

大。2022 年，南宁市预制菜年产值实现 169 亿元①，仅为大连预制菜年产值 1000 亿元的 1/6。从预测产值看，南宁市力争 2024 年预制菜全产业链规模破 1000 亿元，与潍坊（突破 3000 亿元）②、大连（目标 3000 亿元）③ 等城市相比差距较大。

2. 企业整体较弱

南宁市预制菜产业以生鲜即配和餐饮行业为主，专业预制菜生产企业数量较少，多数为中小企业，龙头企业占比不高，头部企业引领作用尚未发挥。2022 年，南宁市预制菜高质量发展重点企业 90 家，产值达 168.7 亿元，其中营收过亿元企业 24 家，产值达 154.1 亿元，④ 与龙大美食（主营收入 161.16 亿元）⑤ 等头部企业相比存在差距。南宁市食品类科技型企业占比不高，享誉全国的预制菜创新型企业还未出现。

（二）种养殖基地和产业园区建设有待提质增速

1. 种养殖基地产业化水平较低

南宁市种养殖产业以散户为主，品种相对零散，产量和质量不高，未形成规模化效应，导致预制菜企业的原材料成本居高不下，无法满足预制菜加工企业要求。2023 年，依据经济实力、科技创新、绿色低碳、数字化助力、发展环境 5 个一级指标（下设 17 个二级指标），赛迪顾问评选发布"2023 十大预制菜产业基地"，南宁尚未有基地上榜，推动种养殖基地高质量发展任重道远。

2. 产业园区高质量发展亟待推进

南宁市产业园区高质量发展亟待推进，截至 2023 年 11 月底，龙光南

---

① 数据来源：《我市 900 多家预制菜企业年产值超千亿元》，大连天健网，2023 年 1 月 20 日，https：//dalian.runsky.com/2023-01/20/content_6218151.html。

② 数据来源：《潍坊市预制菜产业高质量发展三年行动计划（2022—2024 年）》。

③ 数据来源：《"中国海鲜预制菜之都"来了！大连市发展预制菜产业明年目标产值 3000 亿元》，和讯网，2023 年 3 月 9 日，https：//news.hexun.com/2023-03-09/207920320.html。

④ 数据来源：南宁市乡村振兴局。

⑤ 数据来源：《图解龙大美食年报：第四季度单季净利润同比增长 102.64%》，证券之星网，2023 年 4 月 29 日，https：//stock.stockstar.com/RB2023042900001111.shtml。

宁·云汇鲜智慧港暨粤桂协作预制菜产业园、南宁（东站）预制菜加工总部基地等项目建成开业，但建设和生产速度相较于需求端略为滞后。另外，南宁预制菜产业园区与国内一些特色预制菜产业园区相比存在市场定位不够清晰、园区特色挖掘不足、与龙头企业以及协会的合作有待进一步深化等问题。

（三）产业标准化规范化发展程度不高

1.若干环节和领域标准缺失

预制菜产业链较长、跨度大、环节多，其中涉及农产品种养殖、仓储、生产加工、产品包装、冷链运输、销售等多个环节，在食品保鲜、安全控制等方面存在多个风险点。目前，南宁预制菜若干环节和领域的细化标准严重缺失，初步构建的预制菜标准体系框架缺乏充分论证，已发布的标准项目无法满足产业高质量发展需求，其引领作用尚未充分发挥。

2.标准化和规范化发展有待加强

南宁市预制菜产业标准化和规范化发展有待加强。一是行业主管部门指导作用未能充分发挥。部分行业主管部门在预制菜产业全链条中的标准化工作职责有待理顺。二是对相关标准化技术机构和专项经费支持不足。南宁市在推动预制菜产业标准化技术机构建设、整合专业资源、推动建立完善产业标准体系方面仍有提升的空间，且缺少相应的专项经费。

（四）冷链物流方面存在短板

1.冷链物流基础设施建设滞后

南宁市虽大力扶持家庭农场、合作社、村集体经济组织等新型农业经营主体建设农产品仓储保鲜冷链设施，但涉农企业、合作社、家庭农场建成并投入使用的农产品仓储保鲜冷链设施数量仍不足，全市可实现全程冷链运输的农产品占比不高，大型冷库数量偏少。

2.冷库区域分布不平衡、结构不合理

南宁市中心城区对冷链物流的建设投入相对更多，冷库容量大、冷链车

数量多，而农村地区对冷链物流的建设投入明显不足，冷库数量与实际需求之间相差较远，农村冷链物流路线有待进一步拓展，农村地区的冷链物流规模化、组织化、网络化发展水平亟待提升。另外，从建成的冷库种类来看，南宁肉类冷库（低温冷库）相较于果蔬冷库（高温冷库）更受重视，城市经营型冷库、流通型冷库相较于产地加工型冷库、市场型冷库更多，致使在果蔬丰收季节高温冷库存在较大需求缺口。

3.冷链物流信息化程度不高

南宁市预制菜产业冷链物流信息化程度不高，主要体现在以下方面：生产智慧化水平低，在自动化装卸、库房机器管理、员工自动化管理等方面存在不足；产品流通信息与消费者需求信息不对称，市面上存在预制菜产品销售不畅与消费者无法顺利买到满意产品的矛盾；冷链物流信息管理能力较弱，未实现数据共享，对区域间的冷链物流信息缺乏协调性，对自身以及周边信息资源的整合度、利用率不高。

（五）渠道触达能力和品牌竞争力较弱

1.营销渠道较单一

南宁市预制菜产业营销渠道较为单一，虽然各类销售模式都有，但以直销、线下销售居多，尤其是在 C 端市场的扩张多以零售渠道和直销模式展开，社区订购、线上新零售等模式应用较少。整体营销渠道通达性不足，渠道呈现区域化、分散化特征，面向全国的营销渠道网络还未形成，产品多渠道、高时效触达消费者的能力亟待提升。

2.品牌竞争能力弱

南宁预制菜产品由于风味和种类相对单一、品控能力不强等原因，难以突破区域限制，本土品牌区内区外占有率不高。[①] 2022 年底，FoodTalks 全球食品资讯按照"即食、即热、即烹、即配"四大细分品类精选了 163 个预制菜品牌公司的 220 个预制菜品牌，品牌数量排名前三的城市为上海（38 个）、

---

① 数据来源：《预制菜在南宁销售火爆，但"广西产"占比不高》，广西新闻网，2022 年 8 月 1 日，http：//www.gxnews.com.cn/staticpages/20220801/newgx62e71c38-20845226.shtml。

北京（27个）、广州（13个），这3个城市四大细分品类品牌总数依次为29个、72个、83个、36个，每个细分品类品牌数量最多的城市分别为上海（5个）、上海（17个）、上海（13个）、北京（4个），广西只有"鲜美来"品牌在"即热、即配"细分品类中占有一席之地，且此品牌隶属北海，南宁无一品牌位列其中。

（六）人才供需矛盾日益凸显

1.预制菜产业各类人才比较短缺

城市对人才的吸引力有待提升。根据智联招聘和泽平宏观联合发布的《2022年最具人才吸引力城市100强》，南宁市以第63名上榜，位居长沙（12名）、合肥（19名）、西安（20名）、昆明（36名）、贵阳（55名）等城市之后。南宁市预制菜产业各类人才较为短缺，主要体现为研发型人才匮乏、技能型人才不足和管理型人才（包括生产经营管理、市场开发、市场营销等人才）较为短缺。

2.预制菜产业人才培养存在短板

由于2024年1月教育部发布的中职专业目录未包括预制菜专业，南宁市中职学校无法开设专门面向预制菜产业的人才培养课程，不能有针对性地培养预制菜产业人才。截至2023年8月，南宁市仅有广西南宁技师学院、南宁市第一职业技术学校和南宁商贸学校在预制菜研制方面有初步探索，尚未开设常规课程或形成系统学科。

三 南宁市加快推进预制菜产业高质量发展的对策

（一）强化统筹规划，推动预制菜产业集群化发展

1.加强统筹谋划和规划引领

一是坚持科学规划引领产业高质量发展。立足南宁市农业基础和特色优势，结合产业未来发展趋势，着力满足市场消费需求和城市发展需求，加快

明晰南宁市预制菜产业全景画像。研究制定出台南宁市预制菜产业中长期发展规划和相关政策措施。在规划中对预制菜的重点任务、产业布局、产业结构、产品供给、产业发展环境、保障措施等方面予以明确，引领农业及食品制造业等相关产业转型升级、产品提质增效、产能扩容增量。

二是完善产业专项支持政策体系。围绕生产能力提升行动、产品质量提升行动、产品种类丰富行动、消费市场开拓行动、流通水平提升行动五大提升行动，完善预制菜产业高质量发展专项支持政策体系，强化专项资金、财税政策、土地政策等的导向作用，加大对预制菜产业全链条各环节以及园区建设、研发创新等方面的扶持和奖励力度。

2. 加快推进预制菜产业园区建设

一是加快推进预制菜产业功能区和发展载体建设。要充分整合各县（市、区）、开发区等区域产业发展基础和产业布局规划，明确园区发展方向，依托现有的农业产业园、食品加工园等载体打造"园中园"，建设与区域禀赋相匹配、与区域发展需求相适应、符合预制菜产业企业发展需求的标准基地和厂房，形成定位明确、发挥优势、良性互补的协调发展格局。

二是积极推动预制菜产业集群化特色化发展。加快推动龙光南宁·云汇鲜智慧港暨粤桂协作预制菜产业园项目实施，建成面向粤港澳大湾区及其他国内市场的新型预制菜及生鲜产业生态综合体，实现集约化发展。加快推进南宁农产品交易中心项目及南宁（东站）国际冷链物流港建设，充分发挥区位交通、基础设施和农产品资源优势，打造面向粤港澳大湾区及东盟国家的农副产品原料、初加工产品、预制菜产品交易中心。

3. 提升预制菜企业竞争力

一是实施龙头企业引培计划。积极引进预制菜精深加工重点企业，加大产业链招引力度，精准招商引资，瞄准预制菜行业、农产品加工行业、食品制造业等行业中关键技术先进、核心竞争力强、辐射带动力强的龙头企业、重点企业、重点项目加以引进。借助深圳市正在积极推进国际食品谷建设的契机，吸引具有较强带动性和辐射能力的食品工业高端装备项目、精准营养核心技术项目等入驻，加快推动食品加工生产提质升级。

二是实施预制菜企业梯队培育计划。建立优质预制菜企业储备库，加快形成"龙头企业引领、标杆企业示范带动、优质企业支撑、中小企业跟进"的产业企业成长格局。培育预制菜细分领域的优质加工生产研发中小企业，鼓励支持现有食品加工企业向预制菜精深加工领域转型，引进智能化生产线，提升精深加工工艺和生产自动化水平。

（二）持续强化预制菜全产业链体系

1.做优预制菜原料供给端

一是推广预制菜原料标准种养管理模式。试点开展预制菜优质原料全流程标准种养管理，以试点辐射带动原材料种养标准化、规模化。同时，加强名优特农产品的品牌管理，针对名优特农产品建设集中管理、规模生产、产品溯源的商品化管理体系，推动原料农产品在品质等级、包装、运输、标识等要素上实现统一化、标准化管理。

二是高标准推进绿色优质原料基地建设。依托现有现代农业产业园、农业科技园、农村产业融合发展示范园、农业现代化示范区、田园综合体等载体，瞄准粮食类、畜禽类、果蔬类、水产类等品种，加快建设一批规模化种养、专业化生产、标准化管理的预制菜专用原料基地。支持企业、农村集体经济组织、农民合作社、家庭农场等主体逐步完善分拣、净化、预处理、包装、冷鲜等初加工技术和设备条件，提升原料初加工水平。

2.做强预制菜精深加工

一是推动食品加工基地转型为现代化预制菜产业高地。鼓励企业引进智能化生产线，强化生产设备与生产技术，推动智能化生产加工示范应用场景建设。探索通过政府购买服务后租赁、直接购买或融资租赁后补贴等方式，支持中小企业购买或租赁新的食品加工生产线、配套设备及技术，加快现有生产线、车间、工厂的自动化、智能化改造，提升食品加工企业在自动化生产、质量控制等方面的技术能力。

二是创新推广"预制菜精深加工+原料农产品"协同发展模式。充分发挥南宁市深厚的农业基础和食品加工传统产业优势，进一步打通预制菜精深加工链条关键环节，创新推广"原料基地+中央厨房+餐饮门店""原料基地+加工企业+电商销售""定制农业+营养配餐"等模式，推动"预制菜精深加工+原料农产品"协调发展，实现就近供应、集中采购、协同研发。

3.完善冷链物流下游端

一是构建预制菜产业冷链物流体系。着重面向水果、蔬菜、食用菌、肉类等优势特色生鲜农产品，加快推进具备保鲜、预冷、贮藏等功能的产地冷藏保鲜设施。探索发展共享式"田头小站"等移动冷库、移动式地头冷柜、冷藏车，推广经原产地数据采集、农残检测、产品追溯后采用集约化、标准化加工配送模式，最大限度地保持食品原料原有外观和品质。

二是培育冷链物流运营服务主体。组织引导预制菜产业园区、预制菜生产企业与仓储冷链物流企业做好对接，培育一批具备产地农产品贮藏保鲜和商品化处理能力的农村集体经济组织、农民合作社等主体，满足田头储运需求。积极引进深圳市现代化冷链物流技术，以及一批具有区域影响力的预制菜仓储冷链物流龙头企业，助力加快冷链物流数字化、智能化发展。

（三）切实提升预制菜产业标准化水平

1.强化产品标准引领建设

一是积极建立预制菜产业标准体系。高标准引领高品质预制菜发展，组织开展预制菜全产业链标准体系建设试点工作，逐步制定完善预制菜原料生产种养、加工包装、冷链运输等从"田间地头"到"餐桌"的系列标准，突出产品质量、生产管理、销售流通等指标，建立预制菜产业链标准体系。

二是加快推进相关标准制定出台。加快制定出台预制菜食品安全地方标准和预制菜产业园建设指南、预制菜产业园评价规范、预制菜冷链物流运输通用要求等地方基础通用标准。组织鼓励有关社会团体、骨干企业依据不同产品种类，制定预制菜团体标准、行业标准、企业标准、菜品标准等，加快形成具有南宁特色的预制菜产业标准体系。

2.切实提高预制菜技术研发能力

一是建立预制菜研发平台。支持预制菜产业链上下游协同创新，建立健全预制菜原料和菜谱数据库，以企业为主体、以市场为导向开展关键核心技术攻关。鼓励餐饮企业、预制菜企业与高等院校、科研院所、行业协会共同建立预制菜"产政学研用"合作平台，开展深度产学研合作。用好深邕协作深度推进的契机，充分借助深圳科技优势，探索"深圳研发+南宁生产""研发孵化在深圳，生产产业化在南宁"的飞地合作模式，共同推动预制菜研发创新。

二是紧扣本土优势和市场需求开展研发。立足南宁市本土"富硒""原生态""养生"等名优特农产品和农副产品，研发培育一批有一定产量规模、有竞争力、有市场份额的预制菜核心品类和主打"单品"。依托南宁市紧邻东盟的优势，面向东盟市场夯实畜禽养殖基础，按照清真食品标准，培育发展牛羊肉、牛羊奶等预制菜产品。

3. 构建预制菜质量评价及安全监管规范体系

一是加强预制菜产业全链条质量安全监管。出台预制菜生产许可审查规范性文件，明确预制菜的定义、产品类别、生产条件等，明确产品技术审查要点，设立预制菜生产企业准入门槛。帮助企业健全质量安全管理体系，指导企业规范日常生产、加工包装、仓储运输等全链条管理，在菜品质量控制、运输、销售等关键节点给予企业技术指导，提升产品品质和自检自控水平。

二是加快推进监管体系建设。完善预制菜生产原料与产品"三品一标"认证体系建设，建立健全以信用为基础的新型监管机制，依法依规开展守信联合激励和失信联合惩戒，确保预制菜食品质量安全。探索建立预制菜产业链、供应链常态化质量安全评估体系，强化预制菜质量评价及安全检测能力，推动实现预制菜专供原料源头检测追溯，做到每份预制菜都有"身份证"（标签标识）。

（四）培育打造预制菜特色品牌

1. 推动"邕味"预制菜品牌建设

一是强化"邕味"预制菜特色品牌打造。建立"邕味"预制菜品牌名录和储备库，制定入库标准，鼓励预制菜企业积极申报入选，对入库企业和产品在品牌宣传及推广上予以渠道和资金支持，开展优秀品牌和产品评选活动，打造一批具有知名度和影响力的预制菜品牌。引导帮助企业积极开展香港优质"正"印认证、"圳品"认证、预制菜产品认证（中国质量认证中心）、"三品一标"等各类标准认证，提升品牌认可度和知名度。

二是加大预制菜品牌营销推广力度。支持企业在热门商圈、重点场所、公共交通工具等渠道投放广告，在大型商超、农贸市场等设置预制菜专柜，加强对预制菜的正面宣传。支持品牌积极参加中国—东盟博览会、农产品博览会、食品博览会等大型展会，鼓励品牌企业在微博、抖音、小红书等主流媒体平台进行推广，打响知名度。与粤菜、川渝火锅、杭帮菜等知名菜系龙头企业开展"飞地合作"，提升国内市场对"邕味"菜品的认可度和接受度。

2. 丰富"老友"预制品种和消费场景

一是围绕南宁特色美食创新"邕味"预制菜种类。依托南宁市"老友"风味等特点，以及果蔬种类丰富的优势，结合当下消费市场需求研发方便的预制食品，建立南宁市预制菜产品库。挖掘传统美食与非遗食品的预制发展空间，推动老友粉、老友饼、五色糯米饭等传统特色美食、名优小吃提升锁鲜技术，培育推出一批"邕味"预制菜核心品类、主打产品。

二是推动预制菜与文旅融合发展。支持有条件的县（市、区）建设预制菜美食文化街区，深挖预制菜产业涉及的南宁年糕、荔园糕点、横州木瓜酱菜、良庆脆皮扣肉、槐花粉等传统美食及其制作技艺。整合乡村旅游重点村镇、乡村旅游精品线路、田园综合体、休闲农业园区等线路和基地，探索将预制菜工业旅游纳入农旅融合发展规划，积极发展"预制菜+"农旅融合新业态，努力打造"现代农业+特色预制菜美食+文旅"体验带和精品预制菜三产融合发展示范区。

3. 多维度拓展消费市场

一是多渠道拓展消费市场。依托中国—东盟（南宁）水果交易中心、南宁农产品交易中心等线下大型交易中心及京东、淘宝、亚马逊等电商平台,构建预制菜品批发、零售线上线下网络。借助深邕合作机遇,健全本土预制菜企业品牌与广东批零市场的产销对接长效机制。推动产业链向线上和线下销售端延伸,提升"邕味"预制菜在粤港澳大湾区、全国乃至东盟国家的市场占有率。

二是强化本地产销对接。针对航空餐食这一具有较大潜力的市场,积极与各家大型航司合作,让"邕味"预制菜品登上"航空小桌板",扩大团餐市场份额。加强预制菜企业与配送型企业的合作,利用配送型企业深入社区、住宅小区,通过"送菜上门"将优质安全的农副产品和预制菜产品及时配送给终端消费者。

(五)健全预制菜产业高质量发展保障要素

1. 健全预制菜信息化平台

依托南宁市消费帮扶农产品(预制菜)供应链信息化平台,持续完善预制菜供应链公共服务平台,建设预制菜原料和成品信息化供销管理平台。利用大数据平台深度分析,有针对性地指导企业精准定位市场、拓展消费场景、进行市场细分,利用差异化发展打开市场销路,避免同质化发展。着重整合线下种养殖基地以及订单农业、加工业、物流业,实现国内产品种养殖基地"直采直供、下单即到",努力实现供需精准对接,助力预制菜产业高质量发展。

2. 加大财政金融支持力度

探索将一定比例的财政补助资金用于推进预制菜产业发展,设立预制菜产业基金,为产业发展注入"资本活水"。同时,持续加大对入驻园区的龙头企业的政策扶持和相关优惠力度,适度推动政策和资金向参与预制菜产业发展的农村集体经济组织、农民合作社、家庭农场等新型农业经营主体倾斜。加大信贷支持力度,支持金融机构为预制菜产业创新开发专项信贷产品和服务,持续扩大金融服务覆盖面。

3. 强化高素质人才支撑

依托"人才飞地""新创业领军人才'邕江计划'"等人才引进培育工程，集中引进一批产品研发、生产制造、营销策划、冷链物流、仓储配送等方面的人才队伍，将人才队伍建设贯穿产业发展全过程。组织开展预制菜生产、市场营销、电商直播、物流配送等产业发展相关职业技能人才培育和职业技能评价，进一步提升相关领域从业人员的职业素养和技能水平。

参考文献

李岩等：《我国预制菜产业现状及发展对策》，《中国果菜》2024 年第 2 期。

姚芹、宋宇宸、宋浩：《苏州预制菜产业发展现状、存在问题及对策建议》，《食品工业》2024 年第 2 期。

董慧媛、刘少和、张伟强：《广东省预制菜产业化发展路径研究》，《广东农工商职业技术学院学报》2023 年第 1 期。

邓楚君：《预制菜产业发展现状与未来高质量发展措施》，《农产品加工》2024 年第 1 期。

刘娟、罗光武：《湛江市预制菜产业发展的 SWOT 分析及发展战略研究》，《中国果菜》2023 年第 10 期。

贾明思、丁少辉：《我国预制菜产业规模与发展建议》，《食品安全导刊》2024 年第 1 期。

许丁元、高存华、王聪聪：《"菜篮子"如何变成"菜盘子"——基于山东临沂市发展预制菜产业的调研》，《农村工作通讯》2023 年第 7 期。

杨铭铎等：《高职专科层次预制菜人才培养方案设计——兼论餐饮院校烹饪类专业的衔接》，《四川旅游学院学报》2024 年第 1 期。

广东预制菜产业高质量发展工作联席会议办公室等：《万亿预制菜　广东省预制菜产业高质量发展路径探索》，南方日报出版社，2023。

B.17
南宁市房地产业平稳健康发展的对策

南宁市政协专题调研组[*]

摘 要: 房地产业事关民生福祉,事关经济可持续发展,事关社会稳定。近年来,南宁市房地产业取得长足的发展,在经济社会生活中的地位和作用愈加重要。但目前南宁市房地产市场持续低迷的形势仍旧严峻,仍面临房地产投资持续下降、商品房市场销售持续低迷、商品房开工面积锐减、去库存压力比较大、实际到位资金降幅明显和土地一级市场萎缩等挑战。在深入了解本地实际情况、系统分析国家相关政策、学习外地经验做法的基础上,建议在落实政府主体责任、积极保障多层次住房需求、健全租购并举住房供应体系、加大金融支持力度、防范化解项目风险、持续优化监管与服务保障等方面强化措施,促进南宁市房地产业平稳健康发展。

关键词: 房地产 商品房 南宁

    房地产业事关民生福祉,事关经济可持续发展,事关社会稳定,是南宁建设面向东盟开放合作的国际化大都市的重要支撑。2022年以来,南宁市房地产业面临一系列风险和挑战,南宁市及时采取了一系列政策措施,并取

---

[*] 调研组组长:魏凤君,南宁市政协原副主席。调研组成员:李海光,南宁市政协人口资源环境与城乡建设委员会主任;农凌云,南宁市政协副秘书长、办公室副主任;赖承略,南宁市发展改革委副主任;梁航琳,南宁市住房和城乡建设局副局长;周旭红,南宁市人口资源环境与城乡建设委员会副主任;何广华(执笔人),南宁市人口资源环境与城乡建设委员会副主任;李耿民,中共南宁市委市直机关工委副书记,南宁市委政策研究室原副主任;杨海翔,南宁市住房公积金管理中心副主任;马艳芳,南宁市政协人资委办公室主任、四级调研员;郑立川,南宁市政协人口资源环境与城乡建设委员会办公室工作人员。

得了一定成效。但受经济下行、房地产金融审慎管理政策、投资与消费信心不足等影响，目前南宁市房地产供需两端乏力、企业信心不足、市场持续低迷等问题仍然突出，房地产形势仍旧严峻。认清南宁市房地产市场现状，客观分析面临的困难和问题，从而研究提出相应的对策建议，对促进南宁市房地产业平稳健康发展具有重大意义。

一　南宁市房地产业发展的主要成效

南宁市深入贯彻落实各项房地产调控政策，加快完善住房保障和房地产市场体系，促进房地产市场运行稳中提质、城市居民居住质量显著提高，充分发挥了房地产发展在保障民生、拉动经济增长、推进城镇化建设以及改善人居环境等方面的重要作用，房地产市场总体呈现平稳健康发展态势。截至2023年5月，全市房地产行业企业共3173家，其中房地产开发企业（项目公司）1142家、经纪机构1810家、估价机构76家、租赁企业145家。全市房地产从业人员约8.5万人，其中房开从业人员5.2万人、房地产中介（含经纪、评估、租赁）3.3万人。①

（一）房地产投资保持平稳增长

2016年以来，南宁市房地产开发投资聚焦人民群众日益增长的美好生活需要，投资总量保持平稳增长，在扩大内需、稳定经济等方面的支撑作用明显。2019年南宁市房地产开发投资总额是2016年的1.7倍。2016~2022年房地产开发累计投资7861.51亿元，在全区所占比重为36.08%。2022年南宁市房地产业增加值占GDP的比重为9.89%（全国为6.1%，广西为7.2%），有力推动首府经济发展。

（二）住房供应规模持续扩大

2016年以来，南宁市房地产业稳步向前，建设规模日益扩大，房屋

---

① 数据来源：如无特殊说明，本报告数据均来自南宁市住房和城乡建设局。

施工面积明显扩大。2022年南宁市商品房施工面积是2016年的1.7倍。2016~2022年累计竣工面积为5373.65万平方米，在全区所占比重为36.48%。住房供应规模持续扩大，人民群众居住条件显著改善。从全社会角度出发，商品房销售市场活跃拉动建材、装修、房产中介、物业管理等行业的快速发展，建设成就惠及民生。2016~2022年全市商品房累计销售11078.47万平方米，在全区所占比重为27.98%；其中，商品房住宅累计销售8736.58万平方米，在全区所占比重为25.08%。2023年1~4月，新建商品房上市供应面积同比增长5.98%，其中新建商品住宅上市供应面积同比增长10%。

（三）居住品质加快提升

2016年以来，南宁市人均公园绿地面积不断扩大，城市建成区绿地率、城市燃气普及率、供水普及率、常住人口城镇化率稳步提高，城镇住房品质逐步提升，居住环境更加宜人。随着城市更新改造深入实施，城市公共配套设施持续完善，城市治理现代化、精细化、智慧化水平持续提升，特别是在住宅产业中积极应用和推广绿色技术、装配式施工技术、信息化技术，使全市人民在"住有所居"中享受新生活、创造新生活。

（四）住房保障成效显著

2016年以来，南宁市在推进住房市场化的同时加大保障性住房建设力度，保障群体已从城市低收入人群扩展到新就业大中专毕业生、本市农村家庭以及外来务工人员等人群。棚户区改造、老旧小区改造、保障性安居工程工作不断推进，多主体供给、多渠道保障、租购并举的住房制度逐步建立，南宁市入围2020年中央财政支持住房租赁市场发展试点城市，众多惠民住宅小区的先后开发建设，使全市人民共享改革发展成果，在促进社会公平、维护社会和谐稳定方面发挥重要作用，实现人民群众的安居梦想。

（五）保交楼工作扎实推进

2022 年以来，南宁市压实城市主体责任，按照"法治化、市场化"原则，积极推进保交楼、保民生、保稳定工作，突出抓好问题楼盘处置化解，因城施策，努力稳地价、稳房价、稳预期、防风险。针对已售逾期难交付的 99 个房地产开发项目，各级各有关部门坚持"一楼一策""一企一策"，全力以赴保交楼。南宁市已获得专项借款共计 39.09 亿元，惠及项目 69 个，保交楼套数 3.87 万套。截至 2023 年 12 月底，累计交付 3.18 万套，已整体交付项目 36 个（第一批 20 个，第二批 16 个），保交付率达 82.25%，超额完成住建部下达的交付率 70% 的任务。

二 南宁市房地产市场基本情况

（一）房地产开发投资完成情况

南宁统计公报数据显示，2022 年，南宁房地产开发投资同比下降 45.3%（全国房地产开发投资同比下降 10.0%，广西房地产开发投资同比下降 38.2%），其中住宅投资同比下降 46.0%，办公楼投资同比下降 42.1%，商业营业用房投资同比下降 45.9%。2022 年房地产投资额仅约为高峰期 2019 年的一半。2023 年，全市房地产开发投资同比下降 33.3%（全国同比下降 9.6%，全区同比下降 31.2%）。

2022 年，南宁市商品房施工面积同比下降 7.7%，房屋新开工面积同比下降 53.8%（全国同比下降 39.4%，广西同比下降 43.1%）。2023 年 1~11 月南宁市房屋新开工面积同比下降 22.5%（全国同比下降 21.2%）。

（二）商品房销售情况

2021 年南宁市商品房销售面积同比下降 18.7%，其中住宅销售面积同比下降 24.3%。2022 年南宁市商品房销售面积同比下降 11.3%（见图 1），其中住宅销售面积同比下降 39.7%（全国同比下降 26.8%，广西同比下降 37.1%）。2023 年 1~11 月，南宁市商品房销售面积同比下降 16.1%，降幅比 1~10 月扩大 0.8 个百分点（全国同比下降 8.0%，降幅比 1~10 月扩大 0.2 个百分点）。同时，住宅售价比上年有所下降。2022 年，市区新建商品住宅（毛坯）均价同比增长 1.9%；二手住宅成交均价同比下降 8.5%。2023 年 1~11 月，市区新建商品住宅（毛坯）均价下降 2.52%；二手住宅成交均价同比下降 4.84%。截至 2023 年底，市区商品房（住宅）待售面积为 789.82 万平方米。

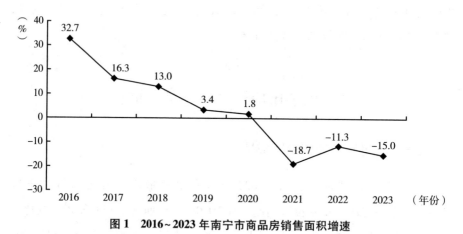

图 1　2016~2023 年南宁市商品房销售面积增速

资料来源：相关年份南宁市国民经济和社会发展统计公报、南宁市住房和城乡建设局。

（三）房地产开发企业到位资金情况

2021 年，房地产开发实际到位资金同比下降 10.3%，其中国内贷款资金同比下降 21.5%、企业定金及预收款下降 22.2%、个人按揭贷款资金下降 14.5%。2022 年，房地产开发实际到位资金同比下降 45.8%（全国同比下降 25.9%，广西同比下降 39.5%），其中国内贷款资金同比下降 56.7%、个人按揭贷款资金下降 40.3%。2023 年 1~11 月，房地产开发实际到位资金同比下降 19.0%，跌幅比 1~10 月扩大 1.5 个百分点（全国同比下降 13.4%，跌幅比 1~10 月收窄 0.4 个百分点）。

三 南宁市房地产业发展面临的主要困难和问题

（一）市场预期转弱

2021 年以来，南宁市房地产市场遇冷落价，房地产开发投资者和潜在购房者均持观望态度。尽管政府陆续出台政策努力稳定市场预期，但受疫情和经济形势影响，购房者对房地产市场的信心不足，刚需型和改善型购房者仍对房地产行情所面临的阶段性困难有所担忧。房价下跌，房地产业的投资回报率下降，许多投资者不再看好南宁楼市，对南宁房地产业的投资热情及关注度减弱，新增项目投资规模锐减，企业拿地积极性不高，民营企业投资意愿不足，土地市场迅速降温，地方国企托底、底价成交已成为普遍现象，加剧了地方政府债务风险，部分头部企业已停止投资。

（二）商品房需求收缩

2022 年，南宁市城镇居民人均可支配收入仅为 42636 元，低于全国平均水平（49283 元），房价收入比（11.17）和居民部门杠杆率（超过120%）偏高，这意味着居民购房债务负担重、偿债压力大。近年来，受疫情影响，南宁市整体经济增速缓慢，居民收入相对减少，在一定程度上削弱了购房能力。不少民众虽有强烈的购买住房的意愿，但难以转化为房地产市场购买力。想买房的民众主要是年轻且收入不高的群体，尽管目前房价不高，但仍有不少年轻人表示不能承受。同时，政府从民生工程建设上加快移民搬迁，城市棚户区改造，老旧小区改造和保障性住房、保障性租赁住房建设，缓解了居民住房需求，也分流了部分潜在的商品房购买者。

（三）项目资金短缺

由于销售收入不及预期，现金流面临风险，企业资产负债率不断攀升。近年来，全市房企资产负债率均在 80% 以上。债务及付息压力会持续损耗房企现金流,房企缺乏自救空间,部分房企已经发生实质性债务违约或处于违约边缘。一些房企抗风险能力低、停工项目多,部分项目存在"烂尾"风险。虽然公积金贷款及银行贷款政策放宽,但仍无法满足存量房屋销售贷款的实际需求。加之销售面积和销售额下降,待售面积大幅增加,目前众多楼盘的车位销售停滞,企业回款慢、融资困难,一些在建房地产项目后续建设资金无法持续供给,拖欠施工款、建筑工工资、材料款以及项目逾期、停工等现象突出。

(四)投资经营模式单一

目前,南宁市的房地产开发投资主要集中在居民住宅和商业两个领域,养老地产、旅游地产、度假地产、工业地产等房地产投资项目所占比重较低,不利于房地产市场的持续健康发展。近年来,全市房地产开发企业主营业务收入中商品房销售收入占近98%,而房屋出租收入占比仅为1%左右。商品房销售收入中住宅占比超过八成,而同期办公楼和商业营业用房占比较低,住宅销售占据绝对主导地位,市场下行导致企业经营困难。南宁市甲级写字楼项目平均空置率持续保持较高水平(40%以上),大量存量商业地产运营效率不高,成熟的运作模式尚未形成。

(五)基础配套不到位

部分企业反映,有的地块土地交付迟缓、不完整,周边基础配套不完善,导致开发企业不能及时进行地质勘探、施工图设计等前期工作,影响整个项目前期建设手续的办理。有的项目路、水、电、气等基础配套设施未及时完善,质量问题成为新的舆情关注点,民众对市区义务教育不均衡的意见更为强烈。这些社会公共服务方面存在的短板不仅阻碍了南宁市房地产业平稳健康发展,而且没有发挥出吸引市区外群体来邕置业居住应有的作用。

(六)放松政策效果尚不显著

在经济下行压力加大、预期降低、信心不足的情况下,南宁房地产放松政策已经"应出尽出",然而市场反应不及预期,部分潜在购房者仍然持观望态度。各城区对南宁市政府出台的相关政策的落地和执行力度不一,影响政策效果。如城市更新仍然存在拿地成本高、资金缺口大、征地拆迁难度大、拆迁周期不确定性高、配套不足等问题,房企对城市更新的参与意识不强。土地款缴纳优惠政策落实存在矛盾,尽管政策规定土地成交款可以延长至一年内缴清,但同时要求土地款必须在项目办理预售前全部缴清。尽管政策规定监管账户内资金达到监管额度后,房企可向商业银行申请出具保函置换监管资金,但因设置条件苛刻,该政策较难落实。

四 促进南宁市房地产业平稳健康发展的对策

促进南宁市房地产业平稳健康发展,要认真贯彻落实中央经济工作会议精神,坚持稳中求进、以进促稳、先立后破,把保交楼、去库存作为首要任务,把稳房价、稳地价、稳预期作为首要目标,扎实做好保交楼、保民生、保稳定工作,积极稳妥化解房地产风险,加快构建房地产发展新模式,加快建立多主体供给、多渠道保障、租购并举的住房制度,更好满足人民群众对住房的多样化、多元化需求。

(一)落实政府主体责任

一是强化责任意识。认真贯彻落实中共中央、国务院关于促进房地产市场平稳健康发展的决策部署,充分发挥政府对房地产发展的统筹规划、政策制定与组织协调等职能。市级层面负责全市房地产发展的制度设计,组织协调各项政策措施的落实推进,探索建立和完善促进房地产业平稳健康发展的长效机制。各县(市、区)政府、开发区管委会对本行政区域内房地产发展负主体责任,承担稳地价、稳房价、稳预期、防风险等职责,将促进房地产业平稳健康发展纳入政府主要工作目标。

二是坚持因城施策。按照法治化、市场化原则,坚持将市场化手段和政府调控手段相结合,突出重点、因地制宜,坚持"一楼一策""一企一策",

针对不同城区、不同地段和不同楼盘,分类提出促进房地产业平稳健康发展的对策和举措。加强逆周期调节,引导市场预期,改善商品房供给结构,满足不同群体多层次住房需求,持续优化土地供应、房屋交易、金融信贷、财政税收以及舆论引导等政策,促进房地产市场加快回归常态化发展。

三是统筹规划引领。聚焦建设面向东盟开放合作的国际化大都市定位,结合南宁经济社会发展、人口流动变化、住房供需、基础设施建设、老旧小区改造、城市更新等实际情况,加大城市规划与房地产、配套设施建设的衔接力度,统筹生产、生活、生态空间,统筹住房保障和住房市场"两个体系"建设,完善房地产发展专项规划编制,补齐道路交通、中小学校、医疗养老、文体娱乐等专项规划短板,引领房地产业平稳健康发展。

四是积极推进城市更新。深入实施城市更新行动,推动城市闲置低效资产改造与转型,统筹街区成片改造,统筹推进保障性住房、城中村改造和"平急两用"公共基础设施等"三大工程"建设,促进房地产业与新业态融合发展,打造一批体现南宁特色、自治区可示范的城市更新项目。推动产业园区向产业社区转型,用好产业园区配套用地面积占比上限由7%提高到15%的政策利好,将建设高品质产业园区邻里中心作为提高招商引资吸引力的重要工具,鼓励房企参与园区招商运营,合力建设高品质产业社区。

五是加快新型工业化和城镇化进程。围绕加快形成产业集群、延伸配套产业链条,积极引进和培育大项目大企业,拓宽城市就业渠道,增加居民收入,加大相关配套设施和公共服务设施建设力度,促进产城深度融合,带动城市人口增长和房地产市场刚性需求相应增长。

六是加大促销力度。结合重大节假日,组织房地产开发企业开展各种促销活动,通过政府搭台举办房交会、住房展、房博会,依托各类展会嵌入小而精的住房展销、房地产优质楼盘推介大篷车巡展,赴国内东北地区、国外东盟各国及中亚、日韩、俄罗斯等重点宣传推介房产,促进销售额提升。鼓励机关事业单位、大型企业、社会群体与房地产开发企业接洽团购,引导房地产开发企业开展优惠促销,充分释放消费潜能、提振市场信心,以释放住房消费潜力为经济发展赋能。

（二）积极保障多层次住房需求

一是满足刚需型和改善型购房者需求。实施差别化个人住房信贷政策，持续降低个人住房贷款首付比例和利率。落实国家降低首套公积金贷款利率、提高住房公积金贷款额度政策。适时推出房地产"以旧换新"政策，建议房企和房地产经纪机构联手，加速存量住房销售成交，帮助改善型购房者优先锁定新房房源，同步出售自有存量住房，提升置换效率。

二是激活拆迁群体购房需求。建立存量商品房选购服务平台，引导开发企业给予被征迁群体团购价格优惠，组织被征迁群体积极购买存量商品房。加强市场调研，制定出台房票使用规则，明确房票额度与使用时间，建议优先在住宅类拆迁项目中试点房票政策。建议将一手房、二手房、商铺和车位均纳入房票使用范围，对以房票购买一手房的消费者予以奖励。

三是落实人才购房需求。充分发挥企业优势，以人才优惠政策吸引人才、留住人才、发展人才。以货币补贴为主、实物保障为辅，加大人才安居力度。支持重点高校毕业生安家和引进特需人才购房，引导这部分需求的合理释放。

四是引导租赁住房需求。通过产业园区集中配建、城中村房源微改造、闲置用房改造等方式筹集房源，更好适应租赁人群多样化居住需求，完善公共服务配套设施，为以新市民和年轻人为主体的租赁人群提供"居住+生活+社交"城市租住新体验。鼓励房产开发、国有平台等各类企业将自持或收购、租赁的商品房改造为保障性租赁住房。大力发展长租公寓产业，推进符合相关条件的商品房转为长租房。

五是多渠道消化存量房源。继续实施并优化商改住政策，促进商业办公项目去库存，尤其要注意化解五象新区商业办公项目高库存的潜在风险。鼓励闲置或利用效率低的商业办公用房引入卫生医疗、养老健康、教育培训、文体娱乐等具有基础配套属性的功能性产业。鼓励国有企业和社会资本购买商业用房、车库（位），拓展商业办公、商务酒店、智慧停车等业务，推动市场去库存。

六是加大地下车位去库存力度。进一步优化车位销售审批手续，允许地下停车位与地上房屋同步申请上市销售。由开发商自建的地下车库，且开发商单独取得车库产权的，开发商可以委托物业公司租售车位。车位面积已经列入公摊面积的车位，属于业主共有。由开发商投资建设且未纳入业主分摊面积的人防车位，其使用、管理及收益权归属开发商。人防车位建筑成本已计入房价且面积由业主分摊，则其收益权应当属于全体业主。借鉴深圳、厦门等城市做法，加快优化人防车位增值税政策，地下车位不分摊土地成本，人防车位成本作为公共配套扣除。

（三）健全租购并举住房供应体系

一是精准做好土地出让。根据城市人口、产业等的规模，科学制定房地产供地计划，优化供地结构，促进供需匹配。健全分层次、分区域用地协调管控机制，优化商住用地供应分布、结构和时序，并根据市场冷热度调整供地计划，因城施策、精准调控，从源头上稳定地价和房价。对于总库存高的区域，如邕宁区、五象新区、武鸣区等，建议减少用地、择优供地。对于市场供需合理、库存压力不大的区域，如青秀区、江南区等，建议合理拆分大宗地块，调整商业用地为住宅用地，合理确定起拍价，推出一批地段好、配套成熟、规模适中和容积率低的地块，增强对房企的吸引力。建议与教育主管部门联动推动学区出让土地。同时，以打造高品质生态宜居楼盘为目标，做好包装和宣传，主推有主题有特色的优质地块。

二是进一步优化用地政策。优化土地增值税征收办法，由"三分法"改为对项目整体预征收；按照计算容积率面积征税，地下部分如车位等不纳入征税范围；企业根据土地出让文件和合同要求配建中小学等配套设施，对于无偿移交政府的情形免征契税；适当延缓税费缴纳时间；对于市场因素导致开发节奏慢的项目，剩余未完工项目低于一定比例的应给予适当延期，到期后仍未交付再给予处罚；用地房企缴清首期土地出让金并出具承诺书，可以办理不动产预告登记，支持容缺办理商品房预售许可；对符合条件将非居住存量房屋改建为保障性租赁住房的，可不变更土地使用性质，不补缴土地价款。

三是优化产品结构。合理确定居住区控制指标,顺应市场需求优化商业、办公建筑面积配比。对于商铺占比较高的住宅项目,建议由房企提出申请,经过论证后报规划部门审批,可适当调低商铺占比。坚持因地制宜、区域统筹,适当调整住宅类普通商品房地下车位配建比例。探索通过公示销售等方式满足群众对车位消费的需求,促进项目停车位去库存。

四是优化项目配套设施。将城市配套设施建设纳入年度建设计划和考核,按照"无配套不出让,基础设施不完善不出让"的原则出让熟地,确保配套设施与房地产项目同步开发建设、按期交付使用。提前布局自来水、电力、天然气、通信等基础配套设施,切实做好教育、医疗、社区服务等居住区公建配套设施的规划、建设、移交和后期运营等管理工作。重点推进商品住宅项目配套优质教育资源,积极引进和培育义务教育品牌,以优质教育红利提升商品住宅附加值,以吸引域外有高标准教育需求的置业群体来邕置业居住。

五是引导发展模式转型。鼓励本地优质房企积极参与代建业务,推动房企向轻资产运营的新发展模式转型。建议积极探索"代建+城投+金融"模式,通过代建企业、城投企业和金融机构的合作开发模式实现开发增值。稳住和引进国内优质房企在邕进行项目投资开发,对已售逾期难交付项目进行债务重组或兼并,推动市场环境优化,提升行业竞争力。鼓励有条件的房地产企业进行现房销售,推动规模化、品牌化经营,将开发模式从"买地卖房"逐步转向持有运营,多渠道增加租赁住房房源,不断促进行业转型升级,切实落实"租购并举"住房制度。

六是推动高品质住宅建设。推动住房产品多样化、差异化以及房企发展品牌化。建议加大低密度、高品质住宅用地供应力度,引导房企建设绿色、智慧高品质住宅,打造未来社区,促进住房消费提档升级。从项目图纸设计和房屋交付验收两端发力,建设"好房子",从好房子到好小区、从好小区到好社区、从好社区到好城区。同时,支持小区服务优质化。根据项目品质等级需求,提供差异化医养、托管、文教、家政等特色服务,鼓励公益性服务和经营性服务相结合,满足业主日益增长的个性化需求。对于高品质住宅项目,建议由企业自主确定销售备案均价,"一房一价"进行公示。

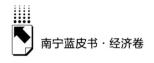

（四）加大金融支持力度

一是加大住房公积金购房支持力度。建议自治区搭建统一的公积金数字化平台，打破自治区内各地市之间公积金使用的户籍壁垒，实现住房公积金异地互认互贷。扩大住房公积金制度覆盖面，将自由职业者、个体工商户、进城务工人员等灵活就业人员纳入住房公积金制度范围。探索对缴存住房公积金的新市民、灵活就业人员给予积分落户等政策支持，吸引外地人在南宁安家购房。开展将农民群体纳入住房公积金体系的试点，推进城乡制度接轨。

二是稳定房地产贷款投放。落实房地产贷款集中度管理政策过渡期安排，支持开发贷款等存量融资合理展期。鼓励金融机构稳定建筑企业信贷投放，加大住房租赁金融支持力度，稳妥有序开展房地产项目并购贷款业务。对存量贷款不随意停贷、抽贷、断贷、压贷，并适当为资金困难的企业延期，保持房地产融资平稳有序，有效缓解市场主体资金链运行压力。

三是支持个人住房贷款合理需求。鼓励金融机构结合自身经营情况、客户风险状况和信贷条件等，在城市政策下限的基础上合理确定个人住房贷款具体首付比例和利率。用好"一城一策"差别化住房信贷政策，落实好首套、二套购房商贷最低首付比例政策，切实满足刚需型和改善型购房者需求。

四是持续推行二手房"带押过户"。进一步优化存量房网签和登记业务模式，对抵押房产上市交易的，无须提前还贷，依托存量房资金监管系统，对交易资金进行全额、全过程监管，推行"带押过户"服务，解决二手房交易过程中转贷办理时间长、成本高、风险大、环节多等问题，促进"卖旧买新""卖小换大"，有效降低交易成本。

五是畅通房企的融资渠道。一视同仁满足不同所有制房地产企业的合理融资需求。避免金融过度紧缩，引导金融机构有效区分项目风险和企业风险，继续加大对优质房地产项目的支持力度。阶段性加大房企境内发债额度，阶段性放开信托、私募股权基金等其他融资渠道，推动公募不动产投资信托基金（REITs）试点向市场化的长租房和商业不动产过渡。鼓励金融机构优化建筑业企业信贷服务。对原持续性经营情况良好，因出险房地产企业被动诉讼而影响信贷的建筑业企业，适当放宽贷款条件。借助金融市场，通过"贴息+REITs"的方式把房企的部分沉淀资产转化为具有准公共资产属性的公共住房，减轻房企存量债务负担。

（五）防范化解项目风险

一是加快处置问题楼盘。对排查出的问题楼盘，推行清单式管理。逐项梳理问题清单，明确解决事项、适用政策、工作措施、责任部门和责任人、完成时限等，及时交办、紧盯落实、跟踪销号。坚持控新治旧，消存量、控增量、防变量，切实处理好问题楼盘。

二是用好专项借款政策。坚持防风险与稳市场协同推进、同步落实。强化房地产开发项目风险预警，对存在风险隐患的开发项目实施重点监管，根据资金平衡情况精准施策、分档处置。通过专项借款撬动、商业银行配套融资跟进，支持房地产项目建设交付。

三是积极稳妥化解项目风险。加强协调指导，督促涉险开发企业、问题楼盘积极自救化险。鼓励、协调和引导资不抵债项目及相关企业开展破产清算及引进破产重整投资人等工作，妥善做好破产重整案件办理和处置，加强对购房者的疏导工作。

四是更好发挥平稳基金杠杆作用。运用好"申请专项借款+商业银行配比贷款+平稳房地产基金"的保交楼支持模式。通过扩大政策性银行保交楼专项借款规模，从优化考核角度进一步推动商业银行扩大相应贷款配套规模，增强"平稳房地产基金"的灵活性，全面加大保交楼政策支持力度。扩大"平稳房地产基金"的辐射范围，在保证资金封闭运行、安全可控的前提下灵活设计保障方式，鼓励本地优质房企参与保交楼项目代建工作，增强市场信心。及时总结成功经验，打造示范性项目，逐步吸引社会资本注入"平稳房地产基金"，实现"平稳房地产基金"由政府主导向市场主导转变，为南宁市房地产项目提供更好的融资支持。

（六）持续优化监管与服务保障

一是强化商品房预售资金监管。以保交楼为目的，用足用活预售资金，合理确定拨付节点、使用额度。按照工程建设进度及时拨付监管额度内的资金，具体拨付节点由住建部门按照各方签订的预售资金监管协议确定。预售资金必须专款专用，监管额度内的资金不得流向同一企业开发的其他楼盘，更不得在该楼盘清盘前被挤占、挪用。

二是保证住宅交付质量。相关部门需加强从土地拍卖到项目交付的全流程监督，尤其是关注房地价差较小的热点项目。不断完善购房者参与质量监督机制，举办工地开放日，督促开发商做好整改工作，确保房屋质量不因稳价打折扣，减少交房后的质量纠纷与投诉，切实维护购房者的利益。

三是充分发挥行业协会作用。充分发挥房地产业协会联系广、影响大、行业规范性强的优势，组织优质企业、优质项目的推介活动，向群众推荐品质楼盘，指导企业提质提效。同时，进一步加强行业自律，维护房地产市场秩序，促进房地产业平稳健康发展。

四是加强舆论正面引导。加强对房地产相关政策的宣传解读，及时澄清不实消息、消除群众疑虑，引导群众正确认识房地产有关政策措施，科学理性消费，稳定市场预期，增强购房者信心。加强对各类媒体、房地产经纪机构等的引导，与宏观经济、区域发展等成效宣传有机结合，及时回应社会关切，引导各方正确看待房地产形势，着力提振购房者信心和消费预期。加大对利用自媒体、公众号等网络媒体炒作渲染不实信息、制造恐慌等行为的打击力度，特别是加强对低价假房源现象的管理，营造良好的舆论氛围。

B.18
南宁市物流业高质量发展的对策

南宁市发展和改革委员会调研组*

摘　要： 物流业是现代经济的重要组成部分，在国民经济和社会发展中发挥重要作用。近年来，南宁市大力发展物流业，社会物流总额稳步增长，运输结构持续优化，物流市场主体能力不断提升，取得物流业规模持续扩大、物流服务能力大幅提升、跨境物流通道建设初见成效等亮眼成效。但是，南宁市物流业在规划、建设、运营、管理等方面仍有不足，发展不平衡、不充分问题依然突出。因此，建议从加快补齐基础设施短板、推进多式联运发展、促进物流与产业深度融合以及提升跨区域跨境物流服务能力等方面着手强化措施，推动物流业高质量发展。

关键词： 物流业　现代物流　物流枢纽建设　南宁

近年来，南宁市物流业规模稳步扩大，基础设施进一步优化，服务体系更加完善，物流枢纽建设取得一定突破，有力支撑了全市经济社会高质量发展和现代化经济体系构建。

---

* 调研组成员：兰捷，南宁市发展和改革委员会党组书记、主任；赖承略，南宁市发展和改革委员会党组成员、副主任；江发将，南宁市发展和改革委员会地区经济和西部振兴科科长；王颖，南宁市发展和改革委员会经济与国防协调发展科副科长；刘雁斌，南宁市发展和改革委员会工作人员；樊凡，广西大学经济学院教授，广西大学物流研究所所长；吴立鸿，广西职业技术学院物流学院副教授；黄爱琼，广西物流与采购联合会副会长、高级政工师；邓晓滨，广西物流与采购联合会秘书长；梁婷婷，广西物流与采购联合会高级主管。

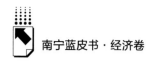

一 南宁市物流业总体运行情况

2022年，全市社会物流总额完成15594.0亿元，占全区的23.3%，按可比价格计算（下同），同比增长4.0%。社会物流总费用为732.9亿元，与GDP的比值为14.0%，同比下降0.4个百分点，分别低于全区、全国0.1个、0.7个百分点；全市每万元GDP所消耗的社会物流费用为1404.6元，比上年下降35.4元。物流业总收入为650.6亿元，同比增长1.1%（见表1）。物流业加速转型升级，运行效率进一步提升。①

表1 2022年南宁市社会物流运行主要指标

单位：亿元，%

指标	指标值	同比变化
社会物流总额	15594.0	4.0
其中：农产品物流总额	601.5	4.4
工业品物流总额	3723.5	0.1
市外流入物品物流总额	10432.2	0.2
进口货物物流总额	767.4	89.3
再生资源物流总额	0.7	-2.8
单位与居民物品物流总额	68.7	-6.2
社会物流总费用	732.9	-0.6
物流业总收入	650.6	1.1
社会物流总费用与GDP的比值	14.0	—

资料来源：调研组整理。

二 南宁市物流业总体发展情况

（一）社会物流总额稳步增长

进入"十四五"时期，全市社会物流需求平稳增长，社会物流总额增

---

① 本报告数据均来源于南宁市发展和改革委员会。

速放缓，2020~2022 年增速依次为 6.3%、5.1%、4.0%（见图 1）。随着经济结构进一步调整，全市物流业发展由高增长、扩规模向提质提效转型，物流需求从单一追求规模化、数量化向系统化、多样化转变。在以国内大循环为主体、国内国际双循环相互促进的新发展格局下，生产、消费对物流的需求进一步释放。

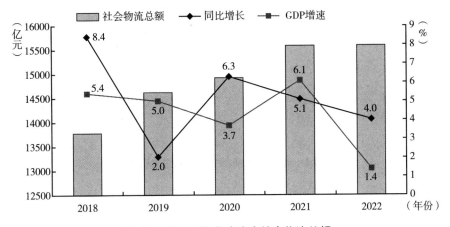

图 1　2018~2022 年南宁市社会物流总额

资料来源：调研组整理。

从物流需求角度看，全市产业发展结构正在持续调整。主要特点有以下几个。一是市外流入物品仍然是物流需求的主要构成，但占比略有下降。2022 年，南宁市外流入物品物流总额为 10432.2 亿元，同比增长 0.2%，占全市社会物流总额的比重为 66.9%（见图 2），比上年下降 0.5 个百分点（见表 2）。

二是进口物流需求快速恢复，成为总额增长的主要动力。2022 年，全市进口货物物流总额为 767.4 亿元，现价增长 18.6%，剔除价格因素，同比增长 89.3%；占全市社会物流总额的比重为 4.9%，比上年提高 0.7 个百分点。大宗商品进口量快速增长，其中，以煤炭为主的矿物燃料、矿物油等产品进口量同比增长超 400%，进口额同比增长 350%；金属矿砂及其精矿进口量同比增长 14.9%，进口额同比增长 18.6%；农产品进口量同比增长 36.2%，

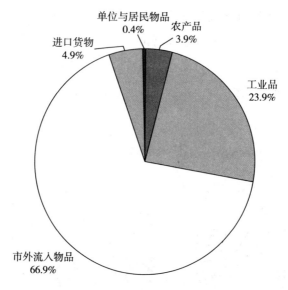

图2 2022年南宁市社会物流需求构成

资料来源：调研组整理。

表2 2020～2022年南宁市社会物流总额占比情况

单位：%

指标	2020年	2021年	2022年
农产品物流总额占比	3.6	3.9	3.9
工业品物流总额占比	25.9	24.1	23.9
市外流入物品物流总额占比	66.4	67.4	66.9
进口货物物流总额占比	3.5	4.2	4.9
再生资源物流总额占比	0.0	0.0	0.0
单位与居民物品物流总额占比	0.7	0.5	0.4

资料来源：调研组整理。

进口额同比增长87.1%，其中水果进口量高达1300万吨，同比增长近210%，木薯淀粉进口量超5700万吨，同比增长82%。进口货物物流需求的快速增长，拉动全市物流总额增速增长3.7个百分点。

三是农产品相关物流需求稳步增长。2022年，全市农产品物流总额为601.5

亿元，同比增长 4.4%，占全市社会物流总额的比重为 3.9%，占比与上年基本持平。其中，以柑橘为主的园林水果产量快速增长，全年产量达 508.75 万吨，比上年增长 12.1%，沃柑、火龙果、香蕉产量稳居全国首位，远销国内外。

四是工业品物流需求放缓。2022 年，全市工业品物流总额实现 3723.5 亿元，同比增长 0.1%，占全市社会物流总额的比重为 23.9%，比上年下降 0.2 个百分点。其中，烟草制品业、农副食品加工业增加值同比增长 7.4%、2.3%，非金属矿物制品业、林木制品加工业增加值分别比上年下降 11.2%、1.1%。从产品产量来看，饮料、铝材、电力电缆和新能源汽车产量快速增长，水泥、商品混凝土、钢材等大宗建材和纸制品产量下降明显。

五是民生消费物流需求略有回落。2022 年，全市单位与居民物品物流总额为 68.7 亿元，同比下降 6.2%，占全市社会物流总额的比重为 0.4%，与上年基本持平，在连续多年高速增长后回调。南宁市快递包裹以广东、义乌等外地消费品流入为主，受疫情影响，快递配送员到岗率降低，快递时效变慢，居民线上消费减少，总体业务量减少，全市邮政行业寄递业务量完成 6.2 亿件，同比下降 9.8%。其中，同城快递业务量完成 10388.9 万件，同比下降 0.2%；异地快递业务量完成 38337.4 万件，同比下降 15.6%；国际/港澳台快递业务量完成 25.1 万件，同比下降 48.8%，业务量降幅较大。同城、异地、国际/港澳台快递业务量占快递业务总量的比重分别为 21.3%、78.6%、0.1%。

（二）社会物流总费用与 GDP 的比值持续下降，提质降本增效成果明显

2022 年，全市社会物流总费用为 732.9 亿元，同比回落 0.6%。其中，运输费用为 445.5 亿元，同比增长 1.5%；保管费用为 200.8 亿元，同比下降 5.1%；管理费用为 86.7 亿元，与上年基本持平。

2022 年，南宁市社会物流总费用与 GDP 的比值为 14.0%，比上年下降 0.4 个百分点（见表 3）。国际上普遍以社会物流总费用与 GDP 的比值来衡量物流发展水平，比值越低，物流效率越高、综合物流成本越低，2021 年南宁市该指标首次低于全国平均水平，2022 年持续下降至低于全区 0.1 个

百分点、低于全国0.7个百分点，物流业发展向高质量迈进，效率和成本优势在区内领先。

表3　2018~2022年南宁市社会物流总费用情况

单位：亿元，%

指标	2018年	2019年	2020年	2021年	2022年
社会物流总费用	622.9	692.5	698.8	737.3	732.9
同比增长	3.1	3.6	0.9	5.5	-0.6
与GDP的比值(南宁)	15.5	15.4	14.8	14.4	14.0
与GDP的比值(广西)	15.5	15.1	14.8	14.4	14.1
与GDP的比值(全国)	14.8	14.7	14.7	14.6	14.7

资料来源：调研组整理。

从费用构成看，2022年南宁市物流业运输、保管、管理三个环节的费用占总费用的比重依次为60.8%、27.4%、11.8%，运输费用占比高于保管费用和管理费用占比总和（见图3）。历年数据显示，南宁市运输费用占比整体略低于全区均值，基本保持在60%左右，而保管费用和管理费用占比整体高于全区均值（见图4），反映出南宁市供应链仓储保管、流通加工、供应链金融、信息服务等增值服务较为丰富，现代物流服务在全区处于领先水平。

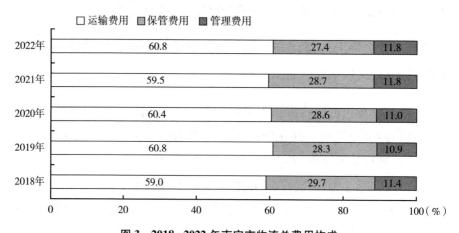

图3　2018~2022年南宁市物流总费用构成

资料来源：调研组整理。

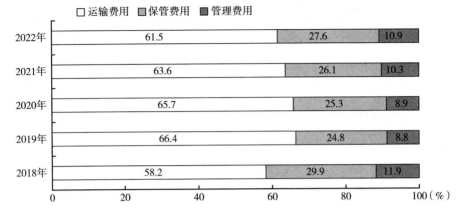

图 4　2018~2022 年广西社会物流费用构成

资料来源：调研组整理。

（三）运输结构持续优化，"公转铁""公转水"成效明显

2022 年，南宁市货运量完成 4.15 亿吨，同比下降 3.2%；其中，公路和水运是货运量较上年回落的两种运输方式，分别完成 3.64 亿吨和 0.46 亿吨，同比下降 4.6% 和 1.2%。但铁路发运量和航空货邮吞吐量均实现突破性增长，铁路发运量完成 0.06 亿吨，同比增长 190.0%；航空货邮吞吐量达15.20 万吨，同比增长 23.3%。继 2021 年实现"翻一番"目标后，南宁国际航空货运枢纽建设再上新台阶，国际货邮吞吐量突破 7 万吨，同比增长207.0%，增速位居全国千万级机场前列。

2022 年，全市货物周转量完成 870.24 亿吨公里，同比增长 8.4%。其中，公路货物周转量完成 436.46 亿吨公里，同比增长 0.8%；水路货物周转量完成 387.72 亿吨公里，同比增长 10.1%；铁路货物周转量完成 46.05 亿吨公里，同比增长 158.4%（见表 4）。截至 2022 年，成功运行"南宁—钦州—唐山"公铁海多式联运班列、"六景港—粤港澳大湾区"水铁联运航线以及"南宁—广州"货运班列 3 条多式联运线路。

表4 2022年南宁市货运量、货物周转量构成情况

指标名称	指标值	同比增长（%）
货运量（亿吨）	4.15	−3.2
其中：铁路货运量（发运量）	0.06	190.0
公路货运量	3.64	−4.6
水路货运量	0.46	−1.2
航空货运量（货邮吞吐量，万吨）	15.20	23.3
货物周转量（亿吨公里）	870.24	8.4
其中：铁路货物周转量	46.05	158.4
公路货物周转量	436.46	0.8
水路货物周转量	387.72	10.1

资料来源：调研组整理。

（四）物流业总收入平稳增长，扩张速度放缓

2022年，南宁市物流业总收入为650.6亿元，同比增长1.1%。其中，运输环节收入422.6亿元，同比增长1.5%；保管环节收入102.3亿元，与上年基本持平；其他环节收入125.8亿元，同比增长0.8%。

从2020~2022年物流业总收入增速变化看，2020年受到疫情和错综复杂的国内外形势等多重因素影响，增速明显放缓，此后两年总收入稳步递增，2021年增速略高于全区平均水平（见图5）。

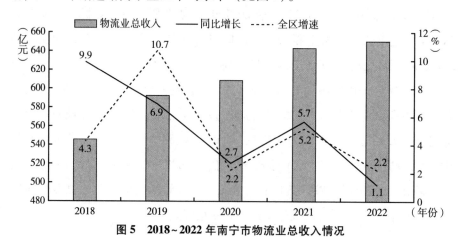

图5 2018~2022年南宁市物流业总收入情况

资料来源：调研组整理。

（五）物流市场主体能力不断提升，规模稳步增长

通过不断加大对市场主体的培育力度，2022年全市新增3A级以上物流企业15家，其中5A级1家。截至2023年11月，南宁市3A级以上物流企业达72家，占全区总数的一半以上。在专业服务领域，全市现有规模以上冷链物流企业20家，广西华晨冷链数智物流有限公司（4星级）、广西五洲金桥农产品有限公司（4星级）和广西壮宁食品冷藏有限责任公司（3星级）是广西仅有的3家通过国家星级冷链企业评估的企业。在网络货运平台建设上，广西联帮盛物流科技有限公司是全区首家通过国家网络货运平台认证（1A级）的企业，2022年新增广西高速公路集团有限责任公司、南宁云鸥物流股份有限公司2家企业通过自治区交通运输厅网络货运企业线上服务能力认定，全市通过认定的企业达到10家，占全区已通过认定企业数的43%。

（六）全年物流业景气指数高于全区平均水平，行业运行保持韧性

2022年，随着生产活动的加快恢复，物流市场供需活跃，全年物流业景气指数（LPI）均值为52.0%，较上年同期下降3.2个百分点，但行业运行保持韧性，LPI高于全区平均值4.1个百分点（见图6）。

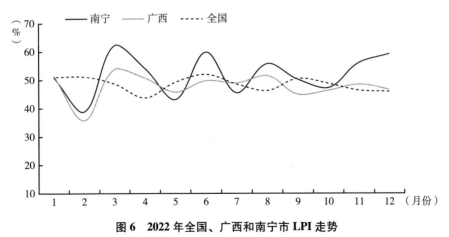

图6　2022年全国、广西和南宁市LPI走势

资料来源：调研组整理。

分指标看，业务总量、新订单两项指数均值分别为52.6%、52.9%，保持景气运行，全年物流需求稳步扩大。平均库存、库存周转次数两项指数均值分别为52.5%、51.8%，较上年同期周转效率放缓。固定资产投资完成额指数均值为53.0%，反映企业投资意愿稳定、行业基础设施条件持续改善。物流服务价格指数、利润指数、成本指数均值分别为50.5%、48.9%、58.1%，企业反馈人工成本、原材料燃油成本、防控成本均有不同幅度的增长，但市场价格传导不明显，公路运输等服务同质化、市场竞争较为激烈的经营领域价格回升滞后，利润空间受挤压，企业处于承压经营状态。

从季度看，四个季度的LPI均保持在景气以上运行，第二、第四季度市场需求旺盛。尽管需求呈季节性波动，但波动幅度趋稳趋缓。2020年四个季度的LPI均值依次为42.0%、52.0%、53.8%、56.4%；2021年四个季度的LPI均值依次为53.1%、61.9%、49.7%、56.1%；2022年四个季度的LPI均值依次为50.7%、52.4%、50.6%、54.3%（见图7）。

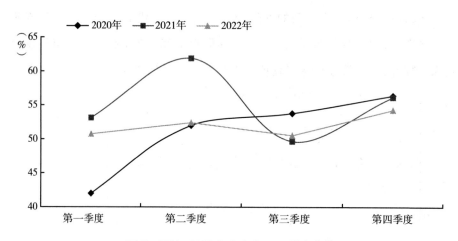

图7　2020~2022年南宁市LPI季度走势

资料来源：调研组整理。

三　南宁市物流业发展的亮眼成效

（一）物流业规模持续扩大

近年来，南宁市物流业发展迅速，对经济增长的贡献率稳步提高。2022年全社会货运量（4.15亿吨）较2020年（3.68亿吨）年均增长6.2%，在经济普遍疲软的大背景下还能实现较高增长难能可贵。其中，2022年公路货运量为3.64亿吨，占88%，具有绝对优势；铁路货运量为0.06亿吨，水路货运量为0.46亿吨，航空货邮吞吐量为15.20万吨。2022年社会物流总额（15594.0亿元）相较于2020年（14906.0亿元）增长较快，物流业规模持续扩大。2022年社会物流总费用为732.9亿元，与GDP的比值为14.0%，比全国、全区平均水平分别低0.7个、0.1个百分点，南宁市物流业转型升级态势向好发展、物流业结构继续优化。

（二）物流服务能力大幅提升

自2019年起，南宁市加快推进陆港型国家物流枢纽建设，相关基础设施愈加完善。南宁国际铁路港等国家物流枢纽核心项目已经投入运营，南宁临空经济示范区临空物流园等关键物流节点项目正加快推进，重大物流设施项目大幅提升了全市物流综合服务能力。南宁国际铁路港运营规模持续扩大，铁路货运量逐年上升，各类班列开行规模不断扩大，自2018年开通运营以来，已为约300家民营企业提供货物装卸、发送、物流总包等多项服务，累计到发货物1705.44万吨（其中发送量696.94万吨、到达量1008.50万吨）；其中2022年到发货物674.51万吨（其中发送量506.28万吨、到达量168.23万吨），同比增长121%。木材、化肥农药类货物分别稳居发送量、到达量榜首，集装箱货物占比逐年提高。国内货物（去程）主要覆盖重庆、成都、昆明和湖南怀化等地，跨境货物（去程）主要覆盖越南、哈萨克斯坦等国家。

南宁农产品物流中心综合服务能力快速提升，整合入驻中国邮政速递、顺丰速递、菜鸟驿站、南天物流等干支线、快递物流、同城配送企业，加快完善区内外物流运输和同城配送网络，提升物流综合服务能力。2022年实现总货运量32.34万吨，其中干支线货物量约为25万吨、同城配送量约为6万吨、快件收发量约为1.34万吨。与中国中检集团广西公司签订合作协议并组建合作专班，在检测认证、品牌建设、保税仓储、食品溯源等方面展开合作，双方共同合作建设的南宁国际物流枢纽检测中心于2022年7月投入运营，是广西首家地方国企与央企合作建设运营的农产品批发市场和国家物流枢纽专业检测服务中心，有效提升了全市农产品检验检测水平及食品安全管理水平。

（三）跨境物流通道建设初见成效

南宁市把跨境物流通道建设作为加快西部陆海新通道建设的重要抓手，2023年4月25日成立中国南宁—越南河内跨境物流快速通道建设工作专班，自治区党委常委、南宁市委书记农生文同志任班长，自治区交通运输厅和商务厅、南宁海关、中国铁路南宁局公司等区直部门和南宁市共同推进中越跨境物流快速通道建设。2023年全市共派出三个代表团到访越南，与越南中国商会广西企业联合会、越北电子企业联盟分别签署备忘录，并成立南宁在越企业联络会，进一步加强与越南的联系。

全市跨境物流运输能力不断提升，公路方面，2022年12月30日，中越签署《关于新增中越国际道路客货运输线路和国际道路运输车辆通行口岸的协议》，广西与越南国际道路客货运输线路新增10条，广西经中越双方共同确认的国际道路客货运输线路增至30条（其中客运17条、货运13条），已开通南宁—河内等17条线路（其中客运11条、货运6条）。铁路方面，中越跨境快速通关班列已进入常态化开行阶段，2023年7月起每周固定开行3列，根据货量情况适当增开班列。航空方面，南宁国际航空货运枢纽建设成效显著，南宁机场累计运营国际定期货运航线16条，通达东盟及南亚10个国家16个城市，2023年新开通南宁—缅甸仰光、南宁—巴基斯坦卡拉奇、南宁—巴基斯坦拉合尔、南宁—印度班加罗尔4条国际全货机货运航线，有效推动与东盟及南亚国家的对外贸易往来。跨境物流服务方面，推动凭祥等口岸甩挂或甩箱等接驳运输，协调解决跨境运输卡点、堵点问题，南宁至越南公路运输基本实现12小时"厂对厂"通达。借助广西重点产业链供应链企业白名单制度，争取将富士康、瑞声科技、歌尔、弗迪等约20家企业列入名单，保障企业供应链产业链稳定。推行南宁综合保税区与南宁国际铁路港"一次查验，联程转关"陆铁联运模式，建设南宁综合保税区与钦州港口岸跨境电商公海多式联运出口物流通道，促进跨境电商物流通道畅通。

（四）物流市场主体不断壮大

加强对市场主体的培育和支持，全市物流业集聚水平加速提升，形成了一批电商、零担等细分物流市场品牌，服务能力、专业化水平居全区首位。培育发展龙头物流企业，对新增3A级以上物流企业进行奖补，推动全市物流龙头企业队伍不断壮大。2023年11月，全市3A级以上物流企业累计达72家，占全区的一半以上，其中5A级企业8家、4A级企业30家、3A级企业34家。成功引进荷兰夸特纳斯、新加坡丰树、美国百胜、意大利维龙等外商投资企业和万纬、普洛斯、宇培等知名物流企业在南宁投资落户。

（五）物流服务业态创新发展

冷链物流方面，已建和在建冷库总容量达300万立方米，涉农企业、合作社、家庭农场建成投入使用的地头冷库近300座（库容1000立方米以上），总库容近60万立方米，全市冷链基础设施保有量和占比均在全区遥遥领先。全市注册冷藏车400多辆，提供服务的冷藏车近千辆，约占全区总数的37%。各类冷链物流企业共309家，通过国家星级冷链企业评估的企业有3家，是广西仅有的3家通过国家星级冷链企业评估的企业。电商物流方面，南宁市成为全国第三批22家国家跨境电子商务综合试验区之一，出台了《中国（南宁）跨境电子商务综合试验区建设支持政策》，建成跨境电商保税仓 16 万平方米、跨境电商监管中心 2 个、跨境电商大型分拨中心 3 个、跨境电商产业园区 2 个，有效保障了大型跨境电商企业的仓储需求和东盟水果进口需求，吸引了菜鸟物流、虾皮、极兔快递等企业入驻。推动农村电子商务快速发展，全市 5 个县（市、区）获批"电子商务进农村"综合示范县，实现示范县创建全覆盖。

四 南宁市物流业存在的问题及不足

（一）物流基础设施相对薄弱

一是物流园区基础设施相对薄弱，"小、散、弱"的特点突出，规模以上物流园区仅占全区总数的 10%，暂无园区入选国家级示范物流园区（全区共 3 家）。二是园区功能相对原始和单一，主要集中在存储、运输、配送、转运等传统业务领域，服务链条较短，综合物流与供应链服务解决方案、代理、保险、提单质押等现代物流增值服务少。物流园区与后方产业（如产业园、工业园等）融合不深，相互促进的良性发展格局还未形成。三是公路集疏运比例过高，全市规模以上物流园区中（未包含规划中园区）仅有 1 个园区引入铁路专用线，铁路"最后一公里"建设滞后，绝大部分园区、枢纽需要通过公路进行短驳转运。四是物流园区信息化、自动化、智能化总体水平不高，园区智慧化投入占实际投资的比例不足 5%，互联成网的程度低。

（二）物流设施布局有待优化

重大物流项目、物流园区等大部分集中在中心城区，针对县（市、区）的相关建设及规划较少，物流设施布局不够均衡、与产业发展结合不够紧密。比如，东盟经开区食品生产企业较多，冷链物流需求较大，但缺乏具备辐射带动能力的枢纽及专业物流园区，在一定程度上制约了食品产业发展。

横州市、隆安县、武鸣区等农产品主产区的水果、茉莉花等产业发展较好，但缺乏集分拣、加工、冷链、集散、交易等服务功能于一体的综合物流园区，导致农业产业链的产品附加值较低，难以培育高附加值产品，限制了农业产业链的盈利能力和竞争力。物流基础设施规划布局难以适应全市未来发展需要，目前南宁市正在加快建设面向东盟开放合作的国际化大都市、中国—东盟跨境产业融合发展合作区，现有的物流设施布局与南宁市未来的发展定位、产业布局、大都市区空间布局形态以及城市发展目标不相适应，亟须进行系统谋划，推动物流设施在支撑重要经济片区、重点产业园发展等方面发挥作用。

（三）运行效率有待提高

一是社会物流总费用占 GDP 的比重偏高。全市社会物流总额、货运量相比其他省会城市仍存在较大差距。2022 年南宁市社会物流总费用为 732.9 亿元，占 GDP 的比重为 14.0%，同比下降 0.4 个百分点，虽然分别低于全国、全区平均水平 0.7 个、0.1 个百分点，但是与全国先进城市相比差距仍然较大，分别高出武汉市、长沙市 1.4 个、0.3 个百分点。二是运输结构需进一步调整优化。近年来，南宁市为推进多式联运发展相继出台了多项鼓励政策，多式联运的占比呈逐年提升趋势，但公路仍是全市物流运输的主要选择，水路、铁路等费率较低的运输方式优势发挥不明显。受临江产业布局、运输时效等多重因素制约，南宁港中心城港区到发货物量不均衡，大宗建筑原材料占到港吞吐量的 80% 以上，出港货物占比低，总规模有限。铁路货运主要集中在区内段，跨省发运的目的地主要集中在湖南、广东、云南三省，长距离运输较少，货物平均运距较短，铁路"最后一公里"建设相对滞后，货物对公路短驳衔接的依赖度高，铁路运输骨干作用未得到有效发挥。

（四）物流业与制造业融合不足

全市制造业产业集群效应不明显，嵌入全球产业链的核心企业少，尚未形成完整流畅的产业链，"两业"供应链一体化联动实体基础薄弱。为制造业提供物流服务的第三方物流企业多数是从功能单一的运输企业、仓储企业转型而来，在物流方案设计、流通加工物流信息服务、库存管理和物流成本控制等方面的能力落后，信息技术应用水平较低，集约化、协同化、全球化能力较差，行业内、供应链上下游各节点间有机结合体系尚未建立健全。市场缺乏服务制造业有机衔接上下游节点的供应链及多式联运龙头企业。

五 推动南宁市物流业高质量发展的对策

（一）加快补齐基础设施短板，夯实物流业发展基础

一是持续推进以南宁为中心的公、铁、水、空通道建设。推动南宁跨市出省通边达海的立体交通网络加快形成，不断提高交通基础设施互联互通水平。

二是构建稳定高效的中越跨境物流通道。加快推进南宁综合保税区（二期）迁建至南宁国际铁路港，推动南宁国际公路港建设取得实效，进一步优化铁路、公路跨境物流组织，稳定实现跨境公路运输12小时"厂对厂"常态化通达；加快提升南宁国际铁路港跨境物流服务功能，常态化开行中越跨境快速通关班列，稳定实现跨境铁路运输24小时"厂对厂"通达。

三是加快打造"通道+枢纽+网络"的现代物流体系。结合内河港、公路港、铁路港、航空港等重要交通枢纽及全市产业布局，合理优化物流基础设施分布，推动县域布局建设重大物流项目、物流园区，发挥物流设施在推动重点产业、重点园区高质量发展方面的基础性、战略性、先导性作用。加快推进"两业"设施设备协同，强化物流业和制造业对接融合，构建辐射区域更广、集聚效应更强、服务功能更优、运行效率更高的"'4—7—10'+3"① 现代物流体系。

---

① 即《南宁国家物流枢纽建设"十四五"规划》明确的"4—7—10"物流枢纽空间体系，加上跨境物流、工业物流、农村物流三大领域。

（二）加快推进多式联运发展，提升物流效率并降低成本

一是推进基础设施"硬联通"。市内加快建设多式联运枢纽站场和集疏运体系，强化铁路、公路和港口、货运枢纽、物流园区之间的衔接，全力畅通多式联运末端"微循环"，实现多式联运软硬件"无缝"衔接。跨省方面积极推进与西部陆海新通道沿线省（区、市）及东盟国家之间的交通基础设施"硬联通"、体制规则"软联通"，共同构建中国—东盟多式联运联盟基地。

二是加快完善核心项目多式联运功能。南宁国际铁路港建设方面，加快铁路线建设，以铁路干线运输组织为核心，推动物流要素资源集聚，通过与钦州、北海等沿海城市港口的对接扩大联运集聚效应。牛湾物流园建设方面，推进公铁水多式联运高质量发展，利用南环货线牛湾站以及牛湾港西江航道干线龙头港汇集优势，促进物流和临港产业发展，打造区域性公铁水多式联运物流节点。六景物流园建设方面，发展大宗商品储存、中转服务，围绕新能源汽车、精细化工，以及糖、粮、油、食品深加工及上下游产业链，推动工业与物流业相互促进，打造综合物流服务体系。南宁临空经济示范区临空物流园建设方面，加速推进空陆联运基础设施建设，加快培育临空经济优势产业，发展供应链集成服务。

三是加快打造多式联运示范工程。铁海联运方面，加强南宁口岸与北部湾港的有机衔接，建设跨市出省通边达海连江公路体系和口岸公路集疏运体系示范工程，与钦州港形成错位联动，共同打造南宁—钦州组合港多式联运枢纽，提升铁海快线、跨境班列等联运产品的组织能力。公铁联运方面，进一步优化南宁国际铁路港通达功能，高起点规划建设南宁国际公路港，加快推动与崇左共建爱店口岸跨境物流集散中心。强化跨境物流设施互联互通，推动建设崇左到凭祥铁路、崇左至爱店口岸高速公路。空铁联运方面，聚焦补齐航空货运公共服务设施、冷链服务设施以及高铁快运基础设施短板，推动南宁机场第二跑道、T3航站区等项目加快建设，建设面向东盟、辐射国际国内的陆空（空铁）联运体系，打造南宁—东盟十国空铁联运精品国际

线路。河海联运方面，推进海船进江，打造南宁—钦州—香港、南宁—钦州—海防水运精品线路。持续推进西部陆海新通道骨干工程平陆运河建设，加强口岸基础设施建设，近期在南宁港六景作业区申请口岸临时开放，远期在平塘江口设立南宁内河口岸。

（三）推动物流与产业深度融合，加快发展枢纽经济

一是将国家物流枢纽打造为高能级合作平台。围绕国家物流枢纽，深化与长三角、成渝地区双城经济圈、西部陆海新通道沿线城市的产业转移合作，在枢纽周边布局发展新能源新材料、新能源汽车及零部件、电子信息等千亿元产业，加快培育具有更强实力的大产业，推动形成产业集聚和规模效应，打造更高能级大物流平台，推动中国—东盟跨境产业融合发展合作区加快建设，依托国家物流枢纽形成大物流、大枢纽、大产业基地，努力实现"货从南宁走、钱从南宁过、数在南宁聚、账在南宁结、产业在南宁落地、人才在南宁集聚"。

二是推动产业集群在枢纽周边布局。围绕南宁陆港型国家物流枢纽、空港型国家物流枢纽，发挥铁路、航空运输优势，以中国—东盟跨境产业融合发展合作区、南宁（深圳）东盟产业合作区建设为引领，在"两港一区"及周边培育发展电子信息、生物医药、铝精深加工、高端装备制造等产业；围绕南宁生产型国家物流枢纽，发挥公铁水联运优势，以东部新城开发建设为引领，在六景物流园、牛湾物流园周边培育发展新能源汽车及零部件、新能源、铝精深加工、化工材料、造纸等产业；围绕南宁商贸服务型国家物流枢纽，发挥南宁综合保税区跨境物流服务作用，以中国—东盟水果交易中心、广西中药材进出口交易中心建设为引领，在商贸服务型国家物流枢纽周边培育发展电子信息、金属新材料、水果和中药材加工交易等产业。

三是积极开拓海外市场。充分利用东盟及相关国家（地区）的海外资源和市场，拓展经贸往来合作，打造"南宁零部件+东盟组装+全球销售"及"东盟原材料—南宁加工—全国/全球销售"的双向跨境产业链，为国家

物流枢纽提供更多的货源支撑。

四是提高市场主体规模化、专业化、品牌化运营能力。加快建立产业融合企业库，设立重点物流企业目录予以重点支持，积极培育一批产业深度融合发展的龙头企业、骨干企业，发展壮大一批融合发展的"专精特新"中小微企业，逐步形成以枢纽经济为牵引、多业态融合发展的物流业集群。

（四）提升跨区域跨境物流服务能力，打造国际物流枢纽

一是加快提升南宁国际铁路港跨境集疏运功能。加快推动开通中越跨境"五定"班列，拓宽中越跨境产业"快速通关"绿色通道，推进南宁综合保税区（二期）迁建，积极争取海关部门支持南宁铁路口岸建设。优化跨境铁路货物混装运输通关监管流程，提高物流时效，进一步加强货源集拼，降低物流成本。落实好补贴政策，加大货代公司的货源集拼力度，让更多货物从南宁国际铁路港编组始发，打造"电子信息产品专列""汽车配件专列""农产品专列"等特色产品跨境班列。鼓励企业在越南同登建设海外仓、专用线，实现南宁国际铁路港运输货物在同登站直接进入专用线后转公路运输至越南北宁、北江，减少经铁路运输至安员站再经公路转运环节，缓解中越跨境铁路越南段运力递减压力，释放铁路运能，提高运行效率，实现"厂对厂"24 小时通达。

二是在边境口岸建设跨境物流园区。支持市属国有企业在越方口岸附近投资建设中越口岸跨境物流中心、越南保税物流仓等物流基础设施，保障南宁货物作业、通关便利化。

三是与边境城市合作共建口岸。积极争取国家、自治区支持南宁与崇左爱店共建试点口岸，推动口岸贸易通关便利化，带动南宁腹地跨境产业发展。

四是强化国家物流枢纽跨区域跨境协同合作。统筹协调海关、铁路、机场等相关部门，不断提升与各市交通基础设施的互联互通水平，谋划打造高效、便捷、畅通的跨区域跨境物流通道。区内重点加强与崇左陆上边境口岸

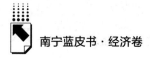

型、钦北防港口型国家物流枢纽合作,开展干线物流业务协同,加大铁海联运班列开行密度;区外围绕西部陆海新通道建设,重点加强与成都、重庆、武汉、洛阳等国家物流枢纽的合作;国外重点与越南同登、夹克、安员等铁路站场合作,将南宁国际铁路港打造为广西面向越南的铁路货运枢纽、泛亚铁路东线和中东线的集散中心。

B.19
南宁市发展高铁快运的对策

中共南宁市委政策研究室（改革办）、南宁市交通运输局
与中国铁路南宁局集团有限公司联合调研组*

摘　要：　高铁快运以速度快、安全性强、准点率高的特有优势为更高质量的物流业发展拓展了新空间、注入了新动能。本报告全面梳理高铁快运的发展现状，深入分析成都、昆明高铁快运运营的主要经验，如两市货物互贸规模可观创造了市场需求、首开站点各项条件与高铁快运要求高度契合以及两市各有政策助推高铁快运发展。南宁市发展高铁快运，基础和瓶颈并存：一方面，存在区位优势得天独厚、高铁物流基地列入上级规划、基础设施条件比较成熟、业务发展速度较快等基础；另一方面，面临产业不够发达造成货源不足、高尖精企业不多且货物附加值不高、市场体量小且城市消费能力有待提升等瓶颈。因此，为了发展高铁快运，南宁市应当加强规划研究，积极推动自治区层面协调周边省市开通高铁快运，推动与沿边临港城市共建高铁快运场站，加快高铁货运基地与公、铁、空、水枢纽衔接的基础设施建设。

关键词：　高铁快运　交通运输　南宁

---

* 调研组成员：梁智忠，中共南宁市委政策研究室（改革办）主任、市委副秘书长（兼）；韦忠，中共南宁市委政策研究室副主任；李雅欣，中共南宁市委政策研究室（改革办）经济科科长；寇德华，中共南宁市委政策研究室（改革办）经济科四级主任科员；王东玉，中共南宁市委政策研究室（改革办）经济科一级科员；王城璟，南宁市交通运输局综合交通科四级主任科员；蔡华青，中国铁路南宁局集团有限公司货运服务中心工程师；师佳，中铁快运股份有限公司南宁分公司业务经理。

习近平总书记提出，要加强高铁货运和国际航空货运能力建设，加快形成内外联通、安全高效的物流网络。① 高铁作为我国交通运输的重要手段，近年来发展不断加快，较好地满足了客运需求。同时，高铁自身特点决定了其在货运市场也能有所作为，高铁快运由此诞生。2023 年 7 月 12 日，首趟整列高铁快运动车组分别从昆明洛羊镇站、成都双流西站双向对开，标志着利用整列动车组开展高铁快运批量运输试点工作正式实施，高铁快运进入了新的发展阶段。

一 高铁快运发展现状分析

高铁快运是指由中铁快运组织利用日常开行的高铁动车组列车作为运输资源，为客户提供快速便捷的物品运输服务。

（一）运营模式及发展阶段分析

目前我国高铁快运主要有 3 种运营模式。

一是捎货模式。主要利用既有载客动车组列车上的快递柜、大件行李处、最后一排座椅后空间，面向商务函件、标书合同、生鲜礼品、急用药品等"少而精"的急运高端市场提供个性化特色服务。其优点是成本较低（主要是人力成本），缺点是运力和运量有限（一趟列车装载量约为 3~4吨）、组织困难（需要在施行前具体考察该列车是否适合货物运输）。

二是动车组不售票车厢模式。主要利用既有载客动车组列车上的单独车厢运输，不拆除座椅等客运专用设施，不对外售票，整节车厢用于装运快运货物。其优点是对列车上座率影响小、看管难度较低、组织方式灵活。缺点是在经停站对货物装卸时间、方式要求较高，易出现无法有效满足各个车站货运需求的情况；客货共用站台易发生交叉，对乘客出行及货物装卸、运输产生影响。

---

① 《优化通道布局，升级物流网络，强化高铁货运和国际航空货运能力》，中国政府网，2020年 10 月 20 日，https：//www.gov.cn/xinwen/2020-10/20/content_5552565.htm。

　　三是动车组拆座椅车厢模式。拆除全列座椅和行李架等客运专用设施，同时加装视频监控设备，全列用于装运高铁快运货物。具体来说分为确认列车模式①与专列模式，成都与昆明目前采用的为确认列车模式。

　　基于以上3种模式，又可以将高铁快运的发展历程分为3个阶段。一是以捎货模式开始发展的起步阶段。这一阶段货运量小、客运货运利润差别明显，没有过多适合运送的货物。二是以动车组不售票车厢、动车组拆座椅车厢模式开始发展，再推广捎货模式的快速扩张阶段。得益于与顺丰、京东、中国邮政等快递公司的合作，高铁快运业务量有了很大提升，对运能、时效都有了较高要求，需要使用一列车某几个车厢专门运输，确认列车模式也应运而生，这一阶段是当前所处的阶段。三是以专列模式为主、其余几种模式共存的稳定运行阶段。这一阶段运输成本进一步降低、配套设施完善、安检标准统一，大部分企业和个人已养成使用高铁快运的习惯，客运与货运利润相当，可能出现专门适用于高铁快运的货物。这3个阶段发展的快慢主要取决于货运量，同一时期内可能在不同城市、不同时段同时出现，但总体会朝着稳定运行阶段发展。

（二）适用的货物种类

　　高铁快运与快递所服务的货物品类较为相似，货物特征主要体现为小批量、多批次、时效性强、附加值高、运价敏感度较低。通过梳理，可将高铁快运货物分为急件类、电商类、时限类、高附加值类4类货物，详见表1。

表1　高铁快运服务货物品类及相关特征

产品类别	品类细分	代表性货物	时效要求	运价要求	环境要求
急件类	文件类	合同、票据、证件、信件、产品样品等	高	低	低
	其他	个人包裹、药品等			

---

　　① 确认列车是高铁线路夜间检修后，当日运营之前开行的"不载客列车"。高铁线路在当日夜间检修结束后，必须由确认列车确认线路绝对安全，各班次才能运营。

续表

产品类别	品类细分	代表性货物	时效要求	运价要求	环境要求
电商类	服饰类	衣帽、鞋靴、箱包、饰品等	高	较高	低
	食品类	零食、糕点、茶水等			
	日常用品类	餐具、清洁用品等			
	3C 产品类	电脑、手机、游戏机等			
	图书音像类	文具、图书、唱片等			
时限类	医药类	血液、疫苗、人体器官等	高	低	高
	生鲜类	海鲜、蔬果、鲜花等			
高附加值类		珠宝、精密仪器等	高	低	高

注：运价要求是指货物对运费成本在总成本中占比高低的敏感程度。如某物品运价要求低，就是说该物品可以接受运输成本在总成本中的占比较高。

（三）优劣势分析

1.优势方面

一是在 800~1500 公里运距具备时效优势。根据测算，800~1500 公里为高铁快运的优势运距。以 1500 公里运距为例，高铁可控制运行时间为 4~5 小时，货物截载时间可压缩至发车前 30 分钟，提货时长 30 分钟；同等情况下，航空飞行时间虽然仅为 2 小时，但航空截载时长需提前 3 小时，提货时长 90 分钟，最终整体时效一致；而公路干线运输时长则需 20 小时，无法做到次日送达。二是具备交通衔接优势。全国多数城市一般选择将高铁站与机场、地铁、公交等交通相互衔接，部分情况下可以做到无缝接驳，这大大减少了货物驻留产生的仓储成本、运输时间过长产生的利息成本等。三是具备大运能、全天候、绿色环保等优势。货运动车组最大装载重量可达 55 吨以上，与顺丰、京东全货机（28~39 吨）相比优势明显（目前国内仅有顺丰、京东采取全货机运输），同时可以通过与客运列车错峰，实现全天候稳定开行，并且利用太阳能、地热能等再生能源进行供能，有效实现绿色环保。

2.劣势方面

一是市场"最后一公里"配送仍未自主掌握。虽然国铁集团与顺丰、京东、达达等快递企业共同成立了合资公司，借助快递企业网点资源填补"最后一公里"的空白，达到快速占领市场、稳定市场需求的目的，但合资公司并非完全由国铁集团掌握，在做决策时需要与快递企业协调，自主权不够牢固，因此易出现互相干扰、难以管理协调的情况。

二是运输成本高。高铁快运平均价格为 1.5 元/公斤左右，部分区段如昆明至成都达到 4 元/公斤，而公路干线运输平均价格为 0.4~0.6 元/公斤，高附加值产品和运输时效要求较高的货品运输价格较高是高铁快运进一步扩大市场份额的限制因素之一。在调研中了解到，目前高铁快运采用确认列车模式运行，主要是考虑货运与客运利润差距较大，确认列车不挤占正常客运车辆运行时间，对整体利润不会产生较大影响。

三是技术支持不足。车型与货运要求不匹配，国铁集团目前做法是将客运车座椅等设备直接拆除作为货车使用，但没有进行适配货运改造，在本身运能不大的情况下，未能充分发挥客运车运能潜力；由于车门未加宽，一些尺寸超过车门高度和宽度、易破损、难压缩、材质硬的货物（如医疗器械、精密电子仪器）上下车受限。根据国铁集团南宁局有关负责人介绍，高铁快运专用货车仍在研制阶段，尚未上线试验。缺乏大面积临时存货场、智能化的分拣设备，在成都双流西站调研发现，仅装卸分拣一列车次就需要聘用 60 多名工作人员，如果大规模开展高铁快运，就一定会面临大量、多批、不同时效、多家物流公司的货物，必须有足够大的临时货场存放待分拣和分拣后的货物，以及高度智能化的分拣设备，依靠现有条件，不仅会导致大量货物无序堆放，还可能因为追求速度造成分拣错误率增高，影响运输效率。

四是安检等制度不够健全。中铁货运和物流企业的安检标准不一、结果无法互认，导致货物仅从物流企业到进入高铁货运站台就至少有"物流企业自检+中铁货运前置安检+到站安检"3 道安检程序，不仅增加了时间成本，还在反复拆封的过程中提升了货物的破损率。

五是可能存在线路资源紧张现象。目前，在始发站与终点站相同的情况下，高铁快运动车组与客运动车组均使用同一条线路，通过穿插开行方式实现错峰。

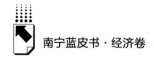

但线路运力紧张时，国铁集团倾向于将有限的资源调剂给客运，势必影响高铁快运每日运行车次，在一定程度上限制了高铁快运业务量的提升。

（四）需要具备的条件

一是完善的交通网络布局。从全国层面看，31 个省（区、市）293 个车站可办理高铁快运业务，每日可用于满足紧急寄递需求的动车组列车达 3500 列，这使得高铁快运能够在多数城市推广服务。从城市自身看，需要与国内主要经济圈城市、周边城市、贸易主要往来城市等互通高铁，并且具备与高速公路、机场、港口或运河等其他交通方式的有效衔接条件。

二是货运市场有需求。高铁快运是一种运输方式，影响其业务开展的一个主要因素是市场需求。能够开通高铁快运并持续扩大规模的城市，要么能够满足全国大多数城市的一定量货物需求，要么能够满足部分城市的大量货物需求，二者兼具的城市发展高铁快运的潜力非常大。

三是国铁集团有开拓市场的需要。中国物流与采购联合会数据显示，2022 年我国社会物流总额突破 347.6 万亿元，物流市场规模连续 7 年位居世界第一，我国已成为名副其实的物流大国。随着产业加快发展，交通、物流体系不断完善，更多中长途的货物贸易需求将被激发，作为以铁路客货运输为主业的企业，国铁集团发展高铁快运有助于开拓高端货运市场，进一步提升利润、做大做强。

四是站点选址有要求。能够开展高铁快运业务的站点，通常具备周边物流园区相对集中，与公路、机场、港口距离较近（10 公里以内），有空地或楼栋作为存货场，动车维保等补给保障配套齐全，客流量小等特点。可以说，高铁货运对于站点的要求与客运有着明显差别，并非每个站点都适合开展业务。

同时，在西部内陆且水运不够发达的城市发展高铁快运，效果往往好于沿海城市。这些城市要想做到时效性高，就要优先考虑航空运输，这抬升了总体物流成本；想要做到成本低，就要优先考虑公路运输，这降低了时效性。高铁快运作为在一定运距下兼具二者优点的运输方式，能够在这些城市更好发挥作用。

二　成都、昆明高铁快运运行分析

成都、昆明高铁快运列车每日凌晨 4 点 30 分左右分别从双流西站、洛羊站对开，10 点 31 分到达，全程运行时间约为 6 小时，里程为 1127 公里，沿途站不进行货物装卸作业。两市发展高铁快运的经验做法值得南宁学习借鉴。

一是两市货物互贸规模可观创造了市场需求。互运的货物包含装备制造业产品、优质轻工业产品、特色农产品等。四川方面，货品包括特色牛羊肉、水果生鲜、川酒川茶、家具家电等生活用品，助力"川字号"特色农产品出川；云南方面，鲜花、野生菌等农副产品是主打，还有部分水果、蔬菜、咖啡、中药材等。根据两市有关负责人介绍，自高铁快运业务开展以来，每天都能保证车辆满载。

二是首开站点各项条件与高铁快运要求高度契合。从运距来看，两站点距离恰好处于优势运距，对比航空和公路在时效性和成本方面优势明显，有利于开展业务。从区位来看，双流西站距离顺丰四川分拨中心仅 3.4 公里，距离双流国际机场仅 7.7 公里，便于集散货物；洛羊站距离亚洲最大的花卉市场——斗南花卉市场仅有 12 公里，距离京东、顺丰云南分拨中心分别有 17 公里、28 公里，虽然距离较远，但通过加密与高铁站之间的往返车次可有效解决距离问题。从客运使用情况来看，双流西站、洛羊站没有高铁客运业务，车站功能与资产闲置，车站通过安装设备进行改造，可迅速开展业务。

三是两市各有政策助推高铁快运发展。成都方面，《〈四川省"十四五"现代物流发展规划〉目标任务责任分工方案》明确提出发展高铁物流，引导电商、快递等企业布局仓储基地、分拨配送和中转中心；鼓励中铁快运、顺丰、京东、邮政等大型物流企业合作，开发高铁货运特色产品，打造高铁货运服务品牌。昆明方面，云南省对高铁货运按照里程数进行补贴，2500

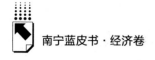

公里以上按 2.5 元/公斤补贴，2000 公里以内按 2 元/公斤补贴，昆明市另有补贴政策，但不与省级补贴重复。

三　南宁市发展高铁快运的基础和瓶颈

对照高铁快运发展所需条件，南宁在以下方面具备一定基础。一是区位优势得天独厚。南宁是中国距东盟最近的首府城市，是中国—东盟博览会永久举办地，拥有中国（广西）自由贸易试验区南宁片区、中国—东盟信息港南宁核心基地、面向东盟的金融开放门户南宁核心区等国家级开放平台，有成为"货源来自东盟、发货辐射全国"的分拨中心的潜力。

二是高铁物流基地列入上级规划。国铁集团在南宁市布局建设了高铁物流基地，并推动其列入《中国铁路局南宁局集团有限公司高铁物流基地三年实施方案（2022—2024 年）》，以及自治区交通运输厅、国铁集团南宁局印发的《广西高铁货运发展实施方案》，作为重点项目推进。同时，《广西综合交通运输发展"十四五"规划》明确提出优化以南宁为枢纽的高速铁路网综合布局，打造连通中西部地区、辐射东盟的区域性国际综合交通枢纽，将南宁建设成区域性国际邮政快递枢纽，全面提升南宁作为重要门户枢纽城市的综合运输服务能力，为南宁市发展高铁快运提供了规划引领。

三是基础设施条件比较成熟。跨境通道逐步畅通。初步实现南宁—北宁、北江公路 12 小时"厂对厂"直达和铁路 24 小时"站对站"直达，南宁机场直达航线 2 小时之内可以通达东盟各国，已开行 15 条国际货运航线，覆盖东南亚主要城市。铁路交通枢纽建设稳步推进。国际铁路港中，运营铁路货场、海关监管作业场所等项目已建成，城市配送区成件货物作业仓库（一期）等项目已基本建成。高铁物流基地（二期）中，城市配送仓东盟跨境电商区域中心仓、高铁物流分拨转运仓等项目加快建设，有望 2024 年底完工。综合立体交通网络日趋完善。南崇铁路、贵南高铁开通运营，南玉铁路顺利推进，吴圩机场 T3 航站楼、第二跑道加快建设，南宁至友谊关、东兴、水口、硕龙、岳圩、龙邦已基本实现高速公路通达，大塘至凭祥高速、吴圩至大塘高速公路机场连接线等项目的规划建设加快推进，平陆运河建设有力推进。物流企业加快集聚。顺丰进驻南宁国际铁路港，未来将打造面向东盟的最大物流分拨中心。京东、联邦、极兔等品牌企业纷纷进驻位于中国（广西）自贸试验区南宁片区的中新南宁国际物流园，并在园区内建立物流基地，开展物流集散运输业务。

四是业务发展速度较快。目前，南宁市高铁快运业务仍以捎货模式为主，在中铁快运公司与顺丰、京东合作的基础上，中铁快运南宁分公司还与邮政合作，开展南宁—昆明南及南宁东—广州南、北京、上海等高铁线路业务合作，不断拓展高铁快运市场。2022年，全市高铁发送完成2354.11吨，同比增长32%，主要运送货物为其他、食品冷链、医药冷链等（见图1），主要流向区内的南宁、柳州、桂林等城市，以及区外的昆明、北京、长沙等城市（见表2）。2023年1月1日，中铁快运南宁分公司在南宁站、南宁东站等7个站间首创图定拆座动车"7+1"列车车厢，进一步提升了高铁快运效率。

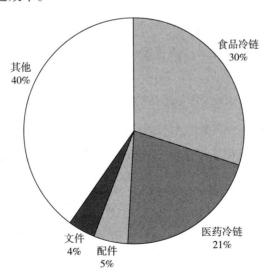

图1　2022年南宁市高铁快运主要品类

资料来源：中铁快运南宁分公司。

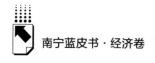

表2 2022年南宁高铁快运货物主要流向城市前5名占比情况

单位：%

区内		区外	
流向的城市	占比	流向的城市	占比
南宁（同城）	21	昆明	16
柳州	6	北京	8
桂林	6	长沙	5
钦州	3	武汉	4
玉林	2	广州	3

资料来源：中铁快运南宁分公司。

可以说，依托区位、政策、平台叠加优势，加上日趋坚实的产业、交通基础，未来南宁市有望打造外连东盟、内接全国的重要物流枢纽，创造独特的比较优势，为高铁快运创造良好发展条件。

同时，南宁市高铁快运发展存在不少瓶颈。一是产业不够发达造成货源不足。南宁市电子信息产业、特色农业等发展支撑不足，货物供需不旺，未形成货运规模，无法通过高铁快运运输高附加值货物；筹备货源能力不足，过路货多、本地货少，且货源不稳定，时常出现货物无法装满一整列车的情况。

二是高尖精企业不多且货物附加值不高。当前，南宁市通过高铁快运发出的货物主要是沃柑、荔枝等水果，使用高铁快运主要考虑时效要求，但水果附加值不高，体积和重量较大，难以保证供货企业和物流企业有足够的利润。

三是市场体量小且城市消费能力有待提升。从快递投揽比来看，南宁市虽然属于典型的快递"消费型"城市，但对于高铁货运产品来说，特别是与昆明等周边省会城市相比，南宁市的市场体量小、消费能力还不够强，难以有效发挥高铁快运的经济效益。在考察中调研组了解到，同样通过铁路运输一批泰国榴梿，南宁市消化一个货柜后本地市场就已经饱和；而昆明市场体量大、消费能力较强，可以消化大部分，同时还可以通过高铁快运将榴梿销售到成都等消费能力更强的城市。

四 南宁市发展高铁快运的对策

为推动高铁快运业务在南宁落地并加快发展，提出以下4点建议。

一是加强规划研究。发挥好首府区位优势，建立外连东盟、内接全国的铁路运输体系，加强规划是前提和基础。建议做好高铁规划与其他运输方式规划的衔接，探索将高铁货运纳入全市物流体系规划，掌握高铁快运专用车型、站点标准等规划的编制工作进展，为南宁市发展高铁快运提供规划支持。

二是积极推动自治区层面协调周边省市开通高铁快运。随着第20届中国—东盟博览会系列活动顺利开展，一批来自越南等东盟国家以及深圳等城市的好项目、大项目、新项目落户南宁，将为南宁创造大量的跨省市货运需求。建议推动自治区层面协调相邻省份、铁路局集团有限公司签订合作共建高铁路网框架协议，加快相邻省市高铁物流基地布局建设，试点开通与周边省会城市、重要城市的高铁快运线路，加大货源集聚辐射力度，逐步形成以南宁市为核心节点的区域高铁快运产业生态圈，更好地服务经济高质量发展。货物选择上，可以考虑将纸质银行账单、保险保单等安全需求高的货物运送到全国各地。

三是推动与沿边临港城市共建高铁快运场站，或者在具备条件的高铁场站间发展"点对点"高铁快运班列服务。依托现有铁路物流平台，构建业务受理、跟踪查询、结算办理等一站式高铁快运服务平台。在货物选择上，可以考虑将水果、海鲜通过高铁运输到南宁，经过深加工后运送到全国各地。

四是加快高铁货运基地与公、铁、空、水枢纽衔接的基础设施建设。建议完善公、铁、空、水物流运输网络基础设施建设，统筹考虑高铁货运基地布局与国际铁路港、吴圩机场、平陆运河港口、埌东汽车站等重要货运交通

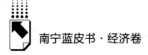
枢纽的快速衔接，推动形成高铁物流运输网络，使运输结构更优化、物流成本进一步降低，全面提升高铁货运物流服务水平，实现货运衔接"无缝化"、运输服务"一体化"，打通高铁快运"最后一公里"。同时，鼓励电商、快递等企业参与高铁快运设施建设和改造，就近或一体化布局建设电商快递分拨中心，完善与高铁快运高效衔接的快递物流服务网络。

B.20
南宁市推进冷链物流发展的对策

南宁市社会科学院课题组*

摘　要： 南宁市推动冷链物流高质量发展有助于支撑农业规模化产业化发展，助力乡村振兴；有助于推动消费升级和培育经济新增长点，降低物流运行成本，助力"工业强市"。当前，南宁市在冷链物流设施设备、冷链物流经营主体、冷链物流运输通道等方面形成了重要的发展基础，但在县域冷链物流发展布局、企业经营成本、冷链物流人才培养等方面仍存在薄弱环节，需要靶向施策、补齐短板。因此，本报告从优化发展布局、推动延链补链、推动降本增效、增强创新动能、加大人才引培力度、提升监管效能等方面提出对策，全面助推南宁市冷链物流高质量发展。

关键词： 冷链物流　高质量发展　南宁

随着国务院办公厅《"十四五"冷链物流发展规划》的印发和乡村振兴的深化，我国依托农产品优势产区、重要集散地和主销区布局建设了100个

---

* 课题组组长：周博，南宁市社会科学院东盟研究所所长、副研究员，高级人力资源管理师。课题组成员：王许兵，南宁市社会科学院东盟研究所副所长、助理研究员；冯勤哲，南宁市社会科学院东盟研究所科研人员、研究实习员；丁浩芮，南宁市社会科学院社会发展研究所副所长、助理研究员；申鹏辉，南宁市社会科学院办公室工作人员、工程师；仝丹丹，中共南宁市委党校图书馆副馆长、讲师；张苇锟，岭南师范学院讲师；黄旭文，广西社会科学院越南研究所副所长、副研究员；黄爱琼，广西物流与采购联合会副会长、高级政工师；黄吉祥，广西现代物流集团有限公司高级主管；蒋秋谨，南宁市社会科学院城市发展研究所所长、副研究员；龚维玲，南宁市社会科学院城市发展研究所原所长、正高级经济师；吴寿平，南宁市社会科学院城市发展研究所副所长、副研究员。

左右的国家骨干冷链物流基地。南宁市作为国家骨干冷链物流基地承载城市之一，在国家骨干冷链物流网络布局中的位置十分突出，同时拥有丰富的农业资源和一批重大国家战略平台等政策叠加优势，在"四横四纵"国家冷链物流骨干通道网络的战略地位凸显。在此背景下，研究南宁市冷链物流尤其是农产品冷链物流发展具有较强的现实意义。

一　南宁市冷链物流发展现状[①]

（一）冷链物流市场规模逐步扩大

南宁市农产品对高质量冷链物流的需求逐年增长。为保证水果蔬菜等农产品的质量，采摘后需要及时存储在恒温的冷库或装载至冷链运输车。南宁市农产品资源丰富，农产品的冷链存储需求较大，其中水果蔬菜产品的冷链需求尤为突出。2022 年柑橘类水果是南宁市水果产业增长的主要动力，2022 年上半年南宁市柑橘类水果产量达 159.97 万吨，同比增长15.8%，占南宁市 2022 年上半年水果总产量的八成。其中，武鸣区是全国沃柑种植面积最大的县（区），共建设有 56 个柑橘产业示范园，形成了苗木培育、采后加工、冷链物流、销售一体化的全产业链条。在蔬菜方面，南宁市是广西蔬菜的最大产区，2022 年南宁市蔬菜产量达 729.69 万吨，其中叶菜类、瓜菜类、茄果类种植规模最大。2023 年，南宁市积极推动乡村振兴"6+6"全产业链发展，沃柑、茉莉花、火龙果等产业规模稳居全国首位，前三季度全市园林水果产量达 309.02 万吨，同比增长 10.2%。[②]

（二）冷链物流交通网络持续改善

在交通基础设施方面，南宁面向东南亚、辐射全国的航空、铁路物流集

---

① 除特别标注，本部分数据均由南宁市发展改革委提供。
② 数据来源：南宁市发展改革委、南宁市农业农村局。

散转运网络不断完善。南宁市位于西部陆海新通道核心覆盖区，依托西部陆海新通道，已实现快速通达重庆、成都、贵阳、昆明、怀化、兰州等西部陆海新通道节点城市及国家骨干冷链物流基地承载城市。依托南宁国际铁路港、临空经济示范区、钦州—北海—防城港港口型国家物流枢纽等重大枢纽平台，加强与威海、烟台、舟山、福建等东部沿海国家骨干冷链物流基地承载城市的业务联动。通过开行集装箱冷链专班，建立与北京、天津等北方地区国家骨干冷链物流基地承载城市的业务联系。铁路方面，"百色一号"班列、中越跨境专列在南宁编组，集散右江河谷、中南半岛的果蔬运往京津冀地区和广州、上海、北京、郑州、重庆等地，随着《区域全面经济伙伴关系协定》（RCEP）的实施，南宁—东南亚农产品流通将有更大发展空间。航空方面，南宁已初步形成"双扇形"货运航线网络，其中面向东盟和南亚国家的航线有8条，对内辐射腹地城市，对外辐射东盟国家的重要航点，东南亚海鲜、果蔬抵达南宁后，可迅速向大湾区、长三角等一线消费市场流转。

（三）冷链物流设施设备初具规模

一是冷链基础设施规模稳步扩大。冷库是冷链物流中转的重要一环，截至2022年9月底，南宁市已建和在建冷库总容量达到300万立方米，库容排全区首位。据不完全统计，南宁市拥有冷库库容5万立方米以上的企业有10家，总建设库容达211.6万立方米，占南宁市总库容的70%以上（见表1）。各现代特色（种植养殖业）农业示范区基本实现商品化处理农产品地头仓储保鲜冷链设施配套，涉农企业、合作社、家庭农场建成投入使用的地头冷库近300座（库容1000立方米以上），总库容近60万立方米。大型冷链物流项目有南宁农产品交易中心、壮宁冷藏冷冻食品交易市场、龙光东盟生鲜食品智慧港、南宁国际综合物流园、万纬冷链南宁仓储项目（新中智慧园+金海物流园）、南宁市金桥农产品批发市场、南宁·清川肉禽集散中心、广西海吉星农产品国际物流中心等。

表1 南宁市大型冷链物流项目（冷库库容5万立方米以上）情况

项目名称	所在区县	冷库规模（万立方米）			流通品类	服务能力
		总建	已建	在建		
南宁农产品交易中心	青秀区	42.7	6.7	36.0	东盟水果干杂；北方水果；广西本地沃柑、板栗、八角辣椒等果蔬香料，二期以肉类、冷冻食品为主	市场货物吞吐量约60万吨/年，主要辐射成渝、西北、广东、湖南、湖北等地区和东盟
壮宁冷藏冷冻食品交易市场	江南区	17.3	17.3	0	水产、果蔬、肉类等	冷库年存储量达15万吨，主要辐射全国
龙光东盟生鲜食品智慧港	江南区	19.9	19.9	0	冻肉、水产、速冻食品	达产后集采及加工生鲜食品量达120万吨/年
南宁国际综合物流园	良庆区	39.9	39.9	0	水果、蔬菜、肉类、奶制品等	年均存储配送量约为12万吨，设施使用率约为50%
万纬冷链南宁仓储项目（新中智慧园+金海物流园）	良庆区	33.5	13.0	20.5	肉类、果蔬、冰品（冰激凌及雪糕）	年存储量达1350万吨，配送能力达38万吨/年
南宁市金桥农产品批发市场	兴宁区	20.9	20.9	0	市场主要交易品类为蔬菜；冷库流通品类为冷冻果汁、冷冻加工食品等	年配送量达到30万吨以上
南宁·清川肉禽集散中心	江南区	16.4	8.0	8.4	肉类、禽类、速冻食品	年存储或配送量达30万吨，主要辐射广西区内、湖南、湖北、广东
广西海吉星农产品国际物流中心	江南区	6.9	6.9	0	市场流通品类包括水果、蔬菜、冻品、干杂；冷库流通品类为山东、河南、福建等地冷冻食品及钦北防海鲜	冷库年吞吐量达11万吨，主要辐射广西各市县、贵州、云南、广东等地和东盟

项目名称	所在区县	冷库规模（万立方米）			流通品类	服务能力
		总建	已建	在建		
广西金穗农业集团隆安冷链项目	隆安县	7.1	7.1	0	火龙果、香蕉	主要服务金穗农业集团种植水果的冷藏、流通加工
上林县农产品集散中心	上林县	7.0	0	7.0	蔬菜水果、水产冻品肉类、粮油副食干调等	—
合计		211.6	139.7	71.9	—	—

资料来源：南宁市发展改革委。

二是冷链运输专业设备基本完备。2023 年前三季度，南宁市共有取得冷链运输资质的企业 232 家、冷藏保鲜运输车辆 595 辆，运输品类以生鲜果蔬、食品加工、冷藏药品及医疗器械为主，运输方式以公路冷链运输为主。[①]

（四）冷链物流服务体系逐步完善

一是服务都市消费的冷链物流体系正在成形。城市居民餐饮消费多样化需求显著，餐饮、零售等实体经济对生鲜食品、预制菜的运送质量要求日益严格。为此，南宁市推动服务都市消费的冷链设施建设，相关冷链设施主要集中在江南区（见表 2），主要为农产品和预制菜的城市消费赋能，提供果蔬和预制菜的集聚、仓储、加工、配送服务。

表 2　南宁市服务都市消费的冷链设施概况

项目	功能	规模	位置
龙光东盟生鲜食品智慧港	生鲜预制菜集成加工、城市中央厨房集采分销	总规划占地面积 531 亩，其中，已建一期占地 231 亩，配套建设冷库 19.9 万立方米	位于南宁陆港型国家物流枢纽南宁国际铁路港范围内，毗邻南宁国际空港

---

① 数据来源：南宁市交通运输局。

续表

项目	功能	规模	位置
南宁国际综合物流园	主要为顺丰、美菜提供冷库租赁	冷库库容为 39.92 万立方米(约 18 万吨),存储配送能力约为 12 万吨/年	紧邻庆玉快速路、外环高速等交通主干道,经机场高速到吴圩国际机场 30 公里,距离南宁市中心 15 公里
万纬冷链南宁仓储项目(新中智慧园+金海物流园)	主要为沃尔玛、百盛、双汇等大型商超、食品加工企业提供生鲜、肉类、冰品(冰激凌及雪糕)的仓储、配送服务	占地面积为 158 亩,已建成配套冷库 13 万立方米	距南宁中心主城区、南宁铁路货运南站及南宁国际机场都在 20 公里范围内

资料来源:南宁市发展改革委。

二是南宁市服务果蔬、畜禽产地的配套冷链基础设施基本完善。宾阳县、隆安县、横州市、上林县、武鸣区、邕宁区、西乡塘等果蔬主产区,依托柑橘、火龙果、百香果、香蕉等特色农产品的生产优势,建设了一批提供果蔬采后预冷、分拣分级、包装、初加工等商品化处理的冷链基础设施(见表3)。其中,隆安县火龙果在冷链基础设施建设和冷链平台的加持下逐步走向全国,2023 年隆安县的火龙果种植面积已达 7.26 万亩,年产量超 18.5 万吨,可通过"运满满"等全国线上冷链物流平台实现当天采摘后装车起运至外地。

表3 南宁市服务蔬果、畜禽产地配套冷链的主要项目

项目	功能	规模	位置
广西金穗农业集团隆安冷链项目(由华穗物流有限责任公司、铂洋果业科技有限公司两个部分组成)	铂洋果业主要从事水果精深加工,是目前全国最大的香蕉深加工企业	占地面积为 162 亩,配套冷库库容为 3.5 万立方米,年加工香蕉 25 万吨	广昆高速公路约 2 公里,毗邻 G358 国道
	华穗物流主要从事火龙果、香蕉等水果的采后预冷、分拣分级、包装	配套建设冷库 3.6 万立方米	

项目	功能	规模	位置
南宁双汇食品有限公司	广西唯一的5A级定点屠宰企业,也是双汇在华南地区最大的肉类加工基地	一期建设用地面积为512亩,配套建设5000吨冷库,配备300多辆冷藏车;年屠宰分割200万头生猪,生产10万吨高温、低温火腿肠	广西—东盟经济技术开发区宁武路6号,距离兰海高速公路约2公里
青秀屠宰精深加工及冷链配送基地	屠宰、分割精深加工	项目一期已建成运营38亩,配套1.3万平方米屠宰加工及保鲜冷藏中心,其中冷库库容为7814立方米,具备年屠宰生猪60万头、分割生猪30万头的生产能力	位于青秀区五合社区,距城市主干线民族大道4公里
上林农产品集散中心	推动乡镇农副产品冷链集散点联动,农副产品集中收集、统一运送、保质保鲜	中心建设用地面积为74.9亩,配套在建8200平方米冷链仓储物流配送中心、9700平方米中央厨房食品加工中心及6561平方米农产品分拣集散中心	位于上林县明亮镇塘马片区,距S309省道约1公里
马山(国际)农产品流通中心	服务马山黑山羊和禽类的分割加工、包装分拣、冷链流通	中心占地面积为198亩,在建配套冷库1.75万立方米,可实现年禽类交易超700万羽、牛羊肉交易超50万头,年流通量达10万~15万吨。	位于马山县合作2号路1—1号,毗邻兰海高速公路

资料来源:南宁市发展改革委。

(五)冷链物流市场主体不断壮大

当前,南宁市不断加大冷链物流经营主体招商和培育力度,引进了阿里巴巴、京东、苏宁、顺丰等大型电商和冷链物流龙头企业在南宁建立服务网点、物流网络和分拨中心,发展和延伸冷链物流服务,有效地促进物流市场、货运、互联网融合发展。截至 2022 年 10 月，广西共有各类冷链物流企业约 1066 家，约有 29%（309 家）的企业落户南宁，其中规模以上冷链物流企业共有 20 家。广西共有 3 家通过国家星级冷链企业评估的企业，均落户南宁，分别是广西华晨冷链数智物流有限公司（4 星级）、广西五洲金桥农产品有限公司（4 星级）和广西壮宁食品冷藏有限责任公司（3 星级）。冷链物流企业的规模不断扩大，实力不断增强。

二 南宁市冷链物流发展存在的问题

（一）县域冷链物流发展短板明显

一是部分县区农产品冷链物流配套体系不完善，地头冷库使用率低，部分水果损耗率较高。地头冷库主要为新鲜采摘的生鲜农产品提供暂时存储服务，而生鲜农产品具有季节性特点，夏季是旺季，过季后农产品主产区的冷库空置时间最长可达 5 个月。尽管南宁市已出台相关措施，鼓励地头冷库升级改造，扩大地头冷库的使用范围，但是受限于技术、农产品规模和成本，改造升级也无法解决空置率高的问题。同时，部分水果损耗率较高，如火龙果采摘后，商家往往出于成本方面的考量未能及时进行预冷处理，相关数据显示，南宁火龙果每年因冷链运输缺失和人为失误造成的销售损失接近 25%。[①]

二是县域冷链物流载体分布不均衡。地头冷库方面，武鸣、宾阳、西乡塘等果蔬发展强县（区）自发建设的地头冷库使用率高于马山、上林等县，地头冷库的建设积极性也相对较高。冷链物流企业方面，宾阳、上林、隆安、邕宁等县（区）尚无冷链物流企业，南宁市冷链物流企业多分布在良庆区和西乡塘区（见表 4）。同时，根据调研了解，南宁市具有区域性、网络化特点且规模较大的冷链物流公司不多，冷库、冷藏运输、低温配送等环节的集约化效应尚未显现。

---

① 吴立鸿：《互联网环境下南宁火龙果冷链物流模式研究》，《食品研究与开发》2023 年第 2 期。

表4   南宁市冷链物流企业分布情况

单位：家

县区	冷链运输企业数	县区	冷链运输企业数
横州市	2	青秀区	25
宾阳县	0	西乡塘区	51
上林县	0	良庆区	116
马山县	3	邕宁区	0
隆安县	0	武鸣区	3
兴宁区	10		
江南区	22	总数	232

资料来源：南宁市交通运输局。

（二）冷链物流行业全链条体系有待健全

一是冷链存储监管体系不完善。根据调研，南宁市多家冷链物流企业均反映南宁市存在一些非正规冷库，这些冷库不具备完备的冷藏存储条件和资质，难以进行有效监管。此外，市县两级尚未明晰地头冷库的管理职能，地头冷库的管理有待优化。部分地头冷库为夹芯彩钢板、集装箱搭建的简易拼装冷库，电路规划和消防结构不合理，存在安全隐患。

二是城市配送领域特别是冷链城配整体发展缓慢。冷链城配的集约化程度较低，城配网络建设以及相应的信息化技术均未完善。特别是在城市冷链运输车方面，专业车辆数量少、配置不均衡。在数量方面，据不完全统计，2023年南宁市企业拥有冷藏保鲜车595辆，不到广西总数的1/5。[①] 与长沙（2400辆，截至2021年）、广州（2958辆，截至2021年）等部分周边省份城市相比，南宁市冷藏保鲜车数量少、整体运力较低。在配比上，冷藏保鲜车主要集中在西乡塘、良庆两个城区，车辆分布不均，不足以满足各地企业的运输需求（见表5）。局部供应不匹配和本地冷链运输能力弱的情况也导致了冷库仓储能力不能得到充分发挥。

―――――――――

[①]   数据来源：南宁市交通运输局。

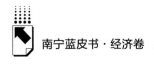

表5 南宁市冷藏保鲜车辆情况

单位：辆

序号	所属城区	冷藏保鲜车辆数	运营冷藏保鲜车辆50辆以上企业
1	横州市	6	—
2	宾阳县	8	—
3	上林县	0	—
4	马山县	34	—
5	隆安县	0	—
6	兴宁区	33	—
7	江南区	19	—
8	青秀区	14	—
9	西乡塘区	198	广西华晨冷链数智物流有限公司
10	良庆区	210	南宁威耀集采集配供应链管理有限公司
11	邕宁区	0	—
12	武鸣区	73	南宁双汇物流有限公司
总数		595	—

资料来源：南宁市发展改革委。

三是高端冷链物流产业发展较慢，部分冷链产品的市场接受度不高。南宁市冷链物流对象以果蔬、牛奶等农产品为主，尚未涉及医药产品、化工产品等高端冷链产品。涉及药品冷链运输的国家标准有《药品冷链物流运作规范》（GB/T 28842—2012），南宁市尚未有企业满足运输要求。此外，不同类型的生鲜和冷链食品有不同的冷链运输方式和标准，以猪肉为例，受传统饮食习惯的影响，消费者喜欢现宰杀的生猪，对冷鲜猪肉的接受度不高，生鲜肉在运输过程中容易受温度、湿度等环境和时间因素影响而变质或污染，消费者对于选择冷鲜猪肉存在一定顾虑。

（三）冷链物流专业人才匮乏

一方面，南宁市冷链物流高层次人才供给不足。冷链物流涉及较多制冷与保温技术和管理知识，要求冷链物流企业管理人员掌握冷链技术和现代物流管理方法，但南宁市相关的复合型人才较少。另一方面，南宁市冷链物流基础人才缺口较大。相关数据显示①，广西冷链物流行业对专科生和本科生的需求量大，企业希望75%的受聘员工具有专科及以上学历，然而当前冷链物流行业从业人员中大部分为低学历或未经过专业教育的社会招聘人士，从业人员整体专业素质较低。在邕高校和中职学校中，与物流运输相关的专业招生少，每年毕业生人数不足万人，其中冷链物流专业毕业生不足千人。

（四）本地冷链物流企业经营成本较高

南宁市冷链物流企业的用电成本和人工成本都较高。在用电成本方面，南宁市冷链物流企业用电价格依据的是南宁市工业电价，其冷库仓储用电价格达到每度0.9~1元，用电成本明显高于贵阳（每度0.5~0.6元）、昆明（每度0.4~0.5元）等城市。在冷藏运输车方面，冷藏运输车的采购、维护保养、保险、运输等都较其他物流车辆更高，如纯油驱动的4.2米冷链运输车加装冷藏设备后比原售价高1.5倍；年度保险费用与普通物流车相比高2000元以上；打开制冷机组后，每公里油耗贵2角以上。另外，根据走访部分冷链运输企业了解到，鲜活农产品具有严格的运送时间要求，可能造成车辆空载回程率提高，进而导致间接成本上升。

三 南宁市推进冷链物流发展的对策建议

（一）优化发展布局，补齐冷链物流发展短板

一是完善基础设施建设，优化县域冷链物流布局。在南宁市县域范围内建设冷链物流中心，通过扶持重点创新项目，吸引顺丰、极兔、天天、申通等物流企业进驻，以完善的冷链物流设施衔接乡村振兴。发挥南宁农产品交易中心等已有冷链物流基地的纽带作用，加强"县—镇—村"产品配送网络建设，加快冷链城配发展，打通从田间到销售终端的全链条。

二是集聚现有存量设施资源，补齐县域物流发展短板。围绕已有的大型

---

① 杨清、吴立鸿：《广西物流行业人才需求探析》，《高教论坛》2018年第7期。

冷链物流项目，在建设中国—东盟（南宁）水果交易中心的基础上，结合南宁承载能力，完善县域冷链物流设施功能。强化大型冷链物流项目与其他物流项目之间的联动发展。重点加大对武鸣、宾阳、西乡塘等县（区）冷链物流网络的改造升级力度，加快马山、上林等县的冷链物流项目建设。合理布局果蔬发展强县与非强县之间的物流节点，利用国家骨干冷链物流基地建设，以点带面补齐南宁市县镇冷链物流基础设施建设短板。

三是推动县域冷链物流企业与电商平台、大型超市、餐饮企业等开展合作，拓展销售渠道和市场空间，提升服务水平和品牌影响力。建议由市发展改革委牵头，联合市自然资源局、市农业农村局和市商务局等相关部门，规划和布局"县（区）—乡（镇）—村（社区）"三级冷链物流网络。围绕县域电子商务和快递物流配送体系，通过用地和税收优惠等政策，鼓励地方政府加强与阿里巴巴、京东、苏宁、顺丰、华晨等大型电商和冷链物流龙头企业的合作，拓宽武鸣、宾阳、西乡塘等县（区）的产品上行通道。

（二）推动延链补链，建立高效互补协同的链条发展体系

一是建立冷链物流协同体系，推动成立南宁市冷链物流协会，加强与国家骨干冷链物流基地、国家物流枢纽等相关平台和机构的合作交流，实现资源共享、优势互补、协同发展。利用不同层级的冷链物流设施，依托国家骨干冷链物流基地，对接顺丰等冷链物流龙头企业于本市设立的服务网点，强化产品间的资源整合。对于生鲜农产品优势集中产区，整合本地的冷链资源和产品资源，对已有产品进行升级，推动延链补链，谋划产品的标准生产、品牌建设和价值创造等链条，着力实现冷链资源共享、优势互补和协同发展。

二是推动构建本地农产品冷链物流行业信息共享平台，加强与农业生产基地、农产品主产区、农产品加工企业、农产品交易市场等平台的对接，打通冷链物流的"第一公里"和"最后一公里"，实现农产品从田间到餐桌的全程冷链保障。整合横县茉莉花、武鸣柑橘、隆安火龙果、西乡塘香蕉、上林大米、马山黑山羊等优势农产品资源，根据不同的产区和季

节，制定不同预冷标准和规范；利用产地现有设施改造或就近新建产后预冷、贮藏保鲜、分级包装等基础设施，统筹协调产品生产端、运输端、销售端，引导企业在季节性蔬菜和水果产区推广应用移动冷库、冷藏车等设施设备。

三是联动上下游，连接供产销三方，加快打造高端冷链物流产业。重点支持南宁华晨物流有限公司、广西五洲金桥农产品有限公司等企业建设，整合资源，强化第三方冷链物流企业的发展。通过适当的补贴和政策优惠，推动本土龙头企业冷链基础设施提质升级，提升设施的信息化、标准化水平。鼓励具有一定资金、技术和规模的星级冷链企业剥离或外包部分仓储、生产、加工和流通环节业务，集中发展优势业务，以供产销三方连接来实现延链补链，强化产前行业和产后加工、储运等链条的协作，提高整个物流链条的效率。

（三）推动降本增效，助力冷链物流企业做大做强

一是围绕降冷链仓储电力成本、运输成本重点发力。在财政允许的前提下，研究给予规模以上冷链物流企业用电优惠，包括采取电费最高限价、降低用电波峰电价、提供用电财政补贴等举措。加大对农产品、生鲜等冷链物流企业的支持力度，探索将冷藏运输车纳入道路收费站绿色免费通道，降低其运输成本。

二是大力引进核心竞争力强的第三方冷链物流企业及国内外知名冷链物流企业。支持本土冷链物流企业强强联合，通过兼并重组等方式，实现发展资源垂直一体化和横向组合。支持本土龙头企业冷链基础设施提质升级，推动信息化、标准化建设，并提供相应技术指导和资金支持。鼓励本地冷链物流企业积极参与国家 A 级物流企业、星级冷链物流企业评估，在资源获取方面发挥更大优势。

三是支持冷链物流企业积极发展新业态、新模式，提升经营效益。重点打造龙光东盟生鲜食品智慧港，吸引以大湾区为主的预制菜、食品加工头部企业入驻，引领仓储冷链快递、物流企业与预制菜生产企业、农产品产地对

接，打通冷链物流服务上行下行新通道，培育一批跨区域的预制菜仓储冷链物流龙头企业，打造"中央厨房+食材冷链配送""生鲜电商+冷链宅配"等冷链物流新业态、新模式，构建采集配一体、生态圈完整的生鲜供应链。同时，鼓励相关企业发展壮大医疗用品、工业用品等特殊用品冷链运输业务，进一步完善全市冷链物流运输业务体系。

（四）增强创新动能，支持冷链物流行业开展研发创新

一是推进冷链物流网络服务建设。鼓励企业采用物联网、大数据分析等前沿技术，根据本地市场特点和需求，将大数据、智慧物流、物联网等技术融入整个冷链物流环节建设，建立统一的冷链物流系统信息技术标准，提高物流效率、降低成本。

二是加强协同攻关。由市科技局牵头，联合广西大学、广西农业科学院、广西冷链物流协会等高校院所与协会组织，组建技术创新联盟。开展农产品保鲜、安全和仓储方面的研究，推进高耗能冷库和人工冷库数智化转型，提高物流装备的资源配置能力。

三是加快设备更新。支持本土冷链物流企业引进国内外先进的冷链设备，提升冷链物流的设备水平和运营能力。发挥星级冷链物流企业的引领带动作用，重点围绕创新优化、物流运行适配和设备兼容等方面进行帮扶和配套。实施南宁冷链物流示范建设工程，推进企业参与冷链物流的配送、货运等示范性项目建设，全力提高本土冷链物流企业技术和设备的先进化水平。

（五）加大人才引培力度，壮大冷链物流人才队伍

一是建立健全冷链物流人才引培政策供给体系，强化政策吸引力。全面落实《南宁市加强和改进新时代人才工作的若干措施》及其配套政策、《关于更大力度促进大中专院校毕业生在南宁就业发展的若干政策措施》，将冷链物流人才引培情况纳入人才政策执行评估，让高层次人才政策惠及冷链物流行业。考虑围绕南宁市冷链物流行业人才发展的现实情况和紧迫需求，制定专项人才引培政策，提升该行业的人才关注度与吸引力。探索在冷链物流

行业开展人才引培制度创新试点，在实施个人所得税优惠、创新创业融资扶持以及外籍人才签证、工作和居留许可等方面开展先行先试。

二是建立健全冷链物流人才优质高效服务体系。推动涉人才工作部门的数据共享，整合各方资源，实时掌握南宁市高层次人才的总体变化情况，打造集服务、审核、咨询、联系、对接于一体的冷链物流产业链、人才链"二链合一"的综合型人才服务平台，构建多跨协同、系统高效的冷链物流人才全周期信息生态。完善符合冷链物流人才需求的全周期配套服务保障。着力解决关系人才自身利益的住房、子女入学、医疗、出行等"关键小事"，解决人才工作和发展的后顾之忧。同时，围绕引进人才干事创业全生命周期需要，提供金融扶持、科研成果转化、企业运作辅导、知识产权保护等全周期的配套服务。

三是建立健全冷链物流人才引培激励体系。鼓励南宁学院、南宁职业技术大学等市属高校以及研究院所强化冷链物流人才引进与培育计划，制定人才需求清单，推出联合培养模式。人社部门可以通过政策支持、资金扶持等方式，出台更为精细的人才激励办法。积极争取厦门大学、东北大学、华中科技大学等合作高校在南宁市冷链物流人才培养上落地相关校地合作项目，市级相关部门应从资金和政策上给予支持。

（六）提升监管效能，构建契合冷链物流高质量发展的科学监管体系

一是科学完善政府监管机制。建立市一级党委、政府统一领导，市级各职能部门分工负责，各县区分级管理的冷链物流监管机制，发挥各县区政府的监管主体作用。进一步明确各有关部门监管职责，强化跨部门沟通协调，加大督促检查力度，确保各项监管制度严格执行到位。加大冷链产品在生产、流通、消费全过程中的检验检测检疫力度，推动各县区监管信息互通、监管互认、执法互助。分品类建立与完善日常巡查、专项检查、飞行检查、重点检查、专家审查等相结合的检查制度，依法规范南宁市冷链物流各类市场主体经营活动。加大对农产品、食品入市的检查力度，坚决杜绝无合法来源的农产品、食品上市流通。

二是推进冷链物流智慧监管。打造南宁市冷链物流公共服务和科学监管一体化信息平台。加快建设集冷链物流交易、流通配送、信息监控、质量追溯等功能于一体的冷链物流公共服务信息化平台。通过信息化平台，可以实现对区域冷链产品生产、流通的日常监测和分析研判，提高相关产品的冷链流通率，搭建从田间到餐桌的冷链溯源机制，为人民的食品安全提供切实有效的保障。

三是强化信用监管。建立冷链物流企业黑名单制度，构建对南宁市冷链物流经营主体的公共信用综合评价、行业信用评价、市场化信用评价等第三方评价制度，强化评价结果应用，推进以信用风险为导向的分级分类监管，对违法违规等失信行为实施联合惩戒。同步推行冷链物流企业黑名单制度，定期发布违法违规冷链物流企业黑名单，将质检不合格的企业和有安全隐患的企业一并纳入黑名单，并责令限期整改。

参考文献

吴迪、贾世冲：《基于 DEMATEL-ISM 模型的冷链物流发展影响因素研究》，《沈阳师范大学学报》（社会科学版）2023 年第 6 期。

王娟、刘雨萱：《电子商务背景下生鲜农产品冷链物流发展模式构建》，《中国储运》2023 年第 11 期。

尹红媛：《校企协同就业背景下冷链物流创新创业人才培养研究——以广州工商学院为例》，《中国储运》2023 年第 11 期。

林朝阳：《跨境电商生鲜食品冷链物流优化策略探究》，《全国流通经济》2023 年第 20 期。

焦雪银、张艳荣：《物流科技在冷链物流中的应用现状与挑战的研究分析》，《物流科技》2023 年第 20 期。

姜静：《高质量发展视域下冷链物流体系发展研究——以延安市苹果冷链物流为例》，《延安职业技术学院学报》2023 年第 5 期。

朱景焕、王士龙、刘玉雪：《大数据背景下广西生鲜农产品冷链物流优化路径研究》，《食品工业》2023 年第 10 期。

朱兵：《生鲜农产品冷链物流模式与对策研究》，《中国物流与采购》2023 年第

19 期。

　　吴立鸿:《互联网环境下南宁火龙果冷链物流模式研究》,《食品研究与开发》2023年第 2 期。

　　杨清、吴立鸿:《广西物流行业人才需求探析》,《高教论坛》2018 年第 7 期。

　　吴立鸿、周会国:《供应链管理的农产品冷链物流研究分析》,《中国商论》2018 年第 7 期。

　　王云飞:《武汉冷链市场调查:曾经的"香饽饽"如今还香吗?》,《商用汽车新闻》2022 年第 3 期。

B.21
南宁市规上企业培育工作对策

南宁市发展和改革委员会调研组*

摘　要： 培育发展规上企业对于壮大地区经济规模，实现地区经济持续稳增长、稳预期具有重要意义。2023年，南宁市多措并举积极推进工业企业培育上规工作，规上工业、服务业企业对经济的支撑力显著增强。与此同时，南宁市规上企业依然存在行业和区域分布不均衡，与其他城市相比优势不大或有一定差距，企业自主申报积极性不高、本地培育不足等问题。对此，本报告建议未来通过实施精准培育，完善激励机制，加强主动服务，加大宣传、执法、培训力度等举措推深做实规上企业培育工作，增强工业经济发展后劲。

关键词： 规上企业　精准培育　升规入统　南宁

为进一步加强南宁市规上企业培育工作，2023年，南宁市发展改革委赴柳州市调研，走访市统计局、税务局和相关企业，与市投促局、人社局、市场监管局沟通了解，并组织有关行业主管部门、相关城区召开规上企业培育工作座谈会，了解南宁市规上企业培育工作现状、存在的问题，通过分析研究提出对策建议。

---

* 调研组成员：兰捷，南宁市发展和改革委员会党组书记、主任；孙椿睿，南宁市数据局党组书记、局长；贺大州，南宁市发展和改革委员会党组成员、副主任、二级调研员；黄勇华，南宁市经济信息中心原主任；夏秋峥，南宁市发展和改革委员会国民经济综合科科长、一级主任科员；梁妮，南宁市经济信息中心经济预测部副部长、高级经济师；杨川，南宁市经济信息中心经济信息部副部长；黄星程，南宁市经济信息中心经济预测部专技人员；林诗琪，南宁市经济信息中心经济预测部专技人员；黄凯婧，南宁市经济信息中心办公室副主任；冯丽雯，南宁市发展和改革委员会国民经济综合科四级主任科员；梁明铭，南宁市发展和改革委员会国民经济综合科科员。

一 南宁市规上企业培育现状

2023 年，南宁市规上企业共有 6263 家，数量位居全区第一，成为拉动全市经济增长的重要支撑。其中，工业企业有 1462 家，建筑业企业有 608 家，批零住餐业企业有 2475 家，房地产企业有 644 家，服务业企业有 1074 家。南宁市规上企业培育呈现以下特点。[①]

（一）建立"一抓三力"工作模式推进规上企业培育工作

南宁市高度重视规上企业培育工作，高位推动，2022 年 5 月调整和充实市强化服务企业和经济运行监测分析工作专班，常务副市长为班长，对应行业的 4 位副市长为副班长，增设规上企业培育工作组，2023 年 10 月对规上企业培育组再次补充行业部门并完善工作职责，明确由市发展改革委牵头负责该项工作的统筹。印发实施《规上企业培育壮大专项行动方案（2023～2025 年）》，按年度印发实施规上企业培育计划，建立南宁市规上企业培育库，出台工业、建筑业、服务业等相关的一系列稳增长措施，激励企业上规入统、增产增效。实施培育情况季度通报机制，定期召开工作推进会。各县（市、区）、开发区及各市直有关单位加大临规企业走访服务力度，积极协调解决企业的问题和困难，形成以专班办公室（市发展改革委）为总抓，部门行业发力、县区基层发力、统计发力的"一抓三力"工作模式。

（二）规上工业、服务业企业对经济的支撑力显著增强

一是工业对经济的贡献创近 6 年来新高。2023 年，全市规上工业企业新增 165 家，在库工业数达 1462 家，年度新增上规入统工业企业数、新建投产入库工业企业数、新上规入统企业新增产值均居全区首位。2023 年全市规上工业增加值同比增长 8.3%，增速高于全国 3.7 个百分点、高于西部地区 2.2 个百分点、高于全区 1.7 个百分点，创近 6 年来新高。工业对 GDP 增长的贡

[①] 本报告数据均来源于南宁市发展和改革委员会调研组调研。

献率达 23%，较上年提高 12.9 个百分点，规上工业企业营业利润同比增长 43.6%，工业税收同比增长 18%。新能源电池制造业成为全市工业增长的最大动力，拉动全市规上工业增加值增速增长 10 个百分点，贡献率达 120.6%。规上高技术制造业增加值同比增长 34.9%，比上年提高 28.0 个百分点，占全市规上工业增加值的比重比上年提升 3.5 个百分点。二是新入规限额以上商贸企业对经济的支撑力显著提升。2023 年，全市批零住餐业企业入库数量达 564 家（含 2 家产业活动单位），比预期目标多 164 家，是 2022 年的 1.7 倍，批零住餐业企业入库数量分别增长 9.8%、10.7%、18.1%、13.6%，相关行业增加值对全市 GDP 和第三产业增长的贡献率分别达 28.2%、35.3%，其中零售业总量、增速均位居全区第一。

（三）规上企业行业和区域分布不均衡

从行业看，规上企业的行业分布不均衡。批零住餐企业数量最多，达 2475 家，占全市规上企业总数的 39.52%，其中，批发业企业占 20.69%。工业企业（23.34%）占比超过全市规上企业总数的 1/5，服务业企业（17.15%）、房地产企业（10.28%）、建筑业企业（9.71%）占比均低于 20%（见图 1）。从辖区看，县（市、区）、开发区规上企业数量不均衡。

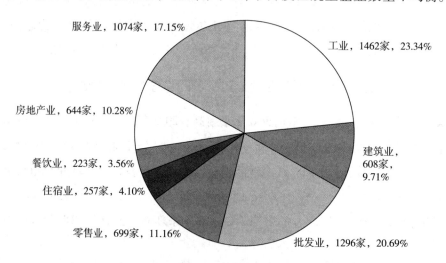

图 1　2023 年各行业规上企业数量及占比

青秀区规上企业总数（1614家）在15个县（市、区）、开发区中排名第一，是排名末位马山县（81家）的19.93倍。规上企业数量排名前三的青秀区、良庆区、高新区合计占全市规上企业总数的48.19%；规上企业数量占全市比重低于3%的县（市、区）、开发区有4个，其中上林县、马山县占全市比重均低于2%（见图2）。

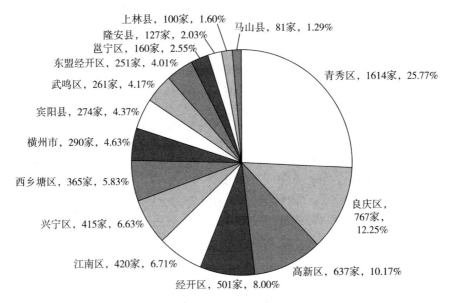

图2　2023年各县（市、区）规上企业数量及占比

（四）规上企业的增量和减量走势平稳

2019~2023年，除2022年新入库企业为691家之外，其余年份新入库企业均维持在900家左右（见图3）；退库企业数量则在2020年达到低谷（291家），2019年和2023年均超过500家，规上企业的增量和减量基本平稳。2023年，全市新入库企业有960家，较2022年增长38.9%，退库企业有504家，较2022年增加69家。分县区看，青秀区增减幅度最大，2023年新入库企业有214家，占全市总量的22.29%，较2022年增长38.96%；退库企业有153家，占全市总量的30.36%，较2022年增长37.84%。江南区新入库数量增长幅度最大，新入库企业有 80 家，较 2022 年（51 家）增长 56.86%。分行业看，2023 年工业和批零住餐业新入库企业数量增幅较大，服务业企业退库数量增长较多，房地产业企业退库数量多于新入库数量，值得关注（见表 1）。分析退库的原因，主要有以下三种：一是转库，由于企业类别改变调整了入库类型；二是倒闭，由于企业经营不善或者无法生存直接退库；三是规模不达标，企业在临规状态徘徊容易倒退发生退库。

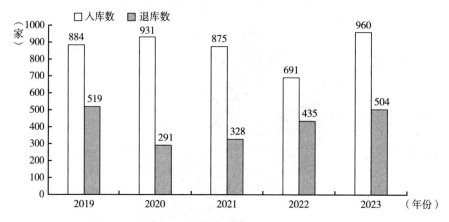

图 3 2019~2023 年南宁市新入库、退库企业数量比较

表 1 2022~2023 年南宁市新入库、退库企业数量及占比

单位：家，%

行业	2023 年新入库企业数（占比）	2022 年新入库企业数（占比）	同比增幅	2023 年退库企业数（占比）	2022 年退库企业数（占比）	同比增幅
工业	165（17.19）	127（18.38）	29.92	100（19.84）	100（22.99）	0.00
建筑业	50（5.21）	69（9.99）	−27.54	31（6.15）	36（8.28）	−13.89
服务业	151（15.73）	131（18.96）	15.27	73（14.48）	47（10.80）	55.32
批零住餐业	562（58.54）	335（48.48）	67.76	247（49.01）	206（47.36）	19.90

续表

行业	2023年新入库企业数（占比）	2022年新入库企业数（占比）	同比增幅	2023年退库企业数（占比）	2022年退库企业数（占比）	同比增幅
房地产业	32（3.33）	29（4.20）	10.34	53（10.52）	46（10.57）	15.22
合计	960（100）	691（100）	38.93	504（100）	435（100）	15.86

（五）准规上企业的培育潜力有待挖掘

经摸排，南宁市工业、批零住餐业和服务业约有7282家准规上企业（见表2），为2023年在库规上企业总数（6263家）的1.16倍，规上企业的培育潜力仍较大。以批零住餐业准规上企业为例，青秀区有1719家，是该区全年在库批零住餐企业（905家）的近2倍；良庆区有842家，是该区全年在库批零住餐企业（282家）的近3倍；西乡塘区有630家，是该区全年在库批零住餐企业（150家）的4.2倍。

表2　南宁市主要行业准规上企业数量

单位：家

行业		小型微利企业	非小型微利企业	合计
工业企业		944	292	1236
批零住餐企业	批发业企业	1729	227	3517
	零售业企业	1126	94	
	住宿和餐饮业企业	293	48	
服务业企业	信息传输、软件和信息技术服务业企业	93	17	2529
	租赁和商务服务业、科学研究和技术服务业	1894	273	
	居民服务、修理和其他服务业	124	29	
	文化、体育和娱乐业	87	12	

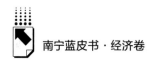

二　南宁市与其他城市的规上企业培育情况对比

（一）与周边城市对比

对比贵阳市、昆明市两个周边城市，贵阳市发展势头较好，昆明市持续保持稳步发展。以2023年前三季度数据为例（见表3，不含房地产企业），贵阳市在库规上企业总数比南宁市少857家，但新入规企业比南宁市多39家，2023年贵阳市地区生产总值突破5000亿元大关（5154.75亿元，比2022年多233.63亿元）；昆明市在库规上企业比南宁市多483家，2023年昆明市地区生产总值达7864.80亿元（比2022年多323.43亿元）。与贵阳市相比（见表4，含房地产企业），2023年前三季度，南宁市新入库工业企业数量为79家，贵阳市为26家，反映出南宁市在工业领域规上企业培育方面相对较强；在建筑业、批零住餐业方面，两市差距不大；在服务业方面，贵阳市新入库企业数量为南宁市的2.14倍。

表3　南宁市与昆明市、贵阳市相关数据对比

城市	2023年三产结构	2023年全年地区生产总值		2023年前三季度在库规上企业数量		2023年前三季度新入规企业数	
		指标值（亿元）	排名	指标值（家）	排名	指标值（家）	排名
南宁市	11.64∶21.84∶66.52	5469.06	2	5280	2	245	3
昆明市	4.49∶29.01∶66.49	7864.80	1	5763	1	578	1
贵阳市	4.03∶35.02∶60.95	5154.75	3	4423	3	284	2

表4　2023年前三季度南宁市、贵阳市规上企业入库情况（按行业）

单位：家

行业	南宁市新入库企业数量	贵阳市新入库企业数量	南宁市在库企业数量	贵阳市在库企业数量
工业	79	26	1469	919
建筑业	35	42	589	—
批发业	37	53	1120	737

续表

行业	南宁市新入库企业数量	贵阳市新入库企业数量	南宁市在库企业数量	贵阳市在库企业数量
零售业	37	38	660	572
住宿业	7	16	246	291
餐饮业	13	30	203	396
房地产业	28	16	653	313
服务业	37	79	993	—
合计	273	300	5933	4736

注：贵阳市建筑业、服务业具体数据缺失，合计值包含这两个行业。

（二）与中西部城市对比

对比南昌市、西安市、成都市3个中西部城市发现，规上企业数量与地区生产总值呈正相关。以2023年数据为例（见表5），南昌市、西安市、成都市在库规上工业企业数量分别是南宁市的1.4倍、1.2倍和3.0倍，新入库规上工业和服务业企业数量分别为南宁市的1.3倍、1.5倍和3.1倍，地区生产总值分别为南宁市的1.3倍、2.2倍和4.0倍。与南昌市相比（见表6），2023年新入库规上工业企业数量两市差别不大，但南昌市在库工业、服务业、批零住餐业和建筑业企业分别是南宁市的1.4倍、1.5倍、1.6倍和2.5倍，南宁市仍有较大差距。

表5　2023年南宁市与南昌市、西安市、成都市相关数据对比

城市	地区生产总值		第二产业增加值（占比）		在库规上工业企业数量		新入库规上工业和服务业企业数量	
	指标值（亿元）	排名	指标值（亿元,%）	排名	指标值（家）	排名	指标值（家）	排名
南宁市	5469.06	4	1194.58（21.84）	4	1462	4	316	4
南昌市	7324.46	3	—	3	2077	2	406	3

续表

| 城市 | 地区生产总值 | | 第二产业增加值（占比） | | 在库规上工业企业数量 | | 新入库规上工业和服务业企业数量 | |
	指标值（亿元）	排名	指标值（亿元，%）	排名	指标值（家）	排名	指标值（家）	排名
西安市	12010.76	2	4146.92（34.53）	2	1781	3	482	2
成都市	22074.7	1	6370.9（28.86）	1	4408	1	971	1

表6 2023年南宁市、南昌市规上企业入库情况（按行业）

单位：家

行业	南宁市新入库企业数量	南昌市新入库企业数量	南宁市在库企业数量	南昌市在库企业数量
工业	165	171	1462	2077
建筑业	50	263	608	1490
批发业、零售业	475	706	1995	3335
住宿业、餐饮业	87	268	480	741
房地产业	32	38	644	532
服务业	151	235	1074	1589
合计	960	1681	6263	9764

三 南宁市规上企业培育的困难和问题

（一）企业考虑成本增加，自主申报意愿不强

根据调研情况，体量大、成长性好的企业对入统表示认可，不增加额外负担，政策补贴越多越好。相反，体量小的企业认为即使拿到了政府补贴，也只是短暂性获益，入库所需的统计数据过于翔实，入统意味着需要增加专业的财会人员，由此担心增加税收等经济负担以及增加企业一定的工作任务和管理成本。比如，一次性获得10万元补贴资金，但需新招专业财会人员

（按工资每人每月 2500 元计算，不含五险一金等为每年 3 万元，第 3 年成本增加）。个体户则认为转为企业（个转企）、从小规模纳税人转为一般规模纳税人（小升规），企业的税收、费用和人力成本将大幅增加，对税收政策存在一定的理解误区。因此，为了合理减少税负、降低运营成本，企业负责人自愿申报入规的积极性不高，一些大型个体户不愿意成立法人单位（"上规入统"要求是本地的法人单位），无法纳入申报范围。

（二）"大个体"、商业综合体等上规入统难

一是"大个体"上规入统难。部分规模较大的个体户为了少纳税不报统计数据，在临规状态徘徊，不愿多报数、多开具税票。二是全国连锁企业上规入统难。部分全国连锁企业在南宁市开设分公司或分支机构时，未成立法人单位，导致无法完成上规入统，部分数据外流。三是大型商业综合体上规入统难。部分大型商业综合体通过分开收银的方式将营收维持在上规条件之下，导致营收没有达到升规条件。四是专业市场上入统难。按照统计制度相关规定，要实现专业市场内（如二手车市场、农贸市场等）的个体户入统，需要以专业市场经营商作为入统主体，这意味着个体户需要将进货渠道、进货价格等信息披露给市场运营商，市场运营商需要增加财务人员、开发统一收银系统等，导致成本上升。因此，个体户和市场运营商接受市场统一经营管理的积极性不高。

（三）奖补政策针对性不强，对企业吸引力不足

目前，企业上规入统奖补措施的基本实施模式是分层级、分行业一次性给予一定金额的奖金，奖励模式单一，未能做到根据企业体量、主要诉求"量身定制"奖补方式。主要表现在以下几点。一是奖补政策力度不足。奖励金额不高，奖励收益不足以支撑上规入统的成本，无法充分激发企业上规入统积极性。二是奖补政策缺乏层次，因为奖补为一次性方式，缺乏延续性，削弱了政府部门后期走访服务的动力，使得企业上规入统像是跟政府做的"一锤子买卖"，无法有效建立起规上企业与政府部门之间

良好的沟通桥梁。三是要素类奖补措施不足。针对企业发展至关重要的融资、市场、科创、用能、用地、用工等要素类奖补措施较少，难以帮助企业发展壮大。

（四）开展培育工作力量薄弱，优质高效服务水平还需提升

一是联动性不强。企业上规入统工作涉及面广，在部门之间、部门与县（市、区）之间以及县（市、区）与行业之间的联动不够，如商务、税务、市场监管、统计等尚未形成合力。二是力量薄弱。负责工作的人员较少，需摸排、走访的准规上企业有几百乃至上千家，管理、指导和服务在库企业的工作任务量较大，加上工作人员经常性流动，"传帮带"不到位，易出现个别工作人员对具体入规标准和流程掌握不足，无法准确判断并指导符合条件的企业及时上规入统的情况，影响企业上规入统进度。三是手段单一。基层部门人员大部分采取不定期扫街排查准规上企业的方式，敏锐度不高，难以掌握企业发展经营实际情况，特别是对一些新兴的"风口"行业企业和成长型小企业的关注度不够、跟踪服务不及时。四是清单不够精准。南宁市准规上企业培育库清单里包括企业名称、地址、税收情况等内容，但注册时间、应税销售额、主营业务、联系人和电话等关键信息缺失，导致县（市、区）根据清单进行摸排时难度较大，大大影响摸排效率。

（五）企业本地培育不足，"稳规稳数"压力较大

一是对本地企业的培育和跟踪不够。各县（市、区）培育工作以招引体量大的企业为主，对辖区内临规企业的关注度一般，对本地企业的扶持不足，缺乏对本地骨干企业的重点培育、持续跟踪。部分在库小体量企业反馈所在辖区没有及时通过帮企业找市场、建立上下游产业对接等方式为企业提供服务。二是建成投用项目少。受宏观经济形势影响，2023年招商引资不及预期，新开工工业项目投产及入统进展缓慢，在建工业项目建设普遍放缓，同时，由于在库企业结构失衡，少数大体量企业占比过高，各县（市、区）为了"稳规稳数"、确保指标任务的完成，在服务企业方面将更多的资

源和精力放在持续走访体量大的头部企业、推动大体量企业多做贡献或收窄减停产面上，"稳规稳数"压力不小。

（六）创新性仍不足，新业态新产业新模式引导不够

一是规上企业过于依赖传统的业务模式。大部分规上企业转型经验不足、资金不够，单靠自己摸索，投入高、周期长、收益慢，难以形成规模效应和产业链协同效应，导致规上企业"不会转、不能转、不敢转"，更有部分传统规上企业面临转型困境。二是高层次产业技术人才集聚力较弱。人才引育与产业融合度不高，部分人才政策落实不到位，人才流失严重，部分规上企业缺乏人才支撑，无法有效探索新业态新产业发展模式。三是缺乏政策引导和支持。企业缺乏发展的动力和信心，难以实现快速发展，以新产业新业态新模式为代表的"三新"经济潜力有待挖掘。

四　南宁市规上企业培育工作对策

（一）实施精准培育，以大数据动态管理全市规上企业培育库

一是用大数据手段实现准规上和临规企业培育库（含重点库、储备库）精准服务。打通税务、供电、供水等数据，实现企业数据电子信息化管理，对符合要求的规上企业数据进行分析，精准培育优质企业，通过企业画像，有效跟踪培育企业，防止退库现象频发。二是对在库企业实施梯次、精准、个性化培育。学习山东省枣庄市的经验做法，通过培育库分类管理，进一步调整理顺市级层面和县区层面的工作机制，加强各部门协调联动，发挥部门的指导引领作用，增强基层工作的积极性和精准性，通过定期会议、通报机制更新培育库，以有效服务促进相关企业及时纳统。三是开发问卷调查系统，在全市范围内筛选一批企业，类型涵盖民营与非民营、出口与内销、工业与服务业等各个维度，每季度填报调查问卷，在线掌握重点企业生产经营情况。

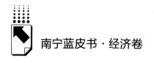

（二）完善激励机制，引导企业"上规稳规"

一是推行分类定标奖补，重点做强优质企业。学习南京市、重庆市的先进做法，充分考虑企业上规入统后对经济的贡献度、对行业的拉动作用、自身发展的可持续性等因素，为不同行业的企业量身打造补贴政策，制定阶梯式、分段式、有条件式的奖补措施，替代原先上规入统后的一次性奖补，充分调动企业上规入统积极性。二是对新入库企业实施优先要素保障支持。在金融信贷、用工用地支持、税收优惠、项目审批、市场开拓、资金申请、子女入学等方面合理合规实施配套激励措施。三是为规上企业提供统计补贴及相关服务。对在库规上企业统计人员、在库个体户报表人员及限下样本单位填报人员等给予定向补贴，探索通过政府购买服务的方式为同一类型的临规企业定向提供统计工作负责人。四是严格规上企业退库管理。对退库企业开展稽查，对确因经营困难等原因退库的企业，各行业主管部门要加大帮扶力度；对恶意退库企业，要追回奖励资金。

（三）运用产业链思维，发展培育壮大企业

一是鼓励企业加强学习和探索，提高前瞻性和创新性。通过举办企业交流会等形式，鼓励企业积极关注国内国际市场趋势和消费者需求。二是鼓励企业提高技术水平，加大技术研发投入力度。资金方面，建立专项资金支持企业进行技术创新和商业模式创新；技术水平方面，政府提供规上企业与高校、科研机构的合作平台，搭建沟通桥梁，优化人才服务环境，提供技术和人才，提升自主创新能力。三是助力规上企业向新业态新模式发展。鼓励培育发展农业生产性服务业；鼓励制造业企业向"产品+服务"发展；鼓励电商、研发设计、文化旅游等服务企业通过委托制造、品牌授权等方式向制造环节拓展。特别是政府部门在招商引资环节要明确"招什么样的企业、可以带动发展的产业是什么"，运用产业链思维引进一批企业和项目。四是优化产业布局，提升产业链水平。深化打造"一链一策"特色供应链融资模式，助力企业规模化、专业化发展。进一步提升民营和中小微企业融资便利

度，引导更多金融资源用于促进科技创新、先进制造、绿色发展和中小微企业成长。增强企业产业和金融意识，合理运用产业资源和金融工具缓解发展压力，实现可持续发展。例如，贵州省大力推动大数据、人工智能等战略性新兴产业的发展，优化产业布局，打造全国大数据产业集群，培育了一批规模以上科技企业。又如，阿里巴巴集团在发展早期就引入海外资金，得到了日本软银集团的投资，该笔资金对阿里巴巴集团的早期发展和后续的规模化扩张起到了重要作用。

（四）加强主动服务，探索建立行业统一电子结算平台

一是对企业要主动靠上服务。鼓励全国连锁企业在邕设立法人单位，除了考虑给予一定的政策支持和税费优惠外，所在地政府部门要主动帮助企业解决困难，以情打动企业入统。二是探索建立行业统一电子结算平台。对于专业市场和大型商业综合体，可运用大数据等数字技术，打造电子结算平台，实现市场数据打包入统。由注册地在当地的平台企业统筹负责业务全流程系统建设、各行业资源汇聚和全链条业务运营，可优先考虑在农业、餐饮业、服务业等特色行业领域开展统一电子结算平台建设、运营等工作，优先选取行业基础扎实、无统一收付系统、个体户占比高、有聚拢需求的市场场景（如果蔬批发市场、药材交易中心、工业品零配件市场、餐饮市场等），通过平台提供统一支付、资金结算、数据归集、交易鉴证等服务，实现统一结算、统一开票、统一交易、统一监管，促进优势企业上规入统。

（五）大力弘扬企业家精神，激发入统主动性

发挥市委统战部、市工商联、市委宣传部等部门作用，培育首府企业家文化，推动企业家不断增强社会责任意识，鼓励企业不断加强现代化管理，坚定发展信心，找准市场定位，精心制定企业发展规划，充分利用资源提高产值，积极主动上规入统。

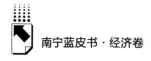
（六）加大宣传、执法、培训力度，营造"应统尽统"的浓厚氛围

一是各县（市、区）对本辖区重点企业开展上规入统优惠政策宣传，发挥行业协会和龙头企业的力量，打消企业疑虑。加大对《中华人民共和国统计法》等有关法律的宣传力度，增强企业法人的法治观念和社会责任担当。二是各相关执法部门要加大合作执法力度，认真稽核企业应税收入，构建联合信用奖惩机制，提升企业"恶意不上规入库"成本。三是定期举行上规入统业务工作培训，进一步提高服务企业的能力。

社会科学文献出版社

皮书

智库成果出版与传播平台

❖ 皮书定义 ❖

皮书是对中国与世界发展状况和热点问题进行年度监测，以专业的角度、专家的视野和实证研究方法，针对某一领域或区域现状与发展态势展开分析和预测，具备前沿性、原创性、实证性、连续性、时效性等特点的公开出版物，由一系列权威研究报告组成。

❖ 皮书作者 ❖

皮书系列报告作者以国内外一流研究机构、知名高校等重点智库的研究人员为主，多为相关领域一流专家学者，他们的观点代表了当下学界对中国与世界的现实和未来最高水平的解读与分析。

❖ 皮书荣誉 ❖

皮书作为中国社会科学院基础理论研究与应用对策研究融合发展的代表性成果，不仅是哲学社会科学工作者服务中国特色社会主义现代化建设的重要成果，更是助力中国特色新型智库建设、构建中国特色哲学社会科学"三大体系"的重要平台。皮书系列先后被列入"十二五""十三五""十四五"时期国家重点出版物出版专项规划项目；自2013年起，重点皮书被列入中国社会科学院国家哲学社会科学创新工程项目。

权威报告·连续出版·独家资源

皮书数据库
ANNUAL REPORT(YEARBOOK)
DATABASE

分析解读当下中国发展变迁的高端智库平台

所获荣誉

- 2022年，入选技术赋能"新闻+"推荐案例
- 2020年，入选全国新闻出版深度融合发展创新案例
- 2019年，入选国家新闻出版署数字出版精品遴选推荐计划
- 2016年，入选"十三五"国家重点电子出版物出版规划骨干工程
- 2013年，荣获"中国出版政府奖·网络出版物奖"提名奖

皮书数据库

"社科数托邦"
微信公众号

成为用户

登录网址www.pishu.com.cn访问皮书数据库网站或下载皮书数据库APP，通过手机号码验证或邮箱验证即可成为皮书数据库用户。

用户福利

- 已注册用户购书后可免费获赠100元皮书数据库充值卡。刮开充值卡涂层获取充值密码，登录并进入"会员中心"—"在线充值"—"充值卡充值"，充值成功即可购买和查看数据库内容。
- 用户福利最终解释权归社会科学文献出版社所有。

社会科学文献出版社 皮书系列
SOCIAL SCIENCES ACADEMIC PRESS (CHINA)

卡号：985251777978
密码：

数据库服务热线：010-59367265
数据库服务QQ：2475522410
数据库服务邮箱：database@ssap.cn
图书销售热线：010-59367070/7028
图书服务QQ：1265056568
图书服务邮箱：duzhe@ssap.cn

法律声明

"皮书系列"（含蓝皮书、绿皮书、黄皮书）之品牌由社会科学文献出版社最早使用并持续至今，现已被中国图书行业所熟知。"皮书系列"的相关商标已在国家商标管理部门商标局注册，包括但不限于 LOGO（▧）、皮书、Pishu、经济蓝皮书、社会蓝皮书等。"皮书系列"图书的注册商标专用权及封面设计、版式设计的著作权均为社会科学文献出版社所有。未经社会科学文献出版社书面授权许可，任何使用与"皮书系列"图书注册商标、封面设计、版式设计相同或者近似的文字、图形或其组合的行为均系侵权行为。

经作者授权，本书的专有出版权及信息网络传播权等为社会科学文献出版社享有。未经社会科学文献出版社书面授权许可，任何就本书内容的复制、发行或以数字形式进行网络传播的行为均系侵权行为。

社会科学文献出版社将通过法律途径追究上述侵权行为的法律责任，维护自身合法权益。

欢迎社会各界人士对侵犯社会科学文献出版社上述权利的侵权行为进行举报。电话：010-59367121，电子邮箱：fawubu@ssap.cn。

社会科学文献出版社

BLUE BOOK

智 库 成 果 出 版 与 传 播 平 台

南宁蓝皮书

BLUE BOOK OF NANNING

南宁经济社会发展报告

（2024）

ANNUAL REPORT ON ECONOMIC AND

SOCIAL DEVELOPMENT OF NANNING (2024)

社会卷

主　编／胡建华

副主编／覃洁贞　吴金艳　王　瑶

社会科学文献出版社

SOCIAL SCIENCES ACADEMIC PRESS（CHINA）

图书在版编目（CIP）数据

南宁经济社会发展报告：2024. 社会卷／胡建华主编．--北京：社会科学文献出版社，2024.7. --（南宁蓝皮书）. --ISBN 978-7-5228-3938-7

Ⅰ. F127. 671

中国国家版本馆 CIP 数据核字第 2024K49N85 号

南宁蓝皮书

南宁经济社会发展报告（2024）

社会卷

主　　编／胡建华

副 主 编／覃洁贞　吴金艳　王　瑶

出 版 人／冀祥德
组稿编辑／恽　薇
责任编辑／宋淑洁
文稿编辑／李铁龙　张　爽
责任印制／王京美

出　　版／社会科学文献出版社·经济与管理分社（010）59367226
　　　　　地址：北京市北三环中路甲 29 号院华龙大厦　邮编：100029
　　　　　网址：www. ssap. com. cn
发　　行／社会科学文献出版社（010）59367028
印　　装／天津千鹤文化传播有限公司

规　　格／开本：787mm×1092mm　1/16
　　　　　印　张：23　字　数：341 千字
版　　次／2024 年 7 月第 1 版　2024 年 7 月第 1 次印刷
书　　号／ISBN 978-7-5228-3938-7
定　　价／258. 00 元（全两册）

读者服务电话：4008918866

南宁蓝皮书编委会

主　任　　侯　刚

副主任　　钟　洪　张自英　郭　伟　张小强　李　瑜
　　　　　刘宗晓　潘国雄

编　委　　林　兢　蔡志忠　梁智忠　兰　捷　韦家斌
　　　　　张　军　卢　晴　林　拓　唐小若　吴　厦
　　　　　吕　曦　王冬梅　方小玉　韦　娜　唐　驰
　　　　　吴　豫　陈　格　曾肄业　胡建华

主要编撰者简介

胡建华 男，汉族，籍贯河南汤阴，硕士研究生学历，南宁市社会科学院党组书记、院长，编审，《创新》主编。南宁市专业技术拔尖人才。

覃洁贞 女，瑶族，籍贯广西金秀，南宁市社会科学院副院长，研究员，主要研究方向为产业经济、民族文化发展。南宁市专业技术拔尖人才，南宁市新世纪学术和技术带头人。

吴金艳 女，汉族，籍贯湖北松滋，硕士研究生学历，南宁市社会科学院副院长，正高级经济师。南宁市优秀青年专业技术人才，南宁市新世纪学术和技术带头人。

王　瑶 女，壮族，籍贯广西百色，硕士研究生学历，南宁市社会科学院社会发展研究所所长，助理研究员，研究方向为部门法学和社会学。南宁市优秀青年专业技术人才，南宁市新世纪学术和技术带头人。

摘　要

《南宁经济社会发展报告（2024）》（社会卷）由南宁市社会科学院组织研究机构专家和政府相关职能部门研究人员共同协作完成。全书旨在对南宁市 2023 年社会发展总体情况及各领域的情况进行全面客观的分析和总结，同时对 2024 年社会发展形势及发展思路进行预测和展望。

报告分为总报告、社会事业篇、铸牢中华民族共同体意识篇、民生保障篇、专题研究篇五部分。总报告认为，2023 年，南宁市积极履行国家赋予的新定位新使命，坚持保障和改善民生，有力有效推进乡村振兴，推进城市精细化治理，统筹发展和安全，首府社会大局和谐稳定。2024 年，南宁市将全面贯彻落实党的二十大、二十届二中全会精神，统筹高质量发展和高水平安全，在铸牢中华民族共同体意识、持续增进民生福祉、全面推进乡村振兴、夯实社会治理根基、塑造绿城宜居新品质等方面下功夫，保障经济社会稳定健康发展。

社会事业篇主要从教育、科技、民政、就业、文化、体育事业六个方面对南宁社会发展状况展开论述，同时对 2024 年的社会发展态势进行展望并提出对策。铸牢中华民族共同体意识篇主要从加强和改进新时代民族工作、创新基层民族工作、民族特色村寨旅游发展等方面分析论述南宁市铸牢中华民族共同体意识的实践。民生保障篇分别从居家社区养老服务、困境儿童关爱保护、全民健康事业、劳动关系协商和权益保障、农村低收入群体防返贫等几个层面对南宁市民生保障情况展开论述。专题研究篇是专家学者对南宁市社会发展相关问题开展专题研究的成果，主要包括建设面向东盟开放合作

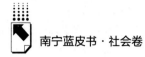

的国际化大都市、"产学研用"深度融合、打造一流法治化营商环境、未成年人犯罪预防与治理、校园安全保障、构建社区治理共同体、高层次人才服务、基层人民调解等内容，具有较大的理论价值和资政价值。

关键词： 社会发展　民生保障　铸牢中华民族共同体意识　南宁

Abstract

Annual Report on Economic and Social Development of Nanning (2024) (hereinafter referred to as the Report) was jointly compiled by the experts from research institutes and the researchers from relevant government departments under the coordination of Nanning Academy of Social Sciences. The Report aims to make comprehensive and objective introductions and analyses on the overall social development and different social fields of Nanning City in 2023. In addition, it also makes forecasts and prospects on the trends and concepts of social development of the city in 2024.

The Report consists of five parts, including general report, reports on social programs, forging a strong sense of community for the Chinese nation, people's wellbeing, as well as special reports. General report concludes that in the year 2023 Nanning City acted proactively to put into reality the new orientation and new missions endowed by the central government, ensured and improved people's wellbeing, took effective measures to advance rural revitalization, promoted delicacy urban governance, stroke a balance between development and security, and ensured the overall social harmony and stability of the city. In 2024, Nanning City will fully implement the guiding principles of the 20th CPC National Congress and the Second Plenary Session of the 20th CPC Central Committee and ensure both high-quality development and greater security. It will make efforts to forge a strong sense of community for the Chinese nation, continue to improve people's wellbeing, promote all-around rural revitalization, consolidate the foundation of social governance, and continue to improve the living environment of the green city so as to ensure steady and sound economic and social development.

Reports on social programs mainly introduce the development in six social fields such as education, science and technology, civil affairs, employment, culture, and sports in Nanning, and they also make prospects and propose countermeasures on its social development in 2024. Reports on forging a strong sense of community for the Chinese nation mainly introduce and analyze the practice of Nanning City in the fields such as strengthening and improving the work related to ethnic affairs in the new era, adopting new approaches to the work on ethnic affairs in grassroots communities, and developing tourism in distinctive ethnic villages. Reports on people's wellbeing introduce related issues such as home-and community-based elderly care service, care and protection of the children in need, fitness-for-all programs, labor relations consultation as well as protection of rights and interests, preventing the return to poverty among rural low-income groups. Special reports collect the research findings of the scholars and experts on specific social issues in the city. They mainly cover building an international metropolis for opening-up and cooperation with ASEAN nations, promoting closer collaboration between industries, universities, research institutes, and end-users, creating a law-based and world-class business environment, preventing juvenile crimes, ensuring campus security, building communities with shared governance, providing services for high-level talents, and people's mediation at grassroots levels. Therefore, they have high theoretical and policy reference value.

Keywords: Social Development; People's Wellbeing; Forging a Strong Sense of Community for the Chinese Nation; Nanning

目 录 ⟆

I 总报告

II 社会事业篇

Ⅲ 铸牢中华民族共同体意识篇

Ⅳ 民生保障篇

V 专题研究篇

皮书数据库阅读**使用指南**

CONTENTS ⟍⟩

I General Report

II Reports on Social Programs

Ⅲ   Reports on Forging a Strong Sense of Community for the Chinese Nation

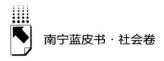
Ⅳ　Reports on People's Wellbeing

Ⅴ　Special Reports

总报告 ⟫

B.1

2023~2024年南宁市社会发展
形势分析及展望

南宁市社会科学院、南宁市发展和改革委员会联合课题组*

摘　要： 　2023年，南宁市坚持以人民为中心，持续增进民生福祉，优化公共服务供给，完善社会保障体系，有力有效推进乡村振兴，推进城市精细化治理，提升善管善治水平，深化"平安南宁"建设。在乡村产业振兴、优化营商环境、城市智慧治理、绿城品质提升等方面亮点纷呈，但同时存在一些发展短板，如部分基本公共服务保障仍有待加强、科技创新和人才支撑作用不足、社会治理数智化水平仍有待提升等。2024年，南宁市将以铸牢中华民族共同体意识为主线，加大普惠性公共服务供给，统筹新型城镇化和

---

* 课题组组长：王瑶，南宁市社会科学院社会发展研究所所长，助理研究员。课题组成员：丁浩芮，南宁市社会科学院社会发展研究所副所长，助理研究员；王一平，南宁市社会科学院社会发展研究所，研究实习员；王许兵，南宁市社会科学院东盟研究所副所长，助理研究员；陈灿龙，南宁市社会科学院社会发展研究所，助理研究员；李娜，南宁市社会科学院经济发展研究所，助理研究员；张珊娜，南宁市社会科学院科研管理所，研究实习员；苏静，广西民族大学，副研究员；孙椿睿，南宁市数据局局长；文钟泳，南宁市发展和改革委员会社会发展科科长。

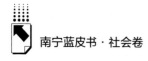

乡村全面振兴，推动基层治理体系和治理能力现代化，全面提升城市宜居宜业功能品质，统筹高质量发展和高水平安全，保障社会稳定健康发展。

关键词： 社会发展　乡村振兴　民生保障　社会治理

2023 年是全面贯彻党的二十大精神的开局之年，也是南宁市加快建设面向东盟开放合作的国际化大都市、中国—东盟跨境产业融合发展合作区的起步之年，南宁市坚持以习近平新时代中国特色社会主义思想为指导，深入贯彻落实习近平总书记关于广西工作论述的重要要求，深入贯彻落实自治区党委、政府的决策部署，积极履行国家赋予的新定位新使命，保障经济运行回升向好和社会大局和谐稳定，为奋力谱写中国式现代化南宁篇章奠定坚实基础。在这一年里，南宁市坚持保障和改善民生，全力促进高质量充分就业，有力有效推进乡村振兴，推进城市精细化治理，统筹发展和安全，深化"平安南宁"建设。2024 年是实现"十四五"规划目标任务的关键之年，南宁市将全面贯彻落实党的二十大、二十届二中全会精神，坚持稳中求进，完整、准确、全面贯彻新发展理念，以铸牢中华民族共同体意识为主线，聚焦优化公共服务供给，持续增进民生福祉，聚焦统筹新型城镇化和乡村全面振兴，促进城乡均衡发展，聚焦推动基层治理体系和治理能力现代化，夯实市域社会治理基础，聚焦医疗卫生服务和就业服务提质，切实提升民生保障质效，聚焦监管融合，全面提升城市宜居宜业功能品质，切实保障社会大局和谐稳定。

一　2023年南宁市社会发展总体形势

（一）坚持以人民为中心，持续增进民生福祉

1.城乡居民收入稳步增长，就业形势总体稳定

2023 年，南宁市坚持把保障和改善民生工作放在推动高质量发展的首

要位置，将75%以上的财政收入投入民生领域，全力推进"三张清单"① 落地见效。全市全年城镇居民人均可支配收入为44469元，同比增长4.3%，高出广西平均水平3182元；农村居民人均可支配收入为20369元，同比增长7.2%，高出广西平均水平1713元（见表1）。农村居民收入增速连续多年跑赢城镇，城乡居民收入差距进一步缩小。

表1 2019~2023年南宁市城乡居民人均可支配收入及增长率

单位：元，%

年份	常住地	居民人均可支配收入	同比增长率
2019	城镇	37675	6.8
	农村	15047	10.2
2020	城镇	38542	2.3
	农村	16130	7.2
2021	城镇	41394	7.4
	农村	17808	10.4
2022	城镇	42636	3.0
	农村	19001	6.7
2023	城镇	44469	4.3
	农村	20369	7.2

资料来源：根据南宁市人民政府官网和南宁经济动态月报数据整理。

2023年，南宁市落实落细就业优先政策，全力促进高质量充分就业，全市就业局势保持总体稳定。全市城镇新增就业7.79万人，城镇失业人员再就业2.15万人。② 突出加强高校毕业生、农民工、就业困难人员等重点群体就业帮扶，深入落实南宁市"双23条"人才政策，在南宁市农民工务工集中的重点企业、重点园区开通农民工返岗"点对点"直通车，送工到岗2.74万人，依托8家零工市场发布就业岗位8.75万个。③ 强化就业服务，

① 即"访民情、问民意、解民忧"专项行动及项目清单、改革清单、问题清单。
② 数据来源：《2024年南宁市政府工作报告》。
③ 《南宁市人力资源和社会保障局2023年工作总结及2024年工作计划》，广西南宁市人力资源和社会保障局网站，2024年2月8日，http://rsj.nanning.gov.cn/zwgk/fdzdgknr/jczj/ndjh/t5852622.html。

连续 14 年举办"邕城创业行"主题创业活动，创建全国公共就业创业服务示范城市，深入推进"就业暖心·桂在行动"等系列活动，积极落实"251"① 就业帮扶措施，实现零就业家庭动态清零。

2. 加大优质教育资源供给，教育进一步扩优提质②

2023 年，南宁市实施教育提质振兴行动，加快建设高质量教育体系。一是促进学前教育优质普惠发展。持续巩固提升公办幼儿园在园幼儿占比和普惠性幼儿园覆盖率，加快推进自治区幼儿园课程基地建设以及各县（市、区）公办幼儿园建设。二是加快义务教育优质均衡和城乡一体化发展。深入开展义务教育质量提升行动，推进义务教育入学"一件事一次办"微改革。三是推进高中教育多样化特色化发展，加快健全特殊教育体系。四是统筹做好乡村教育振兴和教育振兴乡村工作。持续提升农村学校教育教学质量，实施推广普通话助力乡村振兴计划，完善农村家庭经济困难学生帮扶机制等。五是加快建设面向东盟的职业教育合作区。出台实施方案和设立职业教育产教融合发展专项资金等 23 条支持措施，在广西职业院校技能大赛中实现"十三连冠"。推动职业教育与产业园区深度融合，南宁教育园已有 13 所学校投入使用，入驻学生 12.8 万人。2023 年，南宁市全年建成使用公办中小学校（幼儿园）30 所，新增学位 3.61 万个；新增自治区示范幼儿园 6 所、自治区特色普通高中 2 所、示范性特殊教育学校 1 所；共成立 58 个教育集团，覆盖 195 所学校 243 个校区；南宁学子在国际物理奥林匹克竞赛中斩获 21 世纪以来全区首枚国际奥赛金牌，在全国五大学科竞赛中斩获 3 金 11 银 9 铜。

3. 提升医疗卫生服务能力，健康南宁建设加速③

一是深化医疗卫生体制改革。促进分级诊疗制度落地与优质医疗资源下

---

① 即提供 2 次以上职业指导、推送 5 个针对性岗位、推荐 1 个培训项目。
② 数据来源：《2024 年南宁市政府工作报告》。
③ 数据来源：《2024 年南宁市政府工作报告》；《强化巩固提升建设健康南宁》，广西南宁市人民政府网站，2023 年 12 月 15 日，https://www.nanning.gov.cn/ywzx/bmdt/2023bmdt/t5795396.html。

沉。推动"三医"联动改革，持续深化医保支付方式改革，常态化开展药品耗材集中带量采购，动态调整医疗服务价格。二是加强公共卫生服务体系建设。完善重大传染病防控体系，在全区率先建立针对部分传染病的城市污水和航班污水监测体系。加强卫生监督执法，开展学校、幼儿园和托育机构结核病防控专项监督检查、医疗机构医疗废物处置联合检查。强化卫生应急保障，组建横州市、邕宁区等县（市、区）7支卫生应急队伍等。三是推进民生项目建设扩面提质。成功争取全国公立医院改革与高质量发展示范项目、获中央补助资金5亿元、启动实施14个子项目，国家区域医疗中心中山大学附属第一医院广西医院落户南宁市。四是推动中医药传承创新发展。全市100%的乡镇卫生院、社区卫生服务中心建成中医馆并提供6种以上中医药服务，95%的村卫生室能提供4种中医药服务。五是提升完善"一老一小"服务体系。医养结合试点工作经验获国家卫生健康委员会和民政部推广，良庆区获评全国医养结合示范县（市、区）。每千人口拥有3岁以下婴幼儿托位数达3.7个，超过全国平均水平，获评第一批全国婴幼儿照护服务示范城市。

4. 加强社会保障体系建设，民生福祉持续增进[①]

一是发挥社会救助兜底保障功能。深入实施全民参保计划，全市基本养老保险、工伤保险和失业保险总参保人数达780.49万人次，为125.41万人按时足额发放社保待遇209.72亿元。持续落实社保惠企政策，为10.90万家企业降低职工失业、工伤保险费9.19亿元，为2.56万家企业发放稳岗返还资金1.37亿元。开展社会保险基金管理提升年行动，推进社会保障卡"一卡通"建设，通过社保卡向68万人发放各类补贴301.28亿元。

二是全面加强住房保障。新开工保租房18099套，向3万名困难群众分配保障性住房10003套，向9031户家庭发放住房租赁补贴1905万元，向

---

① 《南宁市人力资源和社会保障局2023年工作总结及2024年工作计划》，广西南宁市人力资源和社会保障局网站，2024年2月8日，http://rsj.nanning.gov.cn/zwgk/fdzdgknr/jczj/ndjh/t5852622.html。

526 名高层次人才发放购房补贴 6316 万元，在全区率先实现公租房"零材料"线上提取公积金，为 34.36 万人次提取公积金 11.83 亿元。

三是加强人力资源开发利用。深耕"邕江计划"等重大人才项目，加强高层次人才引进和培育，新认定高层次人才 1521 人。进一步健全和完善职业技能评价，新增技能人才 37521 人。完善事业单位考核奖惩激励机制，探索建立职称评审候补、职称倒查追究、职称评审工作奖惩等机制。

四是聚力构建和谐劳动关系。以工程建设、新业态领域为重点，开展欠薪隐患排查处置专项行动，有效化解劳动关系领域重点风险。完善"法院+工会+人社+N"劳动争议多元化解机制，构建起"大维权""大调解"新格局，并向"一中心、多工作室、多站点"拓展延伸。

（二）固成果守底线，有力有效推进乡村振兴

1.着力夯实粮食安全根基，耕地保护成效明显

一是粮食储备能力和应急保障水平不断提高。全年储备粮规模预计在 20 万吨（原粮）左右，较上年增加 2 万吨，在自治区统筹下可保障全市四个半月以上口粮供应；挂牌成立南宁市粮食应急保障中心，全市共计 316 个粮食应急供应网点、41 家粮食应急加工企业、12 个粮食应急配送中心和 17 家粮食应急储运企业，全市应急加工企业日处理稻谷能力达 4740 吨，食用油日加工（含分装）能力达 303 吨；全市国有粮食仓储企业完好仓容为 57.02 万吨，实现粮库智能化管理仓容 8.74 万吨，应用绿色储粮技术仓容为 17.65 万吨，粮食收储保障基础进一步巩固。①

二是严格落实耕地保护制度。坚决遏制耕地"非农化"，严格管控耕地"非粮化"。深入开展"桉退蔗进"专项行动，稳步推进高标准农田建设，全面落实粮食安全党政同责和田长制，将耕地保护纳入乡镇村绩效考核体

---

① 《加强粮食储备管理夯实粮食安全根基》，《南宁日报》网站，2023 年 12 月 28 日，http://www.nnrb.com.cn/nnrb/20231228/html/page_07_content_002.htm。

系，流入耕地23.72万亩，实有耕地717.47万亩；耕地保有量，永久基本农田保护，耕地占补平衡、进出平衡，违法占用耕地和永久基本农田五项涉及自然资源的耕地保护和粮食安全责任制考核一票否决指标任务全面完成。①

2. 全力巩固拓展脱贫攻坚成果，防贫防线更加牢固

一是扎实做好防返贫监测和帮扶工作。严格落实防止返贫动态监测和帮扶机制，拓宽脱贫群众就业增收渠道，及时兑现各类政策性补贴，不断巩固拓展脱贫攻坚成果。截至2023年底，全市防止返贫监测对象17120户59024人，均按规定落实帮扶责任人、帮扶措施；实现脱贫人口人均纯收入17856元，增长11.7%；专项防贫基金已累计支付1167.01万元，救助1475人次；获得全区2022年度巩固拓展脱贫攻坚成果后评估考核综合评价"好"的等次。②

二是全面提升帮扶质效。加强就业帮扶，易地扶贫搬迁脱贫劳动力实现就业3.12万人，实现"一户至少一人就业"目标。加强职业技术院校结对帮扶，开展职业技能培训，累计开展脱贫劳动力补贴性职业技能培训6277人次。落实社保帮扶，全市符合条件的42.43万名脱贫人口100%参保，9.85万名60周岁以上（含）脱贫人口领取养老金1508.72万元。

三是强化易地搬迁安置后续扶持。落实包点工作责任制，强化乡村（社区）治理，继续全面推进社区警务室建设。加大就业帮扶力度，探索帮助易地搬迁劳动力实现灵活就业的"小梁送工"就业模式，先后被中央电视台、新华社等各级媒体宣传报道；成功承办全国脱贫人口稳岗就业工作推进会，该项工作获得农业农村部的表扬。

四是高度重视相关信息采集管理工作。研究制定《南宁市巩固脱贫成果和防返贫监测数据信息核查纪实管理制度（试行）》，持续做好脱贫人口（监测对象）数据质量提升工作，全市巩固脱贫成果和防返贫监测数据质量

---

① 数据来源：《2024年南宁市政府工作报告》。
② 《南宁市乡村振兴局2023年工作总结和2024年工作计划》，广西南宁市乡村振兴局网站，2024年2月29日，http://xczxj.nanning.gov.cn/xxgk/ghjh/t5862876.html。

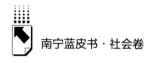

保持全区前列。①

3. 推进粤桂协作深入发展，协作取得良好成效②

一是搭建深邕企业合作创新平台。在深邕两地成功举办两期"深圳福田商协会走进南宁"粤桂产业招商推介活动，揭牌启用南宁（深圳）东盟产业合作创新中心、南宁（深圳）东盟产业招商咨询中心，进一步助推两市高效协作。

二是探索产业合作新模式。高度重视深邕面向东盟、面向国际的产业合作，积极创新区域产业合作模式。2023年9月，南宁与深圳签署《共建南宁（深圳）东盟产业合作区战略框架协议》，深邕产业合作进入新阶段。

三是共建跨区域劳务协作长效机制。更加积极对接粤港澳大湾区城市群，完善就业信息共享机制，通过举办就业"春风"援助等专场招聘会、定期推送相关企业招聘信息等方式，促进就业岗位跨区域共享，持续深化两地劳务协作。通过粤桂东西部协作机制，南宁市前往广东省就业农村劳动力达20310人，其中脱贫劳动力共计8201人。

四是继续大力实施消费帮扶。以粤桂协作为纽带，聚焦粤港澳大湾区市场需求，支持本土企业（合作社）参加线上线下展销活动，如鼓励和组织参加粤桂协作消费对接活动暨第23届广西名特优农产品（广州）交易会活动等，通过交流展示平台积极推介南宁市特色农副产品。2023年，全市累计9家企业15个优质农产品通过"圳品"评价，15个农产品基地被认定为供深农产品示范基地，10个基地被认定为"菜篮子基地"，3个基地挂牌"深圳农场"。

4. 建设宜居宜业和美乡村，农村生活环境优化

2023年，南宁市继续实施农村危房改造和农村房屋安全隐患排查整治，加强传统村落保护利用，抓好市级生态宜居小城镇建设，推进市本级为民办实事村屯公共照明项目建设。开展国土综合整治和生态修复，加强农村生活

---

① 数据来源：《2024年南宁市政府工作报告》。
② 《南宁市乡村振兴局2023年工作总结和2024年工作计划》，广西南宁市乡村振兴局网站，2024年2月29日，http://xczxj.nanning.gov.cn/xxgk/ghjh/t5862876.html。

污水处理设施项目运维监管，坚持抓好农业面源污染治理，持续提升农村生活环境治理水平。2023 年，完成新增 155 个行政村生活污水治理，基本完成 51 条农村黑臭水体治理，完成自治区下达的 40 个农村生活垃圾转运设施项目，获评全国乡村治理示范村 3 个；[①] 推进 8 个普通路网项目、1143 个农村公路项目建设，完成新改建农村公路里程 447 公里，新增 36 个自然村屯通硬化路，实现乡镇通三级及以上等级公路比例达 100%，农村公路通达度提升，农村物流实现"村村通快递"和"快递天天送"。[②] 南宁市改善农村人居环境工作获得国务院督查激励，兴宁区、上林县通过"四好农村路"全国示范县评估验收，宾阳县先后获得 2023 年国家乡村振兴示范县创建单位、国家宜居宜业和美乡村创建示范基地、国家第一批农村能源革命试点县等"国字号"荣誉，马山县获评国家第七批生态文明建设示范区、自治区乡村振兴改革集成工作先进县，青秀区农村产业融合发展示范园入选第四批国家农村产业融合发展示范园创建名单。

（三）推进城市精细化治理，提升善管善治水平

1. 以"绣花"功夫实施城市更新，推进城市功能与品质再提升

2023 年，南宁市持续推进城市更新，提升城市建设品质，切实优化人居环境，让更多群众共享发展成果。一是进一步优化城市空间，注重城市"里子"建设。下"绣花"功夫推进城市更新改造，打通凤岭 22 号路、贵义路、仁和路等断头路，新建或改造供水、排水、污水管网 240 公里及燃气管网 444 公里，开工建设轨道交通 6 号线一期工程，启动改造老旧小区 317 个，建成棚户改造安置房 9526 套，完成 35 座转运站绿化美化，投入资金 2314 万元更新升级环卫作业车辆设备，新增清扫保洁车辆 600 辆、设备 7 套（个）。实施背街小巷改造 259 条，2 条获评"广西最美街巷"，另有 11 条获评"2022 年度广西城市精品背街小巷"，同时 2023 年已开工建设 123

---

① 数据来源：《2024 年南宁市政府工作报告》。
② 《南宁市乡镇全部通三级及以上公路》，《南宁日报》网站，2024 年 1 月 29 日，http：//www. nnrb. com. cn/nnrb/20240129/mhtml/page_06_content_000. htm。

条。启动"三大工程"建设。梳理上报 7 个保障性住房先导项目、62 个"平急两用"公共基础设施首批项目,梳理 22 个城中村改造先导项目,选出 8 个重点推进项目申请列入国家 2024 年度改造计划。推进文物保护各项工作。组织开展周家坡古建筑群保护规划、"三街两巷"二期特色博物馆陈列布展等工作;积极抓好望火楼、皇姑坟等不可移动文物的抢救性维修和养护工作。此外,完成既有住宅加装电梯联合审查 239 部,发放 1427.5 万元加梯补助;大力推进新能源充电设施建设,新增充电桩 1.71 万个;推进完整社区试点建设,江南区五一东路社区入选国家级完整社区试点。

二是用柔性管理提升城市服务水平。推进市容乱象整治常态长效,创新临时设摊经营行为分类分级分区管理,推进地摊经济、小店经济健康有序发展。实行地摊经济分类分级分区管理,在全市建成区设置 147 个"规范区"、116 个"限时区"、49 个"严管区",推进地摊经济精细化服务管理。构建地摊街区"一张图",推行柔性监管服务,实行"小过错、及时改、不处罚"机制,积极引导规范临时摊点经营服务。完善南宁市临时摊点服务管理平台,实现临时摊点在线申请、资格审批、综合管理、考核评价等"一网通办",推动临时摊点智慧化、精准化服务管理。截至 2023 年,南宁市共设置 229 个临时经营摊区,最大可容纳摊位 18217 个,摊区配备管理、环卫等人员 307 人,服务低保、残疾、退伍摊位 378 个,解决就业 2.7 万人。

三是推进交通道路综合治理现代化。多渠道筹措 130.36 亿元推进铁路、综合交通枢纽、市政道路、桥梁、轨道交通、老旧小区改造等市本级城建项目建设,聚焦补齐基础设施建设短板。制定《关于南宁市市政道路停车位收费管理及人行道车辆停放管理工作方案》,有序推进市政道路停车位经营权转让和强化人行道非机动车停放管理工作。建立非机动车停放管理平台,采取"平台+督查"形式,对原人行道非机动车停放收费区域进行全覆盖督导服务。截至 2023 年 10 月 13 日,共派出检查人员 4266 人次,发现并督导整改问题 1040 个。明确人行道非机动车停放管理工作进入常态化管理的过渡期,协调做好管理员工资补助金发放工作。牵头制定《南宁市市政道路停车位经营权转让实施方案》，明确实施路径。编制完成《资产转让项目公告》《南宁市市政道路停车位经营权转让合同》。依规采购评估服务，组织开展经营权收益评估，稳步推进市政道路停车位经营权转让工作。

2. 提升社区精细化治理效能，推动社区管理和服务提档升级

2023年，南宁市根据"将更多资源、服务、管理放到社区，为居民提供精准化、精细化服务"的要求，围绕完善共建管理模式、推动社区服务精细化、提升居民生活品质和满意度等内容，致力于构建协同共治的城市社区治理新格局，着力下好社区治理"一盘棋"。一是持续深化基层社会治理工作。在270个城市社区落实社区惠民项目专项资金2700万元，推动12个社区在全区率先成立社区发展慈善基金。探索智慧社区试点建设工作，推进青秀区津头街道大板三社区、上林县古登村城乡社区服务综合体样板建设。二是推动社会组织健康有序发展。截至2023年，新登记成立社会组织84家，全市社会组织总数达4892家（其中市本级社会组织1287家），数量居全区首位。强化社会组织孵化培育，市社会组织孵化中心入驻社会组织34家。目前，全市已投资建设市一级社会组织孵化中心1家、县（市、区）一级社会组织孵化基地8家、乡镇（街道）一级社会组织孵化基地70家。

3. 发挥生态环境优势，推动首府绿色发展

2023年，南宁市深入践行"绿水青山就是金山银山"的环保理念，持续深入打好蓝天、碧水、净土保卫战，持续巩固提升全市生态环境优势，不断擦亮"中国绿城"生态宜居品牌。

一是打好蓝天保卫战，"南宁蓝"名片更加亮丽。南宁市空气质量在全国168个重点城市排第15位、省会（首府）城市排第5位，均同比上升1位。以$PM_{2.5}$和臭氧污染协同控制为重点，强化挥发性有机物、移动源、扬尘、秸秆焚烧和餐饮油烟等综合治理；完成$PM_{2.5}$、VOCs来源解析工作，与简易低效的VOCs治理设施整治工作；完成1.7万台非道路移动机械登记备案；采集过往车辆尾气排放数据301.7万辆次，抓拍黑烟车341辆次；开展道路积尘负荷走航监测3228公里。开展扬尘专项整治检查堆场1600个次、采石场420家次；秸秆露天焚烧铁塔视频在线监控火点处理率达

96.9%；启动污染天气预警响应 7 次，成功挽回 7 个优良天。

二是打赢碧水保卫战，水域环境持续改善。重点整治武鸣河、清水河、八尺江等水质不稳定达标流域；完成大王滩水库生态流量下泄设施建设，推进明阳工业园区雨污管网错混接改造；持续推进各级集中式饮用水水源地环境问题整治和水源保护区规范化建设；撤销市区邕江下游陈村水厂等原 4 个取水口水源保护区，推进宾阳全域、市区老口等各级水源保护区规范化建设，不断提升饮用水安全保障水平；完成珠江流域重点干支流建成区外入河排污口排查，启动全市 300 余个入河排污口整治；加快提升城镇生活污水处理能力，南宁市新增污水处理能力 12.5 万吨/天，南宁市 2 条关于城市黑臭水体治理及生活污水处理提质增效长效机制建设工作经验得到住建部发文推广；市区新建（改造）污水管网 60 公里，完成率为 77%，南宁市污水集中收集率为 75.44%，同比增长 18.60%。

三是打好净土保卫战，强化土壤污染风险管控。争取 4032 万元中央专项资金，完成宾阳县水稻稻米（糙米）超标区 5 万亩农用地安全利用集中推进区建设；争取 375 万元中央专项资金，处置江南区延安镇那究坡违法倾倒的 3000 吨铝灰渣；指导完成 4 家历史遗留污染源治理实施方案编制并申报国家及自治区项目库；南南铝西地块和江南中心建文街南地块完成修复治理并移出污染地块名录；完成 2 个建设用地土壤污染状况初步调查监督检查；排查涉镉等重金属重点区域 20 个，相关企业有 109 家，新列入整治清单企业 1 家，并推进整治；稳步推进"无废城市"建设，印发《南宁市"十四五"时期"无废城市"建设实施方案》，积极申报"无废城市"融资试点；指导推动广西固体废物处置中心完成填埋场修复治理工作，累计建成运行有害垃圾贮存点 14 座，转移处置有害垃圾 44.53 吨；完成重点行业建设项目重金属污染物排放年度总量控制任务。

（四）统筹发展和安全，深化"平安南宁"建设

1. 加强社会治安管理，防范化解重点领域风险

2023 年，南宁市持续营造良好的社会治安环境，拧紧平安"安全阀"，

社会治安管理持续加强。一是畅通群众意见建议反映渠道，持续抓好信访接待、矛盾纠纷化解、积案化解等工作，妥善处置重大公共安全事件，常态化推进扫黑除恶斗争，南宁市获评全国第一批市域社会治理现代化试点合格城市、首批全国社会治安防控体系建设示范城市，"马山贝侬调解"入选全国社会治理创新案例。国防动员体制改革落地落实，备战援战能力不断提升。二是防范化解重点领域风险，政府隐性债务积极稳妥化解，系统性金融风险总体可控，房地产领域"保交楼"成效明显，全市62个风险项目和37个参照管理风险项目已交付7.57万套房，保交付率为75%。三是推动民族宗教领域持续和谐稳定。以铸牢中华民族共同体意识为主线，深化民族团结进步创建工作，30个单位获评国家、自治区民族团结进步示范区示范单位，52个集体和个人荣获自治区第九次民族团结进步模范集体和模范个人荣誉称号，持续擦亮"中华民族一家亲　石榴花开美邕城"品牌。依法管理宗教事务，确保社会和谐稳定。南宁市连续两次获得"全国民族团结进步示范市"。

2. 狠抓安全生产工作，强化安全风险防控

2023年，南宁市不断夯实安全生产基础，狠抓安全生产工作，强化安全风险防控，安全形势总体稳定。一是构建扎实的食品、药品安全防护网，保障市民"舌尖上的安全"。完成第20届中国—东盟博览会、中国—东盟商务与投资峰会等重大活动食品安全保障任务，保障接待酒店用餐46.8万人次，实现"零事故"目标；完成33大类食品日常抽检监测33909批次，抽检监测不合格食品核查处置按时完成率达100%，排名全区第一；建立重点企业"一企一档"、重点区域"一域一档"、重点食品"一品一策"风险清单、措施清单和责任清单，实现清单化监管，守牢食品生产安全底线；制定发布《生鲜食品冷链仓储配送管理规范》，规范生鲜食品配送管理；持续开展"守底线、查隐患、保安全"专项行动，提高食品经营者合法经营、诚信经营意识；集中开展13个药品安全领域专项检查，全面排查化解风险隐患。二是强化矿山、消防、道路交通、危险化学品、校园、建筑施工等重点领域安全风险防控。深入开展自建房、燃气、市政工程领域安全隐患专项

排查整治，全市 1.68 万栋有安全隐患的经营性自建房风险管控率为 100%，整治销号率为 87.52%，整治非法经营燃气黑窝点 190 处，完成燃气管道安全隐患整治 111 处、老旧小区"瓶改管"改造 3.43 万户。全年累计检查客运企业 5533 家次，排查隐患 2266 项，完成整改 1667 项。全市公路建设、水运行业和轨道交通未发生生产安全亡人事故，交通运输行业行车亡人事故数同比下降 33.78%，安全生产形势保持平稳。

3. 增强涉外管控和服务能力，营造安全稳定的发展环境

2023 年，南宁市持续增强涉外管控和服务能力，确保全市治安环境和谐稳定。一是高效协助处置涉南宁籍人员境外安全案（事）件 22 起，涉及 188 人。二是多渠道开展领事保护与协助宣传教育工作。举办"党旗领航　六外融合　开放发展　安全出行——安全文明出境旅游宣讲"活动、海外安全利益保护宣传教育暨观影学习活动，在公共场所播放领事保护宣传片，赴县（市、区）开展海外安全风险防范督导宣传工作，提升企业和居民海外风险防范意识。三是搭建"南宁市海外风险咨询联络平台"，构建海外风险预防协助网络，联合商会、协会和律所、法律服务中心共同建立越南、老挝信息咨询和协助联动机制。四是持续做好涉外突发案（事）件的应急处置工作。妥善处置涉外案（事）件 3 起，制定《关于在邕外国和港澳记者及外国使领馆官员突发事件应急预案》。发放《南宁市外国和港澳记者采访管理指导手册》，进一步规范南宁市外国和港澳记者管理。

二　2023年南宁市社会发展亮点

（一）乡村产业振兴迈上新台阶

一是乡村振兴"6+6"全产业链优势不断扩大。2023 年，"桉退蔗进"行动取得阶段性成果，扩大了 4.08 万亩糖料蔗种植面积。自 2019 年以来，南宁市的糖料蔗种植面积首次出现正增长。武鸣、宾阳 2 个畜禽粪污资源化利用整县推进项目完成验收，全市畜禽规模养殖场粪污处理设施装备配套率达 98.15%，粪污综合利用率达 91.87%。2 家畜禽养殖场获自治区推荐申报国家级畜禽养殖标准化示范场。广西金穗农业集团有限公司成功创建国家现代农业全产业链标准化示范基地。

二是农业品牌效应持续增强。青秀区农村产业融合发展示范园成功入选第四批国家农村产业融合发展示范园创建名单，全市累计获批创建的国家农村产业融合发展示范园达到 3 个。宾阳县古辣镇、隆安县那桐镇被认定为首批国家农业产业强镇。南宁市隆安县那桐镇火龙果基地获评全国种植业"三品一标"基地，隆安香蕉、横州茉莉花、武鸣沃柑等"邕字号"品牌影响力不断提升。2023 年，横州市被评为第三批国家农产品质量安全县，江南区被评为全国"平安农机"示范县。新增获批创建自治区级现代农业产业园 2 个，全市自治区级（含）以上现代农业产业园达到 8 个（全区第一）。南宁市增加了自治区级现代特色农业示范区 7 个，总数达到 85 个（全区第一）。上林县被认定为 2023 年广西休闲农业重点县，上林县振林（粤桂）生态产业园被认定为 2023 年广西休闲农业与乡村旅游示范点。马山县获评自治区级杂交玉米制种大县。

（二）优化营商环境实现新突破

南宁市在 2021~2022 年荣登中央广播电视总台"营商环境创新城市"，在 2023 年度被全国工商联评为"优化营商环境进步最明显的 5 个省会及副省级城市"之一，并获批为全国第四批社会信用体系建设示范区。

一是政务服务效能稳步提升。2023 年，南宁市出台"免审即得"措施，实现"准入又准营"。广西自贸试验区南宁片区率先进行试点，选取了一些已经采用"告知承诺"的经营许可事项试行"免审即得"，把信用筛查放在前置环节，把形式审查和现场勘验等程序放到后置环节，实现了"准入即准营"。这项措施被国务院办公厅选入政务服务效能提升"双十百千"示范工程，并向全国推广。南宁市获评全国工程建设项目全生命周期数字化管理改革试点城市，荣获 2023 年度政务服务博览会"智慧政务数据应用示范单位"。南宁市还主动研发了"邕易办"智能审批系统，通过这个系统上线了智能审批项目 19 个、"一件事一次办"套餐 52 个，群众办事效率提高了 90% 以上，该系统也被评为 2023 年数字政府五十佳优秀创新案例、数字广西协同调度指挥中心展示典型案例和 2023 年数字政府创新成果与实践案例。

二是政务办事效率不断提高。2023 年，南宁市的政务服务事项网上可办率达 100%，最多跑一次的比例也达到 100%。南宁市与浙江、广东等 14 省 25 市实现了医保和社保等领域政务服务事项的"跨省通办"。"掌上办理""扫脸办理""网上办理"套餐服务的不断推出为南宁市的企业和群众提供了方便快捷的"随时可办事"体验。南宁市在全国率先实现出租车司机从业资格"全程扫脸网上办理"、教师资格认定"扫脸即可办理"。全市率先推出水电气报装"一网通办"的便民举措，极大地提高了政务办事效率。南宁市的一体化服务能力水平被国务院办公厅电子政务办评为"高"。此外，南宁市开展的"企业身份码"试点改革也被评为第四批自治区级制度创新成果，其经验在全区范围内进行复制推广。

三是涉企惠民服务持续优化。2023 年，南宁市在全区率先创设了企业办不成事"诉求直达快办机制"，推出了"一站一号一码"投诉方式，将南宁市 37 个市直部门的 71 条企业诉求反映渠道整合归并到一起，通过行政、司法、纪检监察等监督方式解决企业在建设、生产、经营等过程中碰到的问题，企业整体的满意率达到 99.56%。进一步推动帮办、代办流程的标准化和服务的专业化，全过程跟踪、保姆式服务企业，让企业发展"无忧"。在全区率先试行社会组织登记"菜单式"导办指引，进一步优化社会组织办事流程。全区率先出台市场主体住所（经营场所）登记特殊情况办理指引，进一步提升南宁市企业开办便利化水平。

（三）城市智慧治理实现新提升

2023 年，南宁市运用人工智能、大数据等提升城市基层精细化治理水平，大力推进"智慧南宁"建设。一是提高智慧监管水平。在全区率先探索利用网监机器人技术开展网络交易线上检查，帮助基层缓解网监执法水平参差不齐、人力不足的问题，提升监管效能。建成使用南宁市市场监管局电商发展服务平台，通过线上指导的方式，为南宁市电商企业提供事前、事中、事后全程服务，提高工作效率。发挥12315数据"市场监管风向标"作用，强化风险预警，形成"重点监测—触发报警—跟踪督办"工作闭环，挖掘消费痛点、堵点，提出监管建议，促进精准、靶向监管。

二是提升智慧医疗水平。完善智慧健康信息系统。整合南宁市电子健康卡挂号预约、报告查询、支付结算等功能，为群众提供一站式医疗健康信息服务，全市13家市级医院和20家县级医院全部启用南宁市电子健康卡，各乡镇卫生院和社区卫生服务中心逐步启用，发卡量超1140万张，居全区首位，解决了困扰群众已久的就诊卡"一院一卡、互不通用"的问题。加强"南宁云医院"应用。组织13家市属医院医生、护理人员入驻"南宁云医院"平台，提供"互联网+医疗"服务，2023年在线问诊申请量达33382例，已完成29991例；上门护理2938例（含义诊213例），累计完成7312例（含义诊3986例）。完善分级诊疗和远程医疗应用平台。全面推进辖区乡镇卫生院和二级以上公立医院远程影像、心电诊断系统和远程会诊系统的应用工作，2023年开展远程心电诊断105049例、远程影像诊断87111例，实现"基层检查、上级诊断"。

（四）绿城建设再显新担当

一是绿色生态品牌优势逐步扩大。2023年，南宁市新增绿色食品26个，有3个地理标志品牌入围2023年中国品牌价值区域品牌（地理标志）百强榜名单且排名均较上年有所提升。双汇食品有限公司被评为国家级农业高质量发展标准化示范项目（生猪屠宰标准化建设）示范单位。南宁火龙果成功申报全国名特优新品牌目录。那考河被评为全国美丽河湖优秀案例。邕宁区荣获中国气候宜居城市（县）。马山县入选生态环境部第七批国家生态文明建设示范区。

二是生态环保专项资金项目储备不断增长。2023年，南宁市获中央、自治区生态环境专项资金 9645.8 万元。上林县"水美壮乡"环境综合整治与产业发展提升 EOD 项目、横州市全域农村污水治理与茉莉花产业 EOD 项目、青秀区人居环境整治与乡村振兴产业融合开发 EOD 项目、隆安县重点区农村农业污染治理与乡村振兴生态产业开发 EOD 项目成功入选 2023 年自治区级 EOD 模式项目。

三是园林绿化品质提档升级。2023 年，南宁市在重要道路节点及市管公园广场分批次种植鲜花 149.78 万盆，设置节日主题花卉造型 46 个。南宁市人民公园金鱼草花海得到央视《新闻联播》报道，并与南宁市石门森林公园樱花谷一同获央视新闻全国直播报道。此外，南宁市成功举办"四季花展"、园林绿化职工职业技能大赛和第三届最美花境大赛，并圆满完成第十四届中国（合肥）国际园林博览会南宁展园建设及城市主题周活动。

三 2023年南宁市社会发展存在的问题

（一）部分基本公共服务保障仍有待加强

一是医疗资源扩容提质有待加强。受各级财政困难、医院盈余资金少等因素影响，南宁市卫生健康项目资金筹措较为困难，筹融资渠道较少。同时，公立医院运营结构性问题突出，营收增长乏力，人力成本居高不下，个别医院甚至只能通过流贷解决日常运营现金短缺问题，这些都会对医疗资源的扩容提质产生一定的影响。二是基础教育学位供给压力仍然较大。随着南宁市旧城改造项目推进力度不断加大，兴建的高层住宅不断增加，住户对基础教育学位的需求随之增加，但周边义务教育学校的规模并未随之扩大，也未重新规划和配建新的学校，导致基础教育学位供给压力加大，如青秀区民主路小学、星湖路小学、天桃实验学校天桃校区等已无扩建教育用地，学位供给日趋紧张。三是保障性租赁住房供给仍相对短缺。一方面，排队申请的人数较多，等待周期较长，不能有效缓解青年人口住房需求问题；另一方面，缺乏精准有效的租户退出评估机制，损害了住房供给的公平性和可及性，公租房发展仍需进一步规范。四是就业和劳动保障压力仍存。部分中小微企业经营困难，可提供岗位减少，高校毕业生数量逐年增多，求职人数维持高位，给稳就业工作带来较大压力，同时民营企业劳动纠纷和工程建设领域欠薪投诉较多，劳动者合法权益需要得到切实保障。

（二）科技创新和人才支撑作用不足

一是全社会 R&D 经费投入相对不足。相关数据显示，2022 年南宁市全社会 R&D 经费投入总量达 65.10 亿元，而同期贵阳市达 87.32 亿元，昆明市达 129.92 亿元。南宁市 R&D 经费投入低于邻近省份省会城市，研发投入优势还未凸显。二是产学研融合还不够深入，企业创新主体地位不够突出。从注册地在南宁市的上市企业来看，这些企业大多集中在食品、工程建筑等传统行业，面向战略性新兴产业和未来产业的上市企业数量极少，而且至今未有本地科技型企业在科创板上市。三是科研成果转化面临挑战。部分科技成果产出只为满足项目验收、保护知识产权等要求，科技成果的市场化、产业化率较低；部分科技成果虽具有市场化潜质，但尚未得到应用推广，盈利能力没有保证，因此无法提供"交钥匙"产品，还需经过较长时间的二次开发。四是人才队伍建设存在短板。一方面，受限于南宁市高校人才供给结构，高校难以提供较大规模的高质量理工类人才；另一方面，人才流失现象仍然存在，重点产业领域的高层次人才仍较为匮乏，人才供给与需求存在一定程度的错配。

（三）社会治理数智化水平仍有待提升

所谓数智化就是数字化和智能化，二者相互支持、相互促进。从全国来看，社会治理数智化趋势越发明显，但相对而言，南宁市社会治理数智化水平仍需进一步提升。一是南宁市缺乏垂直整合、协同联动、高效运行、系统共享的大型社会治理数智化平台，数据要素市场化发展不够充分，全市尚未实现金融、电信、电力等社会数据的汇聚，政务数据的开放共享标准规范体系不够完善，政务数据与社会数据的双向融合发展水平较低，导致平台共建的协同联动不够、系统共享的供需对接不畅。二是数字化信息基础设施硬件能力有待加强。由于5G基站、数据中心等新基建项目投入大、建设周期长、回报慢，投资不确定性大，影响社会资本进入新基建领域的积极性，企业投资新基建项目的热情不高，特别是算力中心等基础设施建设较为滞后。三是基层治理缺乏数智化意识和思维。表现在缺乏统一规划和数据采集、接入等方面的规范标准，数据填报多、重复采、多次录、不好用，给智慧治理应用带来障碍，而且智慧应用场景的广度深度不够。四是缺乏参与数据共治的专业人才。特别是社区工作人员的学历层次普遍不高，对数智化的接受能力较弱，同时一些居民对智能化系统缺乏了解、应用不熟练。

（四）城市安全仍面临不少风险隐患

一是生产安全责任事故时有发生，造成一定的生命和财产损失。2023年1~12月，南宁市生产安全事故起数和死亡人数同比上升16.7%和16.7%，特别是南宁市江南区"4·13"仓库火灾造成较大的负面影响。二是城市安全风险仍然突出。非煤矿山、危险化学品、烟花爆竹、道路交通、建筑施工、城镇燃气等重点行业仍是事故多发领域，尤其从全国来看，燃气行业成为事故重灾区。南宁市燃气经营企业、大型商超、酒店宾馆、单位食堂、老旧小区、城中村、"九小场所"等重点领域还存在燃气使用隐患，燃气管道存在"带病运行"问题，老旧燃气管网改造维护和燃气安全监管智能化建设还存在短板。三是城市安全治理还存在不足。部分企业及其主要负责人履行安全生产法定职责还比较薄弱，安全认识存在偏差，隐患排查整改质量不高。基层综合治理能力有待加强，应急管理队伍安全防范、监管执法和救援处置能力有待提高。同时，事故灾害监测预警和防灾减灾救灾信息化水平、综合应急能力仍有待提升。

四 2024年南宁市社会发展态势展望

（一）以铸牢中华民族共同体意识为主线，提升民生服务保障能力

2024年，南宁市将铸牢中华民族共同体意识作为各项工作的主线，加强兜底性、基础性、普惠性民生建设，着力构筑中华民族共有精神家园，建设共同富裕幸福家园、守望相助和谐家园、宜居康寿美丽家园、边疆稳定平安家园。一是持续推进民族团结进步"七大工程"①，民族团结进步宣传教育覆盖面与常态化水平将有所扩大与提升，蟠龙社区、中华中路社区民族事务管理等具有首府特色和时代特征的"南宁经验"将得到进一步推广，有效促进各民族交往交流交融，民族团结进步创建工作进一步提质扩面增效，铸牢中华民族共同体意识将更深地植入各族群众心中。二是继续坚持就业优先，扎实推进稳岗扩岗等就业政策，重点群体就业帮扶措施更加全面，就业供需双方对接渠道更加畅通，劳动权益保障更加充分，就业形势回稳向好。三是持续促进教育资源扩优提质，教育资源布局持续优化，学位供给更加充足，体教融合、"双减"改革、"双新"改革以及农村义务教育学生营养改善计划等工作将进一步推进，职业教育水平也将持续提升，更加适应新技术和产业变革需要，着力打造面向东盟的职业教育开放合作创新高地。四是持续推进健康南宁建设，紧密型医联体建设、中医药传承发展、国家公立医院改革与高质量发展等工作将取得新进展，通过市县级医院对基层医疗机构的帮扶指导，基层医疗水平将进一步提升，同时全民健康服务体系将更加健全。五是"一老一小"服务体系更加健全，社区居家养老服务水平不断提升，医养结合、康养产业等城市养老服务中心项目建设进一步推进，广大老年人能够享有更多获得感和幸福感，托育服务发展步伐加快，托位供给更加

---

① "七大工程"指民族团结进步教育常态化机制建设工程、民族团结进步宣传载体和方式创新工程、促进各民族交往交流交融深化工程、民族团结进步创建覆盖面拓展工程、民族团结进步创建先进典型示范引领工程、民族事务依法治理水平提升工程、推进民族地区高质量发展民生工程。

充足，托育服务数量和质量实现双提升。六是社会保障更加全面，持续深入实施全民参保计划，社保覆盖面进一步扩大，重点群体的帮扶救助将更加细致，社会救助兜底保障也将更加坚实。

（二）坚持城乡融合发展，乡村振兴再上新台阶

2024 年，南宁市将继续坚持城乡融合发展，坚持深入实施农业强市战略，统筹推进乡村全面振兴，加快建设宜居宜业和美乡村。一是统筹抓好农业生产和农产品供给，确保守住粮食安全底线，蔬菜、水果产量进一步提高，农田水利设施建设水平持续提升。二是持续巩固拓展脱贫攻坚成果，防返贫监测机制进一步健全，防止返贫监测帮扶政策将更加精准，"县级国有平台+强村公司"混合所有制改革继续推进，联农带农利益联结机制成效进一步发挥，农民就业将得到充分保障，收入水平将进一步提升。三是乡村产业发展水平不断提升，乡村振兴"6+6"全产业链更加完善、更加有韧性，农业产业化重点企业和重点农业产业园建设发展取得更大成效，"邕"系列农产品市场认可率和占有率进一步提升。四是乡村建设水平进一步提升，宜居宜业和美乡村建设步伐加快，危房改造以及农村污水、垃圾、厕所"三大革命"持续推进，公路网络持续完善，农民出行"最后一公里"更加畅通，乡村建设更加适宜乡村特点，乡村发展也更具特色，农民获得感和幸福感进一步提升。五是乡村治理水平持续提升，乡村法律服务供给更加充足，农民法律意识有所提升，"一村一辅警"覆盖率持续提升，村规民约将发挥更大作用，培育文明乡风、良好家风、淳朴民风，为乡村治理注入文明力量，自治、法治、德治相融合的乡村治理体系将更加健全。六是持续推进以县城为重要载体的新型城镇化，县城基础设施、特色优势产业、公共服务、生态环境等配套设施建设将取得新进展，县城聚集力、承载力和辐射力将持续提升，更有力地带动农村经济社会发展。

（三）推进城市内涵式发展，塑造"绿城"新形象

2024 年，南宁市将坚持人民城市人民建、人民城市为人民理念，深化

建管融合，城市内涵将更加丰富，城市品质将进一步提升，绘制面向东盟开放合作的国际化大都市蓝图。一是城市功能更加完备，通过高质量实施国土空间总体规划和启动"十五五"规划编制工作，南宁市城市规划建设将取得新进展，兴宁区三塘南路西侧地块等5个保障性住房、望州路北三里片区等8个城中村改造项目以及5个"平急两用"公共基础设施项目建设将进一步推进，轨道交通延线工程以及邕州古城·中山路等历史文化街区项目建设步伐加快，老旧街区、厂区、小区改造等城市更新项目持续推进，排水防涝能力也将进一步提升，为南宁市基础设施建设和城市功能提升注入强劲动力，南宁市城市形象和竞争力也将进一步提升。二是城市建管水平持续提升，城市管理"一委一办一平台"①体系将进一步完善，全国文明城市创建成果长效化机制也将进一步健全，同时针对背街小巷临时设摊的综合治理能力将逐渐提升，夜间经济管理将更加人性化、规范化、特色化，新业态监管持续强化，网约车、驾培、货运等重点行业乱象将逐步减少，各类口袋公园、体育公园等城市生态园林数量与质量将持续提升，城市休闲度假资源将进一步丰富，城市安居指数将进一步提升。三是生态优势将进一步巩固，通过统筹山水林田湖草一体化保护和系统治理，南宁市生态环境质量将进一步提升，蓝天、碧水、净土保卫战将取得新进展，生活垃圾分类处理和资源化利用将取得更大成效，绿城生态金字招牌将持续擦亮，成为更高水平的生态宜居城市。

（四）持续夯实社会治理根基，守牢安全稳定底线

2024年，南宁市将持续夯实社会治理根基，统筹高质量发展和高水平安全，城市治理水平和安全稳定水平将继续提升。一是健全社区治理体系，南宁市将充分发挥"社区吹哨、部门报到"常态化机制作用，基层治理进一步向网格化管理、精细化服务、信息化支撑方向发展，治理能力将进一步提升，居民小区物业管理专项整治成果将持续巩固，设置老友议事会、物管

---

① 即城市管理委员会、城市管理委员会办公室、城市运行管理服务平台。

会、业委会等议事协调机构的小区逐步增多，小区物业服务水平将进一步提升，群众生活将更加安心、省心；同时，社区基本公共服务、便民商业配套、市政配套等基础设施将加快完善，社区将成为具备教育、健康、养老、治理等功能的生活服务共同体，社区康养综合服务水平将持续提升。二是重点领域风险防范化解工作将取得新成效，金融风险处置责任机制将逐步健全，地方债务风险精准化解工作将持续推进，房地产风险消除步伐将加快，持续做好保交楼、保民生、保稳定等工作。三是安全生产工作全面加强，通过全面落实安全生产治本攻坚三年行动，以及开展重大事故隐患专项排查整治行动，重点领域安全风险将有效减少，食品药品安全监管长效机制将进一步健全，防灾减灾救灾和应急处置工作也将得到加强。四是社会稳定将得到有效维护，平安南宁、法治南宁建设将持续推进，信访工作法治化水平进一步提升，"12345"便民服务热线回应和解决群众诉求能力持续提升，社会矛盾化解机制将更加有效；同时，扫黑除恶、黄赌毒、"食药环"和电信网络诈骗、养老诈骗、传销等违法犯罪行为打击治理行动将更加常态化，首府社会和谐稳定局面将更加稳固。

五　推动新时代南宁市社会事业高质量发展的对策建议

（一）夯实铸牢中华民族共同体意识基础

1. 推进各民族交往交流交融

一是促进各民族跨区域双向流动。充分利用东西部协作与对口支援机制，持续深化南宁市与区内外城市的交流合作，支持南宁市各族群众前往广西其他地区或粤港澳大湾区等东部发达地区求学、就业、经商，鼓励区内外各族群众到南宁市工作、生活，健全流动人口两头对接、区域联动、信息共享、友好互访、结对共建等机制，在法律援助、就业创业等方面为来邕各族群众提供"一站式"服务。

二是强化国家通用语言文字推广普及。加强国家通用语言文字教育教学，发挥学校等主阵地作用，通过优化教材内容、创新教育方式等实践，全面促进国家通用语言文字普及；深入偏远乡村开展国家通用语言文字培训，提升乡村语言文字规范化水平，打破各族群众语言交流壁垒。

三是增进各民族文化认同。重点办好广西"三月三"、南宁国际民歌艺术节、中国—东盟（南宁）戏剧周等特色品牌活动，以歌舞、曲艺、小品等民族文艺作品为展现方式，深入挖掘南宁市稻作文化、歌圩文化、铜鼓文化中关于各民族交往交流交融的内涵；立足精品创作，坚持文化惠民，持续开展送戏下基层、非遗小课堂、民俗文化沉浸式体验等活动，推动各县（市、区）特色节庆、非遗项目传承发展，以文化浸润促进文化认同。

2. 推动民族团结进步提质扩面

一是助力民族聚居区高质量发展。落实中央、自治区、市本级少数民族发展资金使用管理工作，以贵南高铁、南玉高铁已经或即将开通运营为契机，加快沿线民族聚居区的路网建设与产业布局，补齐民生保障、公共服务等方面短板，为民族团结进步奠定物质基础；加快培育民族聚居区特色村寨，通过升级改造特色民宿、打造民族团结博物馆等，推动民族聚居区文化与旅游事业全面发展。

二是推动民族团结进步大宣教格局扩面提质。广泛利用传统节日、重大纪念日与民族团结进步宣传月，持续建设民族团结进步主题公园、同心文化广场、宣传文化长廊等实体化平台，充分发挥抖音、小红书等线上平台的作用，组织开展有奖竞猜、研学实践、文艺演出、短视频分享等丰富多样的民族团结进步宣传教育活动；依托"三街两巷"、青秀山、南宁孔庙等旅游景区，设计一批精品旅游路线，开通民族团结进步科普大篷车，利用经过旅游路线的地铁列车、公交车或出租车打造流动微课堂，拓宽民族团结进步宣传教育覆盖面。

三是发挥民族团结进步示范引领作用。以南宁市巩固提升全国民族团结进步示范市成果为抓手，持续打造一批全国民族团结进步示范单位、教育基地、模范集体与模范个人，加强对昆仑关战役旧址、中共广西二大旧址等彰显民族团结进步的革命文物的保护与展示工作；开展新一届南宁市道德模范

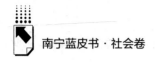

评选活动，注重从弘扬中华民族传统美德、推进民族团结进步等方面挖掘、选树与培育先进典型，以点带面，引领民族团结进步事业向纵深推进。

3. 优化提升互嵌式社会结构和社区环境

一是发挥服务引领作用。完善公共服务资源配置，依托南宁市各民族群众互嵌式发展，持续推动南宁市第一职业技术学校、南宁市西乡塘区水街美食行业协会、南宁市法律援助中心等为各族群众提供岗位供给清单、职业技能培训、法律援助等服务项目，促进南宁市各族群众在工作、生活等方面享有同等福利与待遇，实现互嵌式融合发展。

二是打造共居共学的社会新格局。深入推进"各族群众互嵌式发展计划"，统筹优化城乡建设布局规划，因地制宜建设多民族共居社区；在老旧小区改造、保障性住房建设、公共租赁住房调配等方面，谋划楼栋、单元等嵌入式居住事项，引导各族群众在坚持公平原则的基础上进行互嵌式居住生活；实施"各族青少年交流计划"，鼓励学校对各族学生采取混班混宿的教学管理方式，引导各族学生共同开展夏（冬）令营、研学实践等活动，营造互嵌式学习环境。

三是凝聚各族群众共建社区合力。充分调动各族群众共同参与社区建设的积极性，以基层党组织引领、社区经营主体与居民全员参与的模式，引导各族群众互帮互助，着力解决住房、就业、教育等急难愁盼问题，共建互嵌式社区；动员社区各族群众参与全国文明城市与国家卫生城市巩固提升工作，积极开展文明社区、文明家庭等推荐评比工作，组织开展广场舞、文艺联欢、运动会等丰富多样的社区活动，促进各族群众全方位嵌入。

（二）强化普惠性公共服务供给

1. 加强"一老一小"服务供给

一是构建优质养老服务体系。以南宁市被确定为全国第三批安宁疗护试点城市为契机，不断健全养老服务政策，培养专业化养老服务人才，探索建立中国—东盟旅居养老行业合作机制，发展面向东盟的旅居养老产业；加大社区居家养老服务力度，丰富优质养老服务供给，高标准建设或改造一批适老定居型养老社区，开展老年人助浴服务试点，继续推进南宁市城市养老服务中心、长者饭堂以及家庭养老床位建设，探索"助浴、助餐等+探访关爱"的服务模式，重点发展城市"物业+养老"服务与农村互助养老服务。

二是推进医养结合高质量发展。深化长期护理保险制度试点，通过组建评估专家库等方式，持续开展长期护理保险失能等级评估，逐步建立长期护理保险居家护理、失能评估等地方标准，不断强化医养结合服务体系经费保障，切实满足失能老人长期护理服务需求；持续扩大医养结合机构在南宁城区、县域、农村等地区的供给规模，鼓励养老机构与医疗服务进行有效整合，推动养老机构与医疗机构建立双向转诊机制、就医绿色通道等，实现医疗服务与养老机构的精准高效对接。

三是加强儿童福利保障供给。以扎实做好儿童友好城市建设为重点，加快南宁市儿童福利院、南宁市社会福利院提升改造工程建设进度，试点建设儿童福利机构高质量发展实践基地，持续深化农村留守儿童与困境儿童心理健康服务与安全保护工作，打造儿童友好医院，改善儿童就医环境；进一步落实三孩生育相关政策，加大普惠托育服务的供给力度，建立婴幼儿照护服务指导中心，构建政府统筹、部门协同、社会参与的多元化托育服务体系，创新医育结合等托育服务形式以及政校医合作等托育服务人才培养模式，不断提高婴幼儿照护能力。

2. 提升全民健身公共服务水平

一是加大公共体育设施建设力度。充分挖掘南宁市作为中国绿城的空间承载潜力，以"体育健身与自然生态融合"的发展理念，以"园林+体育"的建设模式，加快推进体育公园、口袋公园、健身型社区公园的建设与开放共享；结合百里秀美邕江建设、水环境综合治理等工作，在邕江两岸、内河或湖泊周边等公共区域因地制宜加强建设健身器材、球场、骑行道、健身步道等满足不同群体健身需求的公共体育设施；以加强南宁市学青会比赛场馆的综合利用为契机，培育打造一批体育综合体、户外运动基地、水上运动基地等，拓宽全民健身空间。

二是推动全民健身活动广泛开展。提高全民科学健身意识，鼓励在各地、各单位推广工间操、八段锦等健身形式，营造浓厚的全民健身氛围；利用广西"壮族三月三"、中国—东盟博览会、南宁解放日等传统节日、重要会议或纪念日，以各地、各单位为载体，举办具有民族特色、地域特色、时代特色的全民体育赛事活动，提升打造中国—东盟国际皮划艇公开赛、南宁龙舟公开邀请赛、南宁马拉松暨南宁解放日长跑活动等重大赛事品牌，持续推动形成"一地一品""一地多品"的群众性体育赛事格局。

三是促进体育、教育、卫生健康深度融合。加强青少年体育工作，深化体教融合，鼓励南宁市基层体校与中小学共建联办，丰富青少年健身活动种类，利用学校大课间等时段，开展特色体育健身项目，将特色体育教学纳入学校教育体系，促进青少年全面发展；创建体育医院，推进体卫融合，充分发挥南宁市全民健身和全民健康指导中心作用，开展医疗急救专业人士、运动医学专家与中小学体育教师、校医融合交叉培训，实现"零距离"健身指导。

3.构建多层次公共教育服务体系

一是丰富普惠性学前教育资源。充分挖掘现有公办幼儿园潜力，支持公办幼儿园通过新建分园、改扩建、扩大招生规模等形式增加优质学位供给，逐步完善城镇小区配套幼儿园治理体系，将小区配套幼儿园纳入公办幼儿园，切实增加公办学位数；扶持具有资质的普惠性民办幼儿园发展，做好普惠性民办幼儿园奖补工作；完善农村普惠性学前教育资源布局，依托乡镇中心幼儿园举办分园、附属幼儿班或转化利用闲置校舍、运动场地的方式提升办学条件，满足农村儿童入园需求；发挥示范性幼儿园的引领辐射作用，以完善普惠性学前教育保障机制实验区等建设为契机，不断扩大优质幼儿园覆盖面。

二是推动义务教育优质均衡发展。推进义务教育阶段集团化办学与学区制管理工作，强化"南宁德育"品牌与特色校本课程建设，完善教育集团考核评估与办学质量监测机制，引导集团化办学健康有序进行；进一步落实"双减"政策，抓好校内与校外两个教育工作主体，通过持续提升校内课程质量、强化校外培训机构治理与监管等形式，切实为学生减负；完善城乡教师交流与培训机制，推动城乡教师双向跟班轮岗工作制度化、有序化，加强乡村教育信息化建设，以"互联网+"赋能教学活动，实现城乡教育资源共建共享。

三是实现高中阶段教育高质量发展。加强县域高中建设，通过强化招生规范管理、培养拔尖创新人才、构建"县域高中联盟"发展机制等形式提升县域高中办学水平；以建设普通高中新课程新教材实施国家级示范区为重点，从引入多元化评价方式、优化课程体系设置等方面做好新高考综合改革工作；促进普通高中多样化特色化发展，可结合南宁市地域与人文等特点，建设民族艺术、民族体育、东盟语言、普职融通等特色高中，建立健全相应的管理运行模式、师资人才队伍、教学配套设施等，构建普通高中"一校一品"的特色发展格局。

四是促进面向东盟的职业教育合作区建设。推进产教融合、科教融合建设，推动校企协同育人，支持南宁市职业院校与重点企业共建面向东盟开放合作的现代特色产业学院，围绕电子信息、生物医药、新能源汽车等南宁市重点产业打造市域产教联合体或技术创新服务平台；加强南宁市与东盟国家在职业教育方面的交流与合作，提高东盟国家职业教育留学生在南宁市的奖助待遇，不断提升职业教育的开放合作水平；建设职业教育与产业发展新型研究智库，依托南宁市相关职能部门、科研院所的力量，整合组建市级职业教育研究机构，围绕中国与东盟产业发展问题开展长期研究，不断加大决策咨询力度。

（三）统筹新型城镇化和乡村全面振兴

1. 高水平促进乡村全面振兴

一是落实防返贫动态监测帮扶机制。加强各职能部门、各县（市、区）、开发区之间的业务交流与数据共享，推动防止返贫监测与低收入人口动态监测信息平台互联互通，针对农村低收入人口，尤其是重点监测人群的收支、保障等情况进行动态监测、全面分析与及时预警；针对不同人群，在医疗、教育、社会保障、临时救助等方面制定个性化、差异化帮扶措施，创新社会救助工作机制，推进"社会救助+慈善"试点工作，做好易地搬迁后续扶持工作，构筑返贫致贫"防火墙"。

二是推动乡村产业提质增效。抢抓 RCEP 发展机遇，培育壮大新型农业经营主体，加快打造乡村振兴"6+6"全产业链，发展"邕味"预制菜，持续提升南宁香蕉、武鸣沃柑、隆安火龙果、古辣香米、马山黑山羊、横州茉莉花等"邕字号"特色农产品在粤港澳大湾区、东盟等国内外市场的占有率，不断提高其核心竞争力；借助粤桂协作平台，做好扶贫产品、"圳品"认定以及农产品"供深基地"建设工作，落实"东才西用""西产东销"等帮扶机制，采取"电商+实体"等经营方式，发展庭院经济，助推乡村产业兴旺。

三是促进脱贫人口实现稳岗就业。提高农村就业帮扶实效，推进以工代赈、开发乡村公益性岗位等工作，大力扶持就业帮扶车间建设，充分发挥隆安县"小梁送工"就业服务模式的辐射带动作用，打造更多全国知名的乡村就业服务品牌，实现脱贫人口就近就业、自主就业、灵活就业；丰富职业技能培训形式，鼓励脱贫人口参加"项目制"培训、"定制化"实训与补贴性职业技能培训，聚焦南宁市米粉、建筑等特色行业，打造"邕"系劳务技能培训示范基地，激活脱贫人口就业内生动力。

2. 有序推进乡村宜居建设

一是提高乡村基础设施建设与环境治理水平。进一步完善乡村供水、供电、供气、通信等公共服务，强化"四好农村路"、新能源汽车充电桩、快递配送、冷链物流等基础设施建设，不断健全乡村基础设施运营维护的长效机制，通过政府财政投入、社会资本引进等经费筹集方式，实现乡村基础设施的有效管护；深入推进乡村危房改造，统筹抓好"厕所革命"、生活污水与垃圾治理、黑臭水体治理、村容村貌提升等工作，推动乡村整治一体化与系统化，全面改善乡村宜居环境。

二是加强文明乡风建设。结合村情民情，制定既接地气又与时俱进的村规民约，发挥农村基层小微权力运行机制的作用，引导村民开展移风易俗活动，加强文明乡风建设；推进乡村地名命名标准化建设，挖掘乡村地名的少数民族文化、岭南文化、红色文化等内涵，以地名文化讲好南宁乡村故事，涵养新时代乡风文明；借助"村晚""村超""村BA"等活动，组建乡村文艺队伍，将文明乡风建设内容融入山歌、邕剧、粤剧等文化作品，并进行公开演出，实现乡村非物质文化遗产传承保护与文明乡风建设相辅相成。

三是发挥村民参与建设的自主性。依靠基层党员干部、村民理事会、乡贤等关心乡村宜居建设的多方力量，丰富村民自治模式，推广江南区扬美村设置"八姑议事堂"的经验，搭建议事协商平台，创新纠纷调解机制，造就群众团结和睦、共同参与建设的和美乡村新样貌；广泛推行积分兑换制度，将乡村宜居建设纳入积分制考核范围，村民以自觉参与乡村宜居建设领取积分，以积分兑换相应生活用品，通过正向激励作用，不断激发村民主人翁意识，调动村民参与建设的热情。

3.加强新型城镇化带动作用

一是推进以县城为重要载体的新型城镇化。加快发展县域经济与小城镇经济，壮大横州市茉莉花特色农产品加工产业、马山县现代种业等带动能力强、就业容量大的县域主导产业，形成"一县（市、区）一主业"的发展格局；以加强高铁南宁北站、马山站、横州站周边区域规划建设以及平陆运河沿线城镇发展为着力点，推进县城与小城镇在市政、公共服务、生态环境等方面的配套设施建设，推动易地扶贫搬迁安置区融入城镇，提高县城与小城镇的综合承载能力。

二是统筹推进城乡一体化建设。完善城乡融合发展体制机制，推广青秀区以"田园青秀"促进城乡融合发展、横州市以茉莉花产业升级引领"产城乡"融合等试点改革经验，推进全市城乡融合发展改革工作；盘活乡村存量资源，保障基本用地需求，因地制宜打造城镇路网、能源、物流、教育、卫生、文化等基础设施与公共服务向乡村延伸的城乡一体化共建融合体系。

三是促进城镇要素向乡村流动。畅通城乡要素流动渠道，促进要素市场化配置，实现城镇与乡村资金、技术、设备等要素的双向自由流动；以推进新型工业化为导向，加快促进县城与乡村产业集聚区建设，引导南宁市特色食品、机械装备等部分重点产业向集聚区转移；优化城乡人才结构，完善人才激励与评价机制，强化容错纠错机制在实际工作中的运用，鼓励引导管理型、技术型等各类人才下乡。

（四）推动基层治理体系和治理能力现代化

1.健全完善基层治理体系

一是发挥基层党组织作用。完善基层党建引领基层治理机制，推动基层党组织与社会组织加强协作，引导社会组织结合自身行业优势、凝聚多方力量解决群众需求；强化上下联动，打破区域壁垒，持续推动各基层党组织开展结对共建，健全基层党建联席会议制度，分享交流先进经验，常态化推进机关企事业单位在职党员下沉基层，结合自身资源优势为群众提供"点对点"服务。

二是打造基层协商议事阵地。升级建设践行全过程人民民主基层实践基地，推进人大代表联络站与基层立法联系点、基层党群服务中心、新时代文明实践站等有机结合，联系企业、学校等社会力量共同参与基层治理；整合基层闲置资源，依托"老友议事会""逢四说事会"等平台，充分利用凉亭、小板凳、楼道公共区域等打造"家门口"微治理阵地，广泛收集社情民意，解决群众切身关注的问题。

三是强化矛盾纠纷处理机制。践行新时代"枫桥经验"，发挥基层矛盾调处中心、调解室、人民调解员等作用，加强司法机关、群团组织与自治组织等的协调联动，以多元解纷模式将矛盾纠纷化解在基层，从源头上减少诉讼增量；聚焦人民群众与企业需求，围绕南宁市建设面向东盟的国际化大都市，拓宽矛盾纠纷受理范围，加强预防性机制建设，切实保障个人合法权益。

2.提高基层服务保障水平

一是优化基层政务服务体系。提升市、县、乡三级政务服务协同服务能力，充分发挥基层服务中心、银行、邮政等网点优势，增加自助终端服务内容，进一步推动简易政务事项办理渠道由政务服务窗口向社会服务网点延伸，不断畅通政务服务"最后一公里"；加快推进基层政务服务适老适残化改造与信息无障碍建设，通过改善服务环境、加强服务引导、开设服务专区等提升老年人、残疾人等特殊群体的办事体验。

二是构建多功能生活服务共同体。推进完整社区示范项目建设，加快完善日间照料中心、城市书房等基本公共服务以及路网、管廊、消防、充电桩等基础设施建设，打造承载公共教育、医疗卫生、健康养老等多种功能的基层便民服务圈；以政企合作等方式，引进社会化、专业化服务参与基层共同体治理，根据不同群体需求，设计"大健康+""体育+"等个性化生活服务建设方案，提升基层综合服务水平。

三是发展社会工作与志愿服务。探索"社会工作+志愿服务"相结合的模式，利用节假日或学雷锋志愿服务月等，依托社区（村）、养老院、孤儿院等场所，开展文明创建、乡村振兴、社区美化、关爱"一老一小"等社会志愿工作；针对基层群众的差异化服务需求，设计个性化、常态化服务项目，通过颁发纪念品、积分兑换生活用品等形式，激发社工与志愿者的服务积极性，扩大社会工作与志愿服务品牌影响力。

3. 推动基层治理数字化建设

一是推动数据库建设提质扩面。加强南宁市与国家、自治区各项业务数据系统的对接，进一步畅通市级平行部门之间的数据共享与整合渠道，围绕民政、卫健、交通等部门在推进基层治理方面的实际需求，推动建设一批高质量专题数据库，运用智能化手段，实现数据的全面分析、自动研判、及时预警，打造集中高效的数据处理系统，不断提升基层治理效能。

二是持续推进智慧社区建设。运用5G移动、AI监控、无人机、机器人等新技术或新设备，通过智能采集、智能识别、智能感知等方式，打通治理难点堵点，不断延伸基层社区数字化治理链条；依托正在试点建设的智慧社区公共服务平台，拓展"特殊人群管理""传染病防控""精神病患管控""未成年人不良行为预防矫治"等多领域特色应用场景，打造智慧民生品牌。

三是加强智能化数据安全监管。强化公安、大数据等部门与基层社区

（村）的协同联动，建立健全数据安全管理制度，完善基层治理大数据监管机制，明确大数据应用指导性规范，推进数据安全分类分级精细化管控，确保群众个人信息安全；加快建设一体化网络安全保障项目，发展基于云计算、大数据的网络安全防护技术，通过人工智能分析、监测与预警，提升数据安全防护能力。

（五）促进医疗卫生服务与保障提质增效

1. 加强卫生健康重大项目建设

一是加大医疗产业项目招商引资力度。积极向医疗资源发达的城市发布招商需求，充分利用中国—东盟大健康产业峰会等平台，通过项目策划包装、举办专题推介会等形式，做好大健康医疗产业项目对接洽谈与重点医疗企业引进落户工作；推进生物医药产业招商引资工作，打造面向东盟的生物医药产业发展承载区，通过融资与专项债券额度争取项目资金支持，实现生物医药产业"产城融合"。

二是完善医疗项目配套设施。优化医疗资源布局，根据常住人口与服务半径，规划建设一批二级、三级医院，实现群众就医便利化；充分发挥政府与社会资本合作的PPP模式作用，以推进南宁市中西医结合医院、南宁市妇幼保健院金凯院区、江南区妇幼保健院等医院建设为重点，做好满足开展医疗主业所需的周边道路、排污、排水等基础设施建设工作，提供医疗器械与药品采购、消防设备维护、绿化养护、保洁等配套设施服务，实现各级各类医疗卫生机构平稳高效运行。

三是强化基层医疗服务能力建设。加快推进各县（市、区）紧密型县域医共体建设，促进基层医疗资源合理配置；推动县域医疗卫生次中心建设，围绕重症、儿科、妇科等重点打造特色专科，配齐呼吸机、麻醉机、心电图机等医疗设备，做好老年人、孕产妇、新生儿等重点人群健康管理与预防接种服务项目，提升传染病、多发病、急救等医疗服务能力；以开展帮扶指导、农村订单定向培养等方式，加强基层医疗卫生人才引进与培育，优化乡村医生执业资格结构，切实规范乡村医生医疗技术培训与执业资格考试体系。

2. 持续深化医药卫生体制改革

一是推动公立医院高质量发展。依托名医工作室，高标准推进公立医院重点学科、重点专科建设与医疗技术创新，加大对特色专科的资源投入，打造心脑血管疾病、精神病、传染病等"大专科"品牌，提升专科诊疗能力；强化公立医院医疗卫生信息化建设，推进电子病历、智慧服务、智慧管理"三位一体"的智慧医院建设，以"互联网+医疗""云医院"等模式打造便民惠民就医体系。

二是促进中医药事业传承发展。推进南宁市中医医院门诊综合楼、广西—东盟针灸区域诊疗中心、区域老年病中医诊疗中心、"旗舰"中医馆与中医阁建设，实现各级中医药服务提质升级；以开展中医药传承创新试点项目建设为抓手，引进区内外中医药领军人才建设中医工作室，推动中医药挖掘整理、老药工传承工作室遴选、朱琏针灸特色品牌打造提升等工作，持续建设朱琏针灸海外研究基地，实现中医药事业"引进来""走出去"。

三是推进疾控体系改革。探索推进疾控与医疗机构的"医防协同"机制建设，加大对"医防协同"医疗卫生机构专业技术人才的培养力度，建立医疗机构与疾控机构公共卫生首席专家制度以及医疗机构专职或兼职疾控监督员制度，提升结核病、艾滋病等重大传染病的防控能力；加强疾控机构与城乡社区的协调联动，健全应对重大传染病的区域合作交流与应急处置机制，构建城乡一体、部门协同、功能齐全的"大疾控"网络。

3. 织牢织密多层次医疗保障网

一是推进医疗保障体系建设。强化基本医疗保险、大病保险、医疗救助三重保障功能，在大病保险上继续对农村低收入群体予以倾斜，推进困难群众依申请实施医疗救助，防止因病致贫或返贫；加强对南宁"惠邕保"等商业补充医疗保险产品的开发与应用，在提高报销比例、拓宽保障群体、提供健康增值服务等方面推动产品优化升级，满足群众多元化健康需求。

二是提升医疗保障服务效能。以推进重大疾病门诊特殊慢性病待遇资格认定"快捷办"试点工作为抓手，对门诊特殊慢性病待遇资格认定业务办理情况进行动态监测与评估，根据实际需要扩大"快捷办"试点医院、试点病种等范围，实现"快捷办"业务在南宁市范围全覆盖；积极推动医保经办服务延伸至银行网点或定点医疗机构，通过创建"医保+金融""医保+医院"等新模式，充分满足群众在医疗保障方面的"多点办理"需求。

三是健全医疗保障付费体系。推进以疾病诊断相关分组（DRG）付费为主的医保支付改革工作，探索适合紧密型县域医共体以及符合中医药服务特点的医保支付方式，完善医保移动支付功能，推进医保线上支付全覆盖，实现医保支付多元化发展；持续开展药品、医用耗材集中带量采购，引导医疗机构规范医疗服务、主动控制成本，严格控制医疗费用不合理增长，减轻群众医疗保障支出负担。

（六）切实保障高质量充分就业

1. 落实落细就业优先政策

一是稳住就业基本盘。要切实在推动高质量发展进程中强化就业优先导向，积极应对南宁市目前的就业结构性矛盾和总体就业压力，关注25~59岁的就业主体人群，着力落实落细就业优先政策，扩大高校毕业生群体有效就业渠道，稳定农民工群体就业形势。通过"减税降费""退税缓费""增信贷"系列稳岗惠企政策，"免审即办"涉企事项办理服务，助力企业保障岗位供给，平稳度过市场企稳回升过渡期。

二是扩充就业岗位容量。除了企业稳岗政策以外，还应通过扩充就业增量缓解就业压力，通过激发创业带动就业和新业态新模式创造就业的潜力，在社会面培育更多的就业增长点。针对初创企业，制定创业贷、低息担保贷、一次性创业补贴等政策，结合创业者的创业需求实施"创业环境优化""创业推进行动"等，打造敢创业、能创业的创业生态。通过发放岗前培训补贴、见习补贴、一次性吸纳就业补贴、扩岗专项贷款等扩岗招工政策，挖掘扩岗就业潜力。

三是拓宽就业渠道。基于大数据、人工智能、智能制造、区块链等新领域、新技术，加快新职业标准的开发、加大数字技术工程师等新职业的培训力度，帮助潜在就业群体提高就业技能、拓宽就业选择面。增设数字技术工程师、无人机驾驶员、民宿智能管家、物联网工程技术员等新岗位，推动就业岗位多样化。

2. 扩大就业公共服务供给

一是强化技能提升服务。只有不断提升职业技能，才能增强就业竞争能力，获得优质就业岗位。通过专项奖补的形式，鼓励企业设立培训课程、给予员工职业技能提升奖励，针对工人群体开设线上职业培训课程，探索实现职业技能培训便捷化、常态化。建立完善南宁市高技能人才培训计划，建立新型学徒制、项目定制、名师带徒等技能人才梯次培养模式，通过高技能培育促进高质量就业。

二是强化就业规范管理。为更好保障劳动者权益，南宁市根据就业新形势和新特点完善相关配套措施。例如，不断完善劳动关系协商协调机制和权益保障制度、提升劳动人事争议调解仲裁效能、落实社会保险参保扩面、严厉打击黑中介及虚假招聘等侵害劳动者权益的违法违规行为。探索建立规范化的零工劳务市场，加强与劳动监察、人力资源、工会等部门的协作，切实维护劳动者合法权益，同时规范零工就业方式，为岗位供需双方搭建可靠的对接平台，强化保障服务。

三是强化就业服务制度支撑。进一步延伸就业服务的触角，在失业登记、就业推荐、职业培训、劳动保障等方面提供线上线下相结合、市县乡村全覆盖的公共就业服务体系。整合社保、求职和失业登记等信息，建立覆盖全市的就业服务信息库，为求职者、就业者提供链条式就业服务。加大改革力度，实施人力资源服务许可告知承诺制、健全均等化的就业服务制度等，构建便捷高效的全方位就业服务制度体系。

3. 加大重点群体就业帮扶力度

一是稳定高校毕业生就业形势。对毕业离校但未就业的高校毕业生进行摸排，通过在南宁人才网、智联招聘网等各类招聘网站上开展网络招聘专项行动，面向高校毕业生推送大量优质的岗位信息，结合南宁市重点产业、传统优势产业、战略性新兴产业的发展情况，推出电子信息、电竞、新能源、新材料、生物医药、食品、林产品加工等专场招聘会，为用人单位和高校牵线搭桥，促进供需对接。《国务院办公厅关于进一步做好高校毕业生等青年就业创业工作的通知》提出，通过给予社会保险补贴、创业担保贷款及贴息、税费减免等扶持政策，鼓励中小微企业吸纳高校毕业生就业。搭建"高校+人社+企业"平台，开设新型学徒培训班，构建以企业需求为导向的技能人才培育体系。

二是加强农民工务工保障。针对农民工这一重点就业群体，通过加强区域间的劳务合作与信息对接，促进乡村振兴劳务品牌建设，对重点帮扶县、易地扶贫安置区的就业群体实施重点帮扶。充分运用粤桂合作、深邕合作的契机，深化开展东西部对口帮扶就业行动，以就业技能培训、技能定向培养等为抓手，推动技能人才定向培养和定向就业，与职业院校合作构建"校企合作、定向培养"办学模式，打通"人才培养—实训生产—高质量就业"的服务链条。

（七）全面提升城市宜居宜业功能品质

1. 持续完善住房保障体系

一是不断推进保障性租赁住房建设。保障性租赁住房是完善住房保障体系的重点，需要切实盘活和利用好集体经营性建设用地、企事业单位自有闲置土地、产业园区配套用地和存量闲置房屋等资源，深入推进保障性租赁住房建设。制定保障性租赁住房建设发展规划，设立南宁市保障性租赁住房（人才安居）服务专窗，成立保障性租赁住房巡查监管队伍，切实解决青年群体的住房困难。探索完善保障性租赁住房金融支持政策，支持企业申请中长期贷款用于购置存量房。在住房的选址规划上，本着促进职住平衡、供需适配的原则，应靠近工作地点、交通便利、配套设施完善，提升保障性租赁住房受众群体的居住体验。

二是不断优化公租房运营管理模式。持续推广公租房建设管理"户型小功能全、租金低服务好、分布多覆盖广"的"南宁经验"，在租金管理方面维持远低于市场租金标准的水平，并向低保家庭适度倾斜，减轻受保障群体的租房压力。不断提升专业化、智慧化、个性化的公租房管理运营服务水平，通过住房保障智慧平台优化线上服务管理模式，在租房资格申请、报名选房、合同签约、租金缴纳等事项上实现100%线上办理。

三是适度配建经济适用住房、限价普通商品住房。针对中等收入、中低收入、低收入等多类型群体，规划建设经济适用住房、限价普通商品住房，并将其作为住房保障体系的重要组成部分。针对工薪阶层的刚性住房需求，按以需定建、职住平衡的原则，稳妥推进配售型保障性住房建设工作。

2. 有序推进城市更新进程

一是有序开展城中村改造，持续推进老旧小区改造。着眼于盘活利用存量土地或低效用地，开展低效用地开发试点工作，探索提升土地利用效率的创新政策举措。借助城中村改造和低效工业用地改造的契机，深入挖掘城乡发展空间存量潜力，激活低效用地效能，优化提升城中村改造的结构布局。制定完善城中村改造系列政策，包含改造方式、改造主体认定、土地出让政策、财税支持、融资支持、资金平衡等，充分考虑市场主体的参与和市场化机制的构建。

二是加强城市历史街区、历史建筑的保护与传承。对照国家对街区划定和建筑认定标准，按照应保尽保的原则，加强对南宁市历史街区、历史建筑的资源普查认定。依据《历史文化名城保护规划标准》明确的技术规范，划定保护范围，健全历史文化街区和历史建筑保护与城乡建设相结合的工作机制。结合城市更新工作，对历史街区和历史建筑开展安全评估，采用"微更新"的方式修复和改造历史文化街区，杜绝大拆大建、拆真建假，切实保护既能够体现南宁历史发展脉络、重大历史事件，又能够承载民众情感的历史建筑和街区。

三是完善基础设施建设。加快推进东部产业新城、"两港一区"等重点产业园区配套基础设施建设，完善含城市新建小区配套道路在内的路网建设，大力推进管廊（管沟）建设，加快构建充换电基础设施建设与运营体系，推动市政消防设施补建工作。坚持以项目和工程为导向，加快推动市政公用设施效能提升，提升市政基础设施对城市平稳运行的保障能力。

3. 全面提升城市功能品质

一是提升城市治理水平。开展小区物业管理乱象整治专项工作与"城市管理进社区"活动，协助物业处理小区管理事宜，打通服务群众"最后一百米"。提升生活垃圾分类处理工作成效，强化垃圾分类工作的示范带动作用，选定试点小区先行先试，构建"政府+市场+社会+社区"的多元协同推进机制，有效提升群众参与度和投放准确率。持续规范推动"城市顽疾"治理，推动市容市貌向好发展。开展市容秩序专项整治行动，规范夜市及"地摊经济"，整治具有安全隐患的牌匾和户外广告灯箱，集中整治道路车辆违法停放行为，有效治理车辆停放乱象。

二是持续深入打好污染防治攻坚战。突出系统治理和综合施策，围绕污染防治重点领域和关键环节，以更高标准和更实举措打好蓝天、碧水、净土保卫战。加快推进绿色低碳发展。推动工业强市战略与绿色发展有机融合，全面落实生态环境分区管控要求，严把生态环境准入关口，加快传统产业绿色低碳转型升级。加大生态系统保护修复力度。统筹山水林田湖草沙一体化保护和系统治理，推进实施重要生态系统保护和修复重大工程，推进以国家公园为主体的自然保护地体系建设。强化生态环境执法监管，健全生态环境保护执法监管长效机制。不断健全完善全防全控环境应急管理体系，及时有效防范化解生态环境风险。

三是筑牢城市安全发展根基。开展城市安全运行排查整治，维护城市运行安全。深入推进城镇燃气安全专项排查整治，聚焦"问题气""问题瓶""问题阀""问题软管""问题管网""问题环境"六大问题，围绕燃气企业经营、生产充装、燃气具生产流通、输送配送、用户使用、监管执法六个环节，加大城市燃气安全隐患整治力度。强化房建市政工程安全监管，严格落实施工单位安全生产主体责任，严肃查处建筑市场违法发包、转包、分包及挂靠等行为。持续抓实抓细防涝工作，提升城市防涝应急能力，通过开展排水防涝应急演练，及时疏通排水管网，保障南宁市安全度过汛期。扎实推进城市道路地下安全隐患专项整治，排查道路安全隐患和地下空洞隐患，不断提升道路安全水平。持续开展信访突出问题化解工作，加强舆情监控和处置。

参考文献

何继新、张晓彤：《基层社会治理智能化逻辑体系及其运营机制建构》，《领导科学》2024 年第 3 期。

龚宇润、刘宏伟：《中国社会治理现代化水平的统计测度与时空特征》，《统计与决策》2024 年第 7 期。

王成、齐舒瑜：《新时代铸牢中华民族共同体意识的"和合"底蕴》，《江汉论坛》2024 年第 4 期。

黄建忠、王思语、王茜：《统筹高水平开放、高质量发展和高水平安全的思路与对策》，《国际贸易问题》2024 年第 4 期。

方长春：《稳就业：成效、挑战与政策指向》，《人民论坛》2024 年第 5 期。

涂永前：《新时代就业优先的政策和法律保障》，《广西社会科学》2023 年第 9 期。

姚树荣、陈错民：《基于统筹发展和安全视角的乡村振兴推进路径研究》，《农村经济》2024 年第 1 期。

苏洁：《习近平关于"铸牢中华民族共同体意识"重要论述的理论意蕴和实践要求》，《思想理论教育导刊》2024 年第 3 期。

林继富、汤尔雅：《非物质文化遗产旅游与铸牢中华民族共同体意识》，《文化遗产》2024 年第 2 期。

社会事业篇

B.2

2023~2024年南宁市教育发展状况分析及展望[*]

黄杰　农剑锋　邓莉　林柳妮　李翠　翁银环　卢嘉欣[**]

摘　要： 2023年，南宁市始终坚持以人民为中心发展教育，学前教育普及普惠取得新进展，义务教育更加优质均衡，集团化办学取得新成效，职业教育产教城融合程度进一步加深，教育事业支撑经济社会发展功能更加凸显。但目前仍存在教育基础设施建设压力较大，义务教育优质均衡水平有待提升，职业教育仍需加强等问题。2024年，南宁市将加强高质量教育体系建设，扩大基础教育资源供给，深入实施基础教育强师计划，为奋力谱写中国式现代化南宁篇章展现首府教育的责任与担当。

---

[*] 本报告数据均来自南宁市教育局。

[**] 黄杰，中共南宁市委教育工作委员会组织部部长；农剑锋，南宁市教育局人事科（教师工作科）科长；邓莉，南宁市教育局职业教育与成人教育科科长；林柳妮，中共南宁市委教育工作领导小组办公室秘书科科长；李翠，南宁市教育局办公室副主任；翁银环，南宁市教育局政策法规科科员；卢嘉欣，南宁市教育局基础教育科（市语言文字工作委员会办公室）科员。

关键词： 教育 "五育"并举 南宁市

2023年，南宁市坚持以习近平新时代中国特色社会主义思想为指导，全面贯彻落实党的二十大精神，深入贯彻落实习近平总书记关于教育的重要论述和关于广西工作论述的重要要求，不断增强"四个意识"、坚定"四个自信"、做到"两个维护"，全面贯彻党的教育方针，坚持以人民为中心发展教育，为奋力谱写中国式现代化南宁篇章展现首府教育的责任与担当。

一 2023年南宁市教育发展总体情况

（一）秉持首府首善标准，擦亮"学在南宁"金字招牌

南宁市高度重视教育有关工作，始终把教育摆在优先发展的战略位置，坚持以人民为中心发展教育，秉持首府首善标准，办成了一批打基础、利长远、惠民生的实事好事，不断释放"以文化人、以学聚人"发展活力，切实为首府高质量发展贡献教育力量，让"学在南宁"金字招牌越擦越亮。

1. "首善"的地位持续巩固

在全区市县人民政府履行教育职责评价中，南宁市以94.83分的高分获评"优秀"等次，连续3年在14个设区市中排名第一，并呈现社会满意度高、工作创新亮点多两大特点。南宁市在市一级及10个县（市、区）的满意度评分中皆得满分，并且是全区唯一获得工作进步分满分的设区市。

2. "领先"的优势不断强化

教育教学质量持续提升。中考成绩优质均衡、百花齐放，高考成绩持续领跑全区。南宁市职业院校在广西职业院校技能大赛中连续13年获奖数排名第一。拔尖创新人才培养取得新突破。南宁市第三中学学子在国际物理奥林匹克竞赛中斩获21世纪以来全区首枚国际奥赛金牌，南宁学子斩获全国五大学科竞赛3金11银9铜，获奖数量在西南地区城市中稳居前3位。教

师队伍建设保持领先地位。名师队伍数量多、辐射广、引领强，自治区模范教师候选人有 42 名，新增中小学正高级教师 120 人，占全区新增数的21.76%。全国教书育人楷模、南宁市第二中学教师徐华领衔的"劳动模范·技术标兵创新工作室"被评为"全国示范性工作室"；滨湖路小学谢小燕校长、冬花路小学陈敏校长入选教育部新时代中小学名校长培养计划，占全区入选总数的 40%；南宁市第十四中学教师苏家珍获"宝武杯"全国杰出中小学中青年教师银奖，是全区唯一获奖教师。2023 年，南宁市有 7 项成果获得基础教育国家级教学成果二等奖，入选项目和入选比例创历史新高。

3. "奋进"的态势显著增强

一方面，顶层设计持续优化。南宁市制定出台《南宁市建设面向东盟的职业教育合作区实施方案》《南宁市进一步深化产教融合促进职业教育开放合作的若干措施》等政策文件，积极筹备召开首府教育高质量发展、建设面向东盟的职业教育合作区两个动员大会。另一方面，持续在全区输送首府经验。南宁市先后在全区深化清廉学校建设现场会、全区县域高中发展座谈会等做经验交流发言，并入选"广西职业教育改革成效明显的市"；南宁市教育局先后在全区人大代表工作先进集体和先进个人表彰大会、全区普通高中"双新"改革示范区建设成果展示大会、全区教育督导工作会议、全区校园意识形态和安全稳定会议、全区中小学垃圾分类教育活动现场会上做典型发言，并获评"清廉广西建设工作先进集体""自治区人大代表工作先进集体"。

（二）聚焦品质提升，切实强化育人成效

1. "德育"为先，坚持培根铸魂育新人

推进习近平新时代中国特色社会主义思想进校园、进课堂。认真学习习近平新时代中国特色社会主义思想，教育引导师生紧跟伟大复兴领航人踔厉奋发，不断增强"四个意识"、坚定"四个自信"、做到"两个维护"。推进大中小幼思政课一体化发展。积极落实市领导联系学校制度，深入联系点学校开展思想政治课调研指导。思政课教师赛获奖人数和成绩均居广西首

位。举办德育"精彩一课"比赛、思政论文大赛、"大思政课"建设研讨会、思政教师专项培训等活动 20 多场次，切实推进"思政课堂"走深走实，入脑入心，有效引导学生树立正确的世界观、人生观和价值观，培养学生的爱国主义精神和民族意识。推进社会主义核心价值观教育。融入志愿服务、开学典礼、"扣好人生第一粒扣子"等教育教学全过程、各环节，举办 2100 多场次活动。狠抓德育品牌建设，2023 年新增 21 所区、市级德育示范校。

2."智育"为重，切实提高育人水平

学前教育普及普惠取得新进展。新增自治区普惠性民办幼儿园 13 所、自治区示范幼儿园 8 所、市级示范性幼儿园 25 所，示范园总量在全区持续领先。义务教育优质均衡发展实现新突破。全面启动县域义务教育优质均衡发展督导评估工作。持续推进"双减"工作，形成"聚焦减负提质、课后服务、监管治理"的"双减"工作"南宁经验"，刊登在全国人大《教科文卫工作简报》上，并得到国家领导人肯定性批示。全面推进义务教育学区制管理改革，建成 198 个学区，实现公办义务教育学校全覆盖。积极推进集团化办学，以点带面实现优质均衡建校，共成立 58 个教育集团，参与学校（校区）243 所，覆盖全部县（市、区）、开发区。压紧压实"双线四包"责任，保持控辍保学常态清零工作成果。普通高中多样特色发展取得新成效。印发《南宁市"十四五"县域普通高中发展提升行动计划实施方案》，落实结对帮扶机制，市区学校结对帮扶县域高中 18 所，派出骨干教师 40 人，整体提升县域高中办学水平。深化高考综合改革，持续推进普通高中新课程新教材实施国家级示范区建设。新增自治区特色普通高中 2 所、示范性普通高中立项建设学校 4 所。民办教育规范管理展现新气象。推动优质公办学校结对帮扶民办学校 30 所，细化民办学校考评体系，狠抓常规管理，2023 年新增的 2 所自治区特色普通高中有 1 所为民办学校。特殊教育发展迈上新台阶。印发实施《南宁市"十四五"特殊教育发展提升行动计划实施方案》，新增自治区示范性特殊教育学校 1 所，给特殊孩子插上自立自强、奔向幸福的翅膀。

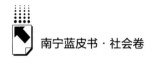

3. "五育"并举,促进学生全面发展

持续加强校园文化建设。积极推动"一校一特色、一校一品牌"建设,推进文明校园创建,共52所学校入选自治区文明校园公示名单,数量居全区首位。持续深化体教与美育融合。南宁市中小学生体质健康优良率为50.90%,比上年提高5.97个百分点,合格以上人数占比达97.39%;在全国、全区艺术类展演或比赛中获奖数全区领先。深入开展劳动教育。新增10个自治区级劳动教育实践基地、5所自治区级劳动教育示范校、14个市级劳动教育实践基地、10所市级劳动教育示范校,数量居全区首位。强化校外综合实践教育。南宁市中小学综合实践教育学校一期工程全面建成并成功运行,公益培训项目新增绘画、书法、武术等课程,"科技活动进校园""科普大篷车"走进90所学校惠及18万名学生。举办南宁市青少年科技运动会、青少年科技创新大赛等赛事,1000多名学生在自治区和国家级同类比赛中获得佳绩。丰富校外研学实践教育和劳动实践教育资源。

(三)聚焦扩大供给,切实推动教育优质普惠

1. 落实教育经费投入要求

多渠道筹措教育基建经费,2023年建成投入使用公办中小学校(幼儿园)30所,新增学位3.61万个,占全区1/3以上。义务教育阶段学生享受国家免学杂费、免教科书政策,34.32万人次义务教育阶段学生享受寄宿生生活费补助政策。

2. 推进实施"智慧教育"

实施教育专网优化升级,完成市教育局直属学校75个校区、8个直属单位互联网接入工作,互联网总出口带宽达26G。各中小学校实现互联网带宽双千兆入校,横向连通电子政务外网,形成各县(市、区)、开发区教育局和直属学校共98个单位点对点千兆互联的高速网络环境。完善南宁教育云应用建设,推进义务教育入学报名"一件事一次办"工程,升级完善南宁市中考招生信息网和录取系统,保障考生和家长"足不出户"实现报名录取;依托南宁教育云平台建设"云课堂",本地课程资源(微课、

深度融合获奖课例、空中课堂等资源）累计达 3000 多份，题库资源超 3000 万份。通过接入国家中小学智慧教育平台、深圳教育云资源平台、南宁市智慧阅读平台，开设名师云课堂、南宁特级教师课例等专栏，汇聚优质教育资源。

3.积极落实教育惠民项目

进一步落实义务教育免试就近入学政策。严格执行"公民同招"政策，南宁市普通中小学幼儿园招生 44.59 万人，接收进城务工人员随迁子女就读义务教育阶段学校 16.76 万人。推进市励志专门学校二期项目建设，专门教育取得新突破。全面完成区市两级为民办实事项目 12 项。落实"访民情、问民意、解民忧"专项行动"三张清单"教育惠民项目 15 个，资金总计 17.76 亿元，完成教寝合一课桌椅午托提质试点工作，启动高考考场升级改造项目。

4.巩固拓展脱贫攻坚成果

严格按照控辍保学"双线四包"责任和联防联控机制，压实县（市、区）、开发区控辍保学工作主体责任。强化动态监测和管控，加大劝返工作力度。2023 年，全市共开展 6 次常态化督导检查活动、5 次控辍保学专项行动。做好适龄残疾儿童入学安置工作，共安置 6523 名适龄残疾儿童，安置率达 100%，并严格开展送教上门工作。强化教育资助保障，各项"奖、助、补、贷"学生资助投入资金 13.17 亿元，受惠学生达 84.85 万人次。落实营养膳食补助资金 3.88 亿元，受益学生达 56.91 万人。将 6345 名城市低保、特困救助供养和孤儿等家庭经济困难学生纳入义务教育阶段非寄宿生生活补助范围。南宁市共受理 7.11 万名高校学生生源地信用助学贷款申请，贷款金额达 7.49 亿元。

（四）聚焦服务发展，切实增强教育服务经济社会发展能力

1.大力推进职业教育产教城深度融合

聚焦产业需求培养技能人才，提升就业能力。紧跟新能源汽车及零部件等千亿元重点产业和新一代信息技术、人工智能等新兴产业需求，中职学校

开设专业82个，中职毕业生就业率达97%。聚焦内涵建设，提升职业学校关键办学能力。实施职业学校办学条件达标工程，投入5500万元支持10所中职学校改善办学条件。7所学校（共17个专业）入选广西"双优计划"建设单位。支持中职与高职开展"2+3"、五年一贯制办学，与本科开展"3+4"贯通办学，中职毕业生升学率达72%。积极推动南宁职业技术学院升本工作。共建南宁新能源汽车产业技能人才培养政校企合作联盟，政校企三方共建实习就业基地。组织国家级、自治区级市域产教联合体申报工作，支持南宁职业技术学院牵头的智能制造产教联合体和广西交通职业技术学院牵头的电子信息产教联合体入选自治区级联合体。

2. 全力服务学青会，营造浓厚的迎会助会氛围

积极协调资源配合完成第一届全国学生（青年）运动会（以下简称学青会）筹办工作。组织南宁市34所中小学校参与广西电视台学青会体育公开课录制展示活动，举办多场迎学青会相关青少年赛事活动，如举办体操、羽毛球奥运世界冠军进校园系列活动，南宁市青少年阳光体育大会，"酷动先锋"南宁城市运动系列挑战赛，"奔跑吧·少年"儿童青少年主题健身活动，南宁市青少年围棋、象棋、国际象棋比赛等一系列单项青少年体育赛事，发动全市中小学生积极参与体育运动，营造青少年积极参与体育赛事的浓厚氛围。

（五）聚焦强化保障，切实为教育高质量发展保驾护航

1. 深入推进"党建促教"品牌建设

持续推进党建"五基三化"提升年行动，高位部署教育系统党建工作。着力推进市委点评突出问题整改，整改完成率达100%。不折不扣落实"第一议题"制度。切实把党的领导落实到办学治校全过程，深入推进党组织领导的校长负责制，深入推进"党建促教"品牌建设。以思政德育、党员教育、师德师风建设等为切口，积极探索在学科组、年级组、教研组设置党支部或党小组，直属单位党组织100%落实"支部建在连上"，"超大""僵尸""空壳"党支部全部清零，推进党建与教学业务同频共振。持续开展

"双最"品牌创建，评选出"最佳党建品牌""最强党支部"各52个。探索"双培养一输送"机制，2023年实现7000多名党员教育全覆盖，市直属学校中党员正高级教师、特级教师、学科带头人、广西教学名师等占比均达到70%以上。进一步优化干部队伍结构，明确重实干、重实绩、重担当的选人用人导向，提拔优秀干部，加大干部交流轮岗力度。开展师德失范问题专项整治教育行动，以严格落实教职员工从业查询与准入制度、严格落实预防师德失范侵害学生承诺制度等"十严格"举措，确保"教风清正"；开展饮酒后、醉酒驾驶机动车问题专项整治行动，10.7万名教师签订承诺书，整治效果明显；开展"加强纪律教育 建设清廉学校""十个一"系列活动，重点开展政府采购、工程建设、经费使用和食堂经营管理、超市（小卖部）租赁、职称评聘、违规返聘、校外兼职取酬违规问题自查自纠。

2.加强质量监测，推动教育高质量发展

对兴宁区、青秀区开展义务教育优质均衡发展市级复核，兴宁区、青秀区均提前1年实现市级复核目标。对西乡塘区开展学前教育普及普惠市级初核，南宁市通过市级初核的县（市、区）达到4个，保持全区领先。启动中小学（幼儿园）办学质量评价工作，建立从学前到高中阶段覆盖基础教育全学段的科学评价体系。积极推进教育质量监测工作，南宁市入选国家普通高中教育质量试点监测市，7个县（市、区）获评南宁市教育质量监测结果运用实验区。

3.牢牢守住底线，强化安全法治保障

全力保障校园安全，保持安防建设"4个100%"动态达标。持续健全心理健康教育服务体系，成立中小学心理危机事件预警与干预工作领导小组，制定中小学心理危机事件预警与干预指引。开通未成年人心理咨询专线，成立31个心理健康教育工作室。推动规模在200人以上的中小学校原则上至少配备1名专职心理健康教师。心理健康教育活动月获奖数量位列全区之首。开展依法治校达标建设评估工作，南宁市中小学校评估达标率为100%。开展"法治教育进校园"活动、2023年"秋季开学第一课——法治专题讲座"系列活动，教育、司法、公安、交警、消防等部门联合开展反诈宣传、禁毒网络知识竞赛、消防安全演练等法治宣传教育活动。组织开展第八届全国学生"学宪法 讲宪法"和"宪法宣传周"系列活动，承办"宪法晨读"广西分会场活动，南宁市参加"宪法卫士"的学生总数达132.8万人。

（六）聚焦队伍建设，切实为教育高质量发展提供动力

1.打造高素质教师队伍

2023年，南宁市新增高级教师2149人，其中正高级教师120人。实施第二期教坛精英领航工程、学科带头人深蓝工程、教学骨干育秀工程，三项工程各确定100名培养对象。表扬南宁市教育系统优秀教师、教育工作者、优秀班主任、模范班主任、明星班主任，推荐自治区模范教师候选人42名，1名教师获评"宝武杯"全国杰出中小学中青年教师。突出分层分类培训，2023年南宁市举办培训班123个。开展南宁市基础教育名师及后备队伍年度考核，推动名师及后备队伍在示范引领、课题研究、教师培养、成果辐射四方面发挥作用。安排特级教师、正高级教师、教坛明星及101个特级教师工作室面向全市教师进行展示，打造"南宁市特级教师学术交流会""名师大讲堂月月谈"活动品牌，2023年共安排活动49场。持续开展"踔厉奋发新征程，培根铸魂育新人"主题师德师风建设工作。

2.坚持科研助力创新发展

组织申报13项全国规划课题，上报145项区级专项课题，市级规划课题立项545项。南宁市7项成果获2022年国家级基础教育教学成果奖二等奖。择优推荐83项成果申报2023年基础教育区级教学成果等次评定。持续推进新课程新教材实施国家级示范区建设，形成可借鉴、可推广的"南宁做法"和"南宁经验"。完成高一、高二年级各学科优秀案例遴选。总结提炼"双减"典型经验和案例，获自治区优秀作业设计奖18个，在广西义务教育阶段作业评比中获一等等次22名、二等等次19名、三等等次19名。开展南宁市"品质课堂"建设示范学校和优秀教师评选活动，评选100所"品质课堂"建设示范学校、997名优秀教师和1014节优秀课例。

二 南宁市教育发展面临的挑战

快速增长的就学需求给教育资源供给带来新挑战，教育基础设施建设压力较大；新任务新要求为教育高质量发展带来新挑战，2024年高考将是自2021年启动"双新"改革后的首次高考，是对改革成效的首次检验；义务教育优质均衡水平有待进一步提升；职业教育还需要在"产教融合""普职融通"等方面持续发力。

三 2024年南宁市教育发展展望

南宁市将深化主题教育成果，围绕教育强国建设战略需要，进一步盯紧"强"的定位，明确"强"的基调，抓实"强"的举措，为奋力谱写中国式现代化南宁篇章展现首府教育的责任与担当。

（一）全面加强党对教育工作的领导

坚持用党的创新理论铸魂育人。扎实推动习近平新时代中国特色社会主义思想进教材、进课堂、进头脑。完善高质量教育党建工作体系。推动党组织领导的校长负责制贯彻落实。扎实推进清廉学校建设和党风廉政建设，加强意识形态建设。

（二）完善教育高质量发展顶层设计

推进首府教育高质量发展、建设面向东盟的职业教育合作区两个动员大会顺利召开。扎实推进《南宁市建设面向东盟的职业教育合作区实施方案》，落实落细《南宁市进一步深化产教融合促进职业教育开放合作的若干措施》。

（三）扩大基础教育资源供给

统筹自治区义务教育薄弱环节改善与能力提升补助资金、市级财政资金

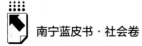

等各级各类专项资金，实施解决学位紧张系列工程、教育基建投资计划等各类基建专项工程，新建改扩建一批中小学校幼儿园，持续扩大南宁市基础教育资源供给。

（四）加强高质量教育体系建设

持续实施学前教育发展提升行动计划，多举措提高义务教育学校教育教学质量，深入推进普通高中新课程新教材实施国家级示范区建设和高考综合改革工作。深入实施基础教育"强基计划"，持续提升职业院校办学水平、深化职业教育产教融合、扩大对外开放合作，努力实现教育教学质量再上新台阶。

（五）深入实施基础教育强师计划

切实抓好实施《新时代基础教育强师计划》的核心任务，严格遵循师德第一标准，推动常态化落实师德建设"十严格"措施。深化教师管理改革，优化师资均衡配置。开展"十四五"时期第二批"教坛明星、学科带头人、教学骨干"选拔工作。

B.3
2023~2024年南宁市科技发展状况分析及展望

潘涯 吕阳*

摘 要： 2023年，南宁市深入实施创新驱动发展战略，"建平台、强主体、抓攻关、聚人才、优生态"，创新支撑产业高质量发展能力不断增强，全社会研发经费投入稳步增长，支持桂电南宁研究院高质量发展，全市高新技术企业保有量和创新平台总数均居全区第一。但同时，南宁市科技事业发展还存在科技型企业培育和引进较困难、科技引领产业高质量发展的能力不足、科技人才结构和布局有待优化等问题。2024年，南宁市将通过加强高能级平台建设、科技企业培育、科技项目实施、科技人才引育、创新环境优化等举措，巩固企业创新主体地位，加快培育发展新质生产力，为南宁市加快建设面向东盟开放合作的国际化大都市提供强有力的科技支撑。

关键词： 科技创新 科技体制改革 科技创新载体 科技成果转化

2023年是全面贯彻党的二十大精神开局之年，南宁市坚持以习近平新时代中国特色社会主义思想为指导，深入学习贯彻党的二十大精神，按照"前端聚焦、中间协同、后端转化"的要求，深入实施创新驱动战略，聚焦产业链、搭建创新链、激活人才链，通过"建平台、强主体、抓攻关、聚人才、优生态"，全市科技创新工作取得了新成效。南宁市在深圳市创建

---

* 潘涯，南宁市科学技术情报研究所所长；吕阳，南宁市科学技术局办公室科员。

"飞地孵化器""探索市校合作新模式"的经验做法入选科技部优秀创新案例、南宁市优秀改革创新案例。研发经费投入不断加大。2022年南宁市全社会研发经费投入首次超过65亿元，同比增长13%，全社会研发经费投入总量和增量连续两年居全区第一。科技人才培养集聚加快推进。在册研究生研究院累计进驻研究生近2000名，支持研究院与企事业单位开展科研项目43项、共建产学研人才培养基地10个。引进培育产业领域高层次科技人才161人。企业创新主体地位不断强化。高新技术企业保有量达1591家，占全区总数的41.63%；科技型中小企业入库1554家，占全区总数的31.96%；广西瞪羚企业达52家，占全区总数的28.89%。创新创业平台建设成效凸显。新增国家级创新创业平台2家、自治区级创新创业平台78家，创新平台总数居全区首位；广西国家农业科技园区顺利通过国家科技部验收。取得多项科技创新成果。60项科技成果荣获2022年度广西科学技术奖，占全区获奖总数的37.27%，获奖数创历史新高。

一　2023年南宁市科技发展状况

（一）聚力平台搭建，推进创新资源要素聚合

1. 加快产教研学融合基地建设

推进桂林电子科技大学南宁研究院高质量发展，研究院累计进驻研究生近2000名，引进高层次人才81名，与企事业单位开展科研项目43项、共建产学研人才培养基地10个。该市校合作新模式经验做法入选2023年全国人才工作创新优秀案例、国家创新型城市创新发展典型经验、南宁市优秀改革创新案例。推进桂林理工大学产教融合基地建设，脑力科技园拥有入孵企业34家，产业研究院已正式运营；积极推进与清华海峡研究院共建南宁市清大协同创新中心，该中心于2024年1月正式运营。

2. 推进新型产业技术研究机构建设

围绕新能源汽车及零配件、金属及化工新材料、林产品加工等重点

产业，策划组建广西产研神光先进光学材料产业创新中心、南宁微生物与合成生物学产业研究院、南宁市绿色家居产业技术创新中心、南宁智宁芯研究院、南宁市新型显示驱动芯片技术创新中心5家新型产业技术研究机构。截至2024年3月，累计引进新型产业技术研究机构21家，引进国家级人才15名，带动85项前瞻性技术成果在南宁转化，实现营收超9.3亿元。

3. 强化开放合作创新平台建设

发挥南宁·中关村创新示范基地的示范引领和辐射带动作用，南宁·中关村创新示范基地新引进73个创新项目，累计集聚高科技企业905家。2023年，广西国家农业科技园区顺利通过国家科技部验收。完成2023年国家农业科技园区科技计划项目3个重大项目立项、12个项目验收，积极开展2024年国家农业科技园区科技计划拟立项项目调研。抓好深圳、长沙等"飞地孵化器""人才飞地"的运营管理，共引进54家企业。

（二）聚力主体培育，增强企业自主创新能力

1. 支持科技型中小企业发展

健全完善创新型企业梯度培育体系，组织开展科技型中小企业评价、高新技术企业和瞪羚企业入库培育等工作。加强瞪羚企业、高新技术企业认定及科技型中小企业评价业务培训，共举办相关主题业务辅导班9场，线上线下累计培训学员2万余人次。全年兑现高新技术企业认定后补助3155万元，新增高新技术企业备案511家，高新技术企业保有量预计突破1700家，占全区总数的40%以上；科技型中小企业入库达1509家，占全区总数的31.94%；瞪羚企业达54家，占全区总数的31.95%。南宁市33家企业荣登广西2023年高新技术企业百强、创新能力十强、创新活力十强、瞪羚企业活力十强，企业上榜总量居全区首位。

2. 支持企业加大研发投入

2022年南宁市全社会R&D经费投入总量达65.1亿元，占全区总额的29.9%，同比增长13.6%，相比上年增加7.8亿元，占全区增量（18.4亿

元）的 42.4%，投入总量、增量、规上工业企业研发活动占比均为全区第一。R&D 经费投入强度为 1.25%，比上年提高 0.13 个百分点，高于全区平均水平 0.42 个百分点。兑现科技型企业研发投入奖补 5828.32 万元，惠及 432 家企业；756 家企业获得 2021 年度自治区激励企业加大研发经费投入财政奖补专项资金 5724.97 万元。

3. 鼓励企业建设研发平台

支持引导有条件的企业建设一批以工程技术研究中心、重点实验室为重点的技术研发创新平台。新增国家级创新创业平台 2 家、自治区级创新创业平台 78 家，全市创新平台总数居全区首位。

（三）聚力技术攻关，破解企业创新发展难题

1. 实施重大科技项目"揭榜挂帅"

围绕南宁六大千亿元产业链发展需求，继续实施重大科技项目"揭榜挂帅"制度，充分利用区内外企业、研究机构和高校院所科技创新资源，攻克制约南宁市产业发展关键环节的技术难题，2023 年立项支持"轻型混动 DHT 系统开发"等揭榜挂帅重大科技项目 2 项，支持科技项目经费 700 万元。

2. 强化产业核心技术攻关

组织实施重点科技攻关项目 56 项，高端铝合金新材料等 18 个项目获广西科技"尖锋"行动项目支持，12 个项目获中央引导地方科技发展资金支持，南宁市科技重大项目"南宁市新型功能材料技术创新中心能力建设"项目在无机和合金两类材料领域攻克关键共性技术 6 项、"儿童手足口病 GB001 喷雾剂大规模生产工艺开发研究"Ⅰ类新药取得新突破，进入临床Ⅱ期试验。

3. 加快科技成果转移转化

通过后补助等政策鼓励各类创新主体转移转化科技成果，进行技术合同登记，全年科技成果登记突破 2500 项；大力培育发展技术市场，截至 2024 年 3 月，南宁市进行技术合同登记 4394 项，合同成交总金额达 224 亿元，

其中技术合同成交额达106.97亿元。全市共60项科技成果获得2022年度广西科学技术奖，获奖数量创历史新高，占全区的37.27%。大力发展中试研究基地，2023年新增3家自治区级科技成果转化中试研究基地。

（四）聚力人才引育，构筑创新人才集聚高地

1.以赛为媒聚人才

成功举办2023年第六届中国·南宁海（境）外人才创新创业大赛，重点聚焦新能源汽车及零部件、电子信息、高端装备制造、新材料、生物医药、现代农业六大产业，面向海内外广泛征集创新项目517项，较上年增长11.2%，其中博士学历人才领衔的项目共292个，占比为56.48%。依托大赛达成初步对接和合作意向项目36项，为推动南宁市高质量发展提供强有力的人才支撑。

2.借船出海引人才

出台《南宁市"人才飞地"管理办法》，对获认定的"人才飞地"给予建设运营资助经费100万元等支持。在广州、上海等发达城市布局建设8家"人才飞地"，吸引12个海外人才项目或团队入驻。

3.政策加码育人才

出台《南宁市"邕江计划"顶尖人才专项管理办法》《南宁市"邕江计划"青年人才专项管理办法》《南宁市"邕江计划"海外人才专项管理办法》等人才政策，组织实施"邕江计划"创新创业领军人才项目22个、青年人才专项16个，引进培育产业领域高层次科技人才161人，发动科技企业提供239个科研助理岗位。

（五）聚力生态优化，激发创新创业发展动力

1.持续推动科技体制改革

出台《南宁市星创天地管理办法（试行）》《南宁市"人才飞地"管理办法》《南宁市本级财政科研项目绩效考评管理办法》《南宁市本级财政科研项目预算评审管理办法》《南宁市科技专家库管理办法（试行）》，

营造良好的创新创业生态；积极推进《南宁市科技创新促进若干规定
（修订草案）》出台，为加快实施创新驱动发展战略提供法治保障；加强
科技项目管理改革，建设科技计划项目储备库，加强科技项目储备，完善
科技项目评价体系，加强重点研发计划项目财务评估，建立科技项目经费
定档体系。

2. 持续释放科技政策红利

落实科技和知识产权信贷风险资金池政策，助力企业获得贷款 1080
万元。帮助科技企业获得"桂惠贷"贷款 31.67 亿元，为企业减少融资
成本 9206.78 万元。为科技型企业提供科技保险保费补贴 211.5 万元。
兑现 38 家科技企业创新券 235.90 万元、3 家孵化器和 4 家众创空间后补
助资金 195 万元、自治区重点实验室和南宁市工程技术研究中心后补助
260 万元。

3. 优化创新创业支持机制

支持建设众创空间、科技企业孵化器，降低大众创新创业门槛，孵化培
育科技型中小微企业。全市自治区级以上众创空间、科技企业孵化器数量居
全区首位。2021 年，兑现 2020 年科技孵化平台认定后补助奖励 1020 万元。
新增自治区级众创空间 3 家、市级众创空间 2 家，全市拥有众创空间 34 家
（其中，国家级 5 家、自治区级 25 家）；新增自治区级科技企业孵化器 3 家、
市级孵化器 3 家，全市拥有科技企业孵化器 31 家（其中，国家级 7 家、自
治区级 11 家）。激发社会创新活力，2023 年 10 月至 2024 年 1 月成功举办第
八届南宁市创新创业大赛，共吸引 356 家企业报名参赛，12 家企业进入全
国大赛决赛，1 家企业获评第十二届中国创新创业大赛优秀企业。成功举办
第十届中国创新创业大赛广西赛区南宁市选拔赛暨第六届南宁市创新创业大
赛，18 家企业入围全国行业总决赛，占比为 34.6%，4 家企业获全国优秀
企业奖，占比为 28.67%。

4. 持续提升科技服务效能

开展壮大实体经济推动首府高质量发展调研服务工作，深入 29 个重
点企业和重大项目，协调服务和办结问题事项 40 项。如对接海天（调

味）公司，积极引荐广西科学院非粮生物质能技术全国重点实验室团队，双方签署产学研合作协议，共建广西科学院海天南宁生物发酵工程联合研究中心等；指导协助企业申报广西科技计划项目、研发投入、高企认定等各类科技奖补资助。举办南宁市"企业发展　科技先行"系列培训班共19期，培训采取"线上+线下"相结合的方式，涉及参训人员约2万人次。

二　南宁市科技发展存在的问题

2023年，南宁市科技创新推动高质量发展尽管取得了一定成效，但还存在一些突出问题，主要表现在以下几个方面。一是科技型企业培育和引进较困难。由于受经济形势影响，企业无法达到高新技术企业认定标准、可培育企业大幅下降、自治区政策调整及县区政策兑现不及时等，高新技术企业和科技型企业培育工作面临极大困难和挑战。二是科技引领产业高质量发展的能力不足。科技与经济融合不够紧密，自主创新科技成果较少，关键技术的自给率较低，高层次创新平台较少，高端研究机构资源匮乏问题尚未得到根本解决，产学研合作有待加强。三是科技人才结构和布局有待优化。高层次人才和优秀科技人才匮乏，尤其是缺乏高精尖制造业、信息产业和新材料等方面的专业人才。

三　2024年南宁市科技事业发展展望

南宁市将以构建"以企业为主体的创新体系"为目标，以强化企业创新主体地位、推动产学研深度融合为主线，强化"前端聚焦、中间协同、后端转化"，通过"建平台、强主体、聚人才、抓攻关、优生态"，加快培育发展新质生产力，为加快建设面向东盟开放合作的国际化大都市提供强有力的科技支撑。

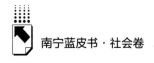

（一）加强高能级平台建设，着力提升平台载体创新能力

1. 推进重大创新平台建设

聚焦新能源、新能源汽车及零配件、电子信息、金属及化工新材料、铝精深加工、装备制造、新一代信息技术等产业发展需求，重点支持"链主"、龙头企业与高等院校和科研院所联合建设技术创新中心、联合实验室、新型研发机构和研发分中心等高能级创新平台，力争全年新增2家国家级、20家自治区级创新创业平台。

2. 打造高水平协同创新平台

支持产业链"链主"企业、龙头企业聚焦战略性产业，链接科研院所、高等院校和各类科技企业，牵头组建体系化、任务型的创新联合体，力争组建3家以上南宁市创新联合体，并指导2家以上创新联合体申报广西创新联合体。与桂林电子科技大学共同推进"113"工程建设，加快推动广西桂电技术服务中心建设运营；加快与清华海峡研究院共同推进南宁清大协同创新中心建设运营，依托该平台引进5家优质企业落户南宁。

3. 提升孵化载体服务效能

加强孵化载体分级分类指导，鼓励引导科技企业孵化平台向专业化、精细化方向转型升级，加快完善"众创空间—科技企业孵化器—科技园区"全链条创新型企业孵化体系，促进各类孵化载体提质增效，提高成果转化和创新创业服务能力。推动培育认定、评估激励与日常管理机制相结合，加强科技企业孵化器和众创空间规范化管理。新增认定市级以上孵化平台5家以上。

（二）加强科技企业培育，着力提升创新主体核心竞争力

1. 加大创新型企业培育力度

强化企业创新主体地位，加大对科技型中小企业培育力度，开展科技型中小企业评价入库工作，培育认定一批高新技术企业、瞪羚企业、专精特新中小企业等，推动构建完善"科技型中小企业—高新技术企业—瞪羚企业"

创新型企业梯级培育体系。力争2024年全市科技型中小企业达到1400家以上、高新技术企业备案数超过400家。

2. 支持企业加大研发投入

完善企业研发投入激励机制，财政科技经费投入聚焦重点产业，支持龙头企业联合高等院校、科研院所开展关键核心技术攻关；落实企业研发经费投入财政奖补、高新技术企业认定补助、科技成果转化后补助、科技创新券、科技保险等创新政策；加大研发费用加计扣除税收优惠、桂惠贷等惠企政策服务力度，进一步激发企业创新活力，提升自主创新能力。

（三）加强科技项目实施，着力提升核心技术攻关能力

1. 开展关键核心技术攻关

聚焦关键核心技术和共性技术难题，围绕新能源、新能源汽车及零部件、先进制造、电子信息、金属及化工新材料等重点产业、传统优势产业和战略性新兴产业，引导企业或联合高等院校、科研院所开展科技攻关，重点支持宁福公司等企业突破关键核心技术，组织实施"揭榜挂帅"2项、科技重大专项10项，进一步提升产业核心技术攻关能力，加强重大科技成果供给。

2. 加快科技成果转移转化

健全线上线下技术交易市场，推进南宁市科技成果转移转化（区域）中心建设；积极开展科技成果对接活动，通过线上线下相结合，架设桥梁，共享资源，实现技术需求与科技成果精准匹配，促进一批科技成果落地转化，力争全年技术合同成交额达250亿元。支持园区、高校、科研院所和龙头企业建设一批开放共享的中试基地。推动科技成果转移转化示范区建设。

（四）加强科技人才引育，着力提升科技人才创新能力

1. 持续加大人才培养力度

整合提升"邕江计划"项目，组织实施"邕江计划"顶尖人才专项、

青年人才专项、海外人才专项，对带动重点产业发展的科技人才给予项目资助，重点扶持高层次创新人才开展技术研发；以创新能力、质量、实效、贡献为导向，分行业、分领域精准构建高层次人才评价体系，吸引更多高层次人才融入和留在南宁市；支持举办高层次学术交流活动，促进科技人才交流合作。

2. 多种方式吸引高层次人才

持续推进"人才飞地"、高层次专家团队协同创新中心、海外人才离岸创新创业基地建设，拓宽人才引进渠道。升级打造人才活动品牌，组织举办在外广西籍杰出人才回乡交流系列活动、中国·南宁海（境）外人才创新创业大赛、海内外高层次人才与项目对接会等人才交流活动，面向海内外吸引创新创业人才和团队。

（五）加强创新环境优化，着力提升创新创业生态活力

1. 营造良好的创新创业生态

常态化举办"邕城创客行"路演活动，开展科技项目专题培训，提高科技计划项目管理和财政经费使用规范化水平；以新能源、新能源汽车及零部件、电子信息等重点产业为主题，组织策划举办各类学术论坛、人才沙龙、科技成果对接会，营造良好的学术氛围。

2. 深化科技体制机制改革

坚决落实自治区、市委机构改革的决策部署，进一步理顺科技领导和管理体制；加快推动《南宁市科技创新促进若干规定（修订草案）》出台，为加快实施创新驱动发展战略提供法治保障；制定《南宁市科技教育人才支撑现代化产业发展三年行动方案》，推动科技创新与产业创新融合，支撑引领现代化产业体系建设；制定出台《南宁市激励企业加大研发经费投入财政奖补实施办法》《南宁市科技企业孵化器认定管理办法》《南宁市众创空间认定管理办法》《南宁市科技计划项目结余资金管理细则》等制度，进一步健全完善科技创新支撑政策。

3. 推动科技金融创新发展

大力推进科技与金融深度融合发展，继续落实"桂惠贷—科创贷"、科技和知识产权信贷风险资金池等惠企金融政策，解决科技企业创新创业融资难题；发挥财政资金杠杆作用，完善多层次资本市场差异化制度，优化政府性基金投资机制，鼓励资本投早、投小、投科技，引导更多金融资源向科创领域倾斜，逐步打通科技、产业、金融连接通道。

4. 加强科技开放合作交流

推动深邕两地产业链互补共建、科技资源互通交流等，发挥"创新飞地"南宁市—中关村深圳协同创新中心、南宁（深圳）东盟产业合作创新中心、深圳人才工作站等桥梁纽带作用，吸引粤港澳大湾区先进技术成果、高层次人才等资源要素落地南宁市。与东盟国家合作推动电子信息、高端装备制造、节能环保、现代农业领域的技术攻关与成果转化，支持企业与国外创新主体共建国际科技合作基地，开展国际科技合作项目。

B.4
2023~2024年南宁市民政事业发展状况分析及展望

唐小若 陆雪莹 涂豫湘 陈梅娇 梁怡林 黄彦霞*

摘 要: 2023年,南宁市坚持以人民为中心的发展思想,全面落实民政政策,在保障困难群众基本生活上办实事,在社会事务管理上创实绩,持续推动民政事业高质量发展。但也面临一些困难和挑战,如距离发达地区还有较大差距、思想解放及观念转变还不彻底、工作能力和服务水平还有待提高等。2024年,南宁市将加快健全分层分类社会救助体系,建立健全老龄工作体制机制,扎实提升儿童福利保障水平,健全社会组织和慈善事业规范管理体系,优化专项行政管理和社会事务管理,持续加强民政综合能力建设,为加快建设面向东盟开放合作的国际化大都市、奋力谱写中国式现代化南宁篇章贡献民政力量。

关键词: 民政事业 养老服务 兜底保障 儿童福利 慈善

2023年,南宁市坚持以习近平新时代中国特色社会主义思想为指导,深入贯彻落实党的二十大精神和习近平总书记关于广西工作论述的重要要求,切实履行基本民生保障、基层社会治理、基本社会服务等职责,全力兜底线、保民生、救急难、促稳定,有力服务了南宁市经济社会发展大局。

---

* 唐小若,南宁市民政局党组书记、局长;陆雪莹,南宁市民政局副局长、党组成员;涂豫湘,南宁市民政局办公室(政策法规科)主任;陈梅娇,南宁市民政局办公室(政策法规科)副主任;梁怡林,南宁市民政局办公室(政策法规科)副主任;黄彦霞,南宁市民政局办公室(政策法规科)工作人员。

2023 年，南宁市困难职工"一门受理、协同办理"经验做法获全国困难职工帮扶救助工作推进会现场参观推广；"居住地申办低保等社会救助改革"经验做法在全国社会救助工作会议上推广；医养结合试点工作获国家卫生健康委员会、民政部通报表扬和推广；在全国率先开展居家和社区基本养老服务提升行动，获民政部养老服务司通报表扬；自治区政府主办的全区养老事业高质量发展现场推进会在南宁市召开，南宁市养老服务"六大体系"在全区推广；针对儿童福利机构优化提质创新转型和标准化建设经验，民政部儿童福利司到南宁市实地调研时给予充分肯定。社区议事协商、地名管理服务、社会事务服务、慈善事业、社会工作、行政执法等工作获自治区民政厅推广。

一　2023年南宁市民政事业发展状况

（一）全面落实兜底保障政策，编密织牢民生保障安全网

1. 全面落实民政领域社会救助政策，保障困难群众基本生活

2023 年，南宁市累计发放城乡低保金 145.18 万户次 346.75 万人次 10.17 亿元，发放城乡特困供养保障金 31.48 万人次 3.11 亿元，临时救助金 6606 人次 1722.34 万元。启动社会救助和保障标准与物价上涨挂钩联动机制，发放价格临时补贴 31.37 万人次 587.68 万元，缓解物价上涨对困难群众基本生活造成的影响。发放特困人员春节一次性生活补贴 2.50 万人 562.23 万元，低保对象、特困人员春节慰问金 0.53 万人 174.80 万元，有效保障困难群众春节期间的基本生活。在全区率先成立市救助管理区域中心站，兜底救助流浪乞讨人员。全年街面劝导救助 4194 人次，救助 7045 人次，提供医疗救治 346 人次，成功寻亲 220 人，护送返乡 1707 人次，救助、护送返乡、成功寻亲、医疗救治人次四项排名全区首位。

2. 巩固兜底保障成果，助力乡村振兴有效推进

2023 年 2 月，印发《南宁市民政局关于开展社会救助工作交叉检查的通知》，持续开展社会救助工作交叉检查，确保精准认定救助对象，及时将符合条件的脱贫人口和防止返贫监测对象纳入社会救助保障范围。印发

《南宁市民政局关于做好全市防贫监测对象与低保边缘家庭互认工作的通知》，强化防止返贫监测对象与低保边缘人口互认工作，将乡村振兴部门认定的防止返贫监测对象纳入低收入人口库实施常态化监测。印发《南宁市民政局关于开展特困人员防"漏养""漏保"工作及分散供养特困人员照料护理情况检查的通知》，开展巩固兜底保障成果助力乡村振兴督查暗访工作。截至2023年12月，南宁市纳入低保、特困人员救助供养的防止返贫监测对象分别为38877人、1902人。全年累计为防止返贫监测对象发放低保金44.12万人次1.31亿元，发放特困人员救助供养补助金2.07万人次1579.46万元，发放临时救助金1380人次360.29万元。

3. 开展"一门受理、协同办理"工作，提高困难职工社会救助效率

南宁市在全市乡镇人民政府（街道办事处）综合服务大厅、行政服务中心普遍设置"一门式"窗口，直接受理困难职工救助申请，救助系统与困难职工帮扶系统实时对接，推送信息3秒即达，实现困难职工救助申请"一门受理、协同办理"，为困难群众提供优质、便捷、高效的服务。截至2023年底，南宁市在档城镇困难职工家庭559户1377人，其中纳入城乡低保保障1278人，纳入城乡特困15人，实施临时救助55人，纳入低保边缘对象84人，充分发挥社会救助在困难职工帮扶工作中的兜底保障作用。

4. 全面推行居住地申办低保等社会救助改革，打破地区"隔阂"和户籍"壁垒"

南宁市出台《关于进一步加强居住地申办低保等社会救助工作的通知》，将居住地申办低保对象范围放宽至在南宁市长期居住的区外户籍对象，进一步打破低保申请的户籍壁垒。建立部门协同的救助对象待遇身份互认机制，对在南宁市居住地享受低保的非本市户籍对象，依规定与本市户籍低保对象享受同等的教育救助、养老保险、住房救助、医疗救助和临时救助待遇，在有线电视安装、水电、殡葬等方面享受同等优惠扶助政策，提升困难群众综合救助的含金量。构建县、乡、村三级联动救助排查网络，对辖区内重残、重病、单亲、高龄等重点对象家庭按季度进行分片定期走访，翔实记录排查情况，做到及时发现致困因素并落实救助举措。建立与公安等16

个部门核对数据共享机制，与自治区核对平台资源形成有效补充，进一步提升社会救助对象信息的全面性，为准确认定保障对象及开展动态管理提供可靠依据。截至 2023 年 12 月，南宁市有 2.16 万名困难群众在非户籍地享受最低生活保障，全年累计发放非户籍地低保对象保障金 1.12 亿元。

（二）构建养老服务"六大体系"，推动养老服务高质量发展

南宁市持续深化养老服务改革，着力构建"六大体系"，推动养老服务业高质量发展。全年累计发放 80 周岁以上老年人高龄津贴 74.3 万人次 1.98 亿元。

1. 构建养老服务组织领导体系

南宁市委、市政府领导高度重视养老服务工作，多次对养老服务工作做出指示批示，坚持对标高位，科学统筹，全市上下"一盘棋"，一体规划，全力构建多层次、全要素养老服务体系。

2. 构建养老服务政策保障体系

出台《南宁市养老服务设施布局专项规划（2022—2035 年）》《南宁市公益性养老床位入住评估轮候管理办法（试行）》《南宁市特殊困难老年人探访关爱实施方案》等一批支持养老服务发展的政策，同时开展《南宁市居家养老服务条例》制定工作。

3. 构建养老服务基础设施体系

积极推动建立市、县、乡（街道）、村（社区）四级公办养老服务设施体系。推进 15 个县（市、区）、开发区各新建一所具备专业失能照护、统筹县域资源功能，拥有 300~500 张床位的公办示范性养老机构；25 个街道实现综合功能养老服务中心全覆盖，落实新建住宅小区按每百户不少于 30 平方米且单处不少于 300 平方米的标准配建社区居家养老服务用房，同时对未配套老旧社区逐一制定整改方案并抓好落实。

4. 构建居家养老服务供给体系

围绕老年人的养老服务需求，开设 56 个长者饭堂发展老年助餐服务，打造舌尖上的幸福晚年。围绕失能老年人开展 1 万人次助浴服务试点，采取

"物业+养老""家政+养老""养老机构延伸服务"等多种模式为1.6万名城市五类老人开展居家上门服务。已累计完成0.7万户家庭养老床位和居家适老化改造，家庭养老服务床位建设获民政部养老服务司通报表扬。同时依托"南宁数字民政"平台，实现"15分钟养老服务圈"养老服务精准化供需对接。

5. 构建健康养老产业体系

坚持推动养老事业与养老产业协同发展，泰康之家·桂园、华润悦年华颐养社区、前海人寿幸福之家等一批重大康养综合体项目先后投入运营。打造8家旅居养老示范基地，高标准高起点推动规划建设中国—东盟银发经济产业园和中国—东盟养老服务交易中心项目。

6. 构建养老服务人才支撑体系

依托广西医科大学等10余家在邕高校开设养老服务相关专业，与广西卫生职业技术学院等院校开展战略合作，努力培养高层次养老服务人才。每年对养老机构管理人员、护理员、老年人能力评估员等分类分批次进行轮训，开设养老机构管理人员"南宁市养老服务高质量发展论坛"，提高机构养老服务人员的专业素质。

（三）扎实做好儿童福利保障工作，未成年人关爱服务更加完善

1. 落实落细儿童福利保障政策

一是落实生活保障，组织开展孤儿和事实无人抚养儿童保障情况专项督查。截至2023年12月，南宁市登记在册孤儿745人（其中，机构集中养育孤儿273人，散居孤儿472人），事实无人抚养儿童2092人。全年累计发放孤儿基本生活费9669人次1142.96万元，事实无人抚养儿童基本生活补贴23840人次2492.46万元。二是落实教育和康复保障，组织29名孤儿和事实无人抚养儿童到南宁市明天学校免费就读，持续实施"福彩圆梦·孤儿助学工程"。机构内特殊教育"两头延伸"实践探索效果显著，2023年5月，南宁市社会福利院（南宁市孤残儿童特殊教育学校）获中等学历职业教育招生资格，与区内多所高校在专业人才、教育实训方面开展合作，切实

提高孤残儿童教育质量。向孤独症、智力障碍、肢体障碍等残疾儿童提供公益免费康复服务，规范残疾儿童康复领域工作。三是加强医疗保障。实施孤儿医疗康复明天计划项目，为孤儿提供医疗康复救助。加强与广西中医药大学附属瑞康医院、广西国际壮医医院等医疗机构合作，全年共为55名孤儿开通就医绿色通道。

2. 全面提升儿童福利机构服务质量

南宁市社会福利院于2023年11月纳入自治区级残疾儿童康复救助定点机构。积极推进儿童福利机构高质量发展示范院创建和首批全国儿童福利机构高质量发展实践基地建设试点工作，着力提升"养治教康置+社会工作"服务能力。加强机构标准化建设工作，孤残儿童抚育标准化试点纳入第九批国家级社会管理和公共服务综合标准化试点项目。持续优化南宁市社会福利院青少年社会实践实训基地，共为8名市社会福利院青少年提供实习岗位，开展技能和销售培训1900人次，促进儿童身心健康发展。

3. 持续深化农村留守儿童和困境儿童关爱保护服务

整合力量，对辖区内农村留守儿童和困境儿童进行走访排查，建立台账，并实行动态管理。组织开展2023年暑期农村留守儿童关爱服务活动，全面摸排农村留守儿童家庭情况、监护情况、就学情况等基本信息，并及时更新全国儿童福利信息系统。对辖区内困境儿童开展形式多样的"送温暖"关爱服务活动，深入了解困境儿童及家庭的需求和困难，实现儿童"微心愿"。"六一"期间，共为871名困境儿童送去温暖。加强心理健康宣传教育，南宁市共开展暑期个案服务98例、小组活动46场，保障儿童身心健康。

（四）完善城乡社区治理体系，提升城乡社区治理能力

1. 完善制度体系，规范基层群众自治

一是开展村规民约（居民公约）提升行动。印发《南宁市民政局关于开展村规民约（居民公约）提升行动的通知》，联合市级部门、村（社区）法律顾问对南宁市1832份村规民约（居民公约）进行全面体检，提出意见

建议 1899 条，并制定 12 条标准条款供村（社区）参考，提高了村规民约（居民公约）法治化水平，增强操作性、针对性和实用性。二是贯彻落实 7 个清单，建立减负监测机制。指导县（市、区）落实《南宁市基层群众性自治组织依法自治事项清单、依法协助政府工作事项准入清单、依法协助政务服务事项准入清单、出具证明事项准入清单、服务场所挂牌清单、减负措施清单和不应由村（社区）承担工作事项清单（试行）》，并在每个县（市、区）选取 1 个村和 1 个社区，对清单中各事项的实际开展频度和清单外事项增加情况进行定期监测，掌握清单落实情况，为修订完善清单提供依据。

2. 创新服务机制，完善基层治理体系

一是探索智慧社区试点建设工作。从群众需求出发，探索政企合作开发运营的模式，在邕宁区龙象社区、西乡塘区明秀南社区试点建设智慧社区公共服务平台，打造社区掌上宣传和服务阵地，打造"民呼我应快办""社区动态""社区公告""惠民政策""社区地图"等多个应用场景。同时，探索建立标准统一、动态管理、开放共享的社区基础数据库"一表通"系统，汇集社区原有的数据资源，减少工作台账报表、辅助决策施政。结合云灵村村级议事协商试点工作，打造线上议事平台，解决人口大量外流的情况下村民会议、村民代表会议难以召开的问题。二是推进城市社区分布图编制工作。组织地图编制机构开展实地调研，明确了南宁市 272 个城市社区管辖服务范围，协调解决争议地段归属问题 23 个，调整插花地 35 处，消除管理盲区 94 处，修正要素点位 300 多处，划清了社区服务的"责任线"，标明了精准治理的"基准线"，架起了为民服务的"民心线"。

3. 夯实基础保障，提升基层服务效能

一是探索创建社区治理人才培育基地。2023 年 11 月，南宁市实施社区治理与议事协商能力提升项目，依托民政服务场所和社区服务场所设立全区首批社区治理人才培育基地，打造社区治理教学点，开发社区治理课程，组建社区治理师资团队，常态化开展社区工作者实践培训与经验交流，探索建立与高校、跨市、跨省社区结对交流合作模式。二是加强城乡社区服务设施建设。在青秀区大板三社区、西乡塘区明秀南社区和上林县古登村开展村（社区）服务用房标准化建设，打造一批村（社区）服务设施建设样板，探索社区服务场所可持续运营模式。围绕自治区关于平陆运河沿线民政事业高质量发展的目标任务，安排370万元自治区福彩公益金用于平塘村、团富村、三阳村、丕地村和新福社区服务设施建设。

（五）加强社会组织管理监督，推动社会组织健康发展

1.加强社会组织培育

2023年新登记成立社会组织110家，全市社会组织达4908家，总数持续居全区首位。加强社会组织党的建设，全市有560个社会组织成立了党组织，有党员6187名。充分发挥孵化基地作用，为初创期、发展期及成熟期社会组织建立全周期社会组织孵化培育支持体系，入驻孵化培育社会组织34家。持续组织开展社会组织公益创投大赛，助力社会组织高质量发展。发挥阵地作用，拓展社会组织资源共享渠道，搭建社会服务枢纽桥梁，累计开展主题交流活动220次。持续加大财政投入，在青秀区、良庆区、上林县投资建设县（区）一级社会组织孵化基地。截至2023年12月，已建成市一级社会组织孵化中心1家、县（区）一级社会组织孵化基地8家、乡镇（街道）一级社会组织孵化基地70家。

2.加强社会组织监管

印发《南宁市行业协会商会服务高质量发展专项行动实施方案》《南宁市社会组织内部管理制度示范文本》，引导社会组织规范内部建设。完成2022年度社会组织年度检查工作，参检社会组织有2689家。完成80家社会组织的财务抽查审计工作。完成2023年社会组织等级评估，评出5A等级社会组织9家、4A等级社会组织1家。引导注销登记59家（其中市本级12家）。转发民政部《关于持续强化行业协会商会乱收费治理切实帮助市场主体减负纾困的通知》，巩固行业协会商会乱收费治理成果。深入开展打击整治非法社会组织，劝散"中国老兵应急救援中心广西总队""广西酒店同行联盟"2家非法社会组织。

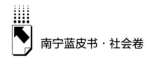

3. 引导社会组织参与社会建设

转发民政部《关于做好 2023 年社会组织助力高校毕业生就业工作的通知》等，引导社会组织积极参与乡村振兴、扶贫济困、社会治理、就业帮扶等工作。据统计，全市共 2100 多家民营企业参与"万企兴万村"行动，与 430 个脱贫村、乡村振兴重点村签约结对共建，通过产业帮扶、就业帮扶、消费帮扶及公益捐赠等形式开展帮扶工作。

（六）凝聚力量，开创慈善事业和社会工作发展新局面

1. 推动慈善事业发展

在全区率先设立社区发展慈善基金，推动"社区+慈善"融合发展，加强政府救助与慈善帮扶有效衔接，2023 年全市共有 49 个社区（村）与南宁市慈善总会签约设立社区发展慈善基金，1 个乡镇签约设立乡村振兴发展慈善基金，共有 53 家爱心企业向社区（村）发展慈善基金捐款 21.73 万元。南宁市慈善总会实施慈善项目 93 项，涉及扶老助孤、支教助学、恤病助残、扶贫济困、乡村振兴等领域，接收慈善捐赠 2262.39 万元，慈善活动支出 1820.15 万元，慈善帮扶 26614 人次。组织开展第八个"中华慈善日"主题宣传活动，汇聚慈善力量。不断加强慈善组织监管，开展 2022 年慈善组织年检年报工作。加强志愿服务常态化管理，全市注册志愿者累计 181.82 万人，志愿服务时长达 1598.53 万小时，志愿服务队伍共 6758 个，志愿服务项目共 66676 个。加强福利彩票销售管理，2023 年南宁市销售即开型福利彩票 5.69 亿元，销售额同比增长 83%，销量再创历史新高。

2. 继续抓好乡镇（街道）社工站建设工作

2023 年，127 个乡镇（街道）社工站持续提供社会工作专业服务，累计服务社会救助对象、困境老年人、困境儿童、残疾人、农村三留守人员等各类特殊困难群体 30.76 万人次。

3. 加强社会工作宣传和社会工作者培训工作

2023 年，南宁市开展社会工作与志愿服务主题宣传活动 25 场次；举办

社会工作师职业水平考试考前培训班 17 期，培训人数达 1200 多人。组织开展社工机构专业服务能力及运营管理能力提升培训班、民政系统工作人员社会工作知识与能力提升培训班，培训人数超 100 人。

（七）规范社会事务管理，民政公共服务水平有效提升

1. 强化福利保障和服务，改善残疾人基本生活

自 2023 年 1 月 1 日起，南宁市困难残疾人生活补贴和重度残疾人护理补贴从 80 元/（人·月）提高至 122 元/（人·月），补贴标准为全区最高，惠及全市 7.64 万名重度残疾人和 5.71 万名困难残疾人。全年累计发放残疾人两项补贴 157.35 万人次 19153.93 万元。南宁市强化督导评估，统筹推进全市 8 个县（市、区）精神障碍社区康复服务试点项目，累计服务残疾人 2100 多人，开展个案工作服务 160 个、康复小组活动 129 场、社区宣传与教育活动 143 场，帮助精神障碍患者积极融入社会，增进残疾人福祉。

2. 强化管理和服务，扩大殡葬服务供给

印发《南宁市开展全国殡葬领域跨部门综合监管试点工作实施方案》，试点开展全国殡葬领域跨部门综合监管。修订出台《南宁市无人认领遗体处理办法》，进一步规范无人认领遗体处理工作。完成新冠疫情"乙类乙管"后的殡葬服务应急保障任务。清明节期间全市服务祭扫人数为 81.9 万人次，全年举办集体节地生态安葬活动 3 场，安葬总量达 502 具。共为 3785 名逝者减免基本殡葬服务费 1661.76 万元。

3. 强化婚姻登记服务，推进和谐家庭建设

落实婚姻登记跨省通办，全市办理婚姻登记 6 万件。全市 13 个婚姻登记处实现婚姻家庭咨询辅导服务站全覆盖。开设婚姻家庭辅导服务热线电话，提供婚前辅导、婚后辅导、离婚辅导等线上公益服务。开展每月一讲"幸福婚姻、美满家庭"系列主题讲座，在南宁广播电台开设"幸福婚姻美满家庭"栏目，普及婚姻家庭教育知识。积极推进移风易俗改革，开展集体婚俗改革活动。持续推进红白事服务中心建设，实现全市村委（社区）100%覆盖。

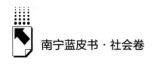

（八）挖掘地名文化故事，提升区划地名管理能力

1. 加强和改进行政区划工作

研究拟定全市行政区划中长期调整规划。做好南宁市行政区划图的出版工作，完成《南宁市行政区划图》印制。

2. 加强和规范地名管理

推动《南宁市地名管理规定》调研项目。建立健全全市地名管理联席会议制度。实施地名公共服务工程，指导完成 81 条道路命名更名，新设立、补立路名牌 110 块，全市城区道路设立路名牌达到 2725 块，县（市、区）设立路名牌 1500 多块，进一步加快全市街道、乡、镇、村、屯道路的国家标准地名标志建设。开发完成南宁市区路街巷名线上查重系统，建立南宁市区路街巷名数据库，通过"南宁数字民政"微信公众号即可查询全市路街巷名称。

3. 提高边界治理效能

做好与河池市、贵港市毗邻县界联检和平安边界建设工作。指导开展横州—宾阳、隆安—武鸣、宾阳—上林、上林—马山、马山—武鸣 5 条县界联检工作。

4. 加强地名文化服务

指导上林县开展民政部"深化乡村地名服务点亮美好家园"试点工作。完成《南宁地名文化故事》上、下册书籍编纂。

（九）贯彻落实"项目为王"理念，建设完善民政服务设施

南宁市民政项目完成年度投资 3.56 亿元。制定实施《南宁市民政局关于推进平陆运河民政事业高质量发展示范带建设的实施方案》，策划涵盖民政工作全业务领域项目 22 个，助力平陆运河新城（新福镇）建设。南宁市城市养老服务中心项目获得国务院督查激励资金支持 3600 万元，并于 2023 年 12 月开工建设；南宁市社会福利院提升改造工程于 2023 年 9 月开工建设；南宁市儿童福利院一期工程项目完成中央预算内投资 2376.18 万元，二

期工程同步施工建设。积极谋划南宁市第一养老院项目和中国—东盟银发经济产业园（中国—东盟健康长寿产业园）项目。建设南宁数字民政信息中心，实现60项民政业务在手机上直接办理、查询，实现民政数据汇聚和互联互通，做好跨部门数据共享。目前，已有63万人次在南宁数字民政信息中心查询、办理民政业务。

在充分肯定成绩的同时，我们也应清醒地认识到当前南宁市民政事业发展还面临一些困难和挑战，主要表现为与发达地区还有较大差距，思想解放、观念转变还不彻底，工作能力和服务水平还有待提高等。

二 2024年南宁市民政事业发展展望

（一）加快健全分层分类社会救助体系，有力有效保障困难群体基本生活

持续巩固拓展脱贫攻坚兜底保障成果，强化低收入人口动态监测，坚决守住不发生规模性返贫的底线。健全完善社会救助工作机制，落实《南宁市关于进一步加强居住地申办低保等社会救助工作的通知》，扎实做好居住地申办低保工作，按照操作规程规范开展救助对象审核认定及动态管理工作。修订出台《关于公布我市城乡居民低收入家庭收入标准的通知》。深入推进"社会救助+慈善"试点工作，探索建立慈善组织参与"救急难"信息对接服务平台，健全政府救助与慈善帮扶有效衔接机制。

（二）建立健全老龄工作体制机制，健全完善养老服务体系、积极应对人口老龄化

出台《南宁市养老服务设施布局专项规划（2022—2035）》，推动出台《南宁市养老服务高质量发展意见》和设立养老服务高质量发展专项资金。加快建设一批市、县、乡镇、村四级养老服务设施，推动南宁市第一养老院等项目完成前期工作，加快建设南宁市社会福利院提升改造工程

（一期）、南宁市城市养老服务中心等。发展居家和社区养老服务，推进老年助餐服务，每个县（市、区）建成2个以上长者饭堂（助餐点）。积极推动老年人助浴服务试点，推进家庭养老床位建设，开展农村养老服务试点，建立特殊困难老年人探访关爱制度，构建15分钟社区居家养老服务圈。建立养老机构公益性养老床位轮候制度，推进经济困难老年人集中照护。持续开展"养老服务规范提质活动"，全力提升养老服务质量。推动中国—东盟银发经济产业园（中国—东盟健康长寿产业园）建设运营，打造"长寿福地·颐养南宁"品牌。完善老龄工作体制机制，抓好抓实老年人福利工作。

（三）扎实提升儿童福利保障水平，让祖国的未来在同一片蓝天下共同成长

持续开展首批全国儿童福利机构高质量发展实践基地建设工作，建设南宁市社会福利院青少年社会实践实训基地，加快南宁市儿童福利院工程建设进度，继续推进南宁市培智学校新校区项目前期工作。推动未成年人保护阵地和队伍规范化、标准化建设，指导未成年人救助保护机构和未成年人保护工作站规范运营。深化农村留守儿童、困境儿童和流动儿童关爱服务，加大儿童权益保障力度，研究制定收养工作规范，加强与各部门间数据信息共享，有效推进孤儿和事实无人抚养儿童的精细排查、精确认定、精准保障。

（四）健全社会组织和慈善事业规范管理体系，更好地发挥社会力量和慈善组织的积极作用

坚持和加强党对社会组织的领导，加强社会组织登记管理，开展社会组织规范化建设三年（2024—2026年）专项行动，加强社会组织违规评选评奖治理和收费行为监管。持续推进社会组织参与乡村振兴，持续开展行业协会商会服务高质量发展专项行动。加强慈善组织体系建设，加大慈善组织培育力度，构建市、县（市、区）、乡镇（街道）、村（社区）四级慈善发展

体系，开展第九个"中华慈善日"宣传活动。加强福利彩票销售规范化管理，建设福利彩票户外潮店和形象店，拓宽福利彩票销售渠道，打造福利彩票公益品牌，提升福利彩票公益品牌形象。

（五）优化专项行政管理和社会事务管理，更好地满足群众服务需求

优化婚姻登记管理服务，持续抓好婚姻登记"跨省通办"试点工作，落实节假日结婚登记服务。依法依规履行好殡葬管理部门建设和管理职责，持续做好清明节等重要节日祭扫服务，推动殡仪馆和城市公益性公墓"空白县"项目建设，开展节地生态安葬活动，加强殡葬领域法规制度建设和人才队伍建设。完善残疾人福利制度及关爱服务体系，开展精神障碍社区康复服务，积极推进康复辅助器具产业发展。提升流浪乞讨人员救助管理服务效能，持续开展"寒冬送温暖""夏季送清凉"等专项救助行动和"救助管理机构开放日"活动，推进南宁市流浪乞讨救助安置中心项目前期工作。系统谋划好区划地名整体规划，抓好行政区域界线联检和平安边界建设，开展全市"乡村著名行动"工作，讲好南宁市地名文化故事。

（六）持续加强民政综合能力建设，完善民政事业发展环境，有力服务经济社会发展

牢固树立"项目为王"理念，发展银发经济，加快南宁市社会福利医院院区改造项目前期工作，力争2024年开工建设。协调横州市加快平陆运河沿线民政项目建设。持续加强南宁数字民政建设，梳理民政"全生命周期"集成服务基础清单，推动公民婚育、公民身后、扶残助残三类业务集成办理，实现"高效办成一件事"。加强民政领域行政执法，推进殡葬领域跨部门综合监管全国试点工作，常态化开展"僵尸型"社会组织清理整顿，开展打击整治非法社会组织专项行动，不断完善养老服务监管内容，会同消防、市场监管等部门持续加强养老机构消防、食品、燃气等安全监管。

B.5

2023~2024年南宁市就业状况分析及展望*

彭 涛 刘淑萍**

摘 要： 党的二十大报告指出，就业是最基本的民生。2023年，南宁市深入落实中央、自治区和市委市政府稳就业决策部署，全力促进群众就业，通过抓细就业政策、聚焦重点群体就业情况、加大群众创业支持力度等举措扎实做好稳就业工作，实现全市就业局势总体稳定。与此同时，南宁市就业领域呈现高校毕业生就业压力大、"慢就业"现象增多等特点。展望2024年，全市就业形势总体向好、就业市场结构性矛盾依然存在、就业压力依然较大。南宁市将通过采取进一步落实就业优先政策、加强公共就业服务、加强重点群体帮扶、保障企业用工等举措，全力稳就业、促发展。

关键词： 稳就业 就业优先 就业帮扶 高质量充分就业

党的十八大以来，南宁市坚持以习近平新时代中国特色社会主义思想为指导，深入贯彻落实习近平总书记关于就业工作的重要论述，扎实做好稳就业工作，全力促进高质量充分就业。

---

* 本报告数据均来自南宁市人力资源和社会保障局。

** 彭涛，南宁市人力资源和社会保障局就业促进和农民工工作科科长；刘淑萍，南宁市人力资源和社会保障局就业促进和农民工工作科工作人员。

一　2023年南宁市就业基本情况

2023年，南宁市各项就业指标均超额完成自治区下达目标任务，未发生规模性失业，城乡劳动者就业总体稳定。2023年7月，人力资源和社会保障部部长实地考察南宁人社服务大厅，对南宁市人社服务做法给予高度肯定；在7月下旬召开的人力资源和社会保障部务虚会暨人社系统全面从严治党深化行风建设工作会上，专门安排南宁市作为唯一地市代表介绍人社服务改革创新经验。2023年8月，农业农村部、人力资源和社会保障部在南宁市召开全国脱贫人口稳岗就业工作推进会；2023年9月，人力资源和社会保障部在南宁市召开人社帮扶助力推进乡村振兴工作交流观摩会议，充分肯定南宁市就业工作成效。

（一）主要就业指标完成情况

2023年，南宁市城镇新增就业77933人，完成自治区下达目标（56000人）的139.17%，同比增加4.75%；城镇失业人员再就业21461人，完成自治区下达目标（15500人）的138.46%，同比增加3.32%；就业困难人员再就业7405人，完成自治区下达目标（5100人）的145.20%，同比减少8.48%（见表1）。

表1　2021~2023年南宁市主要就业指标完成情况

单位：人

年份	城镇新增就业人数	城镇失业人员再就业人数	就业困难人员再就业人数
2021	77338	21613	8750
2022	74397	20771	8091
2023	77933	21461	7405

（二）农村劳动力转移就业情况

截至2023年底，从总量来看，全市农村劳动力外出务工总数为187.77

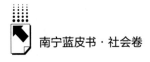

万人，其中广西区外务工 69.59 万人，占比为 37.06%；广西区内务工 118.18 万人，占比为 62.94%。从增量来看，全市农村劳动力新增转移就业 77199 人，同比减少 13.35%。

（三）2023届高校毕业生就业情况

据统计，驻邕高校 2023 届毕业生为 19.60 万人，同比增长 4.78%。截至 2023 年 8 月 30 日，2023 届驻邕高校毕业生毕业去向落实率为 82.93%，比 2022 届提升 1.53 个百分点。2023 年，南宁市共吸引高校毕业生来邕留邕就业 12.2 万人，比 2022 年增加 4016 人，增幅为 3%，连续两年突破 10 万人。

（四）脱贫劳动力就业情况

截至 2023 年底，全市脱贫劳动力就业人数为 287977 人，完成目标任务（266268 人）的 108.15%。全市开发乡村公益性岗位安置脱贫人口就业 25445 人，完成目标任务（18526 人）的 137.35%。年内新认定就业帮扶车间 51 家，年底全市实有就业帮扶车间 313 家，吸纳脱贫家庭劳动力就业 5214 人。

（五）开展职业技能培训情况

2023 年，南宁市聚焦"整市推进产业工人队伍建设支持企业用工行动""技能强百企行动""职业技能培训和评价专项整治行动""打造八桂系列劳务品牌职业技能培训"等，全年开展补贴性职业技能培训 25311 人次，新增高技能人才 7152 人（其中，技师、高级技师 686 人），均完成自治区下达的目标任务。

二　2023年南宁市就业形势特点

（一）就业局势总体稳定

2023 年，南宁市未发生规模性失业现象，城乡劳动者就业总体稳定。

城镇新增就业人数、农村劳动力新增转移就业人数、脱贫人口务工人数等主要就业指标好于预期且均超额完成自治区下达任务。

（二）制造业用工需求旺盛

南宁市乃至全区经济恢复基础尚不牢固，部分中小微企业生产经营存在困难，经济发展的压力直接传导至就业领域，导致部分企业新增就业岗位减少或招工减少。从具体招工行业来看，2023年进入市场登记的招聘企业招聘岗位中，制造业占比为38.99%，居民服务和其他服务业占比为20.10%，租赁和商务服务业占比为12.90%，为市场招工需求最多的3个行业。总体来看，南宁市制造业企业招工需求旺盛，仅比亚迪（南宁）项目，2023年实际招工就达1.97万人。制造业同时是南宁市招工存在缺口的主要行业。

（三）高校毕业生总量较大

南宁市现有驻邕高校34所，占全区高校总量的40.48%（全区共84所）。据统计，近年来每届驻邕高校毕业生人数约占广西高校毕业生总人数的50%（见表2），具有高校多、毕业生多的特点，给就业工作带来较大挑战。

表2　全国、广西、南宁市2021~2023届高校毕业生数量

单位：万人

时间	全国	广西	南宁市
2021届	909	29.49	14.00
2022届	1076	38.30	18.71
2023届	1158	39.64	19.60

（四）"慢就业"现象增多

随着经济社会发展，高校毕业生、新生代农民工等群体对就业质量的期

盼提高，劳动者求职期望薪酬与企业薪酬普遍存在每月1000~1500元的差距，高质量就业难；青年人不愿意去"劳动强度"大、加班多、离家远的企业，"懒就业""慢就业"现象增多。

三 2023年南宁市就业保障工作情况

（一）抓实就业工作统筹

一是充分依托市就业工作领导小组、市农民工工作和统筹城乡就业工作领导小组等机构，常态化联动市发展改革委、工业和信息化局、教育局、退役军人局等40多个部门和15个县区、开发区，集聚工作合力，深入落实稳就业决策部署，形成分工配合、部门联动、上下齐抓的就业工作格局。二是创新组建"服务企业用工 促进农民增收"工作专班，积极用好高校毕业生就业工作专班，充分依托两个专班分别由市委副书记和市政府分管副市长担任组长的优势，专项负责"服务企业用工 促进农民增收"行动，重点促进高校毕业生来邕留邕就业。三是积极推动全市层面统筹就业工作，市委、市政府研究部署就业工作，实施就业优先战略，千方百计稳就业、惠民生，从全市层面统筹制定政策措施、促进群众就业。市委、市政府主要领导以及分管领导多次召开会议研究就业工作、做出指示批示，并经常通过听取汇报、电话督促等方式指导工作开展，确保就业局势总体稳定。

（二）抓细就业政策落地

一是落实落细上级就业政策，深入贯彻落实《国务院办公厅关于优化调整稳就业政策措施全力促发展惠民生的通知》《广西壮族自治区人民政府办公厅印发关于进一步促进充分就业增强市场活力若干措施的通知》《广西壮族自治区就业补助资金管理办法》等文件精神，联动发改、工信、财政等部门，围绕"扩、促、兜"综合施策，打出稳就业政策组合拳，形成稳定就业的强大政策推力。二是南宁市积极出台政策措施，先后印发《南宁市 2023 年"服务企业用工 促进农民增收"专项行动工作方案》《南宁市稳主体促就业惠民生攻坚行动方案》《南宁市创建全国公共就业创业服务示范城市方案》等文件，统筹部署推进全市稳就业工作，落实就业优先策略。三是持续加大资金投入力度。通过积极争取中央、自治区划拨资金，加大市财政配套投入，不断加大就业补助资金投入，保障就业政策落实。2023 年，南宁市就业补助资金收入达 5.55 亿元，直接惠及群众 33.43 万人次；为南宁市企业降低职工失业保险、工伤保险两项社会保险费人工成本 9.19 亿元，惠及企业 10.90 万家。

（三）抓优公共就业服务

一是大力推进"就业暖心·桂在行动"，组织开展"春风行动暨就业援助月""民营企业服务月""金秋招聘月"等"10+N"公共就业服务专项活动，为企业用工和群众就业搭建供需对接平台。2023 年，全市共组织线上线下招聘会 756 场，提供就业岗位 76.25 万个。二是持续推动零工市场建设发展，回应群众灵活就业诉求，探索县、乡、村多级零工市场建设，在西乡塘区、良庆区、隆安县等条件较为成熟的县（市、区）建成零工市场 8 处。2023 年，南宁市通过零工市场提供就业岗位 8.75 万个，服务群众 6.13 万人次。三是建立健全以城市为中心、覆盖城乡的服务体系，优化服务网点布局，强化设施设备配置，推动市、县（市、区）、乡镇（街道）、村（社区）四级公共就业服务平台建设，全市 26 个街道、103 个乡镇、442 个社区、1401 个行政村均建有劳动保障工作平台，配备基层就业工作人员，初步建成"城镇 15 分钟、农村 30 分钟"线下公共就业服务圈。四是探索开展全链条就业服务助力农村"稳就业、防返贫"长效机制建设改革试点工作。推动横州市、马山县、武鸣区开展试点工作，通过政府购买专业第三方服务，探索实现劳动力调查、就业需求摸排、就业岗位推送、就业人员"点对点"送工、就业技能提升、就业失业监测、就业收入监测、就业转岗跟踪等全链条就业服务。五是争创全国示范城市，2023 年南宁市被纳入全国首批"公共就业创业服务示范城市创建名单"。南宁市印发《南宁市创建全国公共就业创业服务示范城市方案》，布局开展"落实政策提质服务""健全体系支撑服务"等八大示范行动，推进全国公共就业创业示范城市创建工作。

（四）抓牢重点群体就业

对高校毕业生，深入贯彻落实《南宁市加强和改进新时代人才工作的若干措施》《关于更大力度促进大中专院校毕业生在南宁就业发展的若干政策措施》（"双23条"）精神，加大岗位支持、就业奖励、创业扶持等方面工作力度，大力吸引以大中专院校毕业生为主的青年人才来邕留邕干事创业。持续联动21个市直成员单位开展常态化对接联络服务。2023年，全市大力开展"六进校园"系列服务活动203场次，做到底数摸到位、政策进校园、招聘送上门、岗位推到人。扩大机关事业单位、"三支一扶"等招聘规模，创新开展"点对点"送工和乡村公岗专管员等招募，安排公共服务类招聘岗位超1.5万个。强化离校未就业毕业生实名制服务，通过微信、电话等途径，跟踪对接和掌握就业诉求。对脱贫家庭、低保家庭等困难毕业生"一人一策"实施帮扶。2023年底，移交南宁市的2023届离校未就业高校毕业生就业率达96.48%，帮扶就业率达90.16%，均超过自治区工作节点要求。对农民工，统筹协调劳务输出与就近就业，深化粤桂、深邕、区内劳务协作。组织"点对点"服务活动，送工上岗就业。2023年，南宁市通过专列专车等方式，"点对点"送工到岗2.74万人。推进劳务输出组织一批、就业帮扶车间吸纳一批、发展产业促进一批、实施以工代赈项目吸纳一批、鼓励返乡创业带动一批、开发乡村公益性岗位安置一批等"六个一批"工作，促进脱贫人口就业增收，全市转移就业脱贫劳动力287977人，完成自治区下达任务的108.15%。对就业困难人员，开展以就业困难人员为重点服务对象的"就业援助月"活动，组织深入摸排，加强职业指导、岗位推荐、技能培训，对通过市场渠道难以实现就业的就业困难人员，积极通过公益性岗位兜底安置，实现零就业家庭动态清零。2023年底，南宁市通过公益性岗位安置就业困难人员2587人。

（五）抓强企业用工保障

建立与企业常态联络、深挖企业岗位需求、及时保障用工促进就业的工作机制。一是积极加强人力要素保障常态服务，落实重点企业人社服务专员制度，与重点企业建立常态化服务对接机制，加强用工监测，建立重点企业缺工预警机制，有针对性地开展推荐用工、"点对点"送工服务，及时协调解决用工过程中出现的困难，为重大项目、重大企业做好招工、引才保障，实现服务企业招工与促进群众就业双赢。二是大力开展服务用工专项行动，联动发改、工信、商务等部门，常态化联络对接南宁市重点企业、重大项目，及时跟进掌握企业用工需求，实施用工专项行动，深入挖掘就业岗位，配套做好就业服务。报请市政府印发 2023 年"服务企业用工　促进农民增收"专项行动工作方案。2023 年，全市为比亚迪等 8 家重点企业送工到岗1.26 万人。

（六）抓好群众创业支持

一是制定印发《南宁市实施重点群体创业推进行动暨"邕城创业行"工作方案》，聚焦高校毕业生、农民工等重点群体，通过实施"创业环境优化""创业主体培育""创业服务护航""创业培训赋能""创业贷款扶持""金融产品助力"等"十大计划"，最大限度激发群众的创新创业动力。二是持续加强创业场地支持，进一步发挥创业孵化基地、农民工创业园的创业孵化作用，为群众创业提供便捷、低价的创业场地支持。全市现有市级创业孵化基地 24 家，吸纳就业 7329 人。全市共有马山、上林、隆安、宾阳 4 个自治区级农民工创业园，入驻企业 138 家（其中，农民工创办企业 69 家），园区内共吸纳就业 10685 人（其中，吸纳农民工就业10110 人）。三是不断加大创业融资支持力度，加大担保基金投入，在全区率先实现市本级免除反担保，破除申请创业担保贷款人员的户籍限制，并依托与财政部门、金融机构、担保公司的对接机制，大幅缩短资格审核时间。同时，还创新出台了创业启动资金政策，对应届高校毕业生创业

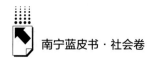

的，经评审通过，给予 1 万~20 万元的创业启动资金支持。2023 年，全市发放创业担保贷款 608 笔 7579 万元，累计发放孵化基地奖补、一次性创业扶持补贴等 1497.58 万元。

（七）抓稳职业技能培训

以就业重点群体和重点领域为抓手，不断加强职业技能培训。以就业技能培训、岗位技能培训、创业培训为主要形式，实施"4+N"职业技能培训品牌三年行动方案、整市推进产业工人队伍建设、技工院校结对帮扶乡村振兴、新业态重点联系城市职业技能培训、"八桂系列"劳务品牌职业技能培训等职业技能提升工程。2023 年，全市开展补贴性职业技能培训 25311 人次（其中，开展企业职工培训 9095 人次），完成年度指标任务的 120.5%，累计帮助各类企业解决用工 47113 人，助力稳岗就业。

四　2024年南宁市就业形势展望

2024 年是新中国成立 75 周年，是实现"十四五"规划目标任务的关键一年，随着经济回升向好，稳就业积极因素将不断显现，预计 2024 年南宁市就业形势将呈现总体向好但压力不减的特点。

（一）就业形势总体向好

国家、自治区推出的优化调整稳就业政策措施、促进充分就业增强市场活力若干措施等稳就业政策措施及红利释放产生的利好影响，持续为稳就业提供有力保障。预计 2024 年南宁市就业形势总体向好。

（二）就业结构性矛盾依然存在

供需市场上，长期存在企业招工难与群众就业难并存的情况。结构性矛盾主要体现在以下几个方面。一是求职者技能水平与企业需求不一致；二是高校毕业生、新生代农民工等群体对就业质量的期盼提高，而本地优质就业岗位供给不足；三是企业提供的薪酬待遇偏低，求职者期盼薪酬待遇偏高等。就业结构性矛盾需要通过技能培训、经济转型升级等逐步缓解。

（三）就业压力依然较大

南宁市现有就业人口（含外出就业人员）约 500 万人，就业人口总量约占广西的 1/5；全市农村劳动力资源总量为 285.38 万人，其中转移就业农民工 188 万人，转移就业总量约占广西的 1/7；脱贫人口 40.65 万人，是全国省会（首府）城市中脱贫人口最多的市；广西 2024 届高校毕业生预计达到 43 万人，再创历史新高。此外，南宁市建设面向东盟开放合作的国际化大都市、区域经济发展中心城市的吸引力日益提升，每年还面临数十万外来人口流入流出的就业压力。南宁市就业工作面临总量承压、劳动力结构复杂、就业压力较大的现状。

五　2024年南宁市就业工作重点

以习近平新时代中国特色社会主义思想为指导，深入贯彻落实习近平总书记关于广西工作论述的重要要求，坚持把稳就业提高到战略高度通盘考虑，统筹好服务实体经济高质量发展和促进高质量充分就业，突出抓好重点群体就业，着力构建政策支持、公共服务、技能培训、权益保障、监测预警"五大体系"，全力稳就业促发展，确保南宁市就业大局总体稳定。

（一）进一步落实就业优先政策

大力推动国家关于优化调整稳就业政策措施全力促发展惠民生、自治区关于进一步促进充分就业增强市场活力若干措施和南宁市就业政策落到实处；持续推动惠企政策落地生效，保障援企稳岗政策落实，全面减税降费，缓解中小微企业经营压力，促进企业稳岗拓岗；积极落实好市委、市政府关于就业工作具体部署要求，按计划稳步推进就业工作，跟踪落实好各项就业工作目标任务，特别是将城镇调查失业率控制在自治区要求的范围内。

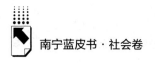

（二）进一步加强公共就业服务

广泛开展公共就业服务，增加招聘会频次，搭建供需对接平台，积极促进就业；加强与比亚迪等重点企业常态化对接，继续做好宣传引导、强化招聘、送工上岗，推动服务企业用工、服务产业发展和服务群众转移就业增收等工作协调联动、提质增效；探索开展全链条就业服务助力农村"稳就业、防返贫"长效机制建设，推动横州市、马山县、武鸣区开展试点工作；打造一批"家门口"就业服务站，更好地满足困难群众"就近办、马上办"需求，推动就业服务延伸至企业和群众家门口。

（三）进一步加强重点群体帮扶

继续做好重点群体就业帮扶，分类细化政策措施，全力稳住就业基本盘。持续强化常态化对接联络服务驻邕高校工作机制，扎实推进2024届高校毕业生就业服务行动；持续深化粤桂、深邕、区内劳务协作，指导试点县区开展全链条就业服务工作，开展防止返贫就业攻坚行动，为农村劳动力提供岗位推送、劳务输出等服务，稳定农民工，特别是脱贫人口务工规模；统筹做好就业困难人员等就业帮扶工作。

（四）进一步保障企业用工

要全面谋划部署，联动服务企业用工和促进群众就业，依托引进项目（企业），充分挖掘就业岗位，创造就业机会，积极引导和服务本地群众就地就近转移就业，实现企业用工满足和群众就业增收双赢。同时，要立足本地产业发展实际，找准本地经济发展重点行业、重点企业，长远谋划、系统布局、深入推进职业技能培训工作，造就一批适应本地产业发展的技能人才队伍，推动就业结构性矛盾等突出问题解决，助推群众实现高质量充分就业。

（五）进一步加强职业技能培训

深入落实"技能广西行动"，在全市范围内开展"4+N职业技能品牌建设行动"，建立以新能源汽车、电子信息、家政服务、新领域新业态四个领域技能人才培养为重点，以地方特色产业技能人才为补充的急需紧缺产业技能人才培养体系，进一步促进稳岗就业。重点推进"八桂家政""八桂建工""八桂米粉师傅"等八桂系列劳务品牌建设，支持鼓励各县区结合当地产业特色，积极参与特色专业开发建设，开发一批具有乡村特色的培训项目。

B.6
2023～2024年南宁市文化事业发展状况分析及展望[*]

赵文思[**]

摘　要： 2023年，南宁市以党建引领文化事业高质量发展，推动新时代首府文化文艺繁荣兴盛，推动全民共享文化艺术成果，大力弘扬中华优秀传统文化，传播中国声音，讲好南宁故事，推动首府文化事业持续发展。2024年，南宁市坚持深入学习贯彻习近平新时代中国特色社会主义思想，加大文化惠民力度，推进文艺精品创作，打造提升文化品牌，开展"文化润景"行动，保护传承非物质文化遗产，加强历史文化资源保护和活化利用，深化文化交流合作，建设高素质文化人才队伍，为南宁市加快建设面向东盟开放合作的国际化大都市贡献文化力量。

关键词： 文化事业　文化惠民　文化品牌

　　2023年，南宁市坚持以习近平新时代中国特色社会主义思想为指导，全面贯彻落实党的二十大精神，深入学习贯彻习近平文化思想，深入贯彻落实习近平总书记关于广西工作论述的重要要求，坚定文化自信，以2023南宁市文化旅游提升年为抓手，繁荣发展文化事业，大力弘扬中华优秀传统文化，讲好中国故事南宁篇章，为助推首府高质量发展提供强大精神动力和文化支撑。

---

　　*　本报告数据均来自南宁市文化广电和旅游局。
　　**　赵文思，南宁市文化广电和旅游局三级主任科员。

一　2023年南宁市文化事业发展状况

（一）强化理论武装，以党建引领文化事业高质量发展

一是深入学习实践习近平文化思想，切实担负起新的文化使命。坚持不懈用习近平新时代中国特色社会主义思想凝心铸魂，坚持"第一议题"制度，把习近平文化思想纳入党组理论学习中心组重要学习内容，深刻领悟"两个确立"的决定性意义，坚决做到"两个维护"，深入学习实践习近平文化思想，自觉担负起推动文化繁荣发展、建设文化强国、建设中华民族现代文明新的文化使命。

二是坚持党对文化工作的全面领导，为担负起新的文化使命提供坚强政治保证。坚持把党的政治建设摆在首位，深入学习贯彻落实党的二十大精神，牢牢把握"学思想、强党性、重实践、建新功"的总要求，扎实开展习近平新时代中国特色社会主义思想主题教育活动，聚焦用党的创新理论武装全党、教育人民，全力推动习近平新时代中国特色社会主义思想在文广旅系统落地生根、开花结果。

三是深入贯彻落实习近平总书记关于广西工作论述的重要要求。深刻领会习近平总书记广西考察时的殷切嘱托，把铸牢中华民族共同体意识作为全市文化工作的主线，结合南宁市文化资源特色优势，以科学思路方法谋创新、破难题，推动文化繁荣发展，推进基本公共文化服务均等化，推出更多精品力作，加强传统文化遗产与红色文化遗产保护传承，努力在推动地区民族团结和文化高质量发展上展现首府更大作为。

（二）坚持守正创新，推动新时代首府文化文艺繁荣兴盛

一是大型文化活动精彩纷呈。创新融合，擦亮文化品牌，首次将"壮族三月三"和南宁国际民歌艺术节融合举办，开展2023年"壮族三月三·八桂嘉年华"暨第24届南宁国际民歌艺术节系列活动，包括"大地飞歌·

2023"、民歌路演活动、"爱在南宁"相亲大会、绿城音乐节、"绿城歌台"及文旅集市等190多场活动，有力扩大了南宁市城市文化影响力。2023年12月5日至10日，南宁市举办首届中国—东盟（南宁）文化月暨第十届中国—东盟（南宁）戏剧周，汇聚了新加坡、越南、泰国、柬埔寨、缅甸5个东盟国家10个戏剧团体的11部剧目，以及国内22个戏剧团体的31部大中小型剧目，包括中国的京剧、滇剧、昆剧、豫剧、晋剧以及泰国的孔剧，越南的木偶剧、嘲剧，柬埔寨的诺拉舞等20余个优秀剧种，通过不同剧种跨越时空的对话，生动演绎了中国与东盟国家"和而不同 美美与共"的文化交流理念。

二是精品剧目创作硕果累累。聚焦时代，聚焦主题，着力"出精品、出人才、出效益"，创作出一批反映时代精神、民族特色的优秀作品。创作精品现代邕剧《梁小霞》，并将抗疫英雄梁小霞的先进事迹立于舞台。组织邕剧《骄傲的画眉鸟》申报第九届全国儿童剧展演并成功入选，成为全区唯一入选的作品。组织推进"广西有戏品牌"三年行动计划，重点扶持邕剧《天香》创作。开展邕剧《小宴》《未央宫》《百鸟衣》打磨提升工作，复排传统大型粤剧《伦文叙传奇》《关汉卿》，打造精品剧目，传承地方戏曲经典。

三是舞台艺术创作喜获佳绩。推动"南宁春锣"等一批南宁地方濒危曲种重新登上舞台并参加第四届广西曲艺展演，获得最佳节目等5项荣誉，获奖数量位列全区第一。《炮龙小子》《民族团结花盛开》《今天是你的生日》等多个节目荣获第十二届广西音乐舞蹈比赛表演及创作一、二、三等奖，其中2名演员获声乐演唱三等奖。舞蹈《炮龙小子》入围2024年中央电视台春节联欢晚会备选节目。原创少儿舞蹈《呀！花竹帽》荣获2023年"红绣球"首届广西少儿舞蹈创作作品展演暨第十二届"小荷风采"全国少儿舞蹈展演广西推选活动"红绣球之星"。舞剧《山水之约》、邕剧《天香》等精品剧目入选"广西有戏"三年行动扶持计划重点选题，舞剧《山水之约》、歌舞剧《甜蜜的事业》入选文旅部精品创作重点选题。

四是戏曲人才培养多措并举。积极实施粤剧国家级传承人冯杏元记录工程，运用数字化手段记录、传承地方戏曲的精湛技艺。深入实施名师授徒、名师传戏工程，邀请粤剧表演艺术家欧凯明、苏春梅、琼霞等到南宁设立艺术工作室及收徒传艺，欧凯明传授黄俊成、刘希瑛粤剧《关汉卿》，琼霞传授姚艳、吴东梦粤剧《伦文叙传奇》。通过开展名师授徒、名师传戏工程，着力推动"以戏出人"。开展"我是邕剧小传人"研学活动，600 名小学生来到邕州剧场，体验、学习邕剧艺术，成为地方戏曲的小传人。

（三）坚持文化惠民，推动全民共享文化艺术成果

一是深入实施文化惠民工程。扎实推进为民办实事项目，南宁市 14 家图书馆、13 家文化馆和 102 家乡镇文化站以及 4 家博物馆、纪念馆全部实行免费开放。开展"送戏下基层"演出 400 场、"送戏进校园"演出 129 场、"传统戏曲、精品剧目进校园"演出 25 场，惠及群众约 20 万人，演出完成率达 100%。扶持乡村社区业余文艺队 213 支，共开展演出 5749 场，惠及群众 223 万人次，演出完成率达 100%。开展南宁市濒危剧种免费或低价演出工作，扶持邕剧、师公戏、丝弦戏 3 个剧种免费或低价演出 300 场。举办 2023 年"我们的中国梦——文化进万家"春节文艺系列惠民演出、"非遗过大年 文化进万家"系列活动。春节期间，开展邕剧粤剧贺新春展演、非遗来拜年、非遗年货大集市、非遗直播家乡年、"非遗在公园"欢乐闹元宵等活动 50 余场，营造喜庆祥和的节日氛围，惠及群众 70 多万人。

二是广泛开展群众文化活动。紧扣重要节点，组织开展南宁市元宵喜乐会、新春文艺演出暨百家宴、南宁市民文化艺术节等线下活动 70 场，"邕城物语"等书画展 32 场，"我家乡的年味"随手拍、"群文艺术空间·微展厅"等线上活动 50 场，丰富了群众的精神文化生活。以民歌湖大舞台为阵地，组织开展 2023 年南宁民歌湖大舞台周周演群众文化活动，通过重大节庆演出、文艺赛事、县区专场、区内外精品演出、全民艺术普及课堂、优秀电影展播等活动形式，实现"周周有活动 月月有精品"。以唐人文化园为阵地，组织开展百家宴、主题音乐会等文旅融合活动，将公共文化融入社区、融进商圈，促进演艺、文创、零售、旅游等多业态融合。

三是营造全民阅读的良好氛围。围绕重大主题、传统节日和重要时间节点，通过线上线下相结合的方式，开展壮乡非遗、"绿城讲坛·礼韵书香润万家"中华家风系列讲座、绿城外语角、图书馆奇妙夜及线上知识竞答、悦阅会等阅读活动700余场，通过各类阅读活动引导大家多读书、读好书、善读书，推动形成全民阅读的浓厚氛围。结合阅读推广主题活动，推动阅读进社区、进校园、进乡镇。2023年，全市累计开展"书香飘万家 阅启新征程"广西亲子阅读系列活动、外来务工人员阅读推广主题活动、汽车图书馆进校园等30余场。关注少儿阅读，积极开展"童阅森林"系列、"润物有声"原创经典书目有声阅读活动，举办"森林课堂"家庭教育主题讲座以及"森林课堂·玩转成语""童阅舞台""童阅导读"等各类阅读推广活动。

四是推动全民艺术普及。阵地培训项目多样化，提升公共文化服务吸引力。南宁市以群众需求为向导，以群众艺术馆、文化馆为阵地，开展公益艺术培训，累计开设舞蹈、时装、化妆、器乐、美术、书法等33个培训项目共228个班级，累计培训5400余人次。公益培训联盟化，增强公共文化服务"磁力场"。南宁市群众艺术馆联合市内10家社会培训机构，组建了公益培训联盟，累计开设18个培训项目共126个班级。根据群众文化需求，建立邕城市民艺术夜校，实现需求与服务的最优匹配，累计开设戏剧表演、形象设计等26个班级。开展邕城百姓讲堂、"与明星同唱"百姓歌圩活动，为群众搭建艺术课堂，进一步增强群众的文化获得感和幸福感。举办为期一个月的"大地欢歌"广西乡村文化活动年暨2023年5·23广西全民艺术普及月活动，20多项集中展示活动均为近年来南宁市打造的全民艺术普及特色活动和示范性活动，有效提升了全民艺术普及活动影响力和感染力，推动公共文化艺术覆盖城乡、惠及全民。

（四）赓续传统文脉，大力弘扬中华优秀传统文化

一是深化各民族文化交往交流，构筑中华民族共有精神家园。开展丰富多彩的民族节庆活动，壮族"三月三"期间，举办全面贯彻落实党的二十大精神、建设铸牢中华民族共同体意识示范区——2023年"潮起三月三"、

民族服饰展秀系列文旅活动，特邀来自内蒙古、云南、海南、湖南及广西艺术学院合唱团、越人合唱团等区内外优秀合唱团队同台演绎，进一步扩大了广西民歌文化的影响力。南宁市联合呼和浩特、乌鲁木齐、银川、拉萨的文联、群众艺术馆、文化馆、美术协会、图书馆等共同推出"石榴结硕果和美新时代——民族地区五城市美术作品交流展"，以南宁市为起点，在5个城市开展跨省交流巡展活动，共展出来自5个少数民族地区的100幅美术作品，有力有效促进各民族的文化艺术交流，推动铸牢中华民族共同体意识走深走实。

二是传承发展民族优秀文化，非物质文化遗产保护成效显著。深入挖掘和保护具有民族文化特色的非遗代表性项目，新增28项市级非遗代表性项目、32名市级非遗代表性传承人。25项非遗代表性项目入选第九批自治区级非遗代表性项目，涵盖民间文学、传统舞蹈、曲艺、传统体育游艺与杂技、传统技艺、传统医药、民俗等类别，入选总数为全区第一。截至2024年3月，南宁市自治区级非物质文化遗产代表性项目由159项增加至184项，项目总数为全区第一。举办2023年"文化和自然遗产日"非遗宣传展示活动，包括启动仪式、非遗图书展、非遗小课堂、"非遗在校园"成果展等，其中首届非遗读书周包括来自南宁市24所小学的40多名教师和300多名学生以及15位非遗代表性传承人参加。举办"旗美邕城·耀闪八桂"国家级非遗中国旗袍文化艺术盛典活动，将优秀的非遗文化搬上舞台、请上街头，为传统艺术瑰宝提供展示平台。

三是加强文物保护利用，积极申报国家历史文化名城。编纂《南宁历史人物》《南宁石刻》《南宁文物》《南宁文化图典》《南宁建制史》等历史文化丛书。组织实施革命文物修缮工程，完善周家坡古建筑群保护规划，加快"三街两巷"二期、中山路等历史文化街区改造工作，修缮保护新会书院、两湖会馆、南宁商会旧址、邕宁电报局旧址等，组织开展望火楼、皇姑坟、魁星楼、杨美举人屋等不可移动文物的抢救性维修和养护工作，持续推进顶蛳山国家考古遗址公园建设。做好文物征集、保护工作。2023年，南宁博物馆共征集藏品360余件/套，接收南宁吴圩机场海关移交的29枚涉案古钱币，完成 28 件/套藏品的保护修复工作，与广西壮族自治区博物馆合作完成 6 件/套铜鼎、铜壶、铜镜等青铜器的保护修复工作。南宁市顶蛳山遗址博物馆共征集文物 101 件，进一步丰富了馆藏藏品类别和数量。

四是丰富博物馆陈列展览，完善特色博物馆体系。稳步推进毛主席接见广西各族人民纪念馆陈列布展提升项目，持续开展南宁骑楼文化博物馆、古邕州记忆陈列馆建设。2023 年，南宁博物馆共举办 10 个不同类型的展览，涵盖民族民俗、古代宫廷艺术、摄影绘画、历史文物等内容。其中，原创展"意象——中国西南少数民族服饰审美及其当代重塑"（展出时间为 2022 年 12 月 30 日至 2023 年 6 月 30 日），共吸引 50 万名观众参观，有近 400 万人在线上观看展览视频，展览海报荣获"2022 年中国博物馆美术馆海报年度十佳"。加强与国内一流博物馆合作，共同举办国内知名度较高、影响力较大的文物精品展，如与湖南博物院举办的"无极——长沙马王堆汉墓文物精品展"、与沈阳故宫博物院举办的"皇朝的崛起——沈阳故宫藏清代宫廷珍品展"、与北京市颐和园管理处举办的"御苑藏珍——颐和园藏精品文物展"。举办 2023 年"5·18 国际博物馆日"广西主会场活动，策划南宁地铁三号线"国际博物馆日"活动专列，通过主题研讨、公益研学体验、亲子互动等主题活动，演绎文物背后的故事，让文物真正活起来。

（五）秉持开放包容，传播中国声音讲好南宁故事

一是面向东盟开放合作，打造文化交流品牌。为推动中国与东盟文明互鉴、合作共赢，2023 年 4 月 22 日至 28 日，南宁市策划实施首届中国—东盟（南宁）非物质文化遗产周，来自中国 25 个省（区、市）和 8 个东盟国家共 150 多项非物质文化遗产代表性项目、近 500 名非遗传承人及专家学者相聚绿城，开展桂粤港澳非遗创新作品展、中国—东盟非遗交流座谈会等系列活动，15 家成员单位加入中国—东盟非物质文化遗产合作交流机制，活动参与人数达 7 万余人，央视新闻客户端、《光明日报》、中国新闻社、《中国文化报》、《中国旅游报》及环球时报、柬埔寨新闻观察、菲律宾文化中心等国内外主流媒体参与报道。2023 年 9 月 16 日至 19 日，南宁市举办"同

心筑梦·共享未来"2023年中国—东盟青少年文化艺术交流周,来自韩国果川市、越南海防市等国际友好城市的近100名青少年相约中国,会聚南宁,以"国际性、创新性、交流性、艺术性"为主要特色,以"国际元素、中国文化、绿城特色"为表现内容,为各国优秀青少年搭建跨文化交融新平台,拉近中国青少年与"一带一路"共建国家青少年之间的距离,深化与东盟人文交流。

二是搭建国际交流平台,推动多元文化交融发展。充分发挥南宁博物馆作为"文化会客厅"的作用,积极推动中外文明交流互鉴,邀请6位来自德国柏林的艺术家及5位中国艺术家在南宁市等地采风写生,写生的创作成果及艺术家的代表作形成"邂逅八千里——中德艺术交流展"。成立"南博国际艺术交流中心",并举办"际遇·无极——油画雕塑艺术展",发挥南宁博物馆在对外文化交流中的作用,为国际艺术家提供研究、创作、展示、交流的平台。

三是深化桂粤、桂台交流合作,加强文化互动。充分利用海峡旅游博览会、海峡两岸旅行商大会的平台,组织文旅相关部门及企业赴厦门、安徽参展、参会。开展"中国绿城 老友南宁"专题旅游推介活动,宣传展示首府文化旅游资源,推进海峡两岸及港澳地区文化旅游业界交流合作。积极开展"港澳青年看祖国·走进壮美广西——大湾区青年文化之旅"活动,带领粤港澳大湾区青少年到三街两巷历史文化街区感受老南宁独特风韵,增进民族文化认同。

二 2023年南宁市文化事业发展存在的问题

(一)公共文化资源投入不均衡

公共文化供给主体和服务相对单一,如部分基层图书馆服务多以文献借阅为主,读者活动内容不够丰富,服务拓展空间较小。部分县区由于缺乏常规性投入保障,场馆仅能保持最基本的借阅开放服务,服务水平有待提升。

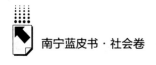

南宁蓝皮书·社会卷

（二）文物保护、非遗传承等方面专业人才配备不足

市、县两级文物保护专业人才匮乏，非物质文化遗产保护工作队伍不同程度存在缺编制、缺专业人才的问题。南宁市文物点多面广，县区文物保护专业技术人员较少，特别是文物修复、古建筑修缮、文物保护工程等专业人员极为短缺，难以适应文物修缮和科学保护的需求。

三 2024年南宁市文化事业发展展望

2024年，要坚持以习近平新时代中国特色社会主义思想为指导，全面贯彻落实党的二十大精神和习近平总书记关于广西工作论述的重要要求，完整、准确、全面贯彻新发展理念，加快构建新发展格局，以铸牢中华民族共同体意识为主线，围绕建设面向东盟开放合作的国际化大都市中心任务，繁荣发展文化事业，加快建设文化强市。

（一）深入学习贯彻习近平新时代中国特色社会主义思想

深刻领会习近平文化思想，深入贯彻落实习近平总书记关于广西工作论述的重要要求，牢记习近平总书记"解放思想、创新求变、向海图强、开放发展"的殷切嘱托，坚定文化自信，铸牢中华民族共同体意识，推进群众文化深入社区、深入乡村，扎根基层，推进民族团结进步，逐步缩小城乡差距、区域差距、民族差距。

（二）加大文化惠民力度

扎实开展为民办实事项目，实施文化惠民工程，持续开展送戏下基层进校园、扶持乡村社区业余文艺队活动，推进公共文化场所免费开放。精心筹备、开展庆祝中华人民共和国成立75周年系列文化活动。大力开展南宁民歌湖大舞台周周演、"老南宁·三街两巷"历史文化街区公益演出等群众文化活动。推进全民艺术普及，做好南宁市"文化志愿春风行"、"百姓歌圩"、百姓讲堂、邕城市民艺术夜校等文化服务工作，扎实推广全民阅读活动。建设新型公共文化空间，推动公共文化服务数字化发展，推进各级各类公共文化设施智能升级，盘活村级公共文化服务中心等公共资源。推进南宁市图书馆星光分馆改造、智慧图书馆（二期）项目建设与"南宁印记"主题馆建设。

（三）推进文艺精品创作

全力做好舞剧《山水之约》、邕剧《天香》等大型剧目的排演工作，拟于2024年首演；提升话剧《大山壮歌》《三街两巷》《红色记忆》等原有剧目的舞台效果；策划粤剧《此心安处是吾乡》、话剧《西津明珠》。做好反映新时代壮美广西、首府各族群众大团结大发展的小戏小品创作工作。开展纪录片、广播剧以及原创歌曲、融媒体产品等题材创作，重点推出广播剧《安家》《一片丹"芯"照汗青》，纪录片《筷意东南亚》。国家及自治区定期在南宁市举办各类重大文艺展演活动，如纪念西南剧展80周年暨第八届全国话剧优秀剧目展演、第十二届广西剧展。

（四）打造提升文化品牌

重点打造提升2024年"广西三月三"、南宁国际民歌艺术节系列活动、桂粤港澳—东盟群众文化活动周、中国—东盟青少年文化艺术交流周、邕州剧场地方戏曲月月演、"邕州神韵"新会书院地方戏曲周周演等活动品牌。举办"绿城歌台"群众文化活动、"相约民歌湖畔·共眷天下民歌"大型民歌专场、"石榴结硕果·和美新时代"民族地区五城市美术作品交流展等品牌活动。

（五）开展"文化润景"行动

持续做好文艺演出进剧场、进商圈、进景区、进电影院的"四进"工作，在南宁之夜、青秀山风景区等市内重点旅游景区开展驻场文艺演出，支持博物馆、图书馆、文化馆等文化场馆开展驻场演出。以"演艺+旅游+赛

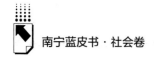

事+商业"的方式，组织实施"老友相约 乐游南宁"文化旅游进商圈活动，组织举办形式多样的文旅体商联合促消费活动，全年举办200场以上文艺先锋队进商圈文艺演出活动。持续发展旅游演艺事业，开展老南宁·三街两巷历史文化街区人民剧院《遇见邕城》驻场系列演出项目。

（六）保护传承非物质文化遗产

组织开展第六批国家级非遗代表性项目、第九批自治区级非遗代表性传承人申报工作，健全国家、自治区、市、县四级代表性项目名录体系。重点发展南宁老友粉制作技艺，积极申报国家级非遗项目。扶持5~10个代表性非遗项目或传承基地，建立传承场所和传承队伍。加快推动建设南宁市非物质文化遗产馆。建设一批广西非遗形象体验店、广西非遗美食体验店。举办中国—东盟（南宁）非物质文化遗产周、"文化和自然遗产日"、2024年民族服饰展秀、"非遗过大年 文化进万家"、2024年"南宁礼物"活动。

（七）加强历史文化资源保护和活化利用

积极申报国家历史文化名城，制定顶蛳山遗址公园保护规划，加快出版南宁历史文化丛书。做好全国第四次不可移动文物普查工作，开展文物安全巡查，积极开展市级未定级不可移动文物保护范围和建控地带的划定工作，修缮保护冬泳亭、徐汉林烈士陵园和桂南战役阵亡烈士纪念亭等革命文物。丰富博物馆业态，推动南宁博物馆争创国家一级博物馆，抓好老南宁记忆博物馆、骑楼博物馆的开放运营工作，鼓励非国有博物馆发展。

（八）深化文化交流合作

推动中国—东盟跨境文化深度合作，举办中国—东盟（南宁）文化月、中国—东盟（南宁）戏剧周等对外文化活动，赴境外参与"你好！中国"、中国文化周等相关活动，组织艺术院团、文旅企业赴越南等东盟国家开展"文化走亲东盟行""老友南宁旅游大篷车"活动。突出向海发展、向海图强，推动中国和东盟国家文化领域合作向纵深发展。

（九）建设高素质文化人才队伍

加快建设文广旅行业专家智库，加强对南宁市文广旅行业专家智库管理，制定出台专家智库建设管理制度，实行动态管理。深化国有文艺院团改革，培养优秀艺术人才，选拔一批人才到国内著名艺术院校深造，做好"名家传戏、收徒传艺"等相关平台建设。组织开展南宁市文旅融合高质量发展专题培训、全市导游员素质能力提升培训、执法队伍和行业队伍技能培训、红色故事讲解员选拔。

B.7
2023~2024年南宁市体育事业发展状况分析及展望

张宗千*

摘　要： 2023年，南宁市加快建设体育强市，推进群众体育、竞技体育、体育产业等全面协调、高质量发展，举办多项重大体育赛事，推动全民健身与全民健康深度融合，提升竞技体育综合实力，培育体育产业增长新动能。但体育事业发展还存在公共体育资源分配不够均衡、竞技体育基础不够牢固、体育产业结构有待优化等问题。2024年，南宁市将以创建国家级全民运动健身模范市为抓手，以构建更高水平的全民健身公共服务体系为出发点、落脚点，写好后学青会时代文章，加快建设体育强市，推动体育事业高质量发展。

关键词： 体育强市　全民健身　体育产业　南宁市

　　2023年，南宁市坚持以习近平新时代中国特色社会主义思想为指导，全面贯彻落实党的二十大精神，深入贯彻落实习近平总书记关于广西工作论述的重要要求，以及关于体育的重要论述，围绕市委、市政府中心工作，以及南宁市加快建设面向东盟开放合作的国际化大都市的新使命新定位，加快建设体育强市，推进群众体育、竞技体育、体育产业等全面协调、高质量发展，为推动新时代南宁现代化建设开好局、起好步，贡献体育力量。

---

* 张宗千，南宁市体育局办公室副主任。

一 2023年南宁市体育事业发展状况

（一）高质量举办多项重大体育赛事

1.举办第一届全国学生（青年）运动会（以下简称学青会）

坚决贯彻落实自治区主要领导"把活力性、时代性、成长性贯穿筹办工作全过程各方面""既要办赛精彩，也要参赛出彩"的指示精神，围绕"逐梦新时代　青春更精彩"主题，坚持"绿色、共享、开放、廉洁"的办赛理念，力争实现"简约、安全、精彩"的办赛目标。全市共投入2万多人服务相关赛事，圆满完成开闭幕式、南宁站火炬传递、南宁赛区23个项目服务保障等工作任务，得到各级领导、各参赛队伍、社会各界的高度评价，收到各类感谢信2157封、锦旗39面。成立南宁市体育代表团，共634名运动员参加34个大项、42个分项、231个小项比赛，获得金牌38枚、银牌27枚、铜牌32枚，破4项世界青年纪录。

2.服务环广西公路自行车世界巡回赛（南宁站）赛事

环广西公路自行车世界巡回赛时隔3年强势回归，中国国家队首次参赛。南宁市共有南宁城市赛段、南宁—弄拉景区赛段（约300公里）。其中，南宁—弄拉景区赛段共设置3个冲刺点、1个三级爬坡点和1个一级爬坡点，是环广西难度最大、最为关键的赛段，被誉为"皇后赛段"。经过角逐，珍宝—维斯玛车队的奥拉夫·库伊获得南宁城市赛段冠军；珍宝—维斯玛车队的米兰·维德获得南宁—弄拉景区赛段冠军，中国队苏浩钰勇摘该赛段敢斗奖。比赛期间，现场观赛人数超过30万人次，"皇后赛段""顶峰观赛位"火出圈。通过举办世界顶级赛事，南宁市民群众"在家门口看世界顶级大赛"的愿望得以实现；高质高效的组织工作、优美整洁的城乡环境、文明热情的社会风尚赢得了各方的赞赏，实现了"办好一场比赛，让人爱上一座城"的目标。

3.成功举办第十五届南宁马拉松比赛暨第三十八届南宁解放日长跑活动

南宁马拉松比赛是时隔3年后重启的本土马拉松赛事，赛事共设置马拉松（42.195公里）、半程马拉松（21.0975公里，分公开组和居民组）、10

公里跑、4公里健康跑、健身走（2公里）5个项目，共吸引埃塞俄比亚、新加坡、法国等10多个国家和地区的近7万名选手参赛，通过随机抽签确定参赛选手3万人，其中年纪最大的已82岁，年纪最小的不满1岁，实现了全年龄段覆盖，是历届"南马"赛事最大规模。经过角逐，来自埃塞俄比亚的阿贝贝·提拉胡恩·赛米、德乐乐·比祖乐米·切克莉分别获得马拉松男子、女子冠军，沃克·塞玛库·西恩特、阿娜乐梅·特内比伯·思加分别获得半程马拉松公开组男子、女子冠军；国内选手明定邦、张冬淑分别获得半程马拉松居民组男子、女子冠军，安振、阮世颖分别获得10公里跑男子、女子冠军。沿途提供矿泉水、能量饮料、香蕉、圣女果、沙糖橘、柚子、火龙果以及蛋黄酥、油茶、酸嘢等特色补给成为此次赛事的一大亮点。赛事期间，配套举办了南宁体育产业博览会等活动，参展商达34家，吸引了6万多人参展、观展，带动餐饮、住宿、交通、文旅等产业发展，促进文体旅商深度融合。

4. 圆满举办中国—东盟国际皮划艇公开赛

重启国际体育赛事，南宁市举办2023年中国—东盟国际皮划艇公开赛，以"体"为媒搭建交流合作桥梁。赛事设置专业组、大众组、绿城组三大组别，其中专业组设置皮艇和划艇200米直道竞速、6公里长距离赛4个竞赛项目；公开组和绿城组则设置了皮艇200米直道竞速、3公里长距离赛两个竞赛项目。共吸引来自越南、柬埔寨、泰国、印度尼西亚、印度、斯里兰卡、尼日利亚等11个国家以及国内各地皮划艇专业运动员、业余爱好者300多人参赛。

（二）推动全民健身与全民健康深度融合，积极构建更高水平的全民健身公共服务体系

1. 落实全民健身设施补短板工程，让群众健身更便捷

全年中央、自治区、南宁市三级共投入资金2.41亿元，建设体育场地和设施项目155个；狮山公园体育公园、花卉公园体育公园、柳沙体育公园、北投体育公园、北投安吉体育公园、北投明月岛体育公园6个体育公园投入使用；规划建设口袋公园（社区公园）18个，其中仁和路奥园名门口袋公园、碧桂园雍璟台口袋公园、安华口袋公园、悦宁口袋公园已建成并投入使用；完成健身步道建设1230.55公里，超额完成自治区体育局下达的建设任务。体育场地统计调查系统（2023版）显示，全年全市新增体育场地面积80多万平方米，人均体育场地面积达到2.55平方米。

2. 组织形式多样的全民健身活动，营造浓厚的全民健身氛围

完成"农垦杯"第七届广西万村篮球赛暨广西社区运动会（南宁赛区）比赛、2023年"潮动三月三·民族体育炫"系列活动、"全民健身日"主题活动等办赛任务。组队参加了广西壮族自治区"三月三·民族体育炫"系列活动、广西壮族自治区第三届全民健身运动会、广西第十六届"拔群杯"篮球赛等赛事活动。举办了南宁龙舟公开赛、畅游邕江全民健身活动、体育黄金联赛、"酷动先锋"南宁城市运动系列挑战赛等各类赛事活动，覆盖不同领域、不同行业、不同年龄段的人群。

3. 丰富全民健身服务供给，满足群众日益增长的健身需求

积极推动体卫融合，开展国民体质测试、科学健身指导志愿服务、健康知识进校园活动等，为市民群众提供科学、专业的健身指导服务，受益群众近万人。健全各级各类体育协会和俱乐部，壮大基层全民健身组织，2023年新增体育社会组织21个，全市共有单项体育协会、俱乐部410个。

（三）坚持强基固本赋能，提升竞技体育综合实力

1. 深化体教融合，促进青少年健康成长

不断提升青少年的健康素质和体育素养，进一步完善青少年赛事体系和体育公共服务，着力强化竞技体育后备人才培养。认真贯彻落实"3126"[①]计划，2023年兴宁区、良庆区、邕宁区、高新区、经开区完成"3126"计划。2023年，全市在册运动员共8008人。

---

① 所辖县（市、区）在学校布局3个以上运动项目，每个项目至少在1所高中、2所初中、6所小学布局。

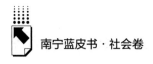

2.积极向上输送运动员，为体育强区建设贡献力量

实施教练员"强将"和运动员"尖子"工程，以办好学青会和备战第十六届区运会为契机，举办2023年训练效果展示活动、南宁市青少年阳光体育大会、"迎学青会"和"奔跑吧·少年"系列赛事活动等，为青少年运动员提供了展示舞台，培养储备一批优秀运动员。2023年，南宁市向自治区各优秀运动队输送243名优秀运动员，超额完成年度输送60人的目标任务，培养输送的运动员在国际国内大赛中争金夺银。

3.打造高水平自主IP赛事，擦亮首府体育名片

成功举办中国—东盟国际皮划艇公开赛、南宁龙舟公开赛、南宁马拉松比赛等，以及服务2023年广西文化旅游发展大会，举办"水动邕江"嘉年华、城市酷动先锋系列赛事活动、"舞动绿城·邕抱未来"亚洲体育舞蹈文化艺术展演活动、中国·东盟国际羽毛球公开赛及系列配套活动。

（四）推动体育产业发展，培育经济增长新动能

1.优化营商环境，助力企业发展

服务跟踪引导临规企业上规入统，2023年新增体育服务业入统企业1家（广西金悦体育赛事运营有限公司），全市体育行业其他营利性服务业规上企业达到8家。帮助体育企业解决融资难题，2023年共有5家体育企业获得"体育贷"，合计7030万元。配合完成全国体育产业工作会议相关工作，成功举办迎学青会"青春飞扬 激情活力"文体旅商促消费活动。全年体育彩票累计销售15.69亿元，同比增长50%，超额完成年度6亿元销售任务，新增公益金约3.5亿元。

2.持续打造产业示范项目，丰富产品服务供给

推荐40个项目申报国家、自治区体育产业品牌，获批国家级品牌称号5项、自治区级品牌称号4项。其中，南宁马拉松比赛暨南宁解放日长跑活动入选中国体育旅游精品赛事，宾阳县炮龙节入选中华体育文化优秀节庆项目，南宁大明山户外体育旅游线路同时入选中国体育旅游精品线路及十佳体育旅游精品项目，南宁市顶蛳山汽车营地被授予"全国汽车自驾运动营地"

称号。马山县乔老河乡村体育休闲精品线路和大明山揽胜山地户外体育旅游精品线路入选广西"三月三""五一"体育旅游精品线路,马山县乔老河乡村旅游体育休闲精品线路和上林县世界长寿乡体育养生旅游精品线路入选广西体育旅游精品线路。广西体育中心获评2023年广西体育综合体,南宁万象城获评四星级商业中心型体育综合体,广西旅发南国体育投资集团有限公司获评体育产业示范单位。目前,全市体育产业项目累计获得国家级品牌称号29项、自治区级品牌称号56项。

3. 严抓行业安全生产,加强经营高危险性体育项目场馆监管

规范管理,指导督促经营高危险性体育项目场所及时办理许可证件。开展经营高危险性体育项目排查、"双随机、一公开"检查及专项检查,举办经营高危险性体育项目管理工作培训班。全市经营高危险性项目场所(包含攀岩、潜水、游泳)数量为478家,2023年度在营业404家,其中,已取得许可证的高危体育场所有389家,未办证的有15家,办证率达96.3%。

(五)加强宣传阵地建设,抓好体育宣传工作

1. 搭建主流媒体平台,展示南宁体育成果

加强与各级媒体深层次合作,与南宁日报社签订合作协议开展常态化宣传。年度工作展示视频《办人民满意的体育 加快建设体育强市》在南宁日报社户外电子大屏及其微信视频号、今日头条号、抖音、微博等新媒体网络信息平台播出。全年南宁市体育工作得到中央(国家级)、自治区级、南宁市级等各级媒体平台以及国家体育总局网站、自治区体育局官网、"广西体育"微信公众号等媒体平台宣传报道。

2. 办好新闻发布活动,传播南宁体育声音

充分发挥各级主流媒体的宣传效应,宣传南宁体育工作新思路、新规划、新动向、新成果,营造有助于体育事业发展的良好氛围。2023年召开体育强市新闻发布会、中国—东盟皮划艇公开赛和南宁龙舟公开赛媒体通气会、服务2023年广西文化旅游发展大会及促消费活动媒体通气会等新闻发布活动,得到新华社、人民网、中国新闻网、《广西日报》、广西广播电视台等媒体关注报道。

3. 建好自主宣传平台，讲好南宁体育故事

持续做好运动绿城 App 及其微信公众号的宣传推广工作，进一步健全完善体育资讯、赛事报名、体育休闲、健身指导、普及科学健身知识等功能，为市民提供更便捷的公共体育服务。2023 年，全市使用运动绿城 App 及其微信公众号发布科学健身指导文章及视频 20 篇（条）、体育设施和场馆信息 13072 条、宣传信息 1467 篇，平台总注册用户达 33600 人。

二　2023年南宁市体育事业主要存在问题分析

一是公共体育资源分配不均衡。公共体育设施供给总量仍然不足，发展不均衡，布局不合理。体育类社会组织发展不均衡，部分县（市、区）对体育类社会组织的培育力度较小。

二是竞技体育基础需进一步巩固。竞技体育项目结构、队伍结构不合理。教练员素质有待提高，青少年体育后备人才不足。南宁市体育运动学校五合校区尚未招生办学，部分设施设备配备不齐全。

三是体育产业结构有待优化。体育产业发展质量和总体水平不高，产业结构有待优化。重大赛事规模和影响力不够，市场开发不充分。体育市场主体活力和市民体育消费热情仍待提高。

三　2024年南宁市体育事业发展展望

2024 年，南宁市将坚持以习近平新时代中国特色社会主义思想为指导，全面贯彻落实党的二十大精神，深入贯彻落实习近平总书记关于广西工作论述的重要要求，以创建国家级全民运动健身模范市为抓手，以构建更高水平的全民健身公共服务体系为出发点、落脚点，以"群众体育在全区示范、竞技体育在全区领先、体育产业在全区领跑"为目标，写好后学青会时代文章，加快建设体育强市，为加快建设面向东盟开放合作的国际化大都市、奋力谱写中国式现代化南宁篇章贡献体育力量。

（一）积极构建更高水平的全民健身公共服务体系

1. 健全公共体育基础设施

以创建全民运动健身模范市为目标，加大公共体育设施建设投入，市本级在已完成的"五个一"（1个大型全民健身中心、1个体育场、1个体育馆、1个游泳馆、1个体育公园）基础上升级实现"五个多"，加快推进县（市）"六个一"[1个中型全民健身活动中心、1个体育馆、1个田径场、1个游泳馆（池）、1个体育公园、1条健身步道]、城区"四个一"[1个中型全民健身活动中心、1个游泳馆（池）、1个体育公园、1条健身步道]建设，持续做好区、市两级为民办实事、全民健身设施补短板、体育公园、邕江沿岸公共体育设施建设等，全市人均体育场地面积达2.62平方米，解决群众"健身去哪儿"难题。加强公共体育场馆免费或低收费开放监督指导，推动更多符合条件的中小学校体育场地设施向社会开放，盘活现有资源解决体育场地设施不足的问题。强化学青会场馆后期运营管理，制定比赛场馆"惠民开放清单"，推动南宁市体育运动学校等场馆能赛尽赛、应开尽开，实现学青会成果全民共享。

2. 广泛开展全民健身运动

进一步发挥学青会带动全民健身的积极效应，广泛开展全民健身运动，推广工间操、肩颈操等健身办法，持续推动各县（市、区）、各部门及社会力量举办全民健身赛事活动，巩固完善"一地一品""一地多品"赛事格局。组织办好南宁龙舟公开赛、元旦冬泳邕江、社区运动会、体育黄金联赛、万村篮球赛、老年人健身养生嘉年华、"全民健身日"系列活动等，实现"月月有赛事，周周有活动，人人能参与，全年龄段覆盖"。全市经常参加体育锻炼人口比例保持在46%以上。

3. 丰富全民健身服务供给

进一步贯彻落实健康广西和健康南宁建设工作，深化体卫融合，推进创建"体育医院"，持续开展科学健身指导系列活动，推动实现全民健身与全民健康深度融合。开展常态化国民体质监测、国家体育锻炼达标活动，了解群众体质情况和全民健身发展趋势。发挥南宁市国民体质监测中心、南宁市全民健身和全民健康指导中心作用,推行"零距离"健身指导,普及多样化健身知识,满足群众"健好身"的需求,国民体质检测合格率保持在92%以上。

4. 强化体育社会组织建设

支持引导各系统、各行业积极发展体育社会组织,推动县级成立体育总会,年内力争全市新增体育社会组织10家。强化体育社会组织人才队伍建设,组织开展裁判员、社会体育指导员、体育社会组织管理人员培训。推进体育社会组织制度化、规范化建设,进一步健全管理制度,加强对体育协会及俱乐部的监管,按规定做好核名、登记成立、变更、年检、注销以及换届等工作。推动体育社会组织向乡镇(街道)、村(社区)覆盖延伸,发挥体育社会组织作用,积极开展贴近基层、贴近群众的体育活动,推动全民健身活动广泛开展,为市民健身提供服务。打造多层次多样化的赛事活动体系,通过支持办赛、购买服务、进校园开展课后体育服务和校外体育培训等方式,扶持优质和有潜力的体育社会组织做大做强,进一步壮大基层全民健身组织,做好竞技体育后备人才梯队建设。

(二)巩固提升竞技体育综合实力

1. 进一步提升运动员的竞技水平

认真总结学青会成功举办的经验,进一步提升大型赛事办赛水平,办好环广西公路自行车世界巡回赛(南宁站)、南宁马拉松比赛、中国—东盟国际皮划艇公开赛、"水动邕江"嘉年华等重大体育赛事活动,重点抓好南宁市第十一届运动会筹备举办等工作。充分利用学青会场馆,积极申办国际性、全国性、全区性体育赛事,力争更多国际国内重点赛事落户南宁市,以举办大型赛事为契机,推动竞技体育实力提升,促进对外交流。提前布局、谋划备战2026年在北海市举办的第十六届自治区运动会,巩固发展优势项目、强化提高弱势项目、重点发展新兴项目,做好项目共建、运动员交流、科技助力保障等工作。

2.建设更多人才小高地

复盘学青会参赛情况，以培养优秀体育人才为导向，从体操、举重、摔跤、田径、攀岩、游泳等优势项目入手，科学布局网点、健全培养机制、增强训练效果，建设更多后备人才小高地。分级分类加强教练员培养培训，通过采取组织优秀教练员上公开课、新任教练员初任培训、邀请国内外高水平专家授课等方式，不断提升教练员队伍素质。

3.深化体教融合

加强青少年体育工作，利用学青会推动体教融合发展，围绕促进青少年健康发展和培养竞技体育后备人才两大任务，以市体校、"3126"计划、体育传统特色校、示范性体校及标准体校建设等为主要抓手；继续实施"3126"计划，优化体育项目布局，强化赛事活动支撑，办好青少年阳光体育大会、酷动先锋系列赛等赛事，力争向上输送更多运动员。继续推进在学校设立教练员岗位，推动运动员发展保障工作再上新台阶。

4.加强体校建设

成立新体校搬迁工作专班，扎实有序推进学校整体搬迁、扩大招生规模、壮大师资力量等各项工作，力争在 2024 年秋季学期开始前完成 1200 名学生的招生任务。以建设全国一流的体校为目标，利用市体校作为广西体育后备人才基地、国家高水平体育后备人才基地、广西竞技体育重点项目后备人才小高地（体操、田径）等优势，以及优质的体育资源和教育资源，积极与国家各运动管理中心或专业运动队合作，逐步将各项目打造成全国的青训基地（青训中心）、中国—东盟青少年体育交流中心。

（三）推动体育产业高质量发展

1.积极盘活体育资源

根据 2024 年盘活政府国有资产（资源）工作安排，积极筹备成立工作专班，盘活学青会场馆、设施等资产，提高资产运营效益；盘活体育公园、邕江两岸运动场所，引入专业运营团队，提高体育运动场所运营效益；南宁

111

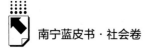

市体育场部分体育场馆通过铺面出租、引进俱乐部等方式，开展体育培训、比赛或其他体育项目。

2. 不断优化体育市场营商环境

进一步完善局领导班子联系服务体育企业工作机制，做好引导和跟踪服务工作，扶持一批临规企业上规入统，引导、推动赛事运营服务商申报入统，结合工作实际，重点对接 6 家体育企业，争取新增 3 家入统企业。培育一批专精特新中小体育企业，推动体育市场主体和产业规模不断壮大。开展招商引资，通过精准招商、以商招商、以项目带项目等，力争引进更多实力较强的体育企业和项目。增加体育彩票销量，争取更多的体彩公益金支持南宁市体育事业发展。加强高危险性体育项目经营场所监管，在审批、监管、处罚上多重发力，不断加强对全市体育场所的管理。对经营高危险性体育项目场所实施分级动态监管，摸清场馆基本信息、经营行为和安全管理现状，形成"一馆一册"。开展"双随机、一公开"抽查等检查，加强安全隐患排查整治。开设经营高危险性体育项目管理工作培训班，提升全市经营高危险性体育项目监管部门业务负责同志业务能力和服务水平，提高经营者的安全生产意识。

3. 进一步丰富体育消费场景

深化体旅融合，大力发展水上运动、骑行、攀岩、户外运动等运动项目，积极推进体育旅游精品赛事（项目）、体育综合体、户外运动营地、水上运动基地等项目建设，持续开展国家、自治区体育产业示范基地、体育旅游示范基地以及体育旅游精品线路、景区、赛事等申报工作，打造一批有特色、有亮点、有影响力的体育品牌，重点围绕百里秀美邕江、环青秀山、环大明山等旅游资源，力争打造"体育+文旅"等融合品牌 4 个以上，丰富体育产品及服务供给，发挥示范引领带动作用，以点带面，切实提升南宁市体育产业发展质量、效益和水平。

4. 培育文体旅商经济增长点

持续推动体育与文化、旅游、商业等相关产业融合发展，发挥赛事活动独特优势，采取文体旅商融合新举措，鼓励赛事进商圈、进景区举办，提振市场信心，激发消费潜力，推动商圈、生活圈、健身圈"三圈合一"。打造一批体育综合体、体育公园、户外研学基地、航空飞行营地、水上运动基地、汽车露营基地等，拓展消费新空间，办好南宁体育产业博览会，搭建交流、展示、合作平台，促进体育资源交流。

铸牢中华民族
共同体意识篇

B.8
铸牢中华民族共同体意识视域下
南宁市民族特色村寨旅游发展研究

南宁市社会科学院课题组*

摘　要： 民族特色村寨是传承和弘扬民族文化、铸牢中华民族共同体意识、推进文旅深度融合的重要载体。南宁市民族特色村寨资源丰富，近年来通过保护与开发互促、加大品牌打造力度、深化旅游跨界融合发展等举措持续推进民族特色村寨旅游发展。但同时存在顶层设计待完善、旅游特色不突出、文旅业态单一、要素保障不足等问题。建议从完善顶层设计、推出村寨旅游精品、丰富村寨文旅业态、强化村寨保护与更新、讲好村寨民族故事、健全

---

* 课题组组长：覃洁贞，南宁市社会科学院副院长，研究员。课题组成员：王瑶，南宁市社会科学院社会发展研究所所长，助理研究员；杜富海，南宁市社会科学院经济发展研究所副所长，助理研究员；庞嘉宜，南宁市社会科学院城市发展研究所，助理研究员；陈琦，南宁市社会科学院经济发展研究所，助理研究员；李娜，南宁市社会科学院经济发展研究所，助理研究员；王一平，南宁市社会科学院社会发展研究所，研究实习员；张景霓，广西民族大学，广西中华民族共同体意识研究院教授。

村寨旅游发展要素等方面着手，持续推动民族特色村寨旅游高质量发展。

关键词： 中华民族共同体意识　民族特色村寨旅游　文旅融合

习近平总书记在中央民族工作会议上强调，民族工作要以铸牢中华民族共同体意识为主线，民族地区要立足资源禀赋、发展条件、比较优势等实际，找准实现高质量发展、促进共同富裕的切入点和发力点。为全面贯彻落实习近平总书记关于加强和改进民族工作的重要思想以及中央民族工作会议精神，自治区民宗委联合自治区文化和旅游厅、乡村振兴局开展民族特色村寨建设与乡村旅游融合发展试点工作，重点培育特色优势产业，补齐基础设施和公共服务设施短板弱项，把试点村寨建设成为"设施完善、产业兴旺、环境优美、团结和谐、宜业宜居、带动力强"的旅游村寨。南宁市拥有丰富的民族文化资源和众多的民族特色村寨，认真贯彻落实习近平总书记关于民族工作的重要论述精神，牢牢把握铸牢中华民族共同体意识这条主线，充分发挥民族特色村寨独特的比较优势，因地制宜发展旅游业，多渠道为当地群众创收增收，既是民族工作的重要部分，也是乡村振兴的重要部分。

一　南宁市民族特色村寨旅游发展的现状

（一）南宁市民族特色村寨基本情况

截至 2023 年底，南宁市共有 15 个村寨被国家民族事务委员会命名为"中国少数民族特色村寨"，数量占广西的 10.9%，占全国的 0.9%；累计 24 个村寨上榜"广西民族特色村寨"名单，数量占广西的 12.0%（见表 1）。① 大部分民族特色村寨旅游资源为壮乡特色农房风貌、壮乡田园景致和壮乡风情，在当地具有一定的知名度，且以区内游客为主；有一些村寨开发了多样化的

---

① 如无特殊标注，本报告数据均来源于课题组调研和南宁市民族宗教事务委员会。

旅游项目，开发的旅游体验活动多与本土资源紧密结合，且少数村寨乡村旅游业发展已形成一定规模；部分村寨具备住宿餐饮等服务业配套设施，旅游服务基础设施较好；大部分村寨地理位置优越，处于旅游景区或旅游线路上。

表1 南宁市"中国少数民族特色村寨"和"广西民族特色村寨"名单

单位：个

	批次（时间）	全国	广西	南宁市名单
中国少数民族特色村寨	第一批（2014年）	340	59	兴宁区三塘镇路东村留肖坡
	第二批（2017年）	717	38	马山县古零镇乔老村小都百屯、上林县大丰镇云里村内里庄、上林县乔贤镇恭睦村内上庄、上林县巷贤镇长联村古民庄、上林县镇圩瑶族乡排红村排邑庄
	第三批（2019年）	595	40	青秀区南阳镇施厚村古岳坡、邕宁区新江镇新江社区那蒙坡、武鸣区双桥镇八桥村大伍屯、隆安县那桐镇定江村定典屯、马山县古零镇羊山村三甲屯、马山县古寨瑶族乡本立村古朗屯、马山县古寨瑶族乡本立村古奔屯、上林县巷贤镇高贤社区高磨庄、横县校椅镇青桐村委偕僧村
广西民族特色村寨	第一批（2020年）	—	10	0
	第二批（2021年）	—	58	武鸣区两江镇英俊村岜旺屯、马山县古寨瑶族乡古寨社区下古拉屯、上林县大丰镇东春村下水源庄、宾阳县露圩镇露圩社区露圩村、横州市云表镇下黎里村、青秀区长塘镇天堂村巴兰坡、武鸣区宁武镇伏唐村、邕宁区百济镇红星村坛里庄、良庆区大塘镇太安村那廖坡、良庆区那马镇坛良村坛板坡、西乡塘区石埠街道忠良村
	第三批（2022年）	—	88	马山县里当瑶族乡里当社区拉阅屯、马山县古寨瑶族乡古棠村琴榜屯、宾阳县武陵镇留寺村委龙德村、宾阳县古辣镇古辣社区蔡村、良庆区那陈镇邕乐村美悟坡、兴宁区三塘镇围村村那井坡、横州市校椅镇六凤村委岭脚村、上林县三里镇云姚村拉约庄、上林县大丰镇东春村马槽庄
	第四批（2023年）	—	44	横州市平朗镇笔山村委笔山村、西乡塘区金陵镇刚德村大石坡、邕宁区那楼镇那良村那蒙坡、兴宁区三塘镇路东村那安坡

资料来源：课题组根据调研、广西壮族自治区民族宗教事务委员会官网和南宁市民族宗教事务委员会官网公开资料整理。

截至 2023 年底，南宁市五星级、四星级、三星级乡村旅游区分别有 21 家、24 家、30 家。① 据不完全统计，在 15 个"中国少数民族特色村寨"和 24 个"广西民族特色村寨"中，不少村寨属于国家级景区、全国乡村旅游重点村、广西生态旅游示范区、广西星级乡村旅游、广西星级农家乐和广西乡村旅游重点村（见表 2）。2023 年 2 月，第一批广西生态特色文化旅游示范镇、村名单公布，南宁市有 2 个镇②和 8 个村③获得"广西生态特色文化旅游示范镇"和"广西生态特色文化旅游示范村"称号，为南宁市民族特色村寨发展旅游业奠定了坚实基础。

表 2　南宁市部分文化旅游品牌

文化旅游品牌		景区名称
国家级景区	4A 级	南宁花雨湖生态休闲旅游区、宾阳县古辣稻花香里旅游区
	3A 级	古辣镇大陆村稻田艺术景区、南宁市江南区扬美古镇景区、上林县鼓鸣寨养生旅游度假区、马山县三甲攀岩小镇、马山县小都百旅游景区、马山县古朗瑶乡金银花公园、西乡塘区美丽南方老木棉·匠园
全国乡村旅游重点村		马山县古零镇乔老村小都百屯、马山县古零镇羊山村三甲屯、西乡塘区石埠街道忠良村
广西生态旅游示范区		南宁市美丽南方休闲旅游区
广西星级乡村旅游区	五星级	青秀区古岳文化艺术村、石埠美丽南方休闲旅游区、金穗生态园、坛板坡乡村旅游区
	四星级	小都百乡村旅游区、内里庄乡村旅游区、下水源乡村旅游区
	三星级	大伍屯生态综合示范区、古零三甲乡村旅游区、古朗瑶乡金银花公园、宾阳县露圩镇思源休闲农业示范区
广西星级农家乐	四星级	马山古朗瑶寨人家农家乐、上林县巷贤镇竹依林农庄
	三星级	美丽南方品闲居农家乐、美丽南方喜林农家乐、美丽南方知青园农家乐、古零镇桥老村小都百农家乐
广西乡村旅游重点村		宾阳县古辣镇古辣社区蔡村、青秀区南阳镇施厚村古岳坡

资料来源：课题组根据南宁市文化广电和旅游局提供的资料整理。

---

① 《广西南宁市星级乡村旅游区信息表（2023-11）》，广西南宁市文化广电和旅游局网站，2023 年 12 月 13 日，http：//wgl. nanning. gov. cn/ggbmfw/lyml/jdcx/xjxclyq/t5793622. html。
② 分别为上林县巷贤镇、马山县古零镇。
③ 分别为宾阳县古辣镇马界村、宾阳县陈平镇名山村、横州市校椅镇替汶村、江南区江西镇扬美村、隆安县那桐镇定江村、青秀区南阳镇施厚村、武鸣区城厢镇大皇后村、兴宁区三塘镇围村。

（二）大力推进民族特色村寨旅游发展

一是坚持高位推动，加大基础设施建设力度。按照"一村一策"原则，结合实际高标准高质量编制发展政策和组织协调推动。出台《贯彻落实自治区〈关于促进乡村旅游高质量发展的若干措施〉有关任务实施方案》《"旅游促进各民族交往交流交融计划"南宁市行动方案》等文件，通过整合全市力量，为民族特色村寨旅游发展提供政策支持。马山县等地方政府为深化民族特色村寨与乡村旅游融合发展，专门成立融合发展工作领导小组，制定相关工作方案，建立联席会议制度等推进各项工作有序开展。二是聚焦民族特色，加大资金投入。积极争取国家、自治区政策资金，管好用好财政衔接推进乡村振兴补助资金（少数民族发展任务），对创建高等级旅游品牌的乡村旅游区给予资金奖励，统筹各层级乡村建设资金，鼓励各地通过招商引资引进社会资本等。三是完善基础设施建设，提升旅游公共服务水平。深入推进旅游"厕所革命"和新版南宁旅游交通标识牌布设工作。截至2023年7月21日，已新建改进旅游厕所862座，布设新版南宁旅游交通标识牌373块。① 配合生态环境等部门健全完善农村生活垃圾收集、转运和处置体系，推行农村污水集中处理。完善民族特色村寨旅游产业集聚区的水、电、通信、应急广播等基础设施。

（三）持续加大品牌打造和宣传力度

一是以丰富的节庆品牌活动提高民族特色村寨旅游知名度。联合乡村旅游经营主体，推出特色化服务产品及优惠活动，推出武鸣"壮族三月三"民俗文化展示活动、宾阳县炮龙节、隆安"那"文化旅游节、横州茉莉花文化节、邕宁八音文化旅游节等乡村旅游节庆品牌，激发民族特色村寨旅游市场活力。二是开展各类宣传活动。积极组织各县（市、区）文旅部门和乡村旅游企业参加广西乡村旅游嘉年华、广西乡村旅游电商大会、广西全域

---

① 数据来源：南宁市文化广电和旅游局。

旅游大集市、文旅产业博览会、展销会等形式多样的宣传推介活动，拓展旅游商品销路。三是开展线上宣传活动。支持电商平台开设乡村旅游频道，开展在线宣传推广和产品销售。鼓励银行给予乡村旅游特惠商户折扣、消费分期等用户权益，充分发挥网上交易平台作用，推动乡村旅游经营场所广泛应用互联网售票、二维码验票，支持乡村旅游景区、景点与电商平台合作，实行乡村旅游商品网上宣传销售，提高乡村旅游消费便捷度。另外，大力开展乡村旅游进社区、高校、企事业单位等活动，将乡村旅游品牌纳入国内旅游媒体和旅行商采风推介范围，鼓励传统媒体、新媒体、旅行社等参与对乡村旅游的宣传推广，不断拓宽乡村旅游市场。

（四）推动民族特色村寨旅游跨界融合发展

一是民族特色村寨日益注重全景打造和全域联动，逐渐以"点、线、面"谋划旅游发展。从单独特色景点打造，到推动发展精品旅游路线，不少村庄移步换景衔接能力更加流畅突出，同时，村寨从整体考虑逐步建立旅游发展的全局性思维并付诸实践，旅游空间进一步拓展。以青秀区南阳镇施厚村古岳坡为例，开发打造了古岳文化艺术村，"南阳—古岳—时笋"串点成线，成功举办国际舞龙大赛、壮族三月三·全国百名主持人赶歌圩、自治区戏曲下乡村、南宁市首届农民春晚等大型文艺会演，"游景点、赏民歌、学艺术"氛围浓厚。二是促进传统村寨旅游与文化、农业、康养等领域深度融合。突出民族文化特色，推动民族特色村寨融入田园综合体、现代农业园、特色街区、美丽乡村建设。如武鸣区两江镇英俊村岜旺屯建设田园综合体，打造蔬菜田园风光，全屯人均年收入达2万元。宾阳县露圩镇露圩社区依托自治区重大项目——露圩水彩画农文旅融合体项目，将自身打造成远近闻名的"画家村"，成为广西艺术学院、广西水彩画家协会等的写生基地。

（五）开发建设主体日益多元

坚持全民共建共享，推动社会力量参与旅游发展，南宁市民族特色村寨旅游市场化发展方向更加明确。一是当地村民自发组织力量发展旅游。如武鸣区两江镇英俊村岜旺屯村民在 2018 年初就自发成立广西英俊岜旺楠木水乡旅游开发有限公司，依托大明山景区、英俊大峡谷等旅游资源，打造了以"楠木水乡·岜旺楠舍"为主题的壮家民宿、农家乐等休闲项目。二是引进公司开发村寨旅游资源。武鸣区宁武镇伏唐村引进广西金富田生态农业科技有限公司，创建富安居休闲农业核心示范区，完成香蕉、火龙果种植与名贵珍稀苗木、百果园及配套设施建设，通过建设一村（伏唐综合示范村），配套建设一街（商业街）、一湖（荷花湖）、一山（马鞍山）、一庙（大王庙），打造乡村旅游营地，引领伏唐旅游业多元化发展。三是多方合作发展乡村旅游业。如良庆区那马镇坛良村坛板坡采取"公司+合作社+农户"的经营模式，先后引进 4 家有实力、示范带动作用强的农业龙头企业入驻，实现农旅融合发展。

二　南宁市民族特色村寨旅游发展存在的问题

（一）顶层设计待完善

在"十四五"时期，云南、贵州等地均围绕少数民族特色村寨的保护与开发加强顶层设计，相继出台《贵州省"十四五"民族特色村寨保护与发展规划》《云南省民族村寨旅游提升工程三年行动（2023—2025 年）》《大理州民族村寨旅游提升工程三年行动（2023—2025 年）》等相关文件，明确发展的工作任务和目标，广西柳州市三江县也针对民族村寨发展情况制定了《三江侗族自治县少数民族特色村寨保护与发展条例》。南宁市村寨发展缺乏市级层面的规划和指导性文件，同时要素资源整合与统筹机制不健全，由于缺乏顶层设计与统筹部门，民宗委、文广旅局、自然资源局、住建局等部门间的统筹协调机制尚未形成，在民族特色村寨旅游发展定政策、指方向上的工作仍有待加快推进。

（二）旅游特色不突出

一是村寨外观设计存在同质化。调研发现，各民族特色村寨普遍小而散，建筑以泥砖瓦房为主，存在低水平效仿和重复建设的问题，钢筋混凝土房屋与传统泥砖房屋风格混搭的建设布局弱化了一些村寨的民族特色。同时，部分村寨建筑存在缺瓦漏水、墙体开裂、坍塌等问题，修缮性保护工作有待强化。二是旅游开发水平较低。调研发现，南宁市针对各少数民族村寨产业、文化、生态的目标任务和工作方向不明确，导致部分村寨的旅游与文化传承功能弱化，同时村寨旅游产品相似度较高。调研发现，很多少数民族特色村寨在旅游产品开发上以游览参观传统民居为主，设施较为单一，参与性、互动性旅游体验项目较少，路线开发能力不足。三是民族文化展现缺位。由于各村寨旅游业总体仍处于起步阶段，初级旅游产品供给较多，村寨对民族文化、民俗文化、农耕文化和乡贤文化等乡村传统文化的挖掘和利用不足，且由于乡村旅游经济尚未形成，村寨稳定的客源不足，村寨文化活动集中在"三月三"等节假日，定期的文旅活动较少。

（三）文旅业态单一

一是文旅产品内容有待丰富。不同村寨对获得"民族特色村寨"后如何打造村寨民族文化、旅游品牌、开发旅游内容有待进一步明确，文旅产品仍以自然人文景观、民俗表演、研学教育为主，"网红"景点打造较少，文旅产品较为单一。二是"村寨+"旅游发展模式待强化。民族村寨多分布于县及城区周边，村寨文旅景点未能与大明山康养旅游、"南宁之夜"、邕江游船、三街两巷等热门文旅业态相结合，在文旅线路设计、产品合作开发上尚未形成联村（坡）共建、资源共享、产业联动的发展模式，导致村寨文旅业态发展空间受限。

（四）要素保障不足

一是基础设施不够完善。部分民族特色村寨道路狭窄，停车场等服务设施不健全，道路硬化较差；民宿及其周边休闲配套设施不完善，影响游客出行体验。信息化服务平台建设不完善，"乐游南宁"等全市智慧文旅公共服务平台在特色村寨文旅服务开发方面存在空白。二是发展资金匮乏。村寨对上级政府部门资金划拨和政策支持的依赖性较强，易造成村寨传统文化"保而不用"的发展困局。三是宣传推介力度不足。缺乏针对南宁市特色民族村寨整体形象的文旅宣传推介，对其背后的民族文化故事阐释不足。村寨民宿主要通过微信、电话订房进行销售，缺乏小程序预定功能，不利于吸引外地游客。没有利用抖音、小红书等新媒体平台及地铁广告等流媒体开展宣传，传播渠道和形式缺乏创新性。四是专业人才匮乏。大多数民族村寨就业、创业环境待提升，擅长开发建设、旅游管理、项目运营的旅游专业化人才匮乏，导致旅游开发层次低、管理水平和效率低，难以推进民族村寨文旅融合发展。

三 南宁市推动民族特色村寨旅游发展的对策建议

（一）加强规划引领，明确民族特色村寨旅游发展定位

1. 完善顶层设计，用活民族特色村寨保护发展相关政策

一是统筹推进旅游发展"一盘棋"。在全力打造全域旅游示范区的框架下，按照以民族文化传承与体验为内容，以少数民族特色村寨为载体的旅游发展思路，贯彻落实国务院关于实施乡村振兴战略的重大决策部署和广西《关于促进乡村旅游高质量发展的若干措施》，整合乡村振兴战略、少数民族特色村寨保护发展、乡村旅游、非遗保护传承、传统村落保护等方面的相关扶持政策，制定《促进乡村旅游与少数民族特色村寨融合发展实施方案》，将少数民族特色村寨旅游纳入文化和旅游发展规划或乡村旅游发展规划，与上述几个层面的规划或工作计划有效衔接，整合资金与渠道，加强民族特色村寨发展的整体规划和统筹协调，强化村寨内部的文化传承与外部的旅游设计，实现乡村旅游与少数民族特色村寨发展深度融合。

二是发挥各部门组织引领与协调联动作用。明确各方责任，充分发挥市、各县（市、区）旅游主管部门在资源统筹、鼓励扶持、市场监管等方面的组织引领作用，协调民宗委、乡村振兴局、自然资源局、住建局等相关部门，从全域旅游特点和资源禀赋出发，对民族特色村寨保护与发展给予科学谋划、资源支持以及专业指导。

2. 推动科学布局，融入全域旅游整体框架

一是将民族特色村寨旅游融入县域旅游发展主题。《南宁市全域旅游总体规划（2017年—2025年）》明确提出要构建南宁市"12316"空间发展结构，包括"一城""两带""三区""十六地"。[1] 少数民族特色村寨发展应在突出自身资源优势的基础上，一方面，与县域旅游主题相融合，融入"十六地"框架下的县域旅游发展主题，共同营造区域旅游氛围，打造差异化旅游产品，实现区域客群共享。另一方面，打造具有乡村特色和民族特色的民族村寨旅游产品。通过调研评估、资源发掘，突出"传统村落""非遗传承""民族团结""民族文化""人文家风""生态宜居"等特点，每个县（市、区）打造1~2个民族村寨旅游试点，使之成为县（市、区）旅游主题线路的重要一环，在发展模式成熟后，逐步向县（市、区）其他民族特色村寨推广。

二是强化民族特色村寨优势，科学布局发展试点。根据南宁市重点打造的壮乡风情、东盟风情、养生之都三大核心主题，以休闲城区、风情乡村为主题，打造少数民族特色村寨旅游项目，使之形成核心板块或重点旅游线路中的特色节点。例如，上林县以大丰镇马槽庄、下水源庄，巷贤镇古民庄鼓鸣寨为试点，融入"三湖一寨一园一江"，利用鼓鸣寨的古村风情、马槽庄的特色民宿、下水源庄的峡谷景观，打造以湖景观光、田园休闲、度假养生为内容，融合历史文化、壮族文化、农耕文化的山水田园休闲度假体验区。武鸣区以双桥镇大伍屯、宁武镇伏唐村为试点，融入伊岭壮乡文化风情旅游

---

① "一城"即南宁国际都市休闲城。"两带"即百里秀美邕江滨水休闲旅游带和环首府生态旅游圈。"三区"分别为生态养生旅游区、特色文化旅游区和环城游憩旅游区。"十六地"即十六大泛景区化旅游目的地。

区，以壮族风情、壮乡文化为核心主题和主要卖点，并以此为重点将武鸣区上述两个少数民族特色村寨打造为壮族特色旅游村屯，形成壮乡风情旅游区的重要节点。

（二）明确发展路径，因地制宜推出村寨旅游精品

1. 实施"一村一品"，探索民族特色村寨发展路径

一是实施"一村一品"，打造一批特色鲜明的民族村寨。根据民族特色村寨的资源禀赋、区位环境，实施"一村一品"计划，"因村施策"，制定差异化发展策略。例如，青秀区南阳镇施厚村古岳坡充分利用广西五星级乡村旅游村品牌和现有民俗、非遗传承人工作室等资源，打造城郊乡村艺术休闲基地，建设具有地域特色的文旅场景，吸引具有乡村情结的艺术家、建筑师、陶艺师等，通过示范、合作、培训等形式，进一步打造民族特色村寨。

二是因地制宜选定民族特色村寨旅游发展模式。根据少数民族特色村寨的资源禀赋、区位环境、基础设施、发展阶段等条件，科学合理选定旅游发展模式，确保民族特色村寨旅游发展活力和可持续性。一方面，探索运用"公司+农户"模式、"整体租赁"模式、"零星租赁开发"模式、"农户+农户"模式、"个体民宿（农庄、农家乐）"模式、"村集体公司（合作社）经营"模式等，合理选定村寨旅游开发模式。可参照贵州省做法，探索引进乡村旅游职业经理人和人才团队，他们供职于村集体经济平台公司，专职负责乡村旅游资源开发和运营。职业经理人及其团队应当在资源挖掘、企业管理、主题创意、人才培养等方面具备专业性，且能满足乡村旅游开发、景区项目运营需求。另一方面，充分利用村寨闲置土地。将闲置土地统一流转，引导形成土地变成资产、资金变股金、农民变股东等多种分红模式。引导村民以土地承包经营权、闲置房屋、劳动力等入股旅游企业或合作社，通过保底分红让村民共享旅游发展红利。

2. 走精品路线，打造民族特色村寨优质旅游产品

一是打造精品景点，推出民族特色村寨精品线路。借鉴贵州省黔东南州、黔南州等地的经验做法，根据"区域连片、特色鲜明、风情浓郁"的

原则,将少数民族特色村寨旅游试点村(项目)纳入全域旅游框架和路线设计,打造一批乡村旅游与民族特色村寨旅游高度融合的精品路线,通过核心景区(景点)的辐射带动作用,促进民族特色村寨旅游提质增效。例如,马山县古零镇乔老村小都百屯、羊山村三甲屯、古寨瑶族乡本立村古朗屯等民族特色村寨可结合自身3A级旅游景区和瑶寨文化资源,融入马山县环弄拉乡村休闲旅游线路,打造"小都百景区—三甲屯—灵阳寺—中国弄拉—月亮山、月亮湖景区—古朗瑶寨"的"民族特色村寨+山水观光休闲+民俗体验"精品线路。

二是丰富乡村旅游新业态。探索民族特色村寨旅游深度开发模式,促进乡村旅游从"钓鱼、农家乐、住农家房"的简单形态向多元化和综合化转变。例如,打造主题民宿,丰富乡村民宿业态和产品;开发乡村夜间游、休闲游、亲子游等项目,形成多层次、高品质的旅游项目。丰富村史馆、博物馆、非遗纪念馆、乡贤馆、农业种植基地等设施载体,培育一批农事体验、农业研学、生活体验、乡村演艺、健康养生、田园观光等乡村旅游新业态。打造整合乡村生态与民族文化的乡村旅游IP,将民族特色村寨特有建筑、特色文艺、特色传说、特色饮食、特色工艺等凝练于IP符号中,通过"主题定位—产业植入—项目支撑—形象营销",构筑集游客体验、生活、娱乐、休闲、康体、竞技等于一体的文化空间载体,释放旅游IP价值。

(三)促进民族团结,凸显民族特色村寨旅游新亮点

1. 提升体验功能,打造彰显中华民族共同体意识的民族特色村寨

一是将特色村寨打造成促进各民族交往交流交融的重要载体。在民族特色村寨传统村落保护发展过程中,应注重保护民族特色元素,完善旅游设施与功能。在村落房屋的维修更新、传统文化元素、村落集聚空间、非遗传承空间的修建和保护方面,应将旅游元素和功能考虑在内,使其具备相应的旅游设施和承办旅游节庆活动的条件,拓展各民族交往交流交融的空间,在潜移默化中弘扬中华优秀传统文化与民族团结进步风尚,构筑中华民族共有精神家园。

二是举办一系列民族团结主题节庆活动与赛事。举办民族特色村寨开放性节庆活动，开展山地旅游节、民族风情节、非遗节、三月三歌圩、"达努节"等民族特色节庆活动。开展一批民族团结主题的赛事活动，如"石榴杯"少数民族传统体育运动会、"民族团结杯"系列赛事（民族运动会、攀岩赛、马拉松）、瑶寨丰收音乐节等，促进各族人民交往交流交融和铸牢中华民族共同体意识，吸引更多游客，促进村寨居民与广大游客友好互动，营造包容开放的旅游发展格局，提升民族特色村寨的知名度和影响力。

2.凸显民族特色，延长文旅融合产业链条

一是以民族特色村寨为载体，推动民族文化实体化、场景化。深入挖掘传承少数民族优秀的传统习俗、生活文化、民间文学、曲艺文化等，丰富文化内涵，推动民族传统文化与现代创意融合，打造民族文化品牌。充分突出民族民俗文化特色，开展民间技艺、农耕展示、时令民俗、节庆活动、民间歌舞等活动，丰富内涵，打造具有鲜明性、原生性及鲜活性的体验活动，增强旅游场景的互动性，突出村寨少数民族特色风土人情，将原生态的民族风俗、民族歌舞文化、民族习惯等实体化和场景化。

二是推动民族工艺与旅游产品研发有机结合，延长文旅融合产业链条。推动民族工艺与旅游文创产品研发有机结合，通过对民族元素、地域元素等特色符号进行提取，将其融入工艺品设计。将民族工艺及其资源转化为文化创意商品，以具有地域性的旅游商品生产促进民族文化保护传承。将具有地域特色的民族工艺文创产品生产销售和自娱型手工体验，打造为集生产、观摩体验、展销于一体的文化旅游场地，丰富村寨体验活动的同时延伸产业链。

（四）注重文化传承，推动民族特色村寨保护与创新发展

1.以循序渐进为原则，推动民族特色村寨保护与更新

采用循序渐进式的保护更新方式，推动物质文化遗产保护与更新，解决好特色村寨风貌格局与村民生活延续的矛盾。对特色村寨中现有的已被列为物质文化遗产的，要保护和传承；对特色村寨中的公共服务设施、基础设

施，以及与村民密切相关的民居及其生活设施等，可以在坚持民族文化底色、延续特色村寨传统肌理的基础上因需更新。

2. 依托村寨发展，推动非物质文化遗产传承与创新

在厘清特色村寨中保留的非遗项目、构建完整的非遗谱系的基础上，推动非物质文化遗产创造性转化与创新性发展。以特色村寨为载体，支持非物质文化遗产有机融入景区，保护性展览展出非物质文化遗产相关展品。借助具有民族特色和艺术性的传统手艺，展示多元民族文化特色。依托民族特色村寨打造一批村史馆、手工坊、匠人坊、文创馆、非遗特色展示工坊等民族工艺体验馆（坊），推出非遗文创品牌，推动民族文化与旅游业融合发展。

（五）强化品牌建设，完善民族特色村寨旅游宣传体系

1. 强化品牌建设，加大民族特色村寨旅游品牌宣传推广力度

加大宣传营销力度，提升民族特色村寨形象，强化村寨品牌建设和形象传播。丰富宣传载体，通过数字杂志、数字报纸、广播电视、抖音、小红书等媒体，与设立南宁市少数民族特色村寨官方微博、微信公众号等方式，提高宣传推广的多样性、交互性、灵活性。与专业网络营销平台开展深入合作，积极推动民族特色村寨与携程、途家、去哪儿等在线平台、电子商务平台和旅游产品分销系统建立合作关系，依托平台庞大的渠道和流量进行宣传和消费群体引流，提供住宿、游玩、餐饮、娱乐、文化衍生品，进一步提高全市少数民族特色村寨的影响力、吸引力和美誉度。

2. 突出"一村一故事"，讲好民族特色村寨故事

充分突出民族民俗文化特色，开发民间技艺、农耕展示、时令节庆、民间歌舞等活动，打造具有鲜明性、原生性及鲜活性的体验活动，增强旅游场景的互动性。凸显民族村寨的特色风土人情，将原生态的民族风俗、民族歌舞、民族习惯等实体化和场景化，打造一批有个性、有故事、有体验、有品位的集民族特色、自然地理、历史人文、传说故事、地域美食于一体的民族特色村寨文化场域。积极创作民族特色村寨微电影、微视频、微场景，打造"一村一故事"，让民族特色村寨品牌更加形象化、立体化。

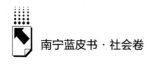

（六）完善保障体系，健全民族特色村寨旅游发展要素

1.加强政策保障，建立健全旅游管理体制机制

在少数民族特色村寨发展与全域旅游规划框架下，突出政府的政策和制度供给功能，结合国家、自治区相关政策，积极出台南宁市促进民族特色村寨高质量发展的政策意见、实施方案等，将政策措施和任务分解到各相关部门并落到实处，着力推动更多项目、资金、资源、技术等要素向民族特色村寨集聚。

2.加强设施保障，实施旅游基础设施提升工程

深入推进"四好农村路"建设，提升通往村寨景区和民宿区的道路等级，加强村寨与外部干线公路、客运站等交通设施的联系，提高村寨的可达性，切实解决旅游公路"最后一公里"的问题。强化景区"吃住行游购娱"所需的给排水设施、电力电信工程设施等基础设施科学布局与建设。实施民宿提升工程，争取打造一批与乡村自然人文环境和谐相容的、适应市场需求的高品质民宿产品，提升游客满意度。

3.加强资金保障，扎实推进民族特色村寨保护与发展

整合民族特色村寨扶持资金、乡村振兴衔接资金、乡村旅游发展资金、传统村落保护资金、非遗传承与保护资金等，探索建立民族特色村寨发展专项资金，引导信贷支持、财政补贴等向民族特色村寨旅游发展重点项目倾斜。建立以政府投入为引导，社会资本和村民投入为主体的多元投入机制，鼓励以社会资本投资联合开发等方式参与旅游项目开发建设与运营。

4.加强人才保障，夯实民族特色村寨发展根基

加大特色旅游项目人才培育力度，以特色旅游项目推进为抓手，实施专业人才培育计划，将该计划纳入乡村振兴人才支持计划。通过大学生招聘等渠道招引人才，鼓励更多优秀青年人才、专业技术人员等投身民族特色村寨建设。加强校地合作，鼓励支持专业院校、科研院所与文旅融合企业合作设立院校实践基地，提供教育培训、经营管理、技术技能、公关宣传等方面的

教育指导。加强旅游行业人才的交流与合作，积极组织旅游行业人才参加各类培训和竞赛。

参考文献

喇明英：《民族村寨旅游的产业特点与发展趋势分析》，《藏羌彝走廊研究》2018 年第 2 期。

覃桐：《乡村振兴背景下少数民族特色村寨的保护利用研究——以贵州省荔波县的调查为例》，《凯里学院学报》2022 年第 2 期。

卢德玉：《中国少数民族特色村寨研究现状及趋势——基于 Citesapace 的可视化分析》，《黔南民族师范学院学报》2022 年第 2 期。

吴燕等：《贵州省少数民族特色村寨空间分布格局研究》，《兴义民族师范学院学报》2022 年第 5 期。

顾博：《黑龙江省少数民族特色村寨文化资源开发与建设研究》，《黑龙江民族丛刊》2019 年第 2 期。

侯志茹、谢英钊、李寒冰：《民族特色村寨旅游助推乡村振兴的路径分析——基于青海省海东市互助土族自治县的调查》，《青海民族大学学报》（社会科学版）2022 年第 2 期。

刘红梅：《民族村寨旅游高质量发展引导乡村振兴的机制及路径》，《社会科学家》2021 年第 4 期。

杨建春、谢春芳、廖洪泉：《基于旅游者偏好的民族村寨乡村振兴路径研究——以黎平肇兴侗寨为例》，《安顺学院学报》2021 年第 1 期。

邹姣：《湘南少数民族特色村寨高质量发展的模式与路径研究——以江永县勾蓝瑶寨为例》，硕士学位论文，湖南工业大学，2022。

陈品玉等：《少数民族村寨旅游文化软实力提升路径研究——基于对贵州肇兴侗寨的田野调查》，《贵州民族研究》2023 年第 3 期。

B.9
以铸牢中华民族共同体意识为主线
推动南宁新时代民族工作高质量发展

刘建安*

摘　要： 铸牢中华民族共同体意识既是新时代党的民族工作主线，也是民族地区各项工作的主线，是习近平总书记关于加强和改进民族工作重要思想的核心要义。本报告从南宁市铸牢中华民族共同体意识的现实基础入手，探索健全民族工作的体制机制、加快民族地区经济社会发展、着力构筑中华民族共有精神家园、深化各民族交往交流交融、提升民族事务治理现代化水平等具体路径，提出健全铸牢中华民族共同体意识长效机制、加强与具体工作的结合和融合力度、以乡村振兴为抓手推进现代化建设、加强东西部协作促进各民族互嵌式发展等对策建议，推动新时代首府民族工作高质量发展。

关键词： 铸牢中华民族共同体意识　民族团结　"五个认同"

　　铸牢中华民族共同体意识既是新时代党的民族工作的主线，也是民族地区各项工作的主线，是习近平总书记关于加强和改进民族工作重要思想的核心要义。南宁作为广西壮族自治区首府、多民族聚居城市、中国—东盟博览会永久举办地，作为广西乃至中南、西南地区与东盟人流、物流和信息流汇聚的重要节点城市，也是我国少数民族人口最多的首府城市。以铸牢中华民族共同体意识为主线，推动南宁新时代民族工作高质量发展，既是顺应时代

---

　　* 刘建安，南宁市民族宗教事务委员会办公室二级主任科员。

变化、开创民族工作新局面的要求，更是实现好、维护好、发展好各族人民根本利益，实现全市经济社会高质量发展的必由之路。

一　南宁市铸牢中华民族共同体意识的路径选择

铸牢中华民族共同体意识是一个系统工程，需要增强各族群众对中华文化的认同，构筑各民族共有精神家园，必须站在中国特色社会主义事业"五位一体"总体布局的高度上，在政治、经济、社会、文化、生态上全面推进、久久为功。2023 年 12 月，习近平总书记在广西考察时指出："要把持续扎根铸牢共同体意识落实到经济、教育、就业、社区建设、文化建设和干部队伍建设等各项工作中，继续在民族团结进步上走在全国前列。"①南宁始终牢记习近平总书记殷切嘱托，奋力在铸牢中华民族共同体意识示范区建设中走在前、做表率，2016 年、2021 年两次蝉联国家民委"全国民族团结进步示范市"。

（一）加强党对民族工作的全面领导，明确铸牢中华民族共同体意识的政治路径

一是健全民族工作的体制机制，压紧压实领导责任。明确各级党委对民族工作的第一主体责任，构建党委统一领导、政府依法管理、统战部门牵头协调、民族工作部门履职尽责、各职能相关部门协同合作、全社会支持的新时期民族工作格局，民族工作各环节形成强大合力。不断完善民族工作职责考评的清单，严格落实"两个纳入"，将铸牢中华民族共同体意识纳入党的建设和意识形态工作责任制，纳入政治考察、巡视巡察、政绩考核，以考核促进责任落实。

二是巩固民族工作的基层基础。增强基层党组织对新时期民族工作的组

---

① 佑言：《人民网评：铸牢中华民族共同体意识　奏响西部奋进曲》，人民网，2024 年 5 月 1 日，http://opinion.people.com.cn/n1/2024/0501/c223228-40227778.html。

织和引领功能，不断健全和完善民族地区基层党组织。加强基层民族工作队伍的能力建设，大力建设基层民族机构和组织，保障基层民族工作有力有效运转，确保党的民族理论和民族政策宣传触角深入基层，党的民族工作在基层有成效。

三是强化民族干部队伍建设。依据新时代干部评价标准，按照维护党的集中统一领导态度特别坚决、明辨大是大非立场特别清醒、铸牢中华民族共同体意识行动特别坚定、热爱各族群众感情特别真挚的"四个特别"要求，加强民族地区干部队伍建设，选优配强民族地区各级领导班子，一批优秀少数民族干部得到培养重用。

（二）推进民族团结进步，奠定铸牢中华民族共同体意识的社会基调

政治上，坚持各民族一律平等的价值取向。民族平等、民族团结是最能体现国家制度、党的民族政策优越性的制度性规定。公平、正义、平等是社会最基本的价值规范，追求社会公平和民族平等是社会主义的基本目标，更是铸牢中华民族共同体意识的实践路径。做好新时代中华民族共同体建设工作，强化中华民族共同体意识，是摆脱基于个体、民族片面认知上的主观主义，正确认识个体、民族与中华民族共同体有机关系的重要途径。这就需要从铸牢思想根基、营造社会氛围、创设舆论环境等方面入手，尤其要通过多方面的努力维护社会公平正义，依法保护各民族群众的合法权益不受侵犯。各级干部要牢固树立民族平等、团结互助的思想理念，只有自觉坚持各民族一律平等的价值取向，用实际行动消除事实上存在的某些不平等，才能真正促进各民族大团结，才能实现各民族群众共居、共学、共事、共享、共乐。

经济上，促进民族聚居地区高质量发展。全面贯彻新发展理念，加快民族聚居地区经济社会发展，既是铸牢中华民族共同体意识、实现中华民族伟大复兴的内在要求，也是实现各民族大团结、民族共同体构建的实践路径。当前，少数民族地区发展不平衡不充分问题仍然突出，缩小区域发展差距任务艰巨。民族地区要主动服务和融入新发展格局，找准自我发展定位，奋力

追赶东部地区，引入先进经验和技术，挖掘产业链新优势，注重锻长板和补短板，打造核心竞争力，以资源优势、区位优势、比较优势等融入国内大循环；主动服务和深度融入"一带一路"建设，扎实推进与东南亚国家的互联互通，构建对外开放新格局；强化区域之间的协同发展，提升民族地区对资源和能源进行深加工的能力，向价值链高端迈进，充分激发潜在的消费市场潜力，提高自身发展效率。

文化上，建设中华民族现代文明，构筑中华民族共有精神家园。文化是一个民族的魂魄，文化认同是民族认同的根脉。构筑中华民族共有精神家园是铸牢中华民族共同体意识的关键所在。深刻理解把握中华文明的突出特性，以习近平文化思想为根本遵循和指引，挖掘各民族优秀传统文化，突出共有共享的中华文化符号和形象，传承红色基因，弘扬社会主义核心价值观，着力打造更多具有中华文化底蕴、壮乡文化特色的符号和形象，并将其充分体现到城市街区、旅游景区、特色村镇等建设中，更好地展现壮乡文化蕴含的历史之韵、民族之融、人文之美，构建多姿多彩的中华民族共有精神家园。坚定不移地全面推行使用国家统编教材，推广国家通用语言，确保各民族青少年掌握和使用好国家通用语言文字，推动各民族共同走向现代化。新时代开展民族团结进步教育和铸牢中华民族共同体意识教育，就是要在保护各民族特色的前提下，不断缩短时间距离、社会距离、空间距离和概率距离，从而实现中华民族共同体意识从外显向内隐的转变，不断增强对中华民族的认同感、归属感、自豪感，推动中华民族走向包容性更强、凝聚力更大的命运共同体。

（三）推进各民族共同富裕，奠定铸牢中华民族共同体意识的民心基础

共同富裕是中国特色社会主义的本质特征。社会主义的本质要求社会财富的增加为各族人民所共享，每个民族、每个社会成员都能够享受到改革开放带来的红利。由于历史的和现实的原因，各民族所处的区位、拥有的资源、生产力发展水平不同。习近平总书记强调，全面建设社会主义现代化国

家,一个民族也不能少。① 民族地区要融入新发展格局,牢牢把握经济建设这一中心,把握民族工作领域的突出问题,关注当下社会转型、利益多元等问题,将创新、协调、绿色、开放、共享的新发展理念贯穿民族地区现代化建设的全过程,加快新型基础设施建设,为发展电子商务、数字产业、云产业创造条件,培育新质生产力,促进新兴经济的发展;利用当地丰富的自然资源、民族文化资源优势,大力发展绿色经济,推动现代农业、文旅产业、康养产业等特色产业发展,变生态优势为经济优势、民生优势,实现民族地区高质量发展,让中华民族共同体牢不可破。

发展是解决民族地区各种问题的基础。② 经济基础决定上层建筑。聚焦高质量发展这个首要任务,秉持"一张蓝图绘到底"的信念,紧紧扭住产业这个强市之基、富民之要,全面实施强首府战略,深入实施新型工业化、新一轮工业振兴三年行动,加快培育新质生产力,推进制造业高端化、智能化、绿色化发展。巩固拓展脱贫攻坚成果、推进乡村振兴、推进以县城为重要载体的新型城镇化建设、深化农村产业园区改革,加快建设宜居宜业和美乡村,加快补齐民族地区就业、教育、医疗、文化等社会事业发展短板。新时代铸牢中华民族共同体意识必须在社会生产力不断发展的基础上,在推动各民族共同团结奋斗、共同繁荣发展的过程中实现。

坚持以人民为中心,把改善民生、凝聚人心作为民族地区经济社会发展的出发点和落脚点。以保障和改善民生为抓手,建立普惠性公共服务政策、兜底救助体系、综合性社会保障政策等相结合的多维政策体系,补齐民生短板,不断提高公共服务保障能力和水平,促进发展成果公平惠及各族群众。在实现"共同富裕"与"共同体建设"相互促进、螺旋上升中,构建全民共享、全面共享、共建共享的生动局面,画出各民族大团结的最大同心圆,深化铸牢中华民族共同体意识的实践。

---

① 《习近平谈"全面建设社会主义现代化国家,一个民族也不能少"》,"党建网"百家号,2021年6月17日,https://baijiahao.baidu.com/s? id=1702765957472585351&wfr=spider&for=pc。

② 《"五十六个民族凝聚在一起就是中华民族共同体"——习近平总书记青海、宁夏考察纪实》,《南宁日报》2024年6月23日。

（四）不断深化各民族交往交流交融，优化铸牢中华民族共同体意识的平台载体

不断深入探索和创新民族工作机制。制定构建互嵌式社会结构和社区环境的政策措施，着力完善少数民族流动人口服务管理体系，大力宣传推广蟠龙社区"136"工作法、中华中路社区"谢大姐"、望仙坡社区"阳光工作法"、新竹社区"竹声倾谈"等民族工作品牌，办好"一老一小"等民生实事和公共事务，积极回应各族群众关切，持续深化民族团结进步创建工作，营造各族人民"邻里一家亲"的浓厚氛围。

坚持"共"的导向，强化"嵌"的格局，突出"融"的理念。推进各民族人口流动融居，促进各族群众全面交往、广泛交流、深度交融，促进各民族在理想、信念、情感、文化上的团结统一、守望相助、手足情深，在实现共同富裕、迈向社会主义现代化新征程中同舟共济、携手并进。

以加强各民族交往交流交融为纽带，构建互嵌式社会结构。加强东西部协作和对口支援、企业及其他社会力量参与帮扶等机制，深化东西部地区在物资支持、劳务用工、项目开发等领域的协作和交流，实现互惠互利、优势互补。鼓励各民族群众勤劳致富，打破就业创业壁垒，创造更多就业、创业机会，保障民族地区高质量充分就业，拓宽民族地区转移劳动力的社会上升通道。构建互嵌式社会结构和社区环境，实现各民族在文化、经济、社会、心理等方面全方位嵌入，不断提升各族群众的凝聚力和向心力。

（五）坚持生态优势金不换，巩固铸牢中华民族共同体意识的生态优势

牢固树立绿水青山就是金山银山理念。习近平总书记指出："绿水青山就是金山银山。"[1] 全面贯彻习近平生态文明思想，坚持走生态优先、绿色

---

① 单提平：《"绿水青山就是金山银山"的哲学意蕴》，人民网，2018 年 6 月 11 日，http：//theory. people. com. cn/n1/2018/0611/c40531-30048988. html。

发展之路。看"气"质蓝天常驻,看"水"质碧水长流,南宁主要流域地表水水质优良率保持100%。产业因绿而兴,生活逐绿而行,南宁成为全区唯一绿色出行创建达标城市。

打好蓝天、碧水、净土保卫战。统筹山水林田湖草一体化保护和系统治理,开展群众性生态文明绿色行动,推进降碳、减污、扩绿、增长,擦亮绿城生态金字招牌,让优良生态环境成为最普惠的民生福祉。完善绿色发展制度机制,加快推进生态产业化、产业生态化,发展壮大林业、文旅、养老、大健康等产业,大力发展新能源和清洁能源,拓展绿水青山转化为金山银山的路径,将生态优势不断转化为发展优势,同时让生态优势更持久。

(六)提升民族事务治理现代化水平,加强铸牢中华民族共同体意识的法治保障

依托国家民委民族事务基层治理示范点"1+7+10"体系①,将民族事务纳入共建共治共享的社会治理格局,健全民族政策和法律法规体系;推动民族事务治理与市域社会治理、基层社会治理有机融合,形成"南宁经验"。

健全防范化解民族领域风险隐患机制,定期分析研判,加强舆情监测和应急处置,常态化做好风险隐患排查和源头治理,依法妥善处置民族领域突发事件和网络舆情,守住不发生系统性风险底线。

严格落实意识形态工作责任制。坚持"属地管理、分级负责和谁主管、谁负责"的原则,依法加强对互联网涉民族类话题的引导管控,稳妥处理涉民族因素意识形态问题,及时处置有害信息,坚决抵御防范境外势力渗透破坏活动,坚决防范民族领域重大风险隐患,维护民族团结。

---

① "1+7+10"体系:"1"以市民宗委为国家民委基层联系点;"10"指以市司法局、兴宁区望仙坡社区、广西万益律师事务所、江南区二桥西社区等10家单位为基层联系站,形成点、站联动的工作体系;"7"是指建立工作例会、座谈会、调查研究、收集社情民意、信息报送、普法宣传、创新工作总结推广等7项工作制度,扎实推进基层联系点工作制度化。

二　南宁市推进民族工作高质量发展的对策建议

2023 年，南宁坚持"谋民族工作就是谋全局"的观念，把铸牢中华民族共同体意识作为各项工作的主线，作为推进民族团结进步创建工作的根本方向，要赋予所有改革发展以彰显中华民族共同体意识的意义，以维护统一、反对分裂的意义，以改善民生、凝聚人心的意义（以下简称"三个意义"），全面落实党的民族政策，着力构筑中华民族共有精神家园，建设共同富裕幸福家园、守望相助和谐家园、宜居康寿美丽家园、边疆稳定平安家园，推动新时代党的民族工作转型升级、提质增效。

（一）全面落实铸牢中华民族共同体意识的长效机制

铸牢中华民族共同体意识是长期任务、系统工程，必须发挥制度管长远、固根本的作用。出台《南宁市建设铸牢中华民族共同体意识示范建设行动方案及指标体系》《南宁市关于铸牢中华民族共同体意识的工作规定》，将铸牢中华民族共同体意识主线落实到经济建设、政治建设、文化建设、社会建设、生态文明建设、党的建设全过程各方面，确保全市各项工作都紧紧围绕、毫不偏离铸牢中华民族共同体意识主线。探索把铸牢中华民族共同体意识作为制定地方性法规、规范性文件的前置审核条件，制定重大经济社会发展政策贯彻铸牢中华民族共同体意识主线，围绕"三个意义"构建审核、评估、清理机制。重大资金安排使用贯彻铸牢中华民族共同体意识主线，保证这项工作不论什么时候、由谁来做，都有规矩可循、能常态长效抓下去。加强对各类规划和重大工程项目贯彻铸牢中华民族共同体意识主线的审核把关、对贯彻铸牢中华民族共同体意识主线重点任务的财政保障，同时结合实践不断完善统筹协调、检查督办、跟踪问效等机制，加强对贯彻落实铸牢中华民族共同体意识主线责任的监督考核，确保这条主线有形有感、有效落地。

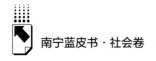

（二）强化统筹协调，找准发力点，做好结合和融入的工作

民族工作的实质是争取人心、团结人心、凝聚人心。铸牢中华民族共同体意识主线能否全面贯彻到位，关键看其与具体工作结合得紧不紧、融入得深不深。关键在于能否加强和改进党对新时代民族工作的全面领导。要在实施新一轮机构改革中，优化党委、政府机构设置和职能配置，赋予铸牢中华民族共同体意识主线的改革意义，从明确各级党委（党组）履行铸牢中华民族共同体意识职责抓起，赋予各级党委办公室负责各项工作贯彻铸牢中华民族共同体意识主线的职责，赋予各级党委统战部负责民族工作贯彻铸牢中华民族共同体意识主线的职责；把全面贯彻铸牢中华民族共同体意识主线写入各部门各单位"三定"规定，写入各议事协调机构工作规则及其常设办事机构工作细则，推动写入各行业规章、社会组织章程和村规民约、市民公约，融入企业文化建设，进一步明确这项工作由谁来干、干什么，使铸牢中华民族共同体意识成为各族干部群众的行为准则和日常习惯。将铸牢中华民族共同体意识融入各级各类学校办学治校、教书育人全过程，把贯彻铸牢中华民族共同体意识主线纳入党的建设和意识形态工作责任制，纳入政治机关建设、巡视巡察工作和政绩考核，不断压实责任、强化自觉，进而成为自然。

（三）以乡村振兴为抓手，推动民族地区共同走向现代化

助力民族聚居地区融入新发展格局。以中央财政衔接推进乡村振兴补助资金（少数民族发展任务）为抓手，突出赋予"三个意义"和"融"的导向，切实解决各族群众的"急难愁盼"问题，创造条件推动各族群众更加广泛地共居共学、共建共享、共事共乐，让大家有事情一起干、有困难一起扛、有发展成果一起分享，不断提升各族群众获得感、幸福感、安全感。

立足资源禀赋，因地制宜发展特色产业。在项目论证立项上，把有利于铸牢中华民族共同体意识作为可行性的重要标准；在项目实施推进上，广泛吸纳当地各族群众参与。优先扶持联农带农富农产业发展，重点支持特色产业发展。民族地区充分发挥资源优势，打造特色品牌，畅通销售渠道，让当

地特色农产品走向全国，走进千家万户。

完善基础设施建设，改善各族群众生产生活条件。促进各民族团结奋斗、共同繁荣；推动各民族实现共同富裕，在资源开发、产业发展等方面健全维护群众利益的评估和分配机制，加强普惠性、基础性、兜底性民生建设，让各族群众共同增收致富；推进结对村产业共谋、项目共建、资源共享、融合发展；基础设施建设的提速，为民族地区经济社会各项事业发展插上了腾飞的翅膀。

（四）东西部协作、南联北进，推进各民族互嵌式发展

发挥粤桂协作功能，加快民族地区发展。以上林、马山、隆安3个粤桂协作县与深圳市福田区全方位合作为基础，加强项目建设、技术帮带、资金帮扶、管理模式、产业发展、人才培养等方面的交流合作，并积极创造条件主动对接融入大亚湾发展格局、承接产业转移，引进资金、技术、人才，助推民族聚居地区经济社会发展。通过技能培训、岗位培训、订单培训，组织民族地区富余劳动力到深圳乃至珠三角地区就业创业，增加农民收入。同时，出台政策鼓励吸引一批"学有一技之长"的外出务工人员返乡投资创业，助推民族地区发展。

借助平陆运河优势，谱写首府高质量发展新篇章。作为西部陆海新通道的重要枢纽，平陆运河的修建意味着"给南宁带来一片海"，为重塑城市形态和产业布局带来新的重大战略机遇。要"筑巢引凤"，吸纳各类高层次人才入驻南宁，加强海洋经济、运河经济产业研究、市场开发，将运河经济带作为战略支点，发展临海经济；营造亲商、爱商人文环境，加大招商引资力度，引进大企业，重视人居环境的规划，使人居与产业相衔接。制定人才吸引政策、产业扶持政策，让"产业进得来，人才留得住，企业赚到钱，城市有发展"，打造实体经济、科技创新、现代金融、生态旅游、人力资源协同发展的世界级现代产业体系，助推南宁经济社会高质量发展。

聚焦就业这个最大的民生，探索互嵌式发展新模式。党的二十大报告指出，就业是最基本的民生。在推动东西部协作、实施各族群众互嵌式发展计

划中，开展中短期技能培训，结合直播带岗、就业援助、入户送岗、线上荐岗等渠道，开展用工推荐招聘活动，鼓励民族地区富余劳动力到珠三角、长三角等东部沿海地区就业创业，巩固精准脱贫攻坚成果，让各族群众共同走上富裕之路。开展"邕抱南宁"直播招聘节目和毕业生双选会、留桂就业计划专场招聘会，吸引各民族学子留邕就业创业，促进各民族互嵌式发展，为推动南宁高质量发展提供人才支撑。

参考文献

《中华民族共同体概论》，高等教育出版社、民族出版社，2023。

梁庭望、厉声：《骆越方国研究》，民族出版社，2017。

谢寿球等：《文献中的古桂林郡》，民族出版社，2023。

张丽军、孔蓉蓉：《夯实推动各民族共同富裕的经济基础》，《光明日报》2021年11月10日。

宋才发：《铸牢中华民族共同体意识的四维体系构建及路径选择》，《党政研究》2021年第3期。

孙绍骋：《全面深入具体地把铸牢中华民族共同体意识主线贯彻到各项工作中》，《中国民族报》2024年1月30日。

刘宁：《奋力建设铸牢中华民族共同体意识示范区》，《中国民族报》2024年2月6日。

徐麟：《努力建设铸牢中华民族共同体意识模范省》，《中国民族报》2024年2月23日。

王琪：《在推动共同富裕中铸牢中华民族共同体意识》，《中国民族报》2024年2月23日。

B.10
南宁市铸牢中华民族共同体意识的
基层探索与实践

——以南宁市西乡塘区衡阳街道为例

梁宅升　卢娃　覃园*

摘　要： 中华民族共同体意识是国家统一之基、民族团结之本、精神力量之魂。近年来，南宁市西乡塘区衡阳街道坚持以铸牢中华民族共同体意识为主线，围绕基层民族事务治理工作目标要求，在强化党建引领促进共建共享、强化融合发展促进共居共学、强化交往交流促进共事共乐，打造"民族情深党旗红""民族之家""六港"等少数民族服务品牌方面取得较好的实践成效。同时还存在民族政策理论学习广度和深度不足、民族团结工作发展不均衡、活动开展不够丰富、工作缺乏考评机制、群众参与度有待提高等问题，建议从强化民族政策理论教育、加强基础建设、建构多元主体参与机制、健全服务功能、丰富文化活动、加强民族工作经验交流六个方面入手，为南宁市在广西建设铸牢中华民族共同体意识示范区中走在前、做表率，奋力谱写首府民族工作高质量发展新篇章做贡献。

关键词： 中华民族共同体意识　基层探索　民族工作

党的十八大以来，以习近平同志为核心的党中央反复强调要切实"打

---

* 梁宅升，南宁市西乡塘区衡阳街道党工委组织委员；卢娃，南宁市西乡塘区衡阳街道办事处一级科员；覃园，南宁市西乡塘区衡阳街道基层党建办工作人员。

牢中华民族共同体的思想基础""铸牢中华民族共同体意识"。① 党的十九大提出"铸牢中华民族共同体意识"并写入党章。党的二十大报告明确指出以铸牢中华民族共同体意识为主线，坚定不移走中国特色解决民族问题的正确道路，坚持和完善民族区域自治制度，加强和改进党的民族工作，全面推进民族团结进步事业。2021年4月，习近平总书记视察广西，强调广西是全国民族团结进步示范区，要继续发挥好示范带动作用。② 2023年12月，习近平总书记在蟠龙社区视察时指出："广西建设铸牢中华民族共同体意识示范区，要从基层社区抓起，通过扎实的社区建设、有效的社区服务、丰富的社区活动，营造各族人民一家亲的浓厚氛围，把民族团结搞得更好。"③ 把基层社区工作做好既是完善基层治理体系和实现治理能力现代化的现实要求，也是铸牢中华民族共同体意识的有效途径和重要抓手。

一 西乡塘区衡阳街道的概况

西乡塘区衡阳街道辖区总面积为14.6平方千米，有11个社区和2个行政村，常住人口为15.11万人，涵盖汉族、壮族、维吾尔族等20个民族。近年来，西乡塘区衡阳街道坚持以习近平总书记关于加强和改进民族工作的重要思想为指导，以铸牢中华民族共同体意识为主线，深化民族团结进步创建工作，促进辖区各族群众广泛交往交流交融，绘就了各族干部群众亲如一家的美好画卷。2012年，中华中路社区获评"全国首批民族团结进步创建示范单位"；2013年，中华中路社区党委书记谢华娟获"自治区民族团结进

---

① 青觉：《弘扬中华民族精神铸牢中华民族共同体意识》，新华网，2021年3月23日，http：//www.xinhuanet.com/politics/2021-03/23/c_1127243270.htm？ivk_sa=1024320u。

② 光明日报调研组：《八桂石榴别样红——广西加快创建铸牢中华民族共同体意识示范区》，光明日报网站，2023年9月1日，https：//news.gmw.cn/2023-09/01/content_36803153.htm。

③ 《习近平在广西考察时强调 解放思想创新求变向海图强开放发展 奋力谱写中国式现代化广西篇章》，"新华网"百家号，2023年12月16日，https：//baijiahao.baidu.com/s？id=1785347404190432422&wfr=spider&for=pc。

步先进个人"荣誉称号；2019 年，辖区单位秀厢小学获评"南宁市民族团结进步创建活动示范单位"；2021 年，衡阳街道获评"南宁市民族团结进步示范单位"，中华中路社区获评"第八批全国民族团结进步示范社区"，辖区 2 名少数民族群众获评南宁市少数民族流动人口民族团结进步"五星"称号；2022 年，秀厢小学获评"南宁市民族团结进步模范集体"，街道党工委 1 名领导干部获评"南宁市民族团结进步模范个人"；2023 年，衡阳街道荣获"第六批自治区民族团结进步示范单位"和"自治区第九次民族团结进步模范集体"。

二　主要做法

西乡塘区衡阳街道将社区作为城市民族工作的主阵地，紧紧围绕铸牢中华民族共同体意识这一主线，深入开展民族团结进步创建工作，并推动其落地化、具体化，在社区打造"民族之家"、新时代文明实践站等阵地，提升社区精准服务水平和管理能力，营造多民族嵌入式社区新风尚、新生活，扎实开展铸牢中华民族共同体意识的生动实践。

（一）强化党建引领，促进共建共享

1. 大力推动"党建+民族团结"工作

西乡塘区衡阳街道坚持党对民族工作的领导，紧扣抓党建促民族团结进步工作要求，与辖区单位开展联建共建，建强街道"大工委"、社区"大党委"，构建"党建事宜同商、党建载体同创、党建活动同联、党建资源同享"的党建工作机制，依托成员单位场所建设一批集管理教育、服务保障和活动开展于一体的服务阵地，着力解决基层党组织活动阵地、服务群众场所不足的问题，引导辖区单位发挥自身优势参与社区建设、民族团结进步创建等工作。如中华中路社区联合南宁火车站党委、宁铁国际物流公司党委等辖区单位开展"结对共建"，培育打造"民族情深党旗红"党建品牌，推动社区党建与民族工作互融互促、协调共振；南铁北四区社区联合南宁铁路局

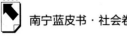

机务段等单位深化"党建微家"党建品牌,以"微"破题,优化"四微工作法",为辖区各族群众提供特色"微服务"。

2. 大力推动"社会治理+民族团结"创新

西乡塘区衡阳街道坚持依法治理民族事务,依托"一街道对应一派出所"改革,加强和创新基层社会治理工作,完善新时代"枫桥经验",以"个性化服务、亲情化关怀、网格化管理、市民化待遇"为服务宗旨,打造"民族之家""候鸟港湾"等少数民族服务品牌,探索形成"能帮善引 成交善融"八字工作法,设立"关爱港""解忧港""和谐港"等特色服务项目。在街道本级联合衡阳派出所成立警民联调中心,会同南宁南安商会成立矛盾纠纷联调室,在中华中路社区联合城区法院等单位成立全区首个石榴籽民族团结进步联合调解中心及巡回法庭,健全"民族特色+多方联动"调解机制,积极联合统战、民宗、民政、城管、司法、公安等部门,了解各族群众需求,及时化解矛盾,切实维护各族群众的合法权益,不断提升民族事务治理法治化和治理能力现代化水平。

(二)推进融合发展,促进共居共学

1. 积极完善互嵌式社会结构和社区环境

西乡塘区衡阳街道坚持高举中华民族大团结旗帜,立足首府地区特色和紧靠南宁火车站、外来流动少数民族人口较多的特点,建好街道、社区党群服务中心,并在社区创建了"民族之家""少数民族流动人口服务站""民族团结巷""民族之家图书室""谢大姐暖心屋""国家通用语言文字培训室"等,在国家通用语言培训、就业创业技能培训、住房租房、就学就医、矛盾调解等方面为各族群众提供服务。组织社区网格员结合日常走访工作,对少数民族流动人口进行摸底登记,加强对少数民族流动人员的服务。如"谢大姐暖心屋"自成立以来,为西北地区来邕的少数民族群众解决了60多件烦心事,协调建成少数民族创业街帮扶部分少数民族同胞实现创业开店的梦想,真正让少数民族群众"进得来、留得住、融得进、发展好"。

2. 积极开展铸牢中华民族共同体意识宣传教育

西乡塘区衡阳街道坚持将铸牢中华民族共同体意识纳入干部教育、党员教育、国民教育体系，搞好社会宣传教育。西乡塘区衡阳街道通过党工委会议、理论学习中心组、所属 138 个党支部"三会一课"、宣讲报告会等，进一步推动街道各族干部、党员、群众铸牢中华民族共同体意识。同时，以"民族团结进步宣传月""广西三月三"等为契机，开展形式丰富的文明实践活动，在少数民族聚居的小区内布设"讲文明树新风"、市民公约等公益广告 200 多处，积极评选辖区少数民族团结进步"五星"代表，引导少数民族群众积极践行社会主义核心价值观，大力开展民族团结进步宣传工作。例如，在中华中路社区联合自治区社科联创建南宁市青少年铸牢中华民族共同体意识研学实践教育基地。南铁北二区社区依托两新组织书香宝贝"托管教育"等平台，将党的理论、民族政策法规、民族文化知识融入各族群众日常生活。

（三）加强交往交流，促进共事共乐

1. 搭好民情沟通平台，凝聚各族群众团结奋斗力量

西乡塘区衡阳街道坚持把推动各民族为全面建设社会主义现代化国家共同奋斗作为新时代党的民族工作的重要任务，认真学习贯彻习近平总书记关于广西工作论述的重要要求。在中华中路社区设立西乡塘区民族团结（中华中路片区）人大代表联络站，深入推进"混合编组 多级联动 履职为民"和"三官一员"进站点活动，组织各级人大代表深入少数民族聚居地区了解社情民意，回应各族群众关切，反映各族群众诉求，维护各族群众利益，凝聚民智民力，加强与街道辖区内各级人大代表的联系，学习考察人大工作先进经验，提高代表履职水平。在社区组建红石榴志愿服务队，以街道社区党员干部为主，辐射带动各族党员团员、大学生、非公经济人士、居民及辖区学校、医院、企业等社会力量，使其积极参与民族团结、创卫创城、平安建设等工作。

2.办好民族节庆活动，营造中华民族一家亲氛围

西乡塘区衡阳街道坚持各民族一律平等，充分尊重各民族风俗和宗教信仰。街道每年组织开展民族节庆百家宴、邻里节等节庆活动。如中华中路社区举办喜迎党的二十大我邀明月感党恩暨"民族团结一家亲，清廉家风传承"篝火晚会，与联建单位开展"潮聚三月三·共筑石榴情"暨民族团结进步宣传月主题活动；南铁北四区社区开展"精彩三月三，文明实践在壮家"志愿服务活动；南铁北二区社区携手亲子教育活动机构，开展"欢乐三月三 多彩民俗情"活动，邀请辖区居民参加亲子民俗互动游戏、民族知识问答、糯米画制作等，有效增进居民对民族传统文化的认知；南铁北一区社区开展"浓浓壮乡情 糯米飘香结邻里"活动，以别具特色、丰富多彩的文化活动，为少数民族同胞送上节日的祝福，促进各族文化相融互动；秀厢村开展迎春晚会活动，表演者们用丰富多彩的艺术形式展示了深厚的家国情怀和对美好生活的向往，整场晚会热闹非凡，洋溢着喜庆的节日气氛。通过民族节庆活动，促进文化交流交融，让各民族群众更好地共事共乐。

三 主要成效

（一）实现联建共建，增进民族团结交往

西乡塘区衡阳街道与自治区社科联、共青团南宁市委员会、南宁市民宗委、广西民族大学团委、宁铁国际物流公司党组织联建共建，培育打造"民族情深党旗红""党建微家"党建品牌，进一步提升社区党建引领水平，推动民族团结进步创建工作。社区党员干部深入辖区各族群众开展走访活动，向各族群众讲解党史、倾听群众诉求、协调解决群众关切的问题，累计收集群众意见建议860条，解决难题2160件。积极建立社区工作人员与民族群众"一帮一"机制，每名工作人员至少与居住在其附近的生活最困难的一户少数民族群众建立长期联系，主动帮助其解决日常生活中遇到的各种

困难。自 2023 年以来，每个社区在"党员服务日"期间组织党员开展针对各族群众的各类服务活动 15 次，累计 600 余人次参与，主动帮助各民族群众了解市场信息和社会发展趋势，宣传民族政策及相关法律法规，积极营造民族团结的浓厚氛围，促进社区民族事业不断发展。

（二）实现平台搭建，促进民族团结交流

西乡塘区衡阳街道"民族之家""六港"特色服务项目为辖区各族群众在劳动就业、子女入学、困难帮扶、矛盾调解、法律咨询等方面提供全方位、亲情化的服务。截至 2024 年 3 月，中华中路社区已为 2881 名辖区各族群众解决就业问题，为 39 名少数民族困难群众解决子女入学问题，助力 2018 名少数民族同胞实现安居。来自新疆的克尤木·阿布力孜感激之情溢于言表，"社区是我们的靠山，感谢谢大姐和各族兄弟的帮助，我有了自己的固定门店，现在主要卖新疆烧烤等特色美食，每个月有 5000 多元的收入。今年社区还帮我联系了附近的学校，让小孩从新疆来到南宁读书，我们一家四口得以团聚并定居南宁"。2019 年，在火车站附近建成少数民族创业街，共设立 13 个铺面，圆了部分少数民族同胞开店的梦想。谢大姐暖心屋整合辖区各类资源共完成各族群众的微心愿 318 件。暖心屋不设门，24 小时敞开。群众随时都可以来，留下微心愿，社区工作人员和志愿者帮他们达成愿望。社区以"传党情、听民声、谋发展、促和谐"为主题，8 名驻室党代表牵头组建基层民情、就业创业、医疗卫生等 8 支服务团队，发放写有党代表联系方式的"民情联系卡"168 张，方便各族群众在遇到困难时能及时同社区取得联系，搭建沟通的桥梁，有利于党代表及时掌握社情民意，倾听群众心声。

（三）实现文化互嵌，共促民族团结交融

西乡塘区衡阳街道利用生活中的"微融合"元素，积极组织开展各类民族节庆、联谊会、座谈会、心连心等活动，共同弘扬中华民族传统文化，促进各族群众交往交融。如中华中路社区开展"潮聚三月三·共筑石

榴情"暨民族团结进步宣传月主题活动，现场约有 600 位各族群众参加了此次活动；南铁北一区、北二区等社区通过开展具有节庆民俗特色的各类民族文化活动，有效增强了社区居民对民族传统文化的认知，增进各民族文化的交流与交融。2023 年，西乡塘区衡阳街道共组织各类活动 25 次，参加活动的各族群众达 1000 余人次。通过民族节庆活动，促进文化交流交融，让各民族群众更好地共事共乐，促进了各民族之间的文化交流，拉近了各民族同胞间的距离，促进辖区和谐和睦。

四　面临的困难与问题

（一）社区工作者学习民族政策理论的广度和深度有待拓展

社区工作人员对铸牢中华民族共同体意识的内涵理解得还不够透彻，尚未完全认识到铸牢中华民族共同体意识对社区工作的重要性，在工作上仍然延续传统民族工作的思路，以关注民族差异性为主，对各民族的共同性认知有限。对社区居民而言，家庭生活和社区环境是他们比较关心的问题，而社区铸牢中华民族共同体意识的关键在于社区如何更好地满足居民生活需求与发展需要。

（二）社区民族团结工作发展不均衡，活动开展不够丰富

西乡塘区衡阳街道有 13 个社区（村），7 个两新党组织，仅有中华中路社区是民族团结示范社区，其他社区在示范创建工作中仍有提升空间。各族群众分布广，文化交流活动形式较为单一，居民缺乏参与民族文化交流活动的积极性，文化交融度较低，个别社区并未形成民族文化互嵌或交融的态势，常态化的文化交流活动存在薄弱环节。

（三）社区铸牢中华民族共同体意识工作缺乏考评机制

社区铸牢中华民族共同体意识工作还没有建立考评机制，没有形成明确

的工作标准。社区铸牢中华民族共同体意识工作以自愿、协助为主，没有将其纳入社区考评体系，既没有明确的规定和要求，也没有制定相应的激励政策，导致社区铸牢中华民族共同体意识工作缺乏内在动力。

（四）社区民族服务管理偏行政化，群众参与度有待提升

社区在丰富民族文化载体、营造民族特色的文化氛围上还有进一步提升的空间，居民在文化、心理和情感方面的精神共同体也没有完全形成。各族群众主动参与的意愿不强，即使参与社区公共事务，也大多集中在文化、宣传、体育等与日常生活相关的领域。常住居民的参与度高，外来人员和流动人员参与度较低。

五 推进西乡塘区衡阳街道铸牢中华民族共同体意识工作的建议

互嵌式社区是城市铸牢中华民族共同体意识落实落地、见行见效的重要阵地。西乡塘区衡阳街道中华中路社区取得了重要的阶段性成果，并形成了具有街道特色的实践做法。然而，铸牢中华民族共同体意识是一项久久为功的系统性工程，并不能一蹴而就。城市多民族社区可从强化民族政策理论教育、完善街道社区基础建设、建构多元主体参与机制、健全街道社区服务功能、丰富街道社区文化活动、加强民族工作经验交流等方面入手，进一步铸牢中华民族共同体意识。

（一）进一步强化民族政策理论教育

依托民族团结进步宣传月、宗教法律知识宣传月活动，增进各族群众对中华文化的认同。重点围绕"正确认识中华民族的特征，民族知识，民族团结意识，党和国家的民族政策及其必要性和重要性"等内容，由各基层党组织联合民族高校教师、大学生志愿者，通过新时代文明实践站、民族之家阵地、网络课堂等多种形式对辖区各族群众开展民族团结进步教育，并运

用新闻报道、新闻评论、事迹播报、微信群等媒介大力宣传民族团结进步活动，通过微信公众号平台推送相关文章，提高社会关注度与群众参与度，使民族团结观念深入人心，营造社会主义民族大家庭的和谐氛围。

（二）进一步完善街道社区基础建设

围绕构建多民族群众互嵌式社区，合理规划布局各族群众共同的生产生活空间，让各族群众有共居共学、共建共享、共事共乐的社会条件和现实需要。特别是加强和规范社区公共服务场所、活动场所建设，因地制宜加强居民小区党群服务中心建设；在开发新建住宅小区项目中，按规定将无偿配套落实社区公共服务场所纳入项目用地规划条件要求，且应是一、二楼等低层建筑，便于"一老一小"等群体使用。

（三）进一步建构多元主体参与机制

多民族互嵌式社区治理，除了作为管理主体的社区工作者外，也需要作为受益主体的社区民众、作为辅助主体的社会组织积极参与。通过规范、有序的制度体系将民众组织起来，以铸牢中华民族共同体意识为主线，不断巩固各民族大团结，还应在遵循一定规则的基础上通过相互交涉达成共识，而这种协商的过程实际上也是一个寻找最具说服力的论证力量的过程，最终能够提高决策的理性程度。社区治理引入社会组织，能够通过专业化的知识与技能发挥好社区治理的辅助力量，既为社区民众提供了一个沟通平台，也促进了资源的整合，使社区服务实现有效供给。

（四）进一步健全街道社区服务功能

社区服务是办好民生实事和公共事务最直接的平台和载体，有利于铸牢中华民族共同体意识，增进"五个认同"。要不断完善社区服务功能，积极帮扶进城少数民族群众，做好低保、残疾补助等社会救助兜底保障。针对多民族互嵌式社区的特点，增强社区工作者专业能力，除了日常的民族理论、民族政策学习外，还应增强社区工作者的沟通能力、民族问题的分析能力、民情收集能力，切实提高社区工作者解决民族问题的能力，着力解决民生领域的"急难愁盼"问题，提升社区服务的科学化、智能化、信息化水平。

（五）进一步丰富街道社区文化活动

坚持弘扬中华优秀传统文化，引导社区各族群众不断增强文化认同、坚定文化自信。推动社区通过居民自治制度，将铸牢中华民族共同体意识纳入居民公约。统筹开展"民族团结进步月""我们的节日"等系列活动，鼓励各机关团体开展文艺下基层等活动，使各族群众同唱一首歌、同跳一支舞、同吃一桌饭，共同参与各种群众性活动，实现各民族广泛交往、全面交流、深度交融，持续巩固各族人民一家亲的良好局面。丰富宣传载体，创新宣传方式，运用"互联网+民族团结"的新模式，利用微博、微信等新媒体的独特优势，发布民族团结相关知识，增强宣传的趣味性和互动性，增进各民族之间的了解，促进各民族交往交流交融。

（六）进一步加强民族工作经验交流

定期组织召开民族团结专题座谈会，引导各社区（村）交流民族团结工作经验，共同探讨民族工作新做法。结合各社区（村）实际，挖掘民族工作特色亮点，开展特色民俗活动，促进民族团结工作均衡化发展。

参考文献

蒋慧、孙有略：《铸牢中华民族共同体意识下民族互嵌型社区治理研究——以南宁市中华中路社区为例》，《民族研究》2021 年第 4 期。

民生保障篇

B.11
南宁市健全居家社区养老服务机制
调研报告

南宁市政协专题调研组 *

摘　要： 积极应对人口老龄化事关国家发展和民生福祉，健全完善居家社区养老服务机制是积极应对人口老龄化的重要举措。南宁市老年人口基数大、高龄老人占比较高，近年来大力推进居家社区养老服务改革，通过强化组织领导、强化政策支撑、加强设施建设、优化服务供给、健全保障体系等举措，逐步完善居家社区养老服务体系。但同时，南宁市居家社区养老服务还存在政府主导作用有待发挥、智慧化服务支撑不足、设施建设待加强、市场化运营能力不足等问题。拟从发挥政府主导作用、智慧养老、养老设施建设、市场化运营、监管评估、人才队伍和医养融合七个方面持续发力，推进

　＊　调研组组长：邓亚平，南宁市政协党组成员、副主席。调研组成员：黄芳，南宁市政协社会法制委员会主任；刘燕萍，南宁市政协办公室二级调研员；全育荣，中共南宁市委社会工作部副部长，兼任南宁市法学会副会长；黄子琳，隆安县政协副主席；黄祥凌，西乡塘区政协副主席；张培，广西泳达律师事务所执行主任；樊容宾，南宁市政协社会法制委员会办公室二级主任科员。

南宁市居家社区养老服务高质量发展。

关键词： 养老服务　居家社区养老　人口老龄化　医养结合

习近平总书记强调，让人民生活幸福是"国之大者"；人民对美好生活的向往，就是我们的奋斗目标；尊老爱老是中华民族的优良传统和美德，一个社会幸福不幸福，很重要的是看老年人幸福不幸福。[①] 党的二十大报告指出，实施积极应对人口老龄化国家战略，发展养老事业和养老产业，优化孤寡老人服务，推动实现全体老年人享有基本养老服务。积极应对人口老龄化事关国家发展和民生福祉，是实现经济高质量发展、维护国家安全和社会稳定的重要举措。

一　南宁市居家社区养老服务工作概况

截至 2023 年底，南宁市 60 岁以上户籍老年人口有 145.6 万人，老龄化率达 17.76%；80 岁以上高龄老年人口有 26.0 万人，占老年人口的 17.86%（远超 13.50% 的全国平均水平）。相对发达地区，南宁市的老龄化程度虽不是很深，但老年人口基数大、高龄老年人口占比高。据调查，全市 90% 以上的老年人首选居家社区养老。

近年来，南宁市大力推进居家社区养老服务改革。"十三五"期间，南宁市先后被列为全国养老服务业综合改革试点、全国长护险试点城市、全国"医养结合"试点城市、中央财政支持居家和社区养老服务改革试点城市。"十四五"期间，南宁市入选积极应对人口老龄化重点联系城市、全区大健康产业发展的核心引领区等。2023 年，《改革赋能养老服务高质量发展　托

---

① 《人民对美好生活的向往就是我们的奋斗目标（深入学习贯彻习近平新时代中国特色社会主义思想）》，"人民网"百家号，2021 年 8 月 11 日，https：//baijiahao.baidu.com/s？id=1707747549532414846&wfr=spider&for=pc。

起邕城百姓幸福"夕阳红"》获评 2022 年度全区改革攻坚优秀成果、南宁市优秀改革创新项目。全区养老事业高质量发展现场推进会在南宁市召开，南宁市做经验交流发言。2023 年 10 月，《基本养老服务体系托起幸福"夕阳红"——南宁市"六个体系"推动养老服务高质量发展的经验》获得自治区主要领导肯定性批示。

（一）强化组织领导，高位推动工作

南宁市高度重视养老服务工作，市委、市政府主要领导多次专题研究部署，坚持对标高位，科学统筹，全市上下"一盘棋"，一体规划，高位推进全市居家社区养老服务工作。一是健全机制。成立南宁市养老服务业综合改革工作领导小组，组建南宁市养老服务设施专班，建立健全南宁市养老服务局际联席会议制度，统筹协调 25 个政府工作部门推进全市养老服务改革。二是配齐人员机构。成立南宁市养老服务和未成年人保护指导中心，配备 20 个事业编制，充实养老服务工作力量。三是落实财政资金。近 3 年，平均每年统筹中央、自治区和南宁市资金 1.1 亿元用于养老事业。四是采取激励措施。将养老服务工作列入市政府新形势下督查激励事项，以督查激励"指挥棒"助力全市居家社区养老服务高质量发展。

（二）完善政策法规，提供制度支撑

一是加强规划引领。南宁市出台《南宁市养老服务业发展规划（2021—2035 年）》，启动编制《南宁市养老服务设施布局专项规划（2022—2035年）》，不断完善居家社区养老服务规划。二是加强立法保障。启动《南宁市居家养老服务条例》起草工作，明确各部门职责、设施建设、服务供给、资金筹集以及监督管理等内容，为居家社区养老发展提供法治保障。三是加强政策支撑。出台《南宁市新建住宅小区配套社区居家养老服务用房管理办法》《南宁市关于建立完善老年健康服务体系的实施方案》等一批养老服务支持政策，在财政补贴、用地保障、医养融合、监督管理等方面支持居家社区养老服务发展。

（三）加强设施建设，巩固服务阵地

一是建设具备全托服务以及社区养老技术支撑等综合功能的养老服务中心，已建成 25 个街道综合养老服务中心，基本实现全覆盖。二是落实新建住宅小区配套养老服务设施"四同步"（同步规划、同步建设、同步验收、同步交付），同时对未配套老旧社区按每百户不少于 15 平方米的标准逐一制定整改方案并抓好落实。截至 2023 年 12 月，已有 191 宗出让居住地块按标准落实居家社区养老服务用房配套。

（四）优化服务供给，丰富服务内容

一是提供居家上门服务。加大财政支持力度，每年为全市 1.6 万名符合条件的低保、特困、失独、优抚对象、高龄五类老年人提供价值 960～1920 元助餐、助洁、助浴、助医、助急等居家上门养老服务。二是提升助餐服务能力。采取社区自建、与知名餐饮店合作等多种形式，不断扩大长者饭堂试点，为老年人提供助餐服务。截至 2023 年 12 月，已在社区开设 53 家长者饭堂，已有 3.5 万名老年人注册用餐，累计用餐 220 多万人次。《人民日报》《广西日报》等全国、全区主流媒体对此展开报道。三是改善居家养老环境。将特殊困难老年人居家适老化改造纳入为民办实事项目，针对 4000户特殊困难老年人家庭，按照 3000 元/户补助标准开展居家适老化改造。四是推进家庭养老床位建设试点。为经济困难的失能、半失能老年人建设家庭床位，现已建成家庭养老床位 3184 张，获民政部养老服务司通报表扬。五是推行长护险试点。自 2021 年 3 月以来，共有 76 家护理服务机构入驻南宁市，累计为 1.1 万户失能人员家庭提供专业服务，年人均减负超过 2 万元。

（五）健全保健体系，加强医养服务

一是健全老年预防保健体系。每年免费为 65 周岁及以上老年人提供一次全面的健康体检服务、健康评估，体检后及时开展健康评价，为身体出现异常情况的老年人提供治疗指导或转诊服务。开展家庭医生签约服务，为居

家老年人提供老年常见病、慢性病的筛查干预和健康指导，做好安全用药指导等。截至2023年12月，南宁市共有家庭医生团队1951个，对65岁及以上老年人优先进行签约，签约率达68.93%。市卫生健康委员会出台了60岁以上、80岁以上老年人疫苗接种奖励办法，为老年人健康护航。二是提供"家门口"医养服务。已建成社区医养结合服务中心21个，为周边老年人提供常见病诊治、慢病管理、中医适宜技术等基本医疗服务。经验做法得到国家卫生健康委员会《卫生健康工作交流》简报和自治区政府办公厅《每日要情》简报推广。三是提供上门护理服务。目前，市属13家公立医疗机构和40家基层医疗机构入驻"南宁云医院"平台，累计为居家老年人提供上门护理服务5000多人次。四是提供中医药特色养生养老服务。发挥中医特色优势，加强中医老年病专科建设，建设区域老年病中医诊疗中心。186家乡镇卫生院（社区卫生服务中心）全部建成中医馆。投入1200万元实施基层中医骨干、乡村医生中医临床技能培训，为近90%的村卫生室配备中医诊疗设备，100%的乡镇卫生院（社区卫生服务中心）、95%的村卫生室能提供中医药服务，让老年人在家门口就能享受到优质的中医药服务。

二　南宁市居家社区养老服务工作存在的主要问题

（一）政府主导作用有待发挥

未建立考评机制，未将居家社区养老服务纳入政府绩效考核。南宁市养老服务和未成年人保护指导中心实体化运行有待加强，各级政府部门之间的工作协调不够顺畅。居家社区养老服务较缺乏系统性和规范性，居家社区养老的相关法规政策亟待健全。居家社区养老服务涉及老年人助餐配餐、政府购买居家社区养老服务、适老化改造等多项服务内容，资金较为分散。受经济下行影响，市县财力处于紧平衡状态，难以及时支付居家社区养老服务项目资金，部分居家社区养老服务机构运营困难，无法持续经营。仅依靠财政投入难以带动相关产业发展。居家社区养老服务业投资周期长、收益低，政府扶持政策和资金支持力度不够，社会资本参与居家社区养老的积极性不高。

（二）智慧型服务支撑体系有待完善

目前，南宁数字民政平台正在建设完善中，居家社区养老服务数字化程度不高；在平台尚无法查看全市养老机构地图、居家社区养老服务预约等内容，在养老机构查询中只简单列举机构名称、床位数、地址及联系电话，无法详细查看养老服务项目、收费标准、服务特色等内容；居家社区养老服务机构没有进行统一管理等。

（三）居家社区养老设施建设有待加强

全市社区养老服务设施覆盖率为79%，部分站点使用率不高，建设与需求匹配度不高。目前，"全覆盖"仅涉及区域位置，忽视了功能设施、服务内容的"全覆盖"，导致部分新建成的养老服务站闲置，同时存在部分养老服务站规模太小、基础设施不完善、不便于老年人活动等情况。城市老旧小区养老服务场地不足的问题较突出，老旧小区配套设施明显不足，设施网络覆盖程度差距较大，存在老年活动基础设施不配套、质量较差、环境差等问题，缺乏扶手、防滑地板和安全护栏等安全设施，老年人因年龄增长身体状况不佳，容易引发安全风险。由于缺少相关扶持政策，社会力量较少参与室内无障碍设施建设，政府只是对特殊困难老年人进行补贴，补贴金额有限，覆盖面过窄。居家适老化改造价格偏高，很多无法得到补贴的老年人及其家庭不愿投入资金进行改造。居家社区养老服务用房运转和管理机制有待完善。

（四）养老服务市场化运营水平有待提高

集机构、居家、社区养老服务功能于一体的区域性养老服务中心不多，没有发挥国有企业在居家社区养老服务中的主体作用。由于缺少扶持政策，当前进入南宁市居家社区养老服务市场的大型连锁企业仅有20多家，嵌入式居家社区养老服务品牌很少，社会影响力不大。因前期投入大、运营难、成本回收周期长，社会资本参与居家社区养老服务的顾虑较多，社会资本活力未能充分释放。部分居家社区养老服务站自身造血功能不足，资金来源单

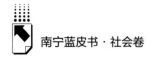
一，仅靠财政资金很难长期维持。居家社区养老服务供需对接机制需进一步完善，机构座谈会、供需对接会召开次数、规模不够，居家社区养老服务供需市场还未真正形成。

（五）养老服务监管评估体系有待健全

主管部门虽然对政府购买的服务项目进行了第三方评估，但是对服务机构提供的收费服务项目缺乏有效的跟踪监督。养老服务的监管力量不足，有关部门缺乏沟通配合，监管不到位，无证经营、安全隐患大的养老服务机构还在持续经营，容易引发各种纠纷。

（六）养老服务人才队伍建设有待加快

南宁市养老服务人才队伍培养体系不健全，职业培训不规范，广西在邕院校开设养老服务培训课程少，养老服务人才培养规模小，人才供给捉襟见肘。专业人才队伍短缺，从事居家社区养老服务的人员学历偏低，主要为家庭妇女、进城务工人员、下岗再就业人员或离退休职工，多为初高中学历，持证护理人员少之又少。这些从业人员可以做的工作多是一些简单家务和护理，对于相关的养老知识和技能知之甚少，致使居家社区养老工作难以创新发展。

（七）社区医养融合建设有待推进

医养融合服务标准化、规范化水平有待提升，老年人慢性病管理、突发危急重症的识别处理、转诊等制度还不够完善。社区卫生机构偏少、资金投入不足、专业人才匮乏等原因，导致居家社区养老医养结合服务十分匮乏，目前服务项目主要侧重于家政服务和日常生活护理服务。针对空巢老人和独居老人的医疗康复及保健上门服务覆盖范围较小，服务项目少、时间短且层次低。老年人居家医疗服务仍然存在医保报销难和上门执业存在风险等问题，影响基层医疗机构开展老年人居家医疗服务的积极性。为老年人提供居家医疗服务的基层医疗机构仍较少，尤其是乡镇卫生院卫生技术人员的数量、能力等普遍难以满足广大居家老年人医疗服务需求。开展巡诊服务仍面临交通、安全等不少现实问题。"南宁云医院"平台目前只有市属 13 家公立医疗机构和 40 家基层医疗机构入驻，还没有民办医疗机构入驻，平台的公众知晓率和使用率均不够高。

三 健全南宁市居家社区养老服务机制的对策建议

坚持以习近平新时代中国特色社会主义思想为指导，全面贯彻落实党的二十大精神，落实积极应对人口老龄化国家战略，把居家社区作为养老主阵地、主战线，从发挥政府主导作用、智慧养老、养老设施建设、市场化运营、监管评估、人才队伍和医养融合七个方面持续发力，推进南宁市居家社区养老服务高质量发展。

（一）坚持"重点保障"，充分发挥政府主导作用

1.加强组织领导

一是提高政治站位和战略定位，将发展养老服务列为党政一把手工程，并纳入全市高质量发展绩效考评指标，建立考评机制，将居家社区养老服务纳入政府绩效考核。切实发挥南宁市养老服务业综合改革工作领导小组和南宁市养老服务设施专班的组织领导作用，把居家社区养老服务作为主要职责。二是理顺各级政府部门之间的工作协调机制，推动南宁市养老服务和未成年人保护指导中心实体化运行，加强统筹协调，以实现部门间的协同运作，促进多级政府、多部门的职能衔接，构建市级指导、县区级统筹、乡镇（街道）落实、社区参与的居家社区养老服务推进机制。

2.完善政策体系

一是围绕开展助餐、助浴、助洁、助医、助行、助急"六助"服务以及精神慰藉、巡访关爱等内容，加快出台《南宁市居家养老服务条例》，明晰各级政府及相关部门的职能职责，落细落实养老服务体制机制、保障扶持、规范监管及法律责任，巩固居家社区养老服务主体地位，解决社区养老

服务设施资质功能认定、人才队伍建设、督导执法、标准化建设等难题。二是制定居家社区养老管理服务指引，开展居家社区养老服务设施登记备案工作，建立居家社区养老服务标准体系和扶持清单。三是探索"社区+物业+养老服务"模式，充分发挥社区党组织作用，发挥物业企业贴近居民、响应快速等优势，支持物业企业因地制宜提供居家社区养老服务，对达到居家社区养老服务标准和要求的，依法依规予以政策补贴，促进"社区+物业+养老服务"融合发展，增强居家社区养老服务有效供给。

3. 拓宽投入渠道

一是适当提高床位运营补助等建设补助标准，逐年增加居家社区养老服务公共财政投入。按照《南宁市基本养老服务清单》，逐步加大普惠型养老服务公共产品供给，逐一落实已纳入基本养老公共服务范畴的面向社会老年人的普惠服务项目，促进基本养老公共服务均等化。二是出台优惠政策，积极引导和鼓励企业、个人及社会团体参与居家社区养老服务，为养老服务机构提供贴息贷款、信用担保等融资优惠政策。三是政府要加强资金整合统筹，集中有限财力保障基本养老服务，及时支付已完成的居家社区养老服务项目，维持养老服务机构的正常运营。

（二）坚持"数字养老"，构建智能化服务支撑体系

1. 完善南宁数字民政平台

加快升级改造南宁数字民政平台，广泛运用大数据技术，将全市服务老年人的养老机构、医疗机构、社会组织等进行整合，实现平台快捷查询，提供精准服务，提高平台使用效能。在"爱南宁"App上加快开发与南宁数字民政平台实现数据共享的应用链接，加大推广宣传力度，引导老年人及其家庭操作使用，逐步实现点单式便捷服务。

2. 建立供需对接智慧平台

将全市居家社区养老服务机构纳入南宁数字民政平台进行统一管理，建立供需对接智慧服务平台，实时动态更新供需数据，便于供需双方查询了解，平台根据供需双方现实需求，智能推荐养老服务对象，便于服务机构为

老年人提供及时精准的服务，也方便老年人从多种服务建议中选取合适的服务。

（三）坚持"需求导向"，加强居家社区养老服务设施建设

1.因地制宜优化设施布局

一是因地制宜建设社区养老机构。统筹考虑主城区与周边县（市、区）的差异，针对老年人口密集的街道建立多个中心，针对老年人口较少的街道调整中心的布局，侧重养老服务站的建设；优化建设布局，扩大建设的覆盖面，变地理区域全覆盖为功能设施全覆盖，将建设重心转移到功能设施和服务内容上来，采取分批建设、逐步配套的方式完善各中心、站点的基础设施。二是加大适老化改造力度。可充分利用老旧小区周边空置或过剩的旧厂房、仓库，以及闲置土地和违法建筑拆后空地等，通过调整土地用途，新建、扩建、改建一批社区便民服务设施。将社区公共设施适老化改造纳入社区惠民资金项目与各级为民办实事项目，如因地制宜建立休息区、健身区、无障碍设施、长者饭堂，以及安装监控与防盗报警系统、老旧小区步梯房加装电梯等。

2.优化养老服务用房配置

随着养老服务用房配建机制的建立，居家社区养老服务用房会越来越多，为避免这部分资产被闲置或挪作他用，应通过高效运转和管理，让社区老年人真正受益。建议将城区作为实施主体，通过体制机制的建立，进一步摸清现有居家社区养老服务用房底数，结合老年人的特点，统筹谋划，利用规模化运营等市场机制保障居家社区养老服务用房的正常运转，统筹制定服务管理规范，建立激励约束机制，提升服务质量。

（四）坚持"市场主导"，探索养老服务市场化运营

1.推行公建国营

引导国有企业扩大居家社区养老服务规模，发挥其资金雄厚、资源丰富的优势，将公办养老机构建成区域性养老服务中心，为周边群众提供专业的居家社区养老服务，提升服务品质。

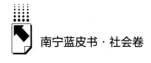

2. 推动社会参与

探索推行租金补贴制度、国有资源低偿租赁、以奖代补、税收优惠等政策，鼓励民营养老服务企业或社会组织规模化、连锁化、社区嵌入式发展，培育形成服务能力强、综合效益好、老年人满意度高的服务品牌。推行"中心带站"的管理模式，将社区运营的养老服务站逐步交由养老服务中心运营商进行运营管理。有条件的站点设置养老床位接纳老年人入住，可以根据实际情况开展一些无偿或低偿服务项目，如家政服务、健康体检等，缓解资金来源单一的问题，增强自身造血功能。

（五）坚持"从严监管"，健全养老服务监管评估体系

1. 坚持严格规范

一是制定居家社区养老监管法规。细化量化考核标准、责任主体和处罚标准等内容，进行规范化、制度化管理。二是加大排查整治力度。成立综合执法队伍，推进严格执法，开展重大风险隐患排查，特别要加大对居家社区养老市场的监管力度，坚决打击取缔无证经营、安全隐患大的居家社区养老机构，维护正常市场秩序。

2. 完善监管体系

对已经建成运行的日间照料中心、社区养老服务中心、微型养老院、长者饭堂等场所的服务状况、服务能力、服务效果进行严格动态监管，提升服务质量。完善投诉受理制度、服务双方评价制度，实现南宁数字民政平台智能化派单，全面完善养老服务市场主体信用记录、职能部门履职记录。

3. 健全考评体系

主管部门应加强对服务企业开展居家社区养老服务的过程管理，加大监督检查力度，及时发现和纠正问题，督促服务企业严格按项目要求开展服务。建立健全规范科学的考核评估机制，进一步规范第三方专业机构开展全过程的跟踪评估工作，杜绝作秀式服务和虚假服务，切实保证服务质量和效果。

（六）坚持"多措并举"，建强养老服务人才队伍

1.健全培养体系

统筹居家社区养老机构、职业院校和培训机构的养老服务人才培训计划，做到互相衔接、递进培养、规划发展，避免重复或过度培训，造成不必要的资源、资金浪费。加大对居家社区养老服务机构培训力度，设立培训标准，完善课程设置，规定培训时限。

2.实行奖补激励

鼓励高校毕业生到居家社区养老机构工作，对连续工作两年以上的提高入职补贴，并延长补助时间；鼓励居家社区养老机构的服务人员提高学历，对参加成人教育的给予一定补贴；提高居家社区养老机构服务人员待遇，对持续从事服务两年以上的老员工每月提供适度补贴，吸引专业人员留下。

（七）坚持"医养结合"，加强社区医养融合建设

1.推进社区医养结合

进一步理顺职责、完善政策，加快出台社区医养结合的相关配套制度，提供规范化服务。卫健、民政部门要建立医养结合工作沟通协调机制，支持基层医疗卫生机构、基层养老机构整合资源，提供更多社区医养结合服务项目，提升社区医养服务能力，使老年人在家门口就能享受到便捷优质的医养服务。

2.提供针对老年人的医疗保健服务

积极协调卫健、医保、民政、发改等部门，整合相关部门的政策资源，共同推动针对老年群体的医疗保健服务能力再上新台阶。在有条件的居家社区养老机构加快建设配套的医疗机构，提供老年人急需又经济实惠的医疗保健服务。

3.构建"互联网+"服务体系

持续发挥"南宁云医院"平台作用，推动更多公立、民办医疗机构入

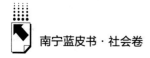

驻平台提供服务，加强宣传推广，提高平台公众知晓率和使用率，健全"互联网+护理服务""互联网+医疗健康"等服务体系。

参考文献

曹忠平：《"四个突出"全面提升湖南居家社区养老服务品质》，《中国民政》2023年第15期。

深开涛：《完善社区居家养老服务体系》，《北京观察》2022年第6期。

姚雪：《大庆市社区居家养老服务中的政府职能研究》，《大庆社会科学》2023年第5期。

郎晶晶：《让老年人拥有幸福晚年》，《云南日报》2022年9月29日。

柏萍、牛国利：《城市社区居家养老服务的发展思路与对策》，《城市观察》2013年第4期。

《南宁市构建六个体系推动养老服务业高质量发展》，《中国社会报》2023年10月18日。

罗伟：《重庆市社区养老服务的可持续发展探索》，《重庆行政》2023年第4期。

李洪祥、陈凤：《我国老年人居家养老权益保障问题研究》，《辽宁公安司法管理干部学院学报》2023年第1期。

任欢：《优化结构布局 兜底民生保障》，《光明日报》2023年9月13日。

B.12
南宁市困境儿童关爱保护调研报告

何家军　田文海　涂坚里　刘春华　杨凯宁*

摘　要： 南宁市成立未成年人保护工作委员会协调推进困境儿童关爱保护工作，多年来开展完善政策体系、夯实保护阵地、强化协调联动等工作，全面落实困境儿童的基本生活保障、医疗保障及教育保障，深化对困境儿童的关爱服务。同时存在协同合作不够顺畅、主动发现预防机制不健全、困境儿童心理健康问题有所忽视、困境儿童家庭监护支持体系有待健全、农村困境儿童保障资源有限等不足。南宁市将以儿童利益最大化为出发点，通过采取构建困境儿童关爱帮扶数据平台及协同发现链、构建困境儿童家庭监护支持体系、加强困境儿童心理健康关爱、优化资源配置等措施，强化困境儿童关爱保护工作，完善困境儿童全生命周期服务。

关键词： 困境儿童　关爱保护　权益保护　家庭监护

习近平总书记强调，全社会都要了解少年儿童、尊重少年儿童、关心少年儿童、服务少年儿童，为少年儿童提供良好的社会环境。[1] 困境儿童是少年儿童中处于生存发展多重困境、需求最迫切、最需优先保障的群体。党的十八大以来，以习近平同志为核心的党中央高度重视困境儿童关爱保护工作，我国困境儿童关爱保护政策持续完善，相关工作不断开创新局面。

---

* 何家军，南宁市民政局副局长、二级调研员；田文海，南宁市民政局儿童福利科科长、四级调研员；涂坚里，南宁市养老服务指导和未成年人保护中心主任；刘春华，南宁市养老服务指导和未成年人保护中心副主任；杨凯宁，南宁市民政局儿童福利科四级主任科员。

[1] 《以习近平同志为总书记的党中央关心少年儿童和少先队工作纪实》，中国共产党新闻网，2015年6月1日，http://cpc.people.com.cn/n/2015/0601/c64094-27083182.html。

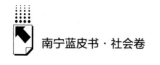

一　困境儿童关爱保护研究背景

2016年，为解决一些儿童因家庭经济贫困、自身残疾、缺乏有效监护面临生存、发展和安全困境等问题，国务院印发《国务院关于加强困境儿童保障工作的意见》（国发〔2016〕36号），明确保障困境儿童的五大福利内容，并要求各地建立健全困境儿童保障工作体系，加强部门协作联动机制，鼓励支持社会力量的参与。至此，困境儿童保障工作有了明确的政策依据，由民政部门牵头的困境儿童关爱保护工作全面开启。

2019年，民政部等10个部门联合印发《关于进一步健全农村留守儿童和困境儿童关爱服务体系的意见》（民发〔2019〕34号），进一步细化工作要求，明确了未成年人救助保护机构和儿童福利机构的功能定位，以及落实儿童督导员、儿童主任制度，首次明确了基层儿童关爱服务工作人员的具体工作职责，尤其是明确了村（居）儿童主任在排查报告、监护督导、定期随访等方面的日常工作内容。

2023年，民政部等5个部门联合印发《关于加强困境儿童心理健康关爱服务工作的指导意见》（民发〔2023〕61号），明确要切实把困境儿童心理健康关爱服务工作摆在更加突出的位置，完善工作体制机制与关爱服务措施，提升关爱服务水平，更好促进困境儿童健康成长。这标志着困境儿童关爱保护工作从保障物质需求转变为更加关注精神需求。

二　南宁市困境儿童关爱保护基本情况

（一）南宁市困境儿童基本情况

南宁市下辖7个城区、4个县、1个县级市，辖区内有25个街道、102个乡镇、272个城市社区、174个农村社区、1386个村委会。2024年2月，纳入孤儿保障范围的儿童有727人，纳入事实无人抚养儿童保障范围的儿童有 2101 人，纳入城乡居民最低生活保障范围的儿童有 69863 人，纳入特困供养范围的儿童有 326 人。未满 18 周岁的持证残疾人有 8971 人（见表 1）。

表 1   南宁市困境儿童分布情况

单位：人

序号	地区（机构）	孤儿	事实无人抚养儿童	未满 18 周岁的低保对象	未满 18 周岁的特困供养对象	未满 18 周岁的持证残疾人	合计
1	南宁市社会福利院	268					268
2	横州市	86	421	13495	35	1358	15395
3	宾阳县	66	370	10344	28	1035	11843
4	上林县	30	126	6150	21	634	6961
5	马山县	40	215	8625	63	862	9805
6	隆安县	36	166	5252	29	648	6131
7	兴宁区	23	52	2372	8	375	2830
8	青秀区	24	100	3594	26	764	4508
9	江南区	23	88	3106	5	625	3847
10	西乡塘区	37	149	4517	11	1086	5800
11	良庆区	15	118	3503	14	435	4085
12	邕宁区	36	163	4175	76	545	4995
13	武鸣区	43	133	4730	10	604	5520
	全市合计	727	2101	69863	326	8971	81988

从表 1 可以看出，纳入最低生活保障范围的儿童人数最多，达 69863 人。困境儿童人数最多的 3 个县（市）分别是横州市 、宾阳县、马山县。

（二）南宁市困境儿童关爱保护主要做法及成效

1. 推进组织体系建设

南宁市委、市政府高度重视未成年人关爱保护工作，坚持对标高位，科学统筹，全市上下"一盘棋"，一体规划，着力构建多层次的未成年人关爱保护体系。成立南宁市未成年人保护工作委员会，统筹、协调、督促和指导 35 个成员单位全面做好未成年人关爱保护工作，12 个县（市、区）调整成立未成年人保护工作领导协调机制，形成政府负责、民政牵头、部门协同、社会参与的未成年人保护工作格局。

2.完善政策体系

坚持以政策创新为突破口，编制出台一系列政策文件。在宏观方面编制《南宁儿童发展规划（2021—2030年）》《南宁市建设儿童友好城市三年行动计划》等规划性文件。在微观方面出台《南宁市关于进一步加强事实无人抚养儿童保障工作的实施细则》《义务教育阶段重度残疾儿童少年送教上门服务规范》《残疾儿童义务教育随班就读评估规范》等政策指引性文件。

3.打造保护阵地

完善儿童福利机构基础设施。计划投资1.9亿元新建南宁市儿童福利院，项目占地约50亩，拟建生活、康复、医疗、社工4栋业务楼，着力打造一个管理理念先进、硬件条件一流、设施设备先进、服务功能完备，辐射全区、周边省份及东盟国家的区域性儿童福利机构，可满足600名困境儿童精细化服务需求。目前，项目一期工程三合楼、春草楼主体结构已封顶。推进设立未成年人救助保护机构。2022年1月，成立南宁市养老服务指导和未成年人保护中心。截至2023年12月，全市已设立6个相对独立的县级未成年人保护机构、82个乡镇（街道）未成年人保护工作站、1784个村（社区）儿童之家。充分挖掘及整合社区空间、服务等资源，创建儿童友好社区。目前，隆安县震东社区、江南区新屋村、邕宁区龙象社区、良庆区大沙田街道三叠石社区正探索推进儿童友好社区建设。

4.落实权益保障

一是落实基本生活保障。为处于困境中的儿童发放生活保障金，将符合条件的儿童纳入孤儿、事实无人抚养儿童、最低生活保障等保障范围。2023年，南宁市机构集中养育孤儿基本生活费为每人每月1422元，散居孤儿（含艾滋病病毒感染儿童）基本生活费和事实无人抚养儿童基本生活补贴为每人每月1022元。南宁市城市低保保障标准为每人每月810元，农村低保保障标准为每人每年6800元。南宁市城市特困供养金为每人每月1106元，城区农村特困供养金为每人每月 780 元，县（市）农村特困供养金为每人每月 773 元。2023 年，南宁市累计为符合条件的困境儿童发放 5.6 亿元保障金。二是落实医疗保障。给予孤儿、事实无人抚养儿童、城乡特困人员、未满 18 周岁的城乡低保对象城乡居民基本医疗保险个人缴费 100% 资助。2023 年，共有 7.66 万名困境儿童获城乡居民基本医疗保险个人缴费部分 100% 资助。实施孤儿医疗康复明天计划项目，为孤儿提供医疗康复救助。2023 年，全市提供康复服务 94 次，惠及 84 名孤儿。三是落实教育保障。教育资助力度进一步加大，从 2023 年秋季学期开始，南宁市将城市低保家庭学生、城市特困救助供养学生、边缘易致贫家庭学生、突发严重困难家庭学生及孤儿（含事实无人抚养儿童）等 5 类家庭经济困难学生纳入义务教育阶段非寄宿生生活补助范围，按照小学每生每年 500 元、初中每生每年 625 元的标准进行发放。2023 年，全市 6345 名家庭经济困难学生从中受益，资助金额达 167.11 万元。实施"福彩圆梦·孤儿助学工程"，为年满 18 周岁在高等院校及在中等职业学校就读的中专、大专、本科和硕士孤儿每人每学年提供 1 万元助学金，2023 年共资助 209 名孤儿学生。

5. 深化关爱服务

完善儿童福利机构内儿童全生命周期服务。一是探索机构内儿童养育新模式，开展"一带一路"沿线东盟国家困境儿童精准养育服务，目前累计照料越南籍、缅甸籍困境儿童 7 名，打造崇左市大新县全茗镇儿童服务中心，目前寄养在崇左市大新县全茗镇的儿童有 45 名。二是优化儿童康复服务体系，为社会面上 537 名孤独症、脑瘫、智力障碍、听力障碍等类别特殊儿童免费提供康复教育服务。三是延伸发展特殊教育，2023 年南宁市社会福利院（南宁市培智学校）获得中等学历职业教育招生资格，首批设置园艺技术、茶艺与茶营销、现代家政服务与管理 3 个专业，秋季学期共招收 30 名新生。四是多举措助力机构内儿童融入社会，在全区范围内率先打造 3 个残障青少年社会实践实训基地，为儿童福利机构内残障青少年提供奶茶、小吃等制作与销售技术培训，帮助残障青少年顺利融入社会。截至 2023 年 12 月，共有 16 名轻中度残疾青少年在实践基地实训，1 名青年通过基地培训实现稳定就业。五是整合社区、社会组织、社会工作者、社区志愿者、社会慈善等"五社"资源，为社会面上孤儿、事实无人抚养儿童、低保家庭儿童等困境儿童提供个案处置、问题疏导、精神关怀等暖心贴心服务。六是依托未成年人救助保护中心、乡镇未成年人保护工作站，通过宣传教育、社区活动、主题活动等服务形式，进一步丰富细化困境儿童关爱内容。自2023年以来，全市民政系统共开展主题宣传教育活动1022场，发放宣传资料8万余份。

6. 强化协调联动

加强与各部门协调配合，凝聚儿童关爱保护合力。一是逐步完善民政与各部门协调联动机制。组织公安、卫健、医保、财政、残联等部门召开解决市福利院孤儿医疗保障问题、孤儿和事实无人抚养儿童数据共享问题及无户口困境儿童相关保障问题等协调会，合力推进解决困境儿童"急难愁盼"问题。二是市民政局联合市文明办、市妇联、团市委、市关工委等单位开展牵手"童"行——爱心家长关爱帮扶农村留守儿童困境儿童公益行动，全市共有868名爱心家长与1146名农村留守儿童困境儿童结对帮扶。三是市民政局联合市教育局、市残联开展2023年南宁市第二届残疾儿童"缤纷童画·绘心世界"主题绘画作品展，宣传和普及儿童友好理念，促进残疾儿童自尊、自信、自立、自强。活动期间共收到来自78家单位、学校、机构选送的参赛作品705幅（件）。

三 南宁市困境儿童关爱保护存在的问题

（一）协同合作不够顺畅

困境儿童关爱保护是一项复杂的社会系统工程，涵盖部门广，大多数情况下，一名困境儿童陷入困境是健康、经济、教育、监护等多方面因素综合造成的，强化困境儿童关爱保护需要各方力量协同发力。虽然南宁市建立了未成年人保护工作委员会，但协同合作能力不强，部门之间未实现信息共享、联动响应和资源整合，职能部门之间各自为政的现象依然存在。

（二）主动发现预防机制不健全

困境儿童陷入困境的状态和致困原因多种多样，不同个体、不同家庭有着不一样的特征。既有因物质致困的，也有因精神心理致困的；既有突发性质，也有长期性质；既有表象可见的，也有深层次不可直观的。类型复杂，需要建立多角度、多层次的主动发现、精准评估、科学预防机制，全面评估分析困境儿童基本生活、权益保障、生存发展等情况。当前南宁市尚未建立完善困境儿童主动发现预防机制，关爱救助实践更多关注事后补救，尽管能够缓解困境儿童的生存困境，但仍存在滞后性、被动性。

（三）困境儿童心理健康问题有所忽视

困境儿童年龄尚小，价值观塑造尚未成形，情感心理尚未成熟，再加上社会环境、家庭环境、学校环境等方面因素的影响，更容易产生自卑、焦虑、抑郁、偏执、社交障碍等心理健康问题。近年来，南宁市少年儿童心理健康问题造成的不良事件频出。

（四）困境儿童家庭监护支持体系有待健全

有些困境儿童因家庭环境等因素影响，存在监护缺失、监护不当等情况。例如，有些困境儿童监护人一方死亡另一方改嫁、失联，或一方长期服刑或强制隔离戒毒而另一方外出务工不联系或失联等情况，困境儿童的监护实际上就落在了祖父母或外祖父母的肩上，但祖辈往往年迈体弱，教育理念落后，只能为困境儿童提供一定的物质保障，在精神、道德、教育等方面缺乏管束和引导，无法全方位地监护困境儿童。再者有些监护人自身患有严重疾病或者重度残疾，本身的照料能力比较有限，甚至存在有些监护人还需要其他人照顾的情况。也存在有些困境儿童家庭经济困难，缺乏稳定收入，主要靠政府救助，监护人为了生存而奔波，缺乏对儿童的关注。

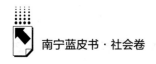

（五）农村困境儿童保障资源有限

一是康复资源有限，康复师资力量薄弱，专业人才紧缺。例如，横州市未满18周岁的持证残疾人有1358人，截至2022年12月，登记在册的残疾儿童康复机构仅有3家，农村自闭症、智力障碍等类型困境儿童较难得到专业的医疗服务保障和康复训练保障。二是心理咨询辅导资源有限。村委（社区）缺乏专业的心理咨询工作者，心理咨询方面的服务基本处于空白状态，困境儿童出现较严重心理问题时较难得到专业的介入服务。

（六）基层儿童工作队伍建设水平偏低

目前，南宁市村（居）儿童主任大多为兼职，承担了很多政府职能工作，包括妇女权益保护、社会救助、扶贫等工作，工作难度大，任务繁重，待遇较低，无专项工作补贴。因儿童主任身兼数职，很难获得有关儿童关爱保护的系统性、长效性培训，专业知识掌握有限、缺乏实践经验，预警能力和链接资源能力不足。儿童主任大多信息化水平不高，不能熟练使用电脑。

四 南宁市加强困境儿童关爱保护的对策建议

强化困境儿童关爱保护工作，要聚焦困境儿童关爱保护工作的难点、堵点、痛点，精准发力，以儿童利益最大化为出发点，以体制机制创新为抓手，顺应困境儿童对美好生活的向往，协同合作、完善机制、深化关爱服务，不断提升关爱保护能力。

（一）进一步完善协调机制

建立党委领导、政府负责、民政牵头、部门协同、社会参与的困境儿童关爱保护工作格局，研究制定困境儿童关爱保护工作目标责任考核评估办法，促进各相关单位切实履职尽责。建立困境儿童关爱保护轮席会议制度，每月由相关单位轮流提出关于困境儿童关爱保护的议题，联合推动问题解决。在政策制定、资金保障、设施建设等方面加强协同，形成更大的工作合力。

（二）精准识别，主动发现

建立完善"数字赋能+铁脚板"发现机制，通过大数据预测分析和人员入户走访相结合的方式，实现困境儿童精准识别，主动发现预防。横向构建南宁市困境儿童关爱帮扶数据平台，开发自动预警、同步反馈等应用场景。以公安部门的户籍数据为基础，整合民政、卫健、医保、残联、教育等各部门数据信息，通过综合交叉比对数据的方式预测潜在的困境儿童家庭或者发现新增的困境儿童家庭。发现存在潜在风险的儿童家庭后，平台自动预警，并将情况同步传输至相关部门，以便开展有针对性的关爱帮扶工作。纵向构建协同发现链，市级层面完善困境儿童主动发现机制，出台相应的政策指导文件，明确工作流程、工作方式，明确儿童在何种状态下应报告介入。县级指导乡镇级合理整合儿童主任、网格员、村（居）委会成员、帮扶干部等基层工作队伍力量，对平台预警的儿童家庭，及时入户核查，落实日常走访探视，发现情况异常的儿童家庭后应及时介入。例如，发现辖区内有潜在生活、教育、监护等方面风险的儿童家庭要及时开展预防服务，对已经出现风险因素、事件但在可介入范围的儿童家庭，要协同社工、志愿者等其他专业力量开展干预服务。对已经出现风险因素、事件且本层级不能解决的儿童家庭，要及时向上级部门报告转介。

（三）构建困境儿童家庭监护支持体系

一是建立完善困境儿童家庭监护风险评估制度以及相关标准和规范，研究健全适配的监护支持和社会干预机制。二是针对困境儿童家庭监护人监护能力不足的问题，有针对性地采取措施提高其家庭监护能力。对家庭经济困难但有劳动能力的监护人，应采取措施拓展其家庭生活来源，比如提供职业技能培训，提供就业信息和公益性就业岗位等，同时当地政府应加大招商引资力度，引入企业，为当地居民提供就业岗位。对监护人自身监护不足或祖辈监护不足的情况，基层儿童工作队伍要定期随访、增加探访次数，了解家庭需求以及孩子的情况，争取邻居或其他亲戚支持，组建辖区内志愿服务团队，为监护不足的家庭提供辅助性监护支持。学校加强与家庭联动，老师要关注困境儿童在校生活学习心理状况，为困境儿童提供支持和帮助。三是指导推进家庭教育。家庭是孩子成长的第一课堂，家庭教育对儿童成长至关重要。教育、妇联、民政等相关部门应充分利用家长学校、未成年人保护工作站等阵地开展家庭教育指导，帮助监护人了解其应承担的责任和注意事项，学习了解儿童在各个发展阶段的特点以及儿童在不同发展阶段需要的教育与陪伴。

（四）加强困境儿童心理健康关爱

做好心理健康关爱教育。儿童督导员、儿童主任要通过入户走访、谈心谈话、组织活动等方式加强心理健康常识的宣传，及时向父母或者监护人普及心理健康常识，引导他们关心子女的心理健康。定期开展心理健康测评，及时掌握困境儿童心理状况变化和关爱需求，坚持预防为主、关口前移。对于心理有异常的儿童，要建立一人一策的心理健康档案。加强与教育、卫健、共青团、妇联等单位的协调联动，完善心理危机干预处置机制，建立心理危机干预应急预案，发现存在心理危机的儿童及时干预处置。通过政府购买服务的方式，引入专业社工力量，为困境儿童开展心理健康教育、心理监测等专业服务。

（五）优化资源配置

加强心理、康复等方面的人才队伍培养，扩充专业人才资源库。加大政策、资金向基层倾斜力度，完善基层公共服务设施，推动县级康复机构发展。对于因自身残疾而陷入困境的农村儿童，建立免费康复救助制度，避免再次因康复费用问题导致儿童家庭"雪上加霜"。提高深入基层或者偏远地区从事困境儿童关爱保护工作的人员待遇，完善薪酬激励机制，凝聚有能力、有爱心的服务人才参与农村地区困境儿童关爱保护事业。整合教育、卫健等部门心理健康方面的专业人员，建立"一村一心理咨询师"，推动心理咨询师定期进入农村开展心理健康服务。

（六）加强人才队伍建设

乡镇（街道）儿童督导员、村（居）儿童主任与困境儿童及家庭直接接触，是掌握困境儿童需求的第一人。作为基层儿童关爱保护的中坚力量，乡镇（街道）儿童督导员、村（居）儿童主任的培养尤为重要。各级民政部门要选优配强乡镇（街道）儿童督导员及村（居）儿童主任。一是持续加强乡镇（街道）儿童督导员、村（居）儿童主任队伍建设，按照"分层级、多样化、可操作、全覆盖"的要求，科学化、常态化开展业务培训，提升服务意识、提高工作效率。二是建立专家智库，为人才队伍培养提供智力支撑，及时回应解答工作难题，结合南宁市困境儿童关爱保护现状、需求，组织专家团队编写培训课程、操作工具包等资料。三是健全完善人才队伍考核激励指标体系和继续教育制度。四是不断扩充基层儿童工作队伍。民政、财政、教育、妇联、团委等有关部门要通过购买服务、链接公益资源等方式，加强培育困境儿童服务类的本土社会组织、专业社会工作者和志愿者，搭建社会企业联帮平台，不断扩充人才队伍，提高人才队伍专业化水平。

B.13
南宁市卫生健康事业高质量发展调研报告

吴 海[*]

摘　要： 人民健康是社会文明进步的基础，是民族昌盛、国家富强的重要标志。2023年，南宁市全面推进健康南宁建设，全市卫生健康事业加速发展，卫生健康综合服务能力不断提升，医药体制持续健全，医疗服务体系逐步完善，公卫服务保障更加有力。但受主客观因素影响，当前南宁市卫生健康事业仍面临公立医院高质量发展基础有待夯实、疾控能力建设须进一步加强、卫生健康信息化水平偏低、普惠托育服务政策体系不够完善等问题。2024年，南宁市将进一步深化医药卫生体制改革、加强基层服务能力建设、保障医疗质量安全、开展促进爱国卫生运动行动和健康南宁建设，以促进南宁市卫生健康事业高质量发展，让人民群众享有更高品质的全生命周期卫生健康服务。

关键词： 卫生健康　医疗服务　公共卫生

"十四五"期间，南宁市坚持以习近平新时代中国特色社会主义思想为指导，全面贯彻党的二十大精神，深入学习贯彻习近平总书记关于广西工作论述的重要要求，坚持"以人民健康为中心"的发展理念，紧紧围绕"健康南宁·向党为民"的卫健精神，全面推进健康南宁建设，全周期保障人民健康。

2023年，南宁市卫生健康综合服务能力不断提升，医药体制持续深化，医疗服务体系逐步完善，公卫服务保障更加有力，各项工作取得显著成效。

---
* 吴海，南宁市卫生健康委员会办公室四级主任科员。

截至 2023 年 12 月 31 日，全市各级各类医疗卫生机构有 5157 家，其中医院 170 家，社区卫生服务中心 66 家，社区卫生服务站 72 家，乡镇卫生院 121 家，村卫生所（室）1412 家，门诊部、诊所等 3238 家，专业公共卫生机构 51 家，其他卫生机构 27 家。全市医疗机构总床位数为 67271 张，卫生技术人员有 93704 人，执业（助理）医师有 33892 人，注册护士有 43655 人，每千人口床位数、执业（助理）医师数和注册护士数分别为 7.52 张、3.79 人和 4.88 人。婴儿、5 岁以下儿童、孕产妇死亡率分别为 2.14‰、3.72‰、15.28/10 万。全市居民健康素养水平达到 27.81%，健康水平优于全区平均水平。

一　2023年南宁市卫生健康事业发展的总体情况

（一）医药卫生体制改革稳步实施

1. 积极落实分级诊疗制度

成立以市政府主要领导任主任的医管委，坚持政府主导，系统集成、高位推进分级诊疗等医改工作，印发《南宁市建立完善分级诊疗制度实施方案》，推动形成"基层首诊、双向转诊、急慢分治、上下联动"的分级诊疗模式。持续优化资源配置，加强紧密型城市医疗集团、紧密型县域医共体、县域医疗卫生次中心建设，由南宁市第一人民医院、南宁市第二人民医院分别牵头组建城市医疗集团，推行"同一法定代表人"和"托管"两种集团运营模式，通过成立医疗集团理事会，设立"一办十中心"等实现集团内各医疗机构规范化管理、同质化服务，有效提升基层医疗机构综合能力；在县域探索推广"一把手挂帅、三个下沉、七个统一"的紧密型县域医共体建设"上林模式"，逐步形成"群众受益、网底夯实、乡镇发展、县级提升、多方共赢"的新局面；在乡镇试点推进县域医疗卫生次中心建设，以辖区民众服务需求高、在离县级医院较远的乡镇建设县域医疗卫生次中心，让更多患者留在基层就医。全市现有城市医疗集团 2 家、县域医共体 8 个、医疗卫生次中心5个，打造了城市医疗集团"延安模式""三塘模式""嘉和城模式"，以及县域医共体"上林模式"。2023年，南宁市下转病人数增速提高3.26个百分点，县域内就诊率达91.05%，获批国家紧密型城市医疗集团建设试点城市，吸引区内外多批考察组前来参观考察。

2. 全面深化"三医"协同发展和治理

南宁市联合医保等部门持续深化医保支付方式改革，推行以疾病诊断相关分组（DRG）付费为主，按床日、按人头、按病种付费为辅的多元复合式医保支付方式改革。2023年，全市定点医疗机构全部实行DRG付费，提前完成广西DRG付费方式改革三年行动计划目标要求。开展药品医用耗材集中带量采购并执行差率销售，累计有508个集采药品及52类集采医用耗材在南宁市落地，拨付全市公立医疗机构结余留用资金1734.8万元。2023年，市本级财政拨付公立医院综合改革取消药品加成补助资金2689万元。全面落实《广西医疗服务项目价格（2021年版）》，通过执行广西医疗服务项目价格政策及积极调整医疗服务价格等方式，实现医疗服务项目价格统一，年内调整医疗服务价格5批次，共调整874个医疗服务项目价格。

3. 持续推动公立医院高质量发展

紧紧围绕高质量党建引领公立医院高质量发展的总体目标，以"建强体系机制、建优规范管理、建活发展载体"为抓手，以"健康南宁·向党为民"党建品牌为引领，印发《公立医院党委书记和院长工作权责清单》等7份指导性文件，全面推动党委领导下的院长负责制落实落细，并组织实施"一把手"政治能力提升和选优配强公立医院领导班子等计划，切实将党建引领的优势转化为高质量发展的红色引擎。2023年4月，成功申报国家公立医院改革与高质量发展示范项目，3年内将获得中央资金5亿元、自治区资金2亿元，这些资金将用于支持市公立医院改革与高质量发展。年内14个子项目已全面启动实施，并出台《专项资金管理办法》《高层次人才引育工作实施办法》等5项工作制度，实行清单化管理、量化考核。年内选派30名专业技术骨干人员到国内外进修。组织区内外人才专项招聘活动12次，现场签约"高精尖"急需人才21人，引进和培育博士生（含在读）

83 名，全市医疗人才队伍进一步壮大。依托市级医院全面推进一批重点专科建设，持续提升呼吸、生殖、心脑血管、传染病、精神病、中医针灸等专科能力，南宁市第一人民医院、南宁市第三人民医院、南宁市第四人民医院等市级医院分别与上海复旦大学附属中山医院、北京阜外医院、北京胸科医院等合作共建中国肺癌联盟肺结节诊疗分中心、区域心血管技术培训中心、肺病诊疗与研究协同创新中心，并引进数名学科带头人。

（二）医疗质量安全与服务能力持续提升

1.强化医疗质量管控及培训

印发《南宁市开展全面提升医疗质量行动（2023—2025 年）实施方案》等，组织全市各级各类医疗机构申报自治区级医疗质量控制中心，指导各医疗质量控制中心按照规范化体系加强日常管理，共申报自治区级医质控中心 3 家，建成市级质控中心 3 家。2023 年，依托各医疗质量控制中心，全市对 886 家医疗机构进行医疗质量控制督查，培训医护人员 27286 人次。举办全市二级及以上医疗机构临床技能大赛、医疗质量安全提升及医疗纠纷防范专题培训，切实提升各级机构医疗质量。

2.加强医疗机构能力建设

重点加强学科及"三大中心"建设，2023 年，南宁市新增自治区临床重点专科 4 个、医疗卫生重点学科 16 个、医疗卫生重点培育学科 17 个，新增胸痛中心 3 个、卒中中心 2 个。南宁市第一人民医院、南宁市第二人民医院、南宁市中医医院顺利通过三甲评审，南宁市第九人民医院成功升级为三级综合医院，南宁市红十字会医院成功升级为三级眼科医院，南宁市武鸣区更昌医院成功升级为二级皮肤病医院。截至 2023 年底，全市共有三甲医院 21 家（其中，区直医院 16 家、市级医院 5 家），三级综合医院 19 家（其中，区直医院 10 家、市级医院 9 家），二级医院 69 家。

3.扎实开展改善就医感受提升患者体验行动

印发实施《南宁市改善就医感受提升患者体验主题活动实施方案（2023—2025 年）》，将"推进义诊服务提升行动""线上预约上门护理服务提升""自动化居家腹膜透析治疗体系试点建设""一站式患者服务中心项目"纳入市级"访民情、问民意、解民忧"专项行动项目，鼓励指导医疗机构推进分时段预约诊疗及提供一站式服务、上门护理等便民惠民服务。对南宁市二级及以上医院开展第三方患者满意度调查，并督促医院落实整改措施，提高患者满意度。

4. 推进改善护理服务行动

印发实施《南宁市进一步改善护理服务行动计划（2023—2025年）实施方案》，成立云医院"互联网+护理服务"工作专班，优化调整"互联网+护理服务"价格，并对预约平台功能进行升级改造。2023年，全市入驻云医院"互联网+护理服务"平台的医疗机构总计53家，累计入驻护理人员2015人，提供上门护理服务91项，完成上门护理9218例。

（三）公共卫生服务工作保障有力

1. 疾控体系建设不断健全

所有县（市、区）、开发区均配套建设了属地疾控中心，各级疾控机构基础设施达标率达100%，并成立了专（兼）职卫生应急队伍，传染病疫情处置、风险评估、预警预测能力明显增强。全市构建起以各级疾病预防控制中心为核心、县级以上医疗机构为补充、社区卫生服务中心和乡镇卫生院为枢纽、社区卫生服务站和村卫生室为基础的疾病预防控制体系。截至2023年，南宁市共有16家疾病预防控制机构（南宁市疾病预防控制中心及5县7城区3开发区疾病预防控制中心），均为财政全额拨款单位。2023年，按照自治区和南宁市关于疾病预防控制体系改革的总体部署和安排，全市疾控机构和卫生计生监督机构完成了整合，重组为新的疾病预防控制中心并加挂卫生监督所牌子。各级疾病预防控制机构、县级以上医疗机构、基层医疗卫生机构通过《中国疾病预防控制信息系统》实现了法定传染病实时网络直报，网络直报覆盖率达100%。近3年，全市新增高通量基因测序系统等各类大小设备1000多台（套）。

2. 重大传染病防控有力有序

南宁市争取到国家、自治区级补助资金2.58亿元用于提升医疗救治能力，265个发热门诊/诊室提供24小时不间断诊疗服务，设置重症床位（含可转换重症床位）1450张，完成了转段期间2252名患者的救治，确保全市顺利安全度过转段后新冠病毒感染发热门诊、急诊、重症三大高峰。持续开展新冠病毒感染病例和聚集性疫情、社区人群哨点、发热门诊（诊室）、哨点医院、输入疫情与变异株、城市污水等监测工作，并定期对疫情形势进行分析。2023年，全市共监测流感样本、霍乱标本、禽流感外环境标本、发热病例登革热血清、城市污水标本、艾滋病和疟疾重点人群血清样本等3万多份，累计撰写各类日报、周报、月报和专项风险评估报告200多份，累计派出专业技术人员到全市有疫情聚集性趋势的场所现场指导疫情处置78场次，并指导105所学校、14家养老院开展疫情防控工作，处置登革热确诊病例21例、猴痘病例34例，有效防治各类疫情扩散。

3. 卫生监督执法力度加大

持续推行"双随机、一公开"监管，联合市场监督管理局、医保局、公安局等部门开展医疗美容机构、住宿娱乐行业、"黑诊所"等领域的监督检查和对违法违规行为的打击整治行动。2023年，南宁市完成国家和自治区随机抽查任务3232家，立案53起，罚款7.3万元，检测各类场所1128家次，抽检样品4656份，合格样品3804份，合格率为81.70%。探索信用分级管理和分级分类监管手段，制定了《南宁市卫生健康行业信用风险分级评价管理办法（试行）》，根据医疗机构执业行为，按照规定的指标、方法和程序，对医疗机构执业行为进行评价，确定信用等级，并向社会公开。开展消毒产品生产企业分类监督综合评价和职业卫生分类监督执法试点等工作，对全市30家试点企业进行分类监督综合评价，其中，优秀企业10家、合格企业12家、重点监督企业1家；选定横州市、宾阳县、西乡塘区、东盟经开区为试点地区，完成93家用人单位职业卫生分类监督执法。

4. 卫生应急保障及时高效

大力推动全市院前急救城乡一体化建设，建成了"急救中心—急救站

（网络医院）—急救点（乡镇卫生院）"三级院前急救体系。目前，南宁市有急救中心1家、急救站14家、网络医院50家、乡镇卫生院急救点77个、急救站点141个。2023年，联合公安、消防、应急等部门妥善处置交通、火灾、传染病等各类突发公共卫生事件27起，受理呼救电话496084次，派车129962车次，救治96297人，完成第一届全国学生（青年）运动会等80多个重大会议（活动）的医疗卫生保障任务。

（四）基层服务网络逐步健全

1. 加大基层医疗机构基础设施建设投入

近年来，南宁市先后投入73.90亿元建设医疗卫生项目331个，突出推进委属医疗卫生机构项目42个，新建、改扩建县区级医疗卫生机构39家，新建、改扩建乡镇卫生院180个。自2018年起，按照"填平补齐、分步实施、逐步完善"的原则，连续6年将社区卫生服务中心标准化建设纳入市本级为民办实事项目。截至2023年，全市已累计投资2.1亿元，共新建、改扩建40个社区卫生服务中心，并为54个社区卫生服务中心配备基本医疗设备。

2. 培育壮大基层卫生人才队伍

持续实施人才队伍招聘和培养计划，印发《南宁市人民政府办公室关于推进乡村医生"乡聘村用"的实施意见（试行）》《关于做好乡村医生"乡聘村用"工作的通知》等文件，落实市县财政投入，提高乡村医生待遇，稳定乡村医生队伍。截至2023年12月底，各县（市、区）、开发区共招聘2737名乡村医生到村卫生室执业，培养全科医生437名，组织开展乡村医生业务能力提升培训，累计培训乡村医生2800名。

3. 深入开展"优质服务基层行"活动

指导社区卫生服务机构对照《服务能力标准》，找差距、补短板、强弱项、抓整改，通过以评促建、以评促改，全面提升社区卫生服务机构管理能力和业务水平。截至2023年，全市共有108家基层医疗卫生机构达到"基本标准"，39家达到"推荐标准"，30家成功创建"社区医院"。

4. 常态化做好城市支援健康乡村建设工作

2023年，南宁市共组织32家二级以上医院188名医务人员对口支援35个乡镇卫生院，通过临床带教、病例讨论、巡回医疗、专题讲座、免费接收人员进修培训、推广新项目和新技术、扶持基础设施建设等形式，提升基层医疗卫生服务能力。

（五）健康南宁建设成绩显著

1. 爱国卫生运动取得佳绩

以国家卫生城市复审为契机，着力抓好顶层设计，先后组织开展了"1+12"爱国卫生运动专项活动及"全民志愿行共创卫生城深入开展爱国卫生运动"活动，累计举办市、城区、街道、社区四级创卫骨干业务大培训20余次，以线上评估满分、全区总得分率第一的优异成绩顺利通过国家级暗访评审，实现国家卫生城市"五连冠"。宾阳等5个县、古零镇等19个乡镇成功通过国家卫生城镇的自治区级评估。截至2023年底，全市自治区卫生县城覆盖率达100%，自治区卫生乡镇覆盖率达93.62%，市级卫生乡镇覆盖率达90.6%。修订出台《南宁市爱国卫生条例》，进一步推进爱国卫生运动法治化、规范化。推进无烟环境建设，全市无烟医疗卫生机构和无烟学校建成率达100%，无烟党政机关建成率达99.79%。

2. 健康促进工作焕发活力

持续开展健康素养促进项目、健康细胞工程建设、健康主题宣传等工作，建立完善健康科普"两库一机制"，创新打造"邕有健康"抖音号等平台，开展"百人千场进万家"健康科普大巡讲等线下活动。目前，全市居民健康素养水平达27.81%，实现八连升，位居全区第一。重点组织开展合理膳食等专项行动。2023年，南宁市有15岁以上人群吸烟率等9项指标提前达到健康广西行动2030年目标任务；上林县、马山县、宾阳县、青秀区顺利完成自治区开展的健康县区复审工作；武鸣区"实施健康细胞工程筑牢健康县区建设基础"获评2022年度全国健康县区建设优秀案例和典型经验。

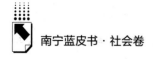

3.健康融入政策步入正轨

积极探索健康城市建设评价体系构建,印发《南宁市健康影响评价制度建设试点工作实施方案(2023—2025年)》,并顺利完成9个项目的健康影响评价。发布《南宁市健康城市建设》白皮书,截至2023年12月31日,南宁市健康城市总指数达72.12,在参与全国健康城市评价的397个城市中排第85位。

(六)中医药传承创新发展事业有序推进

1.服务能力不断提升

全市共有三级甲等中医医院1家、二级中西医结合医院1家、县(市、区)二级甲等中医医院7家,所有乡镇卫生院及社区卫生服务中心均建设了中医馆并提供6种以上中医药服务,95%的村卫生室能提供4种以上中医药服务,远高于自治区下达的"70%以上村卫生室可提供中医非药物疗效"的指标要求。2023年,南宁市中西医结合医院新院门诊医技综合楼建成,进一步提升了南宁市建成区中西医结合医疗服务保障能力。此外,南宁市还建设了南宁区域老年病中医诊疗中心和广西东盟针灸区域诊疗中心,启用市中医医院眩晕中心,并评选出6个南宁市中医特色优势专科。近年来,全市累计投入1200多万元实施中医药传承发展相关"为民办实事"项目,完成全市乡镇卫生院中医骨干、乡村医生中医临床技能培训,为1200多个村卫生室配备中医诊疗设备。

2.中医药特色人才队伍持续壮大

出台《南宁市名中医评选管理办法》,明确名中医评选周期,形成人才定期推出机制。目前,共有4人获评自治区名中医,并评选出首批7名"南宁市名中医"和5名"南宁市基层名中医"。深化中医师承教育,建成韦贵康国医大师工作室,引进全国知名教授李跃华、名医符文彬等团队开设名医工作室,聘请中国中医科学院针灸研究所的首席研究员担任"朱链针灸"特聘指导专家,全市建设国医大师工作室、名中医工作室、基层名中医工作室等22个,构建了中医药学术经验继承模式,带动人才发展和学科建设。

3.产业融合加快推进

成立了南宁市中医药（宾阳）产业发展工作领导小组，与广西中医药大学签订战略合作框架协议，重点推进宾阳县中医药全产业链建设。2023年，新增自治区中药材示范基地 4 个，自治区中医药健康旅游示范基地 1 个，自治区中医药特色医养结合示范基地 1 个，南宁市中药材示范基地 2 个。截至 2023 年 12 月 31 日，全市共有自治区中药材示范基地 9 个、自治区中医药健康旅游示范基地 5 个、自治区中医药特色医养结合示范基地 5 个、南宁市中药材示范基地 8 个。承办广西首届中医药产业交流大会，并举办南宁市中医药全产业链发展暨中医药高质量发展会议，积极邀请全国各地的中医药生产企业到南宁市考察交流、投资兴业。

（七）重点人群健康服务不断完善

1.老年健康服务日益成熟

印发实施了《南宁市加强新时代老龄工作实施方案》等文件，构建了市、县、乡三级老年医疗服务网络，率先在全区成立了南宁市老年医学质量控制中心，公立二级及以上综合医院均设立了老年医学科，全市 82% 的医疗机构为老年友善医疗机构，老年就医环境进一步优化，老年友善医疗机构创建工作入选国家卫生健康委员会《中国老年友善医疗机构建设典型案例集》。积极推动医养结合机构扩面提质，连续 3 年争取社区医养结合项目纳入市政府为民办实事项目。截至 2023 年底，全市共有医养结合机构 65 家，机构数量和总床位数量居全区第一，医养结合工作成功入选全国医养结合试点工作典型经验。立足敬老爱老，全面深化老年友好社会建设，持续开展老年友好型社区创建工作，共有 14 个社区成功入选全国示范性老年友好型社区，入选数量居全区第一。

2.妇幼保健能力显著增强

全市建立了以妇幼保健机构为核心，以基层医疗卫生单位为基础，以大中型综合医院、专科医院为支撑的妇幼保健体系，目前辖区内共有 10 家妇幼保健机构、6 家人类辅助生殖技术服务机构、7 家产前诊断机构。全面贯彻落实母婴安全五项制度，规范孕产妇健康管理工作，孕产妇系统管理率提升至95.14%。将孕产妇死亡率、婴儿死亡率等"两纲""两规划"核心指标纳入2023年健康南宁建设考核及委属单位目标管理考核，认真落实区、市两级危重孕产妇救助项目。2023年，全市成功救治危重孕产妇1718人，孕产妇死亡率为15.28/10万，婴儿死亡率为2.14‰，5岁以下儿童死亡率为3.72‰。充分利用婚育综合服务平台，开展免费婚前医学检查和孕前优生健康检查服务，积极落实孕妇产前筛查和产前诊断补助政策，产前筛查率达86.64%。加强新生儿疾病筛查、听力筛查、先天性心脏病筛查服务，2023年全市共为5.2万名新生儿提供新生儿疾病筛查服务，筛查率达99.47%。

3. 婴幼儿照护体系创新发展

出台《南宁市促进3岁以下婴幼儿照护服务发展实施方案》等文件，明确托育服务发展有关目标任务，建立起政府牵头、部门联动，齐抓共管共同推动婴幼儿照护服务发展的工作机制。2020～2023年，全市累计安排1200万元用于打造一批管理规范、具有示范效应的公办普惠托育机构。充分发挥医疗资源丰富的优势，建设市、县两级医育结合示范托育机构，鼓励有条件的用人单位或幼儿园开设托班，持续完善托育服务供给体系。目前，全市共建成市妇幼保健院托育园、横州市妇幼保健院托育园、武鸣区妇幼保健院托育园3个医育结合示范托育点，以及480家提供托育服务的幼儿园。2023年，全市共有各类托育服务机构1637家，可提供托位32720个，每千人托位数为3.7个。强化婴幼儿服务人才队伍建设，与广西幼儿师范高等专科学校签订婴幼儿托育服务与管理医体教复合型人才培养基地合作框架协议，共同创建婴幼儿托育服务人才培养基地。强化职业培训，依托南宁市婴幼儿照护服务指导中心累计开展托育机构保育员及基层儿保人员培训班9期，培训人员近1000人。

（八）智慧健康水平进一步提高

1. 优化智慧健康信息系统

整合南宁市电子健康卡挂号预约、报告查询、支付结算等功能，打造"以患者为中心",覆盖诊前、诊中、诊后全流程的线上线下一体化服务。全市 13 家市级医院和 20 家县级医院全部启用了南宁市电子健康卡,各乡镇卫生院和社区卫生服务中心逐步启用,发卡量超 1169 万张,居全区首位,并与自治区卫生健康委员会电子健康卡实现数据互通,初步达到使用南宁市电子健康卡替代各医院就诊卡应用的目标,解决了就诊卡"一院一卡、互不通用"的问题,为群众优化就医服务流程,提供一站式医疗健康信息服务。

2. 推广"南宁云医院"应用

53 家医疗机构医生、护理人员入驻"南宁云医院"平台,提供线上问诊、在线处方、互联网护理等各项互联网医疗健康服务,新生儿科等 54 个科室开通网络问诊/咨询服务,累计入驻医生 1299 人、护理人员 2544 人。截至 2023 年 12 月 31 日,累计完成在线问诊 85170 例、处方流转 812 例、上门护理 9455 例,云医院累计用户数达 395651 人,群众看病就医更便捷。

3. 完善分级诊疗和远程医疗应用平台

全面推进辖区乡镇卫生院和二级以上公立医院远程影像、心电诊断系统和远程会诊系统的应用工作,上级医院为下级医院提供影像、心电诊断报告,促进优质医疗资源向基层医疗机构下沉。2023 年,全市共开展远程影像 91281 次、远程心电诊断 362382 次,由二级及以上医疗机构专家对群众在基层卫生院做的检查检验进行专业诊断及诊治建议等,更多群众在家门口即可享受到大医院专家提供的诊疗服务。

二 南宁市卫生健康事业发展存在的问题

"十四五"期间,南宁市卫生健康事业虽取得不俗成绩,但受主客观条件影响和限制,当前全市卫生健康工作高质量发展仍面临不少困难。

(一)公立医院高质量发展基础有待夯实

一是人才队伍建设有待加强。南宁市辖区区直医院较多,人才虹吸现象严重，市县级医院高层次人才和学科带头人流失多、引进困难，基层卫生技术人才分布不均衡。二是医院精细化水平不高。全市公立医院运营结构性问题突出，营收增长不多、人力成本居高不下，个别医院甚至只能通过流动资金贷款解决日常运营现金短缺问题。三是卫生健康项目资金筹措困难。受各级财政困难、医院盈余资金少和国家不允许公立医院举债建设等因素影响，全市卫生健康项目资金短缺，基础设施建设项目推进缓慢。

（二）疾控能力建设需进一步加强

一是市内主城区疾控中心实验室建制不完善，绝大部分区疾控中心尚无实验室，疫情防控监测检测网络网底不实。二是多点触发的监测预警机制尚待完善，传染病防控中科技力量仍需加强。三是基层防控力量不足，基层疾病预防控制机构的人员业务能力、基础设施条件与日益繁重的防病任务不相适应，职工工资待遇偏低，医技人员流失情况严重。

（三）卫生健康信息化水平偏低

信息系统建设与管理力度不够，医疗卫生机构与系统外其他部门之间、不同医疗卫生机构之间、同一单位不同业务科室之间信息互联共享滞后。

（四）普惠托育服务政策体系不够完善

一是托育机构分布不均衡。全市已备案的134家托育机构主要集中在青秀区、良庆区等经济收入较高的区域，而江南区、武鸣区、邕宁区等经济收入较低的区域机构分布较少。二是托育机构运营成本高，托育费用难以下降。南宁市托育机构多为小微企业，"租场地"和"发工资"等刚性支出占总成本的比例大并且呈逐年上升趋势。三是送托需求与实际入托人数不成正比，入托率较低。随着三孩生育政策的出台，越来越多的家庭有入托需求，但受制于传统育儿观念、送托费用考量、机构专业度评判等因素，实际送托人数偏少，导致机构托位空置率升高，经营困难。

三 2024年南宁市卫生健康事业发展的思路和对策

（一）进一步深化医药卫生体制改革

一是突出抓好公立医院高质量发展项目。扎实推进14个子项目实施，重点从提升专科诊疗能力，加强电子病历、智慧服务、智慧管理"三位一体"的智慧医院建设，控制医疗费用不合理增长三方面发力。二是持续加强医疗卫生人才队伍建设。实施《南宁市公立医院高层次人才引育工作实施办法（2023—2025年）》，加大医疗领域高层次紧缺人才的招引力度，争取与广东省高等院校合作建设"非直属医院"博士点，力争全市博士数量突破100名。加强医学教育和继续教育，提高医务人员专业水平和服务能力。继续实施农村订单定向培养，探索"县聘乡用"用人制度。三是推动优质资源扩容和均衡布局。深化"2+5+5+N"布局，做强2家三甲综合医院，做精5家三级专科医院，支持县级医院建设胸痛、卒中、创伤、危重孕产妇救治及新生儿救治"五大中心"，推动5个县域医疗卫生次中心建设，逐步解决群众看病就医"急难愁盼"问题。四是健全现代医院管理制度。通过采取薪酬制度改革、成本核算、绩效考核、设立核心指标"红黑榜"等举措，持续提升全市公立医院精细化管理水平。五是加快推进紧密型医联体建设工作。借鉴"上林模式"，完善医共体运行管理机制体制，确保2024年底基本达到紧密型县域医共体建设标准。市区重点加快推进紧密型城市医疗集团建设，进一步规范医疗集团管理，促进优质医疗资源扩容下沉，提升基层医疗机构服务能力。

（二）进一步加强基层服务能力建设

一是开展县域医疗卫生次中心建设。为5个乡镇卫生院各投入500万元，通过集中力量配齐诊疗设备、打造特色专科、培育人才队伍，对标县级综合医院，提升常见病、多发病、急诊急救医疗服务能力。二是加强基层医疗机构能力建设。持续开展"优质服务基层行"创建活动，力争新增 8 家基层医疗机构达到基本标准、5 家医疗机构达到推荐标准、4 家医疗机构成功创建社区医院。三是提升基本公共卫生服务水平。组织实施好预防接种、孕产妇健康管理、老年人健康管理等基本公共卫生服务。四是加强基层医疗卫生人才引育、培训等。推动基层医疗卫生机构建立"公益一类保障和专门绩效激励相结合"运行机制。优化乡村医生执业资格结构，组织开展乡村医生医疗技术培训和执业考试，乡村医生中具备执业（助理）医师资格的人员比例逐步提高至 30%以上。

（三）进一步推动医疗质量安全与服务能力提升

一是巩固提升二级及以上医疗机构医疗质量安全。持续完善各级质量控制体系建设，依托各级医疗质量控制中心开展医疗质量督查，落实《南宁市全面提升医疗质量行动（2023—2025 年）实施方案》，提高目标考核中医疗质量安全指标权重。二是大力推动重点专科建设。加强自治区临床重点专科评审参评指导，加大对已获专科建设项目单位的督导力度，培育、储备具备参加国家级临床重点专科评审条件的临床专科。三是提升医疗服务水平。落实《南宁市改善就医感受提升患者体验主题活动实施方案（2023—2025 年）》，开展第三方满意度调查，采取包括"一站式服务"、缩短门诊平均预约等待时间、覆盖诊疗全程的线上线下一体化智慧医疗服务等在内的措施，改善患者就医体验。

（四）进一步提高智慧医疗水平

印发实施全市统一的医疗信息化标准和平台互联互通技术方案，力争2024 年底实现全市跨区域、跨机构的健康档案和电子病历数据、检验检查结果共享，实现委属公立医院统一平台挂号、医保移动支付、检验报告和医疗影像查询。

（五）进一步促进人口均衡发展

一是完善落实生育政策及相关配套措施。大力发展普惠托育服务，重点建设社区公办示范普惠托育机构，积极推进用人单位办托、托幼一体化等，增加托位资源。到 2024 年底，每千人托位数争取达到 4.2 个。加大对农村和贫困地区婴幼儿照护服务的支持力度，大力推动资源、服务、管理下沉社区（村）。二是持续推进老龄健康服务体系建设。年内完成 5 个安宁疗护病区的建设任务，老年友善医疗机构的比例达到 84%。扎实开展老年口腔健康促进行动、老年心理关爱行动、老年营养改善行动、老年痴呆防治促进行动，不断提高老年人主动健康能力。三是提升妇幼健康服务能力。完善危重孕产妇和新生儿救治体系，持续开展危重孕产妇救助项目，全力保障母婴安全。推进妇幼保健机构业务用房标准化建设，加快推进市妇幼保健院金凯院区、江南区妇幼保健院建设，良庆区妇幼保健院投入运营。推进儿童友好城市建设，打造 2~3 家儿童友好医院。

（六）进一步抓好爱国卫生运动行动和健康南宁建设

一是健全卫生城市创建常态化工作机制。持续完善"月考评、季交叉、半年模拟评估"长效管理机制，探索建立"大数据+卫生城市常态管理"模式，发挥四级爱国卫生工作网络作用，加强卫生城市创建日常动态管理。二是持续抓好国家卫生城镇创建工作。健全协调各方共同推进全域卫生创建工作机制，强化卫生创建分级分类指导培训。三是开展健康南宁行动。继续高位实施"1+19"健康南宁专项行动及心脑血管疾病防治、全民健身等专项行动。

（七）进一步推进疾病预防控制体系高质量发展

一是强化传染病防控工作。抓好疾控体系改革，建立疾控机构和医疗机构信息互联互通机制、监测协同机制、应急联合处置和分工协作机制，提高重大公共卫生风险监测预警及处置能力。加强传染病多源数据的分析研判和猴痘、流感、手足口等重点传染病的监测处置工作，有效遏制疫情传播。推动疫苗接种工作，确保适龄儿童免疫规划疫苗接种率在 95% 以上，持续推进重点人群开展流感、肺炎和新冠病毒疫苗接种，提供全人群、全生命周期预防接种高质量服务。二是健全公共卫生应急管理体系。组建传染病防控市、县两级应急小分队，更新市、县两级应急队伍装备并开展两期卫生应急拉练，提升卫生应急队伍专业技术水平、应急处置能力、协调配合和协同作战能力。按照"填平补齐、发挥效能、用足资金"的原则，加强市、县两级卫生监督执法机构的设备配备，全面提升基层卫生监督执法能力和水平。

（八）进一步推动中医药传承创新

一是健全中医药服务体系。加快建设南宁市中医医院门诊综合楼等项目；大力推进广西—东盟针灸区域诊疗中心、区域老年病中医诊疗中心及上林县、隆安县中医医院"两专科一中心"建设，推动武鸣区中医医院创三级中医医院。打造8个"旗舰"中医馆、9个中医阁。二是推动中医药文化传承和传播。开展中医药文化进校园活动，遴选2个县区开展公民中医药健康文化素养水平监测，力争在2024年底前新增1家朱琏针灸海外研究基地。三是加强中医药人才培养和队伍建设。开展中医住院医师规范化培训、中医助理全科医生培训，在南宁市中医医院建设非中医类别医师中医药培训基地。四是促进中医药产业创新发展，打造和发展宾阳县中医药全产业链。积极参与中国广西中药材进出口贸易中心建设。持续建设自治区"三个一批"示范基地，释放"中医药+健康产业"活力。

B.14

南宁市完善劳动关系协商协调机制
和权益保障制度研究[*]

苏金锐　陈　涛　黄曦影[**]

摘　要：　党的二十大报告要求"及时把矛盾纠纷化解在基层、化解在萌芽状态"，2023 年，南宁市认真贯彻落实中央、自治区和市委、市人民政府各项相关决策部署，全力以赴根治欠薪问题、畅通投诉举报渠道、搭建部门联动平台等，持续提升巩固和谐劳动关系，针对存在的民营企业劳动纠纷较多、工程建设领域欠薪投诉多等问题，2024 年，南宁市将通过健全根治欠薪工作机制、抓实专项行动等举措切实保障劳动者合法权益。

关键词：　劳动关系　协商协调机制　权益保障　制度研究

2023 年以来，南宁市认真贯彻党的二十大报告中提出的"完善劳动关系协商协调机制，完善劳动者权益保障制度""完善社会治理体系。……在社会基层坚持和发展新时代'枫桥经验'，……及时把矛盾纠纷化解在基层、化解在萌芽状态"工作要求，围绕《中共中央　国务院关于构建和谐劳动关系的意见》和国家、自治区关于保障农民工工资支付、加强劳动人事争议预防协商和多元调解工作等的决策部署，多举措扎实开展拖欠农民工工资问题专项整治攻坚，积极推进多元联合调解机制建设，创新劳动矛盾纠

---

　　* 本报告数据均来自南宁市人力资源和社会保障局。

　** 苏金锐，南宁市人力资源和社会保障局四级调研员、党组成员；陈涛，南宁市人力资源和社会保障局劳动关系和监察仲裁科科长；黄曦影，南宁市人力资源和社会保障局劳动关系和监察仲裁科四级主任科员。

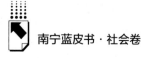

纷化解新机制，在全市继续构建完善"大维权"新格局，推动劳动关系领域工作取得新进展与良好成效。

一　2023年南宁市涉劳动关系纠纷案件基本情况

（一）劳动监察案件办理情况

2023年1~12月，全市各级劳动监察机构立案办结欠薪案件717件，协调办结3633件，为9077名劳动者追发劳动报酬9525.0617万元（见表1）。未发生"三个严禁"（严禁政府工程拖欠工程款导致拖欠农民工工资、严禁因欠薪引发50人以上群体性事件、严禁因欠薪引发极端事件）情况。

表1　劳动监察案件情况

单位：件，人

年份	立案办结数	协调办结数	涉及人数
2021	42	156	1268
2022	356	3959	9832
2023	717	3633	9077

（二）劳动争议仲裁办理情况

2023年1~12月，全市各级调解仲裁机构共受理劳动人事争议案件36692件，仲裁当期审结18447件，仲裁结案率为98.15%，调解成功案件18289件，调解成功率为70.67%。

表2　劳动争议仲裁案件情况

单位：件，人

年份	当期裁决结案数	当期调解结案数	涉及人数
2021	6274	11170	17444
2022	15255	12629	27884
2023	18447	18289	36736

2021 年以来，受市场经济等因素影响，南宁市劳动纠纷案件数量呈现持续高位运行的趋势，2022 年劳动监察案件增长幅度为 747.61%，劳动争议仲裁案件增长 59%，增速较高；2023 年，虽然劳动监察案件增幅变小，不足 1%，但劳动争议仲裁案件仍然达到 31.74% 的较高增速。劳动监察案件及劳动争议仲裁案件数量占全区比重近 1/3。其主要特点：一是案件主要集中在建筑业，住宿和餐饮业，居民服务、修理和其他服务业，批发和零售业等劳动密集型行业用人单位；二是民营企业成为劳资纠纷多发地，约 98% 的案件发生在民营企业；三是劳动报酬类案件频发，劳资纠纷化解压力显现。劳动报酬类、解除和终止劳动合同类案件频发，分别占 2023 年以来立案受理总量的 81.46%、12.82%，且仍在增长。

劳动争议仲裁案件数量增长较快的原因在于：落实监管制度存在盲区，源头治理效果不明显。主要表现在源头管理责任不到位，工程建设领域未能全面落实分账制、总包代发制、实名考勤等保障农民工工资支付制度；施工过程中“三包一靠”现象普遍、精装修项目用工关系复杂、三产项目监管存在盲区等。2021 年以来，南宁市移送公安机关处理的欠薪案件数量达 267件；2023 年，南宁市接收并处理各类劳动维权线索 26043 条，处理各级各类督办转办案件 1743 件，处置率达 100%。

（三）劳动监察案件处置情况分析

根据人社统 LI1-3 号表《劳动保障监察违法案件情况》《劳动保障监察执法效果情况》《保障农民工工资支付情况》统计数据，2023 年南宁已办结立案处理案件数为 717 件，其中支付工资和最低工资标准案件 698 件，内部劳动保障规章制度案件 3 件。已办结协调处理案件数为 3633 件，其中支付工资和最低工资标准案件 3500 件，其他案件 133 件。工资类案件占比为 96.33%。与 2022 年相比，处理案件总量增幅为 0.81%，其中立案处理案件增长幅度为 101.4%，协调处理案件略微减少，减少幅度为 8.23%，表明监察案件加大了行政执法的力度。

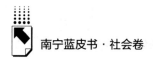

表3　按照案件处理方式分类

单位：件

年份	已办结立案处理案件	已办结协调处理案件	案件总数
2023	717	3633	4350
2022	356	3959	4315

劳动监察案件从行业分布来看，除建筑业占绝对优势并占据首位之外，立案处理案件和协调处理案件前四位基本一致，分别为建筑业，住宿和餐饮业，批发和零售业，居民服务、修理和其他服务业。但是从第四位之后的案件数量来看，立案处理案件和协调处理案件的行业占比略有不同。另外，协调处理案件涉及的信息传输、计算机服务和软件业以及文化、体育和娱乐业也分别有136件、107件，占比较大。由此可看出，劳资纠纷在传统行业，特别是劳动密集型行业比较集中，除涉及农民工比较多的涵盖工程项目的建筑业、房地产业，以及交通运输、仓储和邮政业外，由于网络时代的蓬勃发展和新兴职业的政策规范未能及时出台，涉及网络技术公司、网络平台员工、网络主播等的领域也是案件高发的领域。

表4　按照案件涉及行业分类

单位：件

行业名称	已办结立案处理案件	已办结协调处理案件
建筑业	338	1313
住宿和餐饮业	58	370
批发和零售业	23	255
居民服务、修理和其他服务业	39	199
房地产业	17	35
交通运输、仓储和邮政业	17	82
信息传输、计算机服务和软件业	17	136
文化、体育和娱乐业	15	107

表5 按行使行政权力分类

单位：件

行政权力	2023年案件数	行政权力	2023年案件数
责令改正	308	公布重大违法行为	8
行政处理	147	公布重大欠薪违法行为	8
行政处罚	17	纳入失信联合惩戒名单	3
申请法院强制执行	10		

从立案处理的717件案件来看，南宁市各级劳动保障监察部门依法运用行政权力，通过规范执法程序，加大执法力度，确保案件办理既要按照法定时限完成，又督促用工主体依据法律法规切实承担起相应责任，履行法定义务。公布重大违法行为、纳入失信联合惩戒名单等多部门联合惩戒及信用信息公开制度加大了对违法行为的打击和震慑力度，形成"处理一起，震慑一片"的效果，从源头上遏制欠薪线索多发、投诉举报案件数量激增的情况。

（四）劳动争议仲裁案件处置情况分析

南宁市共有1个市级仲裁机构和6个县级仲裁机构，人社统MA2号表《劳动人事争议仲裁情况》数据显示，市级仲裁机构承担了大比重的案件数量，且与2022年相比，增幅明显，为26.23%，与之相比，6个县级仲裁机构合并计算的案件数量无太大变化。市级案件数量的变化与第一部分劳动监察案件数量的变化趋势相一致的情况，表明劳资双方的矛盾纠纷依然呈现高发态势，一方面是在深入建立健全法治社会的进程中，人们更加关注法律的严肃性和自身权益的保护，另一方面也反映了经济社会的不平稳发展、信用体系的不健全，致使劳资双方在行使和履行各自权利和义务的时候缺乏有效的约束力，容易引发矛盾。同时也可以看到，10人以上劳动（人事）争议案件数量比例较小，占案件总量的0.36%，说明绝大部分劳资纠纷稳定可控，并未造成不良的社会影响或者严重的舆情事件。最后，从案件涉及的农民工人数可以看出，虽然案件数量大部分发生在市区，但是权益受损最严重的群体仍然是远离家乡到城市打工务工、经济和社会地位都不高的农民工群体（见表6）。

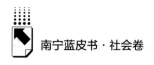

表6 按仲裁案件受理情况分类

单位：件，人

年份	当期立案受理案件总数	市级仲裁机构受理案件总数	县级仲裁机构受理案件总数	10人以上劳动(人事)争议案件总数	涉及农民工人数
2023	18384	17096	1288	66	12231
2022	15143	13543	1600	48	7512

从案件争议类型来看，占比最大的案件类型是劳动报酬案件，占69.97%。可以看出群众对劳动报酬的迫切需要。占比第二位的类型为解除、终止劳动合同案件（见表7）。与劳动报酬的获得相似的是，解除、终止劳动合同往往同时附带经济补偿、经济赔偿、双倍工资等经济诉求，也是劳动者为保障自身应当获得的经济权益而提出的高频诉求。

表7 按争议类型分类

单位：件

年份	确认劳动关系案件总数	劳动报酬案件总数	社会保险案件总数	解除、终止劳动合同案件总数	其他	当期立案受理案件总数
2023	769	12864	548	4076	127	18384
2022	1006	9642	437	3878	180	15143

从案件涉及单位类别来看，私营企业的案件数量占当期立案受理案件总数的绝大多数，可以看出私营企业法律意识的淡薄和缺乏承担社会责任的意识，也是今后相当长一段时期内在普法、执法上应当着重发力的领域。

表8 按单位类别分类

单位：件

单位类别	2023年案件数	单位类别	2023年案件数
国有、集体企业	54	私营企业	17884
港澳台及外资企业	42	机关、事业单位	228
其他	176		

表 9　按调解案件受理情况分类

单位：件

年份	当期受理 案件总数	劳动报酬 案件总数	社会保险 案件总数	解除、终止劳动 合同案件总数	其他
2023	18308	17024	75	628	581
2022	12821	11267	39	1226	289

根据人社统 MA2 号表《劳动人事争议调解情况》数据，通过调解办理的案件中，仍然是劳动报酬案件占绝对比重，为 92.99%，但与仲裁案件不同的是，通过调解办理的案件中，解除、终止劳动合同案件的数量明显少了许多，说明在部分情况下，劳资双方对于单纯的工资认定比较容易达成一致意见，但对于是否属于合法解除、终止以及是否应当给付经济补偿等，双方由于带有各自主观意见，难以达成一致。特别是用工单位以不胜任工作岗位、裁员、口头通知等事由解除双方劳动关系的，容易造成劳动者的不认可。

二　南宁市加强劳动权益保障的主要措施

（一）加大组织领导力度，扎实开展根治欠薪工作

一是周密部署安排，组织开展保障农民工工资支付工作考核。2023 年 3 月上旬起，在全市范围内开展 2022 年保障农民工工资支付考核和迎接自治区实地考核、临检工作。组织各县（市、区）、开发区和各行业主管部门，严格按照国考标准和流程开展自查和交叉检查。组织全市劳动监察力量全面排查全市在建工程项目落实"一金七制"情况，突出重点领域、重点项目、重点企业，精准发力，整理检查项目中存在的问题，督促落实整改。重点培树良庆区电网示范项目，2023 年 5 月 25 日召开全区现场会议，邀请全区劳动监察机构负责人及相关行业、重点项目负责人观摩学习。9 月顺利完成广西迎接国务院保障农民工工资支付工作考核

的工作任务。

二是以贯彻实施《保障农民工工资支付条例》为抓手，开展集中排查整治。以招用农民工较多的工程建设领域、加工制造行业、新就业形态企业等为重点，在政府投资工程项目和国企项目，以及存在拖欠农民工工资隐患的其他企业进行全面摸排，开展2023年元旦春节前拖欠农民工工资问题专项整治行动、欠薪隐患排查处置专项行动、根治欠薪"护薪行动"及"冬季专项行动"。专项行动期间，南宁市摸排344个在建项目落实农民工工资支付情况以及农民工工资专用账户、实名制管理、总包代发等各项指标情况。依法处置拖欠农民工工资违法行为，对欠薪违法行为依法依规实施信用惩戒。2023年，南宁市立案拒不支付劳动报酬案件62件，申请强制执行农民工欠薪案件10件。将3个单位列为拖欠农民工工资失信联合惩戒对象，公布重大欠薪违法行为8种。

三是运用"快审速裁庭"工作机制解决农民工工资争议。市劳动人事争议仲裁院落实人社部开展农民工工资争议速裁庭建设专项行动的部署，于2023年5月设立农民工工资争议速裁庭，专人专岗、专庭专审农民工工资争议案件，实现快立、快调、快审、快结、快送。2023年，快审速裁庭分流处理案件4092件，结案率99.76%，其中快审速裁农民工工资争议案件1381件，为农民工快速追讨劳动报酬合计826万元。

（二）畅通投诉举报渠道，提供便捷高效维权路径

一是畅通投诉举报平台，维权更便捷。全市设立39个劳动监察投诉举报受理点，劳动者还可以通过全国根治欠薪线索反映平台，广西根治欠薪线索反映平台，南宁人社局微信公众号、App、劳动维权扫码、12345政府热线反映维权诉求。二是畅通投诉举报电话，维权更及时。劳动维权服务大厅向社会公布维权二维码和投诉举报电话，并在市人社局门户网站上进行公示。为提高投诉电话接通率，2023年新增4条接听电话线，确保群众拨打每一通电话都有人接听，每一个问题都得到热情周到、耐心细致的解答，2023年共接听来电6651个。三是推行首问负责制，建立快速反应机制。从

年底到春节前，南宁市人社、司法、公安等多部门联合组织开展欠薪问题集中接访活动，采取领导包案、提级办理等举措，精准发力、限时解决，做到件件有着落、事事有回音。确保快速为农民工解决"急难愁盼"问题。四是设立专窗，解决企业群众"急难愁盼"问题。为做好稳就业保民生工作，市人社局安排，在劳动维权服务大厅设置"四不"反映窗口，实行专窗专人受理。2023年"四不"专窗共接收"领不到薪"申请9份，追发10名劳动者工资待遇23.74万元；受理"找不到工"申请5份，办结2份。进一步优化南宁市营商环境，广受企业群众好评。同时，畅通农民工"绿色通道"，开启农民工维权专窗，简化维权申请材料，加强农民工维权引导，2023年通过农民工维权"绿色通道"受理维权申请7462件，多举措畅通维权投诉渠道。

（三）创新搭建部门联动平台，深入推进多元调解机制建设

一是先后印发了"人社+工会""人社+法院""人社+司法""人社+工商联""人社+企联"联合调解工作机制的实施意见，调解网络横向联合人社、公安、法院等部门，纵向贯穿南宁市本级至15个县（市、区）、开发区，构建起"大维权""大调解"新格局，调解成效显著提升。自治区总工会、市总工会与市人社局进行区市共建，在市劳动人事争议仲裁院设置工会调解工作室。多元调解工作正向"一中心、多工作室、多站点"拓展延伸，现已在各县（市、区）、开发区以及重点行业商会、重点企业建立了调解组织。二是推动县区级多元联合调解机制提质增效。江南区劳动人事争议多元联合调解中心建立"劳动监察+劳动仲裁+司法确认"的三重纠纷化解机制，通过劳动仲裁调解书、人民法院司法确认裁定等方式保证劳动纠纷调解的强制效力。成立良庆区农民工法律服务中心驻广西智能电网技术研究基地项目工作站，打造"项目+劳动保障监察+司法+工会+妇联+N"的多元化保障体系，建立集法治宣传、法律咨询、多方调解、保障妇女权益于一体的"一站式"法律服务窗口，多元调解服务方式成为各部门参考推广的工作模式。

（四）持续推进合规用工指导，提升巩固和谐劳动关系

一是开展集体协商。协调劳动关系三方四家①共同开展 2023 年集体协商要约行动，举办第二届南宁市集体协商竞赛，以非公有制企业、新就业形态劳动者为重点，着力抓好新就业形态企业（行业）协商机制建设。南宁市协调劳动关系三方会议办公室印发《关于开展能级工资集体协商试点工作的通知》，2023 年共选定广西南南铝加工有限公司等 23 家试点企业开展能级工资集体协商，制定符合本企业（行业、区域）的特色能级工资体系。二是开展用工指导和风险防范化解工作。市三方四家共同开展劳动用工服务指导活动。深入企业了解企业劳动用工、制度规范、员工权益保障、民主管理、集体协商等状况。启用绿色通道快速处理涉及 296 名劳动者与某品牌餐饮投资公司的群体性案件，及时有效化解南宁市劳动关系领域潜在风险。

（五）常态开展劳动保障政策宣传，塑造良好社会氛围

一是全市组织开展普法送法入企业入社区入校园活动 46 次，先后到南宁市政工程集团有限公司、北宁社区、兴业银行南宁分行等单位以案说法，受众企业达 119 家。同时依托南宁市人社局官网、"南宁人社"微信公众号等平台，面向公众发布劳动争议普法案例，进一步提升群众法律知识水平、依法维权意识，促进用人单位规范管理，从源头上预防和减少劳动争议发生。二是制作了《保障农民工工资支付条例》三周年宣传海报，拍摄《维权便捷诉求秒达》《联动化解速度日结》公益宣传片，在市区公交车和 50 个公交站台，南宁人社局微信公众号、服务窗口以及市区商业街区、施工项目及企事业单位张贴、播放。三是组织专题宣讲活动。如 2023 年 5 月联合良庆区检察院、法院、司法局以及五象新区管委会建设局等部门在广西智能电网技术研究基地项目开展"根治欠薪'护薪行动'保障农民工安'薪'

---

① "三方"即政府、企业、职工，"四家"即劳动行政部门、工会组织、工商联、企业联合会（或企业家协会）。

无忧'酬'"暨《保障农民工工资支付条例》实施三周年法律法规宣贯活动。四是开展打击恶意欠薪专题宣传。如11月联合检察院和公安机关开展拒不支付劳动报酬犯罪案件现场宣传，恶意欠薪犯罪嫌疑人现场发放农民工工资，该新闻在自治区及南宁市多家媒体播出，通过宣传有力震慑恶意欠薪行为。

三 2023年南宁市涉劳动关系领域争议纠纷突出特点

（一）民营企业劳动纠纷较多

2023年全国根治欠薪线索反映平台、12345政府热线等平台线索量较大。主要是部分中小企业举步维艰，为降低生产经营成本，采取裁减人员、减少工时、降低薪酬等方式，容易产生纠纷。

（二）工程建设领域欠薪投诉多

建筑行业用工不规范，存在明显监管漏洞，工程项目违法"三包一靠"、垫资施工仍是建筑行业产生欠薪隐患的源头问题。在工程项目中的装饰装修、水电消防安装、园林绿化等收尾性工程，由未实行实名制、分账制等造成的欠薪隐患也较多。部分工程项目，劳动合同制落实不够到位，存在劳动合同代签、部分农民工本人没有劳动合同等问题。未将应付工程款中的人工费用按月足额拨付到施工总承包单位开设的农民工工资专用账户；虽然建立了农民工工资专用账户，但只有部分通过专用账户发放。

四 2024年南宁市提升巩固和谐劳动关系的对策建议

2024年，南宁市将完整、准确、全面贯彻新发展理念，深度融入经济

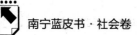

社会发展大局，通过充分实施"农民工快审速裁庭""多元联合调解机制"等一系列创新举措全力保障农民工工资支付，在风险预警、线索处置、纠纷调解等方面打通劳动维权"快车道"，为劳动者提供更优质、更高效、更便捷、更阳光的维权服务，全面推动矛盾预防和调解质效切实转化为服务大局大势、助推全面发展的实际成效。

（一）进一步加强统筹协调，健全根治欠薪工作机制

充分发挥南宁市人社局牵头抓总、统筹协调职责，落实好市、县两级政府属地责任，加强欠薪问题源头治理，加大欠薪失信惩戒力度，组织开展好保障农民工工资支付工作。督促落实县区和行业主管部门属地管理和行业监管责任、督促工程项目落实"一金七制"、督促政府工程资金监管、督促重大疑难案件处置、督促平台线索处置等五个专项监督可以健全根治欠薪工作机制。

（二）进一步抓实专项行动，强化欠薪源头治理

组织好根治欠薪"护薪行动""冬季专项行动"等专项行动，抓好农民工工资支付专用账户、实名制管理、总包代发、按月足额支付工资等关键性制度落实，抓好源头治理。对投诉多发领域、工程项目、施工单位，采取约谈提醒、组织项目（企业）负责人和劳资专管员开展业务培训等举措，规范企业用工，督促落实"一金七制"，努力遏制部分工程项目和个别行业欠薪线索高发、频发势头。

（三）进一步完善维权申请"一体化"，科学调度办案力量

依托一门式"劳动维权服务大厅"实现"一码申请""一门（网）通办"。提高欠薪线索处置、劳动保障监察案件，特别是涉及建设领域劳动报酬争议案件的办理质效，完善农民工欠薪争议调裁衔接机制，建立监管调解合理统筹、监察仲裁有机衔接、市县网格三级协调联动的劳资纠纷多元调解机制。

（四）进一步推进多元调解机制运行，发挥部门协同合力

将工会组织协商磋商、商会协会行业性专业性调解、仲裁速裁快审与法院司法确认和立案等流程贯穿起来，形成纵横联动、开放融合、集约高效的纠纷解决网络，促进劳资纠纷源头化解、就地实质化解。要充分运用与基层法院协作机制，如西乡塘区法院依托人民法院线上调解平台和云审程序，实现司法确认案件的远程受理、远程审查、远程确认；兴宁区法院"法院+工会+人社+N"的劳动争议多元化解平台共同化解劳动纠纷；邕宁区法院与市支队结为"诉源治理合作单位"，将劳动监察工作人员聘为人民法院特邀调解员。继续加强人社、法院、公安、住建等多部门协作，全力维护全市各类劳动者劳动权益，确保"权有所护、劳有所得"。

B.15
乡村振兴背景下南宁市农村低收入群体防返贫研究

南宁市社会科学院课题组*

摘　要： 近年来，南宁市深入贯彻落实中央、自治区关于巩固脱贫成果和防止返贫致贫工作的决策部署，建立健全农村低收入人口动态监测预警和分层分类救助帮扶机制，把坚决守住不发生规模性返贫的底线作为一项重要任务。在防返贫工作推进过程中，仍然存在低收入群体界定不清晰、防返贫工作人员配备不合理、低收入群体自身限制依然存在、低收入群体防返贫长效机制尚未健全等问题。建议从进一步加大政策支持力度、拓宽农村低收入群体防返贫对象的就业创业渠道、促进农村低收入群体财产性收入增长几方面着手优化南宁市农村低收入群体防返贫工作。

关键词： 乡村振兴　低收入群体　防返贫

一　南宁市农村低收入群体防返贫工作的开展现状

（一）总体情况

2021 年以来，南宁市深入贯彻落实中央、自治区关于巩固脱贫成果和

---

* 课题组成员：蒋秋谨，南宁市社会科学院城市发展研究所所长，副研究员；谢振华，南宁市社会科学院农村发展研究所副所长，助理研究员；周娟，南宁市社会科学院农村发展研究所，助理研究员；谢强强，南宁市社会科学院科研管理所副所长，助理研究员；陈灿龙，南宁市社会科学院社会发展研究所，助理研究员；苏静，广西民族大学，副研究员；许颖，南宁市社会科学院办公室，助理研究员；龚维玲，南宁市社会科学院城市发展研究所原所长，正高级经济师；周博，南宁市社会科学院东盟研究所所长，副研究员；吴寿平，南宁市社会科学院城市发展研究所副所长，副研究员。

防止返贫致贫工作的决策部署，健全防止返贫动态监测和帮扶机制，着力巩固拓展脱贫攻坚成果，把防返贫工作重点放在易返贫致贫人口（监测对象）这一群体上，通过重点排查和动态监测，做好监测对象的识别、纳入、帮扶、风险消除工作，通过强化保障，持续巩固拓展脱贫攻坚成果。截至2023年4月底，南宁市共有农村低收入人口11.92万人，其中，农村低保户9.47万人，农村特困人员0.73万人，防止返贫监测对象5.36万人（其中，脱贫不稳定户7221户25173人、边缘易致贫户4917户16378人、突发严重困难户3527户12041人）。① 防止返贫监测对象与低保户、特困人员因识别方式不一，所以存在数量交叉重叠关系（见图1）。

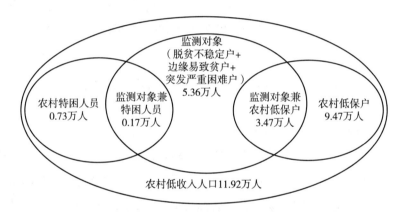

图1 农村低收入人口数量结构

南宁市积极贯彻落实"兜底政策+动态监测政策+帮扶政策"，聚焦农村低收入群体稳步增收，有力化解其返贫危机。从2021年4月到2023年4月，监测对象数量整体递增，未消除风险户数不断下降，已消除风险户数不断上涨，2022年4月后，已消除风险户数逐渐超过未消除风险户数（见图2）。截至2023年4月底，已消除风险10167户，未消除风险5498户，已消除风险户数占监测对象总户数的64.90%。②

① 根据南宁市乡村振兴局和南宁市民政局提供数据整理。
② 根据南宁市乡村振兴局提供数据整理。

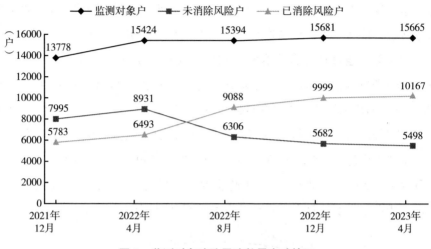

图2　监测对象消除风险数量变动情况

（二）农村低收入群体防返贫工作主要做法及成效

1.建立健全防返贫工作制度

南宁市成立防止返贫致贫工作领导小组，由市委、市政府主要领导担任组长，围绕压紧压实工作责任、优化财政保障政策、建立监测管理和帮扶制度、强化产业扶持、强化易地搬迁后续扶持5个方面，出台防止返贫致贫工作机制文件，为防止返贫致贫工作提供了有力的政策保障。

一是出台《南宁市巩固拓展脱贫攻坚成果建立健全防止返贫致贫工作机制实施方案》，印发《南宁市防贫监测工作方案》，成立市防贫监测小组，常态化监测易致贫返贫人口。南宁市印发《南宁市开展防止返贫动态监测和帮扶集中排查督导工作方案》，指导县（市、区）重点对所有脱贫户（含退出户）、边缘易致贫户以及其他农户（因病、因灾、因意外事故等刚性支出较大或收入大幅缩减导致基本生活出现严重困难的）进行全面排查，应纳尽纳、落实帮扶措施。印发《南宁市防止返贫动态监测和帮扶工作方案》，进一步健全防止返贫动态监测和帮扶机制，实行常态化监测帮扶，为监测对象落实帮扶责任人，精准分析因学、因病、因残、因灾等返贫致贫风险点，综合运用低保、临时救助、医疗救助、技能培训、产业指导等多种措施给予精准帮扶，有效防止返贫致贫。

二是出台《南宁市人民政府关于印发南宁市最低生活保障办法的通知》（南府规〔2021〕17号），进一步扩大低保保障范围，简化低保审核认定程序，优化按户施保与按人施保相结合的救助制度，完善低保渐退机制。印发《南宁市民政局关于进一步加强特困人员救助供养工作的通知》（南民政发〔2021〕42号），对特困人员生活自理能力评估、特困人员照料服务和监护提出具体要求。印发《南宁市民政局　南宁市财政局关于进一步加强临时救助工作的通知》（南民政发〔2021〕45号），明确临时救助受理、审核、审批职责，健全乡镇人民政府（街道办事处）临时救助备用金制度。

2. 持续强化农村低收入人口动态监测

南宁市协调乡村振兴、医保、教育、应急等部门进行数据比对和信息共享，开展防止返贫监测对象与低保边缘人口互认工作，严格落实防止返贫动态监测帮扶机制。

一是按照家庭年人均纯收入低于7500元的监测标准线，做到早发现、早干预、早帮扶，快速响应，动态清零，及时将符合条件的农户纳入监测对象，对已经纳入的监测对象以及已经纳入监测范围的脱贫不稳定户、边缘易致贫户、突发严重困难户按程序进行评估，达到风险消除条件的，在全国防止返贫监测和衔接推进乡村振兴信息系统中标注风险消除，实现"有进有出"的动态管理。

二是依托广西社会救助信息管理系统建立南宁市低收入人口库，将南宁市内认定为低保边缘家庭不满一年的对象、低保单人保的其他家庭成员和乡村振兴部门提供的防止返贫监测对象且家庭财产状况符合低收入标准的家庭纳入低收入人口库实施常态化监测。

三是依托广西社会救助信息管理系统和国家防返贫监测App后台数据等，实现乡村振兴部门认定的防止返贫监测对象与民政部门认定的低保对象、特困人员、低保边缘人口实时比对。指导各县（市、区）对已经纳入低保、特

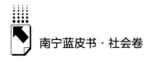
困人员供养的防止返贫监测对象进行标注；对暂不符合低保、特困人员供养条件的防止返贫监测对象详细注明不符合的原因并进行动态监测。

3.健全分层分类救助帮扶机制

南宁市按照原有帮扶政策及时分类落实帮扶措施，通过增加收入和减少支出"双线发力"，综合运用低保、临时救助、医疗救助、技能培训、产业指导等多种措施对各层各类农村低收入人口精准帮扶，有效防止返贫致贫。

一是对未纳入低保、特困人员救助供养范围的脱贫监测户、边缘户及纳入低保的脱贫监测户和边缘户进行排查，确保符合条件的脱贫监测户、边缘户全部给予低保、特困人员救助供养和临时救助，做到应保尽保、应救尽救。对农村无劳动能力或弱劳动能力、持续增收能力较弱、返贫风险较高的脱贫不稳定人口，边缘易致贫人口，因病、因灾、因意外事故等刚性支出较大或收入大幅缩减导致基本生活出现严重困难人口，低收入家庭中除了按"单人户"纳入低保的其他家庭成员，重度残疾人和临时救助对象开展常态化监测，及时预警发现可能需要救助的低收入人口，及时将符合条件的人员纳入相应的救助帮扶范围。

二是创新设立"南宁市精准防贫专项保障基金"。聚焦部分群众因灾或其他重大变故面临返贫的问题，创新设立"南宁市精准防贫专项保障基金"。围绕因病、因学、因灾、因意外事故等四项内容进行全面摸排，主动把符合条件的农户纳入"防贫基金"施助范围，确保消除返贫致贫风险。

二 南宁市农村低收入群体防返贫工作存在的问题与原因分析

（一）低收入群体界定不清晰

广西壮族自治区实施乡村振兴战略指挥部办公室在2022年5月印发的《广西防止返贫动态监测和帮扶工作操作指南（试行）》中对防贫监测对象进行了明确的界定，指出农村低收入群体包括监测对象，还有农村低保对象、农村特困人员等。监测对象和农村低保对象都属于农村低收入群体，分别由乡村振兴部门和民政部门认定，对象有交叉，但不完全重合。但在实际工作中，依然存在对低收入群体的界定不清晰的情况，对政策的执行尚有不足。主要表现在对低收入群体没有统一明确的界定标准，其中监测对象的确定已有完善的界定程序和标准，但是农村低保户、特困供养户的认定标准和程序有待进一步完善。个别地方对政策标准把握不够准确，存在应纳未纳、监测对象类型标注不准等情况。除此之外，目前的帮扶对象以动态监测户为主，仍有部分农村低保户和特困供养户等低收入群体未落实动态监测和帮扶，而这部分相对困难的群体自身抗风险能力较弱，易引发致贫风险。

（二）防返贫工作人员配备不合理

低收入人口是巩固拓展脱贫攻坚成果阶段的一个重要的监测群体，而对这部分人员的监测帮扶只集中在纳入监测的监测对象。虽然有关文件要求过渡期内保持主要帮扶政策的总体稳定，但是在人员配备方面的调整依然存在不合理的地方。一是部分地方基层工作力量配备不足，面临人员不足、人才缺乏的问题。乡镇级乡村振兴部门在巩固拓展脱贫攻坚成果过程中发挥着举足轻重的作用，既要上传下达，使相关政策执行落地，又要对村级工作进行监督管理，同步完成各种资源整合和合理分配，但是部分地方乡村振兴部门被弱化，给后续巩固工作带来压力。二是部分非脱贫村工作人员严重不足。部分非脱贫村人口基数大，虽然脱贫户数量较少，但是防止返贫监测排查工作要求对全村普通农户均要完成排查，但因无驻村工作队员（第一书记），工作人员不足，而村级组织工作人员日常工作繁重，导致防止返贫监测排查受阻，特别是部分村尤其缺乏专人负责防止返贫监测预警信息核查办理，工作受到了一定程度影响。

（三）低收入群体自身限制依然存在

现阶段留守在农村的人群以老人、妇女和儿童为主，只有部分青壮年人群因家庭原因留守在农村。低收入群体家庭更是缺少青壮年劳动力，该部分人口总体上受教育程度较低，思想观念相对比较保守，自我发展意识和内生动力不足。一是部分低收入群体的思想状态不积极，自主防止返贫致贫的意识薄弱，依然存在不同程度的"等、靠、要"思想，缺乏自力更生和艰苦奋斗的致富精神。低收入群体中的脱贫不稳定户、低保户以及特困供养户因为长期得益于外界条件的帮扶，自我发展的意识不足，思想上也不愿意觉醒，行动上缺乏自主性和能动性。低收入群体文化水平较低，对自我发展的认识不足，再接受教育的能力不足，只能从事一些苦力劳动，导致收入单一且较低，影响了脱贫成果的巩固与拓展。二是自我发展能力不足，低收入群体家庭大多数是缺乏劳动力的，其劳动力比较单一，即使有劳动力也由于自身没有技术和资金等限制发展。通过走访调研发现，基层通常也会组织一些相关的技能培训，但大多数都流于形式，农户的受教育程度较低，学习效果并不乐观，未达到预期的效果。针对小额信贷等的金融政策因没有产业支撑也望而却步。思想认识的不足和自我发展能力的受限，极易对低收入群体的防返贫工作的推进和落实形成阻力。

（四）低收入群体防返贫长效机制尚未健全

1. 互联共享机制尚不完善

随着过渡期防返贫工作的不断深入推进，防止返贫致贫监测、纳入、消除等程序已经由原来的线下申报逐渐转换为线上申报，可见在新时代大数据背景下信息互联共享的重要性。但是在防返贫工作中，特别是在针对低收入群体的防返贫工作中依然存在相关信息互联共享不够畅通的情况，阻碍防返贫长效机制的完善。主要表现在：一是低收入群体监测预警精确度有待进一步提升，有些职能部门共享的信息不够全面，如医保部门共享的大额医疗支出对象缺少家庭地址、联系方式，导致排查难度高，影响开展防返贫工作的效率；二是个别行业部门未能及时推送防返贫监测有关数据信息，导致每月核实预警名单不能及时生成，数据清洗、数据筛查、数据分析存在重复或缺漏情况，影响数据筛查的准确性和清洗的及时性；三是乡镇不同站所之间缺乏互联共享机制，尤其是存在信息不对称、沟通不及时等现象，如每月医保反馈的数据同时出现在乡村振兴部门和民政部门，各部门不进行沟通就各自开展排查，不仅导致村级工作人员重复带人入户排查，还有可能使某些困难群众存在重复帮扶、帮扶不到位等问题。

2. 监督管理机制仍需完善

根据相关文件精神，过渡期内严格落实"四个不摘"要求，其中包括不摘监管，但对低收入群体的防返贫工作监管尚显不足。一是过渡期初期上级监管部门对村级管理的监督，特别是针对低收入群体防返贫工作的监管存在一定的宽、松、软问题，压力传导不到位，对村级开展防返贫工作的监督有所缺失，导致规矩意识淡薄，没有严格遵守帮扶政策。二是监督检查工作存在不平衡不充分情况，从各级检查的通报可以看出，监督检查的对象主要集中在纳入风险监测的低收入群体，对低保户和特困供养户的帮扶责任落实关注较少，而这部分群体返贫致贫的风险相对较高。乡村振兴局、民政局、人社局、农业农村局等，以及防返贫专项工作督查组、纪委等部门不定时进村入户检查，各部门对于政策有不同理解的情况时有发生，不仅加大基层落实政策的难度，同时还让基层对监督管理产生抵触情绪。三是监督检查主要集中在事发后的通报，事前监管不到位，防范风险能力不够，如果只是加大事后查处力度，而不注重事前预防，就会给低收入群体的防返贫工作带来很多漏洞。

（五）乡村振兴衔接资金作用发挥不足

过渡期内对低收入群体的帮扶工作集中体现在促进增收方面，乡村振兴衔接资金发挥了重要作用，但在实际工作中依然存在需提升的地方。一是乡村振兴衔接资金项目联农带农作用发挥不足，各地积极利用乡村振兴衔接资金发展了一批项目，但从各级检查通报中可以看出，部分项目未能充分发挥联农带农作用，对低收入群体增收帮扶效果不明显。如有的群众离实施项目的企业较远，加之有的人有残疾或本身行动不便，带动他们参与项目就业还存在诸多困难，离"变输血为造血""扶贫要与扶志、扶智相结合"的要求还有差距。二是乡村振兴衔接资金的投资收益不能按时收取，基层在向企业、承租方收取收益时，因多种原因没有按照合同约定期限及时收取，导致项目收益发放不及时，参与者没有在相应扶贫年度内享受到项目分红。可见，对乡村振兴衔接资金产业项目利用得并不充分，实际享受产业项目带来收益的人只是极少数，而低收入群体依然无法从产业项目中得到足以脱离社会平均生活水平之下的收入，巩固脱贫成果没有发挥应有的作用。

三 优化南宁市农村低收入群体防返贫工作的建议

（一）进一步加大政策支持力度

1.完善农村低收入群体防返贫对象的识别认定机制

按照国家和自治区制定的低收入家庭收入相关监测标准，南宁市应加快完善农村低收入群体防返贫对象的识别认定标准，构建基层群众广泛参与的农村低收入群体防返贫对象识别认定体系。进一步调整完善各组织机构在农村低收入群体防返贫对象识别认定中的作用和功能，积极调动基层群众参与到农村低收入群体防返贫对象识别认定工作中来，发挥其各自应有的作用和功能，提升基层群众的参与度，科学、客观、全面地对农村低收入群体防返贫对象的实际状况进行摸底调查。如村级组织在农村低收入群体防返贫对象识别认定过程中，要注重发挥村民参与识别和评议的作用，在做好农村低收入群体防返贫对象防返贫工作的政策宣传、普及的基础上，由农户直接向村委会申请，然后通过村民集体评议，公示无异议后，由村委会直接上报县级主管部门，由其根据全县农村低收入群体的具体情况进行审议、公示。为保证农村低收入群体防返贫对象识别的准确性和识别过程的公开性、公平性，可以引入第三方社会服务予以监督。加快对农村低收入群体防返贫对象的建档立卡，摸清底数。在此基础上，学习借鉴其他地区的成功经验，针对不同农村低收入群体防返贫对象分类制定帮扶计划和帮扶措施，使农村低收入群体防返贫对象防返贫工作有目标、有规划、有步骤、有措施，广泛调动社会力量积极参与，确保新时期农村低收入群体防返贫对象防返贫工作的成效。

2.完善农村低收入群体防返贫政策体系

加大政策支持力度，应进一步完善现有的防返贫政策体系，并确保政策的针对性和有效性。一是推动防返贫政策的精准化。在深入了解农村低收入群体的实际需求、对农村低收入群体进行精确识别和分类的基础上，精准了解其存在返贫致贫风险的主要原因，根据具体情况制定"一户一策"的帮扶政策，并确保资源和措施的精准落地，如对因病返贫的家庭加大医疗救助力度，向缺少就业技能的低收入群体提供职业培训或创业支持。二是推动防返贫工作的体系化，加快建立健全农村低收入群体救助体系，包括应急救助和长期救助。应急救助主要针对意外灾害或突发事件导致暂时困难的低收入群体，为其提供临时救助及补偿；长期救助则主要针对存在长期困难或有特殊困难的农村低收入群体，通过提供稳定的救助金或补贴，帮助其改善生活状况，稳定脱贫状态。三是推动防返贫工作的数字化，建立健全南宁市农村低收入群体信息数据库，利用大数据和人工智能技术进行精准监测和定位，在农村低收入群体出现返贫风险时实现及时发现、提前介入和及时救助。

3.提升农村低收入群体防返贫政策享受的便捷度

现阶段南宁市防返贫监测排查工作主要依靠部门筛查预警和基层走访排查，农户自主申报的占比较小。要提升农村低收入群体防返贫政策享受的便捷度，其一，应进一步简化自主申报手续和流程，持续推进南宁市"一键报贫"申报系统优化工作。农村低收入群体往往面临信息获取困难、自主申报意愿低等问题，应向农村低收入群体提供更为便捷的申报渠道，如代理申报、邮寄申报等。此外，监测部门还可以通过建设政策申报指导中心或开通咨询热线等方式，为农村低收入群体进行申报指导和答疑解惑，确保其顺利完成申报流程。其二，推动政府与社会组织建立合作机制，一方面，政府派出工作人员在脱贫地区开展政策宣传和申报指导活动，另一方面，社会组织发挥自身资源优势，组织培训和咨询活动，帮助农村低收入群体了解政策内容、学习申报技巧，并为其自主申报提供必要的协助和支持。其三，加强镇村干部系统核查受理流程的培训工作，进一步明确核查标准，规范受理流程，健全返贫人口快速发现和响应机制。

4. 加快制定防返贫规划和实施方案

明确南宁市农村低收入群体防返贫对象防返贫的目标、具体措施和保障等内容，建立南宁市农村低收入群体防返贫对象防返贫专项资金，加强对农村低收入群体防返贫对象的认定、监测、帮扶、监管等。进一步完善相关政策，从资金、项目、税收、融资、用地、用水、用电、物流、就业创业服务、财产转移、农村社会保障等多个方面加大对农村低收入群体防返贫对象防返贫工作的支持力度。如进一步提升特色优势产业，大力促进粮食、蔬菜、水果、糖料蔗、肉类、奶产品、水产品等重要农产品精深加工；加强农产品及加工副产物综合利用试点建设，重点推进循环利用、全值高值利用和梯次利用；针对性地扶持原有农业龙头企业扩张规模、改造技术、更新工艺和设施装备、创建品牌和名牌、延长产业链等，辐射带动农村低收入群体防返贫对象增收。

5. 加大财政扶持力度，建立可持续发展的投入机制

整合资金，加强统筹和协调，划拨专项资金支持农村低收入群体防返贫对象防返贫工作，并联合财政金融、信贷保险、社会资本等建立多元化投入机制，吸纳更多的社会资金投入农村低收入群体防返贫对象防返贫工作，营造共同合作、多方共赢的局面；加大对参与建设优势特色产业集群、现代农业产业园等发展特色产业、帮扶农村低收入群体防返贫对象防返贫的经营主体的政策支持力度，如种养大户、家庭农场、各类农民经济合作组织、龙头企业等，加大政策倾斜力度，给予补贴和奖励，动员社会各界积极参与农村低收入群体防返贫对象防返贫工作、投资防返贫项目等。

（二）拓宽农村低收入群体防返贫对象的就业创业渠道

1. 大力开展农村低收入群体防返贫对象就业帮扶

一是加快推进县域民营经济发展，带动农村低收入群体防返贫对象增收。落实并完善相关政策，尽可能地降低民营企业的创业门槛，鼓励和引导民营企业以独资、合资、参股、控股、合作、联营、特许经营、BOT、BT等多种投资经营方式参与经营性基础设施和公益事业项目建设，吸纳农村低收入群体防返贫对象就业；引导农村低收入群体防返贫对象进行网络创业，使电子商务产业成为民营经济发展和农村低收入群体防返贫对象增收的新业态；加快县域经济发展，积极招商引资，鼓励发展劳动密集型企业，吸纳农村低收入群体防返贫对象就地就业；进一步深化户籍制度改革，引导农村低收入群体防返贫对象进入城镇发展餐饮、商贸、旅游等第三产业，拓展农村低收入群体防返贫对象就业增收空间。

二是以市场为导向，加大力度，鼓励发展劳务经济，拓宽农村低收入群体防返贫对象增收渠道。大力加强与经济发达地区的劳务合作，加快完善劳务对接协作机制，建立有效可靠、长久持续的劳务合作关系，同时为农村低收入群体防返贫对象相关的劳务输出服务，如加强对农村低收入群体防返贫对象的点对点劳务培训、提供合适的就业岗位、维护农村低收入群体防返贫对象的合法劳务权益等，为帮扶农村低收入群体防返贫对象就业的社会化服务组织和吸纳农村低收入群体防返贫对象就业的经营主体提供优惠政策。

三是鼓励和支持企业、集体、外商和私人等投资建设农村工程项目，采用以工代赈方式吸纳农村低收入群体防返贫对象就地就业，扩充以工代赈的就业岗位和容量；统筹并进一步开发公益性岗位，为农村低收入群体防返贫对象提供就业安置，确保农村低收入群体防返贫对象的就业稳定。

2.扩大农村低收入群体防返贫对象创业的发展途径

完善农村低收入群体防返贫对象创业相关扶持政策体系，实行政府推荐就业、扶持创业、自主创业等方式相结合的体制，通过防返贫对象思想认识水平的提升、知识技能的丰富、就业竞争能力的提高来增强农村低收入群体防返贫对象的内生发展力和防返贫抵抗力。制定更加优惠的农村低收入群体防返贫对象创业扶持政策，加快构筑综合性农民创新创业服务平台，鼓励支持村干部、党员、本村致富能人等带头创业，鼓励引导外出人员返乡创业，大力支持大中专毕业生、大学生村官等自主创业，积极引导有创业意向的农村低收入群体防返贫对象创业，为其免费提供信息咨询、项目论证、专家咨询、贷款担保等社会化服务。优化创业环境，进一步强化政策扶持，加快完善支持自主创业的政策体系，建立健全创业培训、创业指导等服务机制，促进本地经济社会发展，带动更多农村低收入群体防返贫对象创新创业，着力提高农村低收入群体防返贫对象就业创业能力。

（三）促进农村低收入群体财产性收入增长

1. 深化改革，保障农村低收入群体土地财产权益

加快推进农村土地制度改革，增加农村低收入群体通过土地获取财产性收入的机会。一是建立健全农村征地补偿制度。不但要让农村低收入群体能够通过土地出让获得合理的补偿收入，而且需优化征地补偿形式，引导农村低收入群体通过股份合作参与开发项目和配套服务，以获取长期稳定的收入来源，还可以将部分土地出让收益作为社会保障基金，用以解决低收入群体后续生活安置问题。

二是探索农村集体经营性建设用地入市新模式。农村低收入群体中有相当部分是失能或部分失能人口，土地是其主要财产，应当允许低收入人口以土地为资本参与城镇化建设，将闲置宅基地转为集体经营性建设用地入市，或用以建设小微产业园，为南宁市乡村发展和农村低收入群体增收提供可持续的收入支撑。

三是有序推进"两权"（农村土地承包经营权、宅基地使用权）抵押贷款，进一步盘活农村低收入群体手中的闲置土地资源。南宁市可以在有条件的脱贫地区试点"两权"抵押贷款，完善抵押贷款价值评估机制，助推脱贫地区土地向资产转化，拓展农村低收入群体财产收益来源。

四是持续推进南宁市农村产权流转交易市场建设，稳步增加农村低收入群体财产性收入。南宁市应当继续加强农村产权流转交易市场的规范运行管理，不断改善配套服务，丰富交易产品类型，打造激活脱贫地区"沉睡资产"、促进农村低收入群体增收的南宁样板。

2. 发展集体经济，助力农村低收入群体增收

农村集体经济是防止贫困返潮的重要支撑，促进农村低收入群体财产性

收入增长，需要加强农村资源性资产和经营性资产的开发与利用，积极发展新型农村集体经济。一是建立健全联农带农机制，提高农村低收入群体参加村集体经济组织的积极性。不仅要使农村低收入群体能够通过股权分红形式实现增收，还要引导低收入群体有效嵌入产业链，推动就业机会本地化，使农村低收入群体能够更多、更公平地分享农村集体经济发展红利。

二是应重视脱贫攻坚时期形成的新集体资产确权登记和资产移交机制，加强对农村集体经营性资产的有效管理，探索建立后脱贫时代乡村公益性资产的监管和可持续发展机制，促进脱贫村集体资产的保值增值。

三是发展壮大农村新型集体经济。可借鉴其他地区发展经验，根据南宁市脱贫地区实际发展状况，采取资产租赁模式（集体经济组织通过取得实物资产并出租，实现资产保值增值）、"三变"模式（农民将土地承包经营权入股到合作社或农业企业，以分享产业收益）、产权流转模式（依托农村产权流转交易市场促进农村土地流转和农村资源优化配置）等，促进集体资产保值增值，打通农村低收入群体从集体经济中获取收益的通道。

四是在集体经济收益分配环节，应根据经营状况向农村低收入群体倾斜，为其提供集体经济收益的托底支持，确立防止规模性返贫的长效机制。

3. 拓宽农村低收入群体的增收渠道

拓宽农村低收入群体增收渠道，从提升收入成长性和安全性两个方面增强农村低收入群体的财产积累。一是增加农村低收入群体的土地资源利用效益。土地是农村低收入群体的基本生产要素，也是其财产性收入的主要来源，应发挥政府主导作用，加强南宁市脱贫地区的土地综合整治，采取平整田地、完善灌排系统、提升土壤肥力、提高水资源利用效率等多项措施，提升土地质量，推动农村低收入群体合理利用土地资源，提高土地利用效率和提升农业生产水平。

二是培育农村低收入群体的增收动力源，积极探索创新农业经营体制机制，提高农村低收入群体增收内生动力。主要通过应用现代化农业技术和先进设备，引导农村低收入群体进行农业高效生产，提高农业生产效率和效益；创新农业经营组织模式，培育新型农业经营主体，提高农村低收入群体

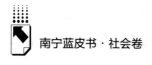

非农就业能力。

三是建立健全农村低收入群体收入风险应对机制，包括完善农业保险制度、防灾救济制度、灾害补偿制度、最低生活保障制度等，增强农村低收入群体应对突发事件的能力，提高其收入的稳定性和安全性，进一步降低返贫致贫风险。

参考文献

何仁伟等：《可持续生计视角下中国农村贫困治理研究综述》，《中国人口·资源与环境》2017 年第 11 期。

李实等：《以农村低收入人口增收为抓手促进共同富裕：重点、难点与政策建议》，《农业经济问题》2023 年第 2 期。

范和生、郭阳：《共同富裕背景下农村低收入人口综合帮扶机制建构》，《中南大学学报》（社会科学版）2023 年第 1 期。

姚璐：《产业振兴促农村低收入群体增收的实现路径》，《南方农机》2022 年第 21 期。

张军涛等：《后脱贫时代农村低收入家庭救助帮扶实践路径研究——以辽宁省 B 市为例》，《农业经济问题》2022 年第 7 期。

史凯：《乡村振兴视角下农村低收入人口常态化帮扶机制研究——以韩城市 X 街道为例》，硕士学位论文，西北农林科技大学，2022。

孙久文、张皓：《乡村振兴中防止低收入人口返贫的战略构想》，《学术研究》2022 年第 4 期。

孙久文、夏添：《中国扶贫战略与 2020 年后相对贫困线划定——基于理论、政策和数据的分析》，《中国农村经济》2019 年第 10 期。

汪三贵、曾小溪：《后 2020 贫困问题初探》，《河海大学学报》（哲学社会科学版）2018 年第 2 期。

专题研究篇

B.16

南宁市建设面向东盟开放合作的
国际化大都市路径研究

南宁市政协专题调研组 *

摘　要：　南宁作为中国距离东盟最近的省会城市，担负着国家赋予建设面向东盟开放合作的国际化大都市的重大使命，在落实国家重大战略、服务构建新发展格局中的地位愈加重要。当前南宁城市国际化意识有待强化、经济外向程度有待提高、人文交流国际化程度有待提升、基础设施国际化程度相对薄弱、国际合作交流有待拓展、国际营商环境有待优化。通过学习借鉴上海、杭州、宁波等城市提升国际化水平的经验做法，南宁市可通过加快产

---

*　调研组组长：魏凤君，南宁市政协原副主席。调研组成员：李海光，南宁市政协人口资源环境与城乡建设委员会主任；农凌云，南宁市政协副秘书长、办公室副主任；赖承略，南宁市发展和改革委员会副主任；韦虎新，南宁市青秀区政协主席；覃良川，南宁市良庆区政协主席；罗锋，南宁市马山县政协主席；周旭红，南宁市政协人口资源环境与城乡建设委员会副主任；何广华（执笔人），南宁市政协人口资源环境与城乡建设委员会副主任；李耿民，中共南宁市委市直机关工委副书记；李彤，中共南宁市委统战部副部长；马艳芳，南宁市政协人口资源环境与城乡建设委员会办公室主任，四级调研员；郑立川，南宁市政协人口资源环境与城乡建设委员会办公室工作人员。

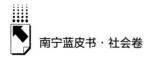

业、贸易、金融、科技创新、社会事业、信息、人力资源、交往平台、交通物流、营商环境十个方面的国际化进程，助力建设面向东盟开放合作的国际化大都市。

关键词： 开放合作　国际化　大都市

南宁市建设面向东盟开放合作的国际化大都市，是深入贯彻落实习近平总书记关于广西工作论述的重要要求的具体实践，是贯彻落实国家对南宁发展新定位新使命的重要举措，是加快打造国内国际双循环市场经营便利地、谱写中国式现代化南宁篇章的现实需要和战略选择。

一　南宁建设面向东盟开放合作的国际化大都市的机遇与基础

2022 年 10 月，国家出台文件明确支持南宁建设面向东盟开放合作的国际化大都市、探索建设中国—东盟跨境产业融合发展合作区。一年多来，南宁在加快国际化进程中取得了新的成绩。

（一）主动服务和融入国家战略实现新突破

南宁市抢抓全球产业链重构、平陆运河建设的机遇，坚持"跨境融合"与"向海图强"双向发力，推动建设面向东盟开放合作的国际化大都市、中国—东盟跨境产业融合发展合作区上升为国家战略。建立"智库+地方+上级部门+产业界""四位一体"工作机制，启动面向东盟开放合作的国际化大都市战略规划研究，积极谋划推进中国—东盟跨境产业融合发展合作区建设。

（二）跨境通道能级持续提升

积极参与西部陆海新通道建设，平陆运河（南宁段）开工建设，南宁国际空港综合交通枢纽与南崇城际铁路同步开通运营，基础设施持续完善，跨境通道逐步畅通。南宁中越跨境公路恢复运营，班列加密开行，基本实现12小时"厂对厂"通达。经中越双方共同确认的30条广西国际道路客货运线路已开通17条。借助平陆运河的枢纽优势，按照"港产城海"融合发展的要求，着力培育"大进大出"的临港产业，东部新城产业集聚效应显现，被认定为第一批广西向海经济示范园区。

（三）开放平台建设步伐加快

截至2023年底，广西自贸试验区南宁片区高标准建设，自挂牌以来累计新设立外资企业522家。中国—东盟金融城累计入驻金融机构（企业）512家，获批数字人民币和本外币合一银行账户试点。国家物流枢纽建设稳步推进。南宁临空经济示范区建设加快推进，累计执飞国际货运航线17条，通往10个东盟及东南亚国家的17座城市。中国—东盟信息港南宁核心基地建设扎实推进，累计集聚7200余家数字经济企业。

（四）外向型经济蓬勃发展

2023年，南宁市外贸进出口总额同比增长27.9%，增速高于全区20.6个百分点。新能源汽车、新能源电池出口成为外贸增长新动能，其中新能源汽车出口比上年增长约9倍，锂离子蓄电池出口比上年增长约72倍。2022年，全市对东盟进出口额同比增长64.3%，跨境电商进出口交易额同比增长77.4%；2023年，全市对RCEP其他成员国进出口额占全市进出口比重达42.8%，全市跨境电商进出口额占全区跨境电商业务比重达78%。全年实际利用外资占全区35%以上，连续5年实际利用外资总量居全区第1位。

（五）对外交流合作迈上新台阶

南宁市高质量服务了共20届中国—东盟博览会、中国—东盟商务与投资峰会，连续举办了5届"南宁国际友城进东博"活动。南宁与国际友城

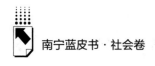

在人员互访、经贸投资、工业制造、农业生产、城建规划、教育培训、医疗卫生、文化旅游等领域开展了形式多样的交流合作，取得了丰硕成果。

二 南宁建设面向东盟开放合作的国际化大都市中存在的短板

（一）国际化意识有待强化

南宁市虽然已有推进城市国际化的目标和初步战略，但具体运作思路尚不清晰、主动意识还很淡薄，尚未形成政府、企业、社会等各方面的紧密配合与协作。相关部门以国际惯例或规范设计政策措施的意识不强，就推进国际化工作向国家、自治区有关部门主动汇报对接、积极争取支持不够。相关企业缺乏更高层次的国际视野和对国际规则的熟悉，国际化的运作思路不够清晰，跨国经营水平不高，造成国际化盲动，从事"越顶贸易""过境运输"的企业偏多。由于思想观念、生活方式、文化背景等方面存在较大差异，中外居民的相互认同度、融合度不高，亟须营造开放包容、合作沟通的国际交流和文化生活氛围。

（二）经济外向程度有待提高

据中投大数据，2022年南宁市经济开放度在全国地级以上城市中综合排第63名。其中，外贸进出口总额为1510.07亿元，外贸依存度为28.9%，实际利用外资为7.49亿美元，与深圳、宁波、青岛、广州、杭州、成都等城市相比有较大差距。南宁的贸易顺差比较小，对促进经济增长、拉动就业等方面的助益也较为微弱。

（三）人文交流国际化程度有待提升

南宁市作为一个历史悠久、文化底蕴深厚的城市，其丰富多彩的文化宝藏、得天独厚的特色文化资源和"金不换"的生态优势均远未充分挖掘，自然韵味与人文气息融合不够，文化旅游产业缺乏特色鲜明、国际知名的景区景点，旅游消费场景和服务国际化水平较低，城市品牌国际影响力不足，国际旅游业还不够景气。南宁年接待入境过夜游客、现有常住外国人，与广州、青岛、深圳、成都、西安等城市相比仍有较大差距。

（四）基础设施国际化程度相对薄弱

国际通航城市和国际航线少、航班频次低。南宁与东盟国家陆路通道建设滞后。中越跨境铁路班列开行不稳定。湘桂铁路南宁至凭祥段标准低。越南境内交通、物流和口岸等设施落后，通关效率较低，铁路公路运输量小，货物处理能力有限，导致运输与通关时间长、成本高。南宁—新加坡铁路一直未能贯通。南宁与老挝、柬埔寨、泰国、马来西亚、新加坡等地理位置较近的中南半岛国家尚未实现跨国境陆路通达。南宁至粤港澳大湾区铁路缺乏直联通道，西江水运通道等级不高，大宗货物类运输通行能力弱。南宁数字化网络系统、服务平台和沟通渠道等相关方面建设还比较落后。

（五）国际合作交流有待拓展

南宁领事馆、国际友好城市的数量与广州、成都、西安等城市相比仍有较大差距。南宁国际科技合作领域有待拓展。南宁本土高校优势不明显，仅有一所"双一流"高校，缺少高水平理工科大学，与国内外知名大学开展合作办学甚少。中小学校、中职学校与其他国家交流合作的项目较少。南宁相关领域的高层次人才存在巨大缺口，严重缺乏专业知识深厚、实践经验丰富、通晓国际惯例和国际法规的外向型、复合型人才。

（六）国际营商环境有待优化

据国家发改委、商务部、工信部等多部委联合发布的《2023年全国城市营商环境评估报告》，南宁在全国城市营商环境50强中排第40位。这表明南宁营商环境与先进城市相比，还有很大的上升空间。坚持市场化、法治

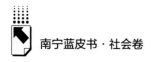

化、国际化的基本原则还不够彻底，在市场准入、办事方便、法治公平、公共服务、信用环境、宜居宜业等重要领域，工作推进还不到位。

三　南宁加快建设面向东盟开放合作的国际化大都市的路径建议

南宁市围绕国家赋予的重大新使命和城市发展新定位，强化国际化意识，坚持对内开放和对外开放并重，以国内先进城市为标杆，加快制定南宁面向东盟开放合作的国际化大都市建设发展规划及实施方案，建立具有南宁特色的指标体系，明确目标、任务和实施步骤，出台专项配套支持政策，以城市国际化促进城市综合能级的提升和首府高质量发展。抓重点、补短板、强弱项，聚焦十个重点领域加快提升城市国际化水平，充实东盟元素，体现民族文化特色，展示南宁更加开放包容、更加富有活力、更加时尚美丽的良好形象。

（一）加快产业国际化

1. 打造产业国际化重要承载地

按照"一体两翼"产业格局，坚持"跨境融合"与"向海图强"齐头并进，加快推进中国—东盟跨境产业融合发展合作区建设，以五象新区为主体，加快打造生产性服务业高地和面向东盟的科技创新中心；以东部新城为东翼，着力培育发展"大进大出"临港产业，打造向海经济先行示范区；以"两港一区"为西翼，把铁路港、空港、综合保税区打造为跨境产业融合发展的重要承载地。

2. 以企业国际化带动产业国际化

积极引进世界 500 强企业、全球行业领先企业、国际创新型企业。鼓励外商投资设立一批研发中心、创新中心、营销中心和地区总部，深度融入科技创新和产业结构调整进程。强化企业参与国际竞争责任意识，鼓励支持企业开展国际化合作，设立境外生产加工基地，开展境外资源开发和工程承包，着力培育一批具有国际影响力的本土跨国公司。支持企业在境外注册商标、申请专利、建立自主品牌，提升品牌国际影响力和竞争力。

3. 提升先进制造业国际竞争力

聚焦面向东盟的先进制造中心建设，瞄准国际先进标准，打造一批具有国际竞争力的产业基地、知名企业和国际品牌。探索创新国际园区合作模式，合理布局生产制造区，大力吸引为东盟国家产业配套的出口加工企业入驻。

4. 提升农业国际化水平

加快农业国际合作示范区建设，推进出口农产品产业集群发展，鼓励和支持一批外向型特色农产品生产、加工和出口示范基地的建设。实施农业"走出去"战略，支持农业龙头企业到农业资源丰富的东盟国家及 RCEP 成员国开展合作，发展境外农产品原料基地。

（二）加快贸易国际化

1. 推动对外贸易转型升级

聚焦面向东盟的服务贸易中心建设，制定相关政策，推动高技术含量、高附加值产品出口，扩大先进技术、关键设备及零部件和短缺资源进口，促进外贸稳定增长。全面深化国家服务贸易创新发展试点。积极发展跨境电商、市场采购贸易等新业态新模式。

2. 加强开放平台建设

高标准建设广西自贸试验区南宁片区，推进贸易投资便利化改革创新。用好综保区、保税物流中心、跨境电商综试区等海关特殊监管区域政策。鼓励和支持开发区、综合保税区和各类产业园区改革创新对外开放工作机制，按照国际经贸运行规则，培育壮大核心产业，发挥园区在城市国际化中的带头作用。推动广西自贸试验区南宁片区政策向东部新城覆盖。

3. 提升口岸通关能力

积极开展铁路"快速通关"业务，协同中越跨境公路、跨境班列提高通关效率。加强与崇左、防城港等城市的沟通联系，研究共建智慧口岸和边

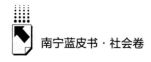
境物流园区、产业园区等方面的合作模式。借鉴昆明市托管磨憨镇共建国际口岸城市模式，积极争取国家、自治区支持南宁市托管或共建中越边境口岸（爱店或其他口岸），赋予南宁市沿边陆路口岸功能。

（三）加快金融国际化

1. 扩大国际金融机构入驻规模

以中国—东盟金融城为载体，建设面向东盟的金融开放门户核心区。加快现代金融全产业链招商，支持引进、设立本外币特许兑换机构和外商股权投资机构、合资期货公司、合资证券公司等金融机构，以及推动一批律师事务所、会计师事务所、信息咨询公司等配套生产性服务单位落地，加快形成多元化金融组织体系。

2. 积极推动跨境人民币业务发展

鼓励开展境内境外互动、本外币互动、内企外企互动的人民币离岸业务。搭建离岸交易、跨境人民币结算、离岸人民币结算等线上通道，有序开展跨境人民币金融创新试点、本外币合一银行结算账户体系试点、数字人民币试点等各项工作。

3. 深化金融产品创新

建设中国—东盟综合要素资源交易平台。深化财金联动，支持金融机构开展投贷联动、金融科技运用、知识产权质押等金融创新。积极拓展与外贸有关的期权、期货、境外筹资转贷款、进出口贸易融资等业务，引导金融机构提供境外支付服务，鼓励外向型企业积极投保出口信用保险。

（四）加快科技创新国际化

1. 完善创新服务平台

以中国—东盟科技城为载体，加快建设面向东盟的科技创新中心，布局一批面向东盟的高水平科技创新平台。争取国家支持国内外知名高校、国家级研发平台在南宁设立分校、分支机构。推进孵化器和众创空间提质增效，高质量抓好深圳、上海"飞地孵化器"的建设运营。

2. 加强国际科技创新主体建设

培育壮大本地创新引领型企业。优先在国家高新技术企业、"专精特新"企业内遴选培育一批新龙头企业，对其在技术研发、创新平台建设、人才引进等方面给予支持。积极引进拥有行业领先研发机构及检测机构的企业在南宁设立分支机构或分公司。鼓励有实力的企业在南宁设立区域研发中心，重点开展中高端应用型技术研发工作。

3. 积极开展国际科技交流与合作

结合东盟国家重大科技需求，鼓励在邕科研机构、高校和企业自建或共建联合实验室（联合研究中心）、国际技术转移中心和国际技术示范与推广基地，推动国际产学研合作。鼓励各类组织举办具有国际影响力的国际会议、大型科技交流推介会、科技合作项目对接会，组织企业积极参加中国—东盟博览会先进技术展、中国—东盟技术转移与创新合作大会等大型国际科技交流活动。

（五）加快社会事业国际化

1. 加强国际文化交流

擦亮南宁国际民歌艺术节等国际化文化演出品牌。支持重点文化企业紧跟国际文化创意的最新潮流，创作富有南宁特色和东盟国际元素的文化作品，构建具有国际水准的文化产业集群。恢复东盟商务联络处商务联络和文化展示功能，加强与国际知名文化组织、机构合作，拓展国际文化交流平台。打造中国—东盟时尚之都，做深做透国际时尚引领文章。

2. 推进教育国际交流合作

积极打造"留学南宁"品牌，建设对外教育交流基地，引进国内外知名学校来南宁办学或者与本地院校合作办学。推进与国外友校开展师生交流访学研修，加强留学生交流和学者互访。广泛开展涉外文明礼仪普及教育活动，提高市民国际化素养。积极推动产教集聚融合，加快建设面向东盟的职业教育合作区，把南宁打造成为东盟及 RCEP 国家学生留学中国的重要承载地、东盟高层次人才培养培训基地和人力资源区域培训基地。

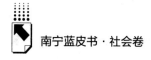

3. 推进旅游国际化

高标准编制国际旅游消费中心城市规划，打造"面向东盟的国际展会集聚区""东盟美食荟聚之城""中国不夜城""国际旅游演艺之都""国际医疗康养名城"等国际旅游消费品牌，形成多层次国际旅游消费热点，把南宁建设成为国内一流、国际知名的国际旅游目的地和辐射东盟及 RCEP 成员国的国际旅游中转中心。精心设计国际旅游精品线路，将与东盟国家的国际旅游线路合作拓展到 RCEP 其他国家。积极开展旅游国际营销，建设与国际接轨的游客服务体系、导游服务队伍，不断增强对国际游客的吸引力。

4. 打造国际康养中心

依托中国—东盟医院合作联盟，深化与东盟国家相关城市的公共卫生合作，构建区域公共卫生合作机制。推动建设南宁国际健康产业示范区，打造生命科技创新、健康产品制造、候鸟式养生养老、乡村健体运动、民族健康文化、高端医疗服务等特色产业链，发展健康产业集群。鼓励本市医院与境外医学院校、医疗机构和医学研究机构合作组建国际医疗机构。加强国际化医疗环境建设，积极探索开设国际门诊、国际病房，提高涉外医疗服务能力。

5. 承办国际特色赛事

做精做强赛事品牌，建立多层次、多样化赛事体系，打造一批国际性、区域性品牌赛事，建设面向东盟及 RCEP 成员国的国际体育赛事中心城市。持续办好环广西公路自行车世界巡回赛（南宁站）、南宁马拉松赛及中国—东盟龙舟赛等赛事，力争举办层次更高、影响更大的国际体育赛事。

（六）加快信息国际化

1. 推进信息基础设施建设

推进国家级互联网骨干直联点建设，实现全市移动互联网宽带全覆盖。增设互联网国际出口专用通道，进一步提升国际和本地网络交换能力。将中国联通南宁国际通信出入口局升级为国际通信全业务出入口局，打造面向东盟、服务西南中南的国际通信大通道。

2. 推进中国—东盟信息港核心基地建设

争取在南宁设立全国一体化算力网络国家枢纽节点，打造面向东盟的实时性算力中心，加快推动中国—东盟人工智能计算中心投入运营。加快建设数字贸易中心，创建国家数字服务出口基地，建设数字产业促进联盟。推广工业互联网平台应用，推动企业"上云用数赋智"，促进工业企业数字化转型，以数字化赋能驱动先进制造业升级。

3. 积极推进国际智慧城市建设

借鉴上海浦东运用大数据提升城市治理能力经验，加快城市公共设施物联网平台建设，促进城市公共设施感知设备布设与物联网建设，形成国际领先的物联网传输和平台支撑环境。加强信息技术在社会管理领域集成应用，充分利用大数据、云计算、物联网、人工智能等信息化技术，提高城市运行效率，提升城市规划和城市基础设施管理的智能化、精准化、国际化水平。

（七）加快人力资源国际化

1. 优化国际人才引进政策

依托中国—东盟人才交流中心、中国—东盟人才城等项目，拓宽国际人才工作联络渠道。实施引智引才计划，引导激励更多科技创新型人才、城市管理型人才、国际商务型人才向南宁集聚。积极争取简化外籍高层次人才居留证件、人才签证和外国专家申办程序，放宽外籍人才引进政策。鼓励国家级科研院所在南宁设立分支机构。吸引粤港澳大湾区科研团队落户南宁或为南宁提供科研服务。

2. 创新人才国际化培养机制

引进国内"双一流"高校、境外知名院校在南宁举办具有独立法人资格的中外合作办学机构。支持具有国际先进水平的知名职业教育培训机构在南宁开办专业化培训机构或开展联合培训项目。支持与东盟国家产业合作重点城市互派政务人员、专业技术人才、经营管理人才进行学习交流。加强涉外部门（单位）领导班子和干部队伍建设，充实一批熟悉国际规则、精通外语、掌握专业知识的高素质干部。加强党政干部国际化知识培训，拓展开放思维和国际视野，提升国际合作和交往能力。

3. 优化国际人才服务环境

推进国际人才创新创业园建设。实施国际化标识改造工程，建立完善多语种服务平台，建设具有多元文化元素的公共基础设施，加快营造容纳国际人才的人文环境。借鉴深圳国际化街区建设经验，实施国际化示范社区建设计划，突出南宁本地特色和国际标准，突出东盟国家元素，着力打造东盟国际风情社区，创建智慧高效、公开透明、服务便捷的国际化社区服务环境。精简外国员工居留许可、工作许可、机动车驾驶证等审批手续，进一步优化永久居留申请流程。

（八）加快交往平台国际化

1. 打造国际高端会议、展览举办地

丰富中国—东盟博览会、中国—东盟商务与投资峰会功能，推动更多的东盟会议、高级别论坛在南宁召开，争取国家级 RCEP 高端论坛落户南宁。支持中国—东盟博览会扩大享惠展品范围和提高免税额度，并扩展到"云上东博会"。建设东盟商品线下实体展销馆，实现"线上+线下"结合，打造永不落幕的东盟商品博览会。加强与国家级行业协会、国际展览业组织、会展跨国公司的合作，吸引更多的国际知名展会落户南宁，提升南宁国际会展知名度。加大服务国家总体外交力度，加强与中联部、外交部和全国友协等国家部委和机构的沟通联系，积极争取更多的高级别政要团组来邕访问。

2. 吸引国际组织落户南宁

吸引更多的东盟国家和国际组织在南宁设立机构，将南宁建设成为国家处理东盟事务的重要中心。统筹集聚境外商务、科技、文化等机构，争取更多城市间国际合作组织落户南宁。加强与各国驻邕贸易、投资、旅游等办事机构的联系，为境外机构在邕进行投资贸易、技术转移、旅游推介等活动提供支持和服务。

3. 建立与东盟国家地方政府交流平台

聚焦面向东盟的国际交往中心建设，联系更多的国际友好城市和合作关

系城市。与国际友城定期开展会晤，共同推进友城间的产业合作、人文交流。深化与共建"一带一路"国家（地区）在主题艺术精品创作、文旅科技成果推广、文物考古等领域的交流合作，提升南宁的国际知名度与影响力。

4. 提高出入境便利化水平

积极争取设立南宁区域性签证中心，为出入境人员提供优质、便捷、快速的一站式服务。探索更加便利的外籍人员出入境、停居留政策措施。推动实现吴圩机场口岸对 RCEP 国家外国人 72 小时过境免签、东盟 10 国旅游团 144 小时入境免签，探索 RCEP 国家外国人以商贸、访问、就医、会展、体育竞技等事由 7 天入境免签政策。

（九）加快交通物流国际化

1. 畅通跨境陆路通道

加快连通口岸高速公路建设，规划建设衔接中国和东盟国家的铁路枢纽，重点推动南宁至广州货运铁路、南宁（北部湾）至成渝双层集装箱铁路建设和南宁至凭祥铁路扩能，推动越南完善公路、铁路及货场、口岸等基础设施。

2. 拓展跨境航空通道

加快区域性国际航空枢纽建设，推进南宁空港进境水果、肉类指定监管场地和吴圩机场保税物流中心（B 型）建设。拓展南宁至东盟国家全货运航线，开辟欧美、日韩货运航线。依托国内高铁网络发展空铁联运，开行至国内重要区域的货运航线，推动设立区域转运中心、分拨中心和保税展示交易中心。

3. 开辟陆海新通道

依托北部湾门户港，探索南宁至河内、北宁、北江、胡志明等地的陆海联运线路。规划建设平塘港区，恢复南宁港口岸功能，谋划南宁至东盟国家的江海直达航线。尽快开展平陆运河江海直达船型和航线研究，探索南宁至越南海防等港口的 5000 吨级江海直达航线。

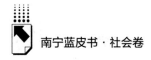

4.提升国际物流枢纽功能

大力引进国际货代、航空货运、供应链管理等现代物流企业,增强重点产品进出口集散能力。以建设跨境运输公路港、提升南宁国际铁路港功能为主要抓手,吸引华东、粤港澳大湾区等跨境供应链在南宁集聚,推动越南输华的货物在南宁集聚,扩大南宁至越南跨境物流规模,降低物流成本。

(十)加快营商环境国际化

1.优化工作协调机制

建立联席会议制度和常态化沟通交流机制,及时协调解决工作推进中遇到的问题。建立完善南宁城市国际化的各项指标统计体系,加强运行监测、阶段评估和动态分析。做好城市国际化的考核监督工作,将城市国际化的目标任务纳入各级各部门各单位的重点工作,将各项工作任务细化分解,认真抓好落实。借鉴粤港澳大湾区区域协同发展的经验做法,建立健全与都市圈内城市一体化发展的合作交流机制,协同编制实施南宁都市圈国际化发展规划。借鉴先进城市经验,实行"朝九晚五"作息制度,在工作节奏、办事效率上与国际惯例接轨。

2.改善涉外法治环境

全面清理与市场化、法治化、国际化营商环境不符的法规、规章、规范性文件。推进域内外规则衔接和机制对接,完善涉外律师、司法鉴定、公证、仲裁等法律服务。建立多元化国际商事纠纷处理机制,深化与东盟及RCEP重点国家的仲裁合作,提升国际商事纠纷处理能力。做好法律法规政策宣介,及时落实政策措施,为外国投资者营造更加优良的投资环境。

3.提升国际化服务能力

加快提升国际合作产业园区、外商投资项目、知识产权保护、大通关建设和出入境等专业化服务能力。在经贸规则、要素市场等各方面与国际接轨,大力引进国际咨询、管理、法律、知识产权等商务服务机构。持续加快推进政务服务标准化、规范化、便利化,更好满足国际商事需求。

4. 优化国际人文环境

借鉴先进城市打造城市 IP 经验，研究打造具有鲜明南宁特色的城市 IP，推动人文国际化双向开放。制定南宁人文地标建设方案，融入广西、东盟元素和内涵，打造功能性强、稳定性突出、彰显文化气韵的系统标识。加强与国内外电视、广播、报纸、杂志、网络等权威媒体合作，通过系列城市宣传微视频、重大事件、名人效应、人物专访等形式，精心讲好"南宁故事"，提高南宁的国际知名度和公众美誉度。加强国际化语言环境建设，提升市民对外交流能力。

B.17

南宁市推动"产学研用"深度融合
发展路径研究

中共南宁市委政策研究室课题组*

摘　要： 当前，南宁市"前端聚焦、中间协同、后端转化"的产学研用融合发展格局初步显现，"产业—科技创新—金融"经济新循环加速形成，为推动南宁高质量发展提供了有力支撑。但南宁市在推动"产学研用"深度融合发展方面仍面临产学研用有机衔接不够紧密、创新主体作用发挥不够充分、创新成果转化效果不够显著、产学研用生态体系不够优化以及部门协同协作合力不够强等问题。基于此，本报告从加快构建"大科技"工作格局、创新产学研用融合发展模式、建立健全产学研用政策体系、持续提升各项科技投入强度、充分发挥企业创新主体作用、营造良好的科创氛围等方面提出相关对策建议。

关键词： 产学研用　深度融合　科技创新

　　近年来，南宁市坚持政府主推、企业主体、人才主力、市场主导，大力推进创新链产业链资金链人才链深度融合，支撑重点产业发展的创新平台体

---

* 课题组成员：梁智忠，中共南宁市委政策研究室（改革办）主任、市委副秘书长；蔡慧，中共南宁市委政策研究室（改革办）三级调研员、改革办专职副主任；黄传英，中共南宁市委党校法学教研部主任，教授；周玲，中共南宁市委党校经济学教研部副主任，副教授；戴学明，中共南宁市委党校（南宁行政学院）副校（院）长，副教授；罗必敬，中共南宁市委政策研究室（改革办）协调科科长；阳凯丽，中共南宁市委政策研究室（改革办）督察科四级主任科员；韦柳河，中共南宁市委政策研究室（改革办）社会科科长，一级主任科员；方梅，中共南宁市委政策研究室（改革办）秘书科副科长；黄韬，中共南宁市委政策研究室（改革办）协调科四级主任科员。

系不断完善，重点产业关键技术攻关能力有较大提升，创新功能区和创新生态环境建设逐步加强，"前端聚焦、中间协同、后端转化"的产学研用融合发展格局初步显现，"产业—科技创新—金融"经济新循环加速形成，为推动南宁高质量发展提供了有力支撑。

一　南宁市推动产学研用深度融合的具体实践

（一）坚持高位统筹推进，政府主推产学研用融合加速

南宁市高度重视产学研用融合发展工作，多次专题研究产学研用融合发展相关问题，并以重点改革任务、领导领衔任务、专项督察以及听取专题汇报等多种形式部署推进产学研用融合发展。南宁市提出"智库+地方+上级部门+产业界"的"四位一体"工作机制，强调要用好专家智库、产业界的力量推动高质量发展，为进一步发挥包括高校、科研院所等在内的社会智库、新型研发机构、企业创新主体的作用拓宽了思路、提供了遵循。

（二）坚持聚焦产业需求，产业链与创新链协同得到强化

南宁市坚持把发展经济的着力点放在实体经济上，坚持把创新落到产业上，通过产业升级协同推动创新布局，实现产业链与创新链同频共振。南宁市建立了重点产业链工作推进机制，建立"千企技改"机制，推动重点产业链建链延链补链强链，推动产业结构优化升级，拉开了大工业发展的新格局。特别是2022年以来，紧跟产业和市场发展大势，聚焦新能源汽车产业，成功引进比亚迪新能源汽车"链主"企业，吸引龙电华鑫等一批产业链上下游企业集聚，并协同布局了一批产业创新平台，"纵向成链、横向成群"的新能源汽车产业集群逐步形成。2023胡润中国新能源产业集聚度城市榜显示，南宁首次入围全国50强，居第36位，南宁产业结构调整迈出了关键的一步，产业链与创新链协同得到强化。

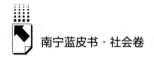

（三）坚持企业主体地位，创新产学研用融合模式助力产业发展

在广西首创新型产业技术研究机构建设，从2019年开始，南宁市部署开展新型产业技术研究机构建设三年行动，围绕重点产业，面向国内外知名高校、国家科研机构及其分支机构、重点龙头企业和上市公司、国家级科技人才和团队，引进、建设企业化、市场化运作的新型产业技术研究机构。支持行业龙头企业牵头组建创新联合体，2022年以来共建立了广西铝合金先进制造技术创新联合体等10家创新联合体。优化科技项目立项组织方式，制定出台《南宁市重大科技项目揭榜挂帅工作实施方案（试行）》，围绕重点产业链需求推行"揭榜挂帅"制，进行重大技术攻关类、重大成果转化类等的揭榜攻关。

（四）坚持人才引育同步，以产学研用平台赋能人才培养

紧扣重点产业和战略性新兴产业，建立灵活、开放、高效的引才育才机制，大力招引领军人才、高端人才，注重在重大科技任务中培养使用青年人才、潜力人才，构建近悦远来的人才发展生态。健全首府人才政策措施体系，通过引进培育新型产业技术研究机构，组建了一批超过500人的高水平研发团队，其中国家级人才15人，获得南宁市高层次人才认定39人。持续推进南宁·中关村深圳协同创新中心、南宁—宝地（上海）创新中心建设，分别在广州、深圳设立人才工作站。支持深圳清华大学研究院南宁力合科创中心、华中科技大学科技园南宁基地建设，累计孵化企业86家，集聚创新创业人才329人。

（五）坚持要素协同保障，科技创新生态持续优化

通过整合产业链上下游资本、产业、技术、人才、场景等要素，南宁市持续推进科技创新生态优化。坚持以金融创新推进科技和产业协同发展，建立财政稳定投入机制，有序盘活国有资产，设立产业高质量发展基金、创业引导基金、风险投资基金、天使投资基金等支持创新创业。推动国资国企深

化创新战略性布局,成立南宁产投集团科创投公司,截至 2023 年上半年,累计投资落地项目 41 个,投资总规模达 266.74 亿元,对外完成投资 30.47 亿元,培育新型产业技术研究机构 4 个,在科技创新、知识产权、科技成果转化方面发挥了积极作用。

二 推动产学研用深度融合的成效分析

为评估推进产学研用实施情况,本报告选取 2021 年以来南宁市印发的关于实施创新驱动发展战略推动产学研用深度融合的相关文件《南宁市落实科技强桂行动实施方案》(南办发〔2022〕2 号)作为依据,围绕产学研用融合发展构建三级评估指标体系,共设置 5 项一级指标、15 项二级指标、38 项三级指标(见表 1),并根据关联度赋予权重和制定具体评分标准。[①] 评估分值满分为 100 分。

通过对政府部门、市场主体和院校企业等访谈、问卷调查,以及对资料收集的情况进行综合分析,评估各分项指标得分情况,南宁本次得分为 81.6 分,属于良好等级水平,各项指标及评估得分见表 1。

表 1　评估指标与评估得分

一级指标 (分值)	得分	二级指标(分值)	得分	三级指标(分值)	得分
A1 四链 融合(28)	22.1	A11 围绕产业链部署创新链(10)	8.2	A111 核心技术攻关(4)	3.4
				A112 新型产业技术研究机构建设(3)	2.4
				A113 产业项目组织方式创新(3)	2.4

---

① 指标体系和评估得分标准说明如下。①一级、二级指标设置:主要依据南办发〔2022〕2 号文及相关配套文件规定设置。②评分衡量标准:三级指标设置 2 分、3 分、4 分三种情况,政策支持、执行(落实)情况、完成效果各占 1/3 分值。如三级指标为 2 分的每项各占 0.66 分,为 3 分的各占 1 分,为 4 分的各占 1.33 分。各项完成情况为 100% 的给予满分;完成度在 80%~99% 的,酌情扣 0.2~0.6 分或 0.3~0.9 分或 0.4~1.6 分;完成度为 60%~79% 的,酌情扣 0.7~1.2 分或 1~1.5 分或 1.7~2.4 分;完成度为 1%~59% 的,酌情扣 1.3~1.9 分或 1.6~2.9 分或 2.5~3.9 分;完成度为 0 的,得 0 分。

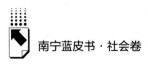

续表

一级指标（分值）	得分	二级指标（分值）	得分	三级指标（分值）	得分
A1 四链融合（28）	22.1	A12 围绕产业链创新链布局人才链（9）	7.1	A121 高层次科技人才和团队引育（3）	2.4
				A122 创新人才引育平台打造及人才引进（3）	2.3
				A123 人才飞地建设（3）	2.4
		A13 围绕创新链布局资金链（9）	6.8	A131 全社会研发投入（3）	1.8
				A132 财政科技投入（3）	2.5
				A133 科技金融政策及落实（3）	2.5
B1 科技创新能力提升（24）	19.3	B11 科技创新平台建设（6）	5.4	B111 国家级、自治区级科技创新平台建设（3）	2.7
				B112 市级科技创新平台建设（3）	2.7
		B12 科技创新交流合作（6）	5.1	B121 国内科技创新交流合作（3）	2.6
				B122 国际科技创新交流合作（3）	2.5
		B13 科技成果产出应用（12）	8.8	B131 应用支持政策（3）	2.3
				B132 中试基地建设（3）	2.4
				B133 专业化技术转移机构运作（3）	2.3
				B134 重大科技成果转化及应用（3）	1.8
C1 企业创新主体作用（20）	17.3	C11 创新主体培育（8）	7.4	C111 科技型中小企业培育（3）	2.8
				C112 高新技术企业培育（3）	2.8
				C113 瞪羚企业培育扶持（2）	1.8
		C12 企业创新能力提升（6）	4.9	C121 企业研发平台建设（3）	2.5
				C122 企业研发投入（3）	2.4
		C13 协同创新（6）	5.0	C131 创新联合体（3）	2.6
				C132 产教研融合基地建设（3）	2.4
D1 创新功能区建设（14）	11.8	D11 高新区高质量发展（4）	3.3	D111 创新示范基地建设（2）	1.7
				D112 综合排名（2）	1.6
		D12 农业科技园区建设（4）	3.5	D121 国家级、自治区级农业科技园区建设（2）	1.8
				D123 广西星创天地建设（2）	1.7
		D13 创新创业载体要素资源集聚（6）	5	D131 自治区级及以上双创示范基地建设（2）	1.6
				D132 市级及以上创业孵化平台建设（2）	1.6
				D133 企业飞地孵化器建设（2）	1.8

续表

一级指标 （分值）	得分	二级指标（分值）	得分	三级指标（分值）	得分
E1 创新 生态环境 建设(14)	11.1	E11 科技体制改革 (6)	5	E111 支持产学研用政策体系(2)	1.6
				E112 优化科技资源配置(2)	1.8
				E113 科技服务"放管服"(2)	1.6
		E12 县域科技创新 (4)	3.1	E121 创新支持政策(2)	1.5
				E122 创新型县（市、区）建设(2)	1.6
		E13 氛围营造(4)	3	E131 创新创业活动开展及引导(2)	1.6
				E132 政策辅导及宣传培训(2)	1.4

根据指标体系，本报告侧重产业发展尤其是工业发展领域的产学研用深度融合情况，遴选部分指标分析评估南宁市科技政策执行和落实成效。部分关键指标具体分析如下。

（一）四链融合

1.围绕产业链部署创新链

核心技术攻关方面。出台《南宁市产业链、创新链、人才链融合发展工作方案》《南宁市重大科技项目揭榜挂帅工作实施方案（试行）》等政策，先后组织实施科技重大项目41项，实施重大科技项目技术攻关类"揭榜挂帅"项目3项，关键技术累计突破44项，共有109项科技成果获得广西科学技术奖。但与周边省会城市相比，核心技术、关键技术攻关项目总量不多，获奖项目多为一般科技研究成果。

新型产业技术研究机构建设方面。累计引进、建设新型产业技术研究机构22家，其中17家是企业和科研院所合作项目。截至2022年底，新型产业技术研究机构共实现成果转化85项，营收约6.3亿元。但对新型产业技术研究机构的各项资源支持还不够多，总投入不足，新型产业技术研究机构的科技成果产出较少，成果转化总量不多。

2.围绕产业链创新链布局人才链

高层次科技人才和团队引育方面。出台含金量高、针对性强的"人才

23条",实施创新创业领军人才"邕江计划"等重大引才计划。截至2022年底,累计引进领军人才和团队197人(个),认定高层次人才共3324人。但南宁市缺少聚集中高端人才的新兴产业及产业集群,企业薪酬不高,人才引得来和留得住的能力不够强,高层次科技人才及团队不足,重点产业人才缺乏现象没有得到根本改善。

创新人才引育平台打造及人才引进方面。新建王双飞院士团队协同创新中心等7家南宁市高层次专家团队协同创新中心,累计引进印遇龙、宋宝安等7名院士级高层次人才与南宁市企业开展联合科研攻关。但创新人才引育平台总数不足(昆明市仅在生物制药产业方面就拥有以云南白药为代表的16个国家级创新支撑平台),紧扣重点产业发展不够紧密,高层次人才总量较少。

人才飞地建设方面。2021年以来,以"研发在外地,产业地在南宁"的方式,累计在深圳、广州、长沙、上海等地建成7家人才飞地,累计孵化科技企业62家,引进42个优质企业和6个人才团队落地南宁。但南宁市人才飞地政策对高层次研究人才吸引力还不够,2022年以来,仅引育高层次A类人才4人、B类人才10人,人才集聚效应总体不明显。

3. 围绕创新链布局资金链

全社会研发投入方面。2021年南宁市全社会研究与试验发展(R&D)经费约57.3亿元,占全区总量的28.7%,比上年增加约7.19亿元,同比增长14.35%。全社会研究与试验发展经费强度为1.12%,比全区平均水平0.81%高0.31个百分点。但与全国2.44%的投入强度相比,差距很大;与周边省会城市昆明市(1.78%)、长沙市(2.93%)、南昌市(1.93%)相比,差距也不小(见图1)。

财政科技投入方面。2022年度科学技术支出为8.32亿元,占一般公共预算支出比重为2.28%。2021年以来,向1577家(次)企业累计发放市本级研发奖补1.47亿元。与周边省会城市相比,南宁市财政投入总体偏少,研发奖补总量相对偏少。

科技金融政策及落实方面。通过南宁市小微企业融资担保有限公司,南宁对116家科技型企业提供担保资金3.81亿元;开展南宁市科技和知识产

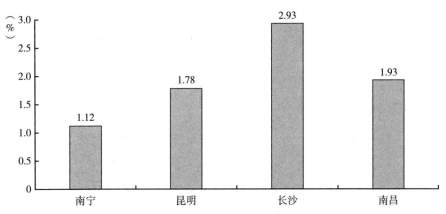

图1 各地市全社会研究与试验发展经费强度对比

资料来源：根据网络数据资料进行整理。

权信贷风险资金池贷款业务，为61家企业提供贷款增信和风险补偿，企业获得金融机构贷款3.66亿元。但总体来看，获得科技融资担保服务的科技型企业较少，科技创投基金效果不明显。

（二）科技创新能力提升

1.科技创新平台建设

2021年以来，南宁市共新增五象孵化器等国家级创新创业平台12家，总数累计超40家；新增自治区级创新平台123家，总数累计超400家；新增市级创新平台70家，总数累计超440家（见表2）。但与周边长沙等城市相比，各级创新创业平台对重点产业发展的促进作用不明显，平台建设效果显现不足。

表2 南宁市创新平台数量

单位：家

创新平台级别	2021年以来新增	累计
国家级	12	>40
自治区级	123	>400
市级	70	>440

资料来源：根据南宁市科技局提供资料整理。

2.科技创新交流合作

国内科技创新交流合作方面。在科技创新资源聚集的大湾区、长三角地区布局建设"创新飞地"5家。2021~2022年度支持产学研合作项目62项。但国内相关产学研合作项目总体不多,科技交流合作不够活跃,主动"走出去"的力度不够大。

国际科技创新交流合作方面。培育国家级国际科技合作基地11家、自治区级国际科技合作基地8家、市级国际科技合作基地38家(见图2)。在科技计划项目中设立国际科技合作专项,给予22个项目550万元科技经费支持。但与同为中国—东盟开放合作前沿城市昆明相比,国际科技合作基地较少,且主要集中在现代农业、生物医药等领域,涉及面较窄。

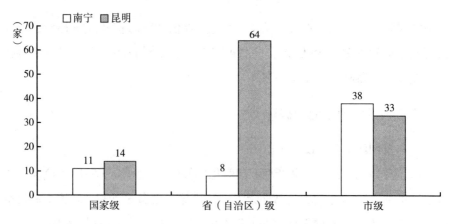

图2 南宁和昆明现有国际科技合作基地数量对比

资料来源:根据两地科技局网站资料进行整理。

3.科技成果产出应用

中试基地建设方面。南宁共建设自治区级科技成果转化中试研究基地8家,占全区的1/3。但相比市级科技型企业总量,南宁中试研究基地数量还不多,给予中试研究基地相应的配套支持还不够。

专业化技术转移机构运作方面。南宁共有国家级技术转移示范机构5家,自治区级技术转移示范机构76家。但专业化技术转移机构服务质量不高，南宁市给予技术转移机构服务能力提升的配套支持也不够。

重大科技成果转化及应用方面。2021～2022 年累计完成科技成果登记 2185 项；实施自治区级及以上科技成果转化项目 548 项，居全区首位。但高校、科研院所"重研发、轻转化""重论文、轻专利"等现象仍然存在，科研人员对标市场的研发积极性不高；驻邕高校、科研院所及科技型企业创新能力不强，可供转化的科技成果数量不多、质量不高。

（三）企业创新主体作用

1. 创新主体培育

科技型中小企业培育方面。截至 2022 年底，南宁市共有 1328 家企业入库国家科技型中小企业，同比增长 31.36%。但部分企业创新意识不强、能力不足、总体积极性不高。

高新技术企业培育方面。截至 2022 年底，南宁市高新技术企业保有量达 1591 家，同比增长 15.46%。但高新技术企业培育力度、保有量与周边省会城市昆明（1788 家）、长沙（6600 家）、南昌（1939 家）相比，还有一定差距（见图 3）。

瞪羚企业培育扶持方面。截至 2022 年底，南宁市有效期内广西瞪羚企业达 54 家，同比增长 20.00%。对标国家对瞪羚企业的标准要求，南宁市对瞪羚企业的培育扶持力度还不够，创新型企业"全生命周期"服务体系尚未实现全覆盖。

表 3　南宁市创新主体培育情况

创新主体	全市数量（家）	同比增长（%）
科技型中小企业	1328	31.36
高新技术企业	1591	15.46
瞪羚企业	54	20.00

资料来源：根据南宁市科技局提供资料进行整理。

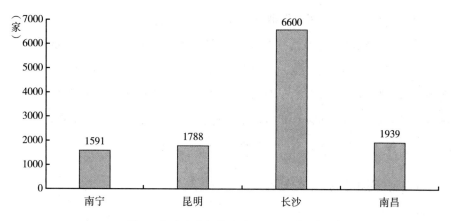

图3　各地市高新技术企业保有量对比

资料来源：根据网络相关数据资料进行整理。

2. 企业创新能力提升

企业研发平台建设方面。截至2022年底，南宁市具有市级以上创新平台的企业累计超440家。但具有研发平台的规上工业企业只有160家，仅占规上工业企业总数的11.08%。

企业研发投入方面。截至2022年底，南宁市有研发活动的规上工业企业达361家，增长70%，研发投入达32.1亿元，增长54%。但许多科技型中小企业没有研发活动，规上工业企业研发投入远低于全国76.9%的水平。

3. 协同创新

截至2022年底，南宁市共有4家自治区级创新联合体，共有30多家南宁企业入选自治区产教融合型试点企业公示名单。但南宁市创新联合体总量还不多，座谈中不少企业和机构反映南宁市产教研融合政策体系不完善，企业参与积极性不高。

（四）创新生态环境建设

支持产学研用政策体系，制定实施《南宁市本级财政科研经费管理办法》《南宁市科研领域信用管理办法》，不断改进财政科研经费管理及科研诚信监督管理。支持高职高校给予科研人员科技成果转化收益。优化科技资源配置。2021 年以来，南宁共计下达重大科技项目 44 项，下达科技经费 5554 万元，占资助项目经费的 71.67%。健全科技创新政策体系，修订完善 南宁市科技项目管理、科技项目经费管理、项目验收结题和科研领域信用管 理等一系列项目管理办法，规范科技项目立项、实施管理和项目验收结题工 作，优化科技政策申报、服务流程，简化办事程序。但资源配置的精准度不 够，围绕重点产业、行业关键共性问题配置不够精准，对接行业龙头企业指 导项目策划资源配置有待加强。

三 南宁推动产学研用深度融合面临的问题分析

为了进一步分析存在的问题，本报告将表 1 中指标体系的 15 项二级指 标，按百分制换算后分值高低进行排序，分别选取部分强项、弱项指标加以 分析（见图 4）。①

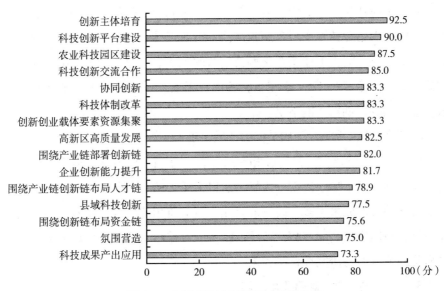

图 4 二级指标百分制换算后分值比较

---

① 因为一级指标太笼统，而三级指标太细，不便于比较，所以选择了二级指标进行比较分析。

从图4可以看到，分值排名最高的三项依次是C11创新主体培育、B11科技创新平台建设、D12农业科技园区建设，分别是92.5分、90.0分、87.5分；分值比较低的三项指标分别是B13科技成果产出应用、E13氛围营造、A13围绕创新链布局资金链，分别是73.3分、75.0分、75.6分。评分结果表明，虽然南宁市深入实施创新驱动发展战略，推动产学研用工作取得了积极成效，但是在整个指标体系中，与"产学研用"关联度、耦合度较高的部分指标得分相对较低，说明当前南宁产学研用融合发展举措要完全发挥效用，还需一定时间沉淀。产学研用合作匹配度低、创新主体赋能重点产业发展不足、创新生态氛围不够浓厚等情况仍然存在，与首府高质量发展需要还有一定差距。

（一）产学研用有机衔接不够紧密

1. "产"的能级不够高

南宁市高新技术产业中的电子信息、装备制造、生物医药等产业有一定规模，但不少企业技术水平未达到高技术行业标准，新能源及新能源汽车仍处于发展阶段。规上工业企业是科技创新的主战场，但是近年来南宁规上企业拥有量基本稳定在3700家左右，其中，规上工业企业基本稳定在900多家，总量偏少，创新动能不足。

2. "产"与"学研用"脱节问题比较突出

"产"与"学研用"缺乏互相渗透，各方互动合作不够，学研对接产业链效果不佳，尚未形成以需求为导向、以市场为依托的研发模式。围绕南宁产业需求的研发成果不多，研发成果能为企业所用的较少，技术引领作用发挥不足，与周边省会城市相比，核心技术、关键技术攻关项目总量不多，获得嘉奖的项目多为研究型科研成果。

3. "产"与"教"融合程度不够

产教融合处于浅层次合作阶段，教育与产业"两张皮"的现象比较突出。有的院校专业设置未能与产业需求相匹配，课程内容设置与企业所需工种不够契合，适配产业工人培养不足。有的院校反映，已建立的产教融合实训基地目前主要用于学生完成实习任务，所学专业与实习企业提供岗位匹配度不高。

（二）创新主体作用发挥不够充分

1. 企业缺乏改革创新主动性

一方面，部分企业经营者创新意识不强，一项对南宁市 200 名企业家的问卷调查显示，仅 26.25% 的企业家认为创新对企业生存和发展起重要作用。另一方面，企业自主创新能力薄弱，南宁高新技术企业规模较小，大部分企业处于产业末端，产品附加值低，科技创新巨大的资金压力迫使其采取保守的"低成本扩张"经营战略，技术创新能力与动力不足。南宁市诸多企业没有研发活动，购买专利和改造生产线的能力弱，难以依靠科技进步经营企业。

2. 创新主体之间未能形成有效合力

"产学研"各类创新主体积极性没有充分调动起来，驻邕高校、科研院所的研究成果与产业需求结合不够紧密，科研人员对标市场的研发积极性不高，没有形成创新合力。

3. 技术转移服务人才缺乏

南宁的企业能够提供技术创新、发明披露、价值评估、概念验证、中试熟化、市场开发等高层次技术转移转化服务的人才较少，以技术转移为主业的专业人才凤毛麟角。

（三）创新成果转化效果不够显著

1. 科技成果转化落地不多

驻邕高校、科研院所课题研究仍主要用于评奖、评职称，对转化科技成果的积极性不够强烈。有的新型产业技术研究机构研究成果与市场吻合度不高，成果转化率低。

2. 研究成果与企业需求有差距

研究产出成果针对性不够强，散发状态比较突出，缺乏按照企业需求直

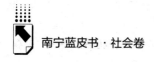

接进行技术改进的研究成果,供给与需求难以有效匹配对接。

3.技术转移转化中介服务生态尚未形成

科技转化中介服务专业化能力不足、服务质量不高,无法对成果转移转化实行有效管理。科技转化中介服务不够好,科技成果转化的产业链不完整,与创新链协同不够,产学研结合缺乏市场利益衔接机制。

(四)产学研用生态体系不够优化

1.创新政策制度配套不完善

对本地企业研发平台的扶持政策还不够完善,一些政策缺乏具体申报流程、持续资助规则、建设及绩效考评等操作细则。产教融合中相关政策措施不完善,如在"校企合作,引企入校"中,对企业生产线落地学校或学校现有设备落到企业发挥产教融合效用缺乏制度支持。

2.科技投入机制有待强化

财政投入和全社会研发投入均不足,部分领域技术研究与开发经费投入不稳定,如2021年驻邕高校、科研院所研发投入经费为25.3亿元,降幅达14%,其中高校研发投入连续两年下降,年均降幅达21.8%。科创基金作用发挥不充分,倾向于保守的投资战略,对本地科创企业的支撑力度不够。

3.创新学术氛围不够浓厚

南宁市认定的高层次人才总量不足,区内外高校、科研院所与地方没有形成学术共享交流的良好氛围,举办高层次人才聚集的学术论坛、学术讲座比较少,高层次学术交流活动开展不多,激发全社会创新创业内生动力不足。

(五)部门协同协作合力不够强

一是部门主动服务意识不强。产学研用涉及部门多,有些部门对自身服务领域的创新需求掌握不够,创新性思路不够清晰,难以及时主动对接服务项目,对制约产业发展关键环节需攻关的核心技术缺乏了解。如有部门认为产学研用与其关系不大,在思想上、行动上不够重视科技创新。二是部门协作机制尚未完善。部门常态化协调联动机制不够畅通,牵头部门与责任部门未能形成强大的工作合力,对牵头部门的依赖现象比较突出,部门之间未能实现信息共享、数据互通。三是部门对项目后续跟踪服务不到位。个别部门人员调整后,后期跟踪服务脱节,部分事项难以推进。

四 南宁市推动产学研用深度融合的对策建议

(一)加快构建"大科技"工作格局

强化涉及南宁市科技创新重大战略、重大规划、重大政策的统筹,系统解决科技创新领域战略性、方向性、全局性重大问题,构建"大科技"工作格局,推动产业与科创双向共同发力。结合新一轮国家机构改革,紧抓入选2023~2025年度创新驱动示范市的契机,学习借鉴合肥等城市,成立市委科技创新委员会,强化科技与产业、人才、金融等对接融合,构建南宁市"一盘棋"推进创新驱动发展的"大科技"格局,统筹全市科创工作,建立"政府+校院+企业"三方联席会议制度、专项创新会商制度等协同工作机制,推进部门与部门、部门与驻邕高校院所联系制度化常态化。

(二)创新产学研用融合发展模式

一是重点引进和培育一批新型产业技术研究机构,学习借鉴南京等的做法,以企业为主体推动产学研合作,重点建设与南宁市优势产业关联紧密的新型研发机构,创新运营模式,优化空间布局,进一步发挥其在高校、政府、社会资本中的联动优势,成为南宁市重大产业技术研发平台。尤其是利用好桂电、桂理工、比亚迪学院等平台,着力破解产教"两张皮"问题,提升产学研用融合的深度和广度,使之成为标杆项目。二是持续深入探索实践人才联合培养、产业技术联盟、第三方实体共建、龙头企业组建创新联合体等产学研用模式,促进创新供给与市场需求直接互动。三是深化现代职业教育体系改革,加快构建央地互动、区域联动、政行企校协同的职业教育高质量发展新机制，组建实体化运作的产教联合体。四是充分发挥政府主导作用，建立政行企校密切配合、协调联动的工作机制，学习借鉴深圳市合作信息平台建设的做法，设立"政产学研用"一体化、全链条平台，破除传统创新模式的沟通壁垒，引导各创新主体间信息、技术、人才等要素的高度汇集与高效流动，为更高水平、更大规模、更多形式的产学研融合培育土壤。

（三）建立健全产学研用政策体系

一是用足用好中央和自治区出台的相关政策措施，围绕技术创新、成果转化、科技金融、院所改革、人才激励等内容，加强政策的相互衔接及配套落实。二是鼓励和支持现有产学研用平台，锚准重点产业发展所需的关键技术，制定科技创新的相关政策措施。借鉴科技特派员的做法，完善科创专员服务制度，与工业特派员一并统筹，推动科研服务向工业领域，特别是中小微企业拓展。三是深化完善创新产品政府首购制度，千方百计帮助本地创新产品找市场，拓宽应用场景，提高企业创新积极性、主动性。四是大力推动区内高校特别是驻邕高校完善科研制度体系，加强对现有科技成果转化等政策制度的执行。完善成果转化收益分配机制，着力破解在成果转化和产业孵化过程中，科研人员由收益过低或不确定性导致的"不想转、不愿转"问题。完善以增加知识价值为导向的科技成果权益分配机制，充分体现各协同创新主体价值，切实激发科研人员开展科技成果转化的动力和活力。完善科技创新容错纠错和科研诚信建设制度。将产学研用结合作为重要指标，纳入市属高校、职业技术学校、新型产业技术研究机构的考核范围。

（四）持续提升各项科技投入强度

一是保持科技财政投入在现有力度上略有增长的态势。支持驻邕高校结合南宁产业发展所需，开设理工类学科和相关专业，申报具有技术前沿性的研究课题。支持保障驻邕高校院所财政科技投入只增不减，同步完善科研成果本地落地转化等方面的考核机制。二是建立健全有效加大企业投入力度的机制，及时兑现对企业的各类研发奖补政策，落实企业研发费用加计扣除政策，确保企业应享尽享，推动更多企业达到"研发投入占销售收入比例3%以上"的国家标准。三是继续推动科技创新券、知识产权质押等创新应用，高质量推进政府有关科技创新基金运作，通过国有平台战略性投资布局产业，前瞻性部署一批战略性技术研发项目。四是充分发挥政府科创基金的撬动作用，强化国有与民营相结合、区内与区外相结合、创投与银行相结合，提升基金联动效果，鼓励通过与社会资本合作、与大基金对接等方式设立定向基金或非定向基金。

（五）充分发挥企业创新主体作用

一是推动南宁产投集团等国有企业充分发挥引擎功能和辐射带动作用，政府赋予企业更大的经费支配权、技术路线决策权，对肩负科技攻关重任的国有企业负责人完善考核方式，将激励创新、激发活力等指标纳入履职评价体系。二是持续推进民营科技型企业培育，科学研判、深入研究能坚持长期自主研发的企业，以持续的研发支持与服务配套、足够的市场机会和社会认可促其成长。三是大力推进科技招商，把招商引资与招商引智引技术结合起来，围绕科技发展方向精准招商，评估重特大工业项目的科技创新要素，研判企业科技创新要素赋能产业发展的能力。四是完善常态化规范化科技创新政策制度制定的企业参与机制，定期召开科技专题会议，开展多形式、多层次、多途径的培训，通过加大宣传力度、表扬等方式强化企业经营者科技创新意识。

（六）营造良好的科创氛围

支持较成熟高校院所在其周边建设"创新广场"和"创业社区"，组织策划和开展制度化常态化的科学家会议、科技会展、大型科技音乐节、创新技术交易会、创新竞赛及院校成功校友科技反哺等科技创新活动。在已有资源基础上打造"地标型""现象级"的学术论坛、科创活动、科技场馆等。用好用足柔性人才引进政策，延长知名科学家在南宁的停留时间，使其能够

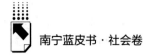

与本地学者、学生深度交流。拓展现有网络平台的可交流路径，增设网络访谈开放时间，建立专门的 BBS（网络交流论坛），设置专家答疑解惑在线时间。

参考文献

敬丽华：《常州新能源产业政产学研用协同体系构建研究》，《天津电大学报》2023年第 4 期。

赵京龙：《"产学研用"协同培养创新创业人才的路径选择》，《人才资源开发》2023 年第 22 期。

盛妍艺等：《创新迭代、价值共创与产学研用数字化协同创新》，《自然辩证法研究》2023 年第 11 期。

胡光：《基于产教融合构建产学研用合力平台——评〈产学研合作教育的探索与实践〉》，《中国高校科技》2021 年第 12 期。

李彦华、牛蕾、马洁：《消费者参与视角下产学研用协同创新：演化博弈及仿真分析》，《系统科学学报》2022 年第 1 期。

逸飞：《集聚创新资源，产学研用深度融合——走进江苏集萃精密制造研究院》，《航空制造技术》2021 年第 10 期。

B.18
南宁市打造一流法治化营商环境
调研报告

南宁市政协专题调研组*

摘　要： 法治是最好的营商环境。近年来，南宁市全面加强法治保障，着力优化营商环境制度体系，提升政务服务质效，全面推行公正文明执法，健全市场主体矛盾化解机制，不断提升和完善法治化营商环境。与此同时，还客观存在配套政策和工作机制有待完善、维护公平竞争市场秩序存在差距、司法保障水平有待提高、涉外法律服务水平有待提升、知识产权保护有待加强等问题。基于此，本报告从立法维度、执法维度、司法维度、守法维度、重点要素支撑维度5个方面提出系统性优化法治化营商环境的建议，助力南宁市打造一流法治化营商环境。

关键词： 营商环境　法治化　法治保障

　　习近平总书记强调，法治是最好的营商环境。党的二十大报告指出，完善产权保护、市场准入、公平竞争、社会信用等市场经济基础制度，优化营商环境。

　　营造法治化营商环境，是将产权保护、市场准入、公平竞争、社会信用等市场经济基础制度和商业监管领域的改革措施通过制度的形式固定下来，

---

　*　调研组组长：邓亚平，南宁市政协党组成员、副主席。调研组成员：黄芳，南宁市政协社会法制委员会主任；全育荣，中共南宁市委社会工作部副部长，南宁市法学会副会长（兼）；王瑶，南宁市社会科学院社会发展研究所所长，助理研究员；樊容宾，南宁市政协社会法制委员会办公室二级主任科员；杨贤礼，南宁市政协信息中心（文史馆）主任。

更好发挥法治固根本、稳预期、利长远的保障作用，通过优质的制度环境吸引更多投资、激发市场活力、稳定经济活动。2023 年 8 月，广西优化营商环境大会提出，高标准大力度推进自治区营商环境提质增效，加快建设国内国际双循环市场经营便利地。面对复杂严峻的国际环境和艰巨繁重的国内改革发展稳定任务，南宁作为广西首府城市，如何建设一流法治化营商环境，充分提振市场信心，更好促进经济结构优化转型和高质量发展，已成为新时代值得深入思考和努力破解的深化改革发展重大课题。

一　南宁市法治化营商环境建设的主要工作与成效

南宁市委、市政府深入贯彻落实中共中央、国务院及自治区党委、政府一系列优化营商环境决策部署，全面加强法治保障，不断提升和完善法治化营商环境。全国工商联 2023 年度万家民营企业评营商环境调查结果显示，南宁成为全国进步最明显的 5 个省会及副省级城市之一。

（一）营商环境的制度体系逐步优化

南宁市持续优化营商环境制度体系建设。南宁市公共法律服务促进办法、南宁市优化营商环境办法纳入 2023 年度立法工作计划政府规章调研项目。制定南宁市优化营商环境法治保障工作方案，从立法、司法、执法、普法等多个维度，推进各项工作。

（二）政务服务质效不断提升

南宁市深化政务服务"简易办"改革，推行"容缺受理、承诺制审批、一窗综合服务、一件事一次办、跨省通办、扫脸即办、全程网办、免申即得"等政务服务模式。升级"拿地即开工"的 4.0 审批新模式，审批环节由原来的 10 个减少至 3 个，申请材料从原来的 46 份压缩至 3 份，优化后能够为企业节约 3~4 个月的工期。建立健全企业"办不成事"的诉求直达快办机制，有效整合全市 37 个市直部门合计 71 条企业诉求反馈反映渠道，广泛收集来自企业的"办不成事"诉求,进行精准督办、快结快办。2023 年,全市共办理涉企类行政复议案件 302 件,涉企类行政复议案件立案审查时间从 2022 年的平均 3 个工作日缩短到 1 个工作日,实现当天收件、当天立案审查。设立"企业之家",定期开展沙龙活动、政企对接活动,为企业提供政策解读、融资贷款、法律保障、人力资源、知识产权保护等服务。

(三)依法全面推行公正文明执法

加大包容审慎监管力度。落实《南宁市轻微违法行为免罚清单和可以不采取行政强制措施清单》,运用说服教育、劝导示范、警示告诫、指导约谈等方式开展柔性执法,督促、帮助市场主体自觉纠正违法行为,执法既有力度又有温度,为市场主体营造更加宽容和谐的法治化营商环境。全面推行、动态调整并规范管理行政裁量权基准制度。首次发布《南宁市行政执法典型案例汇编》,案例涉及人力资源和社会保障、交通运输、生态环境、卫生健康、市场监管、应急管理等 12 个执法领域,充分发挥典型案例指导、示范、警示作用,不断提高行政执法机关及执法人员的执法能力和水平,公正文明执法。

(四)市场主体矛盾化解机制不断健全

加强商会人民调解委员会组织建设,实现商会人民调解委员会全覆盖,构建"商人纠纷商人解"的工作机制。建立健全各行业专业化调解机制,针对市场主体矛盾纠纷开展专业化调解,南宁市市场监管局与市中级人民法院、市司法局、广西汽车流通协会联合建立"汽车消费纠纷联动调解室",并在 75 家汽车 4S 店设立"消费维权服务联络站"。建立广西首个知识产权法律保护中心,创立"一案四审+联合会审"机制,为"横州茉莉花茶""良庆蜂蜜"等邕城企业品牌提供综合司法保护,"'检法公行'联动构建知识产权大保护新格局"经验入选广西自贸试验区第四批自治区级制度创新成果。

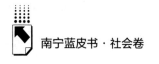

二　南宁市法治化营商环境建设存在的问题

（一）配套政策和工作机制有待完善

统筹推进国务院《优化营商环境条例》贯彻落实的工作机制还需完善，企业家参与涉企政策制定缺乏制度性保障。对《优化营商环境条例》的宣传力度不够。

（二）维护公平竞争市场秩序存在差距

政策落实不到位。在开展公平竞争审查时，对公平竞争审查制度及审查范围、审查标准把握不够准确，审查流程不够规范，审查质量有待提高。

（三）司法保障水平有待提高

商事审判能力和办案效率有待提高。破产制度的市场救治功能发挥不够，推进"执转破"的工作机制还需进一步理顺。现有仲裁体制不利于提高工作效率和调动积极性，制约了仲裁事业的进一步发展。

（四）涉外法律服务水平有待提升

调解中心机构的公信力、权威性有待提升。中国（广西）自由贸易试验区南宁片区矛盾纠纷调解中心知晓率不高，出现纠纷时企业多选择诉讼或仲裁方式解决；有的调解员对涉外商事调解涉及的国际法律、规则还不太熟悉；对标高质量发展、打造一流营商环境的要求，仲裁工作还有较大差距。涉外法律专业人才短缺，缺乏掌握外语的涉外法律服务人才，据统计，广西共有律师事务所 977 家，律师总数 15356 人，但能够熟练运用外语进行法律咨询、参与谈判、签订合同、参与国际仲裁的律师较少；对国际法，尤其是新兴法律领域的研究不深，涉外法律服务经验缺乏，如自贸区内涉及的骗取退税以及反倾销、反补贴等相关案件，能够办理的律师屈指可数。

（五）知识产权保护有待加强

知识产权行政保护有待加强，案源挖掘发力不足，办案量偏少，2023年全市办理商标案件 204 件，办理各类专利案件 62 件。知识产权协同保护机制落实不力，多元化解机制作用发挥不够，维权援助手段比较单一，专利侵权判定方面的专业人才缺乏。

三 外地优化法治化营商环境的先进经验

（一）上海黄浦区

黄浦区致力于打造高标准、高水平法治化营商环境，将打造一流法治化营商环境与建设法治黄浦协同推进。一是制定《黄浦区关于推行精准高效监管持续优化营商环境试点工作方案》，在区域内试点探索"无事不扰""无处不在"监管新模式。构建"事前—事中—事后"的新型信用监管机制，升级推出"信惠楼小二"移动端应用、"外滩融易行"信易贷平台，推出"外滩法治汇"服务品牌，加强知识产权保护，创新知识产权质押融资信用担保方式。二是创新商业纠纷调解机制。拓展商事领域调解范围，将诉调对接范围向保险、融资租赁等领域延伸。构建"仲裁+调解""复议+调解"新模式，引入社会调解等更多调解力量，助企纾困。推广"行政调解+司法确认"在商事纠纷解决中的应用，完善行政调解协议司法确认流程，强化行政保护与司法保护的合力。三是推行公共法律服务线上线下双扩容。一方面，加开公共法律服务中心咨询专窗，由专业律师为企业、居民提供面对面法律服务；另一方面，依托律师执业好办系统，推广数字法律服务平台应用，提供法律法规查询、行政复议申请、法律咨询、企业法律服务等集成式线上服务。

（二）上海徐汇区

徐汇区漕河泾开发区强化法治"硬功夫"，打造营商"软环境"。一是建立园区法律服务体系、企业风险预警机制、企业法律顾问制度，引导法律专业工作者积极服务区域中小企业，开办不同层次的专题培训、法律沙龙、午间法律诊所，从源头上帮助企业提升合规水平，尽力消除风险和隐患。二是推动法律保障资源下沉，园区所属虹梅街道联合区司法局、人社局、总工会共同设立"徐汇区漕河泾开发区联合调解中心"，提供纠纷调解、法律咨询、法律援助等服务。三是组织 26 家辖区单位，邀请仪电集团、漕河泾开发总公司、微软、腾讯、商汤科技等企业和华东政法大学、百事通公司等单位参加，共同成立园区"法治共建委员会"，每年组织园区法治论坛，形成园区法律服务良好生态。

（三）安徽合肥市

合肥市的政府透明度位居全国第 5，同时成功创建全国法治政府建设示范市。根据最新发布的综合信用指数排名，合肥市居全国第 1 位。合肥市在建设法治化营商环境方面，一是制定出台《合肥市优化营商环境若干规定》《合肥市促进民营经济发展条例》《合肥市公共资源交易管理条例》等地方性法规、规章，为构建一流法治化营商环境夯实法制保障。二是构建以信用为基础的新型市场监管体系，在安徽省率先出台"双随机、一公开"地方标准，在全市范围内统一随机抽查工作平台，分类建立随机抽查"两库"，将全市的 54 万户企业以及 8367 名监管人员纳入抽查范围内，有序推行"一业一查"的监管新模式。通过信用分类监管推行柔性监管模式，2022 年实现减少入户检查 1.1 万余次。三是强化知识产权创造、保护和运用，合肥市打造中国（合肥）知识产权中心，将专利授权周期压缩至 3 个月内，成为首批国家知识产权强市建设示范城市。四是建立健全防范和治理政务失信长效机制，稳步推动政务失信治理工作，有效、全面地清理拖欠民营企业、中小企业账款等政务失信行为，政务失信治理对象实现全面清零。

（四）广西钦州市

钦州市建成中国（广西）自由贸易试验区钦州港片区公共法律服务中

心，率先在广西整合自贸区 RCEP（《区域全面经济伙伴关系协定》）企业服务中心和钦州国际商事纠纷调解中心，实行三块牌子一套人马，建成"一站式、窗口化、综合性"服务平台，开展线上调解、仲裁等工作，通过一系列机制、方式方法、职能创新，提供优质精准法律服务供给。创新提供涉外商事争议在线解决服务，组织钦州仲裁委员会、钦州市律师协会、钦州市基层法律工作者协会在自贸区钦州港片区联合成立钦州国际商事纠纷调解中心，率先在广西成立为国内外市场主体提供一站式涉外商事纠纷解决服务的平台。

（五）广西河池市

河池市持续推进民营企业法律服务工作常态化，通过组建民营企业法律服务团，为民营企业开展形式多样的"法治体检"活动，市司法部门会同市、县（区）工商联和市律师协会联合设立"律所联商会"机制。都安瑶族自治县全力开展护企专项行动，从严打击涉企犯罪，严格规范执法，提档升级服务质效，2021 年居广西县域营商环境第 11 位，2022 年县人民法院参与创立的"两中心两制度"诉源治理获评全国第六届社会治理创新典型案例。大化瑶族自治县深化商事制度改革，成为"深化商事制度改革成效显著、落实事中事后监管等相关政策措施社会反映好的地方"，获自治区表彰。

四 南宁市打造一流法治化营商环境的对策建议

坚持以习近平新时代中国特色社会主义思想为指导，深入学习宣传贯彻党的二十大精神，全面贯彻习近平法治思想，坚持以环境推动开放，制定市场化法治化国际化营商环境的发展要求，将打造一流法治化营商环境与法治南宁建设有机融合，以构建和维护营商环境的规范统一性、公平公正性、稳定可预期性为原则，以企业全生命周期监管服务为主线，以统一市场规则制度、统一市场要素资源配置、统一市场服务和公平监管为内容，着力"放事权""强监管""优服务",破除阻碍要素市场化配置的制度障碍,从立法、执法、司法、守法、重点要素支撑维度系统性优化完善法治化营商环境,以"环境为本"奠定经济高质量发展基础,激发创新动能,增强发展韧性。

(一)立法维度:健全优化营商环境配套制度体系

从立法层面加快形成优化营商环境的配套制度体系。一是在《优化营商环境条例》《广西壮族自治区优化营商环境条例》的框架下,根据市场发展实际,循序渐进地制定南宁市优化营商环境的相关配套制度,形成包括地方性法规、规章、规范性文件在内的配套法律体系。严格执行外商投资法及配套法规,推动法治规则与国际接轨,构筑国际合作和竞争新优势。2023年6月,RCEP对15个签署国全面生效,全球最大自贸区进入全面实施新阶段。这为企业发展创造了新机遇,也带来新挑战。要积极对接RCEP、CPTPP(《全面与进步跨太平洋伙伴关系协定》)等国际经贸规则,制定出台广西自贸试验区南宁片区高质量发展实施办法,加快构建对接国际一流标准规则体系。落实南宁市优化营商环境法治保障工作方案,加快出台反不正当竞争、专利促进与保护、中小企业促进等配套政策,完善营商环境法治化制度体系。

二是在立法过程及立法实施后评估中,注重审查法律法规的公平竞争性,强化立法过程的意见征询、听证和自我审查程序,充分听取各类市场主体的意见,确保民营企业、中小企业平等参与和公平竞争的机会。推动企业家参与涉企政策制定,健全企业家意见处理和反馈机制。按照国家、自治区工作部署,清理和废止不符合《优化营商环境条例》的地方性法规、政府规章。

三是在立法内容上,聚焦市场主体反映的主要矛盾和重点事项,收集了解企业的需求和实际困难,着力解决中小企业在财产保全、履约担保、解散清算、金融信贷等方面的权益保护问题。聚焦问题和需求导向,探索推进新经济领域立法,根据数字经济与传统产业融合发展实际,针对平台经济、共享经济、数字新媒体服务等领域的安全监管、权益保障问题,制定新经济领域政策法规体系,填补立法空白,破解监管缺位难题。

（二）执法维度：维护公平公正市场秩序

一是坚持法治引领、政策协同、统一实施的原则，确保政策落实到位。坚持法治引领，即及时纠正不符合法治化的政策，打破各种"玻璃门""旋转门"做法。坚持政策协同，即政策要体现法治化精神，平等保护市场主体。坚持统一实施，即维护各部门优化营商环境的协同一致性，不能相互打架，更不能各自为政，破坏优化营商环境大局。

二是规范开展公平竞争审查。全面落实《市场准入负面清单（2022年版）》，建立健全涉企公平竞争投诉审查举报受理反馈机制，在涉企公平竞争投诉审查工作中引入第三方评估机制。推进"双随机、一公开"监管常态化运行。制定南宁市推行柔性执法、包容审慎监管的指导意见，组织开展规范行政裁量权基准制定和管理工作，细化、量化行政裁量权基准，规范行使行政裁量权，持续推进行政执法"三项制度"落实，推进严格规范、公正文明执法，提升执法服务水平，打造稳定、公平、透明、可预期的营商环境。

三是建设权责统一的法治政府。加强对执法人员的能力培养，完善执法人员的岗前培训和岗后监督制度，增强执法的规范性和专业性。持续推进"放管服"改革，精简行政审批环节，遵循诚实守信、高效便民原则，完善线上线下审批融通模式，切实让群众和企业少跑腿或不跑腿。构建系统完备的行政执法独立型责任清单，有效杜绝行政推诿、懒政惰政等现象。

四是加快综合执法体系建设，针对市场监管重点领域推行联合执法模式，促进行政处罚权集中改革。逐步建立健全市场准入负面清单制度，全面推行"非禁即入"，鼓励和促进中小企业依法积极参与市场竞争，争取为市场主体进入或退出市场提供最大限度的便利，有效维护市场公平与效率。

（三）司法维度：不断完善多元解纷机制

一是深化"分调裁审"工作，推进多元化纠纷解决机制建设，从源头上减少诉讼增量，建议出台南宁市对非诉方式解决纠纷的指导和规范，开展"企业清淤"、涉金融债权清收专项执行行动，推动涉企业、金融机构案件应结尽结、应执尽执，维护企业胜诉权益和金融安全，不断强化府院联动机制建设，完善市场主体退出机制，提高案件审理效率。二是开展涉民营企业刑事、民事、行政检察监督专项活动和民营企业司法保护专项行动，切实保障企业和企业家合法权益。三是开展依法打击侵害企业合法权益违法犯罪专项行动，加大对不正当竞争、侵权假冒、垄断、职务侵占、虚假诉讼、合同诈骗等涉企违法犯罪活动的打击力度。四是开展南宁市营商环境监管方面行政执法专项监督活动、行政复议服务民营企业专项行动。五是加强"智慧司法"建设。利用现代信息技术推行适用于司法速裁程序、简易程序、小额诉讼程序案件的线上分流模式，尽可能压缩化解纠纷的时间。六是加快推进仲裁体制机制改革。建议南宁仲裁委员会从自治区争取更多的政策扶持，在仲裁体制机制改革领域先试先行。

（四）守法维度：扩大公共法律服务供给

一是加大对中国—东盟自由贸易区南宁国际商事法庭、南宁国际仲裁院、中国（广西）自由贸易试验区南宁片区矛盾纠纷调解中心等机构的宣传力度，让公众知晓并熟悉，提前通过合同约定选择相关机构进行国际商事纠纷处理。二是加强调解员业务技能培训，提高调解技巧，提升工作能力和水平。三是搭建本土企业尤其是民营企业、小微企业与涉外法律服务专业人士沟通交流与合作的平台。四是通过提供机构落户奖励、经济发展贡献奖励、高端人才津贴或奖励等优惠政策，吸引更多的优秀法律服务机构和法律高层次人才入驻广西及南宁。五是由司法行政机关组建企业法治服务专班，主动对接企业，解决企业法律痛点难点等问题；指导企业强化合规意识，帮助企业建立合法合规清单，防范法律风险，提高运用国际国内法律和规则维护合法权益的能力；帮助协调、解决企业在经营管理中遇到的劳动争议、合同违约、房屋租赁、资产抵押等矛盾纠纷，提高企业依法经营和管理水平。加大法律服务机构宣传力度，通过法治宣传、专题讲座或网络直播等方式，开展"公共法律服务进园区、进企业"专项行动，提高法律服务机构社会知晓度。六是逐步完善社会信用体系建设，促进企业信用公开。持续建立健全企业守信激励与失信惩戒机制，组建企业信用数据库，发布企业信用白名单和黑名单，严格管控和监督信用等级不高的企业的市场行为。促进企业信用公开，构建政府、社会以及企业之间的共同监督机制，通过完善的社会信用体系建设促进市场主体自觉尊法守法。

（五）重点要素支撑维度：构建全链条大保护格局

一是强化知识产权保护运用。产权制度确立市场秩序，成为市场经济充满活力的重要前提。产权制度促进要素投入，释放市场经济持续发展的巨大潜力。积极推进国家级知识产权保护中心筹建工作。发挥南宁市知识产权战略实施工作局际联席会议制度作用，统一协调知识产权保护行动和案件移送。推动知识产权开放合作，出台知识产权服务跨境产业融合发展实施方案，为南宁建设面向东盟开放合作的国际化大都市和中国—东盟跨境产业融合发展合作区提供支持。深入开展重点企业知识产权保护直通车工作，加大专利案件查办力度，探索开展引入知识产权鉴定、技术调查官等相关工作。加强公益宣传，联合开展知识产权进园区、进企业、进社区、进学校、进乡村、进网络等活动，不断提升全社会，特别是创新主体知识产权保护意识。协助行业协会建立知识产权自律制度和纠纷化解机制，发挥行业协会参与化解知识产权纠纷的作用。落实国家《知识产权维权援助工作指引》，完善知识产权纠纷行政调解机制。制定南宁市知识产权维权援助工作导则，为企业提供全方位、全链条的维权援助服务。建设中国（南宁）RCEP知识产权运营平台，引导企业开展核心技术专利布局，打造具有核心竞争力和特色优势的重点产业和企业，大力推动科研成果转化和产业升级。

二是强化法治环境人才支撑。创新法治人才培养机制，重点打造面向东盟、精通东盟国家语言以及国际法知识的法治人才；通过"走出去，请进来"的方式，加强对南宁市本地涉外法律服务人才的培养，提升整体业务水平，为多元化解涉外（尤其是涉东盟）民商事纠纷培养和储备人才。强化深层次法治文化交流，了解各国立法、司法、执法和法治习惯背后的文化传统，建立广西与东盟各国的法治交流平台，促进法治文化交流互鉴，共建互利共赢法治基础。加强对新兴法律领域的重点建设，针对新问题，重点开展法治交流，形成法律共识，实现互信互助互利。提升行政执法水平，以行政执法资格考试为抓手，举办线下线上全市行政执法人员理论知识、法律法规和执法业务培训班，不断提升执法人员的法治素养和执法水平。完善涉外法治人才培育的常态化良性机制，重点培养具备良好政治素养与国际视野、深谙涉外业务、洞悉涉外法治前沿动态、富有历史使命感和社会责任感的涉外法律服务业复合型人才。

参考文献

吴烨：《数字营商环境：中国问题及法治路径》，《北方法学》2024 年第 2 期。

莫纪宏：《以涉外法律服务优化法治化营商环境：方向与路径》，《人民论坛·学术前沿》2024 年第 4 期。

邢玲：《营商环境优化背景下的信用法治化研究》，《中国商论》2024 年第 4 期。

秦雅静：《法治化营商环境视角下中国—东盟商事纠纷解决机制研究》，《广西社会主义学院学报》2023 年第 6 期。

高泓：《营造法治化营商环境：内涵与路径》，《人民论坛·学术前沿》2023 年第 23 期。

梁平、马大壮：《法治化营商环境的司法评估及其实践进路》，《法学杂志》2023 年第 6 期。

张三保、游濯沉：《中国内地省份法治营商环境评估与动态比较》，《长江论坛》2023 年第 5 期。

朱昕昱：《法治化营商环境的司法现状、问题与优化对策——基于"执行合同"第三方评估结果展开》，《法学论坛》2023 年第 5 期。

B.19
南宁市未成年人犯罪预防和治理
路径研究

南宁市社会科学院课题组*

摘　要：　近年来，南宁市未成年人犯罪人数总体呈上升趋势，且低龄未成年人犯罪占比上升。南宁市系统谋划未成年人保护与犯罪预防工作，加强未成年人法制宣传教育，强化对重点群体、重点领域的关注，持续推出未成年人不良行为干预和矫治措施，积极构建凝聚各方力量、强化犯罪预防的共治格局。但同时，南宁市未成年人犯罪预防工作面临各责任主体工作合力有待提升、家庭教育指导和社区综合预防功能发挥不足、未成年人不良行为早期干预机制有待健全等问题。报告从构建未成年人犯罪预防和治理协同工作机制、推动形成多方法治宣传教育工作合力、构建未成年人罪错行为分级干预体系、持续促进未成年人司法专业化发展等方面提出南宁市预防和治理未成年人犯罪的对策建议。

关键词：　未成年人　犯罪预防　法治教育

青少年犯罪问题历来是法学和社会学领域关注的重要问题，也是各国立

---

* 课题组组长：王瑶，南宁市社会科学院社会发展研究所所长，助理研究员。课题组成员：梁瑜静，南宁市社会科学院经济发展研究所所长，讲师；陈灿龙，南宁市社会科学院社会发展研究所，助理研究员；王一平，南宁市社会科学院社会发展研究所，研究实习员；张珊娜，南宁市社会科学院科研管理所，研究实习员；丁浩芮，南宁市社会科学院社会发展研究所副所长，助理研究员；申鹏辉，南宁市社会科学院办公室，工程师；邓学龙，南宁师范大学，副研究员；施莹，南宁铁路运输法院，一级法官；农绍海，中共南宁市委政法委政策研究与法治建设室主任；班正杰，南宁市法学会办公室主任，高级工程师。

法和司法实践中需要不断应对新形势新变化的一个重要领域。近年来，我国未成年人犯罪总体呈上升趋势，对我国的青少年犯罪预防工作提出更高的要求。随着《未成年人保护法》《预防未成年人犯罪法》相继修订出台，未成年人犯罪预防和治理问题被置于社会治理的视角下进行审视和构建，犯罪预防不但是司法系统的专有职责，而且应构建包含政府部门、家庭、学校、社会等各方力量的系统性工作机制，横向延伸预防防线，纵向扩展治理触角，构建部门联动和社会支持的犯罪预防共治格局。本报告通过梳理南宁市未成年人犯罪预防的具体做法和存在问题，提出针对未成年人不良行为进行分级干预和矫治的措施建议，以期筑牢未成年人违法犯罪预防防线，降低未成年人违法犯罪与再犯罪的发生率，助力平安南宁建设。

一 南宁市未成年人犯罪预防和治理工作现状

（一）系统谋划未成年人保护与犯罪预防工作

南宁市委、市政府高度重视未成年人保护工作，将强化"一老一小"服务供给和"幼有所育"纳入政府工作报告。未成年人保护工作被纳入南宁市国民经济和社会发展"十四五"规划、文明城市创建和平安建设考核中，形成了党委领导、政府负责、民政牵头、部门协同、社会参与的工作格局，成立了南宁市未成年人保护工作委员会（以下简称市未保委），并制定了工作规则，规定了成员单位职责任务分工。市未保委定期听取工作汇报，掌握工作落实进度，集中研究解决问题，积极推动未成年人保护工作的贯彻落实。同时，南宁市探索多部门协作工作模式，签订了《构建未成年人检察工作社会支持体系合作框架协议》等多个合作意见，并成立了未成年人司法社会工作服务中心，打造司法服务示范点。搭建未成年人保护工作阵地，制定未成年人关爱保护会商制度，初步构建了市、县未成年人保护中心，以及镇级未成年人保护工作站、村（居）儿童之家上下贯通的四级组织体系，以协商制度解决各部门在未成年人保护及犯罪预防工作中的困难和问题。

（二）加强未成年人法治宣传教育

南宁市采取多部门合作的方式，开展未成年人法治宣传。首先，将青少年法治宣传教育纳入全市"八五"普法规划，并明确了各项工作措施和相关单位工作职责，致力于培养未成年人的法治思维和观念。教育局通过多种活动，如"五个一"法治教育、"法治进校园"等，加强对学生和家长的法治教育，促进了法治环境和社会氛围的形成。南宁市司法局强化"谁执法谁普法"普法责任制的落实，督促相关单位将《义务教育法》《未成年人保护法》纳入年度普法清单，并利用各种宣传活动提升未成年人的法律意识。检察院与关工委签订合作机制，共同开展维权保护与法治教育工作。公安局全面推动法治宣传，加强对学校未成年学生的关爱与保护。其次，南宁市建立了法治教育常态化机制，推动习近平法治思想融入学校教育，通过开设思政课程、发放读本等方式，在课堂教学和主题班队会课中加强宣传，大力弘扬法治精神，发挥学校主阵地作用，将课堂教育与课外教育相结合，加强法治教育及心理健康教育，定期组织教师培训，同时，法院与教育局合作举办大型普法活动，通过模拟法庭比赛等方式普及法律知识，利用新媒体进行普法宣传，扩大普法覆盖面。最后，南宁市创新了未成年人法治宣传教育模式，包括创新法治宣传形式，利用信息化打造教育产品；创新"互联网+普法"模式，在线建立法治教育资源库，制作普法节目，播出解读《家庭教育促进法》的内容，组织基层部门积极参与控辍保学劝返工作，向学生及其家长进行普法宣传。

（三）强化对重点群体、重点领域的关注

南宁市全面了解各类重点未成年人数量和犯罪情况，并组织对重点未成年人进行排查、登记、跟踪和分类管理。针对重点群体，如农村留守儿童、服刑人员未成年子女和受侵害未成年人，加强关爱与保护工作。通过建立帮扶机制、心理服务网络和咨询工作阵地，提供法律援助、教育监护和心理支持，以帮助他们摆脱困境，培养积极态度。同时，采取多项举措保护未成年人，主要包括：一是加强家庭教育，通过家风家教宣传和家庭教育指导，督

促家长履行监护责任；二是提升学校保护能力，推出随迁子女入学绿色通道，加强校园安全管理；三是形成良好社会环境，开展护苗专项整治工作，营造良好社会氛围；四是整治网络空间，加强网络舆情监测和打击网络有害信息；五是增强政府保护实效，充分利用各类热线为未成年人提供政策咨询、法律援助等服务；六是加强司法保护，全面开展涉未成年人违法犯罪突出问题整治工作，健全未成年社区矫正对象司法社会工作体系，将青少年法治宣传教育纳入全市发展规划。此外，为进一步加强未成年人司法社会支持体系建设，南宁市成立了未成年人司法社会工作服务中心，构建专业维权队伍，实现社工全程介入司法工作，建立人大与检察机关未成年人保护联动机制，促进社会支持体系建设的协同发展，确保未成年人的合法权益得到有效维护。

（四）持续推出未成年人不良行为干预和矫治措施

南宁市根据未成年人违法犯罪前科，建立不良行为分级管控制度体系。明确办案单位移送制度，对实施违反刑法和治安处罚法规定的行为、不满法定责任年龄不予刑事处罚或决定对其处以行政拘留而不予执行的未成年人，由办案单位在履行法律手续后移送到实际居住地派出所或户籍派出所进行及时纳管，对户籍为南宁市市区以外的、居无定所且在南宁市区无监护人的、符合救助条件的，由办案单位送南宁市救助管理站予以救助。明确分类分级及升降级管控制度，根据潜在现实危害程度，对有违法犯罪前科的未成年人实行分级管控，其中，将新纳管未满 3 个月的人员、纳管人员再次犯案或有再次犯案嫌疑的、到期释放的确定为重点人员，派出所领导亲自带队在一周内上门实施训诫帮教，并签订《监护人承诺书》，之后社区民警每半个月至少开展一次训诫帮教工作。同时，构建学生欺凌发现和处置工作机制，南宁市公安局成立了相关组织机构，负责预防和打击未成年人违法犯罪专项行动的组织实施和统筹协调，加强校园安保力量部署，并落实"见警察、见警车、见警灯"等制度，在偏远农村地区依靠村委会、治保会等基层组织，加强巡逻防控，在办理未成年人违法犯罪案件过程中，根据实际情况，坚持以教育、挽救、感化为主的方针，处罚未成年人违法犯罪行为。全面排查涉及侵害未成年人合法权益的各类风险隐患和案件线索，司法、妇联、工委以及村委、社区等部门积极实施关爱保护措施，加大对留守儿童等群体的教育管理和帮扶力度。

（五）探索未成年人检察工作专业化能力提升

一是依法惩戒与精准帮教相结合，引入司法社工、心理辅导师等专业力量，实现了精准帮教的新提升，同时合理运用分级处遇措施，依法惩治实施严重暴力、社会危害性大的未成年犯罪嫌疑人，发挥警示教育作用，对主观恶性不大、犯罪情节较轻、在共同犯罪中起次要或辅助作用的未成年人，最大限度打通回归社会通道。二是推动司法督促与家庭教育相衔接，充分利用监护督促令推动"问题父母"依法履行监护职责，并创新建立家庭教育指导站点，搭建与妇联、关工委等有关部门的沟通协作机制，形成稳定的家庭教育指导工作力量，持续规范家庭教育指导的流程。三是探索政府部门融通协同保护模式，检察机关立足检校共建，将司法保护融入学校保护，建立性侵害预防、报告、处置工作机制，建成8个"一站式"场所，有力破解性侵害未成年人案件取证难、指控难、认定难问题，并在原有的部分"一站式"办案中心等工作场所建立家庭教育指导检察工作站，加大综合保护力度；建立人大与检察机关未成年人保护联动机制，推动人大监督与检察监督有机贯通；市检察院与市公安局联合制定《进一步督促涉案未成年人监护人依法履行监护职责的实施意见（试行）》，并探索试点先行、示范带动机制全面施行等方式方法，推动建立家庭、学校、社会一体化预防未成年人犯罪机制，充分发挥监护人对涉案未成年人监护管理教育作用。

（六）持续深化宽严相济的刑事政策

南宁市在依法审案过程中，坚决贯彻教育、感化、挽救方针，通过分案审理、圆桌审判、法律援助等长效机制促进未成年被告人悔过，通过帮教团到未管所开展帮教活动以及普法教育、心理矫治等活动，修复未成年罪犯健康人格，通过引入心理咨询师对未成年社区矫正人员进行回访帮教等方式，帮助其恢复健康心理。南宁市中院与市检察院、市司法局、市公安局等单位合作，构建少年司法一体化机制，包括打造心理矫治项目和未成年人司法社工项目。心理矫治项目涵盖心理辅导、科研，以及监狱心理咨询师提供的服务，旨在修复未成年人健康人格。未成年人司法社工项目则于2015年启动，经过试点，于2022年升级至2.0版本，建立了全市的未成年人司法服务中心，开展专业、系统、便捷的服务，从刑事案件到民事案件，提供从侦查阶段至执行帮教阶段的全方位支持，形成了综合的未成年人维权网络。精准施策开展未成年人社区矫正工作，严格贯彻《社区矫正法》，加强对未成年社区矫正对象的特殊司法保护，根据未成年人的特殊情况，采取思想教育、个案矫正和心理矫治相结合的教育模式，对未成年人进行矫正时保护其身份隐私，确保矫正档案保密，避免被标签化，在帮扶环节中积极协调相关部门提供帮助，包括就学、就业、职业技能培训等，以及整合社会资源进行社会帮扶，并长期与未成年社区矫正对象及其家属沟通，加强家庭教育的作用。

二 南宁市预防和治理未成年人犯罪存在的问题

（一）未成年人犯罪预防各责任主体工作合力有待提升

一是各职能部门缺乏有效的联动机制。未成年人犯罪预防工作需要教育、政法、民政、共青团、妇联、关工委等职能部门相互协作。各部门职责范围内的工作各有创新和探索，但"多方联动、开放共治"的预防体系尚未建立，部门间缺乏长期性、经常性的协作交流机制。二是未成年人保护工作机制需完善。加强对未成年人的保护是预防犯罪的基础工作，然而市、县未成年人保护机构等基层网络建设缺乏专业支持和资金保障，各级机构之间的工作协调机制也有待加强。三是未成年人专门教育指导委员会工作机制亟待完善。专门教育指导委员会由15个部门组成，会议召集程序复杂，与学生入学和离校评估的即时性存在矛盾。四是离校帮扶机制落实存在困难。学生离开专门学校后在思想、学业和就业方面重新融入环境面临困难，亟须帮助和干预，但离校帮扶机制落实存在困难，专门教育成果不能得到有效巩固，未成年人不良行为可能再次发生。

（二）未成年人法治宣传教育纵深发展不足

一是学校法治教育缺乏系统性和专业性。虽然法治教育常态化纳入教学计划，但实际实施中往往与思想道德教育合并，专门课程设计不足，法律知识零散分布于其他课程中，缺乏专职法治老师和专门教材。二是学校法治教育形式单一、效果不佳。学校教育中的法治教育主要以德育课、法制课、法制讲座为主，缺乏案例教学和互动问答，教育效果有待提升。教师教学过程中案例讲解、模拟法庭等体验性教育活动开展较少，学生参与度不高，教育效果有待提升。三是未成年人普法宣传的覆盖面和下沉度不足。普法宣传工作深入度不足，特别是农村地区和留守儿童群体的普法宣传工作需要加强。四是未成年人普法宣传工作合力不足。各政府部门在普法宣传工作中缺乏协同合作，尚未建立起部门协同、系统宣传的工作机制，普法宣传的综合作用没有得到充分发挥。

（三）家庭教育指导和社区综合预防功能发挥不足

一是家庭教育指导工作难以有效实施。家庭教育指导是预防和治理未成年人犯罪工作的重要一环，是一项长期的系统工程，需要充分集合、发挥各个职能部门的指导功能。但目前，南宁市家庭教育指导相关政策和职能分工尚未完全理顺，仍然存在指导能力弱、标准不统一、效果难评估、专业化程度低等问题，对一些问题家庭（教养方式不当家庭、亲子沟通不畅家庭、留守家庭、单亲家庭）的精准性、针对性指导不足。二是司法机关发出的教育督促令、家庭教育指导令实施效力有待提升。指令的指导性、专业性、针对性不强，大多数指令泛泛提及要多关爱未成年子女、加强亲子陪伴、加强道德和法治教育等内容，缺乏具体的指导内容和可操作性。指令强制力不足，对指令履行情况没有相应的跟踪监督评价机制，针对违反指令的法律后果和后续的处理流程不明确，指导成效难以保障。三是社区综合预防功能不足。城市社区工作人员人力不均衡，流动性大，难以定期干预具有不良行为的未成年人及其家庭，这就造成社区无法及时掌握这一类未成年人群体的动态情况，难以做到提前介入，社工机构参与未成年社区矫正对象的管理范围仍不够广。另外，在农村地区，村干部身兼多职，时间和精力有限，无法有效参与预防未成年人犯罪的监管工作，信息收集、共享、联动反应等方面也存在困难。

（四）未成年人犯罪预防社会支持体系效能有待提升

一是多主体参与、多形式服务的社会支持体系仍需进一步健全。法院、检察院、共青团、社会组织等多方参与的协作机制尚未建立，社会调查、家庭教育指导、法律援助、法制宣传等多项服务仍存在缺位，导致社会支持服务的多样性和覆盖面不够。二是未成年人犯罪预防工作社会支持缺乏专业化支撑。各县（市、区）针对预防未成年人犯罪所设立的相关机构比较零散，缺乏专业化的支持机构体系，如部分基层社区缺少场地设施和专业咨询人员，缺乏心理疏导室、心理咨询室、温馨谈话室等场所，无法正常发挥预防干预未成年人犯罪的作用。同时，缺乏专业化支撑的社工队伍也影响了预防干预服务的实施。三是未成年人犯罪预防工作的社会支持模式亟待创新。南宁市在利用社会力量推进预防未成年人犯罪工作中，采用的模式仍主要是志愿模式、聘用模式，政府购买模式、企业合作模式等采用较少且被重视程度不够，需要加强对有不良行为未成年人的犯罪预防工作的重视和支持。

（五）未成年人不良行为早期干预机制有待健全

一是未成年人不良行为信息监测预警系统尚未健全。政法部门、公安部门、教育部门、民政部门等不同部门之间掌握的基础信息没有得到有效共联共享，不利于各个职能部门及早掌握有不良行为的未成年人的动态信息，及时采取措施干预。二是未成年人心理健康问题早期干预机制不健全。未成年人心理健康工作还存在部门合力不够强、配合不够紧密、宣传不够到位等情况，学校教育中缺少心理咨询队伍，学生心理健康教育矫治工作推进效果有限。三是未成年人不良行为早期干预的协同治理机制尚未形成。针对未成年人不良行为的早期干预工作散落在不同的职能部门，其中专门学校在未成年人严重不良行为矫治中承担主要职责。但专门学校尚未建立起职责明晰的分类干预或矫治工作体系，具有不良行为的未成年人在教育训导、帮教矫正等方面的干预措施也缺乏规范化、标准化的指导。基层公安机关、居民委员会等基层组织对辖区未成年人不良行为的跟踪帮教也受到人力、财力等因素限制，难以常态化地开展相关工作。

（六）未成年人司法制度预防质效有待提升

一是对未成年人案件的检察、审判工作保障不足。受案件量、办案经费和人员数量限制，部分地方检察院存在从事少检人员配备不足、办公办案设施不配套、专业性不足等情况。未成年人检察、未成年人审判工作不同于一般案件，办理未成年人犯罪案件缺乏独立的评价指标和考评机制，影响办案人员工作积极性，不利于未成年罪犯的社会调查、行为矫治等工作的常态化开展。二是未成年人不良行为检察监督渠道不畅。部分密切接触未成年人行业的教育从业人员未能遵守强制报告制度，部分商家为赢利，违规接待未成年人，使侵害未成年人合法权益情况不能被及时掌握、及时处理、及时监管。三是未成年人犯罪档案封存机制不完善。在适用《关于未成年人犯罪记录封存的实施办法》过程中，存在封存条件不明确、档案封存后的使用和保护缺乏规范等难点，需要进一步明确封存条件和使用规则，保障未成年人隐私权益。

三 南宁市预防和治理未成年人犯罪的对策建议

（一）构建未成年人犯罪预防和治理协同工作机制

1.巩固和强化家庭监护责任

大力加强家庭教育宣传和指导，帮助家长或监护人提高监护意识，完善

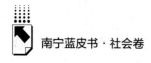

监护方式。加强家长或监护人对未成年人的监护关爱以及心理辅导，推动未成年人父母或其他监护人塑造良好家庭氛围，关注未成年人心理和行为变化。

2. 加强学校预防犯罪教育工作

推动学校加强对未成年人的法律教育和道德教育，制定完善的法律教育课程，制订教育计划，同时建立健全学生心理健康教育管理制度，及时发现和解决学生心理、行为异常问题。此外，还应加强教职工校内培训和学校与家长的沟通，共同推进家校联防机制建设。

3. 构建全社会参与格局

加强社会各界对未成年人犯罪预防和治理工作的参与，包括社会组织、志愿者队伍等，积极开展法律宣讲、心理咨询等活动。同时，鼓励企业将未成年人犯罪预防和治理纳入社会责任范畴。此外，拓宽文化、新闻、广电等部门利用传统媒体及网络新媒体等渠道，开展法律知识和道德教育，提高全民参与预防未成年人犯罪的识别度和热情度。

4. 加强政府指导和监督

制定未成年人犯罪预防和治理工作行动方案，明确各相关部门的职责范围，建立定期研讨与交流机制，整合各部门资源，形成齐抓共管的格局。建立健全未成年人犯罪预防和治理监管机制，加大对涉及未成年人的相关行业和领域的监管力度，如酒吧、网吧、KTV 等，落实强制报告义务。加强与社区和学校的沟通合作，共同制定各项预防措施，形成协同预防机制。加大预算投入，为家庭教育指导、家庭咨询以及专门学校建设提供支持和帮助。

（二）推动形成多方法治宣传教育工作合力

1. 构建法治宣传教育协调机制

构建一个包括政府相关部门、学校、媒体、社区、社会组织等各方共同参与的工作机制，形成协同工作合力，定期召开研讨会，制订共同的宣传教育计划，明确宣传教育的目标、内容和方式，协调各方资源和行动，形成合力。

2. 明确各方法治宣传教育职责

政府部门主导并编制未成年人犯罪预防和治理法治宣传教育总体规划和

指导方针，包括确定法治宣传教育的重点和目标，并提供政策支持和资源保障；教育部门负责在学校中开展法治教育，包括编制课程和教材、培训教师、组织培训班和研讨会；社会团体可以参与社区未成年人犯罪预防和治理法治宣传活动，组织宣讲、法律知识竞赛等活动；传媒机构应发挥自身优势，使用多种形式和渠道，以吸引和教育未成年人参与相关活动。

3. 加强协调机构专业能力建设

组建专家咨询团队，邀请相关领域的专家加入，为协调机构提供专业指导和意见，提高协调机构的决策水平和工作质量，加强与法律、教育和社会工作等机构的联系，合作开展培训项目和研究项目，共同推动未成年人犯罪预防和治理法治宣传教育工作的发展。

4. 建立绩效评估激励机制

构建由各方共同参与的未成年人犯罪预防和治理法治宣传教育工作监督机构或委员会，负责监督和评估法治宣传教育工作的质量和效果，制定科学的评估激励机制，定期对未成年人犯罪预防和治理法治宣传教育的工作效果进行评估和反馈，通过评选优秀成员、设立奖励等方式，促进协调机构成员的专业能力提升，推动未成年人犯罪预防和治理法治宣传教育工作向规范化和专业化方向发展。

（三）构建未成年人罪错行为分级干预体系

1. 制定明确的分级标准

深入研究现有未成年人罪错行为数据，咨询心理学家、社会工作者、法律专家等专业人士，确定不同行为的严重程度，综合考量未成年人罪错行为对社会的影响，包括受害者的受害程度、社区安全和公共秩序等方面，并借鉴其他地区经验。如可以根据未成年人罪错行为的严重程度以及犯罪的危险性大小将罪错行为分为一般不良行为、严重不良行为、实施了犯罪行为但未到刑事责任年龄三级。

2. 实施多样化干预措施

根据未成年人罪错行为的严重程度进行分级管理，采取多样化的干预措施。对实施一般不良行为的未成年人，可采取一般性管理，由学校和家长分析其行为的起因，并进行行为规范养成，及时对其行为进行纠偏。对实施严重不良行为并已触犯刑法但未达到刑事责任年龄的未成年人，可采取社会观护或集中管理。社会观护建议由公安机关在警告、训诫后下达社会观护令，确定社会观护时间，同时召集父母、社工、教师一起组成矫正小组，制订社会矫正计划，以及社会矫正的目的和效果指标。12周岁以下实施严重不良行为的未成年人建议通过社会观护的方式进行矫正。12周岁以上在校生经过社会观护仍未达到社会观护效果指标的，并且确实难以管教的，可送专门学校集中管理。12周岁以上已辍学的未成年人建议由公安机关移交专门学校集中管理。对于集中管理结业的未成年人，视其在学校中的表现及个人特长等，通过继续职业培训、转普通学校继续就读、介绍就业等方式促使其顺利回归社会。同时进行一段时间的跟踪回访与适时帮扶，无人身危险性后即可解除强制管理措施。

3. 根据实际效果动态调整分级干预体系

通过问卷调查、案例资料采集、社会媒体意见分析等方式，对新出现的罪错行为进行跟踪研究，了解其特点和趋势，以便及时调整分级干预体系。建立反馈机制，收集未成年人、家长、社区等各方面对分级干预措施的意见和反馈。通过反馈机制，了解干预措施的实际效果和社会反响，并及时进行调整和改进。针对突发事件或新出现的罪错行为，制定应急措施并及时实施，以应对突发情况并保护未成年人的权益。

（四）持续促进未成年人司法专业化发展

1. 提升未成年人检察与审判工作专业化水平

完善未成年人犯罪的组织和经费保障体系，加强未成年人检察与审判（以下简称少检少审）业务培训，提升检察官、法官办理未成年人案件的专业能力和水平，促进少检少审工作专业化发展，同时将检察官、法官在庭前判后开展的社会调查、法治教育、跟踪回访、帮教矫治等延伸性工作，纳入工作考核范围。

2. 完善司法社会协作机制

打通罪错未成年人接受专门教育的机构设置、入学流程、教育规程、资金保障的工作壁垒，建立健全专人联络、共同会商、线索移送、办案协作、宣传联动的工作机制。进一步完善政法联席会议制度，推动政法机关在案件办理、社会调查、社区矫治、法治宣传、帮教回访等少年司法工作上形成强大合力。进一步加强与教育、共青团、妇联、工会和关工委等部门的联动，共同将社会调查、合适成年人、社会观护、联合帮教等少年特殊保护制度落到实处。进一步加强与社区、社工、青保老师、企业等社会资源的合作联动，在全社会构筑起保护少年合法权益的"统一战线"。探索以政府购买服务方式，与相关心理咨询机构合作，开展未成年人心理疏导和干预工作，有效解决法官专业性不足的问题。加强对社会服务机构的扶持和专业化发展指导，从源头上保证社工机构的专业性。

3. 强化司法对家庭教育的指导功能

规范家庭教育指导令使用程序，凝聚公安、检察、法院等部门力量，选派、聘任家庭教育指导辅导员，共同落实好家庭教育指导责任，同时成立考察评估工作组，强化司法对家庭教育指导的评估机制。保障未成年人正常回归学校和社会的权利。严格执行未成年人犯罪档案封存制度，相关部门应对未成年罪犯就学就业问题提供相应辅助和帮助，为接受矫治教育后的未成年人正常回归社会提供制度保障。

（五）构建未成年人犯罪预防社会支持体系

1. 强化未成年人社会化教育矫治制度设计

大力推进党委领导、政府支持、社会协同、公众参与的未成年人犯罪预防帮教社会化体系建设，强化未成年人全面综合司法保护。建立统一工作机制，制定衔接方案和操作指南，细化衔接流程，完善运作体系，明晰各方职责，确保各相关部门在专业化办案与社会化教育矫治衔接过程中方向一致、分工明确。

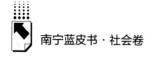

2. 建立社会化教育矫治体系

建立包括专门学校、社区矫正机构、康复机构等在内的多层次未成年人社会化教育矫治机构体系，提升其专业化水平，建立评估罪错未成年人犯罪风险和矫治需求的全面评估机制，培养并吸引包括心理医生、社会工作者、职业培训专家等专业的矫治人才，构建跨领域的专业团队，提供多元化的矫治服务。实施多层次、多形式的矫治项目，为不同类型罪错未成年人制定差异化的社会化教育矫治项目方案，包括职业培训、心理疏导、社交技能培养等，提高社会化矫治的针对性和有效性。

3. 探索开展精准帮教

制订个性化帮教计划，建立由心理医生、社工、教育专家等组成的专业团队，为罪错未成年人提供全方位的支持，提供多元化的教育培训和道德培养机会，降低再次犯罪的可能性，建立奖励机制，鼓励罪错未成年人通过良好表现获得奖励。促进社会支持和融入。通过改善专门学校氛围、提供个性化教育和心理健康支持，确保罪错未成年人在学校获得积极的体验。加强罪错未成年人社区服务与参与，培养其责任感和社会参与意识。推动公众形成对罪错未成年人的正确认知，提高接纳度，减少歧视和排斥。

（六）打造未成年人犯罪预防和治理智慧化平台

1. 建立全面系统的智慧化应用平台

整合包括公安、司法、教育、社区等部门在内的各类相关数据，打造统一的未成年人犯罪预防和治理信息化平台，推动信息在不同部门之间更加高效地共享，提升未成年人犯罪预防和治理的效率和效果。开展在线教育与宣传，通过多媒体手段向未成年人传递法治知识，提供智能化的在线心理健康教育、心理健康评估、心理健康咨询服务，提高未成年人心理健康水平。

2. 综合运用现代化技术治理手段

在合法合规的前提下，建立重点未成年人常用社交媒体的监测机制，通过分析未成年人在网络上的行为和言论，识别可能存在的问题，及时介入并提供帮助。通过视频监控、图像识别等技术，实时监测学校、酒吧、网吧、

KTV 等公共场所的安全情况，建立智能化的未成年人犯罪预警系统。

3. 建立智慧化社会工作和心理援助平台

建立专业化、多元化的社会工作者团队，为未成年人犯罪预防和治理提供多方位的支持和援助，组织开展定期心理健康培训，提高社会工作者、教师、家长等各界人士的心理健康水平和应对能力，整合社会工作和心理援助资源，提供在线预约、咨询、诊断、心理援助等服务，使未成年人及其家庭能够随时随地获得心理支持。

4. 打造智慧化家庭互动平台

将育儿知识、心理健康教育、青少年法治教育等各种家庭教育资源整合到智慧化平台中，为家长提供全面、科学的教育指导，形成预防未成年人犯罪的家庭防线。基于家庭情况和未成年人的个体差异，为家庭制订个性化的教育与防治计划。构建家庭社交圈，让家庭成员能够与其他家庭分享经验、交流教育心得，推动家庭之间互相学习，形成良好的家庭教育氛围。

参考文献

龙敏：《未成年人犯罪治理与大数据应用》，《青少年犯罪问题》2023 年第 4 期。

管晓静：《完善我国未成年人犯罪记录封存制度的多维思考——兼对〈关于未成年人犯罪记录封存的实施办法〉的解读和评价》，《中国人民警察大学学报》2023 年第 5 期。

周子简、郎振羽：《核准追诉低龄未成年人犯罪若干问题探究》，《青少年犯罪问题》2022 年第 3 期。

黄明儒、张继：《涉罪未成年人救赎之路探究——以未成年人犯罪记录为切入点》，《中南大学学报》（社会科学版）2022 年第 3 期。

邱帅萍：《低龄未成年人犯罪的应对立场及其展开——以最低刑事责任年龄调整为切入》，《湘潭大学学报》（哲学社会科学版）2023 年第 2 期。

B.20

南宁市强化校园安全保障调研报告

南宁市政协专题调研组*

摘　要： 校园安全是社会安全的重要内容，强化校园安全保障是贯彻总体国家安全观，落实平安广西、平安南宁的关键，同时也是南宁市加快建设面向东盟开放合作的国际化大都市、奋力谱写中国式现代化南宁篇章的重要环节。南宁市在强化校园安全保障的过程中还存在学校心理健康工作面临的矛盾日益凸显、校园欺凌行为仍不同程度存在、校园及周边环境还需进一步改善等问题。建议加强心理健康教育，筑牢校园安全心理防线；制定欺凌防治导则，有效减少校园欺凌行为；层层压实各级责任，维护校园及周边秩序安全，进一步加强校园安全保障。

关键词： 校园安全　校园欺凌　安全环境　心理健康

　　习近平总书记在党的二十大报告中强调，必须坚定不移贯彻总体国家安全观，坚持以人民安全为宗旨，统筹自身安全和共同安全，建设更高水平的平安中国，以新安全格局保障新发展格局。校园安全是社会安全的重要内容，属于总体国家安全观的有机组成部分，也是南宁市加快建设面向东盟开放合作的国际化大都市、奋力谱写中国式现代化南宁篇章的题中应有之义。

---

* 调研组组长：邓亚平，南宁市政协党组成员、副主席。调研组成员：黄芳，南宁市政协社会法制委员会主任；刘燕萍，南宁市政协办公室二级调研员；全育荣，中共南宁市委社会工作部副部长，南宁市法学会副会长（兼）；樊容宾，南宁市政协社会法制委员会办公室二级主任科员。

一　南宁市校园安全的基本情况

南宁市现有中小学、幼儿园 2880 所（其中，幼儿园 1421 所、小学 1054 所、初中 274 所、高中 88 所、中等职业学校 31 所、特殊教育学校 12 所），在职教职工 11 万人，学生 175.57 万人。

近年来，南宁市高举习近平新时代中国特色社会主义思想伟大旗帜，全面贯彻落实党的二十大精神，深入贯彻落实习近平总书记关于广西工作论述的重要要求，贯彻落实党中央、自治区党委和市委的决策部署，深入践行以人民为中心的发展思想，牢固树立"校园安全无小事"的底线思维，扎实推进"平安校园"和校园周边治安综合治理整治行动，有力维护了校园及周边秩序安全，为加快建设面向东盟开放合作的国际化大都市、奋力谱写中国式现代化南宁篇章做出了积极贡献。

（一）强化组织领导，健全工作机制

南宁市委、市政府对校园安全工作高度重视，做出周密部署。2023 年，南宁市政府办印发《全市校园安全集中整治工作方案》，明确校园安全总体要求和工作目标，成立全市校园安全集中整治工作领导小组，组织领导和统筹协调全市各级各部门各单位开展整治工作。全市建立覆盖县、乡、村三级的"安全总校（园）长制"组织管理体系，属地政府对所属中小学及幼儿园安全负总责，建立完善政府线、教育线双线联系学校机制，采取强有力措施确保师生安全和学校平安。将"平安校园"创建和校园及周边治安综合治理工作、预防青少年违法犯罪工作等一并纳入全市平安建设工作范畴和年度考评，做到有机构、有方案、有考核、有抓手，有力促进了平安校园创建和校园及周边治安综合治理工作。同时，全面开展校园安全隐患排查整治工作，持续加强校园安全防范。

（二）精准综合施策，筑牢安全防线

南宁市教育局印发《南宁市学校安全风险防控清单》，明确学校 326 个风险点,覆盖学校安全管理各方面,建立健全学校安全检查制度,推动学校安全工作制度化长效化。南宁全市中小学及幼儿园于2021年7月全部完成安防建设"4个100%"(专职保安员配备率、封闭化管理率、一键式紧急报警和视频监控系统达标率、"护学岗"配备率)达标任务,学校安全防范水平得到全面提升。南宁市在2021年全区秋季学期学校安全工作会议上就安防建设做经验交流发言,南宁市学校安防建设工作获自治区肯定。政法、公安、教育部门持续开展"护校安园"专项行动,积极发动群防群治力量参与"护学岗",构建以公安干警为主,学校保安员、教职工、家长志愿者及治安积极分子等参与的"护学岗"机制,上下学等重点时段在学校门口和周边维持秩序,及时发现并处置可能危害师生安全的苗头隐患问题,切实增强广大师生安全感和满意感。南宁市全市共设立校园警务室2880个、建立治安岗亭1644个、设立"护学岗"4024个。

(三)深入排查整治,防范安全问题

南宁市强化风险摸底排查,加强社会面网格化排查,对校园及周边流动人员、非正常上访重点人员、吸毒人员、心理失衡对社会不满人员、与学校发生过矛盾纠纷的人员、曾因涉校违法犯罪活动被打击处理人员等各类重点人员进行滚动排查,开展安全宣传,提高家长和学生安全防范意识,收集安全风险台账资料,做到"底数清、情况明",切实筑牢校园治安防控网。强化重点打击管控,依托综治云平台信息系统,整合信息、情报资源,强化部门联动作战,提升重点人员管控工作的系统性、整体性和协同性;严厉打击校园安全违法犯罪,紧盯重点区域、重点路段、重点时段,加强日常演练和戒备,保持高压态势,形成强有力的威慑力,做到防患于未然;特别是针对精神障碍患者,社区民警、社区(村)医务人员、社区网格员开展联合入户走访,督促严重精神障碍患者按时吃药治疗,在政策帮助、公益帮扶、人文关怀等方面给予关心关爱,落实严重精神病障碍患者监护补助,确保监护人监护看管到位,有效防止肇事肇祸发生,确保全市不发生涉校园重大治安案件和个人极端事件。强化矛盾调处化解,扎实开展涉校园矛盾纠纷调处化

解行动，根据矛盾纠纷类型、性质、危害程度等，采取"分类管理，分级处置，多元化解"原则，坚决防止"小事拖大、大事拖炸"，对重大矛盾纠纷采取"一事一策、一人一策"精细化管理，提升矛盾纠纷调处化解的针对性、实效性。充分依托群防群治力量，扎实开展校园及周边治安防控工作，发动周边商铺和社区群众及时举报、协助处置各类涉校突发事件，特别是偏远乡镇农村的学校，要充分发挥村校联防机制作用，联合村镇治保干部、民兵、治安积极分子等加强对校园及周边的巡逻，及时防范处置各类涉校安全问题。加强校园周边文化市场清查整治，2023年，出动执法人员621人次，共检查经营单位302家次，查处6个地摊游商，查纠非法出版物3000余册。加强食品安全监管，2023年，共检查学校周边食品经营店14036家次，发现食品安全隐患问题708个，均已责令改正，立案查处1起。开展校园周边市容环境整治行动，2023年，共现场处置摊点占道经营问题32.86万个，立案处罚2319起。开展消防安全专项整治工作，2023年，消防部门共检查中小学及幼儿园1337家次、校外培训机构303家次、校外午托机构785家次，组织开展"开学第一课"消防安全宣讲活动435场次，配发消防安全教育读本5万册。

二 南宁市校园安全存在的主要问题

（一）学校心理健康工作面临的矛盾日益凸显

心理健康问题具有隐蔽性，存在心理健康问题的学生往往难以发现。存在心理健康问题的学生呈逐年上升趋势，并且存在低龄化的倾向。据《法治日报》等媒体报道，调查显示，近年来，我国中小学生心理健康问题检出率和精神疾病、情绪障碍发病率持续上升，中小学生心理问题频发，成为影响儿童、青少年健康成长和全面推进健康中国建设的重要问题。2023年2月，由中国科学院心理研究所主持调研编撰的《中国国民心理健康发展报告（2021~2022）》显示，对全国超过3万名青少年的调查分析表明，参加调查的青少年中有14.80%存在不同程度的抑郁风险，高于成年群体，需要进行有效干预和及时调整。据统计，团市委与团区委联合建设的广西（南宁）12355青少年服务台2022年10月至2023年12月接听数据显示，累计受理的14407通来电中，大部分来电者为中小学生，占总体来电量的56.68%，其中高达44.87%的来电与心理相关，咨询的内容包含心理障碍、亲子关系、个人成长、人际关系、老师压力等。服务台跟进服务线下个案58起，与公安机关协同化解处置青少年危机干预事件25起，向检察机关报告涉及侵害未成年人线索5条。

调研结果显示，南宁市各学校实际从事心理健康教育的专职教师较少。虽然全市学校配备了1951名专职心理健康教育教师，但是因为学校和家长普遍更关注学生成绩，认为心理健康教育只是提高学生成绩的辅助工具，所以现实中存在心理健康教育教师担任其他科老师和班主任，兼职心理健康教育教学工作，或者填补其他岗位空缺的情况，这种身兼数职的状况，导致心理健康教育教学工作及针对心理问题学生日常需开展的心理辅导疏导、心理监测、建档立卡、跟踪帮扶等心理健康工作难以系统性地开展。

（二）校园欺凌行为仍不同程度存在

在世界各国，关于校园欺凌的现象并不少见且后果严重。在我国，校园欺凌现象也存在，造成的后果也相当严重。有追踪研究表明，在校园欺凌事件中受欺凌的学生普遍存在心理不良问题，其遭遇校园欺凌后容易焦虑、抑郁，甚至出现自杀倾向。由于校园欺凌的形式比较隐蔽，除暴力欺凌外，言语欺凌、社交欺凌和网络欺凌等较难发现，且相关的欺凌行为难以界定，2021年9月1日，虽然教育部制定施行了《未成年人学校保护规定》，但校园欺凌仅涉及很少的几个条文，原则性较大，不够细化，校园欺凌治理效果有待提升。

据统计，2023年以来，南宁市中小学校共开展学生欺凌和暴力排查10850次，发现并及时处理学生欺凌和暴力行为14起。调研组了解到，部分学生家长反映自己的小孩或多或少都遇到过校园欺凌，向学校老师反映情况后，大多数学校的处理原则是"大事化小、小事化了"，因此被欺凌的学生得到的处理结果基本是欺凌学生口头道歉，甚至有的老师认为只是同学之间的普通打闹而已，导致校园欺凌行为往往得不到及时有效制止。有时老师的处理方式不当，强化了欺凌行为和欺凌的持续性，长此以往，被欺凌学生出现严重的心理健康问题。

（三）校园及周边环境还需进一步改善

校园内存在电子烟危害。尤其是农村学校，偷吸电子烟和学生间贩卖电子烟现象有一定的普遍性。吸烟成瘾以及通过电子烟吸毒的潜在风险不容忽视。

学校周边存在交通安全隐患。一些学校周边道路存在车辆乱停放、逆行、随意变更车道等违法行为，每到上下学时段，交通拥堵现象较为严重。中小学生违法驾驶摩托车、电动自行车现象屡禁不止，甚至存在飙车等违法行为。2023 年，南宁市公安部门对涉"两电"等违法犯罪的未成年人开展了关注管控工作，共关注 4362 人，教育训诫 42582 人次；2023 年，查处 16 岁以下未成年人交通违法 6250 起，查获非机动车飙车、车辆非法改装等违法行为 198 起，查获和控制的相关嫌疑人员有 276 人，涉及未成年人 41 人，占比 14.86%。

学校周边存在食品安全隐患。上下学时段，流动摊贩占道摆卖现象仍存在，部分中小学生及家长饮食安全意识有待提高，学生出于方便，热衷于购买路边饮食摊点来源不明的"三无"产品，存在食品安全隐患。

学校周边存在文化安全隐患。有市民投诉个别校园周边商店存在售卖性暗示钥匙扣、衣着暴露的卡片以及淫秽色情光盘情况，对未成年人造成不良影响。个别学校周边偶尔还发现"耽美"类危害未成年人身心健康的不良文化出版物。

三　加强南宁市校园安全工作的对策建议

（一）加强心理健康教育，筑牢校园安全心理防线

2023 年 4 月 20 日，教育部等 17 个部门联合印发了《全面加强和改进

新时代学生心理健康工作专项行动计划（2023—2025年）》（以下简称《专项行动计划》），强调要切实把心理健康工作摆在更加突出位置。工作目标是健康教育、监测预警、咨询服务、干预处置"四位一体"的学生心理健康工作体系更加健全，学校、家庭、社会和相关部门协同联动的学生心理健康工作格局更加完善；2025年，配备专（兼）职心理健康教育教师的学校比例达到95%，开展心理健康教育的家庭教育指导服务站点比例达到60%。为此，南宁市可从加强师资队伍建设、拓宽学生求助渠道、完善发现机制、强化干预疏导机制等方面抓好落实。

1. 加强中小学心理健康教育师资队伍专业化建设

一是加强人员配备。认真贯彻落实《专项行动计划》要求，加强专（兼）职心理健康教育教师的配备及培养，建立一支以专职心理健康教育教师为核心、兼职心理健康教育教师和班主任为骨干、全体教师为基本力量的心理健康教育工作队伍，保障学生就近就便获得心理健康教育及服务。二是优化教育培训。将心理健康教育教师培训纳入教师培训计划，切实提高专（兼）职心理健康教育教师的专业能力和水平。在中小学校长、班主任和其他学科教师等各类培训中增加心理健康教育的培训内容，切实提高全体教师的心理健康教育水平及对存在心理健康问题学生的识别和支持能力。三是强化考核评价。根据心理健康教育教师的岗位职责和特点，设置科学合理的绩效考核内容，定期考核心理健康教育教师工作，并将考核结果作为职务职称评聘、推优奖励等工作的重要依据。四是打造人才高地。定期开展中小学心理活动课教学展示评优活动，搭建教学能力提升平台，发挥心理健康教育名师工作室的作用，加强心理健康教育骨干教师队伍培养，打造心理健康教育教师人才培养的孵化场。

2. 拓宽心理健康问题学生求助渠道

心理健康问题具有隐蔽性，涉及学生个人隐私，有问题的学生不愿意公开，他们更倾向于寻求校外、家庭外的力量帮助。为此，南宁市可整合市12345热线、12355青少年服务台、12309检察服务中心和法院等维权热线电话，赋予救助心理健康问题学生的义务。加快建设南宁市医教结合学生心理健康促进中心并尽快投入运营。进一步发挥南宁市未成年人心理健康辅导中心作用，将其打造成汇聚专业心理咨询师和集中疏导学生心理问题的有效平台。

3.完善心理健康问题学生发现机制

有些学校采取在学生中安排观察员的方式，以便及时发现并报告心理健康问题学生的异常行为，但是从实际效果来看作用不大。南宁市应进一步完善有心理健康问题学生的发现机制。一是建立被欺凌学生心理健康问题关注机制。凡是遭受过校园欺凌的学生，都列入重点关注名单。据不完全统计，被校园欺凌、霸凌过的学生，心理健康问题、心理障碍大多伴随终身，要么胆小怕事、抑郁，甚至自残自杀，要么转变成欺凌、霸凌一方，给学校和社会管理带来隐患，因此在排查心理健康问题学生时，要关注被校园欺凌、霸凌学生的心理干预。二是建立多角度发现机制。充分发挥班主任、其他任课老师、学校安保人员、宿舍管理员、保洁员的作用，从不同视角发现学生的异常心理和行为问题。三是建立智能化发现机制。利用互联网技术，从网上的言论发现心理健康问题学生；从打给心理求助热线的电话信息发现心理健康问题学生的姓名、父母及就读学校，从而形成社会、学校、家庭共同化解学生心理危机的合力。四是落实落细学生心理健康隐患排查制度。不但在开学时、发生重大事件时进行专项排查，而且要开展日常排查，专项排查与日常排查相结合，织密保护学生心理健康的网络。

4.强化对心理健康问题学生的干预处置机制

一是尽早干预。对排查出来的心理健康问题学生，及时开展一对一的心理辅导、心理疏导。同时建立心理档案，利用心理检测手段，掌握学生的心理特征和心理倾向，持续跟踪疏导，直至康复。二是合力疏导救助。对于通过热线电话向社会求助的学生，建立社会、学校、家庭合力化解机制，及时给予关怀疏导。三是引导寻求专业诊疗。对于心理健康问题较严重的学生，尤其是已经达到心理疾病程度的心理健康问题学生，应该引导家长带孩子到专业医院或机构，找专业的心理医生及时进行诊疗。

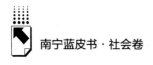

（二）制定欺凌防治导则，有效减少校园欺凌行为

长期以来，校园欺凌认定难、处理难问题已成为防治的首要阻碍。2021年9月1日起施行的教育部《未成年人学校保护规定》列出教师必须制止学生的五类行为，进而明确规定，"学生之间，在年龄、身体或者人数等方面占优势的一方蓄意或者恶意对另一方实施前款行为，或者以其他方式欺压、侮辱另一方，造成人身伤害、财产损失或者精神损害的，可以认定为构成欺凌"。[①] 教育部这份文件明确了校园欺凌当事人之间存在力量上的不平衡，这有利于从疑似欺凌中分辨出真实欺凌。但这份文件只从原则上规定，可操作性还不够强。2023年4月，上海市教委、上海市人民检察院发布了《中小学生欺凌防治指导手册》2.0版本，对教育部关于校园欺凌的规定进行细化，便于实施，可操作性强，明确学生欺凌认定的四个要素、五个常见形式和常见领域、八种常见错误观念等，清晰指导了学校、教师、家长如何防治学生欺凌、学生如何应对学生欺凌，并将相关法律法规作为附则，便于查阅使用，为学校、教师、家长、学生等提供清晰的操作指引。南宁可借鉴上海的经验做法，尽快制定南宁市中小学生欺凌防治导则，为南宁市中小学生欺凌防治提供操作指引。

（三）层层压实各级责任，维护校园及周边秩序安全

1. 进一步加强电子烟监管

南宁市的烟草部门应加强与市场监管、城管、公安、教育等部门的沟通协作，强化对电子烟营销行为的治理。对于旅游文化街区、商业综合体、休闲娱乐场所等区域存在或涉及向未成年人销售电子烟的行为，建立举报奖励机制，强化约谈、联合惩治机制和巡查监管机制，预防此类行为再次发生。联合民政、公安、市场监管、教育等未成年人保护工作领导小组成员单位，

---

① 《未成年人学校保护规定》，教育部网站，2021年6月1日，http://www.moe.gov.cn/srcsite/A02/s5911/moe_621/202106/t20210601_534640.html。

探索推进电子烟零售店经营场所标准化视频监控系统建设，确保经营柜台全覆盖、视频保存时间 7 天以上。进一步加强信息交流和联合执法，全面清理涉电子烟不规范经营行为，共同保护未成年人健康。加强校园内日常排查，防止学生在校园偷吸电子烟和售卖电子烟，警惕电子烟成为未成年人吸毒的渠道。

2. 进一步加强交通安全防范

加强源头监管，南宁市的公安、市场监管、交通运输等部门应开展经常性联合执法，在农村地区加大对非法营运车辆的专项整治力度，严厉打击面包车、两轮摩托车、三轮车等非法从事客运经营行为。合理、科学规划行车路线和停车位，在 2023 年 5 月开展的"访民情、问民意、解民忧"专项行动中，发现学校周边存在交通拥堵的问题，学生出行交通安全隐患较大，建议对学校周边狭窄路段，如江南小学、南宁第十中学周边狭窄路段实行"限时单行""限时停车"等具体措施，严格规范停车位设置，努力消除交通安全隐患，确保学生出行安全。加强学生出行监管，各相关职能部门联合开展学生交通安全风险排查管控，包括对上下学主要道路和交通工具等进行风险排查整治。加强学生违法行为引导治理，学校与公安、交管部门联合，对学生不遵守交通安全规则的行为，例如在道路上多人并行、追赶打闹、单手脱把骑行等及时劝阻；公安、交管部门对无证驾驶、违法骑行电动自行车、不按规定横过机动车道等重点违法行为，加大治理力度。

3. 进一步加强食品安全监管

南宁市各部门应进一步协调配合，在全天多个特定时段，增加城管、市场监管等人员，加大对校园周边环境的执法力度和巡视、检查密度，对流动、违章设摊、无证经营等行为采取疏堵结合的办法，引导其进行合法经营。

4. 进一步加强文化市场整治

南宁市的市场监管部门应牵头组织新闻出版、教育、文化、公安等相关部门定期开展巡查检查，形成长效机制，扎实开展"护苗"专项行动，严肃查处危害未成年人身心健康的涉黄涉非行为，开展"绿书签""网络安全

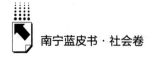

进课堂"等系列宣传活动，大力净化中小学校园周边出版物市场，对校园周边隐藏的网吧接纳未成年人等行为给予严厉打击，为未成年人营造健康、文明、安全的社会文化环境，切实提升校园周边市场监管实效。

参考文献

高利波：《校园安全突发事件的预防与应急处置研究》，《国际公关》2024 年第 4 期。

赵楚楚：《智慧校园下网络安全管理与防范措施研究》，《网络安全技术与应用》2023 年第 12 期。

尚欣、丁红军：《校园安全事件防范策略研究》，《求贤》2023 年第 11 期。

郑侃轩：《校园食安智治　让孩子吃得更安全》，《宁波通讯》2023 年第 20 期。

南辰：《校园交通安全需要综合施策》，《汽车与安全》2023 年第 10 期。

郑鑫：《校园安全管理问题实践与探索》，《科学咨询（科技 · 管理）》2023 年第 10 期。

潘勇：《创新形式，上好校园"安全课"——湖南省长沙市望城区"安全知识进校园"活动小记》，《中国应急管理》2023 年第 8 期。

B.21
南宁市社区治理共同体建设路径研究

南宁市社会科学院课题组*

摘　要：　社区是社会治理的基本单元，是服务人民群众的"最后一公里"，是社会治理下沉到基层的主要场域，建设社区治理共同体是推动社会治理共同体建设的重要抓手。南宁市近年来在推动社区治理共同体建设中取得一定的成效，同时也客观存在多元主体参与共治程度偏低、社区服务供需失衡、社区专业人才紧缺、社区治理信息技术体系仍有待完善等问题。对此，本报告从构建社区治理组织共同体、构建社区治理情感共同体、构建社区治理利益共同体、构建社区治理资源共同体、创新社区治理服务方式、打造令居民群众满意的宜居韧性社区等方面对南宁市社区治理共同体建设的路径进行了探讨。

关键词：　社区治理共同体　多元主体　社区服务　科技赋能

党的十八大以来，习近平总书记高度重视社会治理工作，提出了一系列新观点、新思想、新论断，治理共同体在政府文件中被多次提出。党的二十大报告提出，"建设人人有责、人人尽责、人人享有的社会治理共同体"，并且将其置于"全面建设社会主义现代化国家"重大战略命题下，充分彰显了建设社会治理共同体的重要意义。社区治理共同体是相对于社会治理共

---

　　* 课题组成员：王瑶，南宁市社会科学院社会发展研究所所长，助理研究员；庞嘉宜，南宁市社会科学院城市发展研究所，助理研究员；谢强强，南宁市社会科学院科研管理所副所长，助理研究员；李娜，南宁市社会科学院经济发展研究所，助理研究员；王一平，南宁市社会科学院社会发展研究所，研究实习员；蒋文兵，南宁市民政局二级调研员；谭钞文，南宁市民政局基层政权建设和社区治理科副科长。

同体而存在的概念，社区是社会治理的基本单元，是服务人民群众的"最后一公里"，是社会治理下沉到基层的主要场域，因此，建设社区治理共同体是推动社会治理共同体建设的重要抓手。

一 南宁市推动社区治理共同体建设取得的成效

（一）社区治理体系不断完善①

一是持续健全"党建引领、全域覆盖"组织体系。在全区率先成立新时代基层党建服务中心，依托全市 25 个街道大工委、261 个社区大党委，进一步完善党建引领城市基层治理联席会议制度。村（社区）党群服务中心全面推行"一窗"受理和"一站"办理，截至 2024 年 3 月，南宁市全域覆盖性划分 9067 个基础网格，网格化管理服务精细度有效提升。二是打造"高效协同、实战实效"服务体系。完善矛盾纠纷联动联调机制，做好"一中心四室"（一中心即综治中心，四室分别是矛盾纠纷调解室、视频监控室、群众接待室、心理咨询室）建设，实现城区、镇（街道）、村（社区）三级综治中心全覆盖。持续推动城管、消防等力量下沉基层。搭建纠纷多元化解综合服务平台，截至 2024 年 3 月，共建成 1 个市级和 12 个县（市、区）级公共法律服务中心、125 个乡镇（街道）公共法律服务站、291 个法律援助工作站。三是构建"多方参与、共治共享"治理体系。推进"警民联调"工作机制，开展社区共建共治共享行动，充分发挥社区网格员"六员"（巡查员、宣传员、信息员、讲解员、调解员、服务员）的作用，促进"五社联动"（社区、社会组织、社工团体、社会资源、社区自治组织的联动），推动形成多元主体参与社区治理格局。截至 2024 年 3 月，通过整合社区群众、志愿者等组建 245 支基层专职巡防队伍参与基层治理，培养和发展村（社区）"法律明白人" 18104 名、"法治带头人" 306 名，助力矛盾纠纷

---

① 如无特殊标注，本段数据均来源于中共南宁市委政法委员会。

排查与化解；全市共计成立"老友议事会"620 个，选举老友议事代表 4269 名，召开老旧小区改造专题等议事协商会议 1653 场，多元主体参与社区共建共治共享格局逐步形成。

（二）社区治理效能显著提升

一是积极推动社区居民自治。探索"党建+自治"基层治理模式，成立"社区联合党委"，采取"工作人员+志愿者"的活动方式，实现社区共建共治共享。发起"逢四说事"，成立"老友议事会"等居民自治组织，鼓励群众通过合法合理平台"说事、议事、主事"。推动成立小区业委会，支持"小区党组织+业委会+物业"三方议事共同决策，在无物业小区设立居民自治队和爱心志愿服务队。开展"邻里守望""我们的节日"等主题活动，强化社区群众自我管理、自我教育、自我服务意识。二是持续提升社区应急能力。创建"八桂应急先锋"社区（村）响应队，推进安全风险网格化管理和各类灾害信息员网格化建设，制作社区（村）灾害风险地图，建立社区事故隐患清单，常态化组织开展消防、一氧化碳中毒等安全隐患排查，形成防灾减灾救灾工作合力。其中，在基层党建方面探索的"结对共建""党员志愿者示范城"等做法分别被评为全国最佳案例和优秀案例，"逢四说事"和"12345"工作法分别入选全国 100 个优秀社区工作法、全国社会治理创新典型案例，"社校联盟"共建共享模式入选全国城市基层党建创新案例。[①] 三是完善新市民快速融入城市机制。新市民是城市建设发展的主力军和生力军，近年来，南宁市重视完善新市民服务，例如，帮助农民工、灵活就业人员等群体努力打通劳动维权"快车道"；率先在全区实现"婚调机构+服务+专家"全覆盖，高效帮助广大市民群众化解婚姻家庭矛盾纠纷等。

---

① 《南宁市着力推进基层治理体系和治理能力现代化——党建引领聚合力　服务为本促发展》，广西日报网站，2024 年 1 月 11 日，http：//ssw. gxrb. com. cn/json/interface/epaper/api. php？name＝gxrb&date＝2024-01-11&code＝014&xuhao＝1。

专栏1 "'智慧人社'+多元共治",破解劳动维权保障难题

近年来,南宁市聚焦农民工、灵活就业人员等重点群体劳动权益保障,创新搭建"智慧人社"平台,凝聚合力,高效破解劳动维权保障难题,极大赋能市域社会治理体系现代化,全力维护社会大局持续和谐稳定。

一是联动治理,聚力消除劳动维权"中梗阻"。联动化解灵活就业维权纠纷,针对灵活就业人员劳务报酬案件中"难办、难认、难追讨"等维权难问题,成立全国首个灵活就业人员合法权益保障联动化解中心,通过部门联动调处,在劳动监察部门接案的同时,通知法院同步前往现场,将"法庭"开到纠纷调解"一线",实现"快速接案、快速介入、快速处理、快速裁决",及时解决纠纷,让灵活就业人员"免诉讼、免排期、免费用"快速解决案件,实现案件"日结",大幅缩短灵活就业人员的维权时间,降低维权成本,助力社会治理新发展。2021年以来,已通过快速调处成功为1206名灵活就业人员司法确认劳务报酬4076.13万元。

二是科技赋能,聚力打通劳动维权"快车道"。首创"智慧人社"共建共治共享治理系统,成立全国首个"智慧人社联合创新实验室",推进大数据与社会治理深度融合,打通市级平行部门之间数据共享交换渠道,为劳动者提供更便捷、更高效、更优质、更阳光的维权服务。在线上,建立统一的"一网一微一端"(网站、微信公众号、App)平台,创新推出线上庭审、线上送达、线上笔录等多项应用,减少企业和群众办事"多头跑、多处找"的情况,实现"一码申请""一网通办",满足群众线上维权需要;在线下,对各级人社窗口统一名称、统一标识、统一服务标准,实行市域内多点受理,做到材料提交一次、部门共享互认,实现劳动维权咨询、受理、分派"一窗(网)受理""一门通办",实现"24小时不打烊"的劳动维权自助服务,让群众就近随时自助查询、办理。打造内联外延的劳动关系预警"数字大脑",依托系统"全程跟踪、实时监控"功能,将劳动关系纠纷隐患、突发事件和重大案件等情况,按照紧急程度从高到低进行分级预警、即时显示和实时通知，最终实现和谐劳动关系建设"事前"有效预警、"事中"及时处置、"事后"全面跟踪。2021 年以来，累计监测劳动纠纷案件涉及重点人员 32518 人，均转入快速处理绿色通道优先处置，将矛盾纠纷化解在市域基层、解决在萌芽状态。

资料来源：南宁市人力资源和社会保障局。

（三）基层矛盾纠纷调处机制持续完善

一是推动人民调解网络全覆盖。建立纵贯市、县（市、区）、乡（街道）、村（社区）四级人民调解组织，推广"信息员—村民小组—村委会—乡镇（街道）司法所"四级矛盾预警系统。截至 2024 年 3 月，全市和县（市、区）、开发区、乡镇（街道）"一站式"矛盾调处中心全部完成挂牌运行，1821 个村（社区）配备 717 名法律顾问、1804 名法律援助联络员，各乡镇、街、村、社区和企事业单位，以及各行业建立各类人民调解组织 2438 个，配备调解员 12530 人，促进形成"横向到边、纵向到底、上下贯通、左右协调、依托基层、多方参与"的人民调解工作网络。[1] 二是持续优化完善基层矛盾纠纷调处工作机制。构建"党委领导、司法主导、多方联动"多元矛盾纠纷化解工作体系，坚持"关口前移"，优化重大突发纠纷和紧急敏感案件报送、重点纠纷或未调解成功纠纷回访等机制。支持"老莫调解工作室""叶叔调解工作室"等个人调解工作室建设，创新"贝侬""族老"调解民事纠纷工作法[2]，探索预防化解邻里纠纷"红橙绿"三色分级解纷工作法等，将邻里纠纷风险隐患防范在源头、解决在基层、化解在萌芽状态。

---

[1] 数据来源于中共南宁市委政法委员会。
[2] "贝侬""族老"调解民事纠纷工作法是指：在坚持和发展新时代"枫桥经验"的实践之路上，南宁市深挖少数民族民俗民情法治因素，引入"贝侬"（壮族中指兄弟）、"族老"（壮族农村群众对同族长辈或村中德高望重的长者的尊称）参与民事纠纷调解，主动融入党委领导下的少数民族乡村治理现代化建设，形成了多元化解纠纷新路子。

专栏2 创新"一站式"三色分级解纷工作法

近年来，南宁市邕宁区坚持和发展新时代"枫桥经验"，依托市级"数智枫桥"和各级综治中心，健全"一站式"矛盾纠纷多元化解平台机制，按照风险等级由高至低，将矛盾纠纷划分为红色、橙色、绿色三级进行动态管理处置，实现"简单矛盾马上办、复杂矛盾精准办、疑难矛盾合力办"。

一是着力提升"一站式"三色分级解纷"便捷度"。以"数智枫桥"助推"一站式"调解平台建设，优化"一站式"三色分级解纷"信息收集—分类派单—案结反馈—综合销号"闭环流程，为高效化解矛盾纠纷打下坚实基础。创新"订单化"派单，以邕宁区龙象社区综治中心为试点，探索"居民点单→中心派单→网格员接单→群众评单""四单"工作机制，通过微脑系统实时响应，中心第一时间汇总居民纠纷订单，第一时间派单给网格员核查现场，第一时间协调部门联动解决问题，第一时间接收群众满意度反馈。该试点共派单98件，调处成功率达100%。推行"一体化"调解。依托一站式智慧云系统，健全多元解纷机制，以人民调解为基础，引入行政、司法、行业、社会等各类调解力量共同参与。建立调解专家库，在册专家9名，专业指导调解工作，逐步形成一体化调解模式。

二是着力跑出"一站式"三色分级解纷"加速度"。联动化解防"红色"变量。"红色"矛盾纠纷属于高风险类型，易引发重大群体性事件或"民转刑"案件。建立城区、镇、村三级迅速响应处置机制，一旦发生"红色"矛盾纠纷案件，城区领导干部、镇领导干部、村（社区）"两委"干部第一时间到达现场处置。建立疑难复杂矛盾纠纷协同联动化解机制，采取"一案一专班"制，成立由政法、信访等部门组成的调解工作专班，联动攻坚化解，防止"红色"矛盾纠纷变质升级。精准调处减"橙色"存量。"橙色"矛盾纠纷属于中风险等级，现存案件数在三色纠纷案件中占比最大。主要由属地责任单位承接调处，并由相应专业调解专家从旁指导调解，采取"四个一"工作法（"一日一报告""一周一分析""一月一研判""一事一策"）逐件化解。"民纷民解"控"绿色"增量。"绿色"矛盾纠纷属于低风险等级或萌芽阶段，主要采取"民纷民解"方式，由流转格内网格员或民间调解组织承接调处，发动格内网格员、"花婆"评理室、乡贤理事会等民间调解组织力量，用乡音乡情就地化解900余起矛盾纠纷，推动矛盾纠纷化解在萌芽状态。

资料来源：中共南宁市委政法委员会。

（四）社区服务供给水平稳步提高

一是强化便民服务功能。自2011年以来，南宁市已投入市财政资金超过3.2亿元，按照"服务优先、方便群众、功能整合"的原则，持续推进村委会和社区服务用房建设，在社区党群服务中心全面推行了"一窗"受理和"一站"办理，实现了政务代办服务的全覆盖。截至2024年3月，农村社区综合服务设施覆盖率达80%，城市社区综合服务设施覆盖率达100%。引导村级各项公共服务场所相对集中规划建设。推动社区与居家养老服务协同发展，截至2024年3月，已建成城市养老服务中心和街道综合养老服务中心24个、长者饭堂30个、日间照料站164个。[1] 在全市12个800人以上的易地搬迁安置点周边建成了幼儿园、义务教育学校、医疗机构等，有效强化了安置区的教育、卫生、未成年人保护等公共服务资源配置。[2] 二是着力推动社区志愿服务发展。为丰富社区服务，充分调动志愿者、社区居民等社会力量参与社区治理，南宁市率先在全区按每个社区20万元的标准设立社区惠民项目专项资金，2012~2024年累计投入市、县级财

---

① 数据来源于南宁市民政局。
② 数据来源于中共南宁市委政法委员会。

政资金 6.997 亿元,用于开展包括社区公益和志愿服务活动在内的多个项目。截至 2024 年 3 月 18 日,全市以社区服务为内容的志愿服务队伍有 1881个,以社区服务为主题的服务项目有 24978 个,总服务人数有 84.28 万人,服务总时长达 540.85 万小时。①

专栏 3　社区志愿服务出新招

南宁市兴宁区望仙坡社区紧邻南宁市人民公园,西连"南宁火车站",辖区范围 1.8 万平方公里,现有居民 6348 户,常住人口 12037人,流动人口超 3 万人,是名副其实的老城区。党的十八大以来,社区坚持服务为民工作先导,一心一意为群众服务,阳光照进社区每一个角落,社区处处充满阳光,"阳光"成为社区最明显的面貌特征和社会风气,"阳光社区"已经成为大家公认的口碑,成为社区的代名词。

一是成立"阳光志愿者服务团"。在望仙坡社区,"能帮就帮"的南宁精神处处可见,而"你要帮"变成"我要帮"更是一种常态、一种风气,也是社区最亮丽的风景。2023 年 9 月 28 日,社区正式成立"阳光志愿者服务团",由社区党员干部带头,社区群众代表参与,组建了 32人的社区志愿者服务团——"阳光志愿者服务团"。

二是开展"阳光志愿服务行动"。根据网格划分和工作需要,社区志愿者服务团开展了环境卫生整治组、文明新风倡导组、家政服务便民组、社会治安防范组、民族团结宣传组等多项为民服务行动,每个组由社区党员干部带头,负责队伍组建和日常工作及活动。各组结合工作需要,深入社区,倾听群众意见,帮助群众解决困难问题。

三是打造"阳光家园"文明社区。社区深入贯彻落实习近平总书记

---

① 数据来源于南宁市民政局。

关于加强和改进民族工作重要思想，组织了"文明社区大家讲"先进事例征集活动，举办了"红石榴——民族团结宣讲日"活动，启动了"我为社区每一人 每一个人为社区"的志愿服务行动。比如，望仙坡小区的"100分"工作法：坚持党建引领+自身管理治安维稳案件0发生和文明环境卫生考核考评0扣分，以月度考季，以季保年，层层压实责任，层层筑牢防线，群众满意度持续提升，"阳光"成为小区的文明标签，是大家共同追求的目标。"民族团结+社会治理"成为望仙坡社区城市民族工作的新探索和新实践，取得了新的成效。

资料来源：南宁市民政局。

（五）科技赋能社区治理成效突出

一是着力打造"网格化+信息化"的市域社会治理工作体系。南宁市全域覆盖性划分9067个基础网格，搭建全市网格地图数字化基座，实现网格地图一次采集、一次绘制、多方应用。创新推出"一屏览邕"数智治理驾驶舱模式，以"五个一屏"为工作指引，即"数据一屏"统揽全域要素、"指标一屏"分析网格要情、"指挥一屏"发挥部门联动、"治理一屏"高效事件闭环、"场景一屏"透视智治赋能，将数智化技术、数智化思维、数智化认知贯穿于网格化全过程各方面，为社区工作的开展提供了极大便利。二是探索建设社区公共服务平台。在邕宁区和西乡塘区试点建设智慧社区公共服务平台，打造社区的掌上宣传和服务阵地，设置"民呼我应快办""社区动态""社区公告""惠民政策"等多个应用场景，实现社区动态掌上看、居民事务掌上办、社区工作掌上干，打造社区的掌上宣传和服务阵地。截至2023年11月，平台累计发布社区动态、公共政策和惠民政策184条，阅读量累计1.23万次；公布社区党务、居务、财务事项17项，阅读量累计1.7万次；"民呼我应快办"平台收到群众反映问题89项，社区处理反馈89

项，响应率达 100%。① 三是推动"雪亮工程"向基础网格延伸。南宁市加强公安、消防、卫健、市政、水政等部门间的工作协同，充分利用"雪亮工程"已有的 24 个部门 15.6 万路视频监控资源，大力推进村级地区重点部位及场所、高铁沿线视频监控建设覆盖率提升及联网实战运用，推动"大数据+智慧云眼""知识图谱+数据治理"等新技术应用，将"雪亮工程"进一步向基础网格拓展延伸，提升快速反应和应急处置能力，有效提升了村级地区社会治安智治水平。②

二　南宁市推进社区治理共同体建设进程中面临的瓶颈

（一）多元主体参与共治程度偏低，缺乏协同治理

一是多元主体参与社区共治的权责不够明晰。多元主体之间尚未明确分工，且未建立健全各主体间的协调沟通机制。同时，社区治理缺乏统一长效的规章制度，导致出现问题时容易相互推诿，治理效能不高。二是居民共同体意识不强，居民参与社区治理不充分。居民还未认识到自己参与社区治理的主体作用，将社区治理工作归于相对应的工作人员、社区居委会和业委会等，将自己置身事外。部分居民不主动、不积极参与社区治理等情况较为突出，不能正确行使自己参与国家和社会管理的公民权利，主体意识淡薄。三是社区治理主体之间以及社区治理主体与业主的互动性不够，社区治理较为分散。由于缺乏有效的互动，协商解决问题难度加大，业主对参与社区治理也难以有兴趣或热情，主体间呈现分散化、松散型的治理关系。

（二）社区服务供需失衡，社会组织嵌入社区工作难度大

党的二十大报告指出要加强"新社会组织"的建设，如何发挥群团组

---

① 数据来源于南宁市民政局。
② 数据来源于中共南宁市委政法委员会。

织、社会组织作用，加快培育社会组织，让其更好融入社会治理体系中，是社会治理共同体建设的难点所在。一是社区公共服务较为单一和社区居民需求多样性之间的矛盾。由于社会组织缺少相应的资金支持，其主要的资金来源依然是由政府资助、社会捐赠及社会服务带来的较少收入，这些资金不足以支持多样化的服务供给，无法满足人民日益增长的美好生活需要。二是资源分配不平衡，提供社区服务的社会组织很难嵌入基层工作。由于缺乏有效宣传，部分群众对社会组织参与社区治理的认知度、认可度不高，社会组织在提供服务过程中的公信力不够。同时，社区社会组织的专业化程度不高，服务能力和服务水平还需提升，对社区社会组织的专业培训与指导不到位，制约了社区社会组织的长效发展。

（三）社区专业人才紧缺，基层任务负担重

一是基层社区人才紧缺问题依旧突出，基础工作仍需进一步强化。"全能网格"现象突出，社区工作人员、网格员等基本上每天忙于应对上级部门交办的各种任务，社会治理精力分散。同时，在社区社会组织中有一技之长的专业人员不足，大多数由社区业务员或兼职人员组成，导致基层社区治理工作推进难度大。二是基层社区任务负担重。"上面千条线，下面一根针"是社区工作的形象比喻和真实写照。另外，村（社区）民委员会规范化建设水平还有待提升，城乡社区民主协商能力不足，尚未形成较为完备的社区治理体系，治理能力建设仍需不断加强。三是为基层减负任重道远。万能社区的问题没有得到根本解决，一定程度上影响社区治理共同体建设进程。

（四）社区治理信息技术体系仍有待完善

一是社区治理信息技术便捷性和网络性不够。在社区治理共同体建设中依然主要采用电话、微信群、张贴公告等比较传统的方式进行治理，在便捷性和网络性方面与打造智慧社区的要求仍有差距，居民获得感明显不足。二是市级矛盾纠纷化解信息系统亟须尽快研发。自治区还没有建立统一的矛盾

纠纷调处信息系统，也未成立自治区级矛盾纠纷调处中心，南宁市在试点探索阶段中，市矛盾纠纷调处中心的工作流转只能靠人工进行，工作效率较低，无法实现在线咨询、在线评估、在线分流、在线调解、在线确认和跟踪问效等功能。三是各部门自建信息系统数据互通能力较弱。村（社区）服务设施基数本身就比较大，缺乏信息化管理手段，相关治理信息无法实现多元的、深度的共享，网格要素也无法实现实时对接更新。

三　南宁市社区治理共同体建设的对策建议

（一）健全"一核多元"体系，构建社区治理组织共同体

1. 规范社区党组织建设，共建社区协同治理网络

建立纵向到底、横向到边的党组织网络，加快"党建+网格化+大数据"模式在社区的推广，以高质量党建引领社区治理水平稳步提升。在已成熟的"街道—社区—网格""社区党委—小区党支部—楼栋（单元）党小组"等组织架构基础上，积极推动在社会组织、居民团体、物业服务企业等建立党组织，持续扩大基层党组织的覆盖面，与辖区内企事业单位党组织开展联建共建，构建起以党建引领为核心、多元主体共同参与的"一核多元"社区共治体系，切实提升社区治理各主体之间的互动性，推动社区治理由分散治理转向协同治理。

2. 持续完善社区综合治理工作机制，以制度化建设实现规范化治理

加快形成权责明确、依法自治的现代化社会组织体制，切实推动基层政府部门厘清与社区的权责边界，将权力更多赋予基层组织，让社区充分发挥自治作用。持续健全"街乡吹哨、部门报到"的属地召集管理机制，强化街道办和社区的基层综合协调治理能力。逐步把消防、应急管理、公共卫生、安全生产等条线部门工作融入社区网格，形成大联动格局。

3. 健全党建和治理协调机制，整合社区资源

健全党建和治理协调机制，打通党建协调机制平台与社区治理合作协调

机制平台，以协调促党建，以党建促治理。社区党组织可探索通过区域化合作党建，在为驻社区单位提供服务的过程中，调动辖区内单位力量参与社区治理，实现"条块联动、资源整合、优势互补"。不断增强社区党员干部的社区服务意识、社区参与能力，以及居民关系协调能力。推动社区党组织活动与群众急难愁盼的问题相结合，将党员先锋模范作用切实体现在对社区事务的积极参与和友好互助等行动上，从而带动社区居民增强归属感和认同感，为社区治理增添合力。

4. 加强社区人才队伍建设，提升基层治理服务能力

针对基层社区人才紧缺的问题，加强社区工作者源头储备培养，完善定期招录、动态补缺、跟踪培养等制度，稳定基层人才队伍建设，不断补充社区工作力量。完善加强社区工作者队伍建设的实施办法，健全社区工作者队伍的薪酬体系，切实提升社区工作人员、网格员的收入水平，吸引更多专业人才到基层工作、留在社区、服务社区，不断提升基层社区治理和服务群众的能力。

（二）健全居民自治制度，构建社区治理情感共同体

1. 建立完善的社区议事协商制度，充分调动居民参与社区共建共治的积极性

搭建便捷高效的社区民主协商平台，扎实推进民事民议、民事民办、民事民管。进一步推广"老友议事会""竹声倾谈""逢四说事"等常态长效议事平台，推动居民协商议事制度化、常态化、特色化、接地气和全覆盖，让社区居民掌握自治事务的决策权、监督权，充分调动群众主动性，让更多居民自觉加入社区的日常维护与治理。丰富社区议事协商形式。根据协商主体、协商事项等具体情况，灵活采取不同的协商形式，对于涉及面广、关注度高的公共事项，采取专题议事会、民主听证会等形式进行协商，对于涉及面较窄的问题，可采取居民（代表）会议等小范围民情恳谈协商形式。探索推广"互联网+"居民议事模式，利用好 QQ 群、微信群等互动交流平台，方便社区居民便捷有效地参与小区管理、社区治理、公共服务等事务，

合法合理地反馈问题意见，打造数字时代背景下社区治理新模式。

2.挖掘本土文化资源，以人文精神引领社区文化的重构

注重社区居民在精神面貌、文化素养、价值观念、生活方式等方面的提升，增强居民的城市文化认同感和归属感，以及共建共治参与意识。建立社区邻里互帮互助机制。持续推广当前社区组织志愿者、热心群众等与辖区内的少数民族、空巢老人、贫困家庭等群体结成帮扶对子的经验做法，引导邻里之间互帮互助、互让互谅。创新丰富的睦邻互助活动。以壮族"三月三"、端午、中秋、重阳等传统节日为契机，开展"石榴花开、籽籽同心"、尊老爱幼、睦邻友好等系列活动，积极开展非遗文化项目体验、节庆节目展演、传统优秀文化知识竞赛、民族团结趣味运动会等，在组织居民群众共同参与特色民俗活动中广泛交往、增进感情。注重文化浸润促交融，营造人文社区。充分利用社区的闲置空间场地设置民族文化展示区，将讲述作品趣味故事和宣讲优秀传统文化相结合，以潜移默化的方式陶冶群众，传承中华优秀传统文化。

（三）健全多元解纷体系，构建社区治理利益共同体

1.持续健全矛盾纠纷多元化解体系，营建和谐社区

构建完善党建引领、运转高效、居民信赖的矛盾纠纷化解机制，建立便捷高效的社区纠纷调解平台，尽快研发市一级矛盾纠纷化解信息系统，加快实现在线咨询、在线评估、在线分流、在线调解、在线确认、跟踪问效等线上流程服务。推广"贝侬"调解、"族老"调解等创新模式，打造更多基层品牌调解室。建立稳定专业的社区纠纷调解工作队伍，探索推动法官、调解员、律师、法律服务工作者"入网格"，推广社区网格法律服务团，使司法为民、法律服务的触角进一步覆盖社区。培育发展志愿者调解协会，完善覆盖全域的人民调解、司法调解、行政调解"三调联动"网络。依靠群众就地预防化解各类社会风险，共同维护和谐稳定。

2.持续推动社区警务与社区网格化管理深度融合，营建平安社区

按照职能融入、系统融接、机制融优、力量融合、警民融洽"五融"

要求，深入推动"警格+网格"双网融合，切实推动双网数据联动应用，形成社区党委大力支持、社区民警指导有力、居民积极参与的良好局面。推广"警员+网格员+群众"的社区联合守护队伍。将社区干部、物业保安、社区退役军人、群众等主体组织起来，按"1+1+N"模式组建社区治安群防群治队伍，发挥"警员+网格员+群众"在社区治安治理中的合力，筑牢社区治安防线。

（四）激活市场与社会活力，构建社区治理资源共同体

1. 推动社区社会组织专业化、规范化发展，发挥组织在优化完善服务方面的积极作用

一方面，培育壮大社区社会组织，推动其向专业化、规范化发展。持续发挥社会组织孵化中心作用，为初创期、发展期及成熟期社会组织给予全周期孵化培育支持，着重提供专业培训与指导，帮助社会组织提升资源整合调动能力。民政部门指导社区居委会对社会组织授权赋能，使社区居委会、社会组织在参与社区治理、提供社区公共服务、整合社区资源等方面形成合力，助力社区全面发展。充分运用好购买服务、社区基金会、用者付费、合同外包、特许经营等市场化工具，根据不同的社区服务类型选择不同的市场化工具或工具组合，优化和完善社区服务体系，帮助社区社会组织规范健康发展，让其成为社区共建共治"新枢纽"，不断扩大社区善治"朋友圈"。另一方面，积极引导社区社会组织提供便民服务、矛盾化解、纠纷调解、防控排查、应急处置等服务，在促进社区治理、流动人口社区融入、长者帮扶、志愿者队伍壮大等方面发挥积极作用。加大对社区社会组织的有效宣传力度，提升居民群众对社会组织参与社区治理的认知度、认可度和公信力。建立完善的服务反馈机制，根据社区居民群众对公共服务质量的反馈，及时调整工作形式与内容，促进服务专业化和本土化，更好地实现服务供给与需求适配。

2. 将物业管理融入社区治理，发挥市场力量协同作用

一方面，逐步推广"物业企业可以接受多重主体委托，按需提供服务，

居民也可以灵活选择服务内容"的"委托制物业"模式。按照先易后难、分步实施的原则,推动物业进三无小区、进城中村。对于部分三无小区,可"大片区打包",由物业公司和街道合力加强社区居民协商,前期引入的物业服务内容可包括环卫保洁、绿化养护(含市政道路绿地、行道树、绿植修剪等)、市政设施养护、"五乱治理"等基础类服务,后期机制较为成熟或居民需求有所提升后,可逐渐延伸至城市管家"智慧平台"等品质升级服务,鼓励物业公司不断完善服务供给,拓宽社区物业管理的服务领域。另一方面,培育发展优质物业服务企业,持续优化引入市场力量的路径。由住建、民政、市场监管、城管、财政等部门联合研究、制定出台相关减税降费补贴政策,鼓励更多优质物业企业面向三无小区、城中村等区域提供专业服务。坚持经济效率、公平的原则,为物业公司建立包含"需求—运营—服务—反馈—考核"的闭环考核评估体系,完善能退能进的市场机制,让物业企业"进得去、留得住",真正助力社区提升居民生活品质。

(五)强化数字技术赋能,创新社区治理服务方式

1. 注重"数字技术+治理",推动社区治理智慧化、现代化

逐步推广智慧社区建设。在有条件的社区逐步推广智慧社区的建设,搭建智慧社区平台,以信息化、智慧化手段推进社区工作由粗放型向精细化转变,按照"居民反馈问题、社区网格收集上报、街道部门统筹办理"的工作模式,及时处理治安隐患、调解矛盾纠纷,提升群众的安全感和满意度。持续优化协同联动机制,完善集信息收集、分析预警、智能处置于一体的智慧治理平台,将综治、民政、住建、应急、消防、卫健等领域整合"入网",加快形成"一网统管"的智慧城市愿景。统筹协调上级各部门数据和信息报送渠道,落实基层社区"相同数据,一次报送"的精简工作模式,加快推进网格要素实时更新,切实减轻基层社区工作人员负担。逐步推进智慧安防小区建设,筑牢社区"安全墙"。逐步推行出租房屋"二维码"管理创新模式,做到"房码信息对应、房人信息关联",确保出租房屋数据常采常新。对已收集的社区、小区数据进行合理应用,加快研究制定数据质量标

准与应用规范，为提升社区治理现代化水平提供数据支撑，切实为居民打造经济舒适、智能高效、安全可靠的居住环境。

2. 注重"数字技术+服务"，推动社区服务精细化、品质化

以线上线下协同融合的智慧服务满足新时代人民群众对社会治理的新需求。一方面，以社区为载体，为便民惠企提供阵地依托。完善社区党群服务中心的服务前厅、人大代表联络站、文体活动室等功能区，提供包括宣传教育、政务办理、休闲娱乐等的便民公共服务。鼓励有条件的社区试点推广智慧社区公共服务平台，深度整合社区服务现有资源，打造集网上办事、便民生活、舆情民意、监督管理于一体的一站式社区综合服务平台，运用大数据手段精准研判社区居民的服务需求，尤其针对老年群体、流动人群等进行精准分析，切实做到"民有所呼、我有所应"。另一方面，鼓励社区服务与现代服务业融合发展，积极推进完整社区建设。在社区医养、托幼、教育、家政服务、快递寄取、智慧停车、创业指导、心理咨询等领域开展智能化建设，精准对接服务需求与供给，不断拓宽社区服务发展空间。开展智慧养老、智慧托育等行动，探索"菜单式"服务模式，居民通过智慧社区公共服务平台"下单"即可享受实惠便捷的服务，让多元化服务体系提升社区服务温度。

（六）打造宜居韧性社区，提高居民满意度和幸福感

1. 注重舒适便利，有序推动社区的宜居改造

相较于新建社区较为完善的服务设施而言，老旧社区的改造程度与难度更具挑战，应完善社区改造组织机制，坚持党建引领、党员带头、居民参与的改造模式，充分听取社区居民群众意见，形成较为统一的改造提升意愿，确保社区的改造更新能够"改"到群众心坎上。丰富老旧社区改造内容，推动社区改造更新由基础类向完善类、提升类转变，由应改尽改向能改则改、需改则改转变，将养老、托幼、体育等公共服务设施纳入改造内容。有序推动城市社区积极打造老年宜居环境、儿童友好型社区、青年活力社区等。例如，在打造老年宜居环境方面，在城市更新、老旧小区改造、新建住宅小区设计等方面应充分考虑老年群体需求。将社区养老服务设施纳入社区

配套用房建设范围，对于老旧小区、老旧社区，通过补建、置换等方式统筹推进设施建设，推进老旧小区、老旧社区的公共服务设施适老化及无障碍改造；对于新建住宅小区，全面实施小区配套养老服务设施"四同步"。在稳步推进儿童友好型社区方面，在"15分钟社区生活圈"建设中，同步推进"15分钟儿童友好生活圈"建设，使儿童就近参与社会实践和活动，推动更多适合儿童的公共文化服务下沉至社区。持续优化儿童服务中心、儿童之家功能布局，依托社区活动室等场所，建设全龄包容、特色有趣的儿童活动场地。持续完善社区"学径空间、学校周边道路空间、儿童主要活动场所周边道路空间以及候车空间"等儿童出行空间的适儿化改造，切实提升社区辖区内儿童安全出行体验。在有条件的地段、城市慢行系统、绿道系统中开辟专用的学径空间，构建安全畅行的儿童步行、过街、骑行环境。在打造青年活力社区方面，充分考虑青年群体对文化娱乐活动、户外体育运动的需求，可对社区公共空间进行合理安排与设计，充分利用社区的公共活动区域、社区文化广场、口袋公园，增加篮球场、羽毛球场等小型体育运动设施和场地，形成日常休闲活动的空间网络，满足居民群众多样化娱乐活动需要。

2. 注重安全性能，有序推动社区的韧性提升

完善社区空间公共应急设施建设，完善社区应急预案、预警防范和防灾避难体系建设，切实提升社区应急管理能力和水平，为建设平安社区提供坚实的安全保障。充分利用社区中的开敞空间，建设应急避险的临时场所，确保应急场所的可达性。挖掘社区内的边角空地与小区住宅间公共空间的潜力，根据空间大小，增设服务功能设施，打造多功能广场或灵活转变为公共宣传场地、应急医疗场所等，既为居民提供家门口的弹性共享空间，又能形成日常使用与应急转换的户外公共空间。

参考文献

王杨：《建构社区治理共同体——社会网络视角下社区共治路径与机制研究》，社会

科学文献出版社，2022。

景朝亮、林建衡、李妍：《社区共同体建设路径研究》，社会科学文献出版社，2022。

陆军等：《营建新型共同体：中国城市社区治理研究》，北京大学出版社，2019。

胡靓、沈莹、李志民：《城市更新背景下的城中村社区改造理论与实践》，中国纺织出版社有限公司，2022。

毛春合、杜凯钰：《党建引领社区协商治理路径优化研究——基于 X 市 Y 社区治理的实践经验》，《边疆经济与文化》2024 年第 1 期。

侯麟军、任中平：《党建引领社区治理：实践探索及其比较——基于四个典型案例的分析》，《西华师范大学学报》（哲学社会科学版）2023 年第 4 期。

陆家炜：《构建社区治理共同体的现实问题与路径选择》，《中共乐山市委党校学报》2023 年第 2 期。

毛莉：《乌鲁木齐市社区治理共同体建设路径研究》，《中共乌鲁木齐市委党校学报》2023 年第 2 期。

周郑成：《空间重塑："枫桥经验"下"村改居"社区治安治理的优化路径》，《江西警察学院学报》2022 年第 2 期。

B.22
南宁市高层次人才服务体系建设
路径研究

南宁市社会科学院课题组*

摘　要：　人才引领时代发展，推动社会变革，培养和引进人才既是百年大计，又是当务之急。本报告分析了南宁市高层次人才服务体系建设的现状，针对南宁市高层次人才政策执行协同性待优化、人才创新创业服务需加强、人才考核评价制度需完善、人才服务全周期建设需加强等问题，从精准完善政策供给、健全服务运行机制、优化创新创业服务、强化激励支持措施、创新考核评价制度、加快智慧服务建设、完善配套保障机制等方面提出具体对策措施，为持续优化南宁市高层次人才服务体系建设提供决策参考。

关键词：　高层次人才　服务体系　人才共享　创新创业

千秋功业，关键在人。近年来，南宁市深入学习贯彻党的二十大精神，认真贯彻落实中央、自治区党委人才工作会议精神，进一步完善高层次人才服务机制，创新打造具有区域特质的高层次人才专属服务模式，切实把会议

* 课题组组长：梁瑜静，南宁市社会科学院经济发展研究所所长，助理研究员、讲师。课题组成员：吴金艳，南宁市社会科学院副院长，正高级经济师；谢强强，南宁市社会科学院科研管理所副所长，助理研究员；杜富海，南宁市社会科学院经济发展研究所副所长，助理研究员；王许兵，南宁市社会科学院东盟研究所副所长，助理研究员；陈琦，南宁市社会科学院经济发展研究所，经济师；陈灿龙，南宁市社会科学院社会发展研究所，助理研究员；张珊娜，南宁市社会科学院科研管理所，研究实习员；黄瑞卉，南宁市政府发展研究中心产业科副科长；陈代弟，南宁市社会科学院办公室，助理研究员；李宏明，南宁市社会科学院科研管理所，助理研究员。

精神转化为推动新时代人才工作各项决策部署落地生效的强大动力，城市人才工作的提质增效极大促进了城市人才吸引力和竞争力的有力提升。南宁市通过强化顶层设计，不断完善人才服务体制机制；落实配套政策，不断提升引才聚才吸引力；加大服务平台化建设和人才创新创业支持力度，进一步提升人才服务质效和发展空间；创新人才共享模式，人才服务半径不断延伸；着力培育后备人才，人才后备力量不断充实。

一 南宁市加强高层次人才服务体系建设现状

2016 年，南宁市依照《南宁市高层次人才认定办法（试行）》（南办发〔2015〕83 号）政策要求，按照高层次领军人才（A 类人才）、高层次骨干人才（B 类人才）、高层次经营管理人才和高层次专业技术人才（C 类人才）、其他重点人才（D 类人才）的划分标准，开启了高层次人才的认定、服务工作，已形成较为系统的涵盖高层次人才引进与培育、认定、补贴、教育与医疗保障的服务保障体系。

（一）强化顶层设计，人才服务体制机制不断完善

南宁市高层次人才服务工作起步于 2015 年底。多年来，南宁市结合经济社会发展实际，坚持需求导向、市场导向，围绕高层次人才认定工作，相继出台了《南宁市高层次人才认定办法（试行）》（南办发〔2015〕83 号）、《南宁市高层次人才认定实施办法》（南办发〔2019〕10 号），在认定标准类别上从 2015 年的 A～D 四类人才认定扩充至 A～E 五类人才认定。围绕实施办法相继制定了《南宁市高层次人才认定参考目录（2019 年）》《南宁市高层次人才认定参考目录（2021 年）》《南宁市加强和改进新时代人才工作的若干措施》，不断拓宽人才认定条件范围，丰富人才评价标准。2021 年南宁市还创新出台《南宁市高层次人才举荐制实施细则》（南人社规〔2021〕1 号），在全区首推高层次人才"同行举荐"制度，与此同时，强化紧缺人才的自主引进，由人社局牵头编制南宁市事业单位急需紧缺专业人

才目录，列入该目录的人员，可在事业编制限额内引进后再到机构编制和人社部门办理手续，给予各级事业单位对高层次人才引进与任用更大的自主权与灵活度。

（二）落实配套政策，引才聚才吸引力不断提升

一是精准落实高层次人才安居保障。近年来，南宁市在安居保障上不断完善高层次人才"住房+租房"的保障服务体系。在高层次人才购房方面，设置了高层次人才在邕首次购房补贴机制，在补贴落实上，人社局、财政局等多部门共同发力，破解财政紧张困局，根据补贴的实际发放情况持续改进保障措施。在贷款购房上，高层次人才首次使用住房公积金贷款购买首套住房的，根据认定等级可放宽至贷款限额的 1.5~4 倍。在租房保障上，强化高层次人才公租房建设，以低于同地段市场租房价格的租金提供人才保障房，优化人才生活安居待遇。与此同时，对于柔性引进的高层次人才（每年工作 3 个月以上），属地和用人单位积极解决其在邕工作期间的住宿问题，高管、骨干科研人员等人才给予短期（不超过 6 个月）租赁。二是夯实人才生活服务保障。在子女入学方面，2022 年底出台的《南宁市加强和改进新时代人才工作的若干措施》将解决高层次人才子女教育入学范围从原来的直系子女扩大至直系子女或（外）孙子女。在医疗服务上，为高层次人才提供专人接诊、健康体检等医疗优诊服务。在便民服务上，积极推进高层次人才在乘坐公共交通工具、游览景区公园、停车等方面的优惠服务工作。

（三）强化服务平台化建设，人才服务质效不断提升

一是推进人才服务便捷化。2021 年南宁市"智慧人才"一体化服务平台上线，该平台是全国首个多部门、多渠道、多功能的城市人才服务平台，实现了微信、App、网厅、小程序等多渠道对接。二是加快人才引进服务产业集聚区建设。2022 年成立广西（南宁）人力资源服务产业园，着力打造现代化人力资源服务产业集聚区、区域性人力资源产品采购首选地、面向东

盟人力资源服务合作核心区产业园的"一园多区"服务格局。以高质量的人力资源服务产业集聚区为平台，着力吸引高质量人力资源企业进驻，为南宁市高层次人才的引进与发展提供强有力的社会化服务支撑。三是提升人才服务工作主动性。一方面，加强人才引进工作的前瞻性、主动性，加强南宁人才政策的主动宣传，为引进工作奠定基础。另一方面，提升人才服务温度，提供节日关怀服务，畅通单位、人社局等相关部门人才服务信息的对接等。

专栏1　人才服务创新举措——"南宁有才"测评站

"南宁有才"测评站是南宁市"智慧人才"一体化服务平台开发的一项创新服务功能。测评站将包括高层次人才政策在内的16个工作部门、28项热门政策、52项重点待遇兑现条件具体量化到每个测试选项中，设计出44种测评规则、32个测评结果。通过勾选符合自身实际的测题选项，平台就可以为个人和单位智能匹配相应的人才层次类别和可以享受的待遇，并根据测评结果推荐对应的服务事项，引导人才快速了解匹配的待遇政策、快速办理相应人才业务。

资料来源：南宁市人力资源和社会保障局。

（四）强化人才创新创业支持，人才发展空间不断拓宽

一是产业转型升级加速，拓宽人才施展空间。近年来，南宁市加快现代化产业体系建设，以六大战略性新兴产业为基础的新经济产业不断释放强劲的发展势能和就业潜力，为高层次人才发展提供了成长有空间、发展有未来的良好生态环境。二是强化人才发展的资金支持，助力人才智力成果高效转化。聚焦重点产业高层次人才发展与智力转化，实施"邕江计划"，下设顶尖人才专项、领军人才专项、海外人才专项等5个人才专项计划，对引领南宁市重点产业创新发展和推动重大项目建设的高层次创新创业的领军人才项

目给予最高 1000 万元专项资金支持，引领促进智力快速投入经济建设中。三是积极打造各类创新平台，搭建人才创业兴业广阔舞台。南宁市积极打造各类创新创业平台，持续推进南宁·中关村（基地+科技园）、力合南宁科技园等重点创新园区载体建设，以及国际科技合作基地、新型产业技术研究机构等协同创新平台创新，人才等要素集聚效应不断凸显，五象孵化器、广西区块链科创园等科创孵化器对高层次人才的吸引力不断增强。

专栏 2　创新平台建设新举措——新型产业技术研究机构

为了加速产业与人才创新资源集聚、补齐产业创新短板，2018 年南宁市推出建设新型产业技术研究机构的重大改革举措，出台《南宁市新型产业技术研究机构建设与资助管理办法》（南府规〔2018〕22 号），聚焦重点与战略性新兴产业。按照"政府引导、依托校企、产业导向、市场运作"原则，提出以企业化、市场化运作模式建设新型产业技术研究机构的机制，即设立以企业为法人的研究机构，政府授予"新型产业技术研究机构"牌匾，允许以知识产权作价入股，允许高校、科研院所和完成团队按比例持股，实行研究机构自负盈亏的运营机制。这一创新举措进一步激发了科研人才活力，推动区内外高层次人才团队和龙头企业扎根南宁贡献人力、创新资本。2022 年新引进新型产业技术研究机构 5 家，累计达 22 家，各类新兴产业技术研究机构带动 85 项前瞻性技术成果在南宁转化，累计实现营收超 5.5 亿元。

资料来源：南宁市科技局。

（五）创新人才共享模式，人才服务半径不断延伸

一是夯实人才共享政策机制基础。在高层次人才紧缺的大背景下，南宁市人才服务工作不断探索"科研和人才在外地，转化和产业在南宁"的"人才飞地"模式。在"人才飞地"政策支持上，相继出台了《南宁市

"人才飞地"管理暂行办法》（南科规〔2020〕4号）、《南宁市"人才飞地"管理办法》（南科规〔2023〕2号）等政策，在"人才飞地"认定条件、资金奖励、平台用地建设等方面给予明确支持，为人才共享创新模式的服务工作开展指明方向。二是强化人才共享载体建设。在"人才飞地"载体建设方面，加强与粤港澳大湾区等发达地区城市载体共建，已建设的南宁市"人才飞地"深圳、广州两个人才工作站，联合润建等龙头企业在广州、郑州、长沙等地建立3家研发机构类"人才飞地"，更好地联结深圳清华大学研究院、中山大学、暨南大学、广东环科院等高等学校和科研院所与当地优质企业的创新与人才资源，推动人才交流活动开展，拓宽高层次人才服务工作边界，有效推动高层次人才资源区域间的合理流动和高效集聚。

（六）着力培育后备人才，人才后备力量不断充实

一是加大高素质青年人才储备。在积蓄青年人才后备力量方面，围绕博士、硕士等人才创业就业发展环境改善，设立最高50万元的青年人才专项资金，出台《南宁市大力支持2022年度应届高校毕业生来邕留邕就业创业十条措施》，帮助刚踏入社会的青年人才快速适应与成长。在人才生活保障方面，对单位新引进的产业紧缺青年人才及紧缺目录外的博士分别最高给予25万元、10万元的生活补助。同时加强青年人才服务载体建设，在南宁市产业聚集区打造了100个"青年人才驿站"，为来邕求职就业的高校应届毕业生提供最长7天免费住宿及人才政策解读、岗位推介等人才服务。二是大力培育产业高技能人才后备队伍。聚焦南宁市重点产业发展需求，在2022年底新出台的"新时代人才23条"措施中对工程专业技术人员、农业青年人才骨干等产业技能人才给予5000～30000元不等的提升能力素质方面的资金支持。深入实施职业技能提升行动，加强产业工人队伍建设，在全区率先下拨试点企业补助经费、率先按照全区一流的标准建立南宁工匠学院等工匠学院和工匠学校，全面推行企业新型学徒制。

专栏3 "人才兴储"创新举措——青年人才驿站

南宁市青年人才驿站设立于2021年，旨在切实帮助青年人才解决"住宿难"的燃眉之急。在服务内容上，驿站家具、家电等住宿设施齐全，为南宁的外地青年人才免费提供最长7天的短期住宿服务，在入住期间可享受免费推荐就业岗位、创业政策宣传等城市融入服务。在服务范围上，非南宁籍应届毕业生（本科及以上）求职者、当年南宁市本级机关新录用的公务员选调生、挂职干部等各类青年人才均可申请，针对应届毕业生求职者的入住申请条件也在2023年4月进一步放宽至没有领取毕业证的非南宁籍的高校应届毕业生（本科及以上）。在申请方式上，青年人才可以通过"南宁青年圈"微信公众号、南宁市青年驿站官方网站实现线上快速便捷申请。青年人才驿站为"引才""留才"工作提供了重要服务载体保障。截至2023年6月，南宁市已实现7个区、市、县青年人才驿站的覆盖，共有100家青年驿站为外地青年人才解决短期住宿、城市融入、住房租赁三大难题。

资料来源：南宁市青年驿站，https：//www.nnsqnrcyz.com。

二 南宁市高层次人才服务体系建设面临的主要问题

（一）人才政策执行的协同性待优化

人才政策执行的协同性还存在一定不足，不同职能部门对于人才政策的衔接执行还需进一步优化。高层次人才服务政策涵盖人才落户、出入境管理、职称评审、岗位聘用、项目申报、科技咨询、知识产权服务、税费优惠、医疗保健、子女（孙子女）入学、配偶就业、休假疗养和学术交流、住房保障等不同业务领域，涉及多个具体执行的职能部门，在政策执行过程中，不同职能部门政策规定在具体落实过程中的协同合作、反馈对接机制还不够完善，导致一些措施执行时效较慢，直接影响了人才对服务政策的获得感和体验感。

（二）人才创新创业服务需加强

各类市场主体创新平台建设不足，产学研合作平台较少，各个新产业领域中技术创新主体之间的供需合作、研发合作、项目合作仍然较少，未能够充分调动各个主体的科技创新力量，企业自主创新人才紧缺，高端技术人才在助推产业发展中的科技创新引领作用还没有得到充分有效发挥。针对个人创业和初创企业的支持政策有待加强。如针对初创企业，以奖补、启动经费为主，对于初创企业如何规避创业风险、提升市场竞争力、增强企业活力和获得技术支持等方面的政策规定还相对较少，支持政策使用的工具和措施不够丰富。

（三）人才考核评价制度需完善

高层次人才的考核评价制度需进一步完善。目前还没有结合高层次人才的岗位要求建立起不同人才类别的定期考核评价体系，未形成高层次人才科学评价、动态调整的管理机制，大多数部门对高层次人才的考核方式较为单一，多以年度考核为主，许多单位根据人事部门的要求开展年度考核，并将年度考核材料作为高层次人才的全年工作业绩总结。单一的考核方式可能会受到主观因素影响或存在唯"量"是从、质量不高的问题，难以有效衡量高层次人才的工作绩效水平。

（四）人才服务全周期建设需加强

高层次人才对政策服务的获得感来源于覆盖人才服务事项办理的事前、事中、事后的全周期服务体系。目前，由于高层次人才服务机构现有的服务团队力量有限，高层次人才在办理各类服务事项的过程中，还无法获得全周期的事项处理跟踪反馈。同时，"智慧人才"一体化服务平台对一些服务事项、办理事项的跟踪反馈等功能仍需进一步开发完善。当前，加快推进"按责转办、限时办结、逐一反馈、回访调查"的全周期服务模式建设，是推动高层次人才服务运行一体化的重要任务。

三　优化南宁市高层次人才服务体系的对策建议

（一）精准完善政策供给，满足人才服务需求

1. 精准修订高层次人才认定政策，实现"应纳尽纳"

根据南宁市高层次人才认定办法在认定层次、认定范围、认定内容等方面明确的具体标准，精准修订高层次人才认定政策，针对南宁市现阶段重大产业发展的需求情况，制定更为全面且具体的认定细分目录。探索试行细分领域技能型人才破格举荐机制，针对部分产业领域中引育高技能、高技术、经验型人才的迫切需求，可在跨境电商、先进装备制造等产业领域，试点先行建立企业对人才破格推荐机制。分步制定实施高层次人才服务"一产一策"，按照南宁市高层次人才引育政策的重点方案，整合人社、科技、发改、工信、住建等部门的信息、项目、渠道、经费等资源，采取分步推进、循序渐进的方式，制定相应的人才队伍建设方案，待取得明显实效后，再适时推进制定其他重点产业的方案。

2. 加强人才政策优化集成，促进人才服务提质增效

对现有"1+6"人才政策与"强首府人才新政18条"进行调研评估，紧紧围绕全面落实人才新政"双23条"两个核心政策，坚持以问题为导向，在兼顾整体延续与局部创新基础上，充分吸纳各方意见，对各类人才政策、项目和计划进行集成优化和改革创新。探索人才服务机制创新试点，在自贸试验区南宁片区等国家级开放平台先行先试一批人才服务便利举措，重点针对高层次人才自由流动、流动人口社会福利均等化、创业融资与税收优惠、职业资格国际互认等方面开展试点，为全市人才制度创新探索积累更多可复制、可推广的经验。为创新创业人才精准提供定制化服务，重点健全创

业孵化、技术转移、成果转化、投融资服务体系，着力打造"双创"核心示范区及创新创业高端服务业集聚区，为创新创业人才提供新技术和新产品交易、推广、科技交流、融资等定制化服务。

3. 加强人才专项政策创新，强化人才与产业融合

着力推进中国—东盟人才城建设，结合自治区建设实施方案，抓住教育部和广西建设面向东盟职业教育合作示范区的机遇，明确制定中国—东盟人才城建设的时间表、施工图，全力推进"聚东盟人才服务国内，聚国内人才服务东盟"。着力打造国际高端青年科创人才培育高地，充分发挥东西部协作框架下深邕合作机制作用，吸引区外高校毕业生来邕创业就业，建立与国际接轨的人才供需机制、竞争机制、培养机制、激励机制和评价机制。着力推进产业链、创新链、人才链深度融合，优化升级南宁市"重点产业重点领域联合引智"等人才活动品牌，围绕重点产业需求，大力吸引集聚"高精尖缺特"人才，着力提升人才引育的精准度、集中度。用好驻邕高校、科研院所集聚优势，更好发挥桂林电子科技大学南宁研究院等创新平台作用，推动人才链与产业链、创新链深度融合。

（二）健全服务运行机制，提升人才服务效率

1. 加快健全党管人才工作体制机制

完善党管人才的机构设置和力量配备，发挥市委人才工作领导小组"管宏观、管政策、管协调、管服务"的全面领导作用，指导市委人才工作领导小组成员单位、各重点用人单位进一步健全党管人才工作领导体制。加强党委对人才工作的核心方向把握，重点加强各级党委、政府对人才服务工作体制机制建设的顶层设计，加强对引领和凝聚部门工作合力的方向引领。加强党委、政府对人才工作资源的优化整合，建立健全党委统一领导、党政齐抓共管的工作机制，完善人才服务工作相关业务领域的职能责任清单，以党委统筹推动南宁市政府职能部门、企业、社会组织及广大公众等各类主体中人才服务工作资源的整合运用，促进人才服务职能优化、程序优化、效率提升。

2.完善部门联动、区市协同的人才服务工作机制

加快研究制定人才服务办法，建立部门联合的联动机制和常态化的人才服务部门协商推进机制，明确市委组织部和市人社、编办、国资、工信、发改、财政、科技、卫健、公安、商务、住建、侨联、台办、工商、税务、海关等部门关于开展人才服务工作的联动机制。建立区市协同的人才服务工作机制，区市协同对接服务重点企业，深化服务企业专员制度，建立区市人才服务窗口联动机制，探索区市服务制度、服务事项、服务平台、服务规范一体化统一推进，实现区市人社系统人才服务"一个窗口受理、一站式审批、一条龙服务"。

3.健全政府与企业之间的人才服务工作机制

健全人才政策宣传机制，政府要积极向企业宣传各类人才政策。职能部门要与企业联合建立人才服务工作的动态跟踪机制，依托企业及时收集整理第一手的人才需求、引进、培养、管理、使用等情况，建立企业人才动态信息库。健全问题分析和发展研判机制，职能部门在收集企业相关需求和问题后，能解决的立即解决，不能解决的要及时反馈协调并跟踪办理情况。健全政府引导、社会参与、企业合作的服务机制，加大对社会化人力资源服务供给的引导投入，为人才发展提供完善的市场化服务体系。

（三）优化创新创业服务，营造人才发展氛围

1.聚焦创新创业政策扶持，营造鼓励创新创业的社会氛围

加强政策性项目扶持，依托各类创新创业项目扶持政策引才育才，实施科技型中小企业技术创新项目、市顶尖人才"突破计划"、创新创业领军人才"邕江计划"、企业家人才"领航计划"、高技能人才"支撑计划"等专项人才引育计划。完善支持企业研发的科技政策，重点针对创新体系建设和提高科技项目实施效益，制定出台更多科技政策。持续做大创新创业大赛，引导、支持各类科创机构和平台开展创业创新大赛，激发各类人才创新创业热情。实施人才创业项目动态扶持政策，针对人才创业企业在初创期、发展期、上市期等不同阶段的生产经营情况实施全周期扶持政策。

2. 聚焦强化创新平台建设，强化人才创新创业载体

提升南宁市科技创新平台水平，重点支持市属平台与驻邕高校、科研院所和国内外先进机构开展产学研合作。新建一批新型产业技术研究机构，采取"政府引导、依托院校、产业导向、市场运作"的模式，与知名高校、科研机构、龙头企业共建集产业技术研究、人才引进、科技创新、成果转化、孵化上市、平台建设于一体的新型产业技术研究机构。建设一批公共技术服务平台，采取政府引导、高校院所和企业主导、市场化的运作模式，向初创期和中小型科创企业提供创新创业服务，发挥创新创业平台的创新溢出和辐射带动作用。探索服务创业创新的社区化管理机制，打造环高校、科研院所创新生态圈，促进环高校、科研院所片区的"教育—人才—创新—产业"的相融互促。

3. 聚焦强化创新主体培育，优化人才创新创业生态

提升企业科技创新的能力，进一步健全有利于科技人才向企业集聚的体制机制，完善以创新能力、质量、实效、贡献为导向的科技人才评价体系，提高企业科研人员收入水平，畅通企业、社会组织人员进入党政机关、国有企事业单位渠道。创新体制机制激发企业创新活力，加大科研项目和资金管理制度改革，建立由市场决定技术创新项目、经费分配、评价成果的机制，探索健全企业研发投入后补助形式和项目经费包干制，赋予科研机构、人才更大自主权和技术路线决定权、经费使用权，使企业的创新投入能得到合理回报，激发企业科技创新积极性。进一步完善金融、财政支持创新体系，鼓励金融机构和创投机构，升级服务理念、产品谱系、服务模式，满足科创企业更深层次、更广范围的金融服务需求。

（四）强化激励支持措施，增强人才提升动力

1. 制定南宁特色人才培育激励措施

实施紧缺人才培养深造计划，用好南宁市签署战略合作协议的知名高校资源，开展深度培训项目，有针对性地培育紧缺人才。实施人才分类培养激励计划，完善针对高层次领军人才、青年人才、海外人才等不同人才

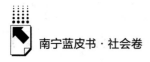

梯队的人才培养激励措施。实施扶持企业人才培养计划，制定企业人才培训补贴措施，鼓励企业规模性组织开展技能人才培养和企业职工个人自主参加培训。

2. 完善高技能人才激励政策体系

制定专门的技能人才激励制度，创新突破技能人才原有的培养、考核、评价等机制。完善匹配技能人才特点的收入分配制度，落实高技能人才专项补贴、特殊津贴等政策待遇，建立针对紧缺专业以及紧缺岗位的高技能人才技能职务津贴和特殊岗位津贴制度。营造重视发展高技能人才的社会氛围，大力弘扬工匠精神。

3. 探索创新更为灵活的激励方式

在激励上要坚持物质激励与精神激励并行，物质激励既要有资金激励，也要探索资金、物品、股权、期权等多种激励方式并行。同时，政府可通过税收等政策优惠弥补公司激励损失，既可减轻财政负担，将人才认证范围扩宽，又有助于激发企业兑现激励的积极性。

（五）创新考核评价制度，释放人才发展活力

1. 探索建立既"松"又"严"的科研管理制度

取消科研管理在研究主体和研究范围以及部分研究资金使用上的条条框框，鼓励市属研究机构之间、市属研究机构与南宁市重点扶持企业研究机构开展联合研究，减少重复研究带来的资源浪费，提升研究的针对性和有效性，推动科研资金在市属研究平台之间自由流转，实现研究资金高效集约运用。在给研究管理"松绑"的同时，建立更为科学严谨的科研成果考评体系，对科研成果的资金运用、研究效用、创新度等方面进行规范综合评价，促使高层次人才争相产出更高质量、更契合南宁市发展需要的科研成果。

2. 持续建设匹配细分行业的科学化职称评定制度

在持续加大评审权下放力度的同时，一方面，完善人才分类评价机制，突出工作实际，可鼓励市属高校和科研院所研究人员到企业研究机构或其他

生产部门挂职、交叉任职，并对挂职期间工作实绩突出、创新成果有实效的，适当给予职称评审和晋升绿色通道；另一方面，引入更科学的社会组织参与职称评定的程序，适当把对人才的评价和服务权力让渡给社会组织，比如行业协会、律师协会、建筑协会等相关行业协会，让更多专业权威团队参与职称评定，确保职称评审的结果公平、公正。

3. 创新完善专业技术人才的绩效考核制度

克服唯学历、唯资历、唯论文的评价倾向，突出实绩、突出创新，同时将人才发展潜力、研发能力等更多因素纳入专业技术人才的绩效考评中，形成更为科学、全面的新时代人才绩效考核体系，为用人单位在人力资源开发和使用上提供准绳和依据，促进政府部门相关决策更科学、更规范。

（六）加快智慧服务建设，强化人才服务支撑

1. 建设新型综合性高层次人才服务平台

在原有人才服务平台基础上，整合各方资源，打造集服务、审核、提供信息、联系对接于一体的产业链、创新链、人才链"三链合一"的新型综合性高层次人才服务平台（后台）。

2. 优化提升现有人才信息化服务平台

对现有的"南宁智慧人社"等人才信息化服务平台进行优化升级，定期开展人才和企业需求调研，从供需两端发力，完善平台功能。推进人才服务数字化改革，丰富拓展"南宁人才码"功能，打造政策咨询、政策兑现、生活服务"一站式"平台。

3. 推进人才服务事项全周期信息化管理

根据平台整合的人才基础信息，开发分类人才优待政策配对功能，通过人才认定信息与政策服务周期的数据匹配，设置人才认定服务事项的系统预先提醒模式，强化人才服务的前置功能。推行人才政策免审即享，通过大数据等多渠道主动发掘高层次人才，主动上门服务，对 A、B 类人才可考虑推行免审即享，让高层次人才享受到前置的精细化服务，实现服务留人。

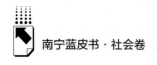

（七）完善配套保障机制，促进人才服务落地

1. 强化高层次人才服务机构建设

健全、建强南宁市人才服务管理办公室和县区级人才服务办公室，推动县区层面积极开展高层次人才服务工作，在短期内编制等问题无法解决的情况下，可通过购买服务等多种方式进一步强化高层次专职人才服务队伍建设。健全针对服务人员和团队的奖惩机制，定期通过满意度调研等方式，遴选奖励一批优秀服务人员，清退不合格的服务人员，提升整体服务人员和团队的积极性。

2. 制定实施高层次人才服务的标准规范

制定实施高层次人才服务的标准规范，对全市各级高层次人才服务机构的设置、服务人员的配备、服务方式的优化、服务流程的安排以及服务的评价、改进与反馈等提出明确标准、具体要求。按照服务规范，在全市全面实施高层次人才服务标准化提升行动，着力推进服务事项的明确化、服务行为的规范化和服务结果的数字化，以更高标准服务高层次人才，提升南宁市人才服务工作的规范化、科学化水平。

3. 加强高层次人才服务工作资金保障

坚持人才工作优先保障，积极统筹各级人才工作经费，按照每年度财政定额比例安排市级人才专项资金，聚焦重点领域和关键环节，持续加大人才投入力度，全面保障支持人才政策落地兑现。充分发挥财政资金引导作用，撬动社会参与的多元化人才投入，大力培育天使投资基金及各类创新创业基金，鼓励金融机构创新推出"人才贷"等金融服务，完善人才创新创业的金融服务体系。

4. 建立符合高层次人才需求的全领域配套保障体系

立足高层次人才全面发展的需求，完善全领域配套保障服务，着力解决关切人才自身利益的住房、子女入学、医疗、出行等"关键小事"，解决高层次人才的后顾之忧。同时，要结合当前创新创业新形势的发展要求，联合组织、人社、金融、科技、工信等相关部门，围绕高层次人才项目开展

"一对一""手把手"专门化服务，围绕引进人才干事创业全生命周期需要，提供全领域配套服务，帮助高层次人才实现自身工作目标和计划、实现自身价值，努力发挥高层次人才的最大效用。

参考文献

叶忠海主编《人才学基本原理》，蓝天出版社，2005。

刘艺芬：《高层次人才一站式服务平台建设研究——以珠海市为例》，硕士学位论文，吉林大学，2015。

韦显盛：《广西高校高层次人才服务与管理的实践与优化机制研究》，《当代经济》2019年第6期。

丁一舟：《镇江市高层次人才引进政策存在的问题和优化对策研究》，硕士学位论文，江苏大学，2020。

曲颖等：《基于服务质量差距模型的医院高层次人才服务实践研究》，《中国医院》2020年第6期。

陶静：《WF公司海外高层次人才归国就业服务体系改进研究》，硕士学位论文，浙江工业大学，2020。

陈双双、陶卓：《江苏省高层次创新创业人才服务调查及优化研究》，《中国商论》2021年第23期。

颜冰影：《泉州市高层次人才对政府服务的满意度研究》，硕士学位论文，华侨大学，2021。

董长麒等：《湖北构建高质量人才服务体系路径研究》，《中国人事科学》2022年第4期。

焦雪菲：《成都市高层次人才引进政策执行研究》，硕士学位论文，云南财经大学，2022。

唐晶晶：《绵阳市高层次人才服务管理存在的问题及对策研究》，硕士学位论文，四川大学，2022。

张华杉：《广西高层次人才政策实施效果评估研究》，硕士学位论文，广西大学，2022。

吴娟：《新中国建立以来高校高层次人才政策变迁的历史演进》，《武夷学院学报》2023年第2期。

B.23
南宁市基层人民调解新模式新经验的
路径探索

——以南宁市闽商人民调委会为例

南宁市闽商人民调解委员会课题组*

摘　要： 近年来，南宁市闽商人民调解委员会积极探索新时代人民调解工作新思路、新方法，加强与属地政法系统合作，先后设立警民联调室、检察官联络室以及诉前联调工作站，依托"云享法庭"共建"法院+商会"联调机制，促进人民调解、行政调解、司法调解相互衔接，助推形成以"商会+乡情+法律"为内涵的"统一战线+人民调解"新模式。但同时，基层调解工作也面临专业调解员数量少、经费紧缺、调解协议认可度不高、职能部门支持力度仍需加大等困难和问题。南宁市将从建立商会调解工作领导小组、加强调解员队伍建设、提高调委会队伍专业能力、提升商会调解效力等方面出发，持续探索和创新基层人民调解新模式，有效化解民商事矛盾纠纷，夯实市域社会治理的稳定之基。

关键词： 人民调解　社会组织　闽商人民调解委员会

党的二十大报告强调"健全共建共治共享的社会治理制度，提升社会

---

* 课题组组长：苏清全，南宁市闽商人民调解委员会主任，南宁南安商会党委书记、会长。课题组成员：苏东西，南宁市闽商人民调解委员会副主任、南宁南安商会理事长；黄连生，南宁市闽商人民调解委员会副主任、南宁南安商会监事长；王家恩、王寿万、杨培榕、张德遵、陈金池、侯国良、蒋文彬、辜文河、傅建社、傅子洞、傅建忠，南宁市闽商人民调解委员会委员。

治理效能。在社会基层坚持和发展新时代'枫桥经验'，完善正确处理新形势下人民内部矛盾机制"。商会是实现政、商、企、社会之间相互沟通联系的重要桥梁纽带，商会调解是人民调解工作的延伸，把党建工作与商会调解工作有机结合，能够充分调动社会公众参与市域社会治理，把矛盾风险最大限度防范在源头、化解在商会内部，实现"矛盾不上交、平安不出事、服务不缺位"目标。

南宁市闽商人民调解委员会（以下简称南宁市闽商调委会）自成立以来，积极参与构建基层社会治理新格局，探索新时代人民调解工作新思路、新方法，创新和发展新时代"枫桥经验"，发挥乡情纽带作用，加强与属地政法系统合作，先后设立警民联调室、检察官联络室以及诉前联调工作站，因势利导开展矛盾纠纷诉源治理、多元纠纷化解、平安文化建设等工作，成功打造以"商会+乡情+法律"为内涵的"统一战线+人民调解"新模式。

一　南宁市闽商调委会化解矛盾纠纷的主要做法和成效

（一）党旗领航，聚力健全建强商会调解组织架构

坚持党建与统战一盘棋，2011年12月，在南宁市委政法委、市委统战部、市司法局、市工商业联合会、西乡塘区委等有关党政部门指导下，以南宁南安商会为依托，依法依规，成立广西首家商会人民调解组织——南宁市闽商调委会，发扬"敢为人先、爱拼敢赢"的闽商精神，坚持发展和深化新时代"枫桥经验"，积极参与市域社会治理。

1. 开展标准化规范化建设

按照"组织、人员、经费、场所、制度"的"五落实"、"调解流程上墙、调解规则上墙、纪律要求上墙、当事人权利义务上墙、调解员上墙"的"五上墙"和"名称、印章、标识、徽章、程序、文书"的"六统一"要求，高标准建设南宁市闽商调委会。选优配强领导班子，推行商会党委和

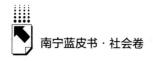

南宁市闽商调委会班子"双向进入、交叉任职"制度，商会党委书记任调委会主任，增强党组织在矛盾纠纷化解中的引领作用。

2. 注重优化商会调解员队伍

对标"三懂一会"（懂法律、懂政策、懂专业、会做群众工作）要求，优先从熟悉企业经营管理和商会运行、具有一定法律政策素养、在业内有一定影响力和威望且公道正派、热心人民调解工作的民营企业家和"两代表一委员"、律师顾问团队、基层法律服务工作者中吸纳专兼职调解员 16 名，其中中共党员 10 名，民主党派和无党派人士各 3 名；同时，聘请广西诚上金律师事务所为法律顾问单位，常态化为在邕南安籍会员企业提供法律服务，及时解决商会内部成员之间、成员与客户之间的民商事矛盾纠纷，有效地防范风险、化解矛盾，做到"矛盾不上交、平安不出事、服务不缺位"。

3. 注重调解员的综合技能优化提升

通过调解培训、座谈研讨、观摩庭审、案例分析研讨、法律讲座等方式，不断提高商会调解员的职业修养、法律素养、专业知识和调解能力，并着力完善培训、监督、考核、退出等机制，确保为民商事纠纷提供专业高效的调解服务。

（二）整合资源，聚力健全矛盾化解体系

在业务主管部门的指导下，南宁市闽商调委会规范调解流程、当事人的权利义务范围、业务受理范围、调解员职业守则等工作制度，规范业务受理、执行委派、调查取证、事项移交等工作程序，坚持执行例会、考评、统计、档案管理等相关规章制度，以制度建设促规范化建设，不断提高调解工作规范化水平，为调解依法进行和调解员依法履职提供了强有力的制度保障。完善指导协调、联动协作、专业咨询等工作机制，形成协调配合、通力合作的调解工作新格局。

南宁市闽商调委会实行岗位责任制和轮值制度，值班会长和调解员定期值班，按需为会员提供咨询和服务。坚持"调处一起，登记一起"原则，逐步形成和完善调处回访制度。突出党组织政治引领功能，由业务主管部门牵头，推动公检法司等机关党组织与商会党委联建共建，建立联席会议制度，完善调解与诉讼、仲裁有效衔接机制，畅通沟通反馈、信息互通渠道，就辖区会员企业反映的共性和热点问题及时沟通，开具"法律处方"。

（三）积极联动各方，创新开展涉企法律服务

坚持线上线下相结合，与西乡塘区公安分局衡阳派出所创办警民联调室，与西乡塘区人民检察院共建检察官联络室，与西乡塘区人民法院联袂打造"法院+商会"诉源治理新模式，设置诉前联调工作站并引入"云享法庭"，法院内设立闽商调委会调解室，16 名会员受聘为特邀调解员；调解员和律师团队定期值班，开展现场或线上连线法官调解，对调解工作进行指导和司法确认，以"商会调解+司法确认"实现诉讼和调解的有效衔接。

南宁南安商会/南宁市闽商调委会先后入选全区市域社会治理现代化试点工作现场会参观点、全国工商业联合会商会调解培育培优和"万所联万会"观摩交流活动现场考察点，"'商人纠纷商人解 乡情乡音促和谐'治理新模式"获评全国首批新时代"枫桥经验"精品案例；南宁市闽商调委会被评为"2022 年全区模范商会人民调解组织""2023 年南宁市商会人民调解工作先进单位"。

（四）丰富载体，聚力提供多元贴心服务

商会党委牵头组建民营企业法律服务团，定期为会员企业开展法律法规和风险防范培训，不断增强会员企业法律风险防范意识、依法维权意识和依法治企能力。商会领导班子中的党员企业家带头设立会长基金，实行会长负责制，帮助会员企业解决资金短缺困难，有效防范资金链断裂涉众型金融风险。发挥商会化解矛盾纠纷"第一道防线"作用，深入开展清廉民营企业建设、"万所联万会"、"法治体检"、"涉企合规"等活动，搭建律师服务民营企业新平台，在法律服务、信息交流等方面加强合作，精准对接法律服务需求，畅通企业维护权利、解决纠纷渠道。

2020 年以来，累计开展法治宣讲活动 100 多场，举办免费法律咨询 452

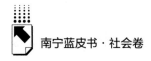

场，印发法律宣传手册2.5万册；南宁市闽商调委会自成立以来，处理民商事纠纷132件，调解成功率92.1%，为当事人挽回经济损失约0.85亿元。

二 南宁市闽商调委会调解工作面临的困难和问题

（一）专业调解员数量占比小

根据多年的实践经验，多数调解员为商会工作人员或企业会员兼任，律师、经济师、注册会计师等专业领域/行业专家占比较小，调解员来源结构相对单一，对法律等专业知识的掌握不够。这就导致一些疑难复杂的案件在调解过程中缺乏专业支撑，单凭经验和老方法调解，不但无法把矛盾化解在基层，而且可能留下后遗症。此外，作为依法设立的调解民间纠纷的群众性组织，涉事双方及调解方或多或少都存在一定利益关联，商会调解的公信力、中立性等都会受到不同程度的影响，特别是进入新时代，随着经济社会的深入发展，人员往来日益频繁，包括商会调解在内的人民调解工作所涉及的领域、范围不但更加宽广，而且呈现深度交织的态势，这对调解员掌握相关专业知识、提高调解能力提出了更严格的要求，但就现阶段整体而言，现有调解员显然不足以应对如此复杂的局面。

（二）调解工作运行经费紧缺

随着社会的进步与发展，各类矛盾错综复杂，调解的专业性增强，工作量增大，加之人民调解工作的公益性，由司法部门提供的案件补贴、调解经费标准长期不变，但如今矛盾纠纷的多元化发展，调解任务重、压力大，对调解员的要求高，如走访调解、调查取证都需要时间和精力，更需要一定经费的支撑；鉴于调解工作属于公益行为，基本以免费为主，经费不足严重影响调解员积极性，导致调解质量不够理想。

（三）对调解协议的效力认同存在差异

《中华人民共和国人民调解法》第三十一条规定：经人民调解委员会调

解达成的调解协议，具有法律约束力，当事人应当按照约定履行。但在多年实践中，因认知偏差和惯常性思维，作为依法设立的调解民间纠纷的群众性组织，大部分涉案当事人认为商会调解不具备强制力，若一方当事人反悔或拒不履行，商会人民调解委员会或人民法院也不能强制执行，致使商会出具的调解协议不被部分市场主体看好和认可。

（四）职能部门支持力度仍有待加大

《全国工商联　司法部关于推进商会人民调解工作的意见》中明确要求各级工商业联合会和司法行政机关要建立统筹协调工作机制，加强信息共享，开展联合督导，但囿于各地现实情况，有的职能部门对商会发挥自身优势参与市域社会治理工作能起到多大作用仍持怀疑态度，也缺乏对商会调解工作的关注、支持、指导和宣介，不仅商会会员自身对调解工作一知半解，社会公众对商会调解工作也缺乏基础性认知和了解。

三　人民调解事业发展趋势与展望

当今世界国际经贸、人文交流日益频繁，特别是 RCEP、共建"一带一路"进入高质量发展的新阶段，跨地域、跨规则、跨法律、跨文化的国际纠纷日益增多，面对日趋复杂化的利益格局和日益多元化的利益诉求，诉讼、仲裁等传统手段已不能完全满足商事主体需求，立足传统"东方经验"和融合西方实践特色的调解制度，因其高效省时、保密灵活、便捷经济、不伤和气、维护商业合作关系等优点，正日益受到国内外当事人的普遍欢迎。特别是 2019 年 8 月，中国正式获批加入《联合国关于调解所产生的国际和解协议公约》（又称《新加坡调解公约》），将进一步提高当事人选择以调解方式解决跨境争议的积极性和主动性，对人民调解事业发展有巨大的推动作用。

2023 年 3 月，中共中央、国务院印发《党和国家机构改革方案》，提出组建中央社会工作部。至 2024 年，区县级地方党委都将建成社会工作部，作为党委五部之一。社会工作部将在今后基层社会治理工作中充分吸收整体

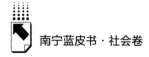

性治理的理念,发挥党建引领基层治理效用,重塑社会治理格局,协调推动行业协会商会深化改革和转型发展,势必为商会人民调解工作带来新探索和新挑战。

南宁市是中国—东盟博览会的永久举办地,也是我国与东盟国家开展全方位合作交往的枢纽城市,背靠粤港澳大湾区,地理位置优越。据不完全统计,在邕投资兴业的民营企业数万家,驻邕异地商协会逾200家,中外民营企业之间的经贸往来将日趋增多,涉及贸易、投资、金融、运输、房地产、知识产权、技术转让、工程建设、合同买卖、数字经济等民商事领域的矛盾纠纷日渐繁多、复杂,给传统的商会人民调解工作带来发展机遇和新问题、新任务、新挑战、新思考。

四 南宁市基层人民调解新模式的路径探索

为深化商会人民调委会队伍建设,进一步发挥商会人民调解优势,有效化解涉及民营经济领域的各类矛盾纠纷,构筑民营经济领域和谐稳定的缓冲带、安全阀,助力构建新型政商关系,使原本依赖党政机关和司法部门解决的矛盾纠纷在基层解决,本报告提出以下建议。

(一)建立商会调解工作领导小组,为商会调解工作提供组织保障

作为商会业务主管部门和商会人民调解工作指导部门,工商业联合会和司法行政部门应加强沟通,并争取综治、法院、检察院、公安、财政、民政等有关部门的支持,组建相关的商会调解工作领导小组,明确相关部门依法化解民商事纠纷和劳动争议的职责和任务,及时了解和反映商会人民调解组织运行情况,指导商会人民调委会的工作。在商会人民调解组织的设立、调解员的选聘和培训等方面给予支持。

(二)加强调解员队伍建设,为商会调解工作提供必要保障

商会应选好配强商会人民调解委员会调解员,要保证调解员队伍的相对

稳定，调解员离职，需要及时进行遴选并在司法行政主管部门备案。工商业联合会应把商会调解员队伍建设纳入商会服务体系建设的考核范畴，努力造就一支政治水平、政策水平、法律水平、文化知识水平较高且能适应新形势需要的高素质调解员队伍。应逐步建立完善调解员绩效考核制度，不断提升调解员调解能力，提升民商事纠纷调处成功率；逐步探索建立健全专职调解员考核机制，组织开展首席调解员、优秀调解员考核评选工作，对首席调解员、优秀调解员给予特殊办案津贴，鼓励多办案、办好案，促进调解工作效率和质量得到有效提升。

此外，应加强适当的经费保障。按照财政部、司法部《关于进一步加强人民调解工作经费保障的意见》（财行〔2007〕179号）要求，落实商会人民调解委员会补助经费和人民调解员补贴经费。按照《财政部、民政部、工商总局关于印发〈政府购买服务管理办法（暂行）〉的通知》（财综〔2014〕96号）要求，把商会人民调解作为社会管理性服务内容纳入政府购买服务指导性目录，提高经费保障水平。同时，鼓励社会各界为商会人民调解工作捐赠赞助，提供场地、人员等人、财、物支持；有条件的商会，可按照南宁市司法局、南宁市财政局《关于规范人民调解员以案定补工作的指导意见》（南司通〔2019〕183号）有关规定，给予人民调解员适当的案件补贴。

（三）抓好培训，提高商会人民调委会队伍整体业务能力

作为首府，南宁市高校集中、资源丰富，可以适当采取"请进来、走出去"的办法，邀请专家学者前来授课或外出学习先进的调解经验、做法；通过培训法学、心理学、教育学、伦理学、社会学以及语言逻辑学等相关专业知识，提高调解员对做好新时期调解工作的思想认识和能力水平。应通过定期召开联席会议、工作例会等形式，及时掌握商会人民调解组织的运行状况，认真研究和解决工作衔接配合中的具体问题，健全规范商会人民调解工作机制，确保新时代的人民调解工作提质升级、走深走实。

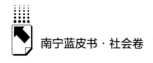

（四）努力提升商会调解效力

着力构建商会人民调解和法院诉讼的有机衔接机制，全面贯彻落实最高人民法院、全国工商联《关于发挥商会调解优势 推进民营经济领域纠纷多元化解机制建设的意见》（法〔2019〕11号），将商会调解化解民营经济领域纠纷的制度优势发挥好、使用好，满足民营经济领域纠纷的多元化解、快速化解和有效化解现实需求，给予商会调解服务平台建设在人、财、物和技术上的有效支持，不断完善商会调解与诉讼程序的有机衔接，促进民营经济领域矛盾纠纷的解决。着力使调解协议的法律效力落地、落细、落实。根据《中华人民共和国人民调解法》等有关法律法规的规定，为确保人民调解协议的履行，当事人应该在调解协议生效之日起30日内共同向人民法院申请司法确认，以便高效快捷地维护自己的合法权益。

（五）强化商会人民调解工作的指导管理

司法行政机关和工商业联合会应加强协作配合，建立健全商会化解纠纷的指导协调、联动协作、专业咨询等工作机制；依照《中华人民共和国人民调解法》的相关规定，指导商会人民调解组织建立健全学习、例会、培训、统计、档案管理等各项规章制度，加强内部管理，依法开展调解；按照分级培训的原则和要求，切实加强商会人民调解员的业务培训，不断提高调解员队伍的综合素质。积极整合司法行政法律服务中心、司法所等平台资源，将涉及商会的纠纷纳入法律服务、诉调衔接等"绿色通道"，充分发挥律师、基层法律服务、公证、司法鉴定等的优势，不断提高商会人民调解组织化解矛盾纠纷的能力。

（六）加强宣传和表彰，努力营造良好的商会调解工作氛围

坚持以正面宣传报道为主，加大对商会调解工作的宣传报道力度，依托多种形式，借助新老媒体媒介，大力普及商会调解工作的特点、优势、方法、程序以及调解协议的法律效力等专业知识，引导纠纷双方当事人尽可能

通过调解的方式解决纠纷，注重人文关怀，促进社会和谐。大力宣传商会人民调解工作的先进典型和工作成效，对在商会人民调解工作中表现突出的集体和个人进行表彰，宣传其调解经验和事迹，不断扩大商会人民调解工作的社会影响力，提高对商会调解的认知度和接受度，为商会人民调解工作的开展创造良好的条件和氛围。同时，提炼经验做法，打造新时代"枫桥经验"的"邕城民商品牌"。

（七）认真做好信息报送和督查工作，确保商会调解工作取得实效

指导商会人民调解委员会加强信息收集和报送工作，认真填写民商事纠纷排查报表和调解台账，及时撰写和报送调解工作简报、信息，介绍调解工作开展情况、经验和成效。工商业联合会应切实承担起商会业务主管部门的职责，进一步发挥主管部门的指导和引领作用，加强与司法行政机关的沟通联系，积极推进商会人民调解组织建设，指导商会人民调解组织聘任人民调解员，并做好建立专家库、人员培训、工作典型宣传等相关工作。

（八）数字赋能，着力提升调解服务的数智化水平

以信息化、智能化为引擎，深度凝聚"数智"合力，以人民法院调解平台为载体，建立人民调解管理信息系统和数据库，推动人民调解由人工手段向智能方式、由传统经验分析向现代大数据研判转型；依托大数据、人工智能（AI）等数字技术，用好"云享法庭"，在线集聚民商事调解力量，提供在线评估、视频调解、调解协议司法确认、电子送达、网上立案等服务，完善案件预判、信息共享、资源融合、数据分析等一体化功能，通过科技赋能，打破地域时空限制，让民商事纠纷解决更便捷、更高效、更智能，做到调解全流程可以通过智能手机"掌上办"，完善社会矛盾纠纷多元预防调处化解综合机制，发挥好人民调解维护社会和谐稳定的"第一道防线"作用，为市域社会治理工作做出积极贡献。

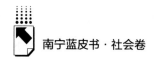

结　语

　　"枫桥"深处有商会，业内解纷促发展。习近平总书记强调"要坚持把非诉讼纠纷解决机制挺在前面""要坚持统筹推进国内法治和涉外法治"，为我国矛盾多元化解提供了遵循，也为我国涉外商事纠纷多元化解指明了道路。

　　"十四五"时期，南宁市闽商调委会将以习近平新时代中国特色社会主义思想为指导，认真学习贯彻落实党的二十大精神和习近平法治思想，立足商会熟悉会员企业、熟知行业的天然优势，主动适应新形势、新任务、新要求，创新先试，积极参与推进新时代人民调解工作，持续探索新时代民营企业法律服务新路径，不断深化新时代"枫桥经验"实践，助推民商事解纷，助力基层善治，为促进民营经济高质量发展发挥更大作用。

参考文献

　　陈文清：《坚持和发展新时代"枫桥经验"　提升矛盾纠纷预防化解法治化水平》，《求是》2023 年第 24 期。

　　《求是》杂志评论员：《不断推进国家治理体系和治理能力现代化》，《求是》2023 年第 7 期。

　　黄颖：《党建引领城市基层治理现代化的思考——城市版"枫桥经验"的启示》，《人民论坛》2023 年第 14 期。

　　蒋敏娟：《组建中央社会工作部与社会治理现代化》，《人民论坛》2023 年第 7 期。

　　翟羽佳：《推进基层治理现代化亟需重视的几大问题》，《人民论坛》2020 年第 29 期。

　　李君如：《"智慧中国"的社会治理》，《人民论坛》2020 年第 29 期。

　　郭坚刚：《坚持好发展好新时代"枫桥经验"》，《红旗文稿》2023 年第 24 期。

　　李楠：《中国社会治理现代化：内涵、成就与经验》，《国家治理》2023 年第 20 期。

　　刘银喜：《组建中央社会工作部的重大现实意义——以社会治理现代化为视角》，《国家治理》2023 年第 20 期。

　　王道勇：《新时代基层社会治理的根本遵循——习近平总书记关于社会治理及共同

体构建的理论创新与方法论意义》,《国家治理》2023 年第 6 期。

廖永安:《深刻认识发展商事调解的时代意义》,《中国法治》2024 年第 3 期。

姚俊逸:《关于我国商事调解的几点思考——从加强企业自主优先的角度分析》,《中国法治》2024 年第 3 期。

社会科学文献出版社

皮 书

智库成果出版与传播平台

❖ 皮书定义 ❖

皮书是对中国与世界发展状况和热点问题进行年度监测，以专业的角度、专家的视野和实证研究方法，针对某一领域或区域现状与发展态势展开分析和预测，具备前沿性、原创性、实证性、连续性、时效性等特点的公开出版物，由一系列权威研究报告组成。

❖ 皮书作者 ❖

皮书系列报告作者以国内外一流研究机构、知名高校等重点智库的研究人员为主，多为相关领域一流专家学者，他们的观点代表了当下学界对中国与世界的现实和未来最高水平的解读与分析。

❖ 皮书荣誉 ❖

皮书作为中国社会科学院基础理论研究与应用对策研究融合发展的代表性成果，不仅是哲学社会科学工作者服务中国特色社会主义现代化建设的重要成果，更是助力中国特色新型智库建设、构建中国特色哲学社会科学"三大体系"的重要平台。皮书系列先后被列入"十二五""十三五""十四五"时期国家重点出版物出版专项规划项目；自2013年起，重点皮书被列入中国社会科学院国家哲学社会科学创新工程项目。

皮书网

（网址：www.pishu.cn）

发布皮书研创资讯，传播皮书精彩内容
引领皮书出版潮流，打造皮书服务平台

栏目设置

◆关于皮书

何谓皮书、皮书分类、皮书大事记、
皮书荣誉、皮书出版第一人、皮书编辑部

◆最新资讯

通知公告、新闻动态、媒体聚焦、
网站专题、视频直播、下载专区

◆皮书研创

皮书规范、皮书出版、
皮书研究、研创团队

◆皮书评奖评价

指标体系、皮书评价、皮书评奖

所获荣誉

◆2008年、2011年、2014年，皮书网均
在全国新闻出版业网站荣誉评选中获得
"最具商业价值网站"称号；
◆2012年，获得"出版业网站百强"称号。

网库合一

2014年，皮书网与皮书数据库端口合
一，实现资源共享，搭建智库成果融合创
新平台。

皮书网

"皮书说"
微信公众号

权威报告·连续出版·独家资源

皮书数据库
ANNUAL REPORT(YEARBOOK)
DATABASE

分析解读当下中国发展变迁的高端智库平台

所获荣誉

- 2022年，入选技术赋能"新闻+"推荐案例
- 2020年，入选全国新闻出版深度融合发展创新案例
- 2019年，入选国家新闻出版署数字出版精品遴选推荐计划
- 2016年，入选"十三五"国家重点电子出版物出版规划骨干工程
- 2013年，荣获"中国出版政府奖·网络出版物奖"提名奖

皮书数据库

"社科数托邦"
微信公众号

成为用户

登录网址www.pishu.com.cn访问皮书数据库网站或下载皮书数据库APP，通过手机号码验证或邮箱验证即可成为皮书数据库用户。

用户福利

- 已注册用户购书后可免费获赠100元皮书数据库充值卡。刮开充值卡涂层获取充值密码，登录并进入"会员中心"—"在线充值"—"充值卡充值"，充值成功即可购买和查看数据库内容。
- 用户福利最终解释权归社会科学文献出版社所有。

社会科学文献出版社 皮书系列
SOCIAL SCIENCES ACADEMIC PRESS (CHINA)
卡号：269472832576
密码：

数据库服务热线：010-59367265
数据库服务QQ：2475522410
数据库服务邮箱：database@ssap.cn
图书销售热线：010-59367070/7028
图书服务QQ：1265056568
图书服务邮箱：duzhe@ssap.cn

S 基本子库
SUB DATABASE

中国社会发展数据库（下设 12 个专题子库）

紧扣人口、政治、外交、法律、教育、医疗卫生、资源环境等 12 个社会发展领域的前沿和热点，全面整合专业著作、智库报告、学术资讯、调研数据等类型资源，帮助用户追踪中国社会发展动态、研究社会发展战略与政策、了解社会热点问题、分析社会发展趋势。

中国经济发展数据库（下设 12 专题子库）

内容涵盖宏观经济、产业经济、工业经济、农业经济、财政金融、房地产经济、城市经济、商业贸易等 12 个重点经济领域，为把握经济运行态势、洞察经济发展规律、研判经济发展趋势、进行经济调控决策提供参考和依据。

中国行业发展数据库（下设 17 个专题子库）

以中国国民经济行业分类为依据，覆盖金融业、旅游业、交通运输业、能源矿产业、制造业等 100 多个行业，跟踪分析国民经济相关行业市场运行状况和政策导向，汇集行业发展前沿资讯，为投资、从业及各种经济决策提供理论支撑和实践指导。

中国区域发展数据库（下设 4 个专题子库）

对中国特定区域内的经济、社会、文化等领域现状与发展情况进行深度分析和预测，涉及省级行政区、城市群、城市、农村等不同维度，研究层级至县及县以下行政区，为学者研究地方经济社会宏观态势、经验模式、发展案例提供支撑，为地方政府决策提供参考。

中国文化传媒数据库（下设 18 个专题子库）

内容覆盖文化产业、新闻传播、电影娱乐、文学艺术、群众文化、图书情报等 18 个重点研究领域，聚焦文化传媒领域发展前沿、热点话题、行业实践，服务用户的教学科研、文化投资、企业规划等需要。

世界经济与国际关系数据库（下设 6 个专题子库）

整合世界经济、国际政治、世界文化与科技、全球性问题、国际组织与国际法、区域研究 6 大领域研究成果，对世界经济形势、国际形势进行连续性深度分析，对年度热点问题进行专题解读，为研判全球发展趋势提供事实和数据支持。